JULES QUICHERAT

MÉLANGES

D'ARCHÉOLOGIE ET D'HISTOIRE

ANGERS, IMPRIMERIE BURDIN ET Cie, RUE GARNIER, 4

JULES QUICHERAT

MÉLANGES
D'ARCHÉOLOGIE ET D'HISTOIRE

ARCHÉOLOGIE DU MOYEN AGE

MÉMOIRES ET FRAGMENTS RÉUNIS

PAR

ROBERT DE LASTEYRIE

PARIS
ALPHONSE PICARD, ÉDITEUR
LIBRAIRE DES ARCHIVES NATIONALES ET DE LA SOCIÉTÉ DE L'ÉCOLE DES CHARTES
RUE BONAPARTE, 82

1886

AVERTISSEMENT

Après la mort de Jules Quicherat, ses héritiers firent généreusement abandon à la Société de l'École des Chartes de la propriété littéraire de tous ses ouvrages. Ils confièrent en même temps à quelques-uns de ses amis et de ses anciens élèves, le soin de disposer de toutes ses œuvres publiées ou inédites de la manière la plus conforme à ses volontés et la plus propre à honorer sa mémoire.

Les personnes chargées de cette pieuse mission, ont pensé que le meilleur moyen de s'en acquitter était de réunir dans des volumes de *Mélanges* les quelques fragments inédits qu'elles avaient recueillis dans les papiers de Quicherat, et les principaux articles d'archéologie et d'histoire qu'il avait disséminés jadis dans diverses revues, où ils gisent, sinon oubliés, du moins perdus pour le plus grand nombre des érudits.

Notre confrère, M. Arthur Giry, a été chargé de publier dans un premier volume tous les mémoires relatifs aux antiquités préhistoriques, celtiques et romaines. J'ai reçu mission, pour ma part, de réunir ici, tous les mémoires que Quicherat a consacrés à l'archéologie du moyen âge.

On trouvera ainsi groupés dans l'ordre même adopté par lui pour son cours de l'École des Chartes, les principaux éléments de sa doctrine archéologique.

En tête du volume j'ai placé ses deux mémoires sur les basiliques de Fanum et de Saint-Martin de Tours. Quoique la première de ces études appartienne par le sujet à l'antiquité romaine, il m'a semblé impossible de la séparer de la seconde. Car c'est à la suite de ses recherches sur les anciennes dispositions des basiliques chrétiennes, que Quicherat fut amené à faire une étude approfondie de tous les passages où Vitruve parle des basiliques et qu'il tenta d'en éclaircir les obscurités.

On trouvera ensuite les deux mémoires sur l'ogive et sur l'architecture romane, qu'il publia de 1850 à 1854, dans la *Revue archéologique*, et qui contiennent l'exposé de sa doctrine sur les causes de cette révolution dans l'art de bâtir qui se remarque au XIIe siècle, et qui, des anciennes basiliques latines, a fait sortir nos grands édifices de l'époque romane.

Ces deux mémoires ont une importance capitale dans l'œuvre de Quicherat et quoique des recherches plus approfondies, des découvertes de textes inédits, l'examen de monuments qu'il n'a connus que plus tard, aient pu modifier dans la suite son opinion sur bien des points de détail, les idées qu'il consigna dans la *Revue archéologique* formèrent le fonds de son enseignement pendant tout le reste de sa vie.

Pour ces articles, comme pour tous ceux que l'on trouvera réimprimés dans ce volume, j'ai cru devoir respecter fidèlement le texte même de l'auteur. Il est bien certain que si Quicherat avait pu en diriger lui-même la réimpression, il y eût introduit des modifications considérables. L'étude de nos antiquités nationales a fait bien des progrès depuis trente-cinq ans. Un grand nombre de faits mal connus, de dates mal établies à l'époque où Quicherat écrivait, ont été rectifiés depuis ; lui-même, dans ses précieux calepins de voyage dont la collection appartient aujourd'hui à l'École des Chartes, a consigné une foule d'observations qui montrent combien ses appréciations sur beaucoup de monuments s'étaient modifiées de 1850 à l'époque de sa mort. J'avais pensé d'abord à signaler en notes les principaux passages auxquels je pouvais penser que Quicherat lui-même aurait apporté des modifications sérieuses. Mais j'ai reculé devant la responsabilité d'un pareil travail. J'ai craint que, malgré toute la réserve que j'aurais pu y apporter, l'on ne vît dans ces annotations des critiques déguisées, peu respectueuses pour la mémoire que je voulais servir. D'ailleurs Quicherat lui-même, dans les fragments inédits, que j'ai réunis à la fin du volume, a sur bien des points corrigé ce que ses théories de 1850 pouvaient avoir d'erroné ou de trop absolu.

A la suite de ces articles on trouvera deux mémoires concernant les cathédrales d'Embrun et de Grenoble. Ces deux opuscules ont paru d'abord dans la *Revue des Sociétés Savantes* et sous une forme un peu différente de celle que je leur ai donnée ici. Ils sont extraits de rapports plus étendus que Quicherat avait lus au Comité des travaux historiques, sur deux volumes du *Bulletin de l'académie delphinale*. J'ai cru superflu de réimprimer *in-extenso* ces deux rapports dont une partie s'applique à des travaux d'un intérêt tout à fait secondaire. Je me suis borné à en extraire les deux morceaux capitaux, en leur mettant un titre et en y introduisant quelques légers changements de rédaction pour leur donner l'unité dont ils manquaient sous leur nouvelle forme.

J'aurais voulu pouvoir opérer de même pour beaucoup d'autres rapports insérés par Quicherat dans la *Revue des Sociétés Savantes*. Il n'en est guère, en effet, qui ne contienne quelque observation utile, quelque critique ingénieuse, ou quelqu'un de ces traits heureux, dont il savait assaisonner ses moindres écrits. Les plus médiocres des travaux renvoyés à son examen lui fournissaient l'occasion de donner souvent en quelques lignes, de précieux enseignements aux lecteurs de la *Revue*; mais j'ai craint que ces courtes leçons, détachées de leur cadre, ne produisissent plus le même effet sur le lecteur. Je ne pouvais d'autre part, songer à réimprimer tout au long la suite de ces rapports, dont beaucoup, pour remarquables qu'ils étaient au moment où ils furent écrits, n'offrent plus aujourd'hui, par suite de mille circonstances, le même intérêt qu'à l'origine.

J'en dirai autant de tous ces articles de bibliographie critique que Quicherat a publiés dans divers recueils, et tout spécialement dans la *Bibliothèque de l'École des Chartes*. J'ai eu l'occasion déjà de montrer ailleurs à quel degré, sous ses dehors parfois un peu sévères, Quicherat cachait la nature la plus généreuse, l'esprit le plus bienveillant qui fut jamais. Rien ne fait mieux comprendre ce côté de son caractère que certains des comptes rendus qu'il a consacrés aux principaux ouvrages d'histoire et d'archéologie confiés à son examen. Si personne ne savait mieux que lui mettre en relief les erreurs de doctrine qui pouvaient se glisser dans un ouvrage, personne ne savait les relever avec plus de courtoisie, de mesure, de parfaite convenance. Aussi recherchait-on comme un grand honneur, un compte rendu sorti de sa plume, bien qu'on redoutât toujours la clairvoyance qui lui faisait remarquer du premier coup d'œil les parties faibles d'un livre, et la franchise impitoyable avec laquelle il signalait ces parties faibles. Ses amis les meilleurs n'étaient point sous ce rapport à l'abri de sa franchise, car il avait pour principe que « dans le domaine de la critique la charité est de signaler d'abord les endroits où le prochain a failli[1]. » Indulgent pour ces menues erreurs, ces fautes d'inattention, ces lapsus, à l'abri desquels aucun auteur ne saurait se prétendre et auxquels la critique contemporaine s'attache souvent avec excès, il s'arrêtait aux idées maîtresses, les contrôlait avec rigueur, et se montrait impitoyable pour les doctrines qui lui paraissaient erronées. Car « une fausse doctrine qu'on a dans la tête, disait-il, suffit à faire passer à l'état de lettre morte les témoignages les plus apparents qu'on a devant les yeux[2]. »

Ses comptes rendus bibliographiques étaient donc de parfaits modèles de critique, et je regrette vivement de n'avoir pu leur faire dans ce volume une place en rapport avec leur valeur. J'ai dû me borner à en choisir deux, qui, par leur intérêt exceptionnel, par l'importance des théories que Quicherat y oppose aux théories qu'il discute, permettront, mieux que tout, au lecteur de se faire une idée de ses procédés de critique.

En dehors des rapports lus au Comité d'archéologie et des comptes rendus de livres, dont je viens de parler, j'ai fait

---

1. *Bibliothèque de l'École des Chartes*, t. II, p. 147.
2. *Revue des Sociétés savantes*, 2ᵉ semestre, t. IV, p. 428.

entrer dans ces *Mélanges*, tous les mémoires que Quicherat a pu écrire sur l'archéologie du moyen âge. Je n'en ai laissé de côté que deux, à ma connaissance. Le premier est un court article consacré à Raymond Dutemple, le fameux architecte de Charles V, et qui sert de commentaire à quatre pièces inédites relatives à cet artiste, que Quicherat avait découvertes à la Bibliothèque nationale. A l'époque où cet article parut, on savait trop peu de choses sur Dutemple, pour ne point apprécier l'intérêt de cette découverte. Mais de nouveaux textes sont venus s'ajouter depuis lors à ceux que l'on connaissait, et l'article de Quicherat est si bref, que j'ai craint qu'il parût aujourd'hui un peu superficiel, à côté de tous ses autres mémoires si nourris de faits, si remplis d'idées neuves et originales.

J'ai également laissé de côté un petit opuscule sur l'histoire du costume en France au xive siècle, qui fut lu par Quicherat le 5 mai 1847, à l'inauguration des salles attribuées à l'École des Chartes au palais des Archives. Ce mémoire, comme toute cette longue suite d'articles relatifs au même sujet, qu'il publia dans le *Magasin pittoresque de* 1845 à 1869, m'a paru n'offrir qu'un intérêt rétrospectif depuis que l'auteur a publié sa magistrale *Histoire du Costume en France*, que deux éditions ont popularisée, et qui se trouve aujourd'hui dans toutes les mains.

A part les exceptions que je viens de signaler, à part également quelques courts articles publiés dans le *Magasin pittoresque* et qui m'ont paru être des œuvres de vulgarisation plutôt que d'érudition, on trouvera dans les pages qui suivent, tous les opuscules publiés par Quicherat sur l'archéologie du moyen âge.

Mais ce n'est pas tout, et j'ajoute que ce n'est là que la moindre partie de ce que l'on trouvera dans ce volume. On sait que pendant plus de trente ans Quicherat professa à l'École des Chartes, le seul cours public d'archéologie nationale qui se fasse en France. Maintes fois ses amis, ses élèves le pressèrent de rédiger ce cours et de le publier. Il s'y refusa pendant de longues années, soit qu'il fût distrait de ce soin par les occupations de tout genre qui prenaient tous ses instants, soit qu'il voulût faire de cette œuvre le couronnement de sa carrière de professeur. Il se borna à choisir dans son enseignement un certain nombre des leçons dans lesquelles il exposait les points capitaux de sa doctrine, et il en tira la matière de cette suite d'articles qui parurent de 1850 à 1854 dans la *Revue archéologique* et dont j'ai déjà parlé plus haut.

La publicité fut encore donnée à quelques-unes de ses leçons, par des résumés qui en furent publiés par plusieurs de ses élèves, en 1853 et 1857, dans le *Journal général de l'instruction publique*[1] dans la *Revue des Cours publics*[2] et dans la *Revue des Sociétés Savantes*[3]. Quoique ces résumés ne soient point son œuvre personnelle, j'avais pensé d'abord à les réimprimer ici, puisqu'ils ont été faits sur des notes prises à son cours, et qu'ils reflètent ainsi ses propres idées. Mais j'ai cru pouvoir m'en dispenser, après qu'un examen attentif m'eut démontré que sur neuf articles publiés de la sorte il y en a huit pour lesquels on a retrouvé dans les papiers de Quicherat une rédaction entièrement originale et inédite.

En effet, dans les derniers temps de sa vie, Quicherat, cédant aux sollicitations de tous, s'était enfin mis à rédiger son cours dans l'intention de le publier. La mort est venue malheureusement le frapper avant qu'il fût parvenu au quart du travail. Nous ne possédons de l'ouvrage qu'il avait projeté que des fragments, mais ces fragments, quelque incomplets qu'ils puissent être, ont paru d'un intérêt considérable à toutes les personnes qui en ont eu communication et j'ai apporté des soins tout particuliers à les mettre en état de voir le jour.

Ici mon travail d'éditeur n'a pas été aussi simple que pour le reste. Malgré ma préoccupation constante de ne jamais

---

1. *Journal général de l'Instruction publique*, t. XXII (1853), leçons recueillies par Auguste Garin.

2. *Revue des Cours publics et des Sociétés savantes*, t. I (1855), t. II (1856) et t. III (1857), leçons recueillies par Napoléon La Cécilia et Auguste Krœber.

3. *Revue des Sociétés savantes*, t. III (1857), leçons recueillies par Auguste Krœber. — Voir dans la *Bibliographie des ouvrages de J. Quicherat*, publiée par M. Giry, en tête du premier volume de ces *Mélanges*, les nos 104, 321, 322, 328 à 333.

rien ajouter aux textes que j'imprimais, j'ai dû considérer que j'avais affaire à des fragments que l'auteur n'eût point publiés lui-même sans leur faire subir d'importantes modifications. Je ne pouvais donc, sans trahir sa mémoire, les donner tels qu'ils étaient sortis de sa plume. J'avais une tâche tout autre à remplir et je dois mettre le public à même de juger de quelle façon je l'ai comprise.

C'est dans les derniers temps seulement de sa vie que Quicherat commença à s'occuper de la rédaction de son cours. Interrompu maintes fois soit par le mauvais état de sa santé, soit par les mille occupations qui absorbaient le meilleur de son temps, son travail était encore peu avancé quand survint le coup fatal.

Il n'était pas de ces érudits qui croient que la valeur du fond dispense de soigner la forme. Tous ceux qui ont vécu dans son intimité savent quel soin il apportait à la rédaction du moindre article.

A plus forte raison quand il écrivait un livre voulait-il que la valeur littéraire de son œuvre ne fût pas trop inférieure à sa valeur scientifique. Aussi remaniait-il jusqu'à deux et trois fois tout son texte pour l'amener au point de perfection qui pût le satisfaire. Nous avons retrouvé ainsi dans ses papiers les traces des diverses rédactions successives par lesquelles certains de ses ouvrages avaient passé avant de voir le jour. Nul doute que pour son *Cours d'archéologie*, qu'il considérait comme son œuvre maîtresse, dont il voulait faire en quelque sorte son testament scientifique, il n'eut procédé de la même façon. Ce n'est pas d'ailleurs une simple hypothèse, car son manuscrit contient beaucoup de phrases qu'il avait laissées incomplètes, sans doute parce qu'il n'avait point trouvé, au moment où il les jetait sur le papier, l'expression exacte de sa pensée, et qu'il se réservait de les compléter plus tard. Ailleurs, la même phrase se présente sous deux ou trois formes différentes, entre lesquelles il comptait choisir ultérieurement. Il y a même çà et là des pages entières où les mêmes idées sont reproduites avec d'importantes variantes entre lesquelles j'ai dû faire un choix. En un mot tout nous montre que le manuscrit qu'il a laissé n'était qu'une première rédaction, qu'il se réservait de retoucher considérablement dans la suite.

Je ne pouvais évidemment donner telle quelle au public une œuvre aussi imparfaite, et après bien des hésitations, après avoir pris l'avis des plus intimes amis de l'auteur, je me suis décidé à faire subir à ce manuscrit les retouches strictement nécessaires pour pouvoir le présenter au public. J'ai commencé par classer tous les feuillets, car aucun n'était numéroté, dans l'ordre qui m'a paru le plus rationnel, le plus conforme au plan que Quicherat avait adopté dans ses leçons de l'École des Chartes ; j'ai ensuite revu le texte avec tout le soin possible, j'ai supprimé les parties qui faisaient double emploi, et par contre j'ai introduit dans quelques passages inachevés, des additions indispensables, en m'inspirant, soit des notes que j'avais trouvées dans les papiers mêmes de Quicherat, soit de celles que j'avais recueillies jadis à son cours. Deux seulement de ces additions ont quelque importance ; on les reconnaîtra facilement car, d'un bout à l'autre du volume, j'ai enfermé entre crochets, toutes les additions, notes ou modifications quelconques, que j'ai cru nécessaire d'introduire dans le texte original. Ce n'est pas tout, le manuscrit de Quicherat ne contenait, pour ainsi dire, aucune note, aucune citation. Nulle part on n'y trouvait l'indication des textes dont il s'était inspiré pour avancer certains faits, et le plus souvent il avait omis de mentionner les monuments qui justifiaient ses assertions. Est-ce de parti pris qu'il avait ainsi négligé de donner les preuves, d'indiquer les sources de son travail, ou bien se réservait-il d'intercaler ses notes dans sa rédaction définitive ? Je ne sais ; mais j'ai supposé que la seconde de ces deux hypothèses était la vraie ; et, me rappelant combien l'absence de notes dans son *Histoire du Costume* avait paru regrettable à ses meilleurs amis, j'ai pris le parti d'ajouter à son texte une annotation que je n'ai pas craint de faire trop abondante.

J'ai dû trop souvent, je l'avoue, en prendre les éléments dans mes notes personnelles ; toutefois, Quicherat nous a laissé, sommairement groupés dans une vingtaine de petits portefeuilles, un grand nombre d'extraits recueillis par lui dans les auteurs les plus divers ; c'est là que j'ai toujours puisé de préférence, désireux de conserver ainsi jusque dans les moindres détails l'œuvre personnelle de mon maître.

Enfin, Quicherat n'eut certainement pas publié son *Cours d'archéologie* sans y joindre les illustrations utiles à l'intelligence du texte ; malheureusement il n'a laissé aucune indication sur la façon dont il aurait compris cette partie importante de son livre. J'ai supposé qu'il se serait contenté de dessins théoriques destinés plutôt à bien faire comprendre au lecteur les explications qu'il donnait qu'à reproduire tel ou tel monument déterminé. C'est ainsi qu'à l'École des Chartes, il dessinait à la craie, au courant de ses leçons, de simples croquis au trait, qui facilitaient singulièrement l'intelligence de son cours. C'est de ces croquis, que j'avais soigneusement relevés au temps où j'étais son élève, que je me suis inspiré pour exécuter à mon tour les croquis sommaires dont MM. Aurenque et Moyneaux ont tiré les figures qui accompagnent ce travail. Là encore, comme on le voit, j'ai cherché à rappeler dans la mesure du possible l'œuvre personnelle de Quicherat, et ces simples croquis sans prétention, donneront, je l'espère, à ses anciens élèves, un plus fidèle souvenir de son cours, que ne pourraient le faire des dessins plus savants et plus compliqués.

J'aurais bien voulu compléter mon œuvre en donnant à la suite de ces fragments un résumé des autres parties du *Cours d'archéologie* de Quicherat ; beaucoup de ses anciens élèves m'y engageaient, plusieurs mêmes m'ont apporté toutes les notes qu'ils avaient prises jadis en écoutant ses leçons, et j'aurais pu sans doute, avec leur bienveillant concours, donner assez exactement la substance de son enseignement. J'ai reculé toutefois devant cette tâche, non qu'elle fût supérieure à mon dévouement à la mémoire d'un maître qui fut pour moi le meilleur des amis, mais à cause même du culte que j'ai voué à sa mémoire.

Les moindres opuscules de Quicherat ont toujours un tel caractère de perfection, il savait si bien frapper les moindres choses au coin de son esprit si pénétrant et si vif, qu'un résumé de son cours écrit par un autre que lui-même eut paru bien terne à côté de ces pages d'un tour si alerte d'un style si personnel. Comment d'ailleurs être assuré de bien traduire sa pensée, quand jusqu'à sa dernière heure, il n'a cessé de travailler, d'étudier des monuments nouveaux, de corriger par un examen plus approfondi, ce que ses idées premières pouvaient avoir d'inexact ou de trop absolu. Que de fois dans nos conversations intimes, dans les visites que nous fîmes ensemble à certains monuments, je lui ai entendu émettre des doutes sur tel ou tel fait qu'il avait avancé à son cours. La clarté, la précision qui sont les premières qualités d'un enseignement oral, obligent bien souvent le professeur à risquer des affirmations, qu'il se garderait bien d'imprimer sans les entourer de nombreuses réserves. N'est-ce pas dès lors s'exposer à trahir sa pensée, que de publier sans son aveu le résumé de ses leçons, surtout quand elles portent sur des sujets aussi variés, aussi difficiles que ceux que devait traiter Quicherat, et sur lesquels à coup sûr il n'avait jamais dit son dernier mot.

Je n'ai point voulu prendre une responsabilité pareille, je n'ai pas voulu m'exposer à mettre sous le nom de Quicherat des idées qu'il eut peut être désavouées à la fin de sa vie, m'exposer à diminuer sa mémoire en publiant des œuvres imparfaites, indignes de sa science et de son talent.

Ce sera peut-être un désappointement pour quelques-uns de ses amis de voir réduit à si peu de choses ce qui nous reste de son cours, mais j'ai mieux aimé pécher par excès de réserve que de m'exposer au reproche d'avoir nui par excès de zèle à la mémoire d'un homme qui a laissé dans l'érudition contemporaine une réputation de premier ordre.

R. de Lasteyrie.

Paris, 15 novembre 1885.

LA BASILIQUE DE FANUM

CONSTRUITE PAR VITRUVE [1]

Vitruve a peu de chapitres plus intéressants que celui où il décrit la basilique de Fanum, qui avait été élevée sur ses propres plans [2]. On voit là le théoricien à l'œuvre, et dans un cas exceptionnel; car en citant cet exemple il a voulu établir l'indépendance de l'art vis-à-vis de certaines règles, et prouver que l'invention n'est pas incompatible avec tant de prescriptions minutieuses auxquelles est soumise la pratique de l'architecture. Mais dans ce passage comme dans le reste de son livre, Vitruve a procédé avec les habitudes d'esprit des anciens. Il n'a dit absolument que l'indispensable, laissant à la réflexion du lecteur le soin de suppléer tout ce qu'il passait sous silence, c'est-à-dire tout ce qu'il jugeait pouvoir être sous-entendu dans une démonstration adressée seulement à des connaisseurs.

Cette méthode, si contraire à la verbosité moderne, nous déroute toujours. Elle est cause que la configuration de la basilique de Fanum, de même que celle de tous les monuments dont la description seule nous est parvenue, reste par plusieurs de ses côtés à l'état de problème, quoique le texte ait été depuis plus de trois cents ans discuté et retourné dans tous les sens.

Comme je crois avoir trouvé la solution de quelques-unes de ces difficultés, et qu'il me semble y avoir lieu, d'autre part, à faire

---

1. [Extrait de la *Revue archéologique* de février 1878. — *Bibliogr.* n° 203.]
2. *De architectura*, lib. V, cap. 1. « Comparationes basilicarum, quo genere coloniæ Juliæ Fanestri collocavi, curavique faciendam. »

valoir des idées heureuses qui ont été déjà émises, mais sans avoir attiré l'attention qu'elles méritaient, je vais reprendre l'une après l'autre les diverses parties de la question, en ayant soin de fixer d'abord le point où chacune a été amenée. Par là le lecteur sera mis à même de discerner clairement ce qui appartient à mes devanciers, et ce qui est de moi.

LE PLAN DE L'ÉDIFICE

Depuis la fin du XVIᵉ siècle, il n'y a plus d'hésitation quant au plan de la basilique proprement dite. Mal compris par Giocondo, dont l'erreur s'imposa d'abord aux érudits, il a été figuré d'une manière définitive dans l'édition de Vitruve, de Daniel Barbaro, imprimée à Venise en 1567.

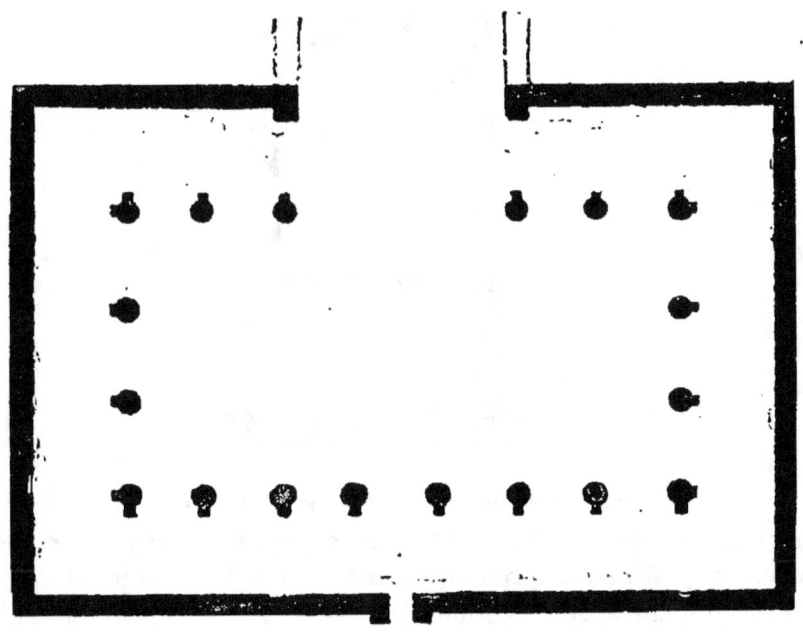

L'édifice consistait en une nef oblongue, de 120 pieds sur 60, portée sur dix-huit colonnes qu'on peut appeler à bon droit gigantesques, car elles avaient 50 pieds de haut [1]. Un portique de 20 pieds de

---

1. « Mediana testudo inter columnas et longa pedes CXX, lata pedes LX... columnæ altitudinibus perpetuis cum capitulis pedum L... Columnæ sunt in latitudine testudinis cum angularibus dextra ac sinistra quaternæ; in longitudine quæ est foro proxima, cum iisdem angularibus, VIII; ex altera parte cum angularibus, VI... »

large enveloppait le quadrilatère[1], sauf sur le milieu de l'un des grands côtés, où la colonnade avait été interrompue, parce que là s'adaptait un bras de transept servant de dégagement à un temple d'Auguste[2]. Les convenances du lieu avaient exigé, en effet, que ce temple fût planté perpendiculairement à la basilique, avec laquelle il faisait corps. La figure ci-jointe (p. 2) fera saisir d'un coup d'œil ces dispositions.

Voilà autant de points incontestés et incontestables. Mais il n'y a plus la même certitude ni la même entente pour ce qui concerne le raccordement du temple avec la basilique.

L'interruption de la colonnade sur l'un des grands côtés du quadrilatère avait suggéré à Vitruve l'idée de mettre là le tribunal, au contraire de ce qui avait lieu partout ailleurs; car la place consacrée du tribunal, dans les basiliques, était l'un des petits côtés de l'édifice.

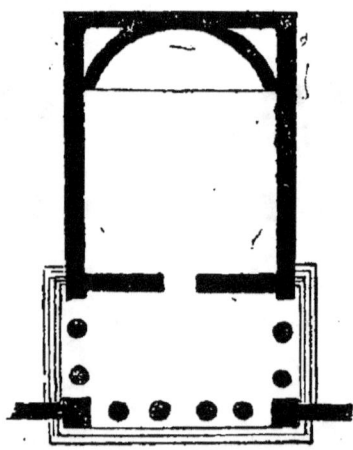

L'architecte s'étant décidé cette fois pour le grand côté, l'emplacement choisi par lui fut, suivant son expression, *dans le temple*[3], et la forme qu'il donna à son tribunal fut celle d'un segment de cercle un peu moindre que l'hémicycle[4]. De là, une restitution adoptée partout jusqu'à la fin du siècle dernier, et qui figure encore sur les planches des dernières éditions françaises de Vitruve, restitution d'après laquelle le tribunal aurait consisté en une abside rejetée au fond de la *cella* du temple.

---

1. « Porticus ejus circa testudinem, inter parietes et columnas, lata pedes XX. »
2. « Mediæ duæ (columnæ) in ea parte non sunt positæ, ne impediant ad spectus pronai ædis Augusti, quæ est in medio latere parietis basilicæ collocata. »
3. « Item tribunal est in ea æde. »
4. « Hemicycli schematis minore curvatura formatum. »

Entre plusieurs données du texte qui s'opposent à ce que les choses soient entendues de la sorte, il y a principalement le témoignage de l'auteur, qui déclare avoir réservé un espace de 15 pieds devant le tribunal, afin que le public qui assistait aux jugements ne gênât pas les gens d'affaires assemblés dans la basilique [1]. Si le tribunal avait occupé le fond de la *cella*, il n'y aurait pas eu à se préoccuper de l'intervalle qui séparerait les deux assistances, car, étant dans des pièces séparées, elles n'auraient pas pu se troubler réciproquement.

Une remarque judicieuse de l'Anglais Newton [2], mais dont ce critique ne sut tirer parti qu'à moitié, a mis dans notre siècle Marinio sur la voie de la véritable solution [3].

La *cella* du temple n'a rien à faire dans la question. Le tribunal avait sa place dans le pronaos, et la preuve en est donnée par le texte qui dit que la courbe suivant laquelle il avait été dessiné se développait entre les deux antes établies en avant du pronaos [4]. Étant dans le pronaos, le tribunal était dans le temple, car le pronaos était une partie intégrante du temple, et ainsi s'explique très bien l'expression *in æde*.

D'autre part, il résulte non moins clairement d'une explication donnée au sujet du comble que le pronaos du temple fut la continuation du bras de transept de la basilique, qu'en conséquence ce corps de bâtiment faisait saillie hors de l'alignement du bas-côté [5]. Il se prolongeait jusqu'au mur de face de la *cella*, au sujet de laquelle il n'y a rien à conjecturer, attendu que Vitruve n'en a pas dit un mot.

Déduisant de ces données ce que le tribunal devait sembler dans son élévation, Newton et Marinio le dessinèrent sous la forme, non pas d'une abside, mais d'un exèdre. La restitution de ces deux

---

1. « Introrsus curvatura pedum XV, uti qui apud magistratus starent, negotiantes in basilica ne impedirent. » Giocondo, ayant jugé que la précaution avait été prise plutôt en faveur des assistants au tribunal que des gens d'affaires, introduisit *eos* après *uti* : leçon adoptée jusqu'à Schneider, qui rétablit le texte des manuscrits et des premières impressions dans son édition publiée à Leipzig en 1807. Jusqu'ici Marinio est le seul qui ait profité de cette correction.

2. *The architecture of M. Vitruvius Pollio translated from the original latin*, t. I, p. 95.

3. *Vitruvii de architectura libri decem*, t. I, p. 259.

4. « Ad antas, quæ a pronao procurrunt, dextraque et sinistra hemicyclum tangunt. »

5. « Transtra cum capreolis, columnarum contra corpora et antas et parietes pronai collocata, sustinent unum culmen perpetuæ basilicæ, alterum a medio supra pronaum ædis. »

savants diffère en un seul point. L'exèdre avait été mis en avant du pronaos par Newton ; Marinio, en le reculant à l'entrée du pronaos, entre les deux antes, lui assigna la place exigée par le texte [1] :

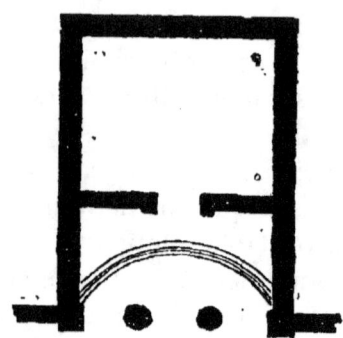

L'idée de Newton date de 1791. Elle a été vulgarisée par l'édition de Vitruve donnée à Udine en 1827. Elle a reçu une publicité nouvelle de Marinio, qui y introduisit la correction que je viens d'indiquer, en 1836. Je m'étonne, après cela, qu'il n'en ait été tenu compte ni dans le Vitruve de MM. Caussin et Tardieu (deux éditions, 1837 et 1859), ni dans celui de M. Maufras (collection Panckoucke, 1847).

Il est vrai que, sous sa forme la plus récente, elle donne lieu à une objection. L'exèdre occupant tout l'intervalle entre les deux antes du pronaos, il n'y aurait plus eu d'accès entre la basilique et le temple. Newton sentit la difficulté, et c'est sans doute ce qui le détermina à avancer indûment l'exèdre dans la basilique. Marinio, en redressant cette faute de son devancier, perdit de vue la nécessité du passage.

Pour tout concilier, on n'aurait qu'à pratiquer à droite et à gauche des coupures dans l'exèdre. Je crois néanmoins qu'il y a un meilleur parti à prendre.

D'après la préoccupation où Vitruve témoigne avoir été d'éviter tout ce qui aurait dérobé la vue du pronaos aux yeux de ceux qui étaient dans la basilique, je rejetterais l'hypothèse d'un exèdre.

Je me représente l'hémicycle comme un degré de plusieurs marches interrompu au milieu par une estrade. De cette façon j'obtiens l'élévation qui était de règle à la fois pour l'aire des temples et pour le siège du juge dans les tribunaux. Ce siège n'était pas

---

1. « Ad antas quæ a pronao procurrunt, dextraque et sinistra hemicyclum tangunt. »

nécessairement une pièce de construction, témoin l'aire parfaitement unie du tribunal dans la basilique de Pompéi.

Une autre correction me paraît devoir être apportée au plan de Marinio. Les deux colonnes supprimées du grand côté de la basilique pour l'ajustement du transept, il les a transportées entre les deux antes, sur la corde de l'hémicycle, et ainsi le pronaos se trouve accommodé à la formule du temple sur antes.

Si Vitruve n'avait supprimé deux des colonnes de son grand ordre que pour les reculer de 20 pieds, c'est-à-dire à l'alignement de la clôture du bas-côté de sa basilique, il est difficile de croire qu'il aurait tant insisté sur cette suppression, laquelle eut pour objet, dit-il, d'éviter tout obstacle à la vue du pronaos [1]. Il y a plus. Quand il parle de la toiture de l'édifice, il explique que des entraits avec arbalétriers reposaient tant sur les antes que sur les murs latéraux du pronaos [2]. Or, si des colonnes avaient été dressées entre les antes, elles auraient supporté nécessairement un fronton d'architecture et non pas une ferme de comble.

On est donc obligé d'admettre un pronaos sur antes sans colonnes interposées, et ma restitution, complétée par cette circonstance, est celle-ci :

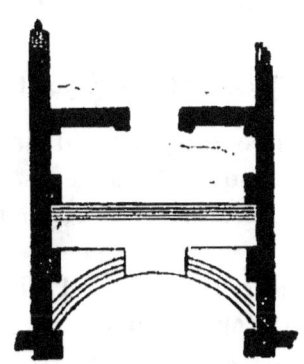

C'est une forme exceptionnelle, j'en conviens ; mais elle n'aura pas lieu de surprendre, la disposition du temple, relié comme on vient de le voir à la basilique, étant elle-même exceptionnelle.

Je passe à d'autres corrections qui concernent, non plus le plan,

---

1. « Mediæ duæ (columnæ) in ea parte non sunt positæ, ne impediant adspectus pronai ædis Augusti. »

2. « Transtra cum capreolis, columnarum contra corpora et antas et parietes pronai collocata. »

mais les parties hautes de l'édifice : sa couverture, son couronnement, son étagement.

LA TESTUDO OU COUVERTURE DE LA NEF

La couverture de la nef et par extension la nef elle-même ont été appelées par Vitruve *testudo*. C'est une expression sur laquelle on n'est pas encore parvenu à s'entendre et dont l'emploi par notre auteur l'a fait accuser d'avoir ignoré la propriété des termes de sa langue [1]. Cherchons ce qu'il faut en penser.

Le plus grand nombre des commentateurs ont cru qu'il fallait entendre par là une voûte. Aussi les dessins de restitution représentent-ils d'ordinaire le corps principal de l'édifice terminé par une voûte en berceau sous sa toiture. On a soin d'avertir que cette voûte était de bois, vu l'impossibilité d'établir sur des colonnades une voûte d'une telle portée, si elle eût été d'appareil ou même de maçonnerie [2]. Quant à la forme du berceau, on se partage entre le plein cintre [3] et le cintre surbaissé [4].

Marinio s'est prononcé pour un sens tout différent de celui-là. Suivant lui la *testudo* de Vitruve aurait été un plafond. La raison qu'il en donne est le vers de l'*Énéide* qui représente Didon trônant à Carthage,

<blockquote>Tum foribus divae, media testudine templi [5].</blockquote>

Virgile, dans la pensée du savant italien, aurait usé là d'une licence poétique en abusant du sens de *testudo*. Il ne pouvait avoir en vue qu'un temple à la façon des Grecs. Or les temples grecs étaient plafonnés.

Seul de tous ceux qui ont travaillé à l'éclaircissement de Vitruve, Pedro Marquez a jugé à propos de disserter sur le sens de *testudo* [6].

---

1. « Compertum est facile Vitruvium voces ad varios sensus convertisse et unam pro alia usurpavisse. » Marinio, t. I, p. 258. Perrault avait déjà fait à Vitruve le reproche d'avoir mis *testudo* au lieu de *fornix*. *Les dix livres d'architecture de Vitruve*, édition de 1684, p. 152.

2. Stratico, *M. Vitruvii Pollionis architectura, textu ex recensione codd. emendato cum exercitationibus notisque novissimis Joannis Poleni et commentariis variorum* (Udine, 1827), t. II, part. 2, p. 21.

3. Perrault, Galiani, Tardieu, Maufras.

4. Newton, Ortiz, Rodes, Poleni.

5. Livre I, v. 505.

6. *Delle case di città degli antichi Romani*, p. 246.

Sa discussion a le défaut d'être confuse, et de plus incomplète. Il commence par admettre que *testudo* s'est appliqué indistinctement à toute espèce de couverture de forme relevée, soit voûte, soit comble en pavillon ou comble à deux versants ; puis, s'attachant à l'assimilation de la couverture de la basilique avec celle de la machine de guerre décrite dans le X° livre de Vitruve sous le nom de *testudo*, il se prononce enfin pour un comble à deux versants. Le dessin qu'il donne à l'appui de son interprétation est celui d'un édifice accommodé à l'instar des basiliques chrétiennes dont le comble constitue l'unique couverture. Déjà Daniel Barbaro avait adopté ce parti, mais sans l'appuyer sur aucune raison, pour le dessin de la restitution qui accompagne le Vitruve de Venise, 1567.

Ainsi trois solutions différentes sont en présence. Au-dessus de la basilique de Fanum régnait une voûte, ou un plafond qui dérobait la vue du comble, ou un comble dont la charpente apparente contribuait à l'effet intérieur de l'édifice.

Entre ces trois formes, il n'y a pas à hésiter un seul instant. Le sens de *testudo*, dans la bonne latinité, n'en comporte qu'une. C'est ce qu'aurait démontré Marquez, s'il avait allégué tous les textes et serré de plus près ceux dont il s'est servi.

Le sens *testudo*, plafond, est d'abord à écarter. L'unique exemple sur lequel se fonde le critique qui l'a admis n'autorisait pas sa conclusion. L'image du temple de Carthage n'est pas tout entière dans l'hémistiche *media testudine templi*. Virgile a décrit l'édifice avant d'y amener Didon. Il a insisté sur la quantité de bronze qu'on y voyait briller, et entre autres choses il a cité des poutres que du bronze reliait entre elles :

> Aerea cui gradibus surgebant limina, nexaeque
> Aere trabes ; foribus cardo stridebat ahenis [1].

Dans quelle partie de l'édifice de pareilles poutres ont-elles pu avoir leur place ?

Qu'on fasse attention qu'il ne s'agit que du pronaos du temple ; car c'est contre la porte, *in foribus*, que la reine viendra s'asseoir tout à l'heure.

Le poète met d'abord sous les yeux du lecteur le couronnement du péristyle élevé au-dessus du degré traditionnel : *gradibus surgebant limina*. Il décrit ensuite les poutres en question, et enfin la porte. Évidemment Virgile a fait allusion à un temple du genre de la Maison

---

1. *Æneid.* l. I, v. 448.

carrée de Nîmes et de la ci-devant église Notre Dame-de-Vie à Vienne, temples où le pronaos est si profond qu'il comporte trois travées. Donc deux fermes de comble étaient nécessaires pour soutenir la couverture de ce pronaos, et ce sont les entraits de ces fermes, composés de poutres couplées, qui motivaient les liens de bronze. La dernière conséquence est que, puisque les entraits étaient apparents, le pronaos du temple n'avait pas de plafond, et ainsi il n'est pas permis d'invoquer le témoignage de Virgile comme preuve que *testudo* ait été, même poétiquement, synonyme de *lacunar*.

Voyons maintenant ce qu'il faut penser de *testudo* avec le sens de voûte.

Servius autorise cette acception par une glose qu'il a attachée précisément au *media testudine* de Virgile. Voici comment il s'exprime :

« *Camera obliqua vel incurva quæ, secundum eos qui de ratione scripserunt templorum, ideo sic fit ut simulacro cœli imaginem reddat, quod constat esse convexum.* »

Donc, selon Servius, on serait libre de traduire l'expression de Virgile par « un comble obliqué », c'est-à-dire à deux versants, ou par « une voûte ».

Si l'interprétation que j'ai donnée tout à l'heure du vers de Virgile est rigoureuse, et elle l'est, on n'a point cette liberté. Quant aux anciens liturgistes invoqués par le scoliaste pour justifier l'idée d'une voûte, il n'y a aucune apparence qu'il ait trouvé chez eux la dénomination de *testudo* appliquée à ces temples qu'ils disaient imiter la conformation du ciel ; car les temples imitant la conformation du ciel étaient les temples ronds, dont la voûte s'appelait proprement *tholus*. D'autre part, dans les écrivains du VIIe et du VIIIe siècle de Rome, *testudo* employé pour désigner une couverture ne signifie jamais autre chose qu'une couverture à pentes plates.

Exemples :

Verrius Flaccus abrégé par Festus : « *Pectinatum tectum dicitur a similitudine pectinis in duas partes devexum, ut* testudinatum *in quatuor*[1]. »

Varron consignant le nom donné au vestibule de la maison romaine à cause de sa couverture qui était un toit à quatre pans : « *In hoc* (cavo ædio) *locus si nullus relictus erat sub divo qui esset, dicebatur* testudo *ab testudinis similitudine*[2]. »

Vitruve, après avoir décrit les combles en forme de pyramide à

---

1. Paulus ex Festo.
2. *De lingua latina*, V, 161.

quatre pans, que les habitants de la Colchide mettaient au-dessus de leurs constructions, conclut en disant : « *Ita efficiunt barbarico more* testudinata *turrium tecta*[1]. »

Tite-Live, pour faire comprendre la manœuvre militaire qu'on appelait « la tortue » : « fastigiatam, *sicut tecta ædificiorum sunt,* testudinem *faciebant*[2]. »

Columelle indiquant la manière d'abriter les figues après la cueillette : « *crates... ex utroque latere super terram planæ disponuntur, ut, quum sol in occasum fuerit, erigantur inter se acclives,* testudinato *tecto, more tuguriorum*[3]. »

Enfin Virgile, dans le passage ci-dessus expliqué.

Mon énumération n'est pas complète. J'ai omis un second exemple de *testudo* employé par Vitruve dans un cas où ce mot semble si bien avoir le sens de voûte, que tout le monde l'a entendu ainsi, et qu'une démonstration est nécessaire pour établir qu'il veut dire autre chose.

C'est dans le chapitre des instructions pour construire les bains. L'architecte indique sommairement qu'il n'y aura qu'un foyer pour chauffer les chaudières et les *testudines alveorum*[4].

Testudines, comme je viens de le dire, n'a fait de difficulté pour personne; mais on s'est cassé la tête sur *alvei*.

Comme le texte mentionne plus loin un *alveus* qui était la piscine de l'établissement, on s'est buté généralement à identifier les deux choses, et l'on a vu dans les *alvei* nommés en premier lieu des baignoires.

Marinio, renchérissant sur ses devanciers, se persuada que *alvei* avait été mis là comme synonyme de *ahena* ou *caldaria*[5], conjecture qui l'amena à un sens peu différent de celui que Poleni avait trouvé en rendant *alvei* par « corps de fourneau »[6]. Dans tous les cas, les *testudines* furent prises pour des voûtes construites sous les appareils qui devaient être chauffés.

Le premier inconvénient de cette interprétation est de fausser l'image que contient le mot *testudo*. L'écaille de la tortue est sur l'animal, et non pas sous lui. Les *testudines* devaient être au-dessus et non pas au-dessous des *alvei*.

---

1. Lib. II, c. 1.
2. *Hist. rom.*, l. XLIV, c. 9.
3. Lib. XII, c. 15.
4. « Ahena supra hypocaustum tria sunt componenda... testudinesque alveorum ex communi hypocausi calefacientur. » L. V, c. 10.
5. « Sensus scilicet, ex communi hypocausi calefieri ahenorum testudines, quæ sunt cameræ caloris super quas sita erant ahena. » T. I, p. 306.
6. Stratico, édition d'Udine, t. II, part. 2, p. 142.

En second lieu, pour justifier une disposition si peu d'accord avec la propriété du terme, on s'est autorisé d'un certain dessin bien connu des archéologues, car, outre qu'il figure dans la plupart des éditions illustrées de Vitruve, il a été publié et republié dans une infinité d'autres ouvrages, et toujours donné comme la reproduction d'une peinture antique qui aurait été découverte à Rome, au xvie siècle, dans les ruines des thermes de Titus. Or ce document, si longtemps en possession de tous les respects, a cessé d'être de ceux qu'il est permis d'invoquer. M. Edmond Saglio vient d'établir, dans l'article *Balneæ* de son excellent Dictionnaire des Antiquités grecques et romaines, que la prétendue peinture des thermes de Titus est tout bonnement une restitution essayée d'après Vitruve par un architecte de la Renaissance, et c'est là qu'ont pris figure les *testudines alveorum* entendues comme des corps de fourneaux voûtés.

Cherchons le commentaire de Vitruve là où il doit être cherché, c'est-à-dire dans les ruines des établissements de bains. Les substructions de ceux de ces édifices que la Gaule posséda en si grand nombre présentent toujours le même arrangement. On y voit un seul foyer qui chauffait à la fois les chaudières et le dessous des chambres, l'aire de celles-ci étant portée sur des rangées de pilettes entre lesquelles circulait la chaleur. Les espaces ménagés pour cette circulation forment de petites galeries ou conduits qui se coupent à angles droits autour des pilettes, et l'ensemble présente une configuration approchant de celle d'un rayon de miel.

Or, si *alveus* en latin peut signifier une baignoire, il signifie plus proprement un conduit, puis par extension un assemblage de conduits, puis encore un rayon de miel. Cette dernière acception n'est-elle pas décisive dans le cas présent? Les *alvei* de Vitruve ne sont pas autre chose que les espaces laissés entre les pilettes sous l'aire des chambres qui étaient chauffées.

Revenons maintenant aux *testudines*.

Comme il est notoire que les espaces entre les pilettes des sous-sols n'étaient point voûtés, nous possédons dès à présent la certitude que Vitruve n'a pas entendu parler de voûtes. Ce qu'il a appelé *testudines*, c'est la couverte produite par de grands carreaux qui fermaient les vides entre les pilettes. Mais, pour comprendre la justesse de son expression, il faut tenir compte d'un détail qu'il a omis, sans doute dans la pensée que les praticiens y suppléeraient d'après les mesures qu'il assignait aux pièces à employer dans la substruction de l'aire.

Les pilettes devaient être faites en briquettes carrées de huit pouces, les couvertes en grands carreaux de deux pieds[1], de sorte que ces carreaux, posant par leurs angles sur l'axe des pilettes, auraient eu seize pouces (près de 0^m,40) de portée sur le vide. C'était trop de porte-à-faux. La fracture de ces grandes pièces, qui avaient le pavement à supporter, aurait été à craindre si on n'y avait pas pourvu par une précaution que les fouilles ont permis de constater plus d'une fois. On terminait les pilettes par une brique plus large, au-dessous de laquelle on en mettait une autre plus large encore, et ainsi l'on obtenait des chapiteaux en saillie par lesquels était soulagée la portée des grands carreaux.

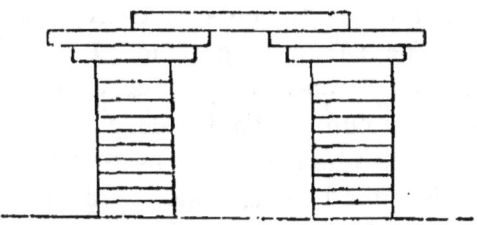

On voit par là que les couvertes au-dessus des pilettes apparaissaient mouvementées dans le sens des deux versants d'un comble, et nous voilà ramenés à la signification de *testudo* telle qu'elle a été établie ci-dessus par les exemples puisés dans la bonne latinité.

Mais le témoignage de Servius?

Le témoignage de Servius vaut pour l'époque où écrivait Servius. Il est certain qu'au ve siècle de notre ère, et plus encore au vi^e et au viie, *testudo* s'employait pour dire une voûte. Je pourrais en citer de nombreux exemples, mais sans utilité pour ma thèse, qui est d'établir que *testudo* ne comporta pas le sens de voûte avant l'époque de la décadence.

Donc, de toutes les restitutions proposées pour la couverture de la basilique de Fanum, il n'y en a qu'une de bonne : c'est celle de Marquez, en tant du moins que Marquez a fait entrer cette couverture dans l'ordonnance intérieure du monument. Il est certain, en effet, certain de toute certitude, que l'édifice élevé par Vitruve présentait par dedans, à sa partie supérieure, la même conformation que Saint-Paul-hors-les-Murs et plusieurs anciennes basiliques tant de Rome que d'autres villes d'Italie, la même conformation que l'église de Saint-Vincent-de-Paul à Paris.

---

[1]. « Laterculis bessalibus pilæ struantur, ita dispositæ uti bipedales tegulæ possint supra esse collocatæ. » L. V, c. 10.

Cela posé, nous sommes en mesure d'aborder la traduction du passage où cette partie de la construction est décrite. Il contient une phrase bien simple, et que cependant l'on n'a jamais comprise par suite de la préoccupation où l'on a été d'y trouver ce qui n'y était pas.

Voici le texte :

Transtra cum capreolis, columnarum contra corpora et antas et parietes pronai collocata, sustinent unum culmen perpetuæ basilicæ, alterum a medio supra pronaum dœis. Ita fastigiorum duplex tecti noia dispositio, extrinsecus tecti, et interioris altæ testudinis præstat speciem venustam.

Avec l'idée préconçue que l'auteur parlait de deux choses absolument différentes, l'embarras où l'on s'est trouvé a fait supposer dans la dernière phrase une corruption profonde. Pour faire un sens, on s'en est pris à *tecti* dont la répétition paraissait absurde. Les uns ont supprimé ce mot dans l'un ou l'autre de ces deux emplois [1]; les autres ont mis à la place de *tecti nata, pectinata*, correction à coup sûr ingénieuse, mais qui a le double inconvénient de ne se pas justifier au point de vue paléographique et de faire naître deux adjectifs consécutifs, *duplex, pectinata* [2].

Je crois, moi aussi, qu'il y a une correction à faire, mais qu'elle doit se borner à transposer *tecti* avant *duplex*. Ce *tecti* me fait l'effet d'une glose qui aura été introduite dans le texte à côté de la place qui lui convenait. Une glose, effectivement, n'était pas inutile afin de préciser ce qu'il faut attendre par *fastigiorum*. Le mot *fastigium* signifiant à la fois le faîtage d'un édifice et les frontons sur lesquels le faîtage s'appuie à ses extrémités, un scoliaste aura voulu avertir que dans le cas présent c'est de faîtage que Vitruve avait voulu parler.

La traduction sera donc :

« Les entraits et arbalétriers établis, d'une part à l'aplomb des colonnes, d'autre part sur les antes et les murs du pronaos, déterminent respectivement, et le comble qui s'étend sur la longueur de la basilique, et celui qui s'en va du milieu sur le pronaos. De là une double direction des faîtages qui produit un heureux effet, extérieurement comme toiture, intérieurement comme assemblage de deux versants monté à une si grande élévation. »

---

[1]. Voir les annotations de Schneider, au t. II, p. 324, de son Vitruve, Leipzig, 1807.

[2]. Poleni est l'auteur de cette correction, témérairement introduite par Stratico dans le texte du Vitruve d'Udine.

La langue française possède le mot *dos-d'âne* qui rendrait exactement la configuration extérieure de la *testudo*; elle n'en a pas pour en exprimer la configuration intérieure. C'est pourquoi je me sers de la périphrase « assemblage de deux versants ».

Maintenant qu'on sait à quoi s'en tenir sur la couverture de la basilique, je vais traiter la question de l'entablement, qui est un point que personne ne me paraît avoir saisi d'une manière conforme au texte.

L'ENTABLEMENT DE LA BASILIQUE.

Un entablement, comme on sait, se compose d'une architrave, d'une frise et d'une corniche.

Vitruve déclare avoir formé son architrave par l'assemblage de trois poutres de deux pieds d'équarrissage chacune [1]. Il a laissé sous-entendue la façon dont l'assemblage avait été fait. Faut-il comprendre que les trois poutres avaient été mises côte à côte? Personne n'y a songé; car trois poutres de deux pieds l'une contre l'autre auraient produit une largeur de six pieds, plus les intervalles toujours ménagés entre les pièces de bois que l'on accouple. Alors l'assemblage, contre toutes les règles de l'art et les lois de la solidité, aurait débordé le fût des colonnes.

L'assemblage était-il par superposition? Dans ce cas l'architrave n'avait plus la largeur nécessaire tant pour couvrir les colonnes que pour supporter la construction superposée.

Par cette double considération on fut amené à comprendre qu'il y avait eu à la fois superposition et juxtaposition; en d'autres termes, que Vitruve avait fait son architrave en mettant l'une sur l'autre des poutres couplées?

Ici, nouvelle difficulté, à cause du chiffre consigné dans le texte. C'est bien trois poutres que disent les premières éditions d'accord avec tous les manuscrits. Or, pour l'étagement combiné avec la juxtaposition, il faudrait au moins deux couples, et il n'est pas possible de composer deux couples à moins de quatre pièces. En raisonnant de la sorte on a conclu à la nécessité d'une correction. Au chiffre III on a substitué IIII [2].

Mais changer les chiffres dans un texte équivaut à ce qu'en méde-

---

[1]. « Supra columnas ex tribus tignis bipedalibus compactis trabes sunt circa collocatæ. » L. V, c. I.
[2]. Perrault, *Les dix livres d'Architecture de Vitruve*, p. 145.

cine on appelle un remède héroïque, et les remèdes héroïques ne sont à employer que dans les cas tout à fait désespérés. Faut-il donc désespérer de tirer parti des trois poutres indiquées par les manuscrits de Vitruve ?

Galiani et Marquez en ont jugé autrement. Ils ont admis le couplage comme chose à compter dans le chiffre indiqué, de sorte que les trois poutres représentent pour eux six pièces assemblées deux par deux [1].

Laissons de côté Marquez. Ce savant, esprit ingénieux s'il en fut, a un défaut, qui est de ne jamais dégager une vérité sans l'accompagner de paradoxes qui la rendent inacceptable. Dans le cas présent, au lieu de justifier la combinaison qu'il proposait, il s'est laissé aller à vouloir prouver que les poutres employées par Vitruve n'avaient pas été d'un équarrissage parfait ; que les deux pieds indiquaient seulement leur mesure sur couche ; que sur leur profil elles avaient eu au moins deux pieds et demi ; et ainsi il a donné à conclure qu'il admettait une hauteur de sept pieds et demi pour l'architrave.

Galiani, plus fidèle aux données du texte, s'est contenté des six pieds produits par la superposition de trois poutres de deux pieds de face ; mais il eût été nécessaire de justifier ce résultat par une discussion, faute de laquelle il n'eut l'approbation ni de Stratico, ni de Marinio. Ces critiques préférèrent prendre le parti qui consiste à corriger le texte ; ils adoptèrent l'architrave de quatre pieds.

Pourquoi cela ?

Parce que l'usage est de donner à l'architrave la hauteur d'un module et demi, c'est-à-dire des trois quarts de l'épaisseur de la colonne, et que les trois quarts de l'épaisseur de colonnes de cinq pieds de diamètre, comme étaient celles de Fanum, équivalent à trois pieds trois quarts.

Mais est-ce à l'usage, c'est-à-dire à la pratique fondée sur des règles établies au XVIe siècle, qu'il convenait de s'en rapporter ici ? On a oublié que Vitruve avait traité des proportions de l'architrave, et que ses préceptes à ce sujet ne sont pas ceux auxquels se conforment les modernes. D'après lui la hauteur de l'architrave doit avoir

---

[1]. « La mia opinione pero è che qui Vitruvio non abbia date se non le misure dell' altezza ; e in fatti tre altezze di due piedi, cioè piedi sei, danno un ben proporzionato architrave a una colonna di cinquanta piedi. » Galiani, *l'Architettura di M. Vitruvio Pollione*, p. 169 (Naples, 1758). — « Oltre ai tre legni, di facciata, erano altri tre di dietro uniti ad essi. » P. Marquez, *Delle case di città degli antichi Romani*, p. 281.

pour étalon, non pas l'épaisseur de la colonne, mais sa hauteur. Ainsi, sur des colonnes de 15 à 20 pieds, l'architrave en sera le treizième ; sur des colonnes de 20 à 25 pieds, elle en sera le douzième et demi [1], et ainsi de suite en observant de 5 pieds en 5 pieds une augmentation progressive qui corrigera la diminution produite par l'effet perspectif. Il en résulte que des colonnes de 50 à 55 pieds commandent une architrave qui ait un neuvième et demi de leur hauteur. Cette mesure donnera 5 pieds et à peu près 3 pouces pour l'architrave de la basilique de Fanum, dont les colonnes avaient 50 pieds.

Ce n'est pas tout. La règle de Vitruve que je viens d'appliquer ne concerne que les trois bandeaux de l'architrave. La cymaise de couronnement avait sa mesure à part. Elle devait être le septième de la hauteur des trois bandeaux, soit ici 9 pouces [2]. Ajoutons ces 9 pouces aux 5 pieds 3 pouces déjà trouvés, nous arrivons à 6 pieds.

Donc l'architrave de la basilique ayant dû avoir 6 pieds de haut, il avait fallu, pour la produire avec des poutres de 2 pieds d'équarrissage, superposer trois de ces poutres. C'est la justification du chiffre III des manuscrits, et celle de l'opinion de Galiani ; c'est la preuve irréfragable que les poutres étaient superposées.

La nécessité du couplage pourrait être affirmée dès à présent comme corollaire. Elle a sa preuve directe dans ce que le texte nous apprend de la frise établie au-dessus de l'architrave.

La frise n'est pas nommément spécifiée dans la description de l'entablement. Vitruve s'est borné à expliquer comment il s'y était pris pour continuer la construction au-dessus de son premier membre d'architecture. « Sur l'architrave, dit-il, à l'aplomb des chapiteaux de la colonnade, ont été posées des piles hautes de 3 pieds et larges de 4 sur toutes leurs faces, qui ont été dressées *ex fulmentis* [3]. »

Notons tout de suite ces 4 pieds en carré que les piles présentaient à leur base, et qui rendent indispensable le couplage des poutres de l'architrave. L'ouvrage en charpente qui supportait un massif de 4 pieds de côté ne pouvait pas avoir lui-même moins de

---

1. « Si a XV pedibus ad XX, columnæ altitudo dimetiatur in partes XIII et unius partis altitudo epistylii fiat; item, si a XX ad XXV pedes, dividatur altitudo in partes duodecim et semissem, et ejus una pars epistylium in altitudine fiat, etc. » L. III, c. 3.
2. « Cymatium epistylii septima parte suæ altitudinis est faciendum. » *Ibid.*
3. « Supra trabes contra capitula, ex fulmentis dispositæ, pilæ sunt collocatæ, altæ pedibus tribus, latæ quoquoversus quaternis. » L. V, c. 1.

quatre pieds de large. Cela va de soi. Il n'en est pas de même du sens qu'il convient de donner à *ex fulmentis*.

Cette expression a fait le désespoir des commentateurs. Le plus grand nombre y ont vu une fourrure et n'en ont pas tenu compte. Schneider, meilleur philologue qu'antiquaire, tient pour certain que *ex fulmentis* désigne un certain mode de construction [1]. Marinio s'en tire en disant que Vitruve se sert souvent de *ex* dans un sens détourné et que cette fois il l'a employé comme synonyme de *pro* [2]. La traduction, selon lui, devrait être que ces piles servaient d'appuis. Mais quoi? des piles ont-elles jamais servi à autre fin que celle d'appuis, et *ex* a-t-il jamais signifié autre chose en latin que le mouvement accompli à partir d'un point quelconque? Je m'étonne que tant de savants hommes aient trouvé là une difficulté insurmontable, car il me semble se présenter naturellement à l'esprit que les *fulmenta* furent des appuis sur lesquels s'élevaient les piles. Vitruve a voulu dire qu'il avait établi ses piles sur des socles, et cela pour deux raisons qui font de ces pièces complémentaires une chose si nécessaire qu'elle n'avait pas besoin d'être expliquée.

1° Ces piles exécutées en maçonnerie, probablement avec des briques, n'auraient pas eu un fond suffisamment solide si elles avaient été posées à cru sur un ouvrage en charpente, exposé à se tourmenter, et d'ailleurs présentant du vide dans son assemblage : d'où la nécessité de les construire sur des bases de pierre.

2° Les piles avec leur hauteur de 3 pieds n'auraient pas suffi pour donner à la frise l'élévation voulue. D'après la doctrine de Vitruve, la frise, suivant qu'elle était lisse ou sculptée, devait avoir un quart en moins ou un quart en plus de la hauteur de l'architrave [3]. Celle de la basilique de Fanum était incontestablement du premier genre, car, au témoignage de l'architecte, la sculpture avait été bannie de l'architrave, et l'économie avait été cherchée dans toutes les parties de l'étagement [4]. La hauteur étant réglée par là aux trois quarts des 5 pieds 3 pouces que nous avons trouvés pour la hauteur de l'ar-

---

1. « Certe Vitruvii fulmenta, quibus pilæ struuntur, genus aliquod et certam figuram cæmentorum significare debent. » T. II, p. 322.

2. « Frequenter Vitruvius utitur præpositione *ex* sub variis significationibus. In hoc loco adhibet eam vice præpositionis *pro*. Pilæ enim non sunt ex fulmentis factæ, sed stant pro fulmentis. » T, I, p. 260, note 20.

3. « Zophorus supra epistylium quarta parte minor quam epistylium ; siu autem sigilla designari oportuerit, quarta parte altior quam epistylium, uti auctoritatem habeant sculpturæ. » L. III, c. 3.

4. « Sublata epistyliorum ornamenta... operosam detrahit molestiam sumptusque inminuit ex magna parte summam. » L. V, c. 1.

chitrave, nous arrivons à bien près de 4 pieds. Il fallut donc que chaque pile fût montée sur un socle monolithe de 10 à 11 pouces d'épaisseur, et c'est ainsi que la frise fut en proportion. Je pense que tout le monde acceptera cette explication de *ex fulmentis*.

L'intention de l'architecte n'avait pas été de tirer parti de ces piles pour l'effet de son entablement. Il les avait certainement dissimulées sous un ouvrage de menuiserie. Le plus grand nombre des commentateurs l'ont interprété ainsi, et je me rallie à leur opinion.

Il n'y a plus à s'occuper que de la corniche.

Vitruve dit l'avoir faite avec deux poutres de deux pieds, et il lui donne le même nom qu'il a donné à l'architrave, *trabes*, mais en établissant une différence par l'épithète *everganex*[1].

Les commentateurs, n'ayant pas compris que le couplage avait été sous-entendu dans la composition de l'architrave, ont été conséquents avec eux-mêmes. Ils ont fait la corniche d'une seule poutre en hauteur, mettant l'une à côté de l'autre les deux pièces indiquées par le texte, de sorte qu'un maigre couronnement de deux pieds aurait terminé une colossale ordonnance qui s'élevait à plus de cinquante-neuf pieds au-dessus du sol. Et devant cette conséquence si contraire aux principes anciens et modernes de l'art personne n'a reculé, personne sauf Newton, qui, ayant admis l'existence d'une voûte sur la nef de la basilique, a jugé nécessaire d'attacher aux impostes de cette voûte un larmier comme complément sous-entendu de la corniche fournie par la hauteur d'une seule poutre[2].

Ici comme pour l'architrave, comme pour la frise, il y avait lieu d'invoquer Vitruve lui-même, car Vitruve a fixé aussi les proportions de la corniche. Il compte dans la composition de ce membre d'architecture :

1° Le bandeau denticulé, qui doit être de même hauteur que le bandeau intermédiaire de l'architrave[3], égal lui-même au tiers de la totalité de l'architrave, soit dans le cas présent 20 pouces 1 ligne;

2° La cymaise du bandeau denticulé, égale à un sixième de ce bandeau[4], soit 3 pouces 4 lignes;

---

1. « Supra eas (pilas) ex duobus tignis bipedalibus trabes evergancæ circa sunt collocatæ » L. V, c. 1.

2. Aucune explication n'est donnée; c'est seulement d'après le dessin de restitution qu'on peut juger du parti pris par cet architecte. Cf. *The architecture of M. Vitruvius Pollio*, t. I, pl. 19.

3. « Supra zophorum denticulus est faciendus, tam altus quam epistylii media fascia. » L. III, c. 3.

4. « Hujus cymatium altitudinis ejus sextam partem. » *Ibid*.

3° Le larmier ou bandeau de couronnement, *corona*, avec sa cymaise, égal au bandeau du milieu de l'architrave [1]; ici, derechef, 20 pouces 1 ligne;

4° La grande doucine, égale à un peu plus du huitième du larmier [2]; ci, 3 pouces.

L'addition de toutes ces mesures nous donne 46 pouces et demi, et 46 pouces et demi sont bien près de 4 pieds, c'est-à-dire de la hauteur produite par la superposition de deux poutres de deux pieds. Il est donc manifeste qu'il faut entendre encore par les deux poutres qui formaient la corniche de la basilique, deux poutres couplées, ou quatre pièces de charpente.

Reste à fixer le sens contenu dans *everganeæ*. Comme il n'y a pas d'autre exemple de cet adjectif dans toute la latinité, il a ouvert la porte aux conjectures. Le plus grand nombre des commentateurs y ont vu un dérivé du grec εὐεργής, *artistement travaillé*; d'autres, tout en admettant l'origine grecque, ont cru qu'il fallait changer *everganeæ* en *energaneæ*, pour arriver par là au sens de ἐνεργός, *robuste*; d'autres, sans aller chercher si loin, ont proposé le radical *evergere*. Il est certain que la physionomie du mot est toute latine, et que si *succedere* a engendré *succedaneus*, *evergere* a pu engendrer aussi *everganeus*.

Marquez, raisonnant d'après cette donnée, est le premier qui ait entrevu la signification du mot; il comprit qu'il s'agissait de poutres sortant de l'œuvre [3]; mais sortant de quelle façon? Ici la fantaisie à laquelle ne s'abandonne que trop souvent cet antiquaire reprit le dessus. N'a-t-il pas fait des *trabes everganeæ* des poutres qui traversaient l'édifice, en d'autres termes, des entraits! et comme les entraits, *transtra*, ont été indiqués par Vitruve dans la même phrase, Marquez s'est évertué à prouver que, pour l'architecte romain, ce mot, dont il y a vingt exemples plus décisifs les uns que les autres, avait signifié les pannes de la toiture. C'est le cas de s'écrier avec le poète : *infelix operis summa!*

Marinio, en se ralliant à l'opinion que *everganeus* dérivait de *evergere*, a conclu plus sensément que l'ouvrage qui *évergeait* ne pouvait

---

1. « Corona cum suo cymatio præter simam, quantum media fascia epistylii. » *Ibid.*

2. « Insuper coronas simæ quas Græci ἐπιτιθίδας dicunt, faciendæ sunt altiores octava parte coronarum altitudinis. » *Ibid.*

3. « Il credo derivato non da qualche parola greca, ma dal verbo latino *evergere*, onde il suo significato sia *everganeæ* quasi *evergentes*, cioè che escono in fuori. » *Delle case di città degli antichi Romani*, p. 299.

être qu'un ouvrage présentant de la saillie en porte-à-faux, conformément à ce qu'on doit attendre d'une corniche[1]; mais cette explication si raisonnable, il ne l'a proposée qu'autant que la leçon *everganeæ* serait la bonne : ce dont il n'osait pas répondre.

C'est trop de circonspection. Il suffirait de l'interprétation de Marinio pour confirmer la leçon *everganeæ* si elle était douteuse; car le sens trouvé par ce savant d'un mot qui était resté inexpliqué jusqu'à lui, met dans tout son relief la valeur de la périphrase employée par Vitruve.

Le mot *corona*, que nous rendons par corniche, n'avait pas dans la langue technique des anciens le sens étendu de *corniche* dans la nôtre. Il servait à dénommer seulement le larmier, le bandeau supérieur de l'entablement, ainsi que je l'ai indiqué ci-dessus d'après Vitruve lui-même. Cela allait bien pour exprimer la corniche dorique ou la toscane, qui n'ont que le bandeau du larmier; mais lorsque l'on voulait désigner dans son entier le groupe de moulures, appelé chez nous *corniche*, qui surmonte la frise des ordres ionique et corinthien, *corona* n'était plus de mise; il fallait recourir à une périphrase. Celle dont se sert ici l'auteur latin est fondée sur l'assimilation de l'objet qu'il a en vue à une architrave. Il appelle cet objet *trabes*. Rien de plus juste, puisque ces nouvelles poutres étaient dans la même attitude et remplissaient la même fonction au-dessus d'un rang de piliers que l'architrave au-dessus de l'ordre des colonnes; et comme un déterminatif était indispensable pour établir la distinction des deux choses, la locution a été logiquement complétée par une épithète qui exprime le trait de conformation caractéristique de la corniche. La traduction littérale de *trabes everganeæ* est donc « architrave en projection », périphrase qui ne peut se passer du commentaire que Vitruve appelle ainsi la corniche de l'établissement dans l'ordre corinthien.

En résumé, l'entablement de la basilique de Fanum était parfaitement régulier, répondant aux proportions du reste de l'édifice, et conforme aux prescriptions contenues dans les premiers livres du traité de Vitruve.

Mes dernières observations, ainsi que je l'ai énoncé déjà, auront trait à l'étagement de la basilique, question à laquelle se rattache celle des percements, et celle aussi de la couverture des galeries du pourtour.

---

1. Tome I, p. 260, note 22 : « Hæ trabes evergere, scilicet aliquantulum projecturæ habere debent, ut coronæ projecturam efforment. »

L'ÉTAGEMENT DE LA BASILIQUE.

Le portique de 20 pieds de large qui enveloppait la nef était étagé. Il s'élevait à une hauteur qui n'est pas indiquée ; nous savons seulement que la toiture de ses galeries supérieures, qui était un appentis, était posée plus bas que celle du vaisseau principal [1]. J'appellerai *bas-côtés* l'ensemble de ce portique, dont la conception se retrouve dans la plupart de nos grandes églises.

Toutes les restitutions de la basilique essayées jusqu'ici présentent à cette partie une disposition étrange. On a appliqué la toiture des galeries supérieures au fût des colonnes, à 40 pieds environ au-dessus du sol, de sorte que l'édifice serait resté à jour en haut des entrecolonnements, et que non seulement les chapiteaux des colonnes auraient été exposés aux injures de l'air, mais que la pluie chassée par le vent serait entrée dans la nef.

Il est vrai qu'on a cru pouvoir induire de certaines indications que plusieurs basiliques, et des plus célèbres, n'eurent pas de clôture. Mais, outre que ce n'était pas le cas de celle de Fanum, dont les murs sont mentionnés deux fois dans le texte [2], je m'en rapporte au programme tracé antérieurement par Vitruve, programme dont l'une des conditions est que la basilique serve d'abri contre le mauvais temps [3]. Je tiens compte aussi de la situation de Fanum, qui était une ville maritime exposée aux bourrasques si fréquentes sur cette partie des côtes de l'Adriatique. C'est pourquoi je me refuse à admettre une disposition bizarre qui ne s'expliquerait pas par un motif valable d'économie, et qui aurait nui à l'effet du monument ; car quoi de plus laid que des colonnades coupées par un appentis ?

L'idée originale, et vraiment digne d'un grand artiste, qui présida à la conception de la basilique de Fanum, fut d'établir le corps de l'édifice sur des colonnades colossales que n'interromprait point l'étagement des bas-côtés. Comme il y avait à suspendre un plancher et une toiture sur ces bas-côtés, Vitruve en prit les appuis derrière les colonnes par le moyen de dosserets dessinés en pilastres [4]. Il usa de ce procédé qui devint plus tard la loi de l'architecture du moyen âge.

---

1. « Trabes sustinentes cantherium et porticus quæ sunt submissa infra testudinem tecta. » L. V, c. 1.
2. « Porticus circa testudinem inter columnas et parietes... ædis Augusti quæ est in medio latere parietis basilicæ collocata. »
3 « Ut per hiemem sine molestia tempestatum se conferre in eas negociatores possint. »
4. « Columnæ habentes post se parastatas. »

Au sujet de ces pilastres, voici ce que nous savons :

Ils étaient de deux modules différents, et superposés.

Ceux de l'ordre inférieur, sur lesquels portaient les maîtresses poutres du plancher, avaient de haut 20 pieds, de largeur 2 pieds et demi, de saillie 1 pied et demi[1].

Ceux du haut soutenaient les demi-fermes composant la charpente de l'appentis qui couvrait les galeries supérieures. Leurs dimensions étaient 18 pieds d'élévation, 2 de largeur, 1 de saillie[2].

Tout cela est parfaitement clair, sauf un point qui reste sous-entendu. Quelle distance Vitruve avait-il laissée entre les pilastres du bas et ceux du haut ? car la somme de leurs hauteurs est 38 pieds, et de là, pour arriver aux 50 pieds où s'élevaient les colonnes, il y a de la marge.

Tous les commentateurs ont cherché la solution de cette difficulté dans une phrase qui suit immédiatement l'énoncé des mesures affectées aux pilastres. C'est une phrase obscure, dont le sens demande à être serré de près :

Reliqua spatia inter parastatarum et columnarum trabes per intercolumnia luminibus sunt relicta.

On a entendu : « Ce qui reste d'espaces entre les poutres portant sur les pilastres de colonne à colonne a été réservé, entrecolonnement par entrecolonnement, aux jours nécessaires pour éclairer l'édifice. » De là le parti auquel on s'est arrêté d'établir le vide en haut des colonnades.

Mais Vitruve a-t-il dit ce qu'on lui fait dire ?

Il y a un mot dans sa phrase qui met sur la voie d'une tout autre interprétation. C'est *luminibus*. Dans le langage technique *lumen* signifiait *percement* et non pas *jour*; il s'appliquait aux portes aussi bien qu'aux fenêtres. Entre beaucoup d'exemples que fournit l'architecte romain, il suffit de citer son chapitre de la théorie des portes[3]. La baie de la porte est toujours pour lui *lumen*, et plusieurs inscriptions antiques abondent dans le même sens. Il a donc voulu parler ici des percements, portes et fenêtres, de sa basilique, lesquels percements étaient pratiqués en correspondance avec les entrecolonnements *per intercolumnia*, et pratiqués où, sinon dans les murs de clôture de l'édifice ?

---

1. « Parastatas altas pedes XX, latas pedes duos semis, crassas pedem unum semis, quæ sustinent trabes in quibus invehuntur porticuum contignationes. »

2. « Supraque eas aliæ parastatæ pedum XVIII, latæ binum, crassæ pedem, quæ excipiunt item trabes sustinentes cantherium et porticus... tecta. »

3. L. IV, c. 6 : *De ostiorum sacrarum ædium rationibus.*

On est donc amené par là à faire entrer dans la phrase la considération des murs de clôture à l'un et à l'autre étage des bas côtés, et par suite on arrive à comprendre autrement *inter parastatarum et columnarum trabes*. Pour que ce membre de phrase comportât le sens qu'on lui a attribué, il faudrait qu'il y eût *supra* au lieu de *inter*, car les jours, étant des espaces vides au-dessus de l'appentis, auraient régné, entre les colonnes il est vrai, mais non pas entre les poutres faîtières du même appentis. Il s'agit ici des *trabes*, c'est-à-dire des pièces de charpente dessinées en manière d'architraves qui allaient des colonnes aux murs de clôture et qui constituaient, au rez-de-chaussée, les maîtresses poutres du plancher d'étagement, à l'étage supérieur les entraits du comble en appentis. C'est bien dans chacune des travées délimitées par ces grosses pièces, *inter trabes*, qu'avaient été pratiqués les percements. En outre, dans l'expression redoublée *parastatarum et columnarum*, je vois l'indication des travées accusée par un trait de plus. Il fallait que des pilastres correspondissent sur les murs de clôture à ceux qui étaient adossés aux colonnes. C'est de ceux-là que l'auteur a entendu parler, n'en ayant rien dit jusque-là parce qu'ils étaient commandés par la force des choses, tout comme j'ai démontré tout à l'heure que l'était le couplage des pièces de charpente dans l'entablement.

Ainsi le texte n'autorise point à supprimer la clôture en haut de l'édifice, et la conséquence est qu'il faut ajuster autrement qu'on ne l'a fait jusqu'ici la toiture qui recouvrait les galeries supérieures des bas-côtés.

Rappelons-nous que cette toiture, en même temps qu'elle avait à abriter la nef, devait se trouver en contre-bas de la toiture qui recouvrait la nef elle-même [1].

Le problème amené à ces termes n'admet qu'une solution. L'appentis ne put pas être appliqué ailleurs qu'au revers des architraves de la nef, et les entraits des demi-fermes sur lesquelles il était porté, établis sur le plan de l'astragale des colonnes, devaient être engagés par un bout dans les chapiteaux.

Je suppose par là des chapiteaux dont le revers n'avait pas été sculpté. C'est un sacrifice qui n'avait aucun inconvénient pour l'effet de l'ensemble. La hauteur où se trouvaient placées les corbeilles, leur dimension énorme, et par suite la projection considérable des volutes et feuilles d'angle, s'opposaient à ce qu'on pût apercevoir du bas leur face postérieure. Les seules choses visibles pour ceux qui se tenaient

---

1. « Porticus quæ sunt submissa infra testudinem tecta. »

dans la nef étaient la volée des entraits et le profil des chapiteaux des pilastres par lesquels les mêmes entraits étaient soutenus; car, dans mon système, l'abaque du chapiteau des pilastres adossés aux colonnes se mariait avec l'astragale de ces mêmes colonnes; et cette disposition est si avantageuse que je ne doute pas que les praticiens ne la regardent comme une confirmation du sens que j'ai donné aux indications de Vitruve (voir le dessin de restitution, pl. I).

Le sommet des pilastres supérieurs, étant au point que je viens de dire, se trouvait à 45 pieds au-dessus du sol ; leur base en était à 27 pieds, puisqu'ils avaient 18 pieds de haut. D'autre part, nous savons que les pilastres de l'ordre inférieur montaient à 20 pieds. Il y avait donc un intervalle de 7 pieds entre les pilastres du bas et ceux du haut.

L'existence d'un pareil espace est l'indice que les pilastres du rez-de-chaussée étaient surmontés d'un entablement, et l'entablement peut-être d'un plafond : ce qui produisant environ 5 pieds, les 2 pieds restant pour aller à 7 représentent l'épaisseur du plancher d'étagement.

Je reviendrai tout à l'heure sur cette épaisseur du plancher, ainsi que sur l'ordonnance des bas-côtés. Il faut en finir avec l'étagement où, indépendamment de tout ce qui vient d'être expliqué, faisait figure le *pluteum* ou devanture des galeries supérieures. C'est une partie sur laquelle le texte ne nous apprend rien, sinon qu'en la disposant derrière les colonnes, l'architecte s'était soustrait à l'obligation de répandre dessus une décoration coûteuse [1]. Le champ reste donc ouvert aux conjectures ; mais on a des formules à l'aide desquelles on peut espérer de ne pas tomber dans l'arbitraire.

Il ne faut pas se représenter la devanture des hautes galeries dans les basiliques romaines sous la forme de balustrade ou de tout autre garde-corps à hauteur d'appui. C'étaient des cloisons montant jusqu'aux trois quarts des colonnes supérieures, lorsque l'édifice reposait sur deux ordres étagés. Cette mesure est celle que Vitruve indique dans ses instructions générales pour la construction des basiliques, et en la donnant il explique qu'il fallait que les personnes qui se tenaient dans les galeries fussent entièrement dérobées à la vue des gens d'affaires réunis au rez-de-chaussée [2].

---

1. « Sublata epistyliorum, ornamenta et plutesrum columnarumque superiorum distributio operosam detrahit molestiam. »
2. « Pluteum quod fuerit inter superiores columnas, quarta parte minus quam superiores columnæ fuerint, oportere fieri videtur, uti supra basilicæ contignationem ambulantes ab negotiatoribus ne conspiciantur. »

A Fanum la basilique n'avait pas deux étages de colonnes; mais, comme elle avait deux étages de pilastres, il est assez naturel de penser que la mesure du *pluteum* avait été prise sur les pilastres de l'ordre supérieur, conformément à la règle. Alors il faudra compter 13 pieds et demi pour la devanture, à quoi s'ajoutera la hauteur du fond produit par les architraves qui allaient de pilastre à pilastre entre les colonnes sous le plancher, et par le revêtement de menuiserie couvrant l'épaisseur du même plancher. Ce sera une augmentation de 7 pieds, d'après la mesure que j'ai trouvée pour l'établissement du plancher. Par conséquent une zone de 20 pieds et demi se développait comme une tenture derrière les colonnades garnissant les quatre côtés de la nef, sauf à l'interruption produite par le transept. Le bord supérieur de cette zone se trouvait porté à 40 pieds et demi au-dessus du sol, de sorte que des vides de 9 pieds et demi de haut par entrecolonnement terminaient l'ordonnance sous l'entablement de la nef.

Dans une lettre de Pline le jeune où est décrit l'aspect d'une basilique pendant la tenue des assises, il est dit que des spectateurs nombreux regardaient des galeries supérieures ce qui se passait au tribunal [1]. Je ne crois pas cette circonstance incompatible avec les devantures de galeries telles que je viens de les définir. La recommandation de Vitruve étant d'empêcher le public qui se tenait au premier étage d'être vu, mais non pas de voir, il est permis de supposer que dans la cloison régnait un bandeau en découpure produisant le genre de grillage appelé *transenna*.

REMARQUES COMPLÉMENTAIRES.

Je terminerai par plusieurs explications dont la place la plus naturelle aurait été peut-être parmi les développements qui précèdent; mais elles auraient ralenti des démonstrations auxquelles il importait de donner toute la rapidité possible. C'est pourquoi je les ai réservées pour la fin.

Quelques mots d'abord sur les ordres d'architecture employés dans la basilique de Fanum.

Tous les raisonnements auxquels je me suis livré relativement au dessin architectonique de la nef reposent sur l'hypothèse que les colonnes y étaient d'ordre corinthien. Il n'y a pas eu d'inconvénient à laisser sous-entendu un fait qu'il était si facile de dégager des

---

[1]. *Epist.* VI, 33, 3.

données énoncées dès le commencement. Des colonnes hautes de 50 pieds et épaisses de 5 disaient tout. Si j'y reviens, c'est pour aller au-devant d'une question que la réflexion pourrait suggérer à quelques personnes.

Les modernes, invoquant la pratique des anciens, ont donné pour hauteur à la colonne corinthienne 18 modules, c'est-à-dire 9 fois son diamètre. Faut-il considérer le surhaussement des colonnes employées dans la basilique de Fanum comme une chose exceptionnelle? Non, car Vitruve nous apprend que les proportions des colonnes corinthiennes étaient différentes lorsqu'on les employait dans d'autres édifices que les temples [1]. Son expression est que leur épaisseur devait égaler la hauteur de leur fût divisée par 8 1/2 [2] : ce qui nous amène exactement, pour les colonnes de Fanum, au diamètre de 5 pieds.

Quant aux entrecolonnements, ils présentaient à Fanum deux mesures différentes : ils étaient de 15 pieds ou trois épaisseurs de colonne sur les petits côtés de la basilique, et seulement de 12 pieds et à peu près 3 pouces, c'est-à-dire un peu moins de deux épaisseurs et demie sur les grands côtés.

Ces écartements répondent à l'ordonnance *eustyle*, définie par notre auteur à propos des temples [3].

Pour ce qui est des pilastres adossés aux colonnes, l'ordre auquel ils appartenaient se déduit avec la même facilité. Ceux de l'étage inférieur étaient doriques, et ceux du dessus ioniques. Ils se rapportent aux proportions indiquées dans le chapitre que Vitruve a consacré aux portiques extérieurs des théâtres; car alors la hauteur de la colonne dorique, base et chapiteau compris, devait être de 15 modules [4], et celle de la colonne ionique de 17 modules, sans compter la base ni le chapiteau [5].

Je conviens qu'ici le pilastre dorique présente l'écart d'un module en plus, car quinze modules ou quinze fois la moitié de 2 pieds et demi auraient fourni 18 pieds trois quarts et non pas 20. Mais

---

1. L. V, c. 9.
2. « Scapus præter spiram et capitulum in octo partes et dimidiam dividatur, et ex his una crassitudini columnæ detur. »
3. L. III, c. 2.
4. « Si dorici generis erunt columnæ, dimetiantur earum altitudines cum capitulis in partes quindecim, et ex iis partibus una constituatur et fiat modulus. » L. V, c. 9.
5. « Sin autem ionicæ columnæ fient, scapus præter spiram et capitulum in octo partes et dimidiam dividatur, et ex his una crassitudini columnæ detur. » *Ibid.*

l'écart en moins serait bien plus grand si l'on supposait l'ordre ionique. D'ailleurs la règle a toujours été, quand on superposait les ordres, de mettre en bas celui du dessin le plus simple.

Comme c'est une solution rigoureuse que je poursuis, je ne saurais laisser dans le vague cet excès d'un module qui vient s'ajouter à une dimension augmentée déjà jusqu'à sa dernière limite. Si un pilastre dorique de 2 pieds et demi de large, c'est-à-dire d'un pied un quart de module, atteignait son maximum d'élévation lorsqu'il était porté à quinze modules ou 18 pieds trois quarts, comment se fait-il que Vitruve ait mis 20 pieds pour la hauteur d'un pilastre de cette sorte?

Je crois avoir trouvé la raison de cette différence en supposant qu'il y avait un socle de quinze pouces de haut sous la plinthe du pilastre. L'utilité, je dirai même la nécessité d'un pareil socle devient manifeste si l'on cherche à combiner ensemble, comme elles doivent l'être ici, les deux bases du pilastre et de la colonne. Les hauteurs et les moulures étant différentes, les profils se contrarient; on n'arrive à un effet satisfaisant ou, pour parler avec plus de justesse, la disparate n'est tolérable qu'en faisant partir les deux fûts d'un même plan. Or, pour obtenir ce résultat, il faut hausser d'un module la base du pilastre.

Newton ni Marinio n'ont jugé à propos de répéter sur les murs de clôture de la basilique les pilastres adossés aux colonnes. Cela tient sans doute à ce qu'ils n'avaient pas compris la phrase où est indiquée la répétition. Perrault toutefois, sans avoir soupçonné davantage que ces pilastres étaient prescrits par le texte, les a figurés dans son dessin de restitution, et il a bien fait; seulement son dessin pèche en ce qu'il a accommodé les deux étages à la formule du dorique.

L'épaisseur de 2 pieds que j'ai attribuée au plancher tout seul pourra paraître excessive, d'autant que les architectes qui ont proposé aussi 2 pieds ont fait entrer dans ce calcul l'épaisseur des maîtresses poutres, *trabes;* et comme ces pièces n'auraient pas pu avoir, dans leur supposition, moins de 8 à 9 pouces, il ne serait resté pour le plancher proprement dit que l'épaisseur d'environ 1 pied 3 pouces.

Pour se contenter de cette dernière mesure il faut avoir oublié la charge que les anciens mettaient au-dessus de la boiserie de leurs planchers.

Je rétablis les choses d'après les instructions de Vitruve [1], en at-

---

1. L. VII. c. 1, *De ruderatione.*

tribuant à celles des couches dont l'épaisseur n'a pas été spécifiée, l'expression la plus modérée

1° Le couchis de solives	15 centimètres.
2° L'assemblage de planches	3 »
3° Une couche de cailloux ou de paille pour garantir la boiserie de l'humidité du dessus	6 »
4° Le *statumen*, composé de pierres grosses pour le moins à remplir la main	12 »
5° La *ruderatio*, maçonnerie de gravois	10 »
6° Le *nucleus*, blocage de terre cuite concassée, d'au moins six doigts	12 »
7° Le pavement	2 »

Le total est de 60 centimètres, ou 2 pieds romains.

La description de Vitruve est trop succincte pour qu'il ait songé à entrer dans le détail des matériaux employés par lui. D'après ce qu'il dit au commencement de son traité de l'usage qu'on faisait sur les bords de l'Adriatique, et nommément à Fanum, du mélèze des Alpes, ce bois étant charrié jusqu'à la mer par le Pô[1], il est vraisemblable que la charpente de la basilique fut en mélèze, d'autant plus que l'architecte romain, sur la foi d'une observation mal faite, professait l'opinion que le mélèze résistait à l'incendie. Quant au reste de la construction, l'économie qui y avait présidé est énoncée assez nettement pour que l'on se persuade que la brique y jouait le principal rôle. La plupart des édifices du Fano moderne sont encore en briques; la pierre y est rare. Je ne serais pas surpris que même les colonnes gigantesques de la basilique eussent été formées de claveaux en terre cuite, comme les colonnes de la basilique de Pompéi. Par un enchevêtrement ingénieux de pièces découpées à leur tête, les anciens arrivaient à produire à peu de frais des fûts cannelés. La pierre n'était employée que pour les bases et les chapiteaux; encore les bases des colonnes de Pompéi sont-elles en terre cuite. Un enduit de stuc donnait à l'ouvrage l'apparence du marbre.

J'ai visité Fano dans la pensée que peut-être l'un des énormes chapiteaux de la basilique, converti en cuve baptismale, se serait conservé dans quelque église. Mon espoir a été déçu. Ni dans les églises, ni dans le vestibule de l'évêché où l'on dépose les antiquités fournies par les fouilles, je n'ai trouvé quoi que ce soit qui ait appar-

---

1. « Hæc autem (larix) per Padum Ravennam deportatur, in colonia Fanestri, Pisauri, Anconæ, reliquisque quæ sunt in ea regione municipiis præbetur. » L. II, c. 9.

tenu à la basilique. L'emplacement même de l'édifice est resté pour moi fort problématique. On ne doute pas à Fano que la grande place actuelle ne réponde au forum de l'ancienne colonie. Le côté sur lequel devait s'élever la basilique est occupé par le palais communal du moyen âge, converti en théâtre depuis deux siècles. Les fouilles d'une fondation jetée sur ce point en 1750 mirent à découvert les substructions d'un vaste édifice divisé en beaucoup de pièces [1]. Cela ne répond pas au plan de la basilique. Les lieux, dans leur état actuel, n'apportent donc aucun éclaircissement au texte de Vitruve. Attendons que les recherches des savants du pays se soient dirigées sur cette question intéressante.

1. Amiani, *Memorie istoriche della città di Fano*, t. I, p. 30.

RESTITUTION

DE LA

BASILIQUE DE SAINT-MARTIN DE TOURS[1]

Aucune des églises de la Gaule barbare n'eut autant de célébrité que celle de Saint-Martin de Tours. Des pèlerins s'y acheminaient des contrées les plus éloignées. En tout temps des malades et des estropiés assiégeaient le tombeau du saint dans l'espoir d'obtenir leur guérison. C'est là qu'étaient jurés les pactes solennels, là que les victimes des révolutions trouvaient un asile inviolable. Pendant toute la durée de la dynastie mérovingienne, les rois et les princes y envoyèrent à l'envi les plus riches présents. Sous la seconde race, posséder l'église de Saint-Martin fut l'un des attributs les plus recommandables de la puissance. Elle fut la propriété d'Hugues Capet, de son père et de son aïeul; elle contribua au prestige qui rendit ces seigneurs les premiers de la nation.

La magnificence de ce sanctuaire répondait à la vénération dont il fut l'objet. Il datait des derniers moments de l'empire d'Occident. L'évêque Perpétue le fit construire vers l'an 472 à la place d'une chapelle qui recouvrait la sépulture de l'apôtre des Gaules dans le cimetière romain de la cité. Les marbres, la mosaïque, les métaux précieux, la peinture, rien n'y fut épargné. L'ouvrage fut réputé admirable pour le temps, et il conserva sa renommée jusqu'au moment de sa complète destruction, qui fut causée par un incendie aux approches de l'an 1000.

Les dimensions de l'édifice nous sont connues. Il avait cent soixante pieds de long, soixante de large et quarante cinq de haut, depuis le

---

1. [Extrait de la *Revue archéologique* de 1869 et 1870. — *Bibliogr.*, n° 198.]

sol jusqu'à la charpente du comble. En outre, nous savons qu'il était percé de cinquante-deux fenêtres et de huit portes, et que l'on comptait dans l'intérieur jusqu'à cent vingt colonnes. Il était composé de deux parties distinctes : une nef, *capsus*, et un sanctuaire, *altarium*. Le sanctuaire possédait à lui seul trente-deux fenêtres.

Ces renseignements, que nous devons à Grégoire de Tours [1], sont de ceux qui irritent la curiosité plutôt qu'ils ne la satisfont. La description d'un monument fameux, ainsi réduite à quelques traits incohérents, donne l'envie de connaître l'ensemble. On voudrait voir, chacun à sa place, les éléments que l'on possède, et l'idée d'une restitution se présente à l'esprit.

Un érudit qui joignait beaucoup d'imagination à la connaissance de toutes les parties de l'antiquité, M. Charles Lenormant, essaya, il y a une trentaine d'années, de rétablir dans sa forme l'église Saint-Martin de Tours. Étonné du grand nombre de fenêtres que Grégoire attribue à l'*altarium*, il ne put pas croire que l'édifice ressemblât aux autres églises de l'époque, c'est-à-dire qu'il fût conçu sur le plan des basiliques romaines. Celles-ci, en effet, même lorsqu'elles sont munies d'un transept, comporteraient difficilement un pareil luxe de percements. Mais Constantin avait fait bâtir à Jérusalem, sur l'emplacement du saint sépulcre, une basilique qui avait pour sanctuaire une vaste rotonde. M. Lenormant pensa que cette disposition avait été appliquée à l'église Saint-Martin. Il pria M. Albert Lenoir de donner un corps à cette conjecture, et un plan avec élévation, dessiné par le savant architecte suivant la donnée qui lui était fournie, prit place dans l'édition de l'*Histoire ecclésiastique des Francs*, donnée par la Société de l'histoire de France en 1836 [2].

L'idée de M. Lenormant est ingénieuse. Elle séduit au premier abord; mais examinée de près, elle donne prise à l'objection la plus grave.

En effet, l'église de Tours, avec un sanctuaire rond et une nef allongée, aurait eu deux largeurs; par conséquent, la mesure unique mentionnée par Grégoire ne concernerait que l'une des deux parties à l'exclusion de l'autre. Or, si les soixante pieds de large s'étaient appliqués à la rotonde, la nef, à moins de supprimer les bas-côtés et par conséquent les colonnades, aurait été d'une étroitesse impossible; et si les mêmes soixante pieds nous représentaient la largeur de la

---

1. *Historia Francorum*, l. II, c. 14.
2. Éclaircissements sur la restitution de l'église mérovingienne de Saint-Martin de Tours, à la fin du tome Ier.

nef, alors le diamètre de la rotonde aurait été tel, que la nef n'aurait plus assez de longueur pour y établir le nombre voulu de colonnes. Ajoutez à cela que, la nef étant si courte, il serait inexplicable que le vieil historien en eût consigné la largeur, plutôt que celle de l'immense rotonde.

Cette difficulté n'a pas pu échapper à M. Lenoir, car c'est en opérant avec le compas qu'elle devient surtout sensible. L'habile dessinateur n'en vint à bout qu'en adoptant des mesures dont aucune ne répond au texte. Il mit cinquante pieds pour la largeur de la nef et quatre-vingt-cinq pour celle du sanctuaire.

On peut défier qui ce soit, qui essayera de faire la restitution en se conformant au même programme, d'arriver à un résultat différent. Mais ce résultat est de ceux dont les esprits rigoureux ne sauraient se contenter ; car, pour satisfaire à une condition que le texte n'exprime pas, il manque à celle qui est expressément énoncée. Il n'en faut pas davantage pour repousser l'hypothèse d'une rotonde.

La question est donc encore à l'état de problème.

Je vais essayer de la résoudre en employant des moyens nouveaux. Divers témoignages qui ont de la valeur ont été négligés par M. Lenormant. Ainsi, par exemple, il y a à tirer de Grégoire de Tours autre chose que la description incomplète qui vient d'être résumée. A propos d'événements qui eurent pour théâtre l'église Saint-Martin, l'*Histoire des Francs* aussi bien que les autres ouvrages du même auteur contiennent des explications ou des expressions utiles pour se figurer comment était faite telle ou telle partie de l'édifice. Des traits du même genre nous sont fournis par d'autres écrivains de date postérieure, qui virent encore debout la construction de Perpétue. Enfin nous avons le recueil des inscriptions gravées, ou peintes, ou exécutées en mosaïque, qui accompagnaient la décoration intérieure de la basilique. Elles se trouvent dans plusieurs manuscrits très anciens de la *Vie de saint Martin*, par Sulpice Sévère[1]. On dirait la copie d'un livret composé pour les étrangers qui venaient visiter les lieux sanctifiés par saint Martin, car le recueil débute par des inscriptions prises à Marmoutiers, dans les chambres où avait autrefois demeuré le saint. Celles de la basilique viennent après. Comme le compilateur qui a eu l'idée de les réunir a pris aussi le

---

[1]. Elles ont été imprimées plusieurs fois. Voir Eckard, *Codices manuscripti Quedlinburgenses* (1733), p. 72 ; Hieronimus de Prato, *Sulpicii Severi opera ad mss. codices emendata* (1741), t. I, p. 388 ; Angelo Mai, *Scriptorum veterum nova collectio* (in-4º), t. V, p. 143 ; Le Blant, *Inscriptions chrétiennes de la Gaule*, t. I, p. 225.

soin d'indiquer leur place dans le monument, il nous a procuré par là le moyen de rétablir plus d'une des dispositions de celui-ci. En profitant ainsi des moindres lueurs susceptibles d'éclairer le sujet, si je ne rencontre pas la vérité, j'aurai au moins montré le chemin qu'il convient de prendre pour y parvenir.

Si embarrassante que soit la distribution des supports et des percements énumérés par Grégoire de Tours, il ne me semble pas que l'on soit autorisé à se figurer tout d'abord un édifice qui ait essentiellement différé par son plan du reste des églises bâties au v⁰ siècle. Il y a à cet égard quelque chose de très significatif dans notre vieil historien. Aussitôt après avoir parlé de la basilique de Tours, il passe à une autre église qui fut bâtie dans le même temps à Clermont[1]. Cette église, il la décrit également. Il en donne les dimensions ; dit combien on y compte de colonnes, de portes et de fenêtres, absolument comme il a fait pour la première ; mais il ne s'en tient pas là. Il ajoute que l'édifice de Clermont avait deux bras en saillie sur l'alignement de sa nef, et une abside sur sa façade[2]. Ces dispositions, rares encore au vi⁰ siècle, avaient été une nouveauté au v⁰, et c'est pour cela que Grégoire les a jugées dignes de remarque. Eh bien, comment admettre qu'ayant été si attentif à signaler les traits exceptionnels d'une église qu'il mettait en quelque sorte en parallèle avec la sienne, il aurait gardé le silence à l'égard de celle-ci, si par sa forme elle était sortie de l'ordinaire ? La différence des deux descriptions nous conduit à l'idée que nous devons nous faire de l'un et de l'autre monument. A Clermont, c'était une basilique avec transept saillant et abside sur la façade ; à Tours, c'était une basilique qui n'avait qu'une abside et dont le transept, s'il y en avait un, ne débordait pas les bas côtés.

Cela posé, il faut faire la division des deux parties : le *capsus* ou nef, l'*altarium* ou sanctuaire.

La longueur totale était de 160 pieds. Comme il résulte de la description que le sanctuaire était très vaste, je lui donnerai 60 pieds, en priant le lecteur de m'accorder *a priori* cette dimension qui sera justifiée plus tard. Il restera 100 pieds pour la nef. Quant à la largeur, elle sera pour les deux parties la mesure voulue de 60 pieds.

---

1. *Historia Francorum*, l. II, c. 16.
2. « Inante absidem rotundam habens; ab utroque latere ascellas, eleganti constructas opere; totumque ædificium in modum crucis habetur expositum. »

I

LA NEF.

Je m'arrête d'abord à la nef pour ne plus la quitter que je n'en aie achevé la restitution.

Combien doit-on lui attribuer de colonnes ?

Les instructions données par M. Lenormant à M. Lenoir portaient qu'il fallait compter 41 colonnes pour la nef, et 79 pour le sanctuaire. Le texte peut, en effet, donner lieu à cette manière d'entendre les choses ; mais il comporte aussi la distribution inverse. La phrase de Grégoire de Tours est celle-ci :

« *Habet fenestras in altario triginta duas, in capso viginti ; columnas quadraginta unam ; in toto ædificio fenestras quinquaginta duas, columnas centum viginti ; ostia octo, tria in altario, quinque in capso.* »

On voit que l'énumération pèche en ce que, tandis que chacune des deux parties a son compte à part de fenêtres et de portes, celui de leurs colonnes est exprimé seulement par le chiffre 41, se rapportant on ne sait à laquelle des deux, et par la somme 120, qui se rapporte à toutes les deux ensemble : ce qui revient à dire, d'une manière indéterminée, 41 d'une part et 79 de l'autre.

Dans l'hypothèse d'une rotonde, le plus grand nombre appartient forcément au sanctuaire, et le plus petit reste pour la nef. Mais dans l'hypothèse à laquelle je me suis arrêté, d'une basilique de forme ordinaire, c'est le contraire qui a lieu. Voyons si ce dernier résultat ne s'accorde pas mieux avec l'ordre d'idées qui a déterminé la construction de la phrase.

Quelle est la chose à laquelle l'auteur donne constamment la première place ? C'est le sanctuaire. Il dit au commencement : le sanctuaire a tant de fenêtres, et la nef tant ; il dit à la fin : le sanctuaire a tant de portes, et la nef tant. Donc au milieu, lorsqu'il parle des colonnes, son intention doit être de dire d'abord quel nombre il y en a au sanctuaire, et s'il juge à propos d'abréger son discours par un sous-entendu, c'est à la nef que le sous-entendu s'appliquera.

Il se présente une difficulté en ce que de part et d'autre le nombre sur lequel on a à opérer est impair ; or la symétrie architectonique ne comporte pas les nombres impairs en fait de supports.

Comme tout dépend du chiffre connu 41, on peut se demander si ce chiffre n'est pas une leçon vicieuse. Le texte permettrait de le supposer, car le mot qui suit *quadraginta unam*, écrit à la façon romaine XLI, étant IN, rien n'est plus naturel que de supposer une faute de transcription qui consisterait à avoir répété mal à propos l'*i* de *in*. Mais tous les manuscrits sont d'accord, et ces manuscrits, ainsi que je l'expliquerai plus tard, dérivent de deux sources tout à fait distinctes. Le mieux est donc de se soumettre à leur autorité. C'est ce que je ferai, imitant en cela l'exemple de M. Lenoir, qui a admis qu'une colonne isolée avait pu exister comme pièce d'ameublement dans chacune des parties de la basilique. On voit en effet une colonne dressée près de l'un des ambons dans plusieurs des anciennes églises de Rome.

Il s'agit par conséquent de trouver l'emploi de 78 colonnes dans la nef.

L'édifice, avec ses 60 pieds de large, était trop étroit pour comporter au rez-de-chaussée quatre rangs de colonnes. En le divisant d'après la proportion qui existe d'ordinaire entre les bas côtés et la nef des basiliques, il faut donner 30 pieds à la nef, et 15, moins l'épaisseur des murs de ladite nef, à chacun des bas côtés : ce qui ne fera guère que 13 pieds pour ceux-ci. Or, on n'admettrait pas facilement que des galeries, larges seulement de 13 pieds, eussent été encore rétrécies par des colonnades absolument inutiles pour la solidité de l'ouvrage, et dont l'effet aurait été perdu.

D'autre part, comme le nombre de 78 colonnes donne 39 pour chaque côté, et que 39 colonnes de la dimension qu'il faut ici ne s'aligneraient pas sur un espace de 100 pieds, il est nécessaire d'introduire deux étages de portiques. Par conséquent une tribune régnait au-dessus des bas côtés.

Je formerai l'ordre inférieur avec des colonnes de proportion ionique, c'est-à-dire ayant d'élévation neuf fois leur épaisseur, et comme je ne crois pas que les murs de clôture de la nef aient eu moins de 2 pieds d'épaisseur, ainsi que je l'ai indiqué précédemment, opérant sur cette base, je donnerai à mes colonnes 1 pied de module, autrement dit 2 pieds d'épaisseur et 18 de haut.

Tout en m'arrêtant à ces mesures, qui sont les moindres que je puisse adopter, je me vois forcé, vu le nombre total des supports, de faire les entrecolonnements aussi étroits que possible. Il n'y a donc pas lieu d'introduire ici la mode, qui prévalut à l'époque barbare, de relier les colonnes par des arcades. J'aurai recours à l'architrave : ce à quoi m'autorise et l'antiquité de la basilique martinienne, et l'exemple de plusieurs des basiliques de Rome qui sont comptées parmi les plus anciennes (Sainte-Marie Majeure, Sainte-Marie du Transtevère, Saint-Chrysogon en l'Ile, etc.). Les entrecolonnements seront alors de 4 pieds plus 3 à 4 pouces, et à ce compte la longueur de 100 pieds admettrait un ordre de 15 colonnes.

C'est ici le lieu d'interroger nos inscriptions.

Celles de la nef accompagnaient des sujets religieux dont elles expliquaient le sens. Ces sujets étaient-ils exécutés en mosaïque ou en peinture ? On n'en sait rien. La seule chose certaine est que ces sujets n'étaient pas nombreux, et cela concorde avec la conclusion tirée précédemment du nombre des colonnes, qu'il devait y avoir un deuxième étage en portique, c'est-à-dire très peu de plein.

L'un des tableaux occupait le dessus de la porte d'entrée, au revers de la façade. Il représentait la scène du denier de la veuve. *In introitu a parte occidentis super ostium historia picta viduae*, dit la rubrique écrite en tête des vers, que voici :

DISCAT EVANGELICO XPM SERMONE FATERI
  QVISQVE VENIT SVMMO VOTA REFERRE DEO
QVAMVIS CORDE TREMENS SVPPLEX GENV CERNVVS ORET
  SI CESSENT OPERAE NEMPE FIDES VACVA EST
LEGE SVB HAC PARITER LOCVPLES PAVPERQVE TENETVR
  CVI CENSVS DESIT MENTE PROBABIT OPVS
NEC QVEMQVAM EXCVSET TENVIS ATQVE ARTA FACVLTAS
  AFFECTV CONSTAT GLORIA NON PRETIO
QVI TRIBVIT QVAECVMQVE OPVS EST IS PLVRIMA CONFERT
  PARVA LICET DEDERIT MAXIMA QVAEQVE CAPIT
INTER OPVM CVMVLOS SCIMVS VEL DONA POTENTVM
  PRAELATVM VIDVAE PAVPERIS ESSE FIDEM
MERCANTEM NVMMIS COELORVM REGNA DVOBVS
  SVBLIMEM VEXIT IVSTVS IN ASTRA PATER
NON QVAE MVLTA DEDIT SED QVAE SIBI NVLLA RELIQVIT
  LAVDARI MERVIT IVDICIS ORE DEI

Au-dessus d'une autre porte qui s'ouvrait sur le côté septentrional, *a parte Ligeris super ostium*, on voyait Jésus faisant marcher saint Pierre sur les flots et une représentation de l'église de Jérusalem. Cela faisait deux tableaux expliqués par des légendes en prose, qui sont ainsi distribuées dans les manuscrits :

DISCIPVLIS PRAECIPIENTE DNO IN MARI NAVIGANTIBVS
VENTIS FLANTIBVS FLVCTIBVS EXCITATIS DNVS SVPER
MARE PEDIBVS AMBVLAT

ET SANCTO PETRO MERGENTI MANVM PORRIGIT ET
IPSVM DE PERICVLO LIBERAT

SCISSIMA XPI ECCLIA QVAE EST MATER OIVM ECCLIARVM
QVAM FVNDAVERANT APOSTOLI IN QVA DESCENDIT
SPVS SCVS SVPER APOSTOLOS
. IN SPECIE IGNIS LINGVARVM IN EA POSITVS EST
THRONVS IACOBI APOSTOLI ET COLVMNA IN QVA VER-
BERATVS EST XPS.

La distribution des lignes indique, selon toute apparence, que ces inscriptions formaient encadrement autour des sujets.

Immédiatement après, les mêmes manuscrits donnent une pièce de vers qui n'a plus trait ni à la tempête sur le lac de Tibériade, ni à l'église de Jérusalem. Elle devait accompagner divers sujets de la vie de saint Martin, à en juger par sa teneur, qui est telle :

QVISQVE SOLO ADCLINIS MERSISTI IN PVLVERE VVLTVM
HVMIDAQVE INLISAE PRESSISTI LVMINA TERRAE
ATTOLENS OCVLOS TREPIDO MIRACVLA VISV
CONCIPE ET EXIMIO CAVSAM COMMITTE PATRONO
NVLLA POTEST TANTAS COMPLECTI PAGINA VIRES
QVANQVAM IPSA HIS TITVLIS CAEMENTA ET SAXA NOTENTVR
TERRENVM NAM CLAVDIT OPVS QVOD REGIA COELI
SVSCIPIT ET RVTILIS INSCRIBVNT SIDERA GEMMIS
MARTINI SI QVAERIS OPEM TRANS ASTRA RESVRGENS
TANGE POLVM ANGELICVM SCRVTATVS IN AETHERA COELVM
ILLIC CONIVNCTVM DOMINO PERQVIRE PATRONVM
SECTANTEM AETERNI SEMPER VESTIGIA REGIS
SI DVBITAS INGESTA OCVLIS MIRACVLA CERNE
QVEIS FAMVLI MERITVM VERVS SALVATOR HONORAT
ACCEDIT RELIQVOS INTER TOT MILLIA TESTIS
DVM NARRANDA VIDES SOLERS ET VISA RETEXIS
IN SANCTIS QVIDQVID SIGNAVIT PAGINA LIBRIS
INSTAVRANTE DEO QVO MVNERE GAVDENT
CAECVS CLAVDVS INOPS FVRIOSVS ANXIVS AEGER
DEBILIS OPPRESSVS CAPTIVVS MOESTVS EGENVS
OMNIS APOSTOLICIS GAVDET CVRATIO SIGNIS
QVI FLENS ADFVERIT LAETVS REDIT OMNIA CEDVNT

**NVBILA QVOD MERITVM TVRBAT MEDICINA SERENAT
EXPETE PRAESIDIVM NON FRVSTRA HAEC LIMINA PVLSAS
IN CVNCTVM PERGIT PIETAS TAM PRODIGA MVNDVM**

A l'exemple de la plupart des éditeurs, j'ai supprimé un mot, insignifiant en apparence et inutile pour le mètre, qui est au commencement du premier vers dans tous les manuscrits. S'il ne s'agissait que de donner le texte correct de l'inscription, je passerais outre; mais il y a ici autre chose à faire. Il faut assigner à cette inscription la place qu'elle occupait, et qui n'a pas été indiquée, par une exception singulière à ce qui a été fait pour les autres pièces. L'omission est-elle réelle ou seulement apparente, et le renseignement qui nous manque ne se cacherait-il pas sous le mot en question?

Les leçons varient, preuve qu'il s'est présenté en cet endroit une difficulté de déchiffrement. Dans les manuscrits 5325, 5580 et 10848 de la Bibliothèque impériale, ainsi que dans un autre de la Bibliothèque de Quedlinbourg sur lequel a disserté Eckard[1], il y a *eat*. Les manuscrits 5584 et 5583, aussi de la Bibliothèque impériale, donnent, l'un *erat*, l'autre *exi*.

Tout cela revient pour moi à une fausse interprétation de *ect* avec un petit *a* suscrit, abréviation de *e contra*. La locution adverbiale *e contra* veut dire *à l'opposite, en face*. C'était la rubrique indiquant la place des tableaux qui représentaient les actes de saint Martin. Ceux-ci, par conséquent, se voyaient sur le côté méridional de la basilique. J'ajoute tout de suite qu'ils étaient en rapport de parfaite symétrie avec ceux du côté septentrional. Ils surmontaient aussi une porte, dont l'existence nous est connue par Grégoire de Tours qui en parle à deux reprises[2].

Ici une petite difficulté se présente. L'une des mentions que Grégoire nous a laissées de cette porte méridionale concerne précisément les vers qui étaient inscrits au-dessus, et l'historien dit qu'ils avaient pour auteur un compatriote de saint Martin, appelé également du nom de Martin[3], qui mourut métropolitain de la Galice à la fin du vi[e] siècle. Ce personnage, se rendant de son pays en Espagne, s'était arrêté à Tours du temps de l'évêque Euphrone, vers 560. Voilà qui est positif. Cependant la pièce que j'ai rapportée ci-dessus, bien qu'elle soit sans indication d'auteur dans les manuscrits qui nous four-

---

1. Voyez ci-dessus, p. 32, note 1.
2. *Historia Francorum*, l. V, c. 38 ; *Miracula sancti Martini*, l. II, c. 6.
3. « Versiculos qui super ostium sunt a parte meridiana in basilica Sancti Martini ipse composuit. » *Historia Francorum*, l. c.

nissent les inscriptions, se retrouve parmi les œuvres de Paulin de Périgueux. Elle accompagne une épître en prose qui nous apprend qu'elle avait été composée à la demande de l'évêque Perpétue, pour remplir un espace réservé sur l'un des murs de la basilique [1]. Si donc ces vers sont de Paulin de Périgueux, ils ne sont pas de saint Martin de Galice ; par conséquent, ils ne nous représentent pas l'inscription de la porte méridionale.

La contradiction n'existe qu'en apparence. Grégoire de Tours à la main, il est facile de le démontrer.

En 558, un noble Franc du nom de Wilichaire, qui était beau-père du prince Chramne, se voyant compromis par la révolte de son gendre contre Clotaire Ier, vint se mettre sous la protection de saint Martin. Il fut logé dans une maison attenant à la basilique. Là il donna des fêtes et mena une vie très désordonnée, si bien qu'un jour il mit le feu chez lui. L'incendie gagna l'église et y causa de grands ravages [2]. Le reste va de soi. C'est le côté méridional qui dut le plus souffrir, attendu que les logements des hôtes de saint Martin étaient situés au midi. Il fallut refaire les tableaux de la vie du saint, et l'autre Martin, qui se trouvait à Tours au moment de cette réparation, composa une nouvelle légende pour remplacer celle de Paulin de Périgueux.

Tâchons de nous arranger maintenant avec nos deux portes latérales surmontées de tableaux et d'inscriptions monumentales.

La première idée qui vienne à l'esprit est qu'elles étaient percées dans les murs des bas-côtés. Mais dans toutes les basiliques d'ancienne date, les bas côtés sont dénués de fenêtres ; ils n'ont de jour que celui qu'ils reçoivent de la nef. Les sujets en peinture ou en mosaïque n'y auraient pas été bien placés : aussi n'en voit-on jamais en cet endroit : ce genre d'ornement est réservé pour la nef. Il faut d'ailleurs réfléchir qu'entre des dessus de porte et les combles des bas côtés il n'y aurait pas eu assez d'espace pour mettre tout ce que je viens de rappeler.

C'est une difficulté qui m'a longtemps arrêté. Je n'en suis sorti qu'en supposant chacune des portes latérales ouverte directement sur

---

1. *Bibliotheca Patrum*, édition de Paris, 1589, t. VIII, col. 1074 : « Benigne de his quæ scripseram sentiendo, duplicastis audaciam jussione ut etiamnum illi parietes consecrati versuum meorum ferant lituras, qui ad remedium imbecillitatis imbuimur. Versus per Dominissimum, meum diaconum, sicut præcepistis, emisi quæ pagina in pariete reserata susciperet. »

2. *Historia Francorum*, l. IV, c. 20 ; *Chronicon Elnonense*, dans Pertz, t. VII, p. 17.

la nef, dans une partie pleine qui interrompait les deux premiers étages d'architecture. Alors les bas côtés étaient aussi interrompus de toute la largeur de cette partie pleine, derrière laquelle régnait, au nord comme au sud, un porche recouvert par le plancher des tribunes supérieures.

Si l'on me demandait de justifier cette disposition par un exemple, je ne le pourrais pas. Mais combien avons-nous d'exemples de basiliques à citer? Tout ce que je puis dire en faveur de ma conjecture, c'est que, du moment que je l'eus adoptée, je vis tout le reste se coordonner de la manière la plus naturelle. Si une pareille rencontre ne fait pas que le résultat soit l'évidence même, elle lui assigne au moins une place parmi les choses très probables.

La partie pleine n'ayant pas pu avoir moins de 15 pieds de large, il faut lui faire sa place en supprimant des colonnes dans le premier ordre. J'en avais d'abord supposé 15 de chaque côté : je n'en laisserai que 12, qui seront divisées en deux files de 6 : total, 24 pour les deux côtés.

Passons au deuxième ordre.

Nous sommes déjà à 23 pieds au-dessus du sol, et nous avons à réserver un troisième étage d'architecture pour les fenêtres. Il faut de petites colonnes. Supposons-les corinthiennes et de 7 pieds de haut : leur diamètre sera alors d'un peu plus de 8 pouces, et nous voilà dans la nécessité de les accoupler deux par deux, en les mettant l'une devant l'autre à la façon barbare. Le deuxième ordre étant interrompu aussi bien que le premier, cela nous fait pour chaque côté de la nef deux fois 6 couples, ou 48 colonnes en tout.

Je viens d'user d'un des procédés de la décadence pour disposer les colonnes. J'en introduirai un autre, qui consistera à relier les couples par des arcades. Par là les percements des tribunes sur la nef auront une hauteur d'environ 10 pieds.

J'ai dressé 24 colonnes au premier ordre et 48 au second, ce qui fait 72. Il en reste 6 pour aller à 78. Ces six seront employées deux par deux pour garnir les chambranles des trois grandes portes, comme cela est figuré sur notre planche. Deux autres portes plus petites, qui seront percées dans le mur de face, afin de compléter le nombre de cinq, n'auront pas besoin de cette décoration.

Il n'y a plus qu'à procéder à la disposition des fenêtres. Nous savons qu'on en comptait 20 dans la nef. Six ont leur place consacrée dans le mur de face : une en forme d'œil-de-bœuf au fronton et cinq sous l'entablement. Restent quatorze pour les murs latéraux, c'est-à-dire sept sur chacun des côtés.

La nécessité de tenir compte de l'œil-de-bœuf du fronton (puisque sans cela on n'arriverait pas au nombre pair voulu par le texte) nous apprend de quelle façon l'édifice était couvert. Il n'était pas plafonné. Les fermes du comble étaient apparentes et revêtues d'une décoration dont le percement du fronton favorisait l'effet. Cela nous fixe en même temps sur l'acception détournée dans laquelle Grégoire de Tours et d'autres écrivains de la décadence ont employé le mot *camera*. Ils ont entendu exprimer par là la disposition en bâtière des deux rampants de la toiture. *Camera* a été pour eux l'équivalent de *testudo*.

M. Albert Lenoir, dans sa restitution de la basilique, a réservé le haut de la nef pour l'emplacement du *chorus psallentium*, qu'il a dessiné à peu près sur le modèle de celui de Saint-Clément de Rome. Les trois entrecolonnements qui précèdent l'arc triomphal sont garnis de clôtures contre lesquelles s'appuient de droite et de gauche les ambons traditionnels. Ni Grégoire de Tours ni aucun des auteurs subséquents n'ont mentionné cette partie de l'église Saint-Martin ; mais elle est indiquée par les règles connues de l'ancienne liturgie. Elle est même prouvée indirectement par un canon du deuxième concile de Tours, lequel concile fut tenu dans la basilique en 567. *Pars illa*, y est-il dit, *quæ a cancellis versus altare dividitur, choris tantum psallentium pateat clericorum* [1]. Qui doutera qu'en s'exprimant ainsi les pères du concile aient eu devant les yeux la disposition dont ils voulaient parler ? La clôture pour les chantres est donc à mettre devant les trois ou quatre dernières travées de la nef. Je l'ai fait introduire dans mon dessin sur coupe, à l'exemple de M. Lenoir, et sans répondre de rien quant à la forme de l'ambon, que j'ignore complètement.

Je laisse de côté, pour y revenir plus tard, les dispositions extérieures de la nef. C'est du sanctuaire que je vais m'occuper à présent.

II

LE SANCTUAIRE

Si nous n'avions pour nous guider que la description contenue dans le second livre de l'Histoire des Francs, nous rétablirions le sanctuaire sur le modèle de certaines basiliques de l'Italie où cette partie présente des dimensions exceptionnelles, Saint-Paul-hors-les-Murs, par exemple. Nous supposerions un transept mesurant 45 pieds du cou-

---

[1]. Labbe, *Collectio conciliorum*, t. V, col. 854.

chant au levant, plus une abside de 15 pieds de rayon, située au fond, dans l'axe de la grande nef, et nous arriverions ainsi à la longueur de 60 pieds énoncée par Grégoire de Tours. Mais nous avons d'autres textes auxquels nous sommes également obligés de nous conformer, et de là va naître l'imprévu.

Je reviens au recueil des inscriptions de la basilique.

Au commencement, tout de suite après le titre *Incipiunt versus basilicae*, vient dans les manuscrits la rubrique *Item primus in turre a parte orientis*. Elle annonce la pièce que voici :

INGREDIENS TEMPLVM REFER AD SVBLIMIA VVLTVM
  EXCELSOS ADITVS SVSPICIT ALTA FIDES
ESTO HVMILIS SENSV SED SPE SECTARE VOCANTEM
  MARTINVS RESERAT QVAS VENERARE FORES
HAEC TVTA EST TVRRIS TREPIDIS OBJECTA SVPERBIS
  ELATA EXCLVDENS MITIA CORDA TEGENS
CELSIOR ILLA TAMEN QVAE COELI VEXIT AD ARCEM
  MARTINVM ASTRIGERIS AMBITIOSA VIIS
VNDE VOCAT POPVLOS QVI PRAEVIVS AD BONA X̄P̄Ī
  SIDEREVM INGRESSVS SANCTIFICAVIT ITER

Ces vers sont suivis de neuf autres qui, bien qu'ils n'aient qu'une seule rubrique consistant dans les mots *Item alius*, formaient cependant deux inscriptions séparées. C'est une remarque qui a été faite par l'excellent éditeur de Sulpice Sévère, Jérôme da Prato, et dont M. Le Blant, dans son *Recueil des inscriptions chrétiennes de la Gaule*, a reconnu la justesse[1].

Voici ces vers, partagés comme il convient :

INTRATVRI AVLAM VENERANTES LIMINA X̄P̄Ī
PELLITE MVNDANAS TOTO DE PECTORE CVRAS
ET DESIDERIIS ANIMVM VACVATE PROFANIS
VOTORVM COMPOS REMEAT QVI IVSTA PRECATVR.

QVISQVIS TEMPLA DEI PETITVRVS MENTE SERENA
INGREDERIS VENIAM CVLPIS DEPOSCERE SERIS
  NON ANIMO DEBES NON TITVBARE FIDE
QVAE PETIS IMPETRAS SI PVRO PECTORE POSCAS
  FIDES VT IPSE AIT SIC TVA SALVS ERIT.

---

[1]. Tome I, p. 233.

Ainsi, trois inscriptions disant à peu près la même chose, car elles expriment toutes les trois les sentiments qu'il convient d'apporter dans une église, étaient tracées sur une tour du côté de l'orient.

L'idée la plus simple qui se présente quant à l'emplacement de cette tour, c'est qu'elle était tout au fond de la basilique et qu'elle servait d'entrée.

Mais quoi? Serait-on entré par l'abside? les règles de l'ancienne liturgie s'y opposent, ainsi qu'un texte formel que je citerai tout à l'heure, d'où il résulte que le fond de l'abside de Saint-Martin était dégagé à l'extérieur [1].

La tour se serait-elle trouvée à droite ou à gauche de l'abside, dans l'axe de l'un des bas-côtés de la nef?

Outre que ce serait supposer encore une grande entrée du dehors dans le sanctuaire, il faudrait être sûr qu'au ve siècle on ait déjà connu ces grosses tours qui furent l'accompagnement ordinaire des églises au moyen âge. Or, ni le témoignage des auteurs ni les monuments n'établissent un pareil fait. Loin de là, les grosses tours, qui sont nées du besoin de loger de grosses cloches, ne sont mentionnées nulle part avant la seconde moitié du viiie siècle. C'est aussi du même temps que datent les plus anciennes constructions de ce genre. On en voit à Vérone, à Ravenne, à Rome. Il s'en faut qu'elles aient les dimensions des clochers bâtis au xie et au xiie siècle. Aucune n'est percée à sa base pour servir d'entrée; leur peu de largeur se fût opposé à cette destination. Enfin, elles accompagnent soit la façade, soit l'un des côtés de la nef, et non pas le sanctuaire.

Voilà mes objections contre l'hypothèse d'une tour d'entrée au sanctuaire de Saint-Martin. Je ne prétends pas nier par là l'existence d'une cloche dans cette église, même du temps de Perpétue. Grégoire de Tours parle à plusieurs reprises d'un instrument appelé par lui *signum*, qui annonçait la célébration des offices [2]; mais c'était certainement une petite cloche, pour la suspension de laquelle il n'y avait pas eu à construire de clocher.

L'existence d'un clocher n'étant pas admissible, il faut chercher dans un autre ordre d'idées ce que pouvait être la tour mentionnée à propos des inscriptions.

Je trouve dans plusieurs auteurs de l'époque mérovingienne la mention d'une tour qui tenait à la basilique, qui en constituait une partie essentielle, et qui cependant n'était pas clocher. Si la restitu-

---

1. Voy. ci-après, p. 48 et 49.
2. *Miracula sancti Martini*, I, 33; II, 11.

tion que j'ai en vue ne me faisait point un devoir d'être bref, je m'étendrais sur ce fait, qui est neuf. Qu'il me suffise de citer le texte le plus ancien par lequel il est mis en évidence. C'est dans les vers que Fortunat composa pour la nouvelle cathédrale de Nantes que l'évêque Félix venait de reconstruire, vers 570 [1]. Cette église était sur le plan basilical, car le poète commence par dire :

> Vertice sublimi patet aulæ forma triformis.

« Sous un comble élevé le corps de l'édifice s'étend en trois galeries. » Et aussitôt après il ajoute :

> In medium turritus apex super ardua tendit,
> Quadratumque levans crista rotundat opus.
> Altius, ut stupeas, arce accendente per arcus,
> Instar montis agens, ædis acumen habet.

Ce langage prétentieux ne saurait être rendu en français, à moins d'être paraphrasé :

« Sur le milieu, une éminence en forme de tour se dresse au-dessus de la toiture. L'ouvrage, d'abord carré, se rétrécit pour recevoir un couronnement rond. C'est comme une forteresse qui, par une succession d'étages en arcades, s'élance dans les airs pour l'étonnement du spectateur. Elle donne à l'édifice l'apparence d'une montagne qui se termine en pointe. »

Cette description ne laisse point de place au doute. Il s'agit d'une tour-lanterne posée au milieu du transept et surmontée d'un campanile. Carrée à sa naissance, elle avait pour base ces quatre grands arcs que nous trouvons encore aujourd'hui en avant du chœur de presque toutes nos églises. Eh bien, c'est d'une tour de ce genre que je suis amené à supposer l'existence dans la basilique de Saint-Martin, concluant d'une pratique si bien constatée pour le VIe siècle, qu'elle pouvait avoir déjà cours cent ans auparavant.

J'ai même quelque chose de plus que la simple probabilité. Une anecdote sur Alaric II, roi des Wisigoths, qui est rapportée dans le livre *De gloria martyrum* (cap. 92), prouve qu'avant l'an 500, il y avait une partie en élévation au-dessus de la basilique Saint-Félix de Narbonne. Le roi s'étant plaint un jour que cet édifice gênait les vues de son palais sur la campagne, un de ses ministres s'empressa de faire déposer un étage du *campanile*. Campanile est la traduction que je propose pour un mot dont personne n'a pu encore

---

[1]. *Carmina*, l. III, n. 5.

préciser le sens. Il y a dans le latin : *deponatur ex hoc aedificio una structura machinae*. Le sens propre de *machina* est un échafaudage, un étagement de pièces de bois. Or, un dessin antique qui nous a été conservé de l'église de Saint-Riquier, construite en 799, nous représente cet édifice avec deux transepts, au-dessus de chacun desquels se dégage une tour ronde surmontée d'un campanile à trois étages en retraite [1], et la façon de ce campanile est telle, qu'il n'est pas possible d'y voir autre chose qu'un ouvrage en bois de charpente. J'affirmerais, sans crainte d'être taxé de témérité, que l'*arx ascendens per arcus* de Saint-Pierre de Nantes était dans le même cas. Voilà autant de constructions auxquelles s'appliquerait parfaitement l'expression *machina*, et mon interprétation en ce qui concerne l'existence d'un campanile à Saint-Félix de Narbonne, étant prouvée par ces exemples, entraîne également l'existence d'une tour sur laquelle le campanile avait son assiette. Donc la basilique de Perpétue n'est pas la seule de son époque dont le sanctuaire se serait annoncé extérieurement par une construction élevée au-dessus du comble.

Cela étant admis, toutes les données auxquelles nous avons à répondre reçoivent leur parfaite application. Outre que la tour-lanterne recevra une partie des fenêtres dont le nombre a si fort embarrassé M. Lenormant, nos inscriptions occupent la place la plus apparente de l'édifice et la mieux appropriée à ce qu'elles expriment. Elles sont *sur la tour du côté de l'orient*, c'est-à-dire sur la partie pleine au-dessus du grand arc ouvert au fond de la nef, lequel appartient à la structure de la tour. Nous appelons cela, en archéologie, l'arc triomphal de la basilique. La face qu'il présentait à la nef regardait l'occident par rapport au sanctuaire; mais par rapport à la nef c'était l'orient, et il est visible que les inscriptions ont été copiées dans l'ordre où elles se présentaient aux visiteurs entrant dans la basilique par la nef. Comme les yeux se portaient d'abord vers le sanctuaire, c'est là, au-dessus de l'entrée, qu'avaient été mises les sentences d'introduction, et c'est par là aussi que la transcription a commencé. Puis l'auteur du livret a regardé à sa gauche, qui était le côté noble de l'église, le côté de l'évangile, et il a pris les inscriptions de la porte septentrionale. Il a pris ensuite à sa droite celles de la porte méridionale; enfin, il s'est retourné, et a copié ce qui était écrit au-dessus de la grande entrée de la façade.

---

1. Voir la gravure donnée en premier lieu par le P. Petau, *De Nithardo illiusque prosapia* (Paris, 1612); reproduite par Mabillon, *Vitæ sanctorum ordinis S. Benedicti*, sæc. IV, part. I, p. 111; et par M. Albert Lenoir, *Architecture monastique*, t. I, p. 72. (Collection des documents inédits.)

Finissons avec les trois pièces de vers qui nous arrêtent depuis si longtemps. Entremêlées de quelques motifs d'ornement, elles suffisaient pour la décoration de tout le plein du mur, la plus longue occupant le dessus de l'arc triomphal, tandis que les deux petites remplissaient les tympans aux naissances du cintre.

Nous pouvons à présent nous avancer dans le sanctuaire.

Le dessous de la tour était l'emplacement de l'autel. Je ferai de cette partie un carré de 28 pieds dans œuvre. Les murs devront être plus épais que ceux de la nef, en raison de la construction élevée au-dessus. A droite, à gauche et au fond, ils seront percés d'arcades de même cintre que l'arc triomphal. Celle du fond sera l'ouverture de l'abside sur le sanctuaire.

L'abside doit différer de celles que l'on voit dans les basiliques italiennes, attendu qu'elles n'avaient pas la même destination. L'abside des basiliques italiennes était le *presbyterium*, la place réservée à l'évêque et aux prêtres ordonnés; l'abside de la basilique de Tours était le lieu où Perpétue avait voulu que fût érigé le tombeau de saint Martin, Grégoire de Tours le dit en termes formels : *Hic (Perpetuus), submota basilica quam prius Briccius episcopus aedificaverat super sanctum Martinum, aedificavit aliam ampliorem miro opere, in cujus absida beatum corpus venerabilis sancti transtulit* [1].

Nous savons en outre que, pour faciliter la circulation du peuple autour du tombeau, une galerie contournait l'abside. Cette circonstance se déduit encore du témoignage de Grégoire, qui a mentionné deux fois un *atrium*, c'est-à-dire un espace environné de portiques, dont l'emplacement était du côté des pieds de saint Martin [2]. Or, comme saint Martin, couché dans son cercueil selon le rite chrétien, avait les pieds tournés du côté de l'orient, c'est à l'orient du tombeau, c'est à-dire dans l'abside même, que régnait l'*atrium*, et le portique nécessaire pour constituer un *atrium* devait résulter, dans la direction dont il s'agit, de ce que le mur en hémicycle de l'abside, monté sur une colonnade, était en même temps enveloppé d'une galerie.

Disposons les choses d'après ce programme.

L'épaisseur de mur de l'hémicycle, qui portait une voûte en cul-de-four, et le peu d'élévation dont je dispose en vue des fenêtres qu'il y aura à percer au-dessus de la colonnade, m'obligent à com-

---

1. *Historia Francorum*, l. X, cap. 31.
2. « In atrio quod ante beati sepulchrum habetur. » *Miracula sancti Martini*, l. II, cap. 42. « Infra ipsum atrium quod ad pedes beati exstat. » *Historia Francorum*, l. VII, c. 22.

poser celle-ci de colonnes accouplées l'une devant l'autre, ainsi que j'ai fait pour le deuxième ordre de la nef, ainsi que cela se voit au baptistère de Sainte-Constance, à Rome. Seulement je superposerai ici l'architrave aux colonnes. J'emploierai des colonnes corinthiennes de 13 pieds de haut, par conséquent de 15 à 16 pouces d'épaisseur. Au-dessus de leur entablement s'élèvera un étage en attique, puis la voûte au sommet. Voilà pour l'étagement. Un mur rond, porté à une douzaine de pieds derrière la colonnade, procurera à la fois la galerie de pourtour et la clôture de l'édifice à l'orient. La longueur voulue de 60 pieds à partir de l'entrée du sanctuaire sera atteinte dans l'axe de celui-ci.

Il reste à faire la distribution des colonnes, des fenêtres et des portes énumérées dans le texte.

Pour les colonnes, nous en avons quarante à placer, ce qui fait bien des colonnes. Mais il n'est pas nécessaire qu'elles entrent toutes dans le corps de l'édifice. Le sanctuaire des basiliques contenait beaucoup de colonnes, architravées ou reliées par des arcades, qui servaient uniquement à former des séparations ou à supporter des pièces de garniture.

Il y en a d'abord six que l'on peut regarder comme nécessaires, parce qu'elles étaient d'un usage traditionnel. Deux étaient appliquées comme ornement devant les piédroits de l'arc triomphal; quatre soutenaient le *ciborium* ou baldaquin dressé au-dessus de l'autel.

Pour la colonnade du fond, j'en emploierai douze, c'est-à-dire six couples.

Deux files de six colonnes prendront place dans chacune des arcades latérales du carré. Leur office sera celui de clôtures, car la multitude étant admise à circuler derrière l'abside, il était nécessaire que la région de l'autel fût fermée sur les côtés.

Tout cela fait trente colonnes. Je me servirai des dix qui restent pour former deux colonnades courbes qui iront des naissances de l'hémicycle à l'extrémité du tombeau placé sous l'ouverture de l'abside. Ce sera, du côté de l'autel, la clôture de l'*atrium* mentionné par Grégoire de Tours; car un *atrium* est nécessairement clos de tous les côtés.

On va trouver singulière la disposition courbe que je propose. Elle m'est suggérée par une phrase d'Odon de Cluny, dans un sermon que prononça cet illustre personnage, lorsque la basilique fut rendue au culte après un incendie qui l'avait fortement endommagée, vers 940[1].

---

1. On a rapporté jusqu'ici le sermon dont il s'agit au rétablissement de

In arcuatis porticibus, dit Odon, *voluerunt eam prisci constructores architectari, quoniam domus illa, quamvis latissima sit, turbis tamen sese imprimentibus tantum solet esse angusta, ut antipodia chori et angiposticulas, quamvis nolentes, subruant* [1].

La traduction de ce passage n'est pas sans difficulté.

D'abord, *arcuatus* a plusieurs sens entre lesquels il faut choisir. Il signifie « voûté, » ou « relié par des arcades, » ou « disposé sur un plan courbe, » et les deux premières acceptions sont presque les seules qu'on lui trouve dans le latin de la décadence. Mais l'orateur ayant voulu exprimer une disposition introduite dès l'origine comme plus favorable au stationnement de la foule, et ni des voûtes sur une galerie ni des arcades entre les colonnes d'une clôture ne répondant à ce but, il convient de s'arrêter au sens de *arcuatus*, courbe. On conçoit qu'entre la colonnade courbe du fond et une autre colonnade en contre-courbe qui faisait empiéter la région du tombeau sur le sanctuaire, il tenait plus de monde que si une clôture droite eût été établie à l'ouverture de l'abside.

Je serais bien tenté d'alléguer en faveur de ma thèse une locution dont le même Grégoire s'est servi jusqu'à trois reprises, en en variant chaque fois les termes : *absida tumuli, absida corporis, absida sepulcri* [2]. Frappé de cette persistance du vieil historien à déterminer ainsi, dans de certains cas, la signification du mot *absida*, le P. da Prato a conclu qu'il devait y avoir eu deux absides, celle de l'église et une autre plus petite dans laquelle était le tombeau [3]. Mes deux colonnades courbes opposées l'une à l'autre, et dont l'une se développait autour du mausolée, rendraient mieux raison de la distinction établie par le critique italien, si les textes devaient être entendus comme il le prétend ; mais l'un des exemples résiste à son interprétation. Il s'agit,

---

l'église après l'incendie de 903. Je partageais à cet égard l'opinion commune ; mais M. Emile Mabille, si instruit des antiquités de la Touraine, m'a fait remarquer qu'Odon de Cluny parle dans son sermon de l'abbé Étienne de Saint-Martial de Limoges, dont l'administration se place entre les années 917-934, et qu'il mentionne aussi une destruction complète de l'abbaye de Saint-Maurice en Valais, rapportée à l'an 940 par les auteurs du *Gallia christiana* (t. XII, col. 793). D'ailleurs l'incendie de 903 fut allumé lors du siège de Tours par les Normands, tandis que celui auquel fait allusion Odon de Cluny eut lieu en temps de paix, sous les yeux d'un peuple immense qui était venu assister à la fête du saint. C'est un désastre de plus à ajouter à ceux qu'ont enregistrés les chroniqueurs.

1. *Bibliotheca Cluniacensis*, p. 146.
2. *Miracula sancti Martini*, l. II, c. 47 ; l. III, c. 57 ; l. VI, c. 25.
3. *Sulpicii Severi opera*, t. I, p. 400.

en effet, d'un prêtre de campagne qui vint de nuit faire une invocation à saint Martin, et qui, n'ayant pas pu se faire ouvrir la basilique, se mit en prière les yeux tournés vers l'*abside du sépulcre*. Puisque ce personnage était dehors, on ne peut pas entendre par l'abside du sépulcre autre chose que l'abside de l'église, qui était l'emplacement du sépulcre.

Revenons à Odon de Cluny.

Le reste de sa phrase abonde dans le sens d'une colonnade en contre-courbe. J'y trouve deux mots composés qui ne sont dans aucun dictionnaire : *antipodia* et *angiposterulae*. Pour en saisir la signification, interrogeons leurs radicaux dont la valeur est connue.

Podium est un parapet, une balustrade à hauteur d'appui, et *anti* a le sens d'opposition. Ici l'opposition existe relativement au chœur, puisqu'il y a *antipodia chori*; et *chorus*, pour un homme du xe siècle, c'était la région de l'autel. Il s'agit donc de grilles, ou de tout autre ouvrage à hauteur d'appui, qui étaient posées dans les entrecolonnements pour compléter la clôture entre la région du tombeau et celle de l'autel.

Dans *angiposterulae*, il y a l'idée de passages, et de passages étroits, ménagés par derrière. Ici ce mot est pris visiblement pour désigner de petites portes qui étaient pratiquées derrière le tombeau pour passer d'une région dans l'autre.

En dernière analyse, voici ce qu'Odon de Cluny a voulu dire :

« Malgré la précaution qu'eurent primitivement les architectes de disposer les colonnades sur un plan courbe, afin de ménager plus d'espace, l'affluence est telle autour du tombeau que souvent les balustrades du côté du chœur sont renversées, ainsi que les petites portes qui y donnent accès, derrière le tombeau. »

Le dessin sur coupe du sanctuaire [Pl. III] montre comment je conçois la disposition des petites portes. On verra par le plan de la basilique [Pl. II] celle de la colonnade en contre-courbe.

Nos quarante colonnes ayant leur place assignée, nous trouverons facilement où mettre les trente-deux fenêtres.

Il y en aura douze à la lanterne, à laquelle je donnerai la forme d'un tambour monté sur des pendentifs. Je n'ai aucun renseignement direct sur ce point ; mais la forme ronde m'a semblé indiquée et par les vers de Fortunat et par le dessin de Saint-Riquier, que j'ai précédemment allégués. Toutefois une tour carrée, je me hâte de le reconnaître, conviendrait également. Aussi en laisserai-je le choix à ceux qui trouveraient que c'est trop oser que de supposer l'emploi de pendentifs antérieurement à la construction de Sainte-Sophie de Constantinople.

Je disposerai six autres fenêtres dans chacune des pièces latérales de la région de l'autel, pièces qui constituaient les bras d'un transept renfermé dans l'alignement des murs des bas-côtés de la nef.

Cela fait déjà vingt-quatre fenêtres; il en reste encore huit. Sept seront percées dans l'attique de l'hémicycle, et la dernière tout au fond de l'édifice, dans la galerie qui contournait l'abside. Grégoire de Tours a désigné celle-ci de la façon la plus claire dans son *Histoire*, à propos d'un vol commis dans la basilique en 581. Les voleurs s'introduisirent par la fenêtre de l'abside, en posant contre le mur, en guise d'échelle, l'entourage d'une sépulture [1] : ce qui nous donne l'idée d'une fenêtre qui n'était pas à plus de 6 ou 8 pieds au-dessus du sol.

Quant aux portes, on n'en comptait que trois dans le sanctuaire de la basilique. Nous en mettrons deux dans la galerie derrière l'hémicycle, pour servir d'entrée à deux pièces qui en ce temps-là avaient leur place marquée au chevet de toutes les églises : l'une, appelée *secretarium* dans la vie d'Alcuin, où il est dit qu'était le dépôt de la cire, des vêtements sacerdotaux et de tout ce qui servait à la célébration des cérémonies [2]; l'autre, mentionnée deux fois par Grégoire de Tours sous le nom de *thesaurus* [3].

Il est permis de donner à ces dépendances la forme et la dimension qu'on voudra, car elles ne sont pas comprises dans les mesures assignées à la basilique. Je les placerai derrière le bas-côté de l'abside, en ajoutant à chacune un appendice qui donnera au plan de l'édifice la forme d'un tau. Cette disposition est justifiée par ce que nous savons du *secretarium*. Il contenait un matériel si considérable, qu'il fallait qu'il eût une certaine étendue; et d'ailleurs la mention qui en est faite dans la Vie d'Alcuin vient à propos d'un incendie dont il fut la proie, et qu'il communiqua à d'autres bâtiments, preuve qu'il faisait retour sur le côté méridional.

La troisième porte est certainement celle dont parle Grégoire lorsqu'il raconte le séjour que fit à Tours Ebrulfe, ministre disgracié de Gontran [4].

---

1. « Qui, ponentes ad fenestram absidae cancellum, qui super tumulum cujusdam defuncti erat, ascendentes per eum, effracta vitrea, sunt ingressi. » L. VI, c. 10.
2. « Custos sepulcri sancti Martini, providebat qui ceram et vestimenta omnia quæ ad ipsam basilicam pertinebant, intrans cum candela accensa secretarium, quo ista servabantur, etc. » *Acta SS. ord. S. Benedicti*, sæc. IV, part. I, p. 157.
3. *Historia Francorum*, l. X, c. 19 et 31.
4. *Ibid.*, l. VII, c. 22.

Ce personnage étant venu se mettre sous la protection de saint Martin, on lui abandonna pour se loger le *salutatorium* de la basilique. On appelait ainsi une salle d'attente préparée pour l'évêque, lorsqu'il venait officier. Or une porte donnait du *salutatorium* dans l'église, porte qui ne se fermait pas comme les autres : ce qui fut cause que les femmes au service d'Ebrulfe entraient à toute heure pour aller voir soit les tableaux qui décoraient l'édifice, soit le tombeau du saint; et quand elles étaient là, elles touchaient à tout. Le prêtre portier, pour mettre un terme à ces visites, fit poser une serrure à la porte.

Bien que le récit n'explique pas où se trouvait cette porte, sa place se déduit tout naturellement de la destination du *salutatorium* qui devait adhérer au sanctuaire[1], par conséquent se trouver dans un bâtiment appliqué contre l'un des bouts du transept. Je désigne sans hésiter le côté du midi, parce que nous savons qu'à Saint-Martin les bâtiments pour l'habitation du clergé furent situés de tout temps au midi.

Nous n'avons plus qu'à placer les inscriptions qui se trouvaient dans le sanctuaire.

Il y en avait une *super arcum absidae in altari*, que je corrige *in altario*. Ces mots indiquent le dessus du cintre qui formait l'ouverture de l'abside. L'inscription consistait en une paraphrase du verset 16, ch. XXVIII de la Genèse, écrite probablement sur deux lignes, car les manuscrits reproduisent cette division :

QVAM METVENDVS EST LOCVS ISTE
VERE TEMPLVM DEI EST ET PORTA COELI.

Sidoine Apollinaire, à la demande de Perpétue, composa pour la basilique une pièce en vers hexamètres et pentamètres, qui fait partie de ses œuvres[2]. Elle accompagne une lettre à son ami Lucontius, à qui il l'avait soumise pour la corriger s'il le jugeait à propos. Nous la retrouvons sans nom d'auteur dans notre recueil, sous la rubrique *in absida*. Elle est ainsi conçue :

MARTINI CORPVS TOTIS VENERABILE TERRIS
IN QVO POST VITAE TEMPORA VIVIT HONOR
TEXERAT HIC PRIMVM PLEBEIO MACHINA CVLTV
QVAE CONFESSORI NON ERAT AEQVA SVO

---

1. La conclusion est si naturelle qu'elle a été faite à la fois par le P. da Prato (*Sulpicii Severi opera*, p. 400) et par M. Lenormant.
2. *Epistolae*, l. IV, n. 18.

NEC DESISTEBAT CIVES ONERARE PVDORE
  GLORIA MAGNA VIRI GRATIA PARVA LOCI
ANTISTES SED QVI NVMERATVR SEXTVS AB IPSO
  LONGAM PERPETVVS SVSTVLIT INVIDIAM
INTERNVM REMOVENS MODICI PENETRALE SACELLI
  AMPLAQVE TECTA LEVANS EXTERIORE DOMO
CREVERVNTQVE SIMVL VALIDO TRIBVENTE PATRONO
  IN SPATIIS AEDES CONDITOR IN MERITIS
QVAE SALOMONIACO POTIS EST CONFLIGERE TEMPLO
  SEPTIMA QVAE MVNDO FABRICA MIRA FVIT
NAM GEMMIS AVRO ARGENTO SI SPLENDVIT ILLVD
  ISTVD TRANSGREDITVR CVNCTA METALLA FIDE
LIVOR ABI MORDAX ABSOLVANTVRQVE PRIORES
  NIL NOVET AVT ADDAT GARRVLA POSTERITAS
DVMQVE VENIT XPVS POPVLOS QVI SVSCITET OMNES
  PERPETVO DVRENT CVLMINA PERPETVI.

Dans quel endroit de l'abside avait-on mis ces vers? Ou bien ils étaient divisés en deux dizains inscrits sur l'attique, des deux côtés de la fenêtre du milieu, ou bien ils occupaient sur deux lignes la frise de l'entablement supérieur. Je ne vois pas jour à une troisième hypothèse. Leur place me semble avoir été nécessairement au deuxième ordre d'architecture, parce que nous avons pour l'abside une autre inscription, qui est le titre mortuaire de saint Martin, et celle-là ne pouvait pas être ailleurs que dans la frise du premier entablement :

DEPOSITIO SCI MARTINI
III. ID. NOV. PAVSAVIT IN PACE DNI NOCTE MEDIA.

III

LES MONUMENTS DU SANCTUAIRE ET LA DÉCORATION INTÉRIEURE
DE L'ÉDIFICE

J'ai à m'occuper à présent des inscriptions du tombeau de saint Martin.

Mon travail de restitution ne serait pas complet si je m'en tenais pour ce tombeau au peu de mots que j'ai dits précédemment. C'est pour le tombeau que la basilique avait été faite. Quoique indépendant du gros œuvre, il était la pièce capitale, celle qui avait commandé toutes les dispositions du sanctuaire. Il convient donc de produire tous les témoignages d'où peut être inférée l'apparence qu'il offrait.

Il posait sur le sol à la place qui a déjà été indiquée, c'est-à-dire dans l'axe du sanctuaire, à l'ouverture de l'abside. L'auteur des *Miracles de saint Martin*, qui vivait à la fin du ixe siècle, le compare à un autel [1]. Cela nous représente une cellule étroite, de la forme d'un carré long. Elle était percée d'une porte, devant laquelle pendait un rideau [2]. Il n'est dit nulle part que les visiteurs y entrassent; mais nous savons que des cierges brûlaient dedans, et que l'*aedituus* ou surveillant de la basilique était préposé à l'entretien du luminaire [3]. Elle ne contenait pas autre chose que le corps du saint, enfermé dans un triple cercueil sous un de ces couvercles qu'on appela *freda* dans le latin des derniers siècles du moyen âge.

Les renseignements abondent au sujet de la sépulture et de ses enveloppes. C'est un point d'histoire qui a été récemment traité par M. Grandmaison, archiviste du département d'Indre-et-Loire [4], d'après l'ouvrage inachevé du chanoine Monsnyer sur l'église de Saint-Martin [5]. Il n'est pas inutile d'y revenir, les textes étant susceptibles d'une autre interprétation que celle que leur donna autrefois le savant docteur tourangeau.

Le couvercle était richement décoré de plaques d'or et de pierreries. La tradition du ixe siècle en attribuait la dépense à Perpétue [6]. On avait oublié que Dagobert l'avait fait faire ou au moins décorer à frais nouveaux par saint Éloi. C'était un des plus beaux ouvrages du grand artiste mérovingien [7].

---

1. « Fecit etiam (Perpetuus) altare quadratum et concavum ex lapidibus tabulatis, quod magna tabula cooperuit et cum aliis cæmentavit. » Dans Baluze, *Miscellanea*, t. II (in-fol.), p. 300.

2. « Pallula quæ a foris ad pedes sancti de pariete dependet. » Grégoire de Tours, *Miracula sancti Martini*, l. II, c. 50.

3. Grégoire de Tours, *Miracula sancti Martini*, l. I, c. 2.

4. *Notice sur les anciennes châsses de Saint-Martin de Tours*, dans la partie archéologique, p. 115, des *Mémoires lus à la Sorbonne dans les séances extraordinaires du Comité des travaux historiques*, année 1868.

5. *Celeberrimae sancti Martini Turonensis ecclesiae historia generalis*, ouvrage supprimé par ordre du chapitre, qui en arrêta l'impression.

6. L'auteur des *Miracles* du ixe siècle, dans Baluze, *l. c.*

7. « Praecipue beati Martini Turonis civitate, Dagoberto rege impensas praebente, miro opificio ex gemmis et auro contexit sepulcrum. » *Vita sancti Eligii*, l. I, c. 32. Le texte consulté par Monsnyer, au lieu de *contexit sepulcrum*,

Le premier cercueil, réceptacle du corps était tressé en osier [1]; le second était en *electrum* ou alliage d'or et d'argent, de l'épaisseur de deux doigts, et le dernier en laiton, d'une épaisseur d'une palme [2]. Le cercueil d'*electrum*, hermétiquement fermé et soudé, de façon à n'être jamais ouvert, avait la forme d'un coffre à cinq pans. C'est ce qui est cause que l'hagiographe du ixe siècle l'appelle *absida*; car alors *absida* voulait dire une châsse. Une inscription qui ne nous a pas été conservée attestait que cet ouvrage remontait au temps de Perpétue. Le cercueil de laiton avait la même forme et datait de la même époque ; mais, à la différence de l'autre, il s'ouvrait par une porte munie de quatre barres cadenassées.

Malgré de nombreux déplacements, motivés par des calamités de toute sorte, le coffre d'*electrum* demeura intact pendant huit cent trente ans. C'est en 1323 seulement qu'on osa l'ouvrir pour la première fois. Nous avons l'acte authentique de cette visite, qui eut lieu en présence du roi Charles le Bel [3]. Le cercueil d'osier qu'enveloppait le métal, ainsi que la sépulture elle-même, se montrèrent dans un état parfait de conservation. Le corps était enveloppé dans un suaire, par-dessus lequel des bandes d'étoffe blanche avaient été croisées et recroisées. C'était le mode d'ensevelissement usité chez les premiers chrétiens ; ce fut aussi la façon d'emmailloter les nourrissons au moyen âge, c'est pourquoi l'acte dit que le saint était enveloppé comme un petit enfant [4]. On ajoute que les bandages étaient scellés du sceau de Perpétue. Il paraît que l'*electrum* avait pâli au point d'être tout à fait blanc, car on le prit pour de l'argent. Comme on ne parle ni du coffre de laiton, ni du couvercle de saint Éloi, c'est un signe que ces pièces n'existaient plus au xive siècle.

Revenons à présent au tombeau.

Cinq pieds de large sur dix de long et autant de haut sont les dimensions qu'on peut lui assigner. Il était recouvert d'une dalle en marbre blanc, dont l'évêque d'Autun, Euphronius, avait fait cadeau à Perpétue [5].

---

portait *thecam confecit*. On voit par le chapitre 67, livre II, de la même vie de saint Éloi, que le célèbre orfèvre se rendit à Tours pour exécuter cet ouvrage.

1. « Cistella salicea. » Acte du 1er décembre 1323, dans les notes de D. Ruinart à l'édition in-fol. de Grégoire de Tours, col. 1390.
2. L'auteur des *Miracles* du ixe siècle, dans Baluze, *l. c.*
3. Notes de D. Ruinart à l'édition de Grégoire de Tours, col. 1390.
4. « Ad instar infantuli involutum et ligatum. »
5. Grégoire de Tours, *Historia Francorum*, l. II, c. 15.

On lisait en haut du monument, *desuper*, c'est-à-dire sur la frise, les vers que voici :

CONFESSOR MERITIS MARTYR CRVCE APOSTOLVS ACTV
    MARTINVS COELO PRAEMINET HIC TVMVLO
SIT MEMOR ET MISERAE PVRGANS PECCAMINA VITAE
    OCCVLTET MERITIS CRIMINA NOSTRA SVIS.

Deux autres inscriptions, qui précèdent celle-là dans le Recueil, avaient leur face *circa tumulum ab uno latere, item in alio*; et je vois se justifier par cette indication le sens que j'ai donné précédemment aux *porticus arcuatae* d'Odon de Cluny. Il y avait à droite et à gauche des choses qui jusqu'à un certain point contournaient le tombeau; c'est-à-dire les deux colonnades courbes, et c'est sur leur entablement que je poserai les inscriptions dont il s'agit. Elles étaient toutes les deux partagées en trois versets.

D'un côté :

HIC CONDITVS EST SCAE MEMORIAE MARTINVS EPS
CVIVS ANIMA IN MANV DEI EST SED HIC TOTVS EST
PRAESENS MANIFESTVS OMNI GRATIA VIRTVTVM

De l'autre :

CERTAMEN BONVM CERTAVIT CVRSVM CONSVMMAVIT
FIDEM SERVAVIT DE CAETERO REPOSITA EST ILLI CORONA
IVSTITIAE QVAM REDDET ILLI DNVS IN ILLA DIE IVSTVS IVDEX

Outre le monument qui vient d'être décrit, il y avait encore le sarcophage dans lequel avait été enfermé d'abord le corps de saint Martin, et que l'évêque Perpétue retira de terre lors de la levée du corps [1]. Il fut décoré aussi par saint Éloi, preuve qu'il était en vue dans l'église [2]; mais nous ignorons absolument la place qu'il occupait.

L'autel, afin de répondre à une prescription observée dès les plus anciens temps, aurait dû, par sa position, se rattacher au monument sépulcral. Il n'en est rien. Ces deux pièces de construction étaient séparées. Il y avait entre l'une et l'autre un intervalle assez spacieux

---

1. Grégoire de Tours, *Miracula sancti Martini*, l. I, c. 6.
2. « Et aliam (tumbam) ubi corpus B. Martini dudum jacuerat, urbane composuit. » *Vita sancti Eligii*, l. I, cap. 32.

pour que les possédés y fussent admis [1]. Ils y passaient la journée, prosternés sur le carreau. Le siège de l'évêque et l'exèdre des prêtres devaient se trouver aussi dans le même intervalle : de sorte que tout s'accorde pour qu'on place l'autel vers l'entrée du sanctuaire.

On se souvient que j'ai disposé de quatre colonnes pour supporter le *ciborium* qui devait compléter l'autel. Aucun témoignage ne nous instruit de la présence d'une confession sous cet ensemble. S'il y en avait une, on ne voit guère quel objet elle pouvait recéler, à moins que ce n'ait été le sarcophage, réceptacle primitif du corps.

Autour de l'autel régnait une balustrade dont Alcuin parle dans une de ses lettres [2]. Dans le temps que cet homme illustre était abbé de Saint-Martin, un clerc sous le coup d'une accusation grave vint chercher asile dans la basilique. L'archevêque amena pour l'arrêter des gens armés qui ne craignirent pas de pénétrer *intra cancellos altaris*. Ils n'y restèrent pas longtemps, parceque les moines qui desservaient alors l'église s'employèrent tous ensemble à faire cesser cette profanation.

Avec le secours des inscriptions, nous mettrons encore quelque chose dans le sanctuaire. Le Recueil nous fournit en effet la pièce suivante en l'honneur de reliques réunies des saints Jean, Félix, Victor, Gervais et Protais :

QVINQVE BEATORVM RETINET DOMVS ISTA CORONAS
QVORVM SI TITVLVM RELEGAS ET NOMINA NOSCES
IN COELIS QVAE SCRIPTA MANENT SEMPERQVE MANEBVNT
HIC OVAT EX VTERO SCVS BAPTISTA IOHANNES
HIC FELIX VICTORQVE PII GERVASIVS ALMVS
PROTASIVSQVE SACER SVNT HIC PER SAECVLA TESTES
QVI VERAM DOCVERE FIDEM CRVCE SANGVINE MORTE
IVNCTI QVINQVE SIMVL DIGITI DE CORPORE XPI
EFFICIVNT CELSAM MAGNO CERTAMINE PALMAM
PERPETVIS DIGNISQVE DEO QVAM FLORIBVS ORNANT.

La rubrique qui désigne l'emplacement de ces vers est altérée dans tous les manuscrits que j'ai pu consulter. Voici les diverses leçons : *in memoria securi re* (n° 5580, de la Bibl. imp., IX° siècle);

---

[1]. « Inter altarium et sanctum tumulum decubantes. » Grégoire de Tours, *Miracula sancti Martini*, l. I, c. 38.

[2]. Elle se rapporte à l'année 803. On la trouve dans D. Bouquet, *Scriptores rerum francicarum*, t. V, p. 619.

in memoria securi rem (n° 5325, 5583, 5584, 15032 de la Bibl. imp., IX°, X° et XI° siècles); *in memoria securi remigii* (n° 12259 de la Bibl. imp., XII° siècle); *in memoria secli rememor.* (n° 10848 de la Bibl. imp., ms. exécuté entre 846 et 849). Le ms. de Quedlinbourg publié par Eckard portait : *commemoratio sanctarum reliquiarum hujus domus.*

Sauf la dernière variante, qui est une paraphrase où a été supprimée la mention de l'emplacement, les autres leçons ne font qu'attester l'embarras des copistes en présence d'un texte très abrégé et où se trouvaient probablement des termes d'un emploi peu fréquent. Le commencement *in memoria* n'était pas dans ce cas; aussi a-t-il été bien lu par tout le monde.

Memoria pourrait très bien s'entendre d'une confession sous l'autel, et alors cesserait l'incertitude que j'ai laissée paraître tout à l'heure. L'autel aurait été sanctifié par les reliques des saints dénommés dans l'inscription. Je n'ai pas cru devoir m'arrêter à ce parti, pour deux raisons.

La première est que l'autel, même avant les travaux de Perpétue, fut placé sous l'invocation de saint Martin. Son titre fut constaté d'abord par une inscription à la gloire du saint, qui était gravée sur une couronne suspendue au *ciborium* [1]. D'ailleurs cet autel s'élevait sur le lieu même où le grand évêque avait été momentanément inhumé; il n'avait pas besoin d'autre chose pour sa consécration.

En second lieu, si *memoria* avait le sens de confession, il faudrait absolument s'arrêter, pour les mots qui suivent, à la leçon *securi remigii*, qui est celle du manuscrit le plus récent, et dans laquelle *remigii* est évidemment une conjecture suggérée au copiste par l'abréviation *re.* ou *rem.* des manuscrits anciens. L'explication serait alors que les vers inscrits sur la *memoria* avaient pour auteur un personnage appelé Securus Remigius. C'est l'opinion à laquelle s'est arrêté M. Le Blant [2].

Je trouve plus de vraisemblance dans une leçon bien différente recueillie par Marini, quoique ç'ait été d'après un manuscrit très vague-

---

1. « Inde altare Dei gressu temerare profano Ausus et intuitus furialia vota secutus, Abripuit sanctam dextra vellente coronam. Quæ meritum sancti propter conjuncta docebat. » Paulin de Périgueux, *Vita sancti Martini*, l. VI, v. 223. Il s'agit de l'autel primitif dédié par saint Brice. Lorsque le corps eut été levé et mis dans le mausolée que Perpétue avait fait construire, la même couronne fut suspendue au-dessus du cercueil. Grégoire de Tours, *Miracula sancti Martini*, l. I, c. 2.

2. *Inscriptions chrétiennes de la Gaule*, t. I, p. 245.

ment indiqué et que ce savant n'avait pas vu de ses yeux[1]. Ce texte, en remplaçant *securi* par *secus* suivi d'un accusatif, détermine l'emplacement de la *memoria*. Celle-ci devient alors un tombeau en forme de petite chapelle, un édicule dans le genre du mausolée de saint Martin, lequel aurait été élevé dans le sanctuaire, le long de quelque chose.

Quelle chose ?

Le manuscrit consulté par Marini portait *secus ramum*, ce qui voudrait dire, le long d'un candélabre à plusieurs branches où brûlaient des cierges. Mais il y a à objecter que *ramus* avec ce sens n'apparaît que dans les bas siècles du moyen âge, et que d'ailleurs on ne peut pas dire d'un objet qu'il est situé le long d'un autre quand cet autre n'a pas d'étendue, comme c'est le cas d'un candélabre. Me reportant à l'écriture cursive romaine, qui a causé l'embarras des copistes, et cherchant un mot qui n'ait pas été de ceux dont on se servait fréquemment, je propose *secus repam*. *Repa* a été pour quelques auteurs de l'époque barbare l'équivalent de *ciborium* [2]. Je me figure par conséquent la *memoria* placée sur un des flancs de l'autel, entre le *ciborium* et la clôture latérale du chœur.

Dans ma pensée, cet édicule était à gauche, du côté de l'évangile, tandis que du côté de l'épître il y avait la colonne isolée que j'ai réservée depuis le commencement pour figurer comme pièce d'ameublement dans le sanctuaire. Elle devait accompagner un pupitre monumental. L'existence de cet accessoire me semble indiquée par des vers à la suite de ceux qu'on vient de lire. Cette nouvelle pièce s'annonce par un titre que les éditeurs ont longtemps méconnu, parce qu'il avait été fourré dans le texte. C'est le mot *Eusebii*, qui donne un pied et demi de trop au premier vers. Il suffit de l'isoler pour rétablir le mètre. C'est ce qu'a fait M. Le Blant, en émettant l'opinion que le nom Eusebius était celui de l'auteur [3].

EVSEBII.
SI TIBI SCA FIDES SI XPO DEDITA MENS EST
PONTIFICIS SACRI MERITORVM ET MOLE PERENNIS
HIC STVDIOSE POTES MARTINI DISCERE LECTOR
ORTVM MILITIAM NATALEM FESTA PARENTES
DOCTRINAM MORES PRAECONIA BELLA TRIVMPHOS
SVPPLICIA PATRIAM DISCRIMINA DICTA LABORES
PRAEMIA VIRTVTES AEVVM PRAECONIA LAVDES.

---

1. Maï, *Scriptorum veterum nova collectio* (in-4°), t. V, p. 143, note.
2. *Glossaire de Du Cange.*
3. *Inscriptions chrétiennes de la Gaule*, t. I, p. 245.

On voit par le sens de ces vers qu'ils annonçaient un manuscrit de la vie de saint Martin, sans doute celle de Sulpice Sévère. Étaient-ils tracés sur le manuscrit lui-même? Je ne le pense pas, parce que le Recueil est celui des inscriptions de la basilique. Son titre, *Versus basilicae*, ne convient qu'aux légendes et sentences qui figuraient dans la décoration du monument. De là mon idée d'une petite construction sur laquelle était exposé à demeure le manuscrit. Sa face est l'emplacement que j'assigne à l'inscription.

M. Le Blant a dit qu'il ne serait pas éloigné de voir dans Eusèbe le personnage du même nom à qui Sulpice Sévère a adressé son épître *Contra aemulos virtutum beati Martini*. Ce rapprochement me paraît tout à fait digne de considération. Eusèbe était un prêtre de l'école de saint Martin, qui devint ensuite évêque [1]. Il est très possible qu'il ait été non seulement l'auteur des vers qui annonçaient le manuscrit, mais le donateur du manuscrit lui-même, auquel cas ce livre, avant de figurer dans le sanctuaire de la basilique de Perpétue, aurait déjà eu sa place près de l'autel construit en premier lieu sur la sépulture du saint. On peut croire que Perpétue, faisant refaire le meuble qui le supportait, consacra la mémoire d'Eusèbe en ordonnant qu'on mît dessus son portrait dans un médaillon, et c'est comme légende de ce portrait que je m'explique la présence du nom.

Il ne me reste plus qu'à placer deux inscriptions, les dernières du Recueil. Elles sont en prose, et la première est conçue de telle sorte que la plupart des éditeurs ne l'ont pas prise pour une inscription. C'est presque mot pour mot la description de la basilique qui est dans l'*Histoire ecclésiastique des Francs*, celle-là même d'après laquelle j'ai fait ma restitution; de sorte qu'on a pensé qu'elle avait été empruntée à Grégoire de Tours à titre de renseignement, et dans cette supposition, le Recueil des inscriptions a été jugé postérieur à la publication de l'ouvrage de Grégoire.

Ce n'est pas l'opinion du P. da Prato, que j'ai déjà cité comme le plus judicieux critique qui ait travaillé à ce sujet. Selon cet érudit, le Recueil fut composé avant l'épiscopat de Grégoire; la description se lisait quelque part dans la basilique, et loin qu'elle ait été empruntée à l'historien des Francs, c'est celui-ci qui l'a prise pour l'introduire dans son récit [2]. Comme j'ai allégué ci-dessus la preuve évidente que le Recueil est antérieur, non-seulement à l'épiscopat de Grégoire de Tours, mais même à l'incendie de l'église en 558;

---

1. Sulpice Sevère, *Dialogus de virtutibus B. Martini secundus*, c. 9.
2. *Sulpicii Severi opera*, t. I, p. 394.

comme la pièce qui suit la description, dans le Recueil, est le propre de saint Martin conçu en style d'inscription (Grégoire de Tours s'en est aussi emparé, mais en en changeant les termes) ; que d'ailleurs les deux morceaux sont dans un même ordre d'idées, ainsi qu'il convient à deux textes qui se seraient correspondu dans le monument, l'opinion du P. da Prato est pleinement justifiée pour moi. Je mettrai chacun de ces textes dans une des pièces latérales du sanctuaire.

Sur le mur septentrional :

BASILICA SCI MARTINI ABEST E CIVITATE PASSVS QVINGENTOS FERE ET QVINQVAGENTA HABET IN LONGO PEDES CENTVM SEXAGINTA IN LATO SEXAGINTA HABET IN ALTO VSQVE AD CAMERAM PEDES XLV FENESTRAS IN ALTARIO XXXII COLVMNAS XLI IN TOTO AEDIFICIO FE-NESTRAS LXXII COLVMNAS CENTVM VIGINTI OSTIA OCTO TRIA IN ALTARIO QVINQVE IN CAPSO.

Sur le mur méridional :

III. IDVS NOVEMBRIS DEPOSITIONEM SCI MARTINI ESSE NOVERIS VNDECIMA DIE MENSIS MISSAM CELEBRABIS IV NONAS IVLIAS ORDINATIONEM EPISCOPATVS TRANSLATIONEM CORPORIS DEDICATIONEM BASILICAE ESSE COGNOSCE IV DIE IPSIVS MENSIS MISSAM DEVOTISSIME CELEBRABIS HOC SI FECERIS ET IN PRAESENTI SAECVLO ET IN FVTVRO PATROCINIA ILLIVS PROMEREBERIS LEGE VT CREDAS CREDE VT VIVAS IN AETERNVM.

J'ai supprimé les mots *solemnitates basilicae sancti Martini* qui sont en tête et qui me paraissent être un titre ajouté. Pour achever de se convaincre du véritable caractère de ce texte, il n'y a qu'à le comparer avec la paraphrase qu'en a faite Grégoire de Tours, car les changements introduits tendent visiblement à ce que la chose ait moins l'air d'une inscription :

Sollemnitas enim ipsius basilicae triplici virtute pollet, id est dedicatione templi, translatione corporis sancti, vel ordinatione ejus episcopatus. Hanc enim quarto nonas julias observabis ; depositionem vero ejus tertio idus novembris esse cognoscas. Quod si fideliter celebraveris, in preasenti saeculo et in futuro patrocinia beati antistitis promereberis [1].

---

1. *Historia Francorum*, l. II, c. 14.

Quant au texte de la description, il est à remarquer qu'on n'y trouve pas le terme *in capso viginti*. Ces mots sont par conséquent une interpolation de Grégoire de Tours. Il les a ajoutés comme éclaircissement ; mais c'est un éclaircissement malheureux, qui a troublé la symétrie du discours et fait naître l'incertitude sur celle des parties de l'édifice à laquelle il convenait d'attribuer les quarante et une colonnes. Le doute n'est pas possible avec le texte qui dit *fenestras in altario* XXXII, *columnas* XLI. C'est au sanctuaire que ce nombre de colonnes appartient.

Une autre différence importante est dans le nombre total des fenêtres que l'inscription porte à 72 ; mais sur ce point l'énoncé de Grégoire, qui n'en admet que 52, est tellement positif, que j'ai pu le préférer à un chiffre dans la transcription duquel l'erreur est supposable.

En fin de compte, ma discussion préliminaire pour établir que l'église Saint-Martin n'eut pas la forme d'une rotonde, loin d'avoir perdu de sa force, en acquiert une nouvelle ; car, d'un côté, le texte dont je me suis servi donne, étant rétabli dans sa pureté, le sens que j'en avais tiré par induction ; et, d'autre part, j'ai pu raisonner comme si ce texte appartenait en propre à Grégoire de Tours, puisqu'il est démontré à présent que Grégoire y a mis du sien là où il ne l'a pas trouvé assez expressif.

L'église, du temps de Grégoire de Tours, contenait un certain nombre de tombeaux. C'étaient ceux des évêques ses prédécesseurs. Le nombre augmenta par la suite. Des princes, des personnages éminents à divers titres, eurent leur sépulture dans l'enceinte consacrée à l'apôtre des Gaules. Nous sommes loin de les connaître tous. J'indiquerai ceux dont j'ai trouvé la mention dans les documents.

Perpétue, comme fondateur de la basilique, avait sa place aux pieds du saint [1]. Son tombeau eut une certaine apparence. Il nous est facile de nous le figurer, parce que tous les tombeaux de ce temps, où l'on mettait les personnes de marque, étaient faits sur le même modèle. C'étaient des sarcophages de marbre avec des sujets historiés ou des emblèmes religieux sculptés sur les faces. Voici l'épitaphe qui nous a été conservée ; mais ce n'est pas dans le livret des inscriptions qu'on la trouve :

**CVLMINA SVBLIMI TOLLVNT QVAE VERTICE CRISTAS
EXIMIVS MERITIS PERPETVVS DEDERAT**

---

1. *Historia Francorum*, l. X, c. 31.

```
DOMNO MARTINO CVIVS SVB MARMORE PAVSANT
  OSSA VENERATVR QVAE PIA PLEBS PRECIBVS
HAEREDEM SCRIPSIT XPVM ATQVE AVREA MVLTA
  SACRANDO DNI VASA CRVORE DEDIT
TRANSMISIT COELO QVAE PLVRIMA CESSIT EGENIS
  FECIT ET ANTE SVAS SCANDERE DIVITIAS
CLARVS AVIS ATAVISQVE POTENS FVIT ATQVE SENATOR
  CLARIOR AT SVA DVM PAVPERIBVS TRIBVIT
SED NEQVE MARTINO SOLI TAM GRANDE SEPVLCRVM
  CONSTRVXIT TVMVLVM FECIT ET ESSE SVVM
ET LICET ANTE PEDES MARTINI CONTVMVLETVR
  IN COELO SIMILI GAVDET VTERQVE LOCO
RESPICE DE SVPERIS SVPER HOC BONE PASTOR OVILI
  PERPETVVSQVE TVAM PERPETVA PATRIAM [1].
```

Quant à la situation précise du monument, celle qui répondrait le mieux à l'indication qui nous est donnée par ces vers aurait été l'entrecolonnement de l'abside situé dans l'axe de l'édifice. C'est là qu'il aurait le moins gêné l'abord de la cellule devant laquelle se pressaient les adorateurs.

Briccius ou saint Brice, auteur de l'église qui précéda celle de Perpétue, fut transféré dans cette dernière aussitôt qu'elle fut achevée. Il y occupait une place d'honneur, que je suppose avoir été le dessous de la fenêtre percée au fond du chevet. Par la suite du temps, des miracles s'accomplirent sur son tombeau. A cause de la dévotion qui s'était attachée à ce monument, saint Éloi le décora d'un bel ouvrage de sa façon [2].

Nous rangerons des deux côtés de saint Brice, dans la galerie qui contournait l'abside ainsi que dans les pièces latérales du chœur, les tombeaux de Licinius ou saint Lézin, évêque contemporain de Clovis, de Théodore et de Procule, qui se partagèrent les fonctions de l'épiscopat par la volonté de la reine Clotilde, de Dinifius, d'Ommatius, de Léon, de Francilion, d'Injuriosus, de Baudin, de Gunthaire et d'Euphrone. Ils sont tous nommés par Grégoire de Tours [3]. On peut supposer que leurs sarcophages occupaient des niches pratiquées dans les murs de clôture. C'est ainsi que les tombeaux étaient dispo-

---

1. D. Luc d'Achery, *Spicilegium*, III, 304.
2. *Vita sancti Eligii*, l. I, c. 32.
3. *Historia Francorum*, l. X, c. 31.

sés dans les salles de dégagement des catacombes, et qu'ils le furent plus tard dans les basiliques, afin de ne pas gêner la circulation. Le renfoncement en forme d'arche qui les abritait s'appelait *arcosolium* ou *arcus*. Le tombeau de Dagobert, dans la basilique primitive de Saint-Denis, fut placé *sub arcu*, au dire de l'auteur de la Vie de saint Éloi [1].

Il est certain que Grégoire de Tours n'eut pas sa sépulture disposée ainsi. Par humilité, il en avait choisi l'emplacement de telle sorte que son corps fût sous les pieds des allants et venants, et que la pensée ne vînt à personne de lui rendre aucun hommage. La postérité ne se conforma point à son intention. Il fut levé de terre et transféré dans un mausolée somptueux à gauche de la cellule de saint Martin [2].

Un illustre romain appelé Jean, qui était préchantre, *archicantor*, de la basilique de Saint-Pierre du Vatican et abbé de Saint-Martin de Rome, mourut à Tours en 680, à son retour d'une légation en Angleterre. Il fut inhumé dans la basilique [3].

Pareil honneur fut accordé au IX° siècle à Alcuin, le plus célèbre abbé de la communauté de moines qui remplaça pendant deux cents ans les prêtres réguliers de Saint-Martin ; à la reine Luitgarde, femme de Charlemagne, qui mourut en 800, pendant un séjour qu'elle fit dans le monastère ; à l'impératrice Judith, veuve de Louis le Débonnaire, enfin à divers archevêques de Tours de l'époque carolingienne, dont on trouvera la mention dans le *Gallia Christiana*.

Il y aurait encore à déterminer l'emplacement d'un certain puits qui existait déjà dans la petite église bâtie en premier lieu par saint Brice, car il est mentionné par Paulin de Périgueux [4]. Grégoire de Tours nous apprend qu'il fut conservé dans la reconstruction de Perpétue [5]. Maintes fois, nous dit cet auteur, des énergumènes s'y précipitèrent, et ils y arrivaient en sautant par dessus les balustrades de la basilique, *per cancellos basilicae*. Comme il y avait des balustrades à la nef aussi bien qu'au sanctuaire, je ne vois pas la possibilité de se prononcer pour l'une plus que pour l'autre de ces deux régions.

---

1. L. I, c. 33.
2. Odon de Cluny, *Vita sancti Gregorii*, cap. 25.
3. Mabillon, *Annales ordinis sancti Benedicti*, t. I, p. 512.
4. « Quin etiam in puteum, qui templo clausus in ipso, Fonte salutiferas eructat concavus undas. » *Vita sancti Martini*, l. VI, v. 56.
5. *Miracula sancti Martini*, l. II, c. 2.

Les textes étant épuisés pour ce qui concerne les dispositions et constructions de l'intérieur, avant de passer à celles du dehors, je compléterai par quelques indications l'idée qu'il faut se faire de la décoration qui accompagnait l'architecture. Mon unique autorité sur ce point est le sermon du x° siècle que j'ai cité précédemment. Odon de Cluny dépeint tour à tour la nef et le sanctuaire.

Pour la nef, l'ornement consistait en un revêtement de marbre blanc, rouge et vert : *nunc et crustulis marmoreis intus obducta erat; nam interdum protonisso* (corr. *Proconneso*) *marmore paries rubicundus, nunc Pario candidus, nunc quoque prasino viridis, varium et satis pulchrum schema proferebat.*

La région du tombeau devait son effet à des sujets représentés sur les murailles, aux fenêtres incrustées de verre bleu, et à une décoration, souvent répétée, de croix qu'on avait figurées avec des lames d'or : *nunc tamen et histriatis parietibus, et vitreis saphiro subornatis, quin et bracteolis aureis decussata, non parum intuentes oblectabat.*

Il est bon de remarquer que le religieux de Cluny ne parlait de tout cela que par ouï-dire. C'était l'état des choses après la seconde dévastation de l'église par les Normands, en 878. Il se l'était fait dire par les plus vieux chanoines du chapitre de Saint-Martin. Ainsi, dès la fin du IX° siècle, on ne parlait plus des tableaux de la nef, et au contraire l'attention était attirée au sanctuaire par une décoration figurée, sur laquelle se taisent les plus anciens documents.

Afin de ne rien omettre, je dirai qu'il y a une trentaine d'années, en reconstruisant l'une des maisons qui couvrent aujourd'hui l'emplacement de la basilique, on trouva quelques parties d'un pavement en mosaïque. La Société archéologique de Touraine en a recueilli des morceaux, qu'elle conserve dans son musée. Le dessin représente des motifs d'ornement d'une exécution peu soignée; il est formé avec des cubes de marbre blanc, de terre cuite et de lave d'Auvergne.

IV

L'EXTÉRIEUR ET LES DÉPENDANCES DE LA BASILIQUE

La première chose qu'il y ait à faire à l'extérieur de la basilique est d'y ajouter des escaliers pour monter aux tribunes des bas-côtés. Je les mettrai dans les bâtiments d'habitation, dont on verra tout à l'heure que la nef était flanquée au midi et au nord. Ils n'auront pas de dégagement au rez-de-chaussée de l'église, parce qu'il n'y a pas à percer une porte de plus que celles dont l'emploi a été déterminé.

Le dehors des basiliques fut partout d'une simplicité extrême. Le plus grand luxe qu'elles aient comporté consistait en un revêtement de mosaïque sur la façade. Saint-Martin posséda une décoration de ce genre. C'est encore Odon de Cluny qui nous l'apprend : *foris aureolis, saphirinis atque musivis fulgebat lapillis* [1].

Mais ce qui distinguait cette église entre toutes les autres, ce qui la faisait considérer comme la merveille de la Gaule, c'était sa toiture recouverte avec des plaques de l'étain le plus pur. Ce somptueux tuilage ne datait pas du temps de la première construction. Il fut exécuté sous l'épiscopat d'Euphrone, le prédécesseur immédiat de Grégoire de Tours, et aux frais de Clotaire Ier, qui voulut expier par cette offrande le dommage causé par la faute de Wilichaire [2].

L'étain de la toiture de Saint-Martin périt dans les incendies allumés par les Normands. La destruction toutefois ne fut pas si complète qu'il n'en restât encore quelque chose au milieu du Xe siècle [3]; mais c'étaient des fragments sans importance, qui ne contribuaient plus à l'effet du monument.

Les vieillards consultés par Odon de Cluny lui parlèrent aussi de quelque chose qui s'était élevé jadis au-dessus du sanctuaire, comme une montagne d'or [4]. Comme je retrouve ici l'expression *machina*, que j'ai précédemment discutée et rendue par campanile, je conclus à l'existence d'un campanile en bois doré qui surmontait la tour-lanterne. Si je me suis tu sur cette circonstance lorsque j'ai traité la question de la tour, c'est que trouvant dans mes notes que cette partie de l'édifice fut détruite par le feu et rebâtie en 801 [5], j'ai pensé que le campanile avait pu dater seulement de cette reconstruction, et qu'il n'était pas à propos de le faire figurer dans un état des lieux dressé principalement d'après les documents du VIe siècle [6].

---

1. *Sermo* IV, *de combustione Sancti Martini*, dans la *Bibliotheca Cluniacensis*, p. 146.
2. Grégoire de Tours, *Historia Francorum*, l. IV, c. 20; l. X, c. 31, n° 18.
3. « De his quaedam adhuc indicia sunt. » Odon de Cluny, l. c.
4. « Quosdam grandaeviores fratres vidimus, qui ita testabantur dicentes quod machina domus contra solem resplendens quasi monticulus aureus videbatur, et tam gratam speciem cernentibus repraesentabat, ut gloriam beati Martini quodam modo testaretur. »
5. Il m'a été impossible de retrouver la source de ce renseignement. Je crois me souvenir qu'il me fut fourni dans le temps par André Salmon, qui a fait tant de recherches sur l'histoire de la Touraine.
6. Il y a bien dans le livre I, c. 38, des Miracles de saint Martin la mention d'une

Essayons à présent de remettre à leur place les nombreuses dépendances de la basilique.

Nous savons que les prêtres attachés à son service y avaient leur demeure. Ils formaient une communauté sous la direction d'un supérieur qui, dès l'origine, porta le titre d'abbé. Cependant ils ne furent pas moines, ou du moins ils ne le devinrent qu'au VIIe siècle, et cessèrent de l'être au IXe. Grégoire de Tours, lorsqu'il parle d'eux, leur donne le nom de *clerici* [1]. Ils mangeaient en commun. A leur table, *convivium basilicae*, étaient admis les hôtes de la maison, et, à certains jours, des citoyens de la ville qu'on invitait [2].

L'abbé habitait une petite maison à part, *cellula abatis* [3]. Il n'était pas un abbé comme ceux du moyen âge, qui tinrent leur pouvoir de l'élection. On ne doit voir en lui qu'un délégué, un vicaire de l'évêque; car l'évêque était maître absolu dans la basilique. Celle-ci n'était qu'un dédoublement de la cathédrale, à ce point que la célébration des offices était partagée entre les deux églises [4]. C'est pourquoi un appartement, dont le *salutatorium* était la pièce principale, avait été disposé pour l'évêque.

Voilà déjà bien des logements. Ce n'est pas tout. Grégoire de Tours nous apprend que, de son temps, il y avait dans l'aître de Saint-Martin un couvent de femmes, où une princesse mérovingienne, fille du roi Caribert, vécut retirée, il vaudrait mieux dire entretint le désordre [5], pendant plusieurs années. Le même auteur mentionne encore, comme un institut différent de celui-là, un petit groupe de religieuses vivant autour d'une recluse, sainte Monégonde, qui s'était retirée dans une cellule de la basilique [6].

Enfin l'enceinte sacrée contenait encore des appartements pour recevoir des personnages de distinction, des chambres où étaient admis certains malades qui attendaient leur guérison de saint Martin, d'autres pour les domestiques attachés au service des nombreux habitants de la maison, enfin un établissement de charité, *matricula*, dont

---

machina à laquelle monte un frénétique pour se jeter de là sur le sol de l'église; mais les expressions dont se sert Grégoire de Tours dans ce récit n'indiquent pas autre chose qu'un échafaud dressé pour réparer le comble : *Machinam, quae sanctae camerae erat propinqua conscendens.*

1. *Historia Francorum*, l. IV, c. 11; l. V, c. 19; l. VII, c. 22.
2. *Ibid.*, l. VII, c. 29.
3. *Ibid.*, l. VII, c. 29.
4. *Ibid.*, l. X, c. 31; n° 6.
5. *Ibid.*, l. IX, c. 33; l. X, c. 12.
6. « In cellula parva consistens... ibique paucas colligens monachas, cum fide integra et oratione degebat. » *Vitæ patrum*, c. XIX, n° 2.

l'administration était assez considérable pour avoir été tenue en bénéfice au VIIIe siècle[1].

Avant d'essayer de remettre chaque chose à sa place, il est bon de se reporter à la configuration de la Collégiale telle qu'elle subsista jusqu'en 1801, époque de sa démolition. Je décrirai sommairement l'état des lieux d'après un plan que m'a fait l'amitié de me communiquer M. Grandmaison, archiviste du département d'Indre-et-Loire.

Un vaste cloître, appuyé au flanc méridional de l'église et donnant entrée dans celle-ci par une grande porte, commandait les bâtiments du chapitre. Des dépendances, séparées par des jardins et par des cours, se prolongeaient au delà, du côté du sud et de l'ouest. Le chevet, et tout le côté septentrional de l'église depuis le chevet jusques et y compris le transept, étaient complètement dégagés. A partir de là commençait une épaisseur de maisons entre lesquelles s'ouvrait d'abord une rue courte conduisant à une porte latérale percée sur la nef, puis une autre rue à peu près parallèle à la première, dont le débouché était sur l'aître ou parvis de Saint-Martin. C'était une cour plus longue que large. La façade de l'église s'élevait sur un côté et des bâtiments sur les trois autres.

Ainsi l'église n'était pas au milieu de l'îlot occupé par l'établissement. Aboutissant vers l'angle nord-est, elle suivait d'assez près la bordure septentrionale. Il dut en être toujours ainsi ; car si quelque chose fut changé dans les reconstructions successives, ce ne fut ni l'emplacement du sanctuaire, ni la direction des rues qui limitaient la propriété. On voit d'ailleurs avec quelle persistance les anciennes dispositions furent conservées, puisque dans l'église démolie en 1801, laquelle était la troisième depuis la destruction de la basilique, il y avait encore, comme dans celle-ci, une porte percée de chaque côté de la nef.

Rétablissons d'abord devant la façade de l'édifice l'*atrium*, indiqué dans l'état moderne par la cour longue dont il a été fait mention ci-dessus. Des constructions l'avaient envahi au moyen âge. Primitivement il formait un carré spacieux environné de portiques (voir le plan général, [pl. V] lettre A). C'est là que Clovis se montra pour la première fois au peuple avec les insignes du consulat, que lui avait envoyés l'empereur Anastase. Il en avait été revêtu dans la basilique même[2]. Des pèlerins se tenaient des journées et des semaines entières

---

1. « Wido, laicus, matriculam beati Martini Turonensis in beneficii jure, Teutzindo haec eadem largiente, aliquandiu post obitum illius tenuit. » *Chronicon Fontanellense*, cap. 15.

2. Grégoire de Tours, *Historia Francorum*, l. II. c, 38.

sous les galeries ; il y avait des cellules où quelques-uns étaient admis à passer la nuit [1]. L'*aedituus* ou gardien de la basilique avait son logement près de l'entrée [2]. Des croix de pierre, des édicules contenant des reliques, de petits monuments élevés en mémoire des guérisons miraculeuses, garnissaient le pourtour, et étaient devenus autant de stations devant lesquelles on se livrait à la prière ou à des superstitions tolérées plutôt qu'autorisées [3].

Des bâtiments adossés au portique du nord devaient se prolonger jusqu'à la hauteur de la porte latérale de l'église, et la finir sur une clôture ou se retourner d'équerre pour former l'un des côtés de la rue qui conduisait à cette porte (BB du plan). Je ferai de cette dépendance le monastère de femmes dont l'existence nous est connue En cela je m'éloigne de l'opinion de Dom Ruinart, et de tous les annotateurs de Grégoire de Tours après lui. Les religieuses de Saint-Martin, suivant eux, auraient eu leur demeure autour de l'église de l'Écrignole, *Scriniolum*, qui se trouvait un peu plus loin que le chevet de la basilique, du côté méridional. La raison qu'on allègue pour légitimer cet emplacement est que l'Écrignole appartenait à une communauté de femmes au commencement du XIe siècle. J'ai une raison meilleure, qui est l'interprétation rigoureuse de ce que dit Grégoire de Tours. Son témoignage est précis. C'est dans l'aître de Saint-Martin, et non autour de l'Écrignole, qui ne fut jamais dans l'aître de Saint-Martin, que le monastère de femmes avait été établi [4]. Le choix que j'ai fait du côté nord de l'aître est justifié par la convenance. Des religieuses devaient être complètement séparées des clercs, et nous savons que les clercs demeuraient au midi.

Grégoire de Tours, à propos d'un miracle dont il nous a laissé le récit, parle d'un oratoire où il avait déposé des reliques de saint Jean [5], et cet oratoire est appelé dans le texte *oratorium atrii Sancti Martini*, tandis que le titre du chapitre porte *De reliquiis beati Johannis infra monasterium Sancti Martini positis*. Que peut vouloir dire ici *monasterium* ? Il n'a qu'un sens possible. Il désigne le couvent de femmes, car la communauté de prêtres qui desservaient la basilique ne fut

---

1. « Secus autem atrium basilicae mansionem habebat. » Grégoire de Tours, *Miracula sancti Martini*, l. II, c. 10.

2. « Pulsansque ostium cellulae in qua aedituus quiescebat. » *Miracula sancti Martini*, l. IV. c. 25.

3. « Per porticus et singula loca atrii veneranda. » Grégoire de Tours, *Historia Francorum*, l. VII, c. 29.

4. « His diebus Ingeltrudis, quae monasterium in atrio sancti Martini statuerat, etc. » *Historia Francorum*, l. IX, c. 33.

5. *De gloria martyrum*, l. I, c. 15.

jamais appelée *monasterium* avant l'introduction de la règle de saint Benoît à Saint-Martin. Si donc on pouvait dire que les reliques déposées dans l'oratoire de l'aître étaient dans le couvent des femmes, c'est que l'oratoire tenait à la fois à l'aître et au couvent. Il était une dépendance de celui-ci. Grégoire de Tours l'avait affecté aux dévotions des religieuses ; et cela est si vrai, que la personne mise en scène dans le récit du miracle est une jeune fille qui avait charge d'entretenir le luminaire de la chapelle : circonstance inexplicable si la chapelle avait été dans le cloître des clercs. C'est pourquoi je mettrai cette chapelle ou oratoire du côté du nord (C du plan), sur le prolongement de celui des portiques de l'aître qui régnait devant la basilique, et par conséquent dans l'enceinte du couvent des femmes. La position que je lui donne est celle de l'oratoire qui accompagnait la basilique primitive de Saint-Pierre à Rome.

De l'autre côté de la rue qui conduisait à la porte septentrionale de la basilique seront les bâtiments habités par sainte Monégonde et ses compagnes (D du plan). Sur ce point je corrige encore l'opinion reçue. On s'accorde en effet à placer l'établissement de sainte Monégonde hors de la basilique ; mais c'est parce qu'on a confondu les époques. S'il est prouvé par des documents authentiques qu'il y eut sous les Carolingiens un couvent de Sainte-Monégonde situé à distance de l'église Saint-Martin [1], il n'est pas moins certain que cet état de choses ne remontait pas au temps de Grégoire de Tours, dont toutes les expressions, lorsqu'il parle de Monégonde ou qu'il la fait parler, désignent une personne logée contre l'église, et qui y passait sa vie [2].

Sur le reste du côté nord de l'église, et autour du chevet au levant, je réserverai un espace vide entouré de murs. C'était l'ancien cimetière de la cité. Il subsista longtemps encore après la construction de la basilique. Cela est prouvé par l'anecdote du vol commis dans l'église, qui a été rapportée précédemment, puisqu'il est dit que les voleurs se servirent de l'entourage d'un tombeau en guise d'échelle, pour atteindre la fenêtre inférieure de l'abside [3].

---

1. Em. Mabille, *Notice sur les divisions territoriales de l'ancienne province de Touraine*, p. 128.

2. « Ad basilicam sancti Martini Monegundis beata pervenit ; ibique prostrata coram sepulcro, gratias agens quod tumulum sanctum oculis propriis contemplari meruerat, in cellula parva consistens, quotidie orationi ac jejuniis vigiliisque vacabat... Revertitur ad cellulam illam in qua prius fuerat commorata ; in ea perstitit inconcussa... Quid vobis et mihi, homines dei? Nonne sanctus Martinus hic habitat?... Sicque beatissima obiit in pace, et sepulta est in ipsa cellula. » *Vitæ patrum*, XIX, 2, 3, 4.

3. Ci-dessus, p. 50.

J'ai déjà placé le *salutatorium* contre le mur du transept, au midi (F du plan). Il était dans un corps de logis qui devait se prolonger jusqu'à la rencontre d'une autre aile, parallèle à l'église. Je suppose un troisième bâtiment appliqué contre le bas-côté de celle-ci. Les logements à l'usage de l'évêque et des hôtes de distinction étaient dans cette partie de l'établissement. L'intervalle entre les constructions formait une cour, dans laquelle Grégoire de Tours fit élever un baptistère [1].

Je déduis l'emplacement de ce baptistère d'une indication donnée par Grégoire lui-même, d'où il résulte que la porte méridionale ouverte sur la nef de la basilique avait un dégagement qui longeait le baptistère : *ostium illud quod secus baptisterium ad medium diem pandit egressum* [2]. Par ces mots il me semble impossible d'entendre autre chose qu'une porte suivie d'une allée sur l'un des côtés de laquelle le baptistère avait son entrée (H du plan). Or cette entrée était de toute nécessité au levant de l'allée, attendu que les baptistères étaient orientés de la même manière que les églises.

Je donnerai au baptistère la forme octogone, suivant l'usage du temps ; et comme nous savons qu'il contenait des reliques de saint Jean et de saint Serge, j'y ajouterai deux absidioles pour mettre les autels sous lesquels ces reliques furent déposées (G du plan).

L'allée qui passait devant le baptistère me paraît avoir été couverte en terrasse. On verra pourquoi dans un instant. Elle séparait la cour dont il vient d'être question de divers dégagements par lesquels on accédait à une autre cour plus spacieuse (L du plan). Celle-ci, entourée de bâtiments et de portiques, était à proprement parler le cloître de Saint-Martin. Grégoire de Tours donne à ce lieu le nom d'*atrium* ; mais il le distingue de l'*atrium* établi devant la façade en l'appelant *atrium domus basilicae* [3], tandis que l'autre est pour lui l'*atrium basilicae* ou *Sancti Martini*. Là étaient les habitations des prêtres. Quant à la cellule de l'abbé, elle se trouvait à proximité, sans cependant être vue de ceux qui étaient dans le cloître. Le récit de la mort tragique d'Ebrulfe, dans l'Histoire des Francs, nous fournit des renseignements précieux sur tout cela [4].

Claudius, l'assassin du noble franc, dîne avec lui au réfectoire de

---

1. « Baptisterium ad ipsam basilicam aedificari praecepi, in quo sancti Johannis cum Sergii martyris reliquias posui. » *Historia Francorum*, l. X, c. 31, n° 19.
2. *Miracula sancti Martini*, l. II, c. 6.
3. *Historia Francorum*, l. VII, c. 29.
4. Voir le ch. 29 du livre VII, tout entier.

la communauté. Après le repas, ils se promènent tous deux sous les portiques. Claudius ayant dit à Elbrulfe qu'il désirait aller prendre chez lui le vin aromatisé, celui-ci envoie ses gens préparer ce qu'il fallait pour cela, et il donne ainsi dans le piège de son ennemi, qui ne lui avait fait cette demande que pour éloigner les gens qui auraient pu le défendre. Voilà qui prouve bien que *l'atrium* de la communauté était à une certaine distance du *salutatorium* où demeurait Ebrulfe [1].

Lorsque Ebrulfe est seul, le signal est donné aux gens apostés pour le mettre à mort. Il tombe percé de coups, après avoir vendu chèrement sa vie. Claudius s'enfuit alors dans la cellule de l'abbé, où il se barricade avec ses complices. Un grand tumulte suit la perpétration du crime. Les gens d'Ebrulfe accourent en armes. Ne pouvant forcer les portes de la cellule [2], ils brisent les vitres afin de pénétrer par les fenêtres. Les énergumènes en station devant le tombeau ont quitté le lieu saint. Ils accourent, renforcés d'une troupe de mendiants, et pendant que l'assaut redouble de vigueur, une troisième bande apparaît par en haut. Ce sont les pauvres inscrits de la basilique, les hôtes de la Matricule, qui s'abattent sur la toiture, laquelle ils se mettent en devoir de démolir. Cette dernière manœuvre est inexplicable à moins de se figurer la petite maison de l'abbé appuyée contre l'allée du baptistère (K du plan), et le dessus de cette allée disposé de telle sorte qu'on pouvait y marcher. C'est pourquoi j'ai dit précédemment que l'allée avait dû être couverte en terrasse. On y accédait soit par la tribune de la basilique, soit par les bâtiments de la cour du baptistère.

J'ai supposé l'existence d'une petite cour (I du plan) devant la demeure de l'abbé, afin de mettre celui-ci chez lui, dans un lieu d'où il pouvait facilement exercer sa surveillance, et en même temps pour répondre aux circonstances du crime de Claudius, qui n'aurait pas été sans témoin, s'il avait été commis dans le cloître.

Quant à l'administration de bienfaisance ou Matricule, dont l'existence vient d'être rappelée, je la rejetterai au sud-est, derrière la cour du baptistère (M du plan), m'appuyant en cela sur une opinion très ancienne et qui a pour elle la vraisemblance. Nous voyons en effet par la Chronique de Tours que, dans les premières années du xie siècle, une petite maison contiguë à la chapelle Saint-Basile

---

1. Ci-dessus, p. 50.
2. Il y en avait plusieurs, ainsi que plusieurs lits, par conséquent plusieurs pièces : « Satellites post ostia et sub lectis abduntur... reseratisque ostiis turba gladiatorum ingreditur. »

fut donnée par le chapitre de Saint-Martin au trésorier Hervée pour qu'il y fît sa résidence, et l'auteur ajoute que « cette chapelle Saint-Basile était voisine de la Matricule, c'est-à-dire de l'église Notre-Dame-de-l'Écrignole [1]. » Si, comme je le crois, il y dans ce témoignage confusion de deux choses distinctes, la Matricule et l'Écrignole, du moins l'erreur était motivée par la proximité où les deux établissements s'étaient trouvés jadis à l'égard l'un de l'autre. La Matricule doit être placée par conséquent un peu plus loin que le chevet de l'église, dans la direction du midi, car c'est par là qu'était située l'Écrignole.

Le fil indicateur me manque pour aller plus loin. Je ne me livrerai à aucune conjecture sur ce qui pouvait exister en dehors des bâtiments claustraux (NNN du plan), me bornant à restituer ceux-ci d'après l'ancien plan qui nous a été conservé de l'abbaye de Saint-Gall sous Louis le Débonnaire [2].

Le silence de l'histoire après Grégoire de Tours nous laisse dans une ignorance complète des changements introduits lorsque le collège des clercs fit place à une communauté de trois cents moines, lorsque l'abbé, émancipé de la tutelle de l'évêque, devint l'un des premiers dignitaires de l'Église et de l'État, lorsque enfin fut ouverte l'école célèbre qui eut Alcuin pour fondateur. A partir du VIIe siècle, les chroniques ne parlent plus du lieu que pour consigner les visites qu'il reçut des souverains, ou les calamités qu'il essuya ; encore n'ont-elles pas été très exactes à rapporter tous les accidents de ce genre [3]. Le dernier désastre date de la fin du Xe siècle.

Afin d'éviter les surprises pendant que les Normands ravageaient encore le pays, on avait entouré de murailles le faubourg au milieu duquel s'élevait la basilique [4]. Il s'appela dès lors le *château de*

---

1. « Capitulum beati Martini... ei (Herveo) cellulam juxta oratorium sancti Basilii tradidit. Illud oratorium erat juxta matriculam beati Martini, scilicet ecclesiam beatae Mariae de Scriniolo. » *Chronicon Turonense magnum*, dans Salmon, *Recueil de chroniques de Touraine*, p. 117.

2. A. Lenoir, *Architecture monastique*, t. I, p. 24.

3. Incendie en 801 ou 802 (*Vita Alcuini*, ci-dessus, p. 22) ; en 853 par les Normands (*Annales Fuldenses* dans Pertz, t. VI, p. 368) ; en 878 (Diplôme de Louis le Bègue, dans l'*Amplissima Collectio*, t. I, p. 206) ; en 903 (Ms. de Rhaban Maur, à la Bibliothèque de Tours dans Salmon, *Recueil de chroniques de Touraine*, p. 108) [cf. *Annal. ord. S. Bened.*, t. III, p. 325] ; en 940 ou 944 (ci-dessus, p. 47, note).

4. Cet ouvrage était dû au grand-père de Hugues Capet, Robert, qui fut abbé séculier de Saint-Martin. (Diplôme de 931 dans D. Bouquet, *Scriptores rerum Francicarum*, t. IX, p. 574.

Tours. Le feu y prit le 25 juillet 998 ou 999 [1]. L'incendie fut si violent que tout fut réduit en cendres, les maisons des habitants, les cloîtres, la basilique et vingt-deux autres églises avec elle. On ne sauva que le corps de saint Martin.

Telle fut la fin du monument érigé par Perpétue à la gloire de l'apôtre des Gaules. Il était resté debout pendant cinq cent vingt ans. L'importance qu'il a eue méritait une étude approfondie des textes qui le concernent. J'offre avec confiance aux connaisseurs le résultat où cette étude m'a conduit. Ils pourront trouver que je me suis livré à l'hypothèse pour le raccord de certaines parties : il n'eût pas été possible sans l'hypothèse d'assembler des matériaux si incomplets. Mais j'ai tout lieu d'espérer qu'ils donneront leur assentiment au fait capital et nouveau en archéologie qui découle de ma restitution : c'est qu'il faut faire remonter au ve siècle la disposition si particulière à la Gaule des églises qui ont leur chevet monté sur une colonnade et leur transept couronné d'une tour.

---

[1]. *La date du jour est plus sûre que celle de l'année*. La Grande chronique de Tours place l'évènement dans la 19e année du règne d'Otton III et dans la 5e de celui de Robert, ce qui amène à l'an 1001 Mais on a un témoignage plus certain dans l'Éloge de l'impératrice Adélaïde par Odilon de Cluny, où il est dit que cette princesse, qui mourut à la fin de l'an 999, envoya à ses derniers moments une grosse somme d'argent pour la construction du moûtier Saint-Martin, incendié peu de temps auparavant. *Odilonis epitaphium Adelheidæ*, dans Pertz, t. VI, p. 643.

DE L'OGIVE

ET

DE L'ARCHITECTURE DITE OGIVALE [1]

Je considère le mot ogive, l'interprétation qu'on en donne généralement et la doctrine qui s'est produite à la suite de cette interprétation, comme une impasse où la science des monuments du moyen âge est arrêtée à l'heure qu'il est, arrêtée de telle sorte qu'elle me semble ne plus pouvoir avancer, à moins qu'elle ne se décide bravement à reconnaître qu'elle fait fausse route et que la raison lui commande de retourner en arrière.

On s'est mépris sur le mot en l'appliquant à une chose qu'il n'a jamais signifiée, et en même temps on a attribué à cette chose un caractère qu'elle n'a pas; de sorte que la théorie de notre ancienne architecture repose sur une erreur de fait aggravée d'une confusion de langage.

Je vais démontrer d'abord la fausseté de l'acception attribuée au mot ogive.

Ogive, d'après l'usage actuel, désigne la forme brisée des arcs employés dans l'architecture gothique. Ainsi lorsqu'on dit porte en ogive, fenêtre en ogive, arcade en ogive, cela signifie que telle baie de porte, de fenêtre, d'arcade, a pour couronnement deux courbes opposées qui se coupent sous un angle plus ou moins aigu. Est-ce ainsi que l'entendaient les anciens?

Il y a déjà plusieurs années que M. de Verneilh, étudiant le traité d'Architecture de Philibert Delorme, conçut des doutes à ce sujet. Il vit l'illustre maître de la Renaissance n'employer le mot ogive que

---

1. [Extrait de la *Revue Archéologique*. t. VII (1850), p. 65 et ss. — *Bibliogr.*, n° 190.

dans la locution *croisée d'ogives*, qui signifie chez lui les arcs en croix placés diagonalement dans les voûtes gothiques. Ce fut pour M. de Verneilh l'occasion de consulter les auteurs subséquents. Sa surprise ne fut pas petite de les trouver tous d'accord avec Philibert Delorme. Jusqu'à la fin du siècle dernier, les théoriciens aussi bien que les glossateurs n'ont entendu par *ogives ou augives* que les nervures diagonales des voûtes du moyen âge. Pour trouver des *fenêtres ogives*, il faut descendre jusqu'à Millin, qui lui-même, dans son *Dictionnaire des Arts*, ne laisse pas cependant que d'admettre la définition de ses devanciers; de sorte que c'est d'une inadvertance de Millin que le sens nouveau d'ogive paraît être issu. La fortune du mot, ainsi dénaturé, ne tarda pas à croître en même temps que le goût pour les choses du moyen âge.

De ces recherches, les premières qu'on ait faites à ma connaissance sur la véritable acception d'ogive, M. de Verneilh fit l'objet d'un article inséré dans les *Annales Archéologiques*[1]. Son travail, quoique suffisamment probant, était incomplet en ce qu'il n'avait rien allégué de bien positif pour l'époque antérieure à Philibert Delorme. M. Lassus éclaira cette partie de la question en produisant des textes du xive et même du xiiie siècle[2], d'où il ressort que si les auteurs postérieurs à la Renaissance avaient appelé ogive une partie de la membrure des anciennes voûtes, ils n'avaient fait en cela que continuer la tradition des gens du moyen âge.

Voici quels sont les textes allégués par M. Lassus :

1° Le compte de la construction d'une chapelle ajoutée en 1399 à l'église des Célestins de la forêt de Cuise, chapelle « volue (voûtée) de trois croisiées d'ogives » et dont une partie accessoire reçut une voûte de bois « sur croisée d'ogives en anse de panier [3]. »

2° Le devis de construction d'une autre chapelle élevée en 1347 à Averdoing en Artois; devis où il est question de « deux crois d'augives pour faire les voultes sus, avec une arche entre deux crois augivères. »

3° Un vers de la Caroléide, poëme de Nicolas de Brai, où cet auteur qui vivait à la cour de Louis VIII, dit de Philippe Auguste qu'il avait été « le défenseur et l'ogive de la foi catholique. »

Catholicae fidei validus defensor et *ogis*.

---

1. T. I, p. 361.
2. *Annales Archéologiques*, t. II, p. 40.
3. Le document tout entier a été publié depuis par M. Lassus lui-même dans le *Bulletin des Comités historiques*, t. I, p. 48.

Les Bénédictins avaient introduit ce mot dans le Glossaire de Du Cange, sans l'expliquer. M. Lassus a eu parfaitement raison d'y voir un exemple au figuré de l'ancienne acception d'ogive [1] : d'abord parce que ogive n'est autre chose que le féminin d'un adjectif *ogif* dont il faut bien admettre l'existence au moyen âge puisque les modernes ont encore dit *arc ogif*; ensuite parce que d'après les habitudes orthographiques du XIIIᵉ siècle, *ogif* rapporté au sujet d'une phrase devait s'écrire *ogis*, comme *antif* dans le même cas s'écrivait *antis*. Voilà pour la forme du mot; quant à sa signification, elle est dictée par le sens de la phrase. Comme l'*ogive* est le support sur lequel repose la voûte, il est d'une parfaite justesse de comparer à ce membre d'architecture l'homme sur qui repose une grande institution; tandis que, au contraire, l'image eût été absurde si ogive avait voulu dire une certaine forme d'arcade; car une arcade, qui est un vide, au lieu d'augmenter la force des supports, la diminue.

Indépendamment de ces citations qui prouvent pour l'époque ancienne, M. Lassus invoqua de nouveaux auteurs du XVIIᵉ et du XVIIIᵉ siècle négligés par M. de Verneilh[2]. Il fit plus; il constata que l'avant-dernière édition du *Dictionnaire de l'Académie*, publiée en 1814, ne définissait encore l'ogive que comme « un arceau en forme d'arête qui passe en dedans d'une voûte, d'un angle à l'angle opposé, » et que c'est seulement dans la réimpression de 1835 qu'à cette définition fut ajoutée pour la première fois la nouvelle : « il est aussi adjectif des deux genres et se dit de toute arcade, voûte, etc., qui, étant plus élevée que le plein cintre, se termine en pointe, en angle : voûte ogive, arc ogive, etc. [3] »

---

1. M. Lassus s'étant borné à une simple assertion, je crois devoir alléguer les raisons qui militent en faveur de son sentiment. Cela est d'autant plus nécessaire que j'ai vu de très doctes personnes contester l'interprétation donnée par lui.

2. Là M. Lassus s'est trompé en attribuant à Frezier l'erreur sur ogive. « Les principales nervures appliquées aux voûtes gothiques, dit très bien cet auteur, sont les arcs doubleaux et les augives; les premières les traversent diamétralement et les secondes en diagonales qui se croisent : c'est pourquoi on dit ordinairement croisée d'augives. » *La théorie et la pratique de la coupe des pierres*, t. III, p. 25.

3. Cette addition est trois fois malheureuse, car outre qu'elle introduit la fausse acception d'ogive, elle donne une définition très peu claire de l'arc gothique, et qui pis est, elle fait un adjectif des deux genres d'un féminin dont le masculin *ogif* était indiqué par l'analogie et par l'exemple *Augivus arcus* de Du Cange.

Voilà où en est arrivée la démonstration de l'erreur actuelle au sujet d'ogive. Je regarde cette démonstration comme complète, et si j'y ajoute quelque chose, c'est uniquement pour faire voir que la vérité, une fois qu'elle s'est fait jour, n'a plus à recevoir du temps que des témoignages qui la confirment.

Je rappelle en premier lieu que j'ai exposé récemment dans ce recueil, que Villard de Honnecourt, architecte du xiiie siècle, rangeait l'ogive parmi les membres d'architecture [1] ; ce qui tend pour le moins à en exclure l'idée d'une forme particulière affectée aux baies des arcades, portes ou fenêtres.

La tour d'Aubette, à Rouen, fut réédifiée en 1406. Le devis de cet ouvrage est inséré dans l'un des registres des délibérations de l'Hôtel de Ville [2]. On y lit : «·Item, il fauldra voulter la dite tour, laquelle a quinze piez de creux, et en sont les carches et fourmerès [3] déjà assizes; et y fault environ quarante piés d'augives, dont il y en a environ seize piez taillez, et la clef; et sont lesdites ogifes chanfraintes [4]; et a en ladicte voulte quatre branches d'ogives. »

Soixante-deux ans plus tard, en 1468, Louis XI fit bâtir une chapelle devant la porte de Pierrefonds à Compiègne. J'extrais, des mémoires de cette construction que je publierai sous peu [5], quatre articles non moins probants que les textes qui précèdent :

« Item faut deux pilliers qui porteront trois piez de saillie, pour cuillir (recevoir) les arcs doubleaulx et les croix d'augives.

« Item fault vaulter le premier estage à croix d'augive.

« Item en la croisée de la chapelle d'en hault, seront revestues les augives et les formerès de bonne mollure; et en la clé de la dicte croisée seront mises les armes du roy portées de deux angles (anges).

« Item fault pour faire les croisées d'augives, deux cent piez de pierre de ung pié carré, et huit cens pierres appellées pendant [6], pour faire les dites voultes. »

Ainsi donc sous saint Louis aussi bien que du temps de Louis VIII,

---

1. *Revue Archéologique*, t. VI, p. 187.
2. *Archives municipales de Rouen*, registre A. 5, fol. 50, recto.
3. C'est-à-dire les *cherches* et *formerets*. Les formerets sont les arcs servant de supports à la voûte contre les murs ; par cherches il faut entendre les grands cercles du cintre sur lequel devait s'opérer la construction de la croisée d'ogives.
4. Taillées en biseau sur les arêtes.
5. [L'auteur n'a pu mettre ce projet à exécution.]
6. C'est le nom, usité encore aujourd'hui, des pierres ou voussoirs qui forment la couverte des voûtes gothiques par-dessus les nervures.

au XVᵉ siècle comme au XIVᵉ, comme au XVIᵉ, comme dans tous les auteurs qui ont écrit depuis Philibert Delorme jusqu'à la Révolution, ogive n'a pas signifié autre chose que la nervure transversale des voûtes gothiques.

Pour ne laisser aucune incertitude dans les esprits, il est bon de dire tout de suite comment fut dénommé aux mêmes époques ce que notre erreur nous fait appeler ogive. Autant que j'ai pu le recueillir des textes, les anciens n'avaient pas de terme particulier pour cet objet. Arc tout seul paraît leur avoir suffi dans la plupart des cas, parce que l'arc brisé étant pour eux l'arc normal, ils n'avaient pas à craindre, en ne le déterminant pas, que leur laconisme engendrât la confusion. Que si, par exception, ils avaient à mentionner concurremment des arcs de diverses formes, ils se servaient d'épithètes pour établir la différence. Ainsi au XIIIᵉ siècle, Villard de Honnecourt reconnaît des *grands arcs* ou arcs en plein cintre, opposés aux *arcs de tiers point* ou arcs brisés à deux centres, et aux *arcs de quint point* ou arcs brisés à quatre centres [1]. Dans le document de 1398 publié par M. Lassus, on trouve *arc empointié* [2], qui me paraît être l'équivalent du *pointed arch* usité encore aujourd'hui par les Anglais. Le premier théoricien qui ait ressuscité les lois de l'architecture antique, Leone Alberti, appelle l'arc brisé, *arcus compositus*, parce qu'il est le produit de deux segments de cercles tirés de centres différents [3]. Notre Philibert Delorme, postérieur d'un siècle à Leone Alberti, se sert de l'expression *circonférence en tiers point* qu'il dit emprunter au vocabulaire des ouvriers de son temps [4] : circonstance qui, jointe à l'emploi de la même expression par Villard de Honnecourt, me fait présumer que c'est cette expression même qui fut employée le plus généralement dans les chantiers pendant toute la durée de la période gothique. Quant aux auteurs du XVIIᵉ et du XVIIIᵉ siècle, ils ont dit indifféremment arc aigu, arc brisé et arc gothique.

Mais tout ceci n'est qu'une parenthèse. La conséquence naturelle de ce que j'ai dit auparavant est de se demander s'il faut, dans la pra-

---

1. Voy. la *Revue Archéologique*, t. VI, p. 169, 173.
2. « Item l'autre costé de ladicte chappelle qui fait coste à l'église, a esté reffendu du long d'icelle chapelle et de son hault; et en ce lieu sont esligez (disposés) deux pilliers estrayers (à ressauts) et deux dosserets (pilastres) qui portent trois *ars empointiez*, bouez à ung lez et à l'autre (bivés sur leurs deux arêtes), lesquelles ars soustiennent les combles d'icelles église et chappelle. » *Bulletin des Comités*, t. I, p. 53.
3. *De Re ædificatoria*, lib. III, c. XIII (Florence, 1485).
4. *L'Architecture*, l. IV, c. X.

tique, ramener le mot ogive à sa primitive acception, ou passer condamnation sur l'erreur qui en a dénaturé le sens et persévérer dans cette erreur ?

L'habitude est si grande d'appeler ogives les arcs brisés, tant de mémoires et de traités sont farcis de cette dénomination et les esprits y sont faits déjà de si longue main, que je ne me dissimule pas ce qu'il y a de téméraire à la vouloir proscrire. Manquât-on d'autre raison, on aurait toujours pour soi l'adage : *usus quem penes est arbitrium et jus et norma loquendi.* C'est à cette considération que s'est arrêté M. de Verneilh. Il termine l'article cité précédemment en recommandant de bien retenir le sens primitif d'ogive pour qu'on ne s'y trompe point lorsqu'on trouvera le mot écrit d'ancienne date ; mais il veut aussi que l'on continue à s'en servir comme on a fait dans ces derniers temps, « parce que, dit-il, il est devenu indispensable à la terminologie. »

Quoique ignorant ce que c'est que la *terminologie,* je n'en crois pas moins bien saisir le sentiment de M. de Verneilh, et volontiers je m'y associerais, si le nouveau sens donné à ogive ne constituait qu'une bévue ; mais par une fatalité rare, il arrive que cette méprise choque grossièrement la raison des choses et qu'elle introduit dans la science une anomalie par-dessus de la confusion.

L'ogive est un arc ; transporter son nom aux autres arcs des monuments gothiques, c'est donner à entendre qu'il existe entre eux un rapport quelconque. Ce rapport nous le savons déjà, ne peut pas être un rapport de fonction, puisque l'ogive est un support aérien sur lequel repose la voûte, tandis que les autres arcs sont des artifices pour fermer les évidements pratiqués dans la masse de la construction. Le rapport sera donc de forme. Or, il arrive que dans l'architecture gothique, lorsque tous les arcs sont de forme aiguë, les ogives seules sont en plein cintre.

Quoique la notion soit élémentaire pour les praticiens, il peut se faire que beaucoup d'archéologues ne la possèdent point, et pour cela j'y insiste.

Que le lecteur se suppose placé sous une voûte gothique : j'entends celle d'une église. S'il se met de biais dans la direction que suivent les ogives, il n'apercevra pas de brisure à leur sommet comme il en aperçoit au sommet des arcs doubleaux, entre lesquels se développent les mêmes ogives. Avec un peu de raisonnement aidé d'un peu de géométrie, il se rendra compte de cette différence. Chaque croisée d'ogives étant disposée, ainsi que je viens de l'exprimer, entre deux arcs doubleaux, l'une et l'autre ogive partent symétriquement du pied d'un des doubleaux pour aller de là chercher le pied de l'autre doubleau après avoir atteint en chemin l'élévation, ou, comme l'on dit, la hauteur de flèche commune aux deux doubleaux. L'ogive est donc une courbe dont les doubleaux à eux seuls déterminent les deux origines et le sommet, une courbe dont la condition est de passer par trois points fixés d'avance. Il n'en faut pas davantage pour reconnaître dans cette courbe un segment de cercle.

Quand je présente ainsi le problème, c'est par une vue purement théorique, car il est évident que dans la pratique c'est la forme des ogives qui a entraîné celle des arcs doubleaux, et non la forme des doubleaux qui a amené celle des ogives. Lorsqu'on imagina de faire porter les voûtes sur des arcs en croix, la géométrie appliquée à l'art de construire n'allait pas au delà des résolutions du cercle. Les arcs les plus ouverts et, vu leur ouverture, les plus solides qu'on sût exécuter, étaient des hémicycles, et c'est de ceux-là qu'on se servit pour faire la croix voulue. Quant aux arcs doubleaux qu'il fallait ouvrir dans le sens des angles de la croix, ces arcs étant de même flèche que les ogives, mais de corde plus petite, après divers tâtonnements, on s'arrêta à les former de deux segments de cercles tirés de centres différents et se coupant à la hauteur désignée par la flèche commune.

Notez encore que je ne veux point établir d'une manière absolue qu'on n'a jamais exécuté d'ogives en forme d'arcs brisés. Il y a des voûtes conçues de telle sorte qu'il a fallu recourir à cette forme. Aussi bien, si je me laissais aller à toutes les remarques que comporte cette partie de la construction gothique, j'aurais à signaler d'autres ogives qui, bien que parfaitement cintrées à leur sommet, ne sont pas cependant le résultat d'une seule révolution de compas, mais ont exigé pour leur tracé que l'on combinât entre eux les segments de plusieurs cercles de rayons différents. De telles digressions ne feraient qu'allonger la discussion sans profit pour l'objet que je me propose. Comme le cas allégué ci-dessus est celui de l'ogive le plus anciennement et le plus généralement employée, le principe que j'en ai tiré ne laisse pas que d'être vrai malgré les exceptions; et ainsi je suis tout à fait autorisé à dire que la forme normale de l'ogive est celle du plein cintre.

Revenons maintenant au point d'où nous sommes partis. Pour distinguer les arcs brisés de l'architecture gothique, des arcs en plein cintre usités dans le système d'architecture antérieur au gothique, nous appelons ces arcs des ogives; et voilà que les vraies ogives sont précisément des arcs auxquels les constructeurs gothiques ont donné la forme du plein cintre. Notre erreur est donc plus qu'un contresens, c'est un contre-bon sens.

Quoi plus ? Du moment qu'une impropriété de termes a pour conséquence de nous conduire d'une manière si complète au paralogisme, il me semble impossible de ne pas s'en corriger aussitôt. Dès à présent donc, ma conclusion est qu'il faut se départir d'une habitude vicieuse, revenir à l'usage d'il y a soixante ans, appeler ogives les nervures transversales des voûtes gothiques, et arcs brisés ou gothiques, les arcs en pointe qu'on a trop longtemps gratifiés du nom d'ogives.

Mais, dira-t-on, si nous renonçons au nouveau sens d'ogive, que deviendront notre art ogival, notre architecture ogivale, et le reste ?

Avant de s'inquiéter de ce que deviendront ces choses-là, voyons ce qu'elles sont aujourd'hui, ce qu'elles étaient hier. Si des personnes peuvent conserver encore des regrets après la démonstration qui précède, celle qui va suivre sera, je l'espère, de nature à briser ces derniers liens d'un attachement mal placé.

Après qu'on s'est trompé d'une manière si complète sur le sens et sur l'application du mot ogive, on a fait de l'ogive, prise pour équivalent d'arc brisé, le caractère distinctif d'un système d'architecture. On s'est dit : « Tous les édifices qu'on a appelés gothiques jusqu'à présent, portent improprement ce nom, puisqu'ils ne sont ni de l'ouvrage, ni de l'invention des Goths. » Cherchons dans la considération de leur architecture un vocable qui leur convienne mieux. Cette architecture n'admet point d'autres baies ni d'autres arcades que des baies ou des arcades en ogive : appelons-la ogivale, par opposition à l'architecture romane ou en plein cintre qui l'a précédée.

Rien de plus séduisant, je commence par l'avouer, que la doctrine qui fait résider la différence du roman et du gothique dans la forme des baies. Il vous suffit de savoir que le plein cintre règne dans l'une, tandis que les arcs brisés sont le partage de l'autre, et vous voilà en état de prononcer sur l'âge des monuments. Que si vous trouvez à la fois, dans un même édifice, l'arc brisé et le plein cintre, vous avez, pour classer cet édifice, le genre intermédiaire *romano-ogival* ou *ogivalo-roman*, qui participe au caractère des deux architectures, n'étant que la transition de l'une à l'autre, la pratique des constructeurs romans qui commençaient à créer le système ogival en introduisant çà et là des arcs brisés dans leur ouvrage. Telle est dans sa simplicité la doctrine professée aujourd'hui.

On la professe universellement, mais il s'en faut qu'à l'user on la trouve telle qu'elle justifie le respect qu'on lui porte. Les écrits de ceux de ses adeptes qui savent observer, en sont plutôt la réfutation que l'application, tant ils sont nourris de faits qui la contredisent. Toutefois les remarques défavorables à sa validité ont beau se multiplier, elles ne forment point de corps, elles ne deviennent entre les mains de personne la matière d'une thèse contradictoire.

Déployant bannière contre ce symbole d'une foi surannée, j'aurais beau jeu à montrer quels accrocs il a déjà reçus de ses propres adhérents ; mais la brièveté à laquelle je vise, me fait trouver préférable un énoncé pur et simple, où les faits dégagés de tout commentaire sur leur provenance, se présenteront avec la seule éloquence du nombre et comme en ordre de bataille.

Je commence par arrêter mes yeux sur le midi de la France. Là, dans toute la circonscription de l'ancienne Provence, existent des églises d'un aspect tellement séculaire, tellement peu gothique, que la tradition s'obstine encore, à faire de la plupart, des temples romains, appropriés aux besoins du christianisme. Toutes, cependant, offrent l'emploi de l'arc brisé à leurs voûtes, et plusieurs aux arcades de leur grande nef. De cette catégorie, sont la cathédrale abandonnée de Vaison, celles d'Avignon, de Cavaillon, de Fréjus ; la paroisse de Notre-Dame, à Arles, les églises de Pernes, du Thor, de Sénanque, etc., etc. Et il n'y a pas à dire que dans ces édifices les brisures annoncent une tendance au gothique. Les produits visiblement plus modernes de la même école, comme, par exemple, la grande église de Saint-Paul-Trois-Châteaux, se distinguent par la substitution du plein cintre à l'arc brisé.

Si remontant le Rhône, je me transporte dans les limites de l'antique royaume de Bourgogne, je vois se dérouler depuis Vienne jusqu'au coude de la Loire et jusqu'aux Vosges, une autre famille d'églises on ne peut pas plus romanes, qui admettent invariablement la brisure à leur voûte et à leurs grandes arcades intérieures. La somptueuse basilique de Cluny était le type de ces monuments dont il reste encore des échantillons à Lyon (Saint-Martin-d'Ainay), à Grenoble (vieilles parties de la cathédrale), à Autun (Saint-Ladre), à Paray-le-Monial (église du prieuré), à Mâcon (ruines de Saint-Vincent), à Beaune (Notre-Dame), à Dijon (Saint-Philibert), à La Charité-sur-Loire, etc., etc. La date de toutes ces églises se place entre 1070 et 1130.

En Auvergne où le roman du XIIe siècle offre constamment le plein cintre, je trouve qu'on s'est servi au XIe d'arcs brisés. Ce sont de tels arcs qui relient les supports et qui déterminent la voûte de Saint-Amable de Riom, édifice dont les grossières sculptures attestent une antiquité que ne surpasse celle d'aucune autre construction de la même province.

En Languedoc, la cathédrale ruinée de Maguelone nous offre l'arc brisé dans ses plus anciennes parties qui sont du XIe siècle; et à l'extrémité opposée du pays, sur la frontière de l'Aquitaine, vous trouvez les arcs brisés du cloître de Moissac qui portent la date de 1100.

Passons aux curieuses églises à coupole du Périgord et de l'Angoumois dont Saint-Front, le plus ancien type, est antérieur à 1050. Les grands doubleaux sur lesquels porte leur système de couverture sont partout des arcs brisés.

En Anjou, accouplement de l'arc brisé et du plein cintre dans des constructions bien antérieures à l'âge dit de transition. Les plus anciennes parties de Notre-Dame de Cunault, qui appartiennent au XIe siècle, sont dans ce cas.

Et la nef de la cathédrale du Mans : antérieurement à la période convenue de la transition, elle a été reconstruite avec des arcs brisés par-dessus les ruines encore distinctes d'un édifice en plein cintre qui s'était écroulé.

Et notre église de Saint-Martin-des-Champs, la plus ancienne de Paris (je lui donne le pas sur Saint-Germain-des-Prés à qui des restaurations sans nombre ont fait perdre son caractère primitif), notre église de Saint-Martin-des-Champs dans le sanctuaire de laquelle il est impossible de ne pas voir l'ouvrage consacré avec tant de solennité en 1067, présents le roi Philippe Ier et sa cour : les baies de ses fenêtres sont brisées à l'extérieur, et à l'intérieur toutes ses arcades.

Est-ce que la même forme ne se retrouve pas au tympan de la porte à droite du grand portail de Notre-Dame, que l'abbé Lebeuf a très bien reconnu être un morceau rapporté de l'église précédente, rebâtie tout au commencement du XIIe siècle?

En allant au nord de Paris, surtout quand on atteint la vallée de l'Oise, on rencontre tant d'édifices du XIe siècle qui offrent ou des arcades, ou des arcs-doubleaux, ou des fenêtres d'un cintre brisé, qu'on peut poser le principe que cette forme d'arc est caractéristique du roman de ce pays-là. Je renvoie aux églises de Saint-Vincent de Senlis, de Villers Saint-Paul, de Bury, de Saint-Étienne de Beauvais, de Saint-Germer, etc., etc.

La nef de Saint-Remi de Reims, la crypte de Saint-Bavon de Gand (autrefois Saint-Jean), la croisée de la cathédrale de Tournay, la chapelle dite des Templiers à Metz, l'église de Sainte-Foi à Schélestadt, nous montrent l'arc brisé employé en Champagne, en Flandre, en Hainaut, en Lorraine, en Alsace, dès le XIe siècle.

Enfin dans la Normandie, qui a fourni les exemples sur lesquels se fonde l'attribution exclusive du plein cintre au roman, ne voit-on pas les exceptions se multiplier à mesure que les monuments sont étudiés davantage? Combien M. de Caumont lui-même n'en a-t-il pas signalé! Il suffit de lire les fragments de sa statistique des églises du Calvados, qu'il a publiés jusqu'ici dans le *Bulletin Monumental*. Or, une étude semblable accomplie sur les églises de la Manche, de l'Orne ou de la Seine-Inférieure, ne laisserait pas non plus que de fournir un contingent très défavorable à la règle acceptée : témoin la collégiale de Mortain, les plus vieilles parties de la Trinité de Fécamp et d'autres constructions qu'on ne peut pas ne pas attribuer au XIe siècle. Je me tais sur les cathédrales de Séez et de Coutances, qui sont depuis trente ans l'objet d'un débat célèbre, les uns soutenant qu'elles sont contemporaines du duc Guillaume le Bâtard, les autres combattant à bon droit cette opinion, mais ne pouvant la renverser parce qu'ils n'y opposent que la raison insuffisante de leur ogive employée dans ces deux édifices : de sorte que le débat dont je parle a prouvé déjà non seulement la fausseté de la règle à cause des monuments qui la contredisent, mais encore l'impuissance où l'on est, avec elle, de mettre hors de contestation l'âge des monuments pour lesquels elle est vraie.

En somme, les faits nombreux que je viens d'indiquer et que je multiplierais encore s'il était nécessaire, peuvent se résumer par le peu de mots que voici :

L'arc brisé a été employé d'une manière systématique dans une bonne moitié de nos églises romanes, tandis que l'autre moitié est sujette à présenter accidentellement la même forme d'arc.

Donc en supposant que ogive et ogival pussent légitimement s'appliquer à l'arc brisé et aux constructions pourvues de cet arc, quantité d'églises romanes seraient ogivales. Donc ces mots, avec le sens qu'on y attache aujourd'hui, n'ont pas la vertu d'exprimer la différence qu'il y a entre le roman et le gothique.

Seraient-ils plus applicables si on les ramenait à leur acception primitive? En d'autres termes, étant reconnu que ogive signifie la membrure transversale des anciennes voûtes, pourrait-on établir sur la présence de ce détail de construction, la distinction des deux genres dont il s'agit, et par conséquent regarder comme synonyme de gothique, l'architecture ogivale qui serait celle non plus des monuments où règne l'arc brisé, mais de ceux dont la voûte est montée sur croisée d'ogives? Hélas! non; et quelque tempérament que proposent les défenseurs d'ogival pour maintenir la science sur ce porte-à-faux, ils n'aboutiront à rien d'efficace. Sans doute c'est un caractère architectonique très remarquable que celui de la croisée d'ogives ; cependant il n'appartient point exclusivement aux églises gothiques : je citerais au moins un tiers de nos églises romanes qui le possèdent, à commencer par celles de la Normandie ; de sorte que s'il y a quantité de constructions qu'on peut dire ogivales parce que leur voûte repose sur des croisées d'ogives, il n'y a pas d'architecture qu'on soit autorisé à appelé ogivale par opposition à une autre architecture fondée sur un principe différent. Applicable à tous les individus du genre gothique et à beaucoup de ceux du genre roman, l'adjectif ogival, quelque sens qu'on lui donne, n'est donc pas bon pour exprimer la différence des deux genres.

Du moment que l'abus d'ogival ressort des faits d'une manière si évidente, il faut bien rendre à l'architecture qu'on a cru caractériser par cette épithète, son ancienne dénomination de gothique. Cette dénomination, je le sais, n'implique pas une notion historique exacte ; mais elle a pour elle la consécration du temps; tout le monde sait ce qu'elle veut dire, par conséquent il est impossible qu'elle donne lieu à des malentendus. Elle ne peut pas non plus impliquer de contradictions, puisque les Goths n'ont rien bâti dans un système d'architecture qui leur fût propre. Mais son grand, son incomparable avantage est de ne pas consacrer de théorie mensongère, de ne pas saisir les gens d'un prétendu critérium qui les expose à donner dans les conclusions les plus fausses.

Je me résume : j'ai démontré qu'on s'est mépris sur le sens d'ogive, j'ai démontré qu'on s'est mépris sur la valeur architectonique de l'objet réputé être l'ogive, et j'ai démontré encore que la véritable ogive elle-même n'aurait pas ce caractère architectonique : c'est tout ce que j'avais promis au début de cette dissertation. Néanmoins je sens que ma tâche n'est pas finie, et que j'ai touché un point qui demande autre chose que la solution négative qu'il a reçue de moi. Si la différence du roman et du gothique ne réside pas dans la forme des arcs, ni des voûtes, où réside-t-elle donc? Je me propose d'examiner cette question dans un prochain article.

DE L'ARCHITECTURE ROMANE[1]

Ayant renversé, comme j'ai commencé par le faire[2], l'opinion qui veut que l'architecture romane soit l'architecture à plein cintre, je ne trouve plus grand'chose sur quoi m'appuyer dans la doctrine archéologique professée aujourd'hui. Ce point est en effet le seul sur lequel on se prononce, je ne dis pas avec netteté, mais avec une sorte de superstition contre laquelle viennent échouer tous les faits allégués au contraire. Le reste des questions fondamentales qui se rattachent à l'architecture romane est encore dans les nuages : sur son origine, on se contredit; sur la durée de son règne, on hésite; on n'est pas même d'accord sur l'application du nom qu'on lui donne.

Elle est, cependant; ses produits abondent sur notre sol, et quantité de personnes les savent reconnaître sans se tromper.

En outre, elle est plus ancienne que l'architecture gothique, et la notion de son antiquité relative résulte si forcément de son aspect, qu'elle était déjà vulgaire avant qu'on eût créé l'archéologie.

L'existence avérée du roman, son antériorité incontestable sur le gothique, voilà le fond solide sur lequel je m'arrête; et comme en me retranchant sur cet étroit espace, je conserve une dénomination que je viens de signaler comme une source de malentendus, pour qu'elle n'introduise rien de pareil dans mes raisonnements, je me dois à moi-même de déclarer d'abord dans quel sens je l'emploie.

L'usage du mot roman n'est pas ancien en archéologie; c'est depuis 1825 seulement que M. de Caumont l'a fait prévaloir. Lui-même le tenait de M. de Gerville qui avait proposé aux antiquaires de Nor-

---

1. [Extrait de la *Revue Archéologique*, t. VIII (1851). p. 145 à 158. — *Bibliogr.*, n° 191.
2. *Revue Archéologique*, t. VII, p. 65.

mandie d'appeler ainsi « l'architecture postérieure à la domination romaine et antérieure au XIIe siècle. » Cette architecture que chacun baptisait à son gré de lombarde, de saxonne, de byzantine, parut à M. de Gerville devoir être appelée d'un nom qui ne fût pas celui d'un peuple, attendu qu'elle avait été pratiquée dans toute l'Europe occidentale et sans intervention prouvée des Lombards, ni des Saxons, ni des Grecs. Comme le terme de roman était dès lors appliqué à nos anciens idiomes; comme l'emploi d'éléments romains était, de l'aveu général, aussi sensible dans l'architecture qu'il s'agissait de qualifier, que la présence des radicaux latins dans les langues dites romanes; comme enfin on pouvait dire que l'une était de l'architecture romaine abâtardie, de même que les autres étaient du latin dégénéré, M. de Gerville conclut à ce qu'il y eût une architecture romane au même titre qu'il y avait des langues romanes [1].

L'idée est juste autant que féconde; mais elle était mal rendue et le vice de l'expression a gâté les développements qu'on a donnés depuis au principe.

La première faute a été de vouloir délimiter *a priori* la période pendant laquelle les monuments devaient être appelés de ce nom si heureusement trouvé. Si tout ce qui a été bâti depuis la fin de la domination romaine jusqu'au XIIe siècle est roman, l'architecture romane a donc commencé sous Clovis? Cela était à démontrer d'abord, ou sinon il fallait s'interdire rigoureusement toute énonciation tendant à donner pour résolus des problèmes qui ne l'étaient pas.

En second lieu, il n'était pas exact d'appeler les langues romanes du latin dégénéré. Les idiomes romans sont plus que cela : les philologues entendus les tiennent pour du latin arrivé à un tel état de dégénérescence qu'il a cessé d'être du latin, sans être encore aucune des langues modernes. Entre du latin dégénéré et du latin transformé, il y a autant de différence qu'entre du vin gâté, par exemple, et du vin changé en vinaigre; or, ce sont là de ces nuances qu'on ne peut pas négliger impunément quand on rapproche deux objets l'un de l'autre; car les mêmes traits qu'on démêle dans le terme de comparaison, on les retrouve dans le terme comparé. La langue latine dégénérée de M. de Gerville a appelé sous sa plume l'architecture romaine abâtardie; tandis que s'il avait vu dans les langues romanes du latin transformé, il aurait probablement trouvé aussi dans les édifices romans de l'architecture romaine transformée.

---

1. Caumont, *Essai sur l'Architecture religieuse du moyen âge* (Caen, 1825), p. 14.

En établissant dans ces termes l'assimilation imaginée par M. de Gerville, j'arrive à une proposition dont je puis faire mon point de départ, parce qu'elle ne contient rien qui ne soit admissible dans la limite des notions élémentaires où je me suis renfermé d'abord. Cette proposition, la voici :

L'architecture romane est celle qui a cessé d'être romaine, quoiqu'elle tienne beaucoup du romain, et qui n'est pas encore gothique, quoiqu'elle ait déjà quelque chose du gothique.

Cela posé, je vais chercher quels sont les caractères constitutifs des constructions romanes dans les limites de la Gaule chrétienne ; comment ces caractères sont répartis entre les divers espèceses du genre ; à quelle époque apparaît cette architecture, et enfin quels sont ses précédents dans l'histoire de l'art.

I

DES CARACTÈRES CONSTITUTIFS DU ROMAN

Puisque l'architecture romane procède de la romaine, et qu'en même temps elle a cessé d'être romaine, nécessairement elle est *sui generis* par les points où elle s'éloigne du type qui l'a engendrée. C'est donc de sa comparaison avec ce type que ressortiront ses caractères propres.

Bien entendu je n'invoquerai point ici les règles de Vignole renouvelées de Vitruve. Il est assez connu que l'art de l'architecture ne fut appliqué, dans les siècles éloignés du moyen âge, qu'à la construction des églises, et que la presque totalité de ces églises, chez' nous du moins, furent élevées sur le modèle des basiliques que Constantin avait fait bâtir à Rome et ailleurs par des artistes déjà affranchis des règles classiques. Ainsi ce que nous avons à rechercher, c'est la différence qu'il y a entre l'architecture des églises romanes et l'architecture des basiliques romaines.

Mais quand on se propose de constater une distinction, il faut se demander d'abord sur quoi la raison veut qu'on l'établisse ; et la première précaution à prendre pour s'acheminer là, c'est d'être bien assuré de l'idée qu'on poursuit, en d'autres termes, c'est d'avoir pénétré à fond le sens des mots dont on se sert, car c'est le vague des mots qui fait le vague des idées.

Architecture signifie l'ensemble des moyens qui constituent l'art de bâtir ; et il signifie en même temps une certaine application de ces moyens qui produit la physionomie d'un édifice. L'architecture a usé dans tous les temps et dans tous les lieux de moyens à peu près pareils qui, diversement appliqués, ont donné naissance aux diverses architectures.

Dans l'espèce particulière qui nous occupe, la nature des moyens employés par les architectes romains diffère-t-elle assez de la nature des moyens employés par les architectes romans, pour que ce soit là ce qui distingue leurs ouvrages respectifs au point d'en faire les produits de deux architectures à part ?

On le croirait, à voir les efforts de tous les archéologues pour caractériser les constructions romanes par leur appareil, par leur ornementation. Ils énumèrent les façons données aux pierres, mesurent leurs faces, dissertent sur les mortiers qui les relient ; ils vous décrivent les moulures, les modillons, les feuillages appliqués sur les bandeaux des frises et aux chapiteaux des colonnes ; ils poussent même la minutie dans cette dernière étude, jusqu'à en faire une botanique à eux qu'ils appellent *la Flore murale*. Mais de tous ces traits si laborieusement recueillis ne résulte pas la physionomie du genre ; car :

Pour ce qui est de l'appareil, grossièrement traité dans beaucoup d'édifices romans, mais conduit dans d'autres à un degré notable de perfection, il est la continuation visible des pratiques romaines, imitées même dans ce qu'elles avaient de plus excentrique, puisqu'au XIᵉ siècle on exécuta encore des revêtements réticulés et en arêtes de poissons, des cordons de poteries et de galets dans la maçonnerie et cent autres recherches du même genre.

Pour ce qui est de l'ornementation, les moulures et sculptures romanes, placées aux mêmes membres d'architecture où les Romains avaient coutume de les mettre, n'offrent rien non plus dans leurs éléments qui ne soit d'imitation antique ; imitation très imparfaite, il est vrai, si l'on s'arrête aux seuls édifices du nord de la France, mais que l'on voit s'élever graduellement jusqu'à une ressemblance à peu près complète lorsqu'on dirige ses études sur les monuments des régions méridionales.

Ainsi les moyens dont disposaient les architectes romans diffèrent de ceux que possédaient les Romains uniquement dans la mesure du plus au moins ; et cette différence se réduit jusqu'à devenir nulle, si l'on compare les meilleurs ouvrages romans avec les plus mauvais des Romains. Pour trouver le point par où les uns se distinguent des autres, il ne convient donc pas de considérer la maçonnerie, la taille des pierres ni l'ornementation.

Cette conclusion acquerra un nouveau degré d'évidence si l'on veut bien remarquer :

1° Que l'appareil est une chose si peu apparente, qu'il faut le chercher le plus souvent sous les couches épaisses de badigeon appliquées à l'intérieur de l'édifice, et sous la rouille du temps qui en a noirci le dehors.

2° Que la sculpture peut être totalement absente d'un édifice roman, par exemple avoir été remplacée par une décoration en placage ou par de la peinture, sans que pour cela cet édifice cesse d'être roman.

Abstenons-nous donc d'arrêter notre attention sur des détails dont la présence ou l'absence est indifférente, qui appartiennent à un genre aussi bien qu'à un autre, qui n'ont pas plus de valeur enfin que les taches à la peau des personnes. Tout cela fait partie de l'art pratiqué par les architectes romans, mais ne constitue pas l'architecture romane, laquelle n'est qu'une manière d'être particulière de la construction et dont en définitive le caractère ne peut tenir qu'aux dispositions fondamentales des édifices, aux lois d'après lesquelles les pleins et les vides s'y montrent combinés; de même que les caractères distinctifs des espèces animales résident dans la structure des corps et non dans le tissu des organes; de même que ceux des langues romanes résident dans leurs règles grammaticales et non dans leur vocabulaire.

La question est ainsi ramenée à définir la structure des édifices romans par opposition à celle de leurs analogues romains.

Si après nous être bien pénétrés de l'aspect que présente la basilique romaine, nous nous introduisons dans une église romane, dans l'une comme dans l'autre nous voyons des portiques en arcades, et par-dessus les arcades des galeries simulées ou réelles, et par-dessus les galeries des fenêtres : l'ordonnance est la même; cependant, l'effet est différent. L'une est large, claire, dégagée; l'autre est étroite, sombre, pesante. Tandis que les lignes architectoniques de la première, continuées parallèlement au sol, s'en vont tout droit de l'œil à l'horizon, les lignes de la seconde, poussées avec non moins d'énergie dans le sens vertical, montent du sol vers le ciel. Enfin vous avez, d'une part, une structure svelte qui ne laisse pas pour cela que de paraître assise dans une forte immobilité; et d'autre part une structure lourde qu'on dirait cependant animée d'un mouvement ascensionnel.

Livrons-nous à une observation plus attentive pour découvrir les causes de ce contraste.

Dans l'édifice roman, la hauteur est grande, mais les écartements sont faibles. Les murs sont plus rapprochés ; toutes les baies ont subi un déchet notable dans leur ouverture ; et comme si ce n'était pas assez de la diminution produite par l'éloignement moindre de leurs montants, plusieurs d'entre elles sont encore garnies de remplages montés sur des supports intérieurs. En même temps, les membres dirigés dans le sens de la hauteur ont augmenté de nombre et d'importance. Tous les percements présentent dans leur épaisseur des saillies appliquées l'une sur l'autre : disposition singulière résultant de ce que nulle part, pour procurer le vide, les massifs n'ont été pénétrés directement, mais bien par ressauts successifs qui multiplient les arêtes sur les pieds-droits. Nous voyons encore les colonnes ou pilastres adossés aux piliers, monter du plain-pied jusqu'au sommet de l'édifice avec une puissance et une disproportion qui étonnent, superposés le plus souvent à d'autres saillies qui les débordent en les accompagnant dans toute la longueur de leur trajet. Enfin cette prédominance universelle des lignes verticales sur celles qui gagnent l'horizon, se manifeste extérieurement par les contre-forts multipliés sur les façades et sur les parois latérales de l'édifice.

Dans l'architecture romane, les espaces vides sont donc partout rétrécis ; le passage du plein au vide partout effectué par gradation, les faces lisses partout brisées dans le sens de leur hauteur par l'accumulation des membres montants. C'est là le principe de cette architecture, et, il faut croire, sa nécessité.

Je dis sa nécessité parce qu'il n'est pas supposable que des constructeurs, si barbares qu'on les suppose, aient sacrifié des avantages tels que l'espacement des massifs et que la continuité des surfaces, pour le plaisir de faire du nouveau. J'ajoute même que plus on les supposera barbares, moins on devra les réputer capables d'avoir révolutionné l'art par fantaisie. Les peuples dans l'enfance font leur architecture comme ils font leur langue, sous l'empire d'un besoin qui les stimule, et non pour se montrer gens d'esprit. Si nos anciens bâtisseurs d'églises après s'être tenus longtemps à l'architecture romaine, en la dépravant, je le veux bien, comme des grossiers et des maladroits qu'ils étaient, mais en conservant ses principes, arrivèrent enfin à bouleverser ces mêmes principes, il est légitime de supposer *a priori* qu'ils n'en vinrent là que pour avoir voulu soumettre cette architecture à une loi qui n'était pas la sienne : et cette conjecture devient certitude lorsqu'on voit leurs efforts pour retrouver dans les détails un art dont ils ne pouvaient plus atteindre l'effet d'ensemble, preuve qu'ils ne méprisaient pas l'ouvrage des Romains.

Ces réflexions nous amènent à chercher dans quelque innovation capitale le pourquoi des particularités que nous avons précédemment reconnues; car nous n'aurons le droit de les ériger en caractères constitutifs qu'après nous être assurés qu'elles ne sont pas des accidents fortuits, qu'après avoir établi qu'elles sont inhérentes à l'essence même de l'édifice roman.

L'examen que nous avons fait tout à l'heure s'est borné aux élévations, et c'est en effet par les élévations que l'architecture se traduit surtout aux regards. Mais les élévations ne sont que les supports des couvertures qui règnent sur les espaces circonscrits par elles. Une fois la maison fermée de tous les côtés de l'horizon, il faut la clore aussi du côté du ciel : opération qui, bien que postérieure, domine l'autre; parce que le sol fournit un appui aux massifs qu'on élève, tandis qu'il n'y a que les massifs sur lesquels puissent porter les couvertures qu'on jette parallèlement au sol. Tout dans l'économie des uns doit donc être combiné de manière à assurer l'assiette des autres; et il résulte de là que si l'architecture tire ses effets des élévations, ces mêmes effets ont leur raison d'être dans le système qu'elle applique à la confection des ouvertures.

Arrivés à ce dernier terme où le raisonnement pouvait nous conduire, nous n'avons plus qu'à nous emparer d'un fait qui tombe sous le sens.

Les églises romaines étaient lambrissées, couvertes par des appareils en charpente sur lesquels reposait directement la toiture.

Les églises romanes sont voûtées, couvertes sous leur toiture par des constructions de formes diverses où les pierres sont ténues enchaînées sur le vide.

Là est le contraste des deux architectures, là le point de départ de toutes les différences par où elles s'éloignent l'une de l'autre : ce qui reste à démontrer.

La voûte exerce par sa nature un effort redoutable contre les murs où elle s'appuie, ou, comme on dit, contre ses pieds-droits, lesquels elle rejette en arrière. Cet effort s'appelle la poussée. Plus la voûte est large, plus est grande la poussée, et plus les pieds droits ont d'élévation, plus ils ont besoin d'être massifs pour y résister. Rien qu'à la hauteur d'un ordre unique d'architecture, des murs suffisants pour porter un plafond plat ne porteraient pas une voûte à moins d'être considérablement épaissis : la progression des forces ayant lieu comme je viens de le dire, qu'on juge de ce que deviendraient les choses à la hauteur de plusieurs ordres d'architecture, là où non seulement les pieds-droits auraient acquis une élévation double ou triple, mais où encore leur écartement aurait gagné dans une proportion analogue. Il faudrait des murs épais comme des remparts pour résister à la voûte exécutée dans de semblables données : et au contraire, la condition de la basilique romaine est d'avoir sous sa couverture la plus élevée, qui est celle de la grande nef, non pas des massifs, mais des murs tout percés à jour, par le bas, par le milieu, par le haut. Du moment où la chose fut mise en question, deux nécessités inconciliables se trouvèrent en présence. Pour voûter la basilique il fallait la défigurer.

Si les Romains avaient reculé devant une pareille solution, les romans eurent moins de scrupule, sans doute à cause de l'urgence qu'ils voyaient à préserver l'autel et les reliques des saints du désastre des incendies sans cesse occasionnés par les toitures. Pour le besoin de la voûte, ils sacrifièrent donc toutes les proportions, épaississant les murailles, resserrant les écartements, réduisant les baies, en un mot faisant envahir de toutes les façons le vide par le plein ; mais dans cette voie où le goût, dont ils manquaient, ne pouvait pas les modérer, il y eut cependant un degré où le sens commun les avertit de faire halte : c'est celui où l'envahissement du vide par le plein devenait tel que la sonorité de l'édifice était détruite, que la lumière n'y pénétrait plus et que la circulation y était presque impossible. Pour remédier autant qu'ils pouvaient le faire à ces inconvénients, ils introduisirent dans l'architecture des dispositions nouvelles, dont les unes s'appliquaient à la construction des voûtes, les autres au percement des massifs, pieds-droits ou appuis des voûtes.

Arrêtons-nous d'abord à ce qui concerne la voûte.

Les Romains avaient pratiqué plusieurs sortes de voûtes dont deux convinrent plus particulièrement à l'application nouvelle que les constructeurs romans en voulaient faire : c'étaient la voûte en berceau et la voûte d'arêtes.

La voûte en berceau n'est rien autre chose qu'une arcade en plein cintre indéfiniment prolongée, une longue arche jetée entre deux murs parallèles. La voûte d'arêtes est un berceau, traversé dans le sens de sa largeur par une suite d'autres berceaux contigus, qui coupent ses pentes et, par suite, la transforment en une série de compartiments à quatre pièces, lesquelles s'assemblent sur quatre angles saillants ou arêtes.

La voûte en berceau est de toutes les voûtes celle qui exerce la plus forte poussée contre ses pieds-droits. La voûte d'arêtes est, à cet égard, beaucoup plus avantageuse parce qu'en elle la poussée ne s'exerce que sur les arêtes, qui, à leur tour, la font aboutir aux points où elles prennent leur naissance : de sorte que la voûte tient, pourvu que les murs qu'elle couvre soient armés d'une résistance suffisante aux endroits où naissent les arêtes. Mais si, avec la voûte d'arêtes, les résistances sont plus faciles à ménager, par contre, la construction est plus difficile à effectuer. Aussi les architectes romans n'eurent-ils pas plus de raison de pratiquer la voûte d'arêtes que la voûte en berceau. Ils les employèrent toutes deux indifféremment, ou plutôt, étant partis du principe de l'une et de l'autre, ils parvinrent à atténuer par les dispositions que j'ai annoncées, le poids de l'une et la difficulté de l'autre ; par conséquent à pouvoir les exécuter dans de plus grandes dimensions, par conséquent à couvrir des espaces plus larges.

Pour ce qui est de la voûte en berceau, ou bien ils la soulagèrent dans sa continuité, ou bien ils la soulagèrent dans sa montée.

Pour la soulager dans sa continuité, ils la firent porter de distance en distance sur de gros arcs (ce qu'on appelle des arcs doubleaux) montés en avant de ses impostes. Les arcs doubleaux romans ne sont pas comme ceux qu'on voit dans les monuments romains, des saillies ménagées pour l'ornement dans la construction même de la voûte ; ce sont des membres puissants construits à part pour faire fonction de chevalets, pour servir d'étais permanents à l'instar de ces cintres de charpente que l'on dispose sous la forme qui donne le contour et l'appui de la voûte au moment où on la construit. Ils assument sur eux une partie de la poussée qu'ils renvoient au mur augmentée de la leur ; mais comme c'est à un point déterminé que cette force s'exerce, on y a pourvu en mettant sur ce point un épaississement capable de résister. Cet épaississement se traduit au dedans et au dehors de la construction : au dedans par une saillie (colonne ou pilastre) qui sert en même temps de déversoir et d'appui à l'arc doubleau ; au dehors par les contre-forts, qui fournissent l'appoint de la résistance jugée nécessaire.

Pour soulager le berceau dans sa montée, ils le brisèrent à son sommet, changeant sa forme cylindrique en deux pentes courbes qui se coupent sous un angle rentrant. C'est ce qu'on appelle improprement *berceau ogival*, et que j'appellerai pour me conformer à ma propre doctrine, *berceau brisé*. Le berceau brisé a l'avantage de pousser moins que le berceau plein, et cela pour la raison qu'il est débarrassé de celles des pièces qui, dans l'économie de la voûte, ayant le plus de tendance à tomber (je veux dire des pierres de la clef plus verticales que toutes les autres) apportent par là l'élément le plus considérable à l'effort développé contre les pieds-droits.

En allégeant dans sa continuité la voûte ainsi brisée à son sommet, c'est-à-dire en plaçant des arcs doubleaux sous ses pentes, comme nous avons vu qu'on en mettait sous le berceau plein, on obtint des conditions de stabilité encore plus favorables.

Quant à ce qui concerne la voûte d'arêtes, la difficulté d'exécution qu'elle offrait tenait à la précision qu'elle exige, pour que les pièces de ses compartiments et ensuite les compartiments eux-mêmes soient maintenus dans un équilibre respectif. Les architectes romans rompirent la solidarité de compartiment à compartiment en s'aidant du principe des gros doubleaux appliqués aux voûtes en berceau. Ils mirent de ces appuis si commodes entre chaque compartiment d'arêtes. Mais comme après cela, il restait encore la solidarité de pièce à pièce dans chaque compartiment, très peu d'entre eux eurent le talent d'exécuter sur les grands espaces la construction ainsi simplifiée ; presque tous au contraire l'ont employée pour couvrir les écartements restreints, comme sont ceux des basses nefs et des cryptes, parce que dans ce cas, la précision n'est plus d'aussi grande importance.

En brisant les doubleaux établis sous les voûtes d'arêtes on fut conduit à construire des compartiments d'arêtes dont les quatre pièces sont brisées à leur sommet, par conséquent sont portées au nombre de huit et accouplées alternativement sous un angle saillant et sous un angle rentrant. Cette combinaison encore plus romane que la précédente, a servi, grâce à plus de légèreté, la conception de quelques-uns.

Mais l'expédient le plus usuel aux architectes romans, et l'on peut dire la plus décisive victoire remportée par eux en matière de construction, fut de rompre la contiguïté des pièces dans chaque compartiment d'arêtes, de même qu'ils avaient rompu la contiguïté des compartiments. Ils y parvinrent en construisant, simultanément avec les doubleaux, d'autres arcs dirigés dans le sens des arêtes, par conséquent se croisant en diagonales dans l'espace enfermé entre chaque paire de doubleaux. C'est là la *croisée d'ogives*, laquelle établie, on n'a plus qu'à disposer sur les vides ouverts entre ses branches, des pièces de voûtes n'ayant entre elles aucune solidarité et exerçant, chacune à part soi, leur poussée sur les arcs qui leur servent d'appui. Mais les ogives, placées comme des doubleaux hors l'œuvre de la voûte, tombant par conséquent en avant des murs de clôture, avaient elles-mêmes besoin d'appuis. On les leur procura des deux côtés du doubleau où elles prennent naissance, en mettant sous chacune d'elles un ressaut qui s'avance derrière le pied-droit du doubleau et qui descend comme ce pied-droit, du sommet à la base de l'édifice, ou tout du moins sur un encorbellement voisin de la base. De là ces faisceaux de pilastres ou de colonnes appliqués devant les piliers romans et qu'on regarde à tort comme de la décoration, puisque outre leur fonction de porter les arcs de la voûte, ils ont encore pour objet de fournir avec les contreforts, ce qu'il faut de résistance contre la poussée concentrée sur les points où ils sont disposés.

Notez que le faisceau peut admettre un couple d'éléments de plus, et cela dans tous les systèmes de voûtes romanes, par la présence d'arcs appliqués au sommet de la muraille et qui couronnent chaque travée d'architecture dans le sens longitudinal comme le font les doubleaux dans le sens de la largeur. Ces nouveaux arcs sont les *formerets*. Montés sur des pieds-droits à eux, qui longent ceux des membrures de la voûte, ils font épaisseur là où s'exercent les poussées ou portées supérieures et permettent de faire la construction plus légère dans les intervalles qu'ils encadrent.

Enfin les romans atteignirent dans leurs constructions ce qui a été pour eux le dernier terme de la légèreté, en introduisant le système de brisure des pièces dans la voûte à ogives. Pour cela ils brisèrent non pas les ogives, mais les doubleaux et formerets, seuls arcs qui déterminent la forme de la couverte; et ainsi chaque canton de la croix fut voûté de deux pentes courbes assemblées sous un angle rentrant. Les mêmes saillies qui renforcent les pieds-droits de la voûte d'ogives en plein cintre, existent, mais en faisceau plus serré, c'est-à-dire moins massif, aux pieds-droits de la voûte d'ogives brisée.

Réduisant à leur expression la plus générale les artifices que je viens de décrire, je dis que l'industrie romane a été de faire tenir les voûtes dans des conditions inusitées, en les divisant plus ou moins menu et en faisant porter leurs pièces sur des carcasses de pierre, appareils aériens dont les éléments se décalquent sur les élévations de l'édifice.

J'ajoute, comme un autre fait général et intimement lié au précédent, que malgré tous leurs efforts, les romans n'arrivèrent jamais à voûter des espaces aussi larges que ceux que les Romains avaient lambrissés; et comme cette impuissance ne les conduisit pas à réduire dans sa hauteur l'imitation du type qu'ils avaient en vue, qu'au contraire ils semblent avoir voulu se venger de la largeur qui leur échappait par un surcroît d'élévation, ils produisirent une architecture étranglée, comparativement à la romaine.

Donc, l'élancement des constructions romanes et la présence des saillies verticales qui les traversent du haut en bas tant au dedans qu'en dehors, sont des conséquences de la voûte. Voyons si les autres particularités signalées précédemment sont dans le même cas.

La multiplication des pieds-droits et voussures aux percements n'a-t-elle pas son origine dans l'épaisseur de murs occasionnée par la voûte? Avoir à pratiquer des arcades dans des massifs puissants (pour ne parler que des arcades), c'était retrouver en petit les difficultés qui s'étaient présentées pour la couverture de l'édifice, puisqu'une arcade qui se prolonge devient une voûte. Or, les murs de la nef devant être pénétrés à leur base d'une suite de voûtes pareilles, plus on les faisait grandes, plus on dirigeait de poussée contre les piliers déjà employés à contenir l'effort des voûtes supérieures : raison péremptoire pour leur donner peu d'ouverture; mais plus on les rétrécissait, plus on perdait d'espace intérieur, plus l'édifice était rendu sourd et incommode. Pour concilier ces deux nécessités contraires, on doubla les arcades comme on avait doublé les voûtes, et ainsi on eut des baies ouvertes sur le plein avant de l'être sur le vide; des percements ébrasés par succession de voussures et de pieds-droits : finalement les gros piliers furent garnis de faisceaux de pilastres ou de colonnes sur leurs flancs, comme ils l'étaient déjà sur leurs faces.

La même disposition se reproduit avec encore plus d'effet aux grands arcs ouverts sous les tours et à la croisée des églises, là où, à cause de l'épaisseur à traverser, il a fallu non pas seulement doubler la voussure, mais lui procurer jusqu'à cinq ou six retraites pour raccorder le vide avec les deux côtés du plein.

Mais c'est aux portes que le système se montre pour ainsi dire dans tout son avantage, parce que n'étant ébrasées que de dedans par dehors, toutes les ouvertures dont se compose leur baie, peuvent être saisies d'un seul coup d'œil.

Quant aux supports (trumeaux ou meneaux) placés dans l'intérieur de certaines baies, ils procèdent encore de la crainte de compromettre par de trop grandes ouvertures la résistance des massifs opposés aux forces de la voûte. Ce sont des artifices pour remplir d'une manière dissimulée des vides requis par l'ordonnance de l'édifice, mais réprouvés par sa constitution. Quelques églises offrent une application colossale de ce procédé par l'insertion de plusieurs étages d'arcades vides sous les doubleaux de côté des transepts. Pour désigner cela, on se sert en archéologie du mot anglais *screen*, écrin, dont je ne comprends pas ici l'à-propos.

Voilà pour les percements considérés dans leur profil; examinons-les maintenant dans leur forme.

Si nulle forme d'arc, pas plus le plein cintre que ce qu'on appelle ogive et que j'appelle cintre brisé, n'est quelque chose d'assez important pour constituer par soi seul un genre d'architecture, du moins l'arcade tout entière, cintre et pieds-droits compris, mérite-t-elle d'être regardée comme contribuant à l'effet des monuments par la configuration des vides qu'elle procure.

Considérée à ce point de vue, l'architecture romane présente une quantité infinie de combinaisons dont la plus rare, quoi qu'on dise, est l'arcade romaine. Je n'y trouve, le mètre à la main, que des arcades exhaussées ou déprimées d'une façon qui n'est pas l'antique et qui témoigne de nouveau la tyrannique nécessité contre laquelle se débattaient les constructeurs. Le plus souvent, c'est l'extrême rapprochement de leurs massifs qui les réduit à pratiquer en hauteur le vide qu'ils ne peuvent point faire en large; ou bien si par hasard ils ont un peu plus distancé les massifs, ils en perdent l'avantage par l'abaissement du point où ils opèrent la jonction de l'un à l'autre.

La forme des cintres n'est qu'un des accidents de cette lutte laborieuse. Ils sont brisés, surhaussés, en fer à cheval, pour corriger le défaut de proportion des pieds-droits, ou bien fournir, eux aussi, une compensation au déchet de l'espace. L'arc brisé joignait à ce double avantage celui d'exercer une poussée moindre : ce fut la cause de son succès. Sans avoir fait le décompte des formes de cintres employées dans les constructions romanes de la France, je crois pouvoir dire que la forme brisée s'y rencontre aussi fréquemment qu'aucune autre aux arcs importants. Ce n'est donc pas assez de la regarder comme un pis-aller, selon l'expression de M. Mérimée [1]; si quelquefois elle a ce caractère, dans d'autres cas il est visible que son application a été systématique. Il suffit pour s'en convaincre de parcourir les nombreuses relations du judicieux observateur que je viens de nommer.

Ma conclusion est que les arcades romanes ne sont pas dessinées comme les arcades romaines, qu'elles offrent, soit dans leurs pieds-droits, soit dans leur cintre, soit dans tous les deux ensemble, une dépravation plus ou moins marquée de l'arcade romaine, dépravation dont la voûte est encore la cause première.

Et maintenant, j'ai passé en revue toutes les circonstances auxquelles l'architecture romane doit sa physionomie particulière :

1° Le rapport de l'élévation à l'écartement;

2° La configuration de la voûte;

3° La composition des pieds-droits de la voûte;

4° Le système de pénétration des massifs;

---

[1]. *Essai sur l'Architecture du moyen âge*, dans *l'Annuaire de la Société de l'Histoire de France*, année 1838.

5° Le dessin des percements.

Toutes choses variables dans les individus, mais réductibles à des principes constants;

Toutes choses qui dérivent de la loi nouvelle qu'une conception nouvelle fit peser sur la construction.

Donc ce sont là les caractères constitutifs de l'architecture romane.

Ce sont là du moins les caractères constitutifs qui ressortent de la comparaison de cette architecture avec l'architecture romaine. Ils suffisent pour entamer l'étude du roman; ils ne suffisent pas pour conduire à une définition théorique du genre. Car le roman n'est qu'un intermédiaire entre l'architecture romaine et l'architecture gothique; sa définition par conséquent doit contenir tout ce qui le caractérise et à l'égard de l'une et à l'égard de l'autre.

Ainsi il me reste à comparer le roman et le gothique. Mais avant d'en venir là je traiterai les questions que je me suis posées au commencement de cet article.

II

CLASSIFICATION DES ESPÈCES [1]

L'idée d'une classification romane n'est pas nouvelle. Elle s'est produite du jour où l'on a reconnu la variété des œuvres enfantées par l'art roman, et c'est encore M. de Caumont qui a le premier signalé cette variété et désigné des types auxquels elle lui semblait pouvoir être ramenée. Son système est fondé sur ce que, à chacune de nos anciennes provinces paraît correspondre une manière d'être particulière des églises romanes, tellement que celles de la Provence, par exemple, ont un air de famille qui les distingue de celles de la Bourgogne; que ces dernières, à leur tour, ont leur caractère à elles qui empêche de les confondre avec leurs contemporaines de la Normandie; et ainsi des autres. M. de Caumont part de cette donnée, pour ranger en autant de classes à part les églises romanes provençales, bourguignonnes, normandes, etc. Là est toute sa doctrine qu'il appelle la *Géographie des styles*.

A la louange de la géographie des styles, il faut reconnaître qu'elle repose sur un fait considérable, et qu'elle n'introduit dans la no-

---

1. [Extrait de la *Revue archéologique*, t. IX, p. 525 à 540.]

menclature que des mots familiers à la bouche et aux oreilles. Mais répond-elle à ce qu'on a le droit d'attendre d'une classification ?

Une classification étant l'inventaire abrégé de tous les objets d'une même nature, doit embrasser la totalité des types auxquels ces objets peuvent être réduits; ou si elle présente des lacunes, à cause des cas qui n'ont pu être encore observés, il faut qu'elle soit capable de se prêter à l'introduction de ces types inconnus.

Or, la géographie des styles, n'ayant d'yeux que pour les groupes homogènes, omet, sans qu'il lui soit possible de les jamais ressaisir, des formes capitales par la raison que ces formes appartiennent à des individus solitaires.

En second lieu, le fait sur lequel une classification est établie doit être un fait universel ; et, au contraire, l'homogénéité locale des groupes est une loi dans certaines directions, mais ne l'est pas dans d'autres. On la constate plutôt lorsqu'on suit les grandes routes que lorsqu'on pénètre dans l'intérieur des pays; et, dans cette mesure même, il est facile de se convaincre qu'elle existe plutôt dans les régions orientales que dans celles de l'ouest. Une demi-douzaine de types au moins règnent pêle-mêle entre les Pyrénées et la Loire, sans qu'il soit possible de fixer le lieu géographique de chacun.

Enfin, j'ajouterai ceci : une bonne classification doit, rien que par la place où elle admet les types, enseigner jusqu'à un certain point comment ils sont conformés; car classer, dans la pratique des sciences, c'est distribuer méthodiquement les nuances d'après lesquelles le trait essentiel du genre se modifie pour former les espèces et sous-espèces. Or, la géographie des styles peut-elle arriver à caractériser en quoi que ce soit les espèces qu'elle reconnaît ? non, car elle procède d'une considération absolument étrangère à leur nature. Pour exprimer les différences qu'on a constatées avec son secours, il est nécessaire de recourir à un autre ordre de faits: ce qui constitue un vice de méthode.

Voilà les objections qu'il est permis d'élever contre la géographie des styles érigée en système de classification. Elle ne se rachète pas par les résultats qu'elle a produits. Elle existe plutôt à l'état de proposition qu'à celui de doctrine. Elle n'a ni facilité l'étude, ni avancé la connaissance du roman; elle n'a pas fait que les archéologues, mis en présence des monuments, sachent les décrire autrement qu'au hasard de leur instinct, encore moins qu'ils aient une idée juste de ce que c'est que le roman des diverses localités, s'ils n'en ont jamais vu.

Laissons donc de côté la considération géographique pour aller chercher dans les principes que nous avons exposés précédemment la base d'un autre système plus solide, je l'espère, et plus efficace.

Le trait essentiel du genre roman nous est connu : c'est la voûte. Nous savons encore que ce trait se modifie dans les individus au point d'aboutir à des configurations tout à fait diverses. Quoi de plus ? La voûte considérée dans sa forme, dans sa montée, dans son économie, dans la disposition de ses pieds-droits, voilà la clef de la classification romane. Autant de façons de voûtes, autant d'espèces dans le genre.

Mais, dira-t-on, une même église présente d'ordinaire plusieurs sortes de voûtes. Ainsi, il est rare que les voûtes des basses nefs soient pareilles à celles du grand vaisseau. Souvent les bras du transept ont aussi leur forme de voûte particulière; enfin la voûte du grand vaisseau lui-même se trouve généralement modifiée d'une façon radicale aux deux extrémités du chœur, savoir, au carré du transept où elle est pratiquée en coupole, et au chevet où elle affecte la forme d'un cul-de-four. Sont-ce toutes ces voûtes ensemble qu'il s'agit de considérer ?

Non, certainement; cela ne serait ni commode, ni même utile, car :

1° Les voûtes des bas côtés, si elles diffèrent de la grande voûte, se ressemblent entre elles. Ou bien, ainsi que je l'ai déjà remarqué, elles sont en compartiments d'arêtes séparés par des arcs-doubleaux : et dans ce cas on peut les négliger comme on fait d'un terme égal qui se trouve dans plusieurs quantités que l'on compare; ou bien (et c'est le cas le plus rare) elles ont la forme d'un berceau incomplet, dirigé comme un arc-boutant continu contre les retombées de la grande voûte pour comprimer par dehors l'effort de celle-ci; et alors elles sont en fonction de la même voûte, par conséquent ne sont plus à considérer comme voûtes, mais rentrent dans le cas des autres membres employés comme supports.

2° Les voûtes du transept ne couvrent qu'une partie très peu étendue de l'édifice : ce qui, joint à la nature de leurs pieds-droits qui sont des murs pleins, les empêche d'avoir beaucoup d'effet. Donc fussent-elles conçues autrement que la grande voûte de la nef, elles ne changent rien à l'aspect de l'édifice; raison suffisante pour n'en point tenir compte ici.

3° Les coupoles mises sur le carré du transept, toujours étroites et surhaussées, ne laissent juger de leur forme que lorsqu'on est dessous. Aussi n'est-ce pas cette forme qui fait figure dans l'ensemble, mais bien celle des quatre grands arcs sur lesquels elles sont montées. Or, ces grands arcs, se reliant à la voûte du vaisseau principal, n'y introduisent pas de condition exceptionnelle; leur forme est celle des autres grands doubleaux; et ainsi les coupoles du milieu peuvent être négligées.

4º Enfin le cul-de-four du chevet se modifie selon la forme de la grande voûte. Il est en quart de sphère, si la courbe de la voûte est un demi-cercle; ovoïde, si la même courbe est brisée. La voûte est-elle divisée par des ogives ? le cul-de-four pourra être divisé lui aussi par des équivalents d'ogives, c'est à savoir par des quarts d'arc convergeant à une clef commune et formant carcasse sous sa voussure, de même que les ogives forment carcasse sous chaque travée du reste de la voûte. Donc, puisque la voûte du chevet suit la loi de la voûte du grand vaisseau, qu'elle n'est qu'une conséquence, n'hésitons pas à l'éliminer d'une considération où doit entrer seulement ce qui est principe.

Les choses ainsi simplifiées, nous nous trouvons n'avoir plus sous les yeux que la voûte du grand vaisseau, et c'est uniquement d'après le caractère de cette partie de l'édifice que j'établis ma classification.

Voûtes en berceau plein, voûtes en berceau brisé, voûtes d'arêtes, voûtes à ogives: telles sont les conformations que j'ai commencé par indiquer. J'ai à réduire et à augmenter tout à la fois cette première énumération : 1º à la réduire, parce qu'elle contient quatre termes auxquels on n'aperçoit d'abord que deux caractères généraux, la nature des voûtes en berceau (que le berceau soit plein ou brisé) étant d'être portées en long dans le sens de l'édifice, et celles des voûtes d'arêtes, ainsi que des voûtes à ogives, étant d'être formées de compartiments qui se croisent dans le sens de la longueur et dans celui de la largeur; 2º à l'augmenter, parce que du moment que nous nous arrêtons à ce premier fait de la direction des voûtes, se présentent deux autres types dont je n'aurais pas pu m'occuper plus tôt sans me détourner du but que je poursuivais. De ces deux types, l'un n'a pas de nom, à cause de son extrême rareté. Il consiste en une suite de berceaux placés en travers sur la nef; j'appellerai *voûte transversale* cette disposition singulière. L'autre type est celui des églises romanes dont la grande voûte est formée d'une suite de larges coupoles.

Cela posé, nous voici en possession de quatre grandes classes d'églises romanes, selon que ces églises sont couvertes à leur grande nef, d'une voûte longitudinale, ou d'une voûte transversale, ou d'une voûte croisée, ou de coupoles.

Maintenant, nous allons établir dans les classes des espèces et sous-espèces, d'après les traits secondaires qui s'ajoutent à la conformation et à la physionomie des voûtes, ou à la conformation et à la physionomie de leurs pieds-droits.

Première classe. — Dans les églises à voûtes longitudinales ou en berceau, le berceau peut être à plein cintre ou à cintre brisé. C'est là une différence qui, quoiqu'elle paraisse peu de chose par elle-même, ne laisse pas cependant que d'être capitale par ses conséquences. Le berceau brisé introduit dans l'ordonnance des pieds-droits des élévations ou des écartements qui seraient impossibles avec un berceau plein; en outre il détermine presque constamment la forme brisée aux grandes arcades. De là, deux catégories que nous appellerons ordres : l'ordre des églises romanes à berceau plein, et l'ordre des églises romanes à berceau brisé.

Dans ces deux divisions, nous démarquerons les espèces d'après les conditions d'équilibre du berceau : s'il se tient par la seule vertu de ses pieds-droits, ou s'il est contre-bouté par les voûtes latérales. Dans ce dernier cas, on aura à distinguer si l'épaulement est fourni par les voûtes des bas côtés ou par celles d'un étage en tribune élevé sur les bas côtés. Rien n'est plus important que ces diverses circonstances pour la physionomie de l'édifice.

En effet, la voûte non épaulée comporte l'étage supérieur de fenêtres, qui est un trait si caractéristique de la basilique romaine ; épaulée au contraire, elle exclut une semblable ordonnance et fait que la grande nef ne peut plus recevoir de jour que par les collatéraux.

En outre, si l'épaulement est fourni par les bas côtés, l'élévation architecturale sera d'un seul étage; elle sera de deux, quand l'épaulement viendra des tribunes; elle pourra être de trois, lorsqu'il n'y aura pas d'épaulement : trois manières d'être d'où sortent trois espèces.

Dans les espèces, on regardera si le berceau se présente tout d'une pièce, ou s'il est divisé en plusieurs compartiments par des arcs doubleaux établis de distance en distance sous sa concavité. On examinera si un doubleau se rencontre à chaque travée de nef, ou seulement de deux en deux, et encore si le doubleau est simple ou doublé lui-même, de manière à former deux arcs en saillie l'un sur l'autre. De ces diverses conditions il résultera :

Ou que les supports de la nef, ne recevant de la voûte la retombée d'aucun membre, auront leur face antérieure lisse et dégagée, et qu'ainsi on verra apparaître là soit la colonne, soit le pilier simple à l'antique;

Ou que les mêmes supports seront tous garnis sur leur face antérieure d'un membre descendant de la voûte, membre nécessaire pour servir de pied-droit à chaque doubleau;

Ou que lesdits supports n'étant garnis d'un pareil membre que de deux en deux, affecteront dans l'intervalle la forme de pilier simple ou de colonne;

Ou enfin que les retombées qu'ils recevront de la voûte seront doublées aussi bien que les arcs par qui elles seront déterminées.

De là autant de familles dans les espèces.

Enfin, dans les familles on établira des variétés d'après les traits que présenteront les supports, là où ils ne sont pas modifiés directement par la voûte; si par exemple :

Ils consistent en colonnes ou en piliers;

S'ils portent deux ou trois étages d'architecture, là où l'étagement peut varier;

Dans quel rapport ils se trouvent avec leur écartement, c'est-à-dire s'ils sont surhaussés, ou déprimés, ou même dans la proportion antique : ce qui se présente quelquefois;

Si les arcades qui les relient ont leur cintre plein, surhaussé, surbaissé, brisé, en fer à cheval; et si elles sont simples ou doublées dans l'épaisseur de leur baie.

Appliquons à des exemples ce système de classement.

Dans l'ordre des églises à berceau plein :

Dans l'espèce du berceau non épaulé par les voûtes latérales :

Dans la famille du berceau non doublé :

Le chœur de Saint-Benoît-sur-Loire, seul reste du monument élevé sous le roi Robert, est une variété dont les supports, surmontés de deux étages d'architecture, consistent en colonnes déprimées, reliées par des arcs étroits d'un cintre surhaussé. — La nef très défigurée de la vieille église de Saint-Savinien, à Sens, laisse voir une autre variété dont les supports surmontés d'un seul étage, étaient primitivement des piliers simples, reliés par des arcades en proportion avec eux, non doublées.

Dans la famille du berceau plein doublé de deux en deux travées :

La cathédrale de Saint-Dié, composée de deux étages d'architecture, a pour caractère de la variété qu'elle constitue, l'emploi de colonnes à quatre fûts aux travées où les doubleaux ne tombent pas, et la proportion à peu près correcte des cintres doublés qui relient ces colonnes avec les autres supports composés de piliers avec des demi-colonnes sur la face antérieure.

Dans la famille du berceau plein doublé à chaque travée :

Saint-Étienne de Nevers, variété composée de trois étages d'architecture [1], dont tous les supports qui sont des piliers surhaussés,

---

1. Le second étage, consistant en un triforium qui était le percement de tribunes latérales, est bouché aujourd'hui.

garnis sur leur face antérieure de demi-colonnes, sont reliés par des cintres également surhaussés et doublés. — Saint-Germain-des-Prés, à Paris, dont son état primitif [1] : variété à deux étages, où les supports consistant en piliers garnis de demi-colonnes, sont reliés par des cintres en fer à cheval, non doublés et en proportion avec leurs pieds-droits.

Dans l'espèce où la voûte est épaulée par les bas côtés :
Celle-ci n'étant pas divisée par des doubleaux :
L'église d'Ainay, à Lyon, variété où les supports sont des colonnes de module presque antique, reliées par des cintres incorrects, non doublés. — L'église de Léry (Eure), variété où les supports sont des colonnes écrasées et barbares, reliées par des cintres surbaissés, non doublés. — Saint-Savin (Vienne), variété où les supports sont des colonnes surhaussées, reliées par des cintres étroits, également surhaussés et non doublés.
Famille où la voûte est divisée par des doubleaux à chaque travée :
La cathédrale de Valence (Drôme), variété où les supports sont des piliers surhaussés, garnis d'une demi-colonne sur leur face antérieure, reliés par des cintres surhaussés et doublés.

Dans l'espèce où la grande voûte est épaulée par celles de tribunes latérales :
Famille dénuée de doubleaux [2] ; le second étage y est extrêmement bas proportionnellement à l'ordre inférieur :
Saint-Nectaire (Puy-de-Dôme), variété où les supports sont de simples colonnes surhaussées, reliées par des cintres étroits, également surhaussés, non doublés. — Notre-Dame-du-Port, à Clermont, variété qui ne diffère de la précédente que parce que les supports sont des piliers lisses sur leur face antérieure, au lieu d'être des colonnes.
Famille pourvue de doubleaux à chaque travée ; le second étage d'architecture étant en proportion avec l'ordre inférieur :
Saint-Sernin de Toulouse, variété où les supports sont des pi-

---

1. Le berceau dont les supports de cette église indiquent qu'elle a été couverte, est remplacé depuis longtemps par une voûte gothique.
2. Je ne tiens pas compte d'un arc-doubleau unique qui se rencontre au bas de la nef de presque toutes les églises de cette famille, et qui servait autrefois à établir dans cette nef une division appropriée aux besoins de la liturgie.

liers surhaussés, garnis sur leur face antérieure d'une demi-colonne, reliés par des cintres également surhaussés et doublés.

Dans l'ordre des églises à berceau brisé :
Dans l'espèce du berceau non épaulé par les voûtes latérales :
Famille pourvue de doubleaux doublé à toutes les travées :
Saint-Lazare d'Autun, Notre-Dame de Beaune, l'église de Paray-le-Monial, etc., variété où les supports portant trois étages d'architecture sont garnis sur leur face antérieure de doubles pilastres et reliés par des arcs aigus et doublés.

Dans l'espèce du berceau épaulé par les voûtes des bas côtés :
Famille dénuée de doubleaux :
Saint-Nicolas de Civray (Vienne), variété où les supports sont des piliers lisses, surhaussés, reliés par des cintres brisés, non doublés.
Famille pourvue de doubleaux simples de deux en deux travées :
La nef de Saint-Nazaire de Carcassonne, où les supports sont alternativement des piliers surhaussés, garnis de demi-colonnes sur leur face antérieure, et des colonnes massives, les uns et les autres reliés par des cintres doublés.
Famille pourvue de doubleaux simples à toutes les travées :
Saint-Junien (Haute-Vienne), Notre-Dame de Cunault (Maine-et-Loire), etc., variété où les supports sont des piliers surhaussés, garnis d'une demi-colonne sur leur face antérieure, reliés par des cintres brisés et doublés. — Saint-Eutrope de Saintes, variété où les supports sont de hauts piliers lisses sur leur face antérieure, mais portant sur leur imposte des colonnettes de proportion attique pour la retombée des doubleaux. Arcades en plein cintre et doublées.
Famille pourvue de doubleaux doubles à toutes les travées :
Notre-Dame de Vaison, la cathédrale d'Arles, etc., variété où les supports sont de larges piliers surhaussés, garnis sur leur face antérieure de doubles pilastres et reliés par des cintres immenses, doublés et qui présentent presque toujours à leur sommet une brisure insensible. Il est à remarquer que presque toutes les anciennes églises de la Provence, du comtat Venaissin et de la sénéchaussée de Nîmes, sont bâties sur ce type. Une modification postérieure que plusieurs d'entre elles ont reçue, ne doit pas empêcher de reconnaître leur uniformité. Leurs bas côtés, si étroits qu'ils ne sont à proprement parler que des couloirs, ont été supprimés par l'obstruction du passage qui permettait de circuler derrière les piliers, de sorte que les parties laissées libres dans l'ouverture des grandes arcades, sont

devenues des chapelles latérales, et que l'édifice paraît avoir une seule nef, lorsque réellement il en a trois. Ainsi, la cathédrale d'Avignon, la nef de celle de Nîmes, la Major à Arles, l'église de Berre (Bouches-du-Rhône), etc.

Dans l'espèce du berceau épaulé par les voûtes de tribunes latérales :
Famille du berceau dénué de doubleaux :
Saint-Amable de Riom, variété dont les supports sont des piliers surhaussés, lisses à leur face antérieure, reliés par des cintres aigus et non doublés.

Deuxième classe. — La classe des églises à voûte transversale n'est pas nombreuse. Je n'y établirai pas de subdivision, car je n'en connais qu'un seul individu qui est l'église de Saint-Philibert de Tournus (Saône-et-Loire). La grande voûte, comme je l'ai annoncé précédemment, est composée d'une suite de berceaux contigus, placés en travers sur la nef. Ces berceaux, dont la courbe est le plein cintre, ont pour impostes de grandes arches surbaissées, jetées aussi en travers sur la nef de l'un à l'autre des supports qui sont de simples colonnes démesurément surhaussées. Les voûtes des bas côtés consistent en compartiments d'arêtes séparés par des doubleaux cintrés qui retombent, du côté de la nef, sur les mêmes colonnes.

Troisième classe. — Parmi les voûtes croisées, il y a celles dont les quatre compartiments se coupent par des arêtes, et celles où les mêmes compartiments sont portés sur des ogives. Donc deux ordres où il n'y a plus à considérer la fonction des voûtes latérales, parce que leur épaulement peut avoir lieu sans que l'étagement architectural de la grande nef en soit forcément modifié. Pour établir les espèces, on regardera seulement la forme des doubleaux entre lesquels chaque croisée de voûte est toujours contenue : si ces doubleaux sont en plein cintre ou en cintre brisé ; car de cette condition dépendront la forme des compartiments de voûte, celle des grandes arcades et toutes les dimensions de l'édifice en hauteur et en largeur.

Dans les deux espèces de voûtes d'arêtes, pour ne parler d'abord que de celles-là, les familles résulteront des circonstances qui s'ajoutent à la courbure des doubleaux : si, par exemple, ces doubleaux sont simples ou doubles, si accompagnés ou non de formerets, s'ils embrassent une ou plusieurs travées d'architecture. Les variétés seront constituées par le dessin et la proportion, tant des supports que des cintres qui les relient.

Exemples :

Espèce des compartiments d'arêtes séparés par des doubleaux en plein cintre :

Famille où les doubleaux sont accompagnés de formerets et répétés à chaque travée :

La Madeleine de Vézelay (Yonne), variété à deux étages, où les supports sont en proportion, garnis sur leur face antérieure d'une demi-colonne par-dessus un pilastre et reliés par des cintres corrects et doublés. — La cathédrale de Spire, variété à deux étages où les supports sont des piliers surhaussés, absorbant dans leur épaisseur le ressaut des formerets, garnis sur leur face antérieure de demi-colonnes par-dessus un pilastre, reliés par des cintres surhaussés et non doublés.

Famille où les doubleaux, accompagnés de formerets, embrassent plus d'une travée d'architecture :

Saint-Georges de Cologne, variété à deux étages, où les supports qui répondent aux doubleaux sont des piliers écrasés qui reçoivent dans leur épaisseur les pieds-droits des ogives, et sur leur face antérieure une demi-colonne; ces mêmes piliers, reliés à deux colonnes grêles qui remplissent leur intervalle, par trois cintres non doublés.

Espèce des compartiments d'arêtes séparés par des doubleaux brisés:

Famille à doubleaux simples et formerets répétés à chaque travée :

Saint-Pierre-le-Puellier d'Orléans [1], variété à deux étages, où les supports sont des piliers garnis sur leur face antérieure d'une demi-colonne en saillie sur deux colonnettes, et reliés par des cintres brisés et surbaissés. — Saint-Lazare d'Avallon, variété à deux étages, où les supports sont des piliers surhaussés, recevant sur leur face antérieure une demi-colonne par dessus un pilastre, et reliés par des cintres aigus et doublés.

Famille à doubleaux doubles répétés à chaque travée, sans formerets :

Saint-Philibert de Dijon, variété à deux étages, où les supports sont des piliers surhaussés recevant sur leur face antérieure de doubles pilastres, et reliés par des cintres aigus et doublés.

Dans les deux espèces de voûtes à ogives, on établira les familles

---

[1]. Les arêtes de cette église ont été refaites dans les temps modernes ; mais les membrures sont anciennes et ne laissent pas de doute sur l'identité de la couverte primitive.

d'après les circonstances que présentera la membrure de chaque compartiment, indépendamment des doubleaux :

Si par exemple, la croix d'ogives est resserrée ou écartée ;

Si elle est répétée à chaque travée d'architecture, ou si elle en embrasse deux ;

Si elle est simple, formée uniquement de deux arcs diagonaux, ou traversée à son intersection par un doubleau intercalaire;

Enfin, si elle est oui ou non pourvue de formerets.

Voici quelles sont les conséquences de ces conformations diverses :

La croix d'ogives resserrée, c'est-à-dire dont les bras forment un angle très aigu dans le sens de la largeur du vaisseau, et ouvert au contraire dans le sens de sa longueur, cette croix entraîne la multiplication des supports, qui à son tour favorise l'exhaussement de la construction. Le contraire a lieu avec la croix écartée, d'où pourra résulter même une architecture écrasée.

La croix d'ogives répétée à chaque travée fait que les mêmes faisceaux des pieds-droits descendent de la voûte sur la face de tous les supports; tandis que si la croix embrasse deux travées, le support intermédiaire ne recevra aucune retombée de la voûte, sinon des formerets.

La croix étant traversée par un doubleau, ce doubleau ne procurera qu'une retombée sur le devant du support inférieur, tandis que les doubleaux ses voisins, qui ont leur pied contigu au pied des ogives, en procureront trois.

Enfin la présence de formerets amènera deux retombées de pieds-droits indépendamment de celles que fournissent déjà les doubleaux et les ogives. A la vérité les pieds-droits sont absorbés le plus souvent dans l'épaisseur des étages inférieurs; mais il y a des cas où on les voit descendre jusqu'au sol, et d'ailleurs ils font toujours figure à la hauteur des fenêtres. Notons aussi le cas où les formerets, au lieu d'être dissimulés, sont traités comme de fausses arcades faisant saillie sur les divers étages de chaque travée, loin du ressaut formé par les pieds-droits qui descendent sous les doubleaux et les ogives.

Pour ce qui est des variétés à reconnaître dans les diverses familles d'ogives, elles naîtront du dessin et de la proportion affectés aux supports ainsi qu'aux cintres qui les relient.

Exemples :

Espèce des croix d'ogives séparées par des doubleaux en plein cintre :

Famille des croix resserrées sans formerets:

L'église de Saint-Georges de Bocherville (Seine-Inférieure), variété à trois étages, où tous les arcs de voûte tombent sur une seule demi-colonne qui garnit la face des gros supports, lesquels sont surhaussés et reliés entre eux par des cintres aussi surhaussés et doublés.

Famille des croix écartées sans formerets et répétées à chaque travée :

La Trinité de Caen, variété à trois étages, où les supports, massifs et écourtés, reçoivent sur leur face antérieure la retombée d'une demi-colonne jusqu'au sol, et de deux colonnettes jusqu'à la naissance du second étage, tandis qu'ils sont reliés entre eux par de faux cintres surbaissés [1].

Famille des croix sans formerets et traversées par un doubleau :

Saint-Étienne de Caen, variété à trois étages, où les gros supports, composés de piliers sur la face desquels descendent une demi-colonne et deux colonnettes, sont reliés par des cintres en fer à cheval et doublés, tandis que les supports intermédiaires consistent en courtes colonnes qui reçoivent sur leur abaque la retombée d'une simple colonnette.

Famille des croix écartées, embrassant deux travées, avec formerets traités en fausse arcature :

La nef de Sainte-Marie du Capitole, à Cologne, variété à deux étages où les supports correspondant aux doubleaux, sont des piliers à l'antique, un peu surhaussés et lisses jusqu'aux deux tiers de l'élévation de leur face antérieure, parce qu'ils reçoivent sur une console pratiquée à cette hauteur les retombées d'une demi-colonne et de deux colonnettes. Les supports intermédiaires consistent en piliers de même dimensions et tout à fait lisses. Les uns et les autres sont reliés par des cintres corrects et non doublés.

La cathédrale de Worms, variété à trois étages, où les supports correspondant aux doubleaux, sont des piliers de proportion antique, garnis sur leur face antérieure d'une demi-colonne par-dessus un pilastre, les supports intermédiaires consistant en piliers lisses, moins larges de face, et reliés aux précédents par des cintres un peu surhaussés, non doublés.

La cathédrale de Mayence, variété à trois étages qui diffère de la précédente seulement en ce que les supports sont des piliers démesurément surhaussés, et que de deux en deux ils reçoivent sur leur face antérieure, pour toute retombée de voûte, une demi-colonne.

Famille des croix écartées embrassant deux travées, sans forme-

---

1. Cette église n'ayant pas de bas côtés, ne présente à l'ordre inférieur que de la fausse architecture.

rets et avec les naissances d'ogives établies sur des consoles à côté de la naissance des doubleaux :

L'église de Rosheim (Bas-Rhin), variété à deux étages, où les supports correspondant aux doubleaux, sont des piliers à l'antique qui reçoivent sur leur face antérieure la retombée d'un pilastre, les supports intermédiaires consistant en colonnes romanes courtes et massives de chapiteaux, ces colonnes reliées aux piliers par des cintres corrects, non doublés.

Sainte-Foi de Schelestadt, variété qui diffère de la précédente en ce que les supports présentent, sur leur face antérieure, les uns une demi-colonne descendant de la voûte, les autres une demi-colonne descendant seulement du premier étage d'architecture; les uns et les autres reliés par des cintres aigus.

Espèce des croix d'ogives séparées par des doubleaux brisés :
Famille des croix resserrées munies de formerets :
Saint-Germer de Fly (Oise), variété à quatre étages, où des groupes d'une demi-colonne par-dessus quatre colonnettes retombent sur la face antérieure de tous les supports, qui sont extrêmement surhaussés et reliés par des cintres brisés et doublés.

Saint-Étienne de Beauvais, variété à trois étages qui diffère de la précédente en ce que les pieds-droits des formerets sont assis sur le deuxième étage d'architecture, et que les cintres qui relient les supports sont surhaussés, mais non brisés.

La nef de Saint-Benoît-sur-Loire, variété à deux étages, où les supports sont extrêmement surhaussés, présentant sur leur face antérieure une demi-colonne par-dessus un pilier, et reliés par des cintres brisés et doublés.

Famille des croix écartées n'embrassant qu'une travée et dénuées de formerets :

L'église de Bury (Oise), variété à deux étages, où les piliers courts et trapus reçoivent sur leur face antérieure les retombés d'une demi-colonne avec deux colonnettes, et sont reliés par des cintres brisés, surbaissés, doublés et à pieds-droits déprimés.

Famille des croix écartées embrassant deux travées et pourvues de formerets :

La nef de la cathédrale du Mans, variété à trois étages, où les supports reçoivent de deux en deux, sur leur face antérieure, la retombée de deux colonnettes et d'une demi-colonne, le support intermédiaire consistant en une colonne romane de belle proportion; les uns et les autres reliés par des cintres brisés, non doublés.

L'église d'Avenières (Mayenne), autre variété à trois étages, qui diffère de la précédente par la lourdeur des colonnes intermédiaires, l'exhaussement des pieds-droits et la condition des cintres qui sont doublés outre la brisure.

Saint-André de Cologne, variété à deux étages où les supports reçoivent de deux en deux sur leur face antérieure la retombée d'une demi-colonne par-dessus un pilastre, le support intermédiaire consistant en un pilier lisse à l'antique; les uns et les autres reliés par des cintres corrects, non doublés.

Quatrième classe. — Les églises à coupoles ont leurs coupoles en hémisphères comme des calottes rondes, ou en pyramides comme des cornets à côtes, ou en calottes ovoïdes à plusieurs pans sphériques établis sur des croix d'ogives plus ou moins compliquées de membrures, mais toujours brisées à leur intersection [1]. De là trois manières d'être que nous ramènerons à deux types généraux constituant deux ordres : celui des coupoles sans membrure et celui des coupoles à membrure.

Dans le premier ordre, les espèces seront établies d'après la forme de la coupole, qui est ce qui détermine l'écartement et l'élévation de l'édifice. Les familles dépendront du mode d'assiette affecté aux coupoles, soit qu'elles reposent sur des pendentifs, c'est-à-dire sur des pans sphériques placés aux encoignures des quatre arcs qui le soutiennent, soit qu'elles reposent sur des trompes, c'est-à-dire sur des sections coniques employées en guise de pendentifs. Enfin les variétés seront fournies par la forme des grands arcs, s'ils sont en plein cintre ou brisés, s'ils sont unis ou doubles.

Exemples :

Dans l'espèce des coupoles en hémisphère :

Famille à pendentifs :

La partie supérieure de la cathédrale du Puy, variété où les grands arcs sont en plein cintre et unis. — La nef du même édifice, variété où les grands arcs sont brisés et doublés. — Saint-Front de Périgueux, variété où les grands arcs sont brisés et unis.

---

[1]. Quoique les églises ainsi voûtées présentent, à cause de la croix d'ogives, une certaine ressemblance avec celles que nous avons placées dans la seconde catégorie des voûtes croisées, elles en diffèrent cependant d'une manière radicale par leur largeur immense, l'absence d'étagement architectural et aussi l'absence de bas côtés.

Famille à trompes :

La cathédrale de Cahors, variété où les grands arcs sont brisés avec surbaissement et unis.

Espèce des coupoles en pyramide :
Famille sur pendentifs déterminant huit pans à la pyramide :
L'église du château de Loches (Indre-et-Loire), variété où les grands arcs sont brisés avec surhaussement, non doublés, montés sur des pieds-droits traités en demi-colonnes entre deux colonnettes pour favoriser le porte-à-faux des pendentifs.

Dans l'ordre des coupoles sur ogives, il n'y a à faire de distinction que relativement à la manière dont la membrure est conçue, parce que cette membrure, indépendamment de la croix principale, peut admettre des quarts d'arc qui relient la clef aux sommets des doubleaux, et encore d'autres quarts d'arc pour relier de même la clef aux sommets des formerets. A l'égard des grands arcs et de leurs pieds-droits, toutes les églises pourvues de ce genre de voûte se ressemblent; d'où il résulte qu'il n'y a qu'une espèce à établir dans cet ordre ; et dans l'espèce unique, non pas des familles, mais seulement des variétés d'après la différence des membrures disposées sous les coupoles.
Exemples :
Espèce unique, montée sur des grands arcs brisés et doublés avec pieds-droits doublés de même :
La cathédrale d'Angers, variété à croix simple. — La nef de Saint-Pierre de Saumur, variété à croix traversée par des arcs qui relient la clef aux doubleaux. — La nef de la Couture au Mans, variété où la croix est traversée d'arcs qui relient la clef aux doubleaux et aux formerets.

Telle est la classification que je propose. En la soumettant aux personnes compétentes, je les prierai de ne pas trop se hâter de m'opposer certains faits avec lesquels il leur semblera peut-être difficile de l'accorder, à première vue. J'arriverai à ces faits dans ce qui me reste à dire pour compléter ma doctrine.

III

AVÈNEMENT DE L'ARCHITECTURE ROMANE[1]

Quoiqu'on ait cité à satiété les paroles par lesquelles l'historien Raoul Glaber commence son chapitre *De innovatione ecclesiarum in toto orbe*, il ne me semble pas qu'on en ait suffisamment dégagé le sens. Voici comment s'exprime cet auteur :

« Comme la troisième année après l'an mil était sur le point de commencer, on se mit par toute la terre, et particulièrement dans les Gaules et en Italie, à renouveler les vaisseaux des églises, quoique la plupart fussent assez somptueusement établis pour se passer d'une telle opération. Mais chaque nation chrétienne rivalisait à qui aurait le temple le plus remarquable. On eût dit que le monde se secouait pour dépouiller sa vieillesse et revêtir une robe blanche d'églises. Enfin presque tous les édifices religieux, cathédrales, moûtiers des saints, chapelles de villages, furent convertis par les fidèles en quelque chose de mieux [2]. »

De ce fait, si remarquable qu'il a pu frapper un écrivain indifférent autant qu'on peut l'être au mouvement des arts, on a saisi depuis longtemps la portée morale. On y a vu une démonstration du sentiment d'espérance qui s'était produit après l'an mil dans la chrétienté rassurée sur la durée du monde; on a interprété cette ardeur à refaire partout les édifices religieux, comme la preuve de l'empressement que mettaient les hommes à renouveler en quelque sorte l'alliance avec le Créateur, la crainte d'un cataclysme universel s'étant dissipée. C'est quelque chose que de savoir qu'à un certain moment un pareil élan s'est produit; mais le texte de Raoul Glaber dit plus que cela. En effet, quand il explique que des monu-

---

1. [Extrait de la *Revue archéologique*, t. X, p. 65 à 81.]
2. « Igitur infra supradictum millesimum tertio jam fere imminente anno, contigit in universo pæne terrarum orbe, præcipue tamen in Italia et in Galliis, innovari ecclesiarum basilicas, licet pleræque decenter locatæ, minime indiguissent. Æmulabatur tamen quæque gens christicolarum adversus alteram decentiore frui. Erat enim instar ac si mundus ipse excutiendo semet, rejecta vetustate, passim candidam ecclesiarum vestem induceret. Tunc denique episcopalium sedium ecclesias pæne universas, ac cætera quæque diversorum sanctorum monasteria seu minora villarum oratoria, in meliora quique permutavere fideles. » *Histor.*, l. III, c. iv.

ments déjà dignes d'approbation étaient jetés par terre pour faire place à d'autres monuments plus louables, il donne à entendre que la génération de l'an mil posséda le moyen de faire mieux ou, pour le moins, autrement que les générations précédentes. Il constate donc un progrès de l'art.

Je vais chercher de quelle nature fut ce progrès, et d'abord s'il consista à mieux décorer l'église ou bien à la mieux construire : première question que je résoudrai, je crois, d'une façon aussi péremptoire qu'expéditive, en faisant remarquer que, pour soumettre un édifice à un nouveau système de décoration, il n'est pas nécessaire de le démolir. Ainsi Raoul Glaber ne peut avoir fait allusion qu'à des pratiques nouvelles introduites dans l'art du bâtiment; et cette innovation, nous devrons la trouver en comparant les édifices religieux d'avant l'an mil avec ceux d'après.

Mais les églises antérieures à l'an mil, où sont-elles sur notre sol? Le fait même du renouvellement attesté par Raoul Glaber permet-il d'espérer qu'une seule soit restée debout? S'il en reste, ce n'est que par exception; et quel observateur les a cherchées? Quel ouvrage en donne le classement? Je trouve bien dans le *Cours d'antiquités monumentales* de M. de Caumont une catégorie d'édifices qu'il appelle les produits « du style roman primitif » et qu'il regarde comme remontant à la période barbare de notre histoire. Je crois qu'il a raison et suis prêt à partager son sentiment; mais si je lui demande sur quel motif il l'appuie, il m'allègue l'appareil romain et la décoration romaine. Cela m'avance peu, moi qui ai dû écarter, pour plus de sûreté dans la recherche que je fais, toute considération d'ornement et d'appareil. Je voudrais savoir aussi l'âge au moins approximatif des églises du style roman primitif, car si elles flottent dans la période barbare qui va de l'an 500 à l'an 1000, aucune ne sera pour moi un bon terme de comparaison. Je ne dois pas oublier que j'ai à saisir un changement qui s'est opéré à un moment certain et que je n'arriverai là qu'en mettant en regard des objets aussi rapprochés que possible de ce moment, au delà et en deçà. Si je m'attache à un type susceptible d'appartenir au vi^e siècle, aussi bien qu'au xe, qui m'assure que la différence que je constaterai entre ce type et un autre du xie siècle se sera produite justement en l'an 1000, et non pas cinquante, cent, deux cents ans plus tôt? C'est le caractère des églises du xe siècle qu'il me faut connaître, et singulièrement le caractère des églises de la fin du xe siècle. Or, parmi les édifices dont je parlais tout à l'heure, M. de Caumont n'assigne de date certaine qu'aux ruines de Saint-Martin d'Angers, construction de l'an 818, par conséquent trop reculée pour moi ; il ne conjecture rien sur l'âge des autres, sinon qu'elles lui semblent appartenir plutôt au commencement qu'à la fin de la période. Il résulte de tout cela que les lumières du plus expérimenté de nos archéologues me laissent dénué du secours dont j'ai besoin ; et me voilà ainsi amené à traiter comme je l'entends la question des églises antérieures à l'an 1000, d'abord pour préciser, mieux qu'on n'a fait, le système de construction des plus anciennes ; ensuite pour retrouver, s'il est possible, le caractère de celles du xe siècle.

Qu'on veuille bien me passer ce mode de discussion qui consiste à reculer à mesure que j'avance. Mon sujet m'y astreint. Il me semble marcher dans ces grèves dangereuses où le sable ne recouvre que des abîmes, sauf sur une ligne étroite qu'il est indispensable de reconnaître avant tout.

Je commence par écarter les églises bâties en octogone ou sur tout autre plan qui exclut la présence d'une nef prolongée. On en verra plus tard la raison.

Nos plus vieux auteurs, Sidoine Apollinaire, Fortunat, Grégoire de Tours et les hagiographes de l'époque mérovingienne, lorsqu'ils parlent des églises de leur temps, nous donnent l'idée de basiliques, peut-être différentes de celle de Rome quant aux distributions intérieures, mais sans aucun doute exécutées d'après le même principe de construction, c'est-à-dire élevées en pierre et couvertes en bois. Telle est ma première proposition. Elle ne contrarie pas la doctrine professée aujourd'hui ; elle y est même implicitement contenue ; et, comme je ne fais que la dégager, il me semble inutile que je la développe. Passons aux églises de l'époque carlovingienne sur lesquelles on laisse planer plus d'obscurité.

Il est certain que les arts, aussi bien que le gouvernement, furent restaurés par le génie de Charlemagne. Cette renaissance conduisit-elle l'architecture dans des voies si nouvelles que le système de construction appliqué aux églises de forme latine n'ait plus été ce qu'il était auparavant ?

Je connais quatre échantillons du savoir-faire des premiers architectes carlovingiens en ce genre, quatre échantillons certains et datés : 1° les ruines de l'église de Lorsch dans la Hesse-Darmstadt (776) ; 2° celles de Saint-Martin d'Angers (818) ; 3° la vue de Saint-Riquier (779), dessinée au xe siècle ; 4° le plan de Saint-Gall (830), conservé dans les archives de l'abbaye du même nom.

De l'église de Lorsch, il reste l'un des côtés de la grande nef, qui est devenu le mur latéral d'une maison moderne à plusieurs étages.

Cette construction, percée par le bas de larges arcades qui reposent sur des piliers lisses, de proportion antique, n'a jamais pu supporter autre chose qu'un comble de bois.

Les ruines de Saint-Martin d'Angers consistaient naguère en une nef avec son transept [1] ; le transept reste seul aujourd'hui. Ni ce qu'on a détruit, ni ce qu'on a épargné, ne permet de douter un seul instant que l'édifice n'ait été fait pour être couvert en bois, et si le carré du transept se montre avec une voûte, l'application postérieure de cette voûte est prouvée par le surcroît d'appui qu'on lui a donné en plaçant hors de l'œuvre, dans les quatre encoignures, de massives colonnes dont la barbarie contraste de la manière la plus sensible avec la belle proportion des arcades primitives.

L'antique dessin de Saint-Riquier, représentant l'élévation longitudinale de l'église prise extérieurement [2], n'indique l'existence d'aucun contrefort; d'ailleurs les fenêtres y sont si rapprochées et d'une si grande ouverture, qu'il est impossible qu'un édifice, qui avait de tels dehors, ait jamais pu porter de voûte.

Il suffit de regarder le plan de l'église de Saint-Gall [3] pour porter sur elle le même jugement. La grande nef est indiquée comme ayant quarante pieds de large (c'est la dimension des plus grandes églises gothiques) et elle a pour supports de simples colonnes.

Ainsi à l'est, au nord, à l'ouest, la pratique est la même sous Charlemagne et sous Louis le Pieux. Les architectes continuent à se conformer aux règles tracées par leurs devanciers [4].

Trouvera-t-on que c'est trop peu de quatre exemples pour s'autoriser à déclarer que toutes les églises de la belle époque carlovingienne ont été dans le même cas? L'histoire nous fournit de quoi arriver à une semblable conclusion : c'est l'universel feu de joie que

---

1. M. de Caumont a donné un dessin de l'ensemble lorsqu'il était encore en cet état. Voyez son *Cours d'antiquités monumentales*, atlas, pl. IV, et le *Bulletin monumental*, t. II, p. 54.

2. Gravé dans les *Acta SS. ordinis S. Benedicti*, sæc. IV, pars I, p. 111; et par M. Albert Lenoir dans son *Architecture monastique*, t. I, p. 27.

3. Gravé dans les *Annales de l'ordre de Saint-Benoît*, t. II, par les soins de Mabillon, et plus fidèlement par M. Lenoir, ouvrage cité, p. 24.

4. Le moine de Saint-Gall (l. I, ch. 30) donne à entendre la même chose dans son chapitre sur les travaux publics du temps de Charlemagne : « Si vero essent ecclesiæ ad jus regium proprie pertinentes, *laquearibus* vel muralibus adornandæ picturis, ita vicinis episcopis aut abbatibus curabatur. »

On lit dans le capitulaire de 789 (Baluze I, 243). « Ut super altaria teguria fiant vel laquearia. »

les Normands firent des temples élevés à si grands frais par les empereurs francs ; c'est en même temps la ruine totale qui fut la suite de ces incendies. Si les Normands avaient eu affaire à des édifices voûtés, ils auraient eu beau mettre le feu dedans et dessus, la construction n'aurait éprouvé que des dégâts partiels, et à moins de s'arrêter à démolir (ce qu'ils ne faisaient guère) ils n'auraient pas vu tomber les massifs; tandis qu'au contraire, s'attaquant à des vaisseaux plafonnés, il leur suffisait de mettre le feu à la menuiserie de l'intérieur pour que la flamme gagnât la toiture. Celle-ci s'effondrant, les colonnes ne tardaient pas à éclater et à entraîner les murs dans leur ruine. C'est ainsi qu'il y a trente ans on vit la basilique de Saint-Paul hors les murs, à Rome, périr presque en entier malgré les efforts dirigés contre le feu.

Maintenant il s'agit de savoir si la leçon donnée par les Normands profita tout de suite, si pendant le xe siècle qui vit le territoire se fermer aux invasions et la plupart des églises sortir de leurs cendres, les constructeurs renoncèrent à la pratique si dangereuse de suspendre au-dessus du temple une cause incessante de destruction.

Je dis que non, et je vais tâcher de le prouver, d'abord en alléguant quelques textes, les plus probants qu'il m'ait été possible de trouver entre une infinité de passages analogues que fournissent les chroniques du temps.

Dans les premières années du xe siècle, l'abbé de Lobes (ancien diocèse de Cambrai), trouvant que son église ne répondait pas assez à l'importance du lieu, la fit démolir de fond en comble afin de la relever à frais nouveaux. Pour cet ouvrage on fit venir de tous côtés des colonnes auxquelles on ajusta des bases, des chapiteaux et tant d'autres ornements de sculpture et de maçonnerie, que le nouvel édifice était incomparablement le plus beau de tous ceux du pays[1]. Lorsqu'il fut achevé, il reçut la consécration des deux évêques de Metz et de Cambrai, dont les noms furent gravés sur les bases des colonnes pour perpétuer le souvenir de la part qui revenait à chacun[2].

---

1. « Quæ prior ecclesia destructa et funditus eversa est, et ista, quæ nunc est, elegantioris formæ et speciei ædificata: quæ, ad id opus columnis undecumque corrasis, cum basibus et epistyliis seu cæteris latomorum seu cæmentariorum disciplinis, pro moduli sui quantitate, omnibus circum se positis est incomparabilis. » Fulcuinus, *de Gestis abb. Lob.*, cap. xviii, dans le *Spicilège* t. II, col. 736.

2. « In basibus columnarum quis, quam partem dedicaverit, in promptu est cernere. » *Ibid.*

L'importance donnée aux colonnes dans ces passages de l'annaliste de Lobes autoriserait seule à conclure qu'elles étaient les maîtres supports de la construction, par conséquent que la couverture était de bois ; mais ce serait une conjecture, et notre auteur nous dispense de recourir à ce moyen, car un peu plus loin il raconte que la même église fut remise à neuf (vers 940) par un autre abbé, lequel fit décorer de peintures tant les murailles que les *lambris* de l'emplacement où était l'autel, *domum ipsam altaris et laquear ipsius optime pinxit* [1]. Qu'il faille entendre par *domus altaris* le chœur, ou le carré du transept, ou toute autre travée dans le prolongement de la grande nef, il n'en est pas moins certain que la couverture planant sur l'intérieur était un *laquear*, une suite de fermes de charpente.

Sous l'épiscopat de Gui, qui occupa le siège d'Auxerre entre les années 933 et 961, la cathédrale du même lieu fut détruite de fond en comble, *funditus est eruta*, par un incendie. L'évêque la releva, « plus belle qu'elle n'était auparavant » [2] ; puis un autre incendie, qui mit la ville à néant en 1024, détruisit à son tour l'ouvrage de Gui [3]. L'évêque qui siégeait en 1024 répara le désastre en faisant construire une troisième église, mais celle-ci voûtée et en grand appareil [4], circonstances que l'annaliste oppose avec l'intention la plus évidente au système de construction de l'édifice incendié, en spécifiant que celui-ci avait été fait de matériaux moins résistants, *delicatiore materia* [5], et en tout petit appareil, *minimisque lapillis*. Le contraste continue par l'énoncé du fait qui vient immédiatement après, savoir que, comme s'achevait la fabrique de l'église voûtée, un nouvel incendie ravagea la ville sans endommager la cathédrale.

Ainsi il y a là tous les éléments pour affirmer que l'ouvrage de Gui, exécuté en plein xe siècle, était une basilique lambrissée.

En 999 mourut Sévin, archevêque de Sens ; il l'était depuis 977, et la chronique de saint Pierre le Vif dit de lui que pendant son épiscopat il fit reconstruire en entier [6], à partir des chapiteaux des colonnes, sa

---

1. Fulcuin, *op. cit.*, cap. xxix.
2. *Historia episcop. Autissiodor.*, ap. Labbe, *Biblioth. nova Mss.*, t. I, p. 446.
3. « Principalis ecclesia protomartyris Stephani funditus corruit. » *Ibid.*, p. 450.
4. « Quam protinus idem præsul cœpit majore ambitu ac cryptarum curvaturis quadris lapidibus reædificare. » *Ibid.*
5. Si tant est que *materia* ne soit pas employé ici dans le sens de bois de charpente, qui est son sens propre.
6. « Matrem ecclesiam S. Stephani quæ igne cremata fuerat, ab epistyliis erigens, et ex integro perficiens, signis et ornamentis ecclesiasticis decoravit. » *Spicilège*, t. II, p. 473, col. 1.

cathédrale que le feu avait consumée ; or cette cathédrale, d'après la même chronique, était un ouvrage du xe siècle, et du xe siècle à son déclin ; car elle avait été élevée en 968 sur l'emplacement d'un édifice entièrement écroulé, lui aussi, par le fait d'un incendie[1]. D'après le dommage si nettement expliqué qu'elle éprouva sous Sévin, il n'est pas possible de se la figurer autrement que comme une basilique couverte en bois; et comme les supports restèrent les mêmes, c'est dans la même forme qu'elle fut restaurée.

Il est bon de remarquer en passant que ce que je traduis par chapiteaux de colonnes est appelé *epistylia* dans le passage de la chronique de Saint-Pierre le Vif aussi bien que dans celui de l'annaliste de Lobes. *Epistylium*, chez les auteurs anciens, signifie non pas le chapiteau de la colonne, mais l'architrave posée par-dessus les chapiteaux, d'une colonne à l'autre. Si je n'ai pas adopté ce sens, c'est que dans la basse latinité où Ducange a omis de recueillir ce mot, il se trouve constamment opposé à *basis*; que d'ailleurs le système des colonnes architravées passe pour avoir été abandonné en Gaule dès le ve ou le vi^e siècle. Que si ces raisons ne paraissaient point suffisantes et qu'on voulût voir des architraves dans les épistyles des deux églises de Lobes et de Sens bâties au xe siècle, la thèse que je soutiens ne ferait qu'y gagner, parce qu'une telle disposition éloignerait encore plus l'idée de couvertures en pierre.

Ainsi le témoignage de trois auteurs, rendu sur des églises de premier ordre, qui furent bâties dans les meilleures conditions que comportait le savoir-faire de l'époque, ce témoignage tend à prouver qu'on ne voûtait pas encore les basiliques sous les derniers Carlovingiens[2].

J'ajouterai un quatrième exemple fourni non plus par les textes, mais par un monument qui existe encore, qui égale en importance les églises ci-dessus mentionnées et qui est encore plus récent qu'elles trois. Il a de plus le singulier avantage de compléter la chaîne géographique entre Lobes, Sens et Auxerre, comme pour faire voir que d'un bout à l'autre de la France la pratique était la même. Je veux parler de la Basse-Œuvre de Beauvais que l'on considère comme une église barbare d'époque incertaine, lorsqu'elle a sa date positive. C'est cette date que je vais tâcher d'abord de lui restituer.

On appelle Basse-Œuvre, à Beauvais, un antique vaisseau sur lequel

---

1. « Ruit autem basilica S. Stephani post incendium. » *Spicilège.*, t. II, p. 470. col. 2.

2. Ce qui est rapporté dans la vie de Bernhard, évêque d'Hildesheim, à la fin du xe siècle, prouve la même chose pour l'Allemagne (ap. Pertz, t. VI, p. 761).

l'édifice inachevé de la cathédrale semble prendre l'appui de son bas côté septentrional. Ce terme de Basse-Œuvre est employé par opposition à celui de *haute œuvre* par lequel on désignait jadis la construction gigantesque qui s'élève au-dessus [1]. Il est certain que la haute œuvre fut commencée en 1225 pour remplacer un édifice qui venait d'être incendié après avoir duré environ deux cent quarante ans, car il avait été bâti par l'évêque Hervée, mort en 990 [2].

Rien que d'après la dénomination de haute et basse œuvre, qui revient à dire la grande et la petite cathédrale, il était naturel de voir dans les deux vaisseaux les membres disproportionnés d'un même corps, de reconnaître là ce fait si commun d'une église formée de parties disparates, et enfin de se demander si la Basse-Œuvre n'était pas un restant de l'ouvrage d'Hervée échappé à l'incendie de 1225. Mais au XVIᵉ siècle on s'était figuré que la Basse-Œuvre était un ancien temple de Jupiter accommodé plus tard au culte chrétien, et Pierre Louvet, auteur de la première histoire de Beauvais, au lieu de contester cette opinion, l'accrédita au contraire comme un titre glorieux pour l'antiquité de sa ville [3]. La conséquence fut de supposer que la cathédrale brûlée en 1225 avait existé derrière la Basse-Œuvre, sur le terrain occupé par les parties hautes de l'édifice gothique, et qu'ainsi il n'en restait plus rien.

De nos jours on a cessé de prendre les églises pour des temples païens, et la disposition de la Basse-Œuvre ainsi que la croix antique gravée sur son fronton, ont ouvert les yeux sur sa destination constante. Elle est et n'a jamais été qu'une basilique chrétienne. Mais l'opinion de Louvet, réformée sur ce point, ne l'a pas été quant à l'hypothèse d'une autre église établie derrière la Basse-Œuvre; de sorte que la cathédrale d'Hervée passe toujours pour avoir été totalement détruite en 1225 et remplacée par la haute œuvre. La Basse-Œuvre serait donc une cathédrale plus ancienne, la cathédrale primitive laissée là on ne sait pour quelle raison.

Mais quoi! est-ce qu'au Xᵉ siècle ainsi que dans toute l'antiquité chrétienne, la prééminence spirituelle des cathédrales ne tenait pas surtout à ce qu'elles étaient assises sur un sol béni par les apôtres même de la cité? Est-ce qu'il était loisible à un évêque de renoncer à

---

1. Il est bien singulier qu'on ait fait tant de relations dithyrambiques de la grandeur de la cathédrale de Cologne, sans jamais parler de celle de Beauvais, qui est aussi élevée de voûtes, plus ancienne et d'un meilleur goût d'architecture. Mais cet édifice a le tort d'être à vingt lieues seulement de Paris.

2. *Gallia christiana*, t. IX, col. 704.

3. *Histoire de Beauvais et des Antiquités du Beauvoisis*, liv. IV, chap. I.

cette terre sacrée pour transporter l'édifice en un lieu de sa fantaisie ? Il n'est pas possible d'hésiter un moment dans une question de ce genre. Si l'évêque Hervée a rebâti sa cathédrale (et l'obituaire ainsi que les chartes de Beauvais en font foi) [1], il l'a rebâtie à l'endroit où l'ancienne avait été, il a renouvelé le vaisseau et non élevé une église rivale à côté. Quels que soient les caractères d'antiquité de la Basse-Œuvre, elle ne peut être autre chose que son ouvrage.

Mais, va-t-on dire, la coexistence de la Basse-Œuvre avec la cathédrale gothique ne prouve-t-elle pas la dualité de l'église de Beauvais ? En aucune manière. Lorsqu'à des vaisseaux d'une quarantaine de mètres, comme pouvait être la Basse-Œuvre dans son intégrité, on voulut, grâce à une architecture toute nouvelle, substituer des édifices conçus dans des proportions triples, le respect prescrit à l'égard des anciens emplacements dut être concilié avec la difficulté de parfaire le surcroît énorme requis par une si grande augmentation. Or l'espace manque et a toujours manqué à l'occident de la Basse-Œuvre, le portail de cet édifice n'étant séparé que par une rue du château épiscopal enclavé lui même dans les fortifications de la ville. Si donc on avait tenu à faire correspondre au sanctuaire de cette vieille église le sanctuaire de la nouvelle qu'on lui substitua au XIIIe siècle, comme celle-ci était conçue sur un plan trois fois plus vaste, il aurait fallu démolir le château et conduire l'ouvrage jusque sur le fossé de la ville. Au lieu de cela, on prit l'emplacement du chœur à deux cents pieds derrière la Basse-Œuvre, avec le dessein d'enfermer plus tard tout le terrain de celle-ci sous les constructions subséquentes, et ce dessein a été en partie effectué ; car la haute œuvre, au point où elle en est de sa fabrique, couvre de son transept le sanctuaire de la vieille église ; et si elle était achevée, il n'y aurait plus de trace de la Basse-Œuvre.

Ainsi l'éloignement où le chevet de la cathédrale actuelle se trouve des restes de la Basse-Œuvre, ne nécessite pas l'hypothèse d'une construction intermédiaire effectuée par Hervée, et l'existence même de la Basse-Œuvre exclut cette hypothèse. Il faut donc voir dans les restes de la Basse-Œuvre, l'ouvrage même d'Hervée, quelque chose qui a été sauvé de l'incendie de 1225, c'est-à-dire un morceau d'église d'environ l'an 987.

---

1. « Dedit S. Petro mansos XII in suburbio et II molendina ad constructionem novi operis. » (*Gallia christ.*, t. IX, col. 704). « Prædecessor noster Herveus episcopus... molendina construxit... ut in ædificatione templi novi quod tunc ædificabat, ea S. Petro offerret atque donaret. » (Charte d'environ 1040. *Ibid.*)

Cette conclusion me ramène à mon propos avec l'avantage de pouvoir affirmer qu'à la fin du xe siècle, dans une cité fameuse, au point même qui était alors le foyer de la civilisation et de l'art français, un puissant évêque ayant à reconstruire sa cathédrale, se conformait encore à la pratique consacrée par l'exemple des siècles, et livrait à son peuple une église bâtie à la romaine, couverte seulement d'un comble de bois. Et puisque pareille chose avait lieu au nord et au midi de Beauvais, à Lobes d'une part, à Sens et à Auxerre de l'autre, le procédé était donc le même dans toute l'étendue de la France, depuis les limites du royaume de Lorraine jusqu'à celles du royaume de Bourgogne.

Maintenant transportons-nous en deçà de l'an 1000. Examinons les églises ou parties d'églises encore subsistantes, à qui leur physionomie permet d'appliquer avec quelque assurance des textes qui les font contemporaines du roi Robert. Nous trouvons autant d'édifices voûtés ou qui ont été faits pour être voûtés; partout des murs épais garnis de contreforts, partout des supports massifs empruntant un surcroît de force à leur rapprochement ou à leur dépression. Par exemple :

Le mur méridional de la nef de Saint-Rémi de Reims, élevé en 1005 pour soutenir une voûte qu'on renonça à construire en 1041 [1].

Le bas de la nef de la Madeleine de Vézelay, construit sous la direction de Guillaume de Saint-Bénigne vers 1010 [2].

La partie occidentale de la cathédrale de Worms, reste d'un édifice commencé en 1012, consacré en 1016 et refait en 1018 [3].

La nef de Saint-Germain-des-Prés à Paris, achevée avant l'an 1014 [4].

Notre-Dame de Montmajour (près d'Arles), commencée en 1016, abandonnée en 1019 dans l'état où on la voit encore aujourd'hui [5].

Le pronaos de Saint-Jacques de Liège, reste d'une église que l'on consacra en 1016 avant son achèvement [6].

---

1. *Gallia christiana*, t. IX, col. 228.
2. *Ibid.*, t. IV, col. 467.
3. Schannat, *Episcopatus Wormatiensis*, p. 333. — « Miræ magnitudinis monasterium, quod quidem magna celeritate paucis annis pene ad perfectionem perduxit (Burchardus episcopus), ut non videretur ædificando constructum esse, sed quasi exoptando subito ibi constitisse. » *Vita Burchardi*, ap. Pertz, t. VI, p. 337.
4. *Aimonii Contin.*, liv. V, ch. XLVII.
5. *Gallia christiana*, t. I, col. 603.
6. *Amplissima collectio*, t. I, p. 377.

Les deux églises de Saint-Symphorien et de Saint-Geniès de Thiers (Puy-de-Dôme), rétablies en 1016 par la libéralité d'un même bienfaiteur [1].

Le pronaos et la nef de Saint-Philibert de Tournus, bâtis en 1019 [2].

L'église de Nesle (Somme), dont la voûte est tombée, bâtie en 1021 [3].

L'église de Saint-Savin, pour la construction de laquelle la comtesse de Poitiers faisait des offrandes vers 1025 [4].

Le chœur (non le sanctuaire) de Saint-Benoît-sur-Loire, reste de l'église rebâtie par Gauzlin en 1026 [5].

L'église de l'abbaye d'Uzerche, rebâtie en 1030 [6].

Ainsi en Aquitaine, en Bourgogne, en France et sur les bords du Rhin, la pratique a cessé d'être, du temps du roi Robert, ce qu'elle avait été jusque sous Hugues Capet. On voûte les vaisseaux qu'on se contentait de plafonner auparavant.

Éclairé par cette observation, le texte de Raoul Glaber reçoit enfin la précision qui lui manquait. Ces églises encore en bon état et même d'un bel aspect, qu'on sacrifie de toutes parts après l'an 1000, sont des basiliques à couverture de bois; celles qu'on leur substitue sont, au contraire, des édifices voûtés : système adopté avec enthousiasme par un peuple amoureux de la nouveauté, et qui voyait là une image de la durée à laquelle il s'apercevait que le monde était voué derechef.

L'avènement de l'architecture romane est donc constaté par le passage de Raoul Glaber.

Comme on ne saurait trop insister sur une conclusion de cette importance, je vais faire voir qu'elle est confirmée indirectement par tout ce que l'observation peut fournir de lumières.

S'il est vrai que l'architecture romane soit une invention de l'an 1000, ceux de ses produits les plus rapprochés de cette date étant les premiers de leur genre, doivent trahir l'inexpérience des mains par qui ils ont été élevés. C'est là une conséquence *a priori* et de toute nécessité. L'inventeur n'arrive pas du premier coup à ce qu'il y a de mieux; et si, pour perfectionner les choses, le temps est indis-

---

1. Mérimée, *Voyage en Auvergne*, p. 355. Il y a une vue intérieure de Saint-Symphorien dans l'*Ancienne Auvergne et le Velay*, par Michel, t. I, pl. 37.
2. *Chronic. Trenorchiense*, ap. Bouquet, t. XI, p. 112.
3. *Gallia christiana*, t. IX, col. 994. Il existe plusieurs vues de cette église dans les *Voyages pittoresques* de M. Taylor, partie de la Picardie.
4. Mérimée, *Notice sur les peintures de Saint-Savin*, p. 23.
5. *Hugo Floriac.*, ap. Pertz, t. XI, p. 386.
6. *Chronicon Gaufridi Vosiensis*, ap. D. Bouquet, t. X, p. 268.

pensable aux hommes civilisés, à plus forte raison l'est-il aux barbares.

Eh bien ! justement, toutes les constructions voisines de l'an 1000 portent la marque de l'imperfection et du tâtonnement. Il faut descendre jusqu'à 1060 pour voir se fixer ce qu'on peut appeler la formule romane. Auparavant vous. ne rencontrez que des essais, où se montre l'inexpérience d'architectes qui ont opéré sous l'empire ou d'une témérité excessive ou d'une incroyable pusillanimité. Il est visible que chacun a combiné suivant son propre génie les expédients dont il se sert : aucune tradition d'école ne les guide ; ils cherchent, ils arrivent comme ils peuvent : tel en violant les proportions avec une hardiesse qu'on ne s'est plus permise par la suite ; tel autre, au contraire, en les observant avec une contrainte qui prouve que les modèles de l'époque précédente étaient encore sous ses yeux. Les auteurs des édifices que je citais tout à l'heure en ont tous été là.

Un autre fait non moins significatif doit frapper l'observateur : c'est le peu qui reste de ces églises, si nombreuses que ceux qui les virent s'élever crurent assister à un miracle. Il faut les chercher pour les trouver ; des pays entiers n'ont pas conservé les vestiges d'une seule ; ailleurs elles n'existent plus que par fragments défigurés et imperceptibles qu'un œil exercé a de la peine à démêler dans la fabrique plus moderne qui les enveloppe. J'ai nommé la plupart de celles qui se présentent d'une façon reconnaissable : non seulement elles ne sont pas complètes, mais dans ce qui reste de chacune on voit qu'il a fallu, soit refaire la voûte, soit renforcer les supports ; en un mot, retoucher d'une manière ou d'une autre les parties d'où dépend la solidité.

Que faut-il induire de là ? C'est que les premières églises romanes n'eurent pas de durée ; c'est que par le vice de leur construction elles furent incapables de traverser les siècles, au contraire de ce qu'avait espéré la génération dont elles étaient l'ouvrage. Après plus ou moins d'années de service, elles s'écroulèrent ou durent être démolies. On sauva ce qu'on put : un pan de mur, quelques arcades, les cryptes dont la construction s'était effectuée sans sortir des règles anciennes. Les tours étaient dans le même cas, n'ayant que des étages étroits enfermés entre quatre murs : aussi sont-elles ce qui s'est le mieux conservé des ouvrages de l'an 1000 ; il y en a peu parmi celles qui adhèrent aux très anciennes églises, dont la base ne remonte à cette antiquité.

Ce n'est pas seulement par l'inspection des monuments qu'on est instruit de l'existence éphémère des premières églises romanes. Les chroniques des cathédrales et des monastères depuis la fin du XIe siècle, fourmillent de témoignages qui établissent le même fait. J'en rapporterai quelques-uns :

En 1120, on est obligé de reconstruire *a primo lapide* la cathédrale d'Angoulême, qui cependant avait été rebâtie en 1017 [1].

La cathédrale de Worms, que je citais précédemment, achevée en 1016, s'écroule en partie au bout de deux ans [2].

Par une catastrophe pareille, l'église de Saint-Bénigne de Dijon, élevée en 1001, perd toute sa nef en 1271 [3].

En 1095 Adémar, moine clunisien, reconstruit depuis l'autel jusqu'au portail, la principale église de Saint-Martial de Limoges, qui était un édifice commencé en 1010 et achevé en 1028 [4].

En 1107 le pape Pascal II consacre à Déols, en Berri, une église en voie de construction destinée à en remplacer une autre qui avait été achevée et dédiée en 1021 [5].

Peut-on entendre que l'église de Moissac s'écroulant en 1030 [6] celle de Saint-Riquier en 1075 [7], celle de Notre-Dame de Châlons en 1157 [8], les cathédrales de Senlis et de Rodez prêtes à tomber, l'une en 1153 [9], l'autre en 1275 [10], aient été autre chose que des églises à voûte de l'an 1000 ? La ruine n'affecte guère les basiliques couvertes en bois. Rome en conserve de toutes les grandeurs et de toutes les époques qui, à l'heure qu'il est, ne font pas encore mine de tomber. Il est, d'ailleurs, si aisé de s'apercevoir des accidents qui surviennent dans les constructions de cette nature, et si facile d'y porter remède, qu'il n'y a que des aveugles qui auraient pu se laisser surprendre par leur chute.

On peut donc sans témérité rapporter à des églises voûtées d'une manière vicieuse toutes ces mentions d'écroulements presque aussi

---

1. *Adhem Cabann.* et *Chron. Engol.*, ap. Bouquet, t. X, 154 et t. XII, p. 396
2. « Post biennium autem res miserabilis in monasterio eodem acciderat; nam pars occidentalis subita ruina nocte quadam funditus cecidit. » *Vita Burchardi ep.*, ap. Pertz, t. VI, p. 389.
3. *Chronicon S. Benigni*, ap. Labbe, *Biblioth. nova Mss.*, t. I, p. 293.
4. *Gallia christiana*, t. II, col. 555 : « Interius exteriusque ad plenum construxit. »
5. *Chronicon Dolense*, ap. Labbe, *Biblioth. nova Mss.*, t. I.
6. *Chronicon Aimerici de Peyrac*, ap. Marion, *Notes d'un voyage archéologique dans le sud-ouest de la France*, p. 74.
7. *Gallia christiana*, t. X, col. 1241.
8. *Chronicon S. Petri Catalaun.*, ap. Labbe, *Biblioth. nova Mss.*, t. I.
9. *Diploma Lud. VII*, c. *Gallia christ.*, t. X, pr. col. 224.
10. *Gallia christiana*, t. I, col. 213.

fréquentes après l'an 1000 que l'étaient auparavant les mentions d'incendies; et par là les textes se trouvant d'accord avec les monuments, il faudra bien convenir que l'art ne faisait que de naître à l'époque que j'ai dit, puisqu'il ignora d'abord dans quelles conditions pouvait être réalisée l'idée mère qui le dirigeait.

Il ne me reste plus qu'à signaler quelques faits qui pourraient sembler contredire l'interprétation que je donne au passage de Raoul Glaber, quoiqu'au contraire ils la confirment. Ce sont des exceptions qui ont la valeur que l'on a coutume d'attribuer aux exceptions relativement à la règle.

Raoul Glaber lui-même nous apprend que, sous le pape Jean XVIII (ce dut être en 1007 ou en 1008), un légat fut envoyé de Rome pour consacrer l'église de Beaulieu, près de Loches, qui venait d'être bâtie par la libéralité de Foulques Nerra. Le jour même de la cérémonie, ajoute-t-il, un ouragan s'engouffra dans l'église et disloqua les lambris du comble, de sorte que toutes les pièces de charpente, et ensemble la couverture entière, furent précipitées sur le sol par-dessus le pignon occidental [1].

Il est évident qu'il s'agit dans ce passage d'une église couverte à la manière des anciennes basiliques : quand bien même l'emploi du mot *laquearia* ne suffirait pas pour en convaincre, on l'induirait forcément de ce que la catastrophe, dans l'opinion de l'auteur, provint autant de la violence du tourbillon engouffré dans l'église que des secousses données par dehors. La seule objection qu'on pourrait faire, c'est qu'aujourd'hui encore il existe de l'église de Beaulieu d'immenses débris avec des arrachements de voûte, que ces débris ressemblent par leur fabrique aux monuments certains du xie siècle et que l'opinion générale y voit, à cause de cela, les restes de l'église mentionnée par Raoul Glaber. Mais parce que cette église ruinée est selon toute apparence un ouvrage du xie siècle, ce n'est pas une raison pour conclure qu'elle date des premières années du même siècle. Ses dimensions énormes éloignent au contraire l'idée d'une pareille attribution. Jusqu'à l'an 1050 on n'a rien construit de plus grand, en fait d'église, que notre Saint-Germain-des-Prés [2]. La

---

[1]. « Repente supervenit vehementissimus turbo, ipsam impellens ecclesiam ac replens eam turbido aere... Deinde vero, solutis laquearibus, universæ ejusdem ecclesiæ trabes simulque tota teges per pignam templi ejusdem occidentalem in terram corruentes, eversum ierunt. » *Historiarum*, lib. II, cap. IV.

[2]. Pour se représenter cet édifice dans son état primitif, il faut faire abstraction de tout le chœur actuel et le remplacer par une abside qui s'ouvrait derrière la travée où est placé aujourd'hui le maître-autel. Cette configuration

recherche du colossal ne commence à se montrer que sous le règne de Philippe I`er`, et comme l'église voûtée de Beaulieu était dans cette donnée, il faut croire qu'elle avait été bâtie par l'un des successeurs de Foulques. Elle était dans le même cas que Saint-Nicolas et le Ronceray d'Angers, deux édifices pour l'œuvre desquels Foulques n'avait rien épargné, et qui cependant furent reconstruits de fond en comble, l'un en 1095 et l'autre en 1115 [1].

Ainsi la première église de Beaulieu, lambrissée et non voûtée, dérogeait au système de construction de l'an 1000.

Elle n'est pas la seule qui soit dans ce cas.

Saint-Jean de Langeais (Indre-et-Loire) est une autre fondation de Foulques Nerra, dont la fabrique primitive s'est en partie conservée [2]; or cette église n'a qu'un plafond moderne sur sa grande nef, laquelle étant dénuée extérieurement de contreforts, nous assure que la couverture n'a jamais été de pierre.

Je vais plus loin : les observations que j'ai été à même de faire sur beaucoup d'églises de la Touraine et de l'Anjou me portent à croire qu'il n'existe pas, dans ces deux provinces, une seule église voûtée qu'on puisse faire remonter au temps de Foulques Nerra.

Toutes celles de la Bretagne, dans lesquelles se montre le caractère de l'architecture du xie siècle (Loctudy, Fouesnant, Lochmariaker, Saint-Melaine de Rennes, Lochmaria de Quimper, Saint-Martin de Lamballe, etc.) n'ont de voûtes qu'aux bas côtés; leurs grandes nefs sont couvertes en bois [3].

La très somptueuse église de Jumiéges, dont les ruines sont une des merveilles de la Normandie, n'a jamais porté, dans sa partie romane, que des lambris sur sa grande nef; et pourtant c'est un

---

est donnée par le petit modèle qui est dans les mains de la statue sépulcrale de Childebert à Saint-Denis.

1. Barthélemy Roger, *Hist. d'Anjou*, dans la *Revue de l'Anjou*, t. I, p. 154 et 166.

2. M. Salmon de Tours, qui possède la copie de toutes les pièces relatives à la Touraine que renferment les divers dépôts de l'Europe, m'a affirmé avoir le titre primitif de l'église de Langeais qui fut fondée vers le même temps que celle de Beaulieu. Je regrette qu'il lui ait été impossible de retrouver ce document, mais je ne crains pas de m'en rapporter à sa mémoire que j'ai plus d'une fois éprouvée.

3. Voir l'excellente monographie de M. Delamonneraye, intitulée : *Essai sur l'histoire de l'architecture religieuse en Bretagne*, in-8°. Rennes, 1849. — Je rappelle qu'au début de cet article j'ai écarté, comme inutiles pour le point que je traite, les églises romanes qui ne sont pas bâties sur le plan des basiliques latines. Il n'y a donc pas lieu d'objecter ici le cas de Sainte-Croix de Quimperlé.

édifice qui n'est pas des plus anciens parmi ceux du xı⁰ siècle, car il fut commencé seulement en 1040 [1].

Je citerai encore la cathédrale de Cambrai, que Balderic [2] nous apprend avoir été construite en sept ans, de 1023 à 1030. On y fit vers l'an 1080, après un incendie, des réparations qui sont trop clairement expliquées par le continuateur de Balderic pour qu'on ne reconnaisse pas qu'elles s'appliquaient à un édifice couvert en bois. « L'évêque, dit cet auteur, en bon architecte qu'il était, restaura Notre-Dame depuis le chevet jusqu'à l'autel Saint-Jean. Il renouvela les lambris et les enduits, augmenta l'ouverture des fenêtres, et décora artistement, à droite et à gauche, les chapiteaux des colonnes qui étaient tout gâtés et mal raccordés à leurs fûts [3]. »

Voilà assez d'exemples d'où il résulte qu'après l'an 1000 des églises furent encore lambrissées, sinon totalement, au moins sur leur grande nef. Cela n'a rien que de très naturel. En bâtiment, comme en toute autre partie, les modes qui triomphent le plus vite et le plus universellement ne laissent pas que de trouver un certain nombre de récalcitrants qui, par routine ou par impuissance, continuent à se conformer aux anciennes méthodes. Mais une chose arrive infailliblement à ces partisans des vieilles doctrines : qu'ils le veuillent ou ne le veuillent pas, ils sont envahis par le goût nouveau, et leurs œuvres ne sont que des manières de compromis entre le système passé et celui qui vient de se produire. C'est ainsi que longtemps après le triomphe de la Renaissance on a fait encore, dans le système gothique, des églises qui n'ont plus rien de gothique par le style. Il en est de même des églises lambrissées du xı⁰ siècle, qui nous restent, celle de Jumiéges aussi bien que celles de la Bretagne. Elles n'ont plus rien d'antique dans leur physionomie : leur épaisseur de murs, leur système d'ouvertures, la proportion de leurs vides avec leurs pleins, le dessin de leurs supports, tout cela est roman. L'église de Langeais, un peu plus antique, présente des arcades d'ouverture très hardie et des revêtements extérieurs en petit appa-

---

1. « Anno MXL fundamenta ecclesiæ S. Mariæ in Gemmetico innovata sunt ab abbate Roberto postea Cantuariensi archiepiscopo. » *Roberti a monte Chron.*
2. *Gesta episc. Camerac.*, liv. III, c. xix.
3. « Adhuc unum opus, ut sapiens architectus, fecit idem episcopus, quod laudandum est ab omnibus præsentialiter aspicientibus. Venerabilem ecclesiam B. Mariæ, olim combustam et dirutam, a capite superiori usque ad chorum S. Johannis pulchre et honeste reformavit. Ipsa enim laquearia, plastrum brevesque fenestras longiores renovavit; capita columnarum in utroque latere turpiter fixa et corrupta decenter decoravit. » *Gesta Gerardi II*, cap. ix.

reil avec des insertions de briques; mais malgré cela elle n'est plus romaine; et elle le paraîtra d'autant moins qu'on la rapprochera d'un type encore svelte et correct, comme la Basse-Œuvre de Beauvais.

Ainsi, ces édifices qui font exception par l'emploi de lambris sur leur grande nef, se ressentent néanmoins du bouleversement des proportions et des lignes que la voûte a opéré dans l'architecture. J'avais donc raison de dire que, loin de contrarier la date que j'ai assignée à l'avènement de l'architecture romane, ils la confirment, puisqu'ils sont de ces produits hybrides qu'on voit apparaître à tous les changements de goût, par l'industrie de ceux à qui il plaît de mêler le nouveau avec l'ancien.

Et maintenant je crois pouvoir poser en toute assurance cette conclusion que l'architecture a été révolutionnée en l'an 1000; qu'à cette date elle a commencé à devenir romane de romaine qu'elle était, et qu'après un demi-siècle de tâtonnements elle est arrivée à une complète transformation.

Je chercherai dans un dernier article à quelle source les architectes du XIe siècle puisèrent les artifices à l'aide desquels il leur fut possible de constituer ainsi un art tout nouveau.

IV

LES ANTÉCÉDENTS DE L'ARCHITECTURE ROMANE [1]

Les plus remarquables créations de l'industrie humaine ne sont pas celles où tout est nouveau. Le nouveau naît incessamment, et, lorsqu'il ne se perd pas, s'applique à des usages communs, puis devient chose ancienne, vulgaire, jusqu'à ce que quelqu'un imagine un jour de prendre ces objets auxquels on ne fait plus attention pour les transporter à des emplois inaccoutumés, pour les soumettre à des combinaisons inconnues. C'est de là que partent les grandes inventions, celles qui ne se sont pas plutôt montrées qu'elles donnent l'essor à une infinité de découvertes qui ne sont que leurs conséquences.

L'architecture romane est dans ce cas. Elle s'est formée d'éléments anciens associés suivant des lois nouvelles; et le système, en continuant à se développer, a fait naître d'autres éléments que l'art de

---

1. [Extrait de la *Revue archéologique*, t. XI, p. 668 à 690.]

bâtir n'avait point connus jusque là. Aussi ne trouve-t-on rien dans les premiers essais de cette architecture dont il n'existe des exemples antérieurs, rien que les ouvriers, à qui on doit ces premiers essais, n'avaient probablement pratiqué eux-mêmes auparavant dans des conditions différentes. Les choses de pure invention ne sont venues que plus tard.

Pour montrer cela, tâchons de faire l'historique des membres qui constituent les diverses sortes d'églises romanes.

Voûtes.

Les voûtes dont les Romains avaient laissé tant de modèles ne cessèrent pas absolument d'être pratiquées pendant la période barbare. Il fallut continuer d'en mettre au moins dans les constructions souterraines où les plafonds n'auraient point eu assez de durée. Des monuments prouvent que cette nécessité les fit introduire sous nos églises au VIIIe siècle.

Au VIIIe siècle, la mode gauloise fut de remplacer les confessions des basiliques par des cryptes : deux choses qu'il ne faut pas confondre, quoique dans les textes elles soient souvent appelées du même nom. La confession était une cellule élevée, il est vrai, au-dessus du sol, mais plantée en contre-bas, pour servir à la fois d'estrade à l'autel et de réceptacle à un corps saint dont la présence sous l'autel était exigée en ce temps-là. Telle était l'exiguïté de ce petit édifice, qu'il pouvait être facilement couvert par une dalle couchée à plat. La crypte, au contraire, totalement enfouie, consistait en un ensemble de pièces qui régnaient sous le sanctuaire et souvent même sous les parties contiguës au sanctuaire. C'était une véritable cave, qui, comme telle, devait être voûtée.

Il nous reste plusieurs cryptes d'un aspect assez ancien pour qu'on leur assigne mille et même onze cents ans de date, d'une condition suffisante pour qu'on s'explique qu'elles aient résisté aux ruines successives des églises qui leur furent superposées. Je citerai pour exemples celles de Jouarre et de Saint-Médard de Soissons [1]. Elles offrent l'emploi des compartiments d'arêtes et du berceau. Font-elles exception, pour cela, au principe que j'ai posé? Sont-elles, parce qu'elles sont voûtées, des échantillons d'architecture romane? Non.

---

[1]. Il y a de très beaux dessins de l'une et de l'autre dans les *Voyages pittoresques dans l'ancienne France*, par M. Taylor, parties de la Champagne et de la Picardie, t. II.

Je suis revenu assez de fois sur la circonstance qui a fait naître l'architecture romane, pour qu'on se souvienne que cette architecture n'aurait pas eu de raison d'être, sans la différence des hauteurs auxquelles doivent être portées les trois nefs de l'église latine. Or une pareille différence n'existe pas dans la crypte de Jouarre, ni dans celle de Saint-Médard, ni dans aucune autre. Toutes elles ont partout même hauteur de voûte. Ajoutons que leur élévation est très peu de chose, que d'ailleurs on y a multiplié les supports autant qu'on a voulu, enfin que les murs qui servent de pieds-droits, déjà très massifs par eux-mêmes, sont encore consolidés par le terrain contre lequel ils sont établis. Par conséquent, les voûtes à exécuter sur ces cryptes se sont présentées dans les conditions les plus connues et les plus faciles, et leur construction s'est effectuée sans déroger aux pratiques antérieures. Elles ne se distinguent du faire antique que par plus de grossièreté.

Si les monuments démontrent qu'au VIIIe et au IXe siècle on était capable de voûter les cryptes, il ne manque pas non plus de témoignages comme quoi, à la même époque, on savait voûter au-dessus du sol les édifices de dimensions exiguës, ceux par conséquent qui ne présentaient ni beaucoup d'élévation, ni la complication de deux hauteurs de nef.

On lit dans la chronique d'Adon que l'évêque Eoldus, prince mérovingien qui occupait le siège de Vienne (*Vienna Allobrogum*) en 718, fit bâtir dans l'intérieur de la ville un petit édifice voûté (*domunculam cryptalim construxit*), pour y mettre des reliques de saint Maurice et de ses compagnons [1].

Aimoin, décrivant vers l'an 1000 le palais carlovingien de Casseneuil, dit qu'on y voyait une grande basilique, sur les flancs de laquelle était placée une petite église voûtée en briques par un procédé digne d'admiration [2].

Vers le même temps où furent exécutés les ouvrages de Casseneuil, dus selon toute apparence à l'industrie des architectes aquitains, en pleine Celtique, à Germigny-les-Prés, près d'Orléans, l'évêque Théodulphe faisait élever aussi une petite église voûtée qui s'est conservée presque entière jusqu'à nos jours. Comme la construction est mentionnée par un contemporain [3] et qu'on lit encore la date de la con-

---

1. Dans Pertz, t. II, p. 318.
2. « Habet ecclesiam ampliori ecclesiæ conjunctam mir opereo ex lateribus fornicatam. » *Miracula S. Benedicti*, dans Duchesne, *Histor. Franc. script.*, t. III, p. 452.
3. « Theodulfus episcopus, inter cætera suorum operum, basilicam mir

sécration inscrite sur l'un des supports de l'édifice [1], il n'y a pas de doute à concevoir sur son identité : c'est bien l'ouvrage de Théodulfe que nous avons sous les yeux. Il consiste en une tour carrée montée sur quatre piliers lisses, et enveloppée, jusqu'à sa naissance, d'une précinction également carrée, sur trois côtés de laquelle s'ouvrent trois absides. La tour n'a jamais été voûtée; mais l'espace entre les piliers et les absides est couvert de huit pièces de voûte, les unes en berceau, les autres d'arêtes. La grossièreté de ces pièces, la nudité du reste, la singularité du plan, produisent un effet qui n'est ni celui de l'architecture romaine ni celui de l'architecture romane. On dirait plutôt un de ces ermitages taillés dans le roc par les apôtres des premiers siècles.

Voilà pour les petites églises. D'autres textes vont nous faire voir que les grandes, bien que lambrissées, contenaient quelquefois dans leur fabrique des parties voûtées.

Cette somptueuse basilique de Reims, que l'architecte Rumald avait construite sous Louis le Débonnaire avec les matériaux fournis par la démolition des murailles de la cité [2], le continuateur de Flodoard nous apprend qu'elle posséda, jusqu'à la fin du xe siècle, une tribune adossée intérieurement au mur de la façade et cette tribune portait sur une voûte; du moins on peut interpréter ainsi le témoignage du chroniqueur [3].

Nous trouvons encore des appendices voûtés à la cathédrale d'Auxerre reconstruite au xe siècle; édifice à propos duquel j'ai produit un texte qui prouve qu'il était d'ailleurs couvert en charpente [4]. Ces appendices consistaient en deux *oratoires*, deux chapelles disposées à droite et à gauche, perpendiculairement aux faces latérales. L'évêque, en les faisant construire, eut l'intention de conserver à son église la forme de croix qu'elle avait auparavant [5]. C'était donc un

---

operis... ædificavit in villa quæ dicitur Germiniacus. » *Miracula S. Maximini*, cap. III, n. 13, dans les *Acta SS. ord. S. Bened.*, t. I, p. 601.

1. Elle est tracée en lettres capitales et ainsi conçue : *Anno incarnationis Domini* DCCCVI, *sub invocatione sanctae Ginevrae et sancti Germini*.

2. Flodoard, *Histor. eccles. Remensis*, l. II, cap. XIX.

3. « Destruxit Adalbero arcuatum opus, quod erat secus valvas ecclesiæ B. Mariæ remensis, supra quod altare S. Salvatoris habebatur et fontes miro opere erant positi. » Dans Duchesne, *Hist. Franc. script.*, t. II, p. 623. Sur le sens de *arcuatus*, cf. Duc., v° *Arquatus*.

4. *Revue archéol.*, t. X, p. 70. Ci-dessus, p. 119.

5. « Oratoria quoque duo, dextra et sinistra, ad instar quod prius fuerat, reædificavit, superadjiciens cryptas ipsis oratoriis. » *Chronic. episc. Autiss.*, dans Labbe, *Biblioth. nova ms.*, t. I, p. 446.

faux transept, une manière de figurer en plan le vaisseau transversal, lorsque les connaissances du temps se refusaient encore à ce qu'on l'exécutât en élévation, vu le genre de couverture qu'on voulait lui donner.

Enfin, je ne serais pas surpris quand on produirait des textes qui donnassent à entendre que de grandes églises, antérieures à l'an 1000, eurent des bas côtés entièrement voûtés. Un pareil système pouvait s'accorder avec la pratique romaine, et la preuve en est qu'au vieux Saint-Pierre de Rome, qui possédait cinq nefs d'inégale hauteur, les deux plus basses, celles qui longeaient les murs de clôture, étaient voûtées d'un berceau pénétré par ce qu'on appelle des arcs de cloître [1]. De telles voûtes, posées à une hauteur médiocre, exécutées probablement en matériaux légers comme la pierre ponce ou le briquetage, contenues d'un côté par de puissantes colonnes de marbre, et de l'autre par le mur de clôture qu'on faisait aussi massif qu'on voulait, ces voûtes, dis-je, ne sont à comparer en rien à celles que les Romains exécutèrent plus tard.

Enfin, par conjecture, je suis porté à croire que beaucoup d'absides antiques étaient voûtées en pierres d'appareil. La voûte qui convient aux constructions de ce genre est une demi-coupole : or, l'exécution d'une demi-coupole à laquelle on avait à donner pour base un mur plein en tour ronde, n'offrait aucune des difficultés qui se présentèrent lorsqu'on voulut voûter les espaces contenus entre des clôtures non-seulement prolongées en ligne droite, mais encore affaiblies par une infinité de percements. Toutefois, je pense que les barbares se tinrent plus volontiers à la pratique consignée par Vitruve pour la construction des *cameræ* ou absides, c'est-à-dire à l'emploi du *craticium opus*. Cette façon consistait à exécuter grossièrement le cul-de-four en bois et en lattes. Par dessus cette carcasse on appliquait un garni de roseaux, et enfin une couche épaisse de mortier, qu'on amenait à une forme sphérique parfaite par la manœuvre d'un calibre en quart de cercle, lequel pivotait suivant l'axe du solide dont on voulait produire la concavité. On trouve dans le formulaire de Cassiodore une pièce relative à l'administration des travaux publics, où l'exécution des absides par ce procédé est représentée comme formant une branche spéciale dans l'art du bâtiment. Les ouvriers qui s'y livraient étaient appelés *camerarum rotatores* [2].

---

1. Cf. Ciampini, *De sacris ædificiis a Constantino constructis*.
2. *Epist. Theodorici*, lib. VII, n° 5.

Puisque je viens de parler des demi-coupoles, le moment est venu d'aborder la question des coupoles entières. C'est un point que j'ai mis une intention toute particulière à éviter jusqu'ici. On va comprendre pourquoi.

Les coupoles sont des calottes de pierre. Leur structure consiste en une succession d'assises circulaires d'autant plus resserrées qu'elles approchent davantage du sommet. Or, il résulte de cette disposition circulaire des assises, que leurs éléments usent à s'entretenir la plus grande partie de la force qui les sollicite à tomber. Par conséquent, il n'y a qu'une médiocre poussée des rangs supérieurs sur les rangs inférieurs, et, en définitive, la coupole ne chasse guère au vide les supports sur lesquels elle est assise. C'est là son avantage : elle a aussi ses inconvénients. D'abord, par son poids, qui est proportionnel à sa largeur, elle écrase la construction placée sous elle, de sorte qu'il faut des massifs énormes pour la porter; en second lieu, par sa forme, elle ne peut servir à couvrir que des constructions rondes ou en forme de polygones réguliers. Le dernier terme de l'art a été de la mettre sur des espaces carrés, grâce à divers systèmes de porte-à-faux qu'on appelle *trompes* et *pendentifs*, lesquels permettent de conduire à la forme polygone ou même ronde, des constructions qui sont carrées par le bas.

La coupole joue un grand rôle dans l'histoire du bâtiment. Au VIe siècle de notre ère, les chrétiens d'Orient l'adoptèrent généralement pour couvrir leurs églises, et par l'usage qu'ils en firent, ils révolutionnèrent l'architecture en un sens, de même que les Occidentaux la révolutionnèrent plus tard dans un autre sens, par l'application des voûtes prolongées sur les basiliques. Le résultat fut différent dans les deux régions, parce que le point de départ ne fut pas le même. Il suffit de dire, pour caractériser cette différence, que les Orientaux, ou, comme on les appelle dans l'histoire de l'art, les Byzantins, renoncèrent tout d'abord au plan consacré de la basilique; qu'ils transformèrent l'église en un assemblage de salles polygones ou carrées, fournissant à la fois, par des jambages épais et par des clôtures non moins puissantes, l'assiette nécessaire aux coupoles; qu'à cela près, ils restèrent fidèles, pendant plus de quatre siècles, aux modes d'ajustement et aux proportions de l'architecture antique, choses que les Romans furent obligés d'abandonner dès leurs premières tentatives.

Il résulte de là que les Latins purent s'essayer, durant la période barbare, à construire des coupoles, c'est-à-dire à imiter la pratique byzantine, sans arriver à la formule romane.

Nous avons la preuve que dans les Gaules, avant l'an 1000, la coupole a été appliquée à certaines églises. Cela s'est fait de deux manières, soit par la construction d'édifices polygones ou ronds à qui l'on donnait ce genre de couverture, soit par la superposition d'une coupole au carré du transept, dans les basiliques à nefs lambrissées.

Le plus célèbre exemple d'église polygone voûtée en coupole est la cathédrale d'Aix-la-Chapelle, élevée en 785 par les soins de Charlemagne. Jamais ouvrage ne fut entrepris avec plus de solennité ni à plus de frais. Tout ce qu'il y avait de maîtres et d'ouvriers capables dans l'Europe latine fut appelé pour y mettre la main. Les fortifications de Verdun furent abattues pour fournir la pierre, le palais des empereurs, à Ravenne, démoli pour fournir les marbres et les colonnes, de sorte que les contemporains, étonnés de tant de démarches et de tant de dépenses, publièrent que les travaux des Romains étaient surpassés [1]. Le monument existe cependant, et quand on le voit, on ne fait rien moins que souscrire au jugement des contemporains. Loin de surpasser les ouvrages des Romains, celui de Charlemagne, copié sur l'église byzantine de Saint-Vital de Ravenne, reste de beaucoup au-dessous de son modèle.

L'église d'Aix-la-Chapelle est un octogone de trente mètres de diamètre, inscrit dans un autre polygone à seize pans, qui procure bas côtés et tribune autour du vaisseau principal. Huit grandes arcades sur piliers mettent, au rez-de-chaussée, l'octogone en communication avec ses bas côtés ; huit autres ouvertures semblables le mettent en communication avec la tribune au premier étage. Au second étage sont huit fenêtres qui éclairent l'édifice ; enfin vient la coupole, qui est une calotte ovoïde à huit pans.

Il y a dans cette construction plusieurs marques d'impuissance. Les plus saillantes sont : la forme surhaussée et brisée de la coupole, puis la disposition des voûtes latérales qui sont d'arêtes, et alternées par compartiments carrés et triangulaires, disposition d'où, par parenthèse, résultent les seize pans de l'enveloppe extérieure. Je reviendrai plus loin sur les autres particularités qui s'éloignent de la tradition antique. Quelles que soient ces licences, comme elles n'affectent ni la régularité des profils, ni la proportion des vides avec les pleins, je puis constater, dès à présent, qu'elles n'aboutissent pas à produire de l'architecture romane. Aussi la physionomie de l'édifice est-elle romaine, plus romaine incomparablement que celle d'aucune

---

[1]. Voy. le moine de S. Gall, *Vita Caroli*, lib. I, cap. xxvi et xxviii; Lebeuf, *Mémoire sur les sciences et les arts du temps de Charlemagne.*

église byzantine, par la raison que la coupole est plus timide. Mais si l'on fait abstraction de l'ensemble pour considérer seulement cette coupole, on ne peut pas se dissimuler qu'il y a là une tendance au roman.

La cathédrale d'Aix-la-Chapelle fut plusieurs fois imitée en petit dans le cours du ixᵉ siècle. Nous ne placerons pas au nombre de ces imitations l'église de Germigny, quoique l'auteur des miracles de saint Maximin nous la donne pour telle [1]. N'ayant pas de coupole, elle manque du trait nécessaire pour ressembler à son modèle. Mais à Fulda (Hesse-Électorale), on fit en 820 une chapelle mortuaire de forme ronde qui, dit la vie métrique de saint Eigil, était fondée sur une colonne, portée sur huit autres et terminée à son sommet par une seule pierre [2]. Cette description énigmatique, jointe à la circonstance que la chapelle en question régnait sous terre en partie, donne l'idée d'un édicule à deux étages : le premier était une crypte voûtée (sans doute d'arêtes) avec l'appui d'une colonne au milieu ; le second était une coupole établie au-dessus de huit arcades : disposition qui rappelle tout naturellement nos baptistères du midi de la France. Or ces baptistères, quoique bâtis au xiᵉ et même au xiiᵉ siècle, n'ont rien de roman que la main-d'œuvre. Par leur dessin ils sont tout à fait antiques. Nul doute que la rotonde de Fulda n'ait été dans le même cas.

Il n'y a rien à dire ici des reproductions en grand de l'église d'Aix-la-Chapelle, qui sont ou furent toutes postérieures à l'an 1000 et accommodées au système roman, comme la rotonde aujourd'hui détruite de Saint-Bénigne de Dijon ; comme les polygones encore existants d'Ottmarsheim (Haut-Rhin) et de Rieux-Mérainville (Aude).

Voyons maintenant ce qui s'est passé lorsqu'on a voulu surmonter d'une coupole le transept des basiliques couvertes en charpente.

Qu'on note bien d'abord que ce n'a pas été là un fait général. Il s'en faut que toutes les basiliques aient reçu ce genre de couronnement, quoique toutes, d'après l'usage gallican, fussent pourvues d'une

---

1. « Basilicam miri operis, instar videlicet ejus, quæ Aquis est constituta, ædificavit in villa quæ dicitur Germiniacus. » *Mirac. S. Maximini,* cap. iii, n° 13, apud *Acta SS. ord. S. Benedicti,* t. I, p. 601.

2.   Fratrum consilio, parvam, qua corpora fratrum
    Hinc defuncta jacent devote, namque rotundam
    Condidit ecclesiam (Eigil), latitans quæ pervia crypta
    Sub tellure latet ; una quæ rite columna
    Incipit, ac supra octonis subrecta cloumnis
    Perpulchre in summo lapide concluditur uno.

Dans les *Acta SS. ord. S. Bened.,* sæc. iv, part. I, p. 255.

tour entre leur nef et leur sanctuaire. La grande église de Saint-Riquier se montre, dans le dessin que nous a conservé Mabillon [1], avec deux transepts et deux tours rondes visiblement plafonnées et surmontées de hauts campaniles. Même fabrique au transept des églises de Saint-Wandrille et de Saint-Bertin, lorsqu'elles furent rebâties l'une sous Louis le Débonnaire, l'autre sous Charles le Chauve [2]. Mais voici des exemples de coupole.

A l'abbaye de Sainte-Colombe de Sens, il y avait au commencement du xe siècle une église neuve dont la tour restait découverte, parce qu'après l'avoir commencée avec le dessein de la terminer en dôme, on s'était aperçu qu'on l'avait faite trop large. Une coupole de cette dimension paraissait inexécutable. Un moine du nom de Betton étant devenu abbé vers 910, entreprit cependant d'achever ce difficile ouvrage. Au moyen de divers artifices dont le principal fut d'exhausser la construction (ce qui est un indice qu'il diminua par des porte-à-faux la largeur de l'espace à couvrir), il réussit à asseoir dessus la voûte projetée [3].

Sur un chapiteau romain recueilli à Nevers [4], est figurée de la façon la plus nette une basilique latine, sans contre-forts et en appareil réticulé, dont le transept porte un dôme, c'est-à-dire une coupole montée sur un tambour. La coupole est recouverte d'une toiture bombée ; le tambour est percé de fenêtres, et le sculpteur, par une licence de perspective, a trouvé moyen d'indiquer qu'il repose sur des pendentifs. C'est le système byzantin dans toute sa pureté, c'est la pratique des architectes orientaux transportée au seul endroit où le vaisseau de la basilique latine, à cause du rapprochement des massifs, pouvait admettre une couverture de pierre.

La basilique de Saint-Martin d'Angers, presque entièrement détruite depuis quelques années, offre encore une coupole dont la construction est postérieure à celle du carré qui la porte. Les gros murs du carré remontent à la fondation même de l'abbaye, c'est-à-dire à l'année 818 ; quel que soit l'âge de la coupole, elle est certainement

---

1. Voy. l'Architecture monastique de M. Albert Lenoir (p. 27), dans les *Documents inédits*.

2. *Chron. Fontanel.*, cap. xvii, et *Cartul. de S. Bertin*, p. 109.

3. « Turrim in medio templi præeminentem, quæ ob sui amplitudinem, ea tempestate qua prælatum (Betto) admisit, tegumento caruerat et quamdam brevitatis infirmitatem intuentibus designabat, in sublime erexit, eamque artificiali argumento, pulchro constructam opere, testudine texit. » *Chron. episc. Autissiod.*, dans Labbe, *Biblioth. nova ms.*, t. I, p. 441.

4. Le dessin en a été publié dans les *Annales archéologiques*, t. II, p. 114.

de façon carlovingienne. Dans les quatre angles du carré sont plaquées quatre colonnes pleines, dont quatre arcs-doubleaux engagés dans les murs comme des formerets, relient les chapiteaux. L'abaque des chapiteaux est assez large pour qu'en avant de la naissance des doubleaux on ait posé dessus des colonnettes qui, elles aussi, sont reliées ensemble par quatre autres arcs dirigés dans le même sens que les premiers, mais ouverts sur le vide, puisque leurs pieds-droits sont établis en avant des quatre murs. Des segments de voûte sphérique, faits comme des croissants bombés, sont jetés entre ces arcs et les premiers; puis d'autres segments triangulaires (qui sont ce qu'on appelle des pendentifs) relient leur extrados. C'est ce dernier système qui a produit l'assiette de la coupole[1]. Dans aucune des églises dont le transept a été amorti en dôme depuis le xie siècle, on ne trouvera le carré racheté de cette façon, la pratique des architectes romans ayant varié entre l'emploi des trompes, ou des quarts de sphère posés d'angle, ou des encorbellements d'arcs superposés. L'emploi de colonnes comme supports et l'introduction de pièces sphériques entre les pendentifs ne s'éloignent pas moins des règles de l'art byzantin.

Ces trois exemples sont les seuls qu'il m'ait été possible de rencontrer. Le premier est celui d'une coupole sur la configuration de laquelle nous n'avons aucun renseignement. Le second est une copie fidèle, quoique réduite, des copies byzantines, et il y a quelque apparence que le bas-relief de Nevers, qui nous le fait connaître, nous offre en même temps le type des églises disposées pour recevoir un dôme à l'époque carlovingienne. Enfin l'exemple de Saint-Martin d'Angers est un cas exceptionnel, où la condition des massifs, construits pour porter un comble en charpente, s'opposait à l'établissement d'une voûte, de sorte qu'il a fallu remédier par des expédients à l'insuffisance de la construction primitive; et les expédients imaginés sont quelque chose de barbare et d'étrange où l'on ne reconnaît ni la façon byzantine ni la façon romane.

Donc, pour dernière conclusion, du viiie au xie siècle, nos Gallo-Francs ont exécuté des voûtes, soit d'après l'imitation romaine, soit d'après l'imitation byzantine, et toujours dans les cas les plus faciles. Inférieurs à leurs modèles dans ces essais, ils n'ont jamais eu la prétention pour s'en rapprocher davantage, de donner à l'architecture une

---

[1]. Voir le dessin publié dans les *Monuments de l'architecture*, par M. Gailhabaud, t. II.

direction nouvelle. Si dans des cas de nécessité absolue, ils ont usé d'artifices à eux, ces artifices durent être sans uniformité, parce qu'ils dérivaient du génie de chacun ; sans influence sur la pratique générale, parce qu'ils n'étaient que des pis-aller.

Un dernier mot sur cette matière des voûtes.

On s'étonnera peut-être de ne pas voir figurer dans la revue que je viens de faire, Saint-Front de Périgueux, vaste église couverte de cinq larges coupoles, que M. de Verneilh, l'archéologue qui la connaît le mieux, regarde comme une construction de l'an 991 [1]. Saint-Front a engendré toute cette famille d'églises à coupoles que j'ai classée parmi les produits romans, non sans faire remarquer qu'elle dérivait bien plutôt du byzantin, et Saint-Front particulièrement est d'une imitation byzantine qui ne laisse, pour ainsi dire, rien à désirer. Si donc la date assignée par M. de Verneilh est la vraie, il faut corriger ce que je viens de dire de la pauvreté des imitations byzantines avant l'an 1000, et reconnaître qu'une fois au moins, aux approches de l'an 1000, on avait fait quelque chose de considérable en ce genre. Mais sur quoi repose la date de 991? Sur ce qu'il y eut une dédicace de Saint-Front en 991. Eh bien, la même église fut dédiée une autre fois en 1047 [2]. N'est-on pas tout aussi autorisé à faire descendre la construction à ce moment-là? Cette date, je l'avoue, me sourit davantage, par la considération que le goût des églises voûtées, ainsi que toutes les idées neuves du même temps, ne se répandit pas de l'ouest à l'est, mais suivit la route opposée; qu'ainsi on n'a dû mettre la main à l'œuvre en Aquitaine, qu'après des tentatives déjà faites dans la France orientale. Maintenant, ces tentatives n'étaient pas si heureuses, qu'un abbé de Saint-Front, connaissant l'Orient, ne trouvât plus sage, au lieu de se livrer à des innovations hasardeuses, de faire reproduire le type des églises grecques. Voilà comment je m'explique que Saint-Front ait été bâti à la byzantine au moment où le roman triomphait partout.

Il est temps de passer à l'historique des autres éléments de l'architecture romane.

Arcs-doubleaux saillants dans les voûtes et sous les cintres des baies.

Les Romains ont souvent placé de distance en distance, dans la voussure de leurs berceaux, des chaînes saillantes que l'on sculptait.

---

1. *L'Architecture byzantine en France, Saint-Front et les églises à coupole de l'Aquitaine*, par M. Félix de Verneilh. In-4, 1852.
2. *Gesta Pontif. Petragor.*, dans D. Bouquet, t. XII, p. 287.

Destinées à varier l'effet perspectif de la voûte, ces chaînes n'étaient pas autre chose qu'un objet d'ornement. Nous ignorons comment elles étaient appelées en latin. Lorsqu'on les reprit à la Renaissance, on leur donna le nom d'arcs-doubleaux qui était celui qu'avaient porté au moyen âge les membrures transversales des voûtes. C'est l'origine de ces derniers arcs-doubleaux que nous cherchons.

Je les trouve employés dès le IVe siècle pour assurer la solidité du point où s'assemblaient deux voûtes de forme différente; par exemple, lorsqu'à une travée d'arêtes on soudait une travée en berceau. Il y a un échantillon de cela dans la grande salle du palais des Thermes à Paris.

A l'arc de triomphe de Cavaillon, les doubleaux apparaissent déjà comme un moyen de briser la continuité de la voûte pour faciliter la construction. Sa voussure repose en effet sur une suite régulière d'arcs saillants. L'arc de Cavaillon est un ouvrage de la plus basse décadence. M. Mérimée l'a très bien défini comme une construction faite par des barbares avec des matériaux d'un autre édifice plus ancien[1].

La crypte de Jouarre, voûtée d'arêtes, a des doubleaux, tandis qu'il n'y en a pas à la crypte, probablement contemporaine, de Saint-Laurent de Grenoble, qui est voûtée en berceau.

Aux collatéraux d'Aix-la-Chapelle, le système est complet. Là tous les compartiments d'arêtes sont assis sur des membrures puissantes qui à leur tour ont pour appuis des pilastres posés, les uns derrière les pieds-droits des grandes arcades de l'octogone, les autres contre le mur de clôture. Un antiquaire célèbre, qui a émis bien des idées justes sur les *monuments de toutes les époques*, M. J.-G. Schweighæuser, fut frappé au possible de cette disposition de l'église carlovingienne. Non seulement il constata le fait, auquel personne n'avait donné d'attention avant lui, mais il se laissa aller, en voyant cela, à la réflexion « que les arcs-doubleaux et les tores formant des nervures grossières qui s'y appuient, forment peut-être l'élément le plus essentiel du système postérieur[2]. » On pouvait mieux dire, mais non pas mieux penser.

Une autre remarque est à faire sur les doubleaux d'Aix-la-Chapelle. L'architecte ne semble les avoir admis que parce qu'il pouvait les dissimuler. Ils n'apparaissent pas quand on se tient soit dans l'octogone, soit dans l'axe de ses arcades, qui sont les points d'où a été

---

1. *Notes d'un voyage dans le midi de la France*, p. 209.
2. *Observations sur quelques monuments des bords du Rhin*, dans les *Mémoires de la Société des antiq. de Normandie*, année 1826.

calculé l'effet de l'édifice. On dirait qu'à ce moment-là un tel procédé n'était encore qu'une licence. La preuve qu'il n'était pas vulgaire, c'est que le constructeur de Germigny-les-Prés s'en est abstenu, lorsqu'il lui eût été si commode de l'appeler à son secours pour souder ensemble les compartiments d'arêtes et les berceaux de sa voûte. Il y a plus. Parmi les premiers essais de l'architecture romane, quelques-uns se montrent sans doubleaux, comme par exemple, l'église de Saint-Martin du Canigou (Pyrénées-Orientales), celle de Léry (Eure), la partie inférieure de celle de Saint-Menou (Allier). On n'en voit qu'un dans toute la longueur du chœur de Saint-Benoît-sur-Loire, et encore est-il posé en encorbellement sur les impostes du berceau. Enfin, même au déclin du xie siècle, des constructeurs évitèrent les doubleaux au prix des sacrifices les plus nuisibles à la perspective intérieure des monuments. J'ai cité des églises de l'Auvergne et du Poitou qui n'en ont point à leurs hautes nefs, quoiqu'elles en soient pourvues aux basses [1], où l'effet était moins apparent. Après cela on ne s'étonnera pas que quantité de cryptes romanes aient leurs voûtes sans doubleaux : Saint-Aignan d'Orléans, Bayeux, Nesle, Notre-Dame du Port, etc. Le peu d'élévation et l'exiguïté des espaces à couvrir dispensaient de recourir à ce moyen.

Quelque valeur que l'on donne à ces exceptions, elles ne font pas que l'emploi de l'arc-doubleau ne soit l'un des caractères les plus saillants de l'architecture romane : non plus que les exemples du même procédé qui se montrent avant l'an 1000 n'empêchent de qualifier d'innovation l'idée qu'on eut alors de le généraliser.

Du moment que l'œil fut habitué à voir de pareilles doublures sous les voûtes, il souffrit aisément qu'on les doublât elles-mêmes, voire même qu'on les triplât, qu'on les quadruplât, etc. De là les doubleaux doubles répétés symétriquement dans toute la longueur des églises romanes de la Provence et de la Bourgogne ; de là les arcs à trois, à cinq, à sept retraites, sur lesquels s'élèvent généralement les coupoles de transsept. Mais dans cette voie du doublement et du redoublement des grands arcs, nos architectes avaient été devancés par ceux de l'Orient. A partir du ixe siècle, où le byzantin entra dans sa décadence, les Grecs mirent souvent leurs coupoles sur des arcs doublés. Dans l'église d'Ani, en Arménie, qui fût bâtie en 1010, les arcs destinés à la même fonction sont triplés [2].

---

1. *Revue archéologique*, t. IX, p. 531. [Voy. ci-dessus, p. 105 et 106.]
2. Plusieurs dessins de l'église d'Ani ont été donnés par M. Texier, dans la *Revue générale de l'architecture* de M. Daly, t. III, p. 97.

Aux Romans tout seuls me paraît appartenir l'extension du même système aux maîtresses arcades des nefs, aux fenêtres et à toutes les petites baies. Au moins n'en ai-je trouvé d'exemple que dans leurs ouvrages : ces exemples sont même très rares dans les plus anciens. La nef de Saint-Germain des Prés n'en offre aucun, non plus que le chœur de Saint-Benoît-sur-Loire; mais les arcades ouvertes sous le pronaos du même Saint-Benoît, bâti en 1026, sont traitées de cette façon. Depuis lors on s'abandonna sans scrupule à une facilité qu'on trouva moyen de convertir en un élément de décoration. Toutefois les constructeurs rhénans, peut-être parce qu'ils étaient plus habiles, continuèrent à percer directement les intervalles entre les gros piliers des nefs. La même correction distingue un assez grand nombre d'ouvrages auvergnats de la fin du xie siècle. Enfin, pour ce qui est des fenêtres, on a substitué dans beaucoup d'endroits la méthode de l'ébrasement biais à celle du doublement.

Introduction d'arcatures, de meneaux et de trumeaux dans les baies.

Les Byzantins des premiers temps ont élevé entre les grands arcs latéraux de leurs coupoles, des files de colonnes reliées par une architrave, non pas pour consolider l'ouverture de ces arcs, mais pour former des clôtures plus monumentales et plus durables que les clôtures de menuiserie. On ne peut voir qu'une imitation de cette pratique dans les couples de colonnes antiques qui remplissent les arcades du premier étage à l'octogone d'Aix-la-Chapelle. Par là, chaque baie est divisée, jusqu'à la naissance de son cintre, en quatre arceaux extradossés d'une corniche sur laquelle portent encore deux colonnettes, et celles-ci vont appuyer leur chapiteau sous le cintre même.

A leur tour les Romans ont imité, en lui donnant des proportions colossales, cette garniture de supports, et ils en ont fait une garantie de solidité pour quelques coupoles sous les arcs latéraux desquelles ils l'ont mise. C'est le *screen* des archéologues anglais, pièce de construction dont je verrais volontiers un exemple antérieur à l'an 1000, dans l'un des artifices imaginés par Betton pour exécuter la coupole de Sainte-Colombe de Sens. Il renforça les grands arcs du carré en pratiquant dessous d'autres arcs que portaient des colonnes de marbre[1].

Les baies de triforium divisées en deux ou trois arceaux sont une dérivation plus directe de l'artifice employé à Aix-la-Chapelle, avec la

---

[1]. « Ob roboris firmitatem, subtus arcus priores, alios fieri jussit marmoreis columnis subnixos. » *Chron. ep. Autiss.*, loc. cit.

différence que, ce qui était de pur ornement à Aix-la-Chapelle, est devenu encore un élément de solidité dans la pratique du xi⁰ siècle. De là le cachet particulier que les Romans donnèrent à cette façon de remplage par l'addition d'un tympan au-dessus des arceaux et par le percement d'un œil-de-bœuf dans ce tympan.

L'usage du meneau divisant la baie des fenêtres en deux jumelles, n'est à remarquer que parce qu'il est le prélude des étonnantes conceptions exécutées en ce genre par les architectes de l'époque suivante. Les fenêtres à meneaux du xi⁰ siècle sont toutes de petite dimension et comme jetées dans le même moule. Leur formule avait été trouvée au moins deux cents ans auparavant, puisqu'on en rencontre de toutes pareilles dans des monuments byzantins du ix⁰ siècle, à Germigny-les-Prés.

Le trumeau des grandes portes, qui n'apparaît qu'à une époque déjà avancée de l'art roman, peut être considéré comme un corollaire du meneau des fenêtres. Je fais dériver encore du même principe les membrures rayonnantes au moyen desquelles on peut donner vers l'an 1100, des dimensions sans exemple à l'œil-de-bœuf traditionnel du fronton des basiliques. De ce genre de percement, qui fut appelé *roue* à cause de sa forme, ne tardèrent pas à naître les roses des églises gothiques.

Croisée d'ogives.

Le système des arcs en croix, pour diviser les voûtes entre les doubleaux, est, selon toute apparence, ce que l'architecture romane offre de plus original. Tandis qu'on retrouve tous ses autres membres, au moins à l'état rudimentaire, dans les ouvrages des époques antérieures, celui-là ne se montre ni dans les ruines romaines, ni dans celles des temps barbares, ni chez les Byzantins. A l'époque où il passait pour certain que nous avions emprunté aux Arabes d'Espagne l'art de bâtir nos églises, M. de Laborde constata avec beaucoup de bon sens[1] que la croisée d'ogives, qui est le principal caractère de cet art, n'existe dans aucun des ouvrages moresques de l'Espagne. On ne l'a signalée ni en Égypte, ni en Syrie, ni en Perse. Elle a donc pris naissance dans notre Occident, et ce n'est pas se livrer à une supposition téméraire que de prétendre qu'elle a dû être inspirée par les arêtes qui se dessinent en croix sous la douelle des voûtes de ce nom.

---

1. Dans son *Itinéraire descriptif de l'Espagne*.

Toutes les écoles romanes n'ont pas admis la croisée d'ogives; on peut même douter que celles qui l'ont érigée en principe l'aient connue dès l'an 1000. Pratiquée universellement sur les bords du Rhin, en Normandie et dans la France propre, elle n'offre pas, dans ces pays, d'exemple que l'on puisse attribuer d'une manière assurée aux cinquante premières années du siècle. Mais (chose singulière) on la trouve, avec la date certaine de 1023, dans un pays où elle fait exception. La partie centrale de Sainte-Croix de Quimperlé (Finistère), qui est un carré inscrit dans une rotonde, a sa voûte posée sur une croisée d'ogives. L'exemple ne peut donner lieu à aucune contestation : les pieds-droits des arcs ogifs, traités dans la masse de l'œuvre, indiquent que ces arcs ne sont pas une addition postérieure. Ils répondent d'ailleurs par leur construction à la barbarie du reste.

Rencontrer un pareil fait en Bretagne, à une telle époque, c'est acquérir la certitude que le système était déjà connu et pratiqué ailleurs. Ne connaissant pas les monuments de l'Italie, je laisse à d'autres le soin d'éclaircir si les Lombards n'en seraient pas les inventeurs. Je m'en tiens à la Gaule transalpine, et dans ces limites, il me semble bien que les Allemands des bords du Rhin ont les premiers dirigé des arcs diagonaux sous les voûtes. Ma présomption à cet égard se fonde sur l'habileté relative avec laquelle ils ont construit ces membrures dans des églises qui sont certainement du xie siècle. On y voit que dès lors ils possédèrent l'art de confondre les ogives avec les doubleaux à leur naissance, ce qui leur a permis de ne mettre qu'un pied-droit pour les trois arcs, par conséquent de n'avoir qu'une colonnette au lieu de trois dans l'élévation de l'édifice. Dès lors aussi ils poussèrent le même principe à ses dernières conséquences dans les voûtes basses, comme celles des cryptes ; car sur l'abaque d'une seule colonnette, ils purent asseoir, en les faisant pénétrer les uns dans les autres, quatre arcs-doubleaux et quatre arcs-ogifs : combinaison heureuse qui leur procura l'avantage d'appliquer les facilités de l'ogive aux églises souterraines, sans employer de plus gros supports que s'ils avaient traité leurs voûtes en arêtes, comme le firent encore pendant un siècle les architectes de nos pays.

Si, d'après cette supériorité si marquée des Rhénans à construire l'ogive, on leur en accorde l'initiative, on justifiera une vieille tradition d'atelier, en vertu de laquelle l'Allemagne revendiqua longtemps l'invention de l'architecture gothique. Cette tradition, fausse dans son expression, renfermait néanmoins quelque chose de vrai, en ce que l'Allemagne aurait inventé le membre sans lequel l'architecture gothique ne se fût jamais formée.

En Normandie, la croisée d'ogives apparaît dans l'église de Bocherville, qui fut construite en 1059, au milieu d'une fièvre de constructions religieuses qui avait envahi la contrée [1]. On la trouve dans toutes les églises fondées depuis lors par Guillaume le Conquérant ou par les seigneurs de sa cour. Elle caractérise le *novum ædificandi genus* que les Normands, au dire de Guillaume de Malmesbury, portèrent en Angleterre après la conquête [2].

En France, l'année 1059 est aussi celle qui présente le plus ancien exemple d'ogive ayant une date avérée. L'église de Saint-Vincent de Senlis, fondée cette année-là par la princesse Anne de Russie, femme de Henri Ier [3], est voûtée de la sorte. La nef de Saint-Étienne de Beauvais doit avoir suivi de près cette construction, si elle ne la précéda point. Tout ce qui se bâtit d'églises sous Philippe Ier est dans le même système : Cambronne (Oise), Bury en Beauvaisis, Saint-Évremont de Creil, Lorris (Loiret). Nous en avons un exemple fameux à Paris dans l'ancienne église de Saint-Martin des Champs, aujourd'hui Conservatoire des Arts et Métiers.

Ce dernier édifice est d'une importance extrême, parce qu'il montre, dès 1067, année de sa consécration, un usage que les Français, seuls entre tous les Romans, firent des arcs ogifs pour avoir du jour au chevet de l'église. On trouve bien sur les bords du Rhin (comme par exemple à la cathédrale de Mayence) des culs-de-four sous lesquels ont été placés en manière de membrures, des quarts d'arcs qui aboutissent à une clef commune, de sorte que la voûte est divisée en autant de pièces qu'il y a de ces quarts d'arcs. A Saint-Martin des Champs, les pièces de voûte sont relevées sur les quarts d'arcs et forment, en allant rejoindre le mur de clôture, des lucarnes ou lunettes semblables à celles que chaque croisée d'ogives procure contre les murs du grand vaisseau ; et de même que ces lunettes ont servi à loger des fenêtres dans la nef, elles ont servi à en loger aussi au chevet. C'est là un parti très avantageux auquel les Allemands n'ont jamais songé avant de se soumettre au système gothique ; c'est là ce qui a chassé de l'architecture religieuse les demi-coupoles qu'elle avait conservées par un usage constant depuis son origine.

Dans l'emploi que les Français ont fait de l'ogive, il y a encore

---

1. « Unusquisque optimatum certabat in prædio suo ecclesias ædificare. » *Guill. Gemetic.*, l. VI, cap. XXII.

2. *De regibus Angliæ*, lib. III, dans le *Rer. Anglic. script.*, p. 102.

3. « In honore sanctæ Trinitatis.... et sancti Vincentii eam (ecclesiam) fabricare et dedicare præcepi. » Diplôme de la reine Anne, dans le *Gallia Christiana*, t. X, pr. col. 204.

cela de particulier que, plaçant chaque croix entre des doubleaux brisés, ils furent conduits par cette forme des doubleaux à briser aussi les pièces de voûte : ce qui donna plus d'élancement aux lunettes et plus de légèreté d'effet comme de poids à la construction tout entière.

Au commencement du XII° siècle, l'avantage de la croisée d'ogives commençait à être senti généralement. Les Languedociens l'admirent dans leurs constructions, comme on le voit par les ruines de Saint-Gilles (Gard), par celles d'Alet (Aude) et de Maguelonne (Hérault). Avant 1150, les bâtisseurs de coupoles de nos provinces de l'ouest l'avaient appelée à leur secours (cathédrale d'Angers et ses analogues).

Cintres brisés.

J'arrive à la soi-disant ogive, après avoir parlé de l'ogive véritable. L'histoire de celle-ci à l'avantage d'avoir provoqué depuis longtemps les recherches. Aussi, à l'heure qu'il est, on a tout dit sur son compte, le vrai et le faux, et si le vrai n'a pas encore prévalu, il faut l'attribuer à la difficulté qu'on éprouve de se renseigner entre tant de dissertations et de relations qui se publient journellement, qu'il est impossible de recourir à toutes.

L'arc brisé est originaire de l'Orient. Il y a plus de quarante ans qu'un judicieux critique anglais, Wittington, a dit qu'on en trouverait les premiers exemples derrière une ligne qui, traversant la mer Noire passerait par l'Égypte. Depuis lors, les voyageurs ont apporté des preuves innombrables à l'appui de cette assertion. M. Ch. Lenormant a reconnu la présence du cintre brisé dans des monuments arabes du IX° siècle de notre ère, tels que le Mequias ou Nilomètre et la mosquée d'Ibn-Toloun, au Caire [1]. A Madaïn (l'ancienne Ctésiphon), la grande porte du palais de Chosroès, traitée de cette façon, a été signalée par Ker-Porter ; M. Texier a vu à Diarbekir, au centre de l'Arménie, dans un édifice appelé par les habitants « palais de Tigrane », un portique de l'époque romaine, où les colonnes sont reliées par des arcs brisés. Enfin, il résulte des dessins exécutés en Perse par M. Flandin, que l'architecture persane n'a guère admis d'autres cintres depuis les derniers Sassanides.

Une forme qui eut une telle vogue chez le peuple le plus artiste de l'Orient dut certainement être transportée de très bonne heure dans

---

[1]. *Origine du style ogival*, par M. de Caumont, dans le *Bulletin monumental*, t. II, p. 122 et suiv.

la Syrie, et se rencontrer sur le passage des pèlerins si nombreux qui fréquentaient alors les lieux saints. Pour qu'elle ait attiré l'attention des Latins, il faut même qu'ils l'aient vue, non pas dans les mosquées où ils n'avaient garde d'entrer, mais dans des édifices consacrés au culte chrétien.

Je crois tenir la preuve qu'elle fut exécutée en Belgique dès le xe siècle. Au milieu de la crypte de Saint-Bavon (autrefois Saint-Jean) de Gand, rebâtie au xiiie siècle ainsi que l'église qui la surmonte, on a laissé subsister quelques parties d'une construction qui est, selon toute apparence, la plus vieille du pays. Ce sont quelques pièces de voûte d'arêtes posées sur de petites arcades, non seulement brisées, mais aiguës. Tout porte à croire que nous voyons dans ces restes la crypte d'une basilique qui fut consacrée, en 941, par Transmarus, évêque de Tournay; et par là l'emploi du cintre brisé se montre antérieur à la formation de l'architecture romane.

Si je me trompe sur l'âge de cette crypte, c'est assurément de moins d'un siècle à l'avantage de son antiquité, et alors elle nous ramène à la première époque du roman, où assez d'autres exemples nous montrent le cintre brisé tantôt aux arcades, tantôt au berceau des voûtes.

La crypte de l'église de Nesle en Picardie (1021) présente des arcades toutes pareilles à celles de Saint-Bavon. Sous la tour de la petite église de Vitry-aux-Loges (Loiret), tour bâtie sous le roi Robert, les arcades sont des cintres surbaissés et brisés, et cette forme se rencontre encore dans quantité d'autres édifices de l'Orléanais, qui appartiennent au xie siècle, comme la nef de Saint-Pierre-le-Puellier d'Orléans, celle de Notre-Dame de Beaugenci, la paroisse de Briare, l'ancienne collégiale de Saint-Germain à Sully, etc. Le bel ouvrage de M. Woillez sur les églises romanes du Beauvaisis[1] nous montre également le cintre brisé déterminant la forme des arcades dans plusieurs églises rurales les plus anciennes des bords de l'Oise, notamment dans celle de Coudun. Je ne parle pas des édifices des mêmes pays, contemporains de Philippe Ier, car les cintres pleins ne s'y rencontrent plus que par exception. En Bourgogne, le cintre brisé devint de très bonne heure la forme normale, non-seulement des arcades, mais encore des voûtes. Les églises rurales de la Côte-d'Or en fournissent des exemples innombrables, et à Dijon même la petite église, trop peu remarquée, de Saint-Philibert, est tout entière dans ce système. Les architectes de l'Alsace ont eu aussi pour cette forme une

---

1. *Archéologie des églises romanes de l'ancien Beauvaisis*. In-fol , 1849.

affection particulière, et c'est par là que leurs ouvrages se distinguent de ceux qu'ont produits les écoles de Cologne et de Mayence, quoique, même dans ces diocèses, le cintre brisé ne soit pas sans exemple, surtout sous les coupoles de transept. Les diocèses de Worms et de Spire offrent la double pratique de l'Alsace et des provinces du Rhin inférieur. En Provence, dès le commencement du xie siècle, les voûtes des églises sont des berceaux brisés, comme cela est prouvé par l'église de Montmajour (1019). Enfin, d'autres berceaux brisés, accompagnés d'arcades de même cintre, abondent dans le plus vieux roman du Limousin et du Poitou.

Voilà ce qu'on peut dire de l'emploi du cintre brisé au xie siècle, en ajoutant cette considération qu'il semble se montrer d'abord plutôt comme un expédient que comme un système; qu'il ne prend cette importance qu'après 1050, et qu'à ce moment-là des pays qui s'en servaient auparavant y renoncent, tandis qu'au contraire, il prend place dans l'architecture d'autres pays où il n'avait pas encore été pratiqué. Il faut noter encore que, dans toute la période romane, on s'est abstenu de le mettre aux baies des fenêtres ainsi qu'aux arcatures du triforium : principe auquel les gothiques eux-mêmes se conformèrent assez longtemps.

Tenons-nous-en à ces généralités. La difficulté qu'il y a d'appliquer à la plupart des églises des dates certaines exposerait au danger des hypothèses quiconque voudrait, pour le moment, préciser les faits davantage. C'est assez de nier le synchronisme qu'on a établi entre l'époque des croisades et l'introduction du cintre brisé dans nos pays. Qu'on se mette à l'inspection des monuments avec l'idée que des pareils cintres ont pu être exécutés lorsque pas un des conquérants du Saint Sépulcre n'était encore au monde, et on sera en mesure d'apporter quantité de remarques nouvelles au moyen desquelles se complétera plus tard la doctrine.

Cintres en fer à cheval et surhaussés.

Comme des mosquées, auxquelles on assigne pour âge certain le xe siècle de notre ère, présentent l'arc en fer à cheval aussi bien en Espagne qu'en Égypte, j'admettrai que nos pèlerins ont apporté d'Orient l'idée du fer à cheval, aussi volontiers que j'admets qu'ils ont apporté celle du cintre brisé.

Il ne fut pas nécessaire d'aller chercher si loin la méthode du surhaussement. Les Romains l'avaient pratiquée, au moins à l'égard de leurs piliers. Chez eux, la proportion normale de l'arcade étant que les pieds-droits n'excédassent que de peu de chose en élévation la largeur du cintre, ils se permirent, dans certains cas, d'augmenter cette élévation par un piédestal qu'ils simulaient sous les pieds-droits. Ainsi sont traitées les arcades des amphithéâtres, les plus surhaussées que comportaient leurs ouvrages d'art. Ils allèrent plus loin dans les constructions de simple utilité publique, comme étaient les aqueducs. Là ils n'observèrent plus aucune proportion. Aussi haut qu'il fallut porter les conduits, ils élevèrent leurs piliers, sans s'inquiéter de la largeur relative des cintres.

L'effet des arcades élancées des aqueducs fut introduit jusqu'à un certain point dans l'intérieur des basiliques, lorsqu'on y admit le cintre pour relier les colonnes.

Les constructeurs de l'an mille ne manquèrent donc pas de précédents, lorsqu'ils furent mis en demeure d'altérer les proportions traditionnelles de l'arcade sur piliers. Ou bien ils augmentèrent le surhaussement de l'arcade à piédestal, ou bien ils la traitèrent sur piliers comme leurs devanciers l'avaient traitée sur colonnes, ou même ils copièrent les arcs des aqueducs.

Le surhaussement du cintre n'est qu'une manière de dissimuler celui des pieds-droits en dessinant de fausses impostes bien au-dessous des naissances virtuelles dudit cintre. Quoique je sois tenté d'en rapporter l'invention aux Byzantins, puisqu'il y en a à l'intérieur du Théotocos de Constantinople [1], je m'abstiendrai cependant de l'affirmer, de peur qu'on ne me cite des aqueducs romains où se montre déjà cet artifice.

Si loin des beaux modèles qu'aient été rejetés tout d'un coup les inventeurs de l'architecture romane, il ne faut pas croire qu'ils se livrèrent de gaieté de cœur au surhaussement. Ils cherchèrent à se le faire pardonner par de la décoration, en appliquant de fausses colonnes contre les pieds-droits. Bien plus, ils se gardèrent de l'étendre à celles des arcades où il n'était point indispensable. C'est ainsi qu'ils conservèrent aux baies de leurs grandes portes les proportions antiques. Plus tard, l'habitude changea le goût, et le surhaussement fut recherché comme une beauté. Les églises y ont une tendance de plus en plus marquée depuis le déclin du xie siècle.

Contreforts.

Rien n'égale le soin avec lequel les renforcements nécessaires à la solidité de la construction furent dissimulés dans les œuvres d'art de

---

1. Al. Lenoir, *Architecture monastique*, t. I, p. 324, dans les *Documents inédits*.

l'antiquité. Toutes les fois qu'il fallut laisser paraître au dehors des appareils de ce genre, on les revêtit de formes assez élégantes pour qu'ils fissent l'effet d'ornements. Les antes qui garnissent les encoignures des temples sont des contreforts ; les ordres de fausses colonnes superposées qui séparent les arcades à l'extérieur des amphithéâtres sont aussi des contreforts.

Il y a des contreforts aux angles de l'octogone d'Aix-la-Chapelle, et on y reconnaît l'imitation barbare de ceux des amphithéâtres.

Ce n'est pas ces modèles que les Romans allèrent chercher. Sacrifiant absolument le dehors de l'édifice au dedans, ils se contentèrent d'abord de le consolider à l'extérieur par des massifs pareils à ceux que les Romains avaient appuyés contre leurs constructions rustiques. Cette pratique une fois admise, ne varia plus dans certains pays ; dans d'autres on s'efforça, avec les progrès de l'art, d'en corriger la grossièreté. Les Rhénans, en donnant une épaisseur extrême à leurs murs de clôture, réduisirent le contrefort à n'être plus qu'une saillie d'ornement de la valeur d'un pilastre qui va se confondre dans la corniche. Les Auvergnats le convertirent en un véritable pilastre sur lequel ils firent naître de fausses arcades. Ailleurs on simula des colonnettes sur les angles du massif carré. Il n'y eut qu'aux absides et aux chevets où le contrefort, dessiné selon la forme d'une colonne grêle, rappela quelque chose du système antique.

Si la superposition des ordres n'est jamais venue embellir les armatures extérieures des églises romanes, en revanche, elle a servi quelquefois à déguiser la membrure principale de l'intérieur, je veux dire les pieds-droits qui descendent des arcs de la voûte jusqu'au sol. Les églises de la Bourgogne doivent la beauté de leur effet à des étagements de pilastres conçus d'après cette donnée. En Provence, les pilastres sont surmontés de colonnettes accouplées qui ont la valeur d'un attique. Peut être faut-il considérer comme une méthode abrégée l'usage plus général d'avoir traité d'une seule pièce les pieds-droits des doubleaux, soit en pilastres, soit en demi-colonnes.

Conclusion.

J'ai achevé la revue que je me proposais de faire. Tous les membres de l'architecture romane nous ont passé sous les yeux, et nous nous sommes assurés de l'antériorité de tous, sauf un peut-être, à la formation de cette architecture. Nous avons fait plus. Nous avons constaté qu'ils avaient pu exister longtemps les uns à côté des autres, comme à l'état d'amalgame, sans se combiner, par conséquent sans se transformer; comme aussi il est devenu certain pour nous qu'une fois combinés, leur produit a pris un caractère qui n'est plus celui des produits d'où ils avaient été tirés. La loi d'association ayant changé, les éléments ont subi une métamorphose nécessaire, et, de vieilles choses qu'ils étaient, rajeunis par des fonctions nouvelles, ils sont devenus du nouveau.

Il ne me reste donc plus qu'à conclure en reprenant mes prémisses augmentées de tout ce qu'elles ont acquis par la démonstration.

Qu'on cesse de considérer les pièces isolément et, d'après cette étude incomplète, de vouloir assigner l'origine ou établir la dénomination du produit. L'architecture du XIe siècle renferme un peu d'asiatique, un peu de byzantin, beaucoup de romain, et elle n'est ni asiatique, ni byzantine, ni romaine, mais romane ; de même que notre langue, dont la comparaison me revient toujours à l'esprit, tant les deux choses sont analogues, de même que notre langue, dis-je, qui contient des atomes de celtique, des atomes de tudesque et une quantité prodigieuse de latin, n'est ni celtique, ni tudesque, ni latine, mais française.

Le roman, voilà le premier degré de transformation où les éléments de l'architecture du moyen âge cessent d'appartenir à l'antiquité. Nous les verrons atteindre, par l'avénement du gothique, un second degré où leur origine cesse d'être reconnaissable.

L'AGE

DE LA

CATHÉDRALE D'EMBRUN[1]

Il n'y a qu'un article d'archéologie dans le *Bulletin de l'Académie delphinale* pour 1867 ; mais il est de ceux qui méritent une attention particulière. C'est une étude de M. Fernand de Saint-Andéol sur la cathédrale d'Embrun, l'une des moins connues qu'il y ait. Le sujet, déjà très intéressant par lui-même, a acquis une véritable importance de ce que l'auteur y a pris l'occasion d'exposer un système nouveau sur l'âge des cathédrales du sud-est de la France. Depuis longtemps le Comité n'avait eu de travail de ce genre à examiner. L'étude du moyen âge est en baisse dans les Sociétés savantes. Le peu de mémoires qu'elles nous envoient sur les monuments de cette époque sont des notices d'où est absente la discussion, et surtout la discussion qui s'attaque aux principes de la science. Il faut savoir gré à un observateur ingénieux qui, après avoir beaucoup vu, croit reconnaître un vice radical dans une partie de la doctrine généralement professée, et qui propose vaillamment de mettre autre chose à la place. Quand bien même aucune de ses conclusions ne serait admissible, le travail où il les expose aura toujours son utilité, ne fût-ce que de provoquer des explications qui manquent encore, ou qui ont été données d'une manière incomplète.

Voici quel est le système de M. de Saint-Andéol. Je le résume en me servant autant que possible des propres expressions de l'auteur.

---

1. [Rapport sur le *Bulletin de l'Académie delphinale*, t. III de la 3ᵉ série (1867), lu au Comité des Travaux historiques, et publié dans la *Revue des Sociétés savantes* de juin 1869, 4ᵉ série, t. IX, p. 429 à 437. — *Bibliogr.*, nº 149].

« Les plus vieilles églises de la Provence, que l'on fait dater aujourd'hui du xɪᵉ siècle seulement, ont une plus haute antiquité. Elles remontent au vɪɪɪᵉ ou au ɪxᵉ siècle. Elles sont les produits d'une architecture inaugurée du temps de Charlemagne par les Goths de la Gaule méridionale. Ce genre de construction, qu'il convient d'appeler *gothique*, puisque les Goths en sont les auteurs, a pour caractère des murs en moyen appareil à joints serrés, et la voûte en berceau posée au-dessus de ces murs.

« Le gothique s'étendit, pendant le xᵉ siècle, dans tout le bassin du Rhône supérieur et de la Saône. L'ordre de Cluny le transporta, après l'an 1000, dans la France septentrionale. Celle-ci n'avait eu jusque-là ni le pouvoir ni le savoir d'élever des églises en pierre. Elle modifia la façon gothique en substituant au pilastre la colonne à fût démesuré. De là le genre désigné improprement sous le nom de *roman*, qui est un terme dénué de sens. C'est *franco-gothique* qu'il faut dire.

« Le franco-gothique, par son développement, a engendré à son tour l'architecture ogivale, dont il n'y a pas lieu de changer le nom, attendu que son caractère principal réside dans le contre-fort arc-boutant, appelé au moyen âge membre d'ogive ou d'*ajuwe*, d'*adjuvare*, aider. »

Telles sont les propositions de M. de Saint-Andéol.

Je vois un premier reproche à leur faire, qui est de se présenter dans son mémoire à l'état de simples affirmations, sans aucune preuve à l'appui. C'est là un défaut de méthode. L'auteur dont le dessein est de changer les bases de la science est tenu de démontrer avant tout la solidité du terrain sur lequel il s'apprête à reconstruire ; autrement il met ses lecteurs dans la nécessité de le croire sur parole, ou de se donner beaucoup de peine s'ils veulent contrôler son dire.

Je me doute bien que M. de Saint-Andéol a une réponse toute prête à la critique que je lui fais maintenant. Il dira que ses assertions sont le résultat de ses observations. Que n'a-t-il essayé de mettre d'abord cela en évidence ? En s'astreignant à raisonner pour convaincre les autres, il aurait probablement reconnu que ses prémisses n'avaient pas le caractère d'incontestable vérité qu'il leur attribue. Lorsqu'on écrit, l'esprit est obligé à plus de rigueur que lorsqu'on médite, et telle démonstration qu'on s'est faite à soi-même et que l'on tient pour mathématique peut s'évanouir à la rédaction. Cela arrive surtout en matière historique, où tout raisonnement est dominé par un fait. On croit tenir un fait, on en tire les déductions les plus séduisantes ; le moment de rédiger venu, on veut être exact, on recourt à la source, et le fait se présente tout différent de ce qu'il était dans la mémoire.

C'est, comme on va le voir, ce contrôle définitif des faits qui manque à la doctrine de M. de Saint-Andéol.

D'abord, quel est le témoignage d'où il résulte que les Goths de la Gaule méridionale inaugurèrent un nouveau genre d'architecture[1] du temps de Charlemagne? Une notion de ce genre ne peut pas s'acquérir par l'inspection toute seule des monuments. L'inspection fait distinguer dans un monument l'ouvrage de plusieurs mains, conduit à supputer des dates approximatives, permet d'attribuer telle partie à une école dont les procédés sont connus ; mais, pour dire qui a bâti un édifice ou une famille d'édifices, il faut absolument le secours d'un texte.

Je crois deviner de quel texte M. de Saint-Andéol a fait sortir son école gothique. La légende de saint Ouen, attribuée sans raison à Fridegode, moine anglais du X⁰ siècle, et qui est certainement l'ouvrage d'un moine normand du IX⁰, cette légende mentionne l'église où le bienheureux fut enterré (aujourd'hui Saint-Ouen de Rouen) comme un édifice somptueux, qui avait été élevé du temps de Clotaire I*ᵉʳ*, *miro opere, quadratis lapidibus, manu gothica* : ce sont les termes dont se sert l'hagiographe. Je ne sache pas que les Goths aient été signalés comme constructeurs ailleurs que dans ce passage, et l'on conviendra que l'expression est bien vague pour qu'on en tire un sens précis. Si *manu gothica* peut signifier que les Goths avaient une façon de bâtir à eux, il peut signifier aussi que les Goths travaillaient en bâtiment avec une adresse particulière et qu'ils allaient exercer leur métier dans les diverses provinces de la Gaule barbare, comme font aujourd'hui les Limousins dans tous nos départements. Les mots *quadratis lapidibus* rapprochés de *manu gothica* sont-ils une raison pour qu'on s'arrête de préférence au premier sens et pour qu'on en tire la conclusion que le procédé particulier aux Goths était de construire en moyen appareil? Je ne le pense pas. Nous avons la preuve qu'à l'époque barbare, dans la Gaule méridionale aussi bien que dans celle du nord, les constructions en moyen appareil n'étaient exécutées que par exception, l'habitude étant de bâtir en petit appa-

---

1. L'idée de faire remonter un certain nombre des pratiques de la construction aux Goths appartient à Émeric David, et celle de l'influence clunisienne à Viollet-le-Duc. La doctrine d'E. David est résumée dans le cinquième volume du *Bulletin monumental*, p. 382 et s.

reil. Cela est dit positivement dans la Vie de saint Didier de Cahors[1]. Mais, le moyen appareil eût-il été à l'usage exclusif des constructeurs goths, il ne serait pas permis de dire que c'est du temps de Charlemagne qu'ils mirent ce système en honneur, puisque le seul ouvrage bâti par eux, dont la mémoire nous ait été conservée, était une église du VI° siècle.

La construction gothique, selon M. de Saint-Andéol, était caractérisée non seulement par l'emploi du moyen appareil dans les clôtures, mais encore par celui de la voûte comme couverture. Est-il admissible que l'église Saint-Pierre de Rouen, celle qui fut bâtie sous Clotaire Ier, ait été voûtée ? Non, car toutes les grandes églises de ce temps furent des basiliques conçues et exécutées à la romaine. Un comble en charpente était l'unique couverture de l'édifice. Pour le cas particulier de Saint-Pierre, nous avons la certitude que cette église ne faisait point exception à la règle, puisqu'elle fut incendiée par les Normands en 852.

Le passage de la vie de saint Ouen que je viens de discuter a été cité souvent par les archéologues, mais d'une manière incomplète. On omet toute la partie de la phrase où il est expliqué que la construction faite par les Goths était celle d'une église mérovingienne, et on indique l'an 950 comme l'époque à laquelle écrivait le prétendu Fridegode, de sorte que le champ reste ouvert aux conjectures. Je suppose que M. de Saint-Andéol aura tiré ainsi les déductions historiques qui l'ont amené au règne de Charlemagne. Il a achevé de se convaincre en trouvant imprimé dans des livres que plusieurs cathédrales de la Provence avaient été rebâties sous Charlemagne. Il paraît qu'il lui est tombé sous les yeux un témoignage de ce genre pour la cathédrale d'Embrun. Mais tout cela réuni ne compose pas un fondement solide. Au moyen âge, toutes les vieilles choses étaient mises sur le compte de Charlemagne. N'avons-nous pas une bulle du pape Jules II qui recommande à l'admiration des fidèles, comme un ouvrage du grand empereur, l'église de Saint-Gilles en Provence[2], laquelle une inscription encastrée dans l'édifice même nous apprend avoir été rebâtie de fond en comble en 1116 ? Il y a plus : quand bien même la chronique la plus authentique attesterait qu'une église a été rebâtie du temps de Charlemagne, l'édifice aujourd'hui subsis-

---

1. « Primam inibi more antiquorum basilicam præcipiens, quadris ac dedolatis lapidibus ædificavit, non quidem nostro gallicano more, sed sicut antiquorum murorum ambitus magnis quadrisque saxis exstrui solet. » (Cap. XVII.)

2. Cette bulle est dans le *Gallia christiana*, t. VI, pr., col. 204.

tant ne serait pas à classer pour cela parmi les monuments carolingiens. On a des chroniques pour une époque, on n'en a pas pour une autre, et une construction dont il ne reste pas une pierre peut avoir été longuement racontée, tandis qu'un silence absolu règne sur la reconstruction postérieure du même édifice. Il est inutile de citer les innombrables exemples de ce fait. La science des monuments du moyen âge n'a commencé que du moment qu'on a su le reconnaître. Loin donc que la connaissance de l'architecture puisse résulter de l'attribution des monuments aux dates consignées dans les textes, ces dates ne sont valables qu'autant qu'elles ont été contrôlées par la connaissance de l'architecture régnante à l'époque où les textes ont été écrits.

La connaissance de l'architecture employée à la construction des églises du temps de Charlemagne et de ses successeurs n'est plus une chose qui soit à l'état de conjecture. On y est parvenu d'une manière certaine par la confrontation de textes nombreux avec des monuments ou débris de monuments qu'on a vus se multiplier depuis qu'on en sait faire la distinction, et qui n'ont ou n'avaient aucune ressemblance avec les cathédrales actuelles du midi. Les églises carolingiennes furent encore des édifices couverts en charpente, à l'instar des basiliques romaines. On n'y construisit de voûtes que dans les cryptes, ou sur quelques parties contenues entre des murs pleins sans grande élévation. L'effet du vaisseau résultait pour une grande part de la décoration prodiguée sur les fermes du comble. Aussi le moine de Saint-Gall, rapportant un règlement de Charlemagne relatif aux églises de fondation royale dont l'entretien était à la charge du trésor, désigne-t-il comme les choses qu'il y avait le plus souvent à réparer les peintures murales et les lambris[1]. La mention des lambris, *laquearia*, est perpétuelle dans les documents de cette époque. C'est ce que l'on savait faire et ce que l'on pratiquait partout. Au contraire, on s'entendait si peu à la construction des voûtes à grande portée, que, pour exécuter celle de l'église exceptionnelle d'Aix-la-Chapelle, qui est une coupole sur un octogone, pièce autrement facile à faire qu'un berceau sur la nef d'une basilique, on fut obligé de faire venir des ouvriers d'outre-mer. Charlemagne n'aurait-il pas préféré se servir des Goths de la Gaule méridionale, ses sujets, si ces Goths avaient été des constructeurs tels que se les imagine M. de Saint-Andéol ?

Nous n'en dirons jamais trop long toutes les fois qu'il s'agira

---

1. *Gesta Karoli*, l. I, c. 30.

d'éclairer sur les principes de la science les hommes studieux avec lesquels nous mettent en rapport les recueils des Sociétés savantes. C'est pourquoi je n'ai pas reculé à raisonner si longuement dans une hypothèse inacceptable; car, pour convaincre M. de Saint-Andéol d'erreur manifeste, je n'aurais eu qu'un mot à dire. Il ne s'est pas instruit suffisamment de l'histoire de l'église d'Embrun. Il n'avait qu'à consulter le *Gallia christiana*; il aurait trouvé mentionnée dans cet ouvrage une reconstruction de la cathédrale postérieure de beaucoup à Charlemagne. L'édifice carolingien, détruit au xe siècle par les Sarrasins comme tous ceux de la Provence, fut relevé par l'archevêque Ismidias vers l'an 1005 [1]. Voilà l'origine et l'époque de l'ouvrage que le trop ingénieux archéologue dauphinois croit être sorti de la main des Goths; et ainsi la doctrine professée aujourd'hui, qui est qu'aucune de nos cathédrales, celles de la Provence aussi bien que les autres, ne remonte par sa fabrique au delà de l'an 1000, cette doctrine ne se trouve pas en défaut à l'égard de l'église d'Embrun.

Je pourrais me dispenser d'aller plus loin. Avec la permission du Comité, je passerai rapidement en revue les conclusions subséquentes de M. de Saint-Andéol, pour achever de démontrer l'inconvénient qu'il y a à édifier des systèmes sans avoir les textes sans cesse présents devant les yeux.

L'idée que les Goths de la Septimanie créèrent un nouveau genre d'architecture du temps de Charlemagne conduit naturellement notre auteur à cette autre idée que les Goths surpassaient alors en civilisation les Francs du reste de la Gaule; et c'est ce qui le porte à dire que la France septentrionale n'aurait eu ni le pouvoir ni le savoir de faire des églises en pierre. Selon lui, les édifices religieux de cette région n'étaient qu'un frêle assemblage de poutres, de chevrons et de planches. Toutefois, comme, dans les livres où il paraît avoir fait son instruction, on administre la preuve que la Gaule septentrionale posséda des églises en pierre à l'époque barbare, il met un correctif à son affirmation : ces constructions en pierre de la Gaule septentrionale étaient rares; elles furent l'ouvrage d'ouvriers étrangers.

Sont-ce là des faits scientifiquement établis?

Tout le monde répondra non. D'abord, c'est un paradoxe de contester que la Gaule septentrionale ait été, à l'époque barbare, et surtout depuis le vIII^e siècle, le véritable foyer de la civilisation européenne. Si le savoir et le pouvoir de faire quoi que ce soit ont résidé alors quelque part, c'est dans la contrée qui avait échappé à la

---

1. *Gallia christiana*, t. III, col. 1031.

première invasion des Musulmans, et qui offrit assez de ressources à des princes enthousiastes de l'antiquité pour leur permettre de restaurer dans une certaine mesure les sciences et les arts des Romains. D'un autre côté, on sait à n'en pas douter, comme je l'indiquais tout à l'heure, que les églises carolingiennes de la Gaule septentrionale, non seulement les grandes, mais même les petites, furent des ouvrages en maçonnerie. Des témoignages bien plus nombreux que ceux qu'on a coutume de citer le disent de la manière la plus formelle. Ces témoignages, ils existent dans les vies des saints, dans les chroniques des monastères, dans la fabrique de tant de nos églises rurales, qui ont conservé des pans de murs où le petit appareil romain est alterné avec des rangs de briques. Nous avons cela pour le nord, tandis que la Provence barbare n'a rien de pareil à nous offrir. Elle ne possède ni littérature ni vestiges authentiques des ruines que les Sarrasins ont faites à deux reprises sur son territoire.

Même défaut de base historique à l'opinion qui fait voyager l'architure de la Provence dans les contrées du nord par l'entremise de l'ordre de Cluny.

Il est vrai que les moines de Cluny ont été de grands bâtisseurs; mais quand? Lorsqu'ils furent devenus riches, et qu'ils se relâchèrent de l'austérité de leur institut primitif, c'est-à-dire sous le règne de Philippe Ier, aux approches de l'an 1100, et plus encore après l'an 1100. C'est de cette époque que datent, d'après des documents sur le sens desquels il n'y a pas à se méprendre, non-seulement les églises clunisiennes, mais toutes les églises de la Bourgogne qui ont quelques traits de ressemblance avec celles de la Provence. Le nord avait-il donc attendu jusque-là pour trouver sa formule architectonique? A ne considérer que la colonne à fût démesuré, signalée par M. de Saint-Andéol comme une transformation du pilastre provençal, nous la trouvons employée partout dès le temps du roi Robert. Elle existe à Notre-Dame de Melun, à Saint-Germain des Prés de Paris, à l'église de Jumiéges, et dans tout ce qui reste de constructions religieuses du commencement du XIe siècle sur les bords du Rhin et en Westphalie. J'en conclus qu'elle est née en son lieu, de même que le pilastre provençal est né dans le sien. La colonne engagée de l'architecture romaine a engendré l'une, tout comme le pilastre de la même architecture a engendré l'autre. Faute de s'être assuré des dates, M. de Saint-Andéol a brouillé la parenté des monuments qu'il comparait. Ils sont frères; il n'y a pas à établir entre eux de filiation.

Si le diligent observateur des cathédrales dauphinoises avait reconnu cette fraternité, il ne se serait pas élevé comme il a fait contre la dénomination de *roman*, qui est excellente. De tous les termes qui composent le vocabulaire archéologique, je n'en connais pas de plus utile et de plus heureux. Il a été imaginé par M.ʳ de Gerville et propagé par M. de Caumont. Le raisonnement de ces savants, lorsqu'ils l'adoptèrent, fut celui-ci. Puisque le langage parlé en Gaule, qui n'était plus le latin et qui n'était pas encore le français, a été appelé langue romane, appelons aussi romane l'architecture à cet état d'essai où elle se montre avant la seconde moitié du XIIᵉ siècle, quand elle n'est plus l'architecture romaine et qu'elle n'est pas encore l'architecture à laquelle le moyen âge s'est arrêté. On ne soupçonnait pas encore jusqu'où allait la justesse d'une pareille assimilation. Cela a été démontré depuis par l'observation, qui a fait reconnaître autant de variétés de l'architecture romane qu'il y a de dialectes de la langue romane.

Pour le gothique (j'entends le nôtre, et non pas celui de M. de Saint-Andéol), ce savant a eu la bonne inspiration de ne lui pas chercher une autre origine que celle qu'on lui assigne généralement. Il s'est borné à combattre l'opinion d'après laquelle le cintre brisé n'existerait que dans cette architecture. Sa conclusion est que, le cintre brisé affectant toutes les voûtes et quelquefois même les grandes arcades d'une infinité d'églises provençales notoirement antérieures à 1140, il n'est pas juste de caractériser par cette particularité la nouvelle façon de construire les églises qui se produisit dans le nord de la France vers l'an 1140. Il veut que ce soit l'arc-boutant extérieur qui en soit le trait caractéristique, au lieu du cintre brisé.

Ici j'applaudis des deux mains. Cette doctrine est celle que je professe moi-même. Depuis vingt ans, j'en ai fait la base de mon enseignement, et je l'ai exposée en une série d'articles qui parurent de 1850 à 1853 dans la *Revue archéologique*[1]. C'est une très grande satisfaction pour moi de voir qu'une autre personne y soit arrivée d'elle-même par l'observation. Il n'y a qu'un point sur lequel je ne me trouve pas d'accord avec M. de Saint-Andéol. C'est lorsqu'il essaye de conserver pour son système l'expression d'*architecture ogivale*, en disant que les gens du moyen âge appelaient *ogive* un contrefort arc-boutant, et que le mot *ogive* est une altération d'*ajuwe*.

Ogive est le féminin d'*ogif* ou *augif*, adjectif dérivé d'*augivus*, comme l'explique très bien Du Cange. On disait *arcs ogifs* ou *croisée augive*, et plus tard *croisée d'ogives*. Ces expressions n'ont jamais signifié autre chose que les membrures disposées en diagonales sous

---

1. Voir ci-dessus, p. 86 à 152.

les voûtes. Cela est attesté non-seulement par une infinité de textes imprimés et manuscrits, mais encore par tous les traités d'architecture et par tous les dictionnaires français antérieurs à 1830. Je renvoie pour les exemples au Dictionnaire de M. Littré.

Du moment qu'ogive ne signifie pas un arc-boutant, l'architecture des derniers siècles du moyen âge ne pourrait s'appeler ogivale qu'autant que la croisée d'ogives lui serait propre. Or il n'en est rien. Cet article de construction a été employé dans l'architecture romane dès la fin du xie siècle. A cause de cela je préférerai toujours le mot *gothique* au mot *ogival*. Mais cette raison n'est pas la seule. Il y en a une autre que je soumets au jugement de M. de Saint-Andéol, qui veut qu'on change le sens de gothique, et des autres archéologues qui prétendent qu'aucune des architectures du moyen âge ne doit être appelée gothique.

Lorsqu'un mot existe depuis plusieurs siècles dans une langue avec une acception consacrée par l'usage des grands écrivains, il n'est pas permis de contester cette acception sous prétexte qu'elle n'est pas justifiée par l'étymologie. Au-dessus de la raison pure, il y a l'usage :

> Quem penes arbitrium est, et jus, et norma loquendi.

C'est ce qui a lieu pour le mot français *gothique*. Il n'implique en aucune façon la coopération ou l'intervention des Goths. Il a un sens large, équivalent de « très vieux, suranné, » comme quand on dit d'une personne qu'elle est imbue de préjugés gothiques. Il a de plus un sens restreint, qui fait qu'on l'emploie pour exprimer l'antiquité des siècles postérieurs du moyen âge, comme quand on appelle gothique l'écriture anguleuse qui régna du xiiie siècle, au xvie. Pourquoi éprouverait-on plus de scrupule à dire architecture gothique qu'à dire écriture gothique ?

Les critiques auxquelles je viens de me livrer s'adressent aux idées de M. de Saint-Andéol, et non à son talent. Il est bon observateur et véritable archéologue, en ce sens qu'aucun détail n'échappe à son attention. Il discerne avec beaucoup de sagacité les remaniements d'un édifice ; il sait où appliquer ses yeux pour constater les retouche quand il y en a, fût-ce aux plus petites pièces d'architecture. Qu'il s'observe davantage avant de conclure, qu'il fasse provision de données historiques plus certaines, et il nous donnera une suite de monographies où la science trouvera peut-être à s'amender sur quelques points, mais certainement à se compléter sur d'autres.

L'AGE

DE LA

CATHÉDRALE DE GRENOBLE[1]

M. La Bonnardière appartient à l'école archéologique qui fait remonter à Charlemagne, ou tout au moins à l'époque carolingienne, certaines parties des vieilles églises du midi de la France. C'est la doctrine de l'Académie delphinale. Elle a été exposée au long par M. de Saint-Andéol dans le *Bulletin* de l'année 1867. Chargé par le Comité des travaux historiques d'en faire le rapport, lorsque le volume nous fut envoyé, je l'ai discutée et déclarée inacceptable[2]. Les raisons sur lesquelles j'appuyais alors mon jugement sont celles que j'opposerai encore à M. La Bonnardière.

L'âge d'un édifice qui ne porte pas sa date avec lui (comme c'est le cas du plus grand nombre et en particulier de la cathédrale de Grenoble) ne peut être apprécié que d'après ses caractères architectoniques, et les caractères qui disent l'âge d'un édifice sont ceux qui ont été fixés d'après l'observation comparée des monuments de toutes les régions, en prenant pour point de départ les monuments à date certaine. Contre un semblable témoignage, aucun autre n'a de valeur,

---

1.[Le 13ᵉ volume de la 3ᵉ série du *Bulletin de l'Académie delphinale* contient une assez longue notice de M. La Bonnardière sur la cathédrale de Grenoble. Quicherat ayant été chargé par le Comité des travaux historiques d'examiner ce volume, fit la critique des théories de M. La Bonnardière, dans un important rapport qui a été publié dans la *Revue des Sociétés savantes*, 7ᵉ série, t. III (1880), p. 85 à 91, et dont nous avons extrait les pages qui suivent (*Bibliogr.*, n° 178.)]

2. *Revue des Sociétés savantes*, t. IX de la 4ᵉ série, p. 429. — [Nous avons réimprimé cet article ci-dessus, p. 153.]

ni celui de la tradition, ni celui des chroniques, ni même celui des documents authentiques par excellence, tels que les inscriptions et les chartes ; car les inscriptions et chroniques où est mentionnée la construction d'un édifice n'attestent pas que cet édifice n'a pas été renouvelé par la suite ; et Dieu sait combien il est arrivé de fois qu'une église, par exemple, ait été rebâtie dans la forme où nous la voyons, sans qu'une panse d'A ait été écrite pour nous le faire savoir, tandis qu'une reconstruction antérieure, beaucoup moins importante, avait été consignée de toutes les façons, sur le parchemin, sur la pierre, sur le métal.

La cathédrale de Grenoble est du nombre des églises où l'on pénètre par une tour appliquée sur leur façade. On nous dit que cette tour est un ouvrage du VIIIe siècle ; pourquoi cela ? Parce qu'elle est à l'extérieur d'une nudité que l'on prend pour une marque de grande antiquité, et parce qu'il y a une tradition qui fait remonter la fondation de la cathédrale à Charlemagne.

Un jugement ainsi motivé est loin d'être, aux yeux de la science, un jugement inattaquable.

D'abord, lorsqu'on invoque une tradition, il faut avoir soin de la rapporter aussi exactement que possible. Celle qui donne Charlemagne pour premier auteur de la cathédrale de Grenoble a été consignée dans un pouillé de cette église, qui porte la date de 1498[1]. Elle dit en propres termes : « L'église majeure ou cathédrale de Grenoble fut établie en premier lieu et fondée en l'honneur et sous le vocable de saint Vincent, martyr, et c'est, dit-on, Charlemagne qui la fit construire et édifier ». Et, plus loin, le même texte ajoute : « Par la suite du temps, on construisit et édifia auprès de ladite église de Saint-Vincent une autre église en l'honneur de la sainte Vierge Marie, dont le titre est devenu celui de ladite église majeure ».

Ainsi, d'après un on-dit (*ut fertur*) qui avait cours à Grenoble à la fin du XVe siècle, Charlemagne fut le fondateur de l'église Saint-Vincent, et non pas de l'église Notre-Dame.

Notre-Dame, aujourd'hui tout comme en 1498, est l'église principale, la cathédrale proprement dite. Saint-Vincent, devenu Saint-Hugues, est un édifice reconstruit, de l'aveu de tout le monde, au XIIIe siècle, lequel adhère dans toute sa longueur au flanc septentrional de Notre-Dame et y a son dégagement. L'emplacement des deux églises n'ayant jamais changé, s'il subsistait quelque chose du

---

1. *Cartulaire de l'église cathédrale de Grenoble*, dans la *Collection des Documents inédits*, p. 299.

Saint-Vincent carolingien, ce reste de construction se trouverait dans l'axe de l'église Saint-Hugues, et non pas dans l'axe de Notre-Dame. Or la tour en question est l'entrée de Notre-Dame; par conséquent la légende n'a pas d'application possible à la tour.

Maintenant, pour cette même tour, qui paraît si vieille au premier coup d'œil, on n'a qu'à arrêter ses yeux sur la porte dont elle est percée et dont il est visible qu'elle a été percée dès l'origine, pour reconnaître qu'elle appartient à l'art roman, voire même à une époque avancée de cet art. Effectivement, la baie a été pratiquée par retraite de voussures et de pieds-droits, avec garniture d'archivoltes au-dessus des voussures et de colonnettes dans l'arête des pieds-droits. La même disposition règne, avec encore plus de richesse, à la porte opposée, celle par laquelle on pénètre dans l'église et qui traverse par conséquent le mur du fond de la tour. Or on n'a pas cité jusqu'à présent un exemple certain qui prouve que le système de percements par reprises ait été pratiqué dans la région méridionale de la France avant 1140. C'est donc à ce temps-là qu'il convient de rapporter approximativement la tour de Notre-Dame de Grenoble et, j'ajouterai, sa sœur jumelle, la tour de Saint-Pierre de Lyon, parce que celle-ci a également ses tenants, qui revendiquent en sa faveur l'antiquité carolingienne.

Quant à l'intérieur de la cathédrale de Grenoble, je l'ai examiné attentivement à plusieurs reprises, et je n'y ai jamais vu autre chose que des constructions postérieures en date à celle de la tour.

La voûte de la nef et le chœur tout entier sont si franchement gothiques, que personne n'a eu l'idée de faire remonter ces parties aux temps les plus reculés; mais les piles de la nef, M. La Bonnardière, à l'exemple des antiquaires grenoblois ses devanciers, les tient pour être une partie conservée de l'église que l'évêque Isarne est dit avoir construite au milieu du xe siècle [1].

C'est là encore une opinion qui ne me semble pas admissible.

Les piles de la nef de Notre-Dame sont montées sur des piédestaux de 2 mètres d'élévation, exhaussés eux-mêmes par des socles de 1 mètre. Une pareille conception vaut à elle seule une date. Des stylobates de cette importance n'apparaissent dans l'architecture du moyen âge qu'au déclin du xiie siècle; sans compter que la pureté de profil que présentent les corniches des mêmes piédestaux est une marque assurée de la même époque.

---

[1] « Post destructionem paganorum, Isarnus episcopus ædificavit ecclesiam Gratianopolitanam. » (*Cartulaire de l'église cathédrale de Grenoble*, p. 93.)

Mais, dira-t-on, ces piédestaux ne pourraient-ils pas avoir été taillés au xiie siècle dans des massifs plus anciens?

Non, parce qu'ils sont construits en pierre de grand appareil, et que l'emploi de matériaux puissants, au Midi comme au Nord, indique une époque avancée de l'art du moyen-âge. Au xe siècle, on bâtissait encore en petits matériaux. Les constructeurs qui voulaient ou pouvaient faire grand, n'allaient pas au delà de l'emploi du moyen appareil. Je crois en outre que l'on peut alléguer comme une chose qui ne se serait pas faite au xe siècle, le maintien d'inscriptions antiques sur la face extérieure des pierres employées dans une construction religieuse. Cela a lieu pour deux des piédestaux dont je parlais *tout à l'heure*, sur lesquels on lit des fragments d'épitaphes tels que **IVLIAE MARTIAE** et **M ∥ …ALERIVS**. Les autres églises en assez grand nombre où se trouve la même particularité, sont toutes des édifices romans du xiie siècle ou de la fin du xie.

On a donc toutes sortes de raisons pour voir dans les maîtres-supports de la nef de Notre-Dame de Grenoble un ouvrage du xiie siècle et de la seconde moitié de ce siècle, car il est postérieur en date à la tour d'entrée. Deux choses le prouvent : d'abord une différence d'axe entre la nef et la tour, différence qui n'aurait pas eu lieu si la tour avait été une addition à la nef déjà bâtie; ensuite l'emploi de la voûte d'ogives à la nef, lorsqu'on a eu recours au berceau et à la coupole pour voûter le rez-de-chaussée et le premier étage de la tour.

La voûte d'ogives adoptée est celle que nous trouvons dans toutes nos grandes églises gothiques du xiie siècle, c'est-à-dire la croisée sur plan carré embrassant deux travées d'architecture; seulement, on ne voit point ici l'arc-doubleau qui traverse ordinairement l'intersection des ogives.

Ceux qui observent les monuments du moyen âge avec l'idée de constater la prodigieuse variété de combinaisons qu'ils présentent dans leur fabrique, donneront une attention toute particulière à la nef de la cathédrale de Grenoble. Elle est, comme conception, quelque chose de tout à fait original, une œuvre de parti pris due à un artiste qui fut contraint de se plier à des exigences que nous ne connaissons pas, ou bien qui tint à maintenir les vieux principes tout en subissant le joug d'une nouvelle mode d'architecture. Il accepta du gothique le fractionnement des voûtes et des cintres, mais il s'abstint de l'emploi des arcs-boutants extérieurs. Plutôt que de garnir sa construction d'étais en plein air, il usa du procédé, essayé par d'autres que lui, qui consiste à contre-buter la voûte de la nef par les voûtes des bas-côtés. Par là il lui fut possible de poser en encorbellement les membrures de ses voûtes et conséquemment de se dispenser d'établir sur les faces de ses piliers la garniture habituelle des dosserets en pilastres ou en colonnes engagées. Puis, comme ces piliers tout unis auraient été d'un effet maussade, il y remédia en simulant sur les arêtes de chacune des piles, à partir du piédestal, des colonnettes à chapiteaux composites, exécutés avec l'habileté que l'on apportait alors, surtout dans le Midi, à ces sortes d'ouvrages.

Il y a bien d'autres détails à relever dans cette nef de la Notre-Dame dauphinoise, qui décèlent un architecte de talent, opérant avec des ressources bornées. Je laisse aux archéologues de la Société de Grenoble, la tâche de les chercher et de les mettre en évidence. Ce faisant ils assureront à leur cathédrale un titre de recommandation plus valable que tout ce qu'ils pourront entasser de conjectures pour revendiquer en sa faveur une insoutenable antiquité.

NOTICE

CONCERNANT

LA CRYPTE DE SAINT-GEOSMES

(HAUTE-MARNE)[1]

Saint-Geosmes est un village du département de la Haute-Marne, à côté de Langres, dont le nom a été dénaturé par l'orthographe, car il se disait en latin *Sancti-Gemini*; par conséquent, il devrait s'écrire *Saints-Gemmes* ou *Saints-Jommes*.

Suivant les martyrologes, trois saints qui étaient jumeaux, Speusippus, Eleosippus et Meleusippus, furent martyrisés en cet endroit. Une basilique, bâtie pour recevoir leur sépulture, donna naissance à une abbaye, dont il ne reste plus depuis longtemps qu'une église en très mauvais état, mais néanmoins remarquable par son architecture, qui est du plus beau gothique bourguignon, tel qu'on le faisait au XIIIe siècle. Une autre circonstance recommande cet édifice à l'attention. Il possède une crypte qui, au lieu de régner sous le sanctuaire, comme c'est l'ordinaire des cryptes, a sa place sous la nef, dans toute la longueur des deux travées qui précèdent le transept. Les deux constructions sont d'ailleurs entièrement indépendantes l'une de l'autre. La crypte, beaucoup plus étroite que l'église supérieure, n'en touche par aucun point les fondations.

Il faut dire encore que cette crypte n'existe plus dans son entier. Il n'en reste que la moitié antérieure. Le reste, du côté de l'orient, fut réduit à l'état de décombres, on ne sait à quelle époque, et caché par un mur en pierres sèches, derrière lequel on ne s'avisa de faire

---

1. [Rapport sur une communication de M. Brocard, secrétaire de la Société archéologique de Langres. Extrait de la *Revue des Sociétés savantes*, 7e s., t. VI, p. 483 à 487. — *Bibliogr.*, n° 184.]

des recherches qu'en 1860. C'est alors que l'on découvrit les substructions de l'autre moitié du souterrain et de l'hémicycle qui en faisait le fond.

Plus récemment encore, car ce fut l'année dernière, on a construit un escalier pour descendre dans la partie conservée, où l'on ne pénétrait auparavant qu'en se glissant par un soupirail.

Tel est l'état du monument à l'examen duquel M. Brocard a consacré la notice dont j'ai à faire le rapport.

M. Brocard est secrétaire de la Société archéologique et historique de Langres, conservateur du musée de la même ville et en même temps architecte. C'est lui qui dirigea les fouilles exécutées à Saint-Geosmes en 1860. Pour l'éclaircissement de sa notice, il a dessiné le plan synoptique de l'église et de la crypte, ainsi que plusieurs parties de l'élévation. La moitié démolie de la crypte est restituée, sur ce dessin, d'après les vestiges trouvés en terre. Sa figure est celle d'une petite église divisée, par deux rangs de colonnes écourtées, en trois galeries ayant même hauteur de voûte.

La restitution est incontestable, mais il manque un complément que l'on était en droit d'attendre de l'architecte qui a présidé au déblai de la partie ruinée. Cette crypte, à son origine, devait se raccorder avec un sanctuaire posé au-dessus d'elle; son chevet épousait nécessairement celui d'une église supérieure, et il est impossible que des substructions ou tout au moins des indices de cette église n'existent pas derrière les clôtures du souterrain.

Cela manque absolument dans le dessin de M. Brocard. Ayant reconnu et dégagé les parements intérieurs de la crypte, il ne paraît pas avoir poussé plus loin ses recherches.

Je crois voir là l'effet d'une idée préconçue qui domine tout le travail de M. Brocard. A ses yeux, la crypte de Saint-Geosmes est un monument des premiers temps chrétiens de la Gaule, quelque chose de comparable pour l'antiquité aux catacombes de Rome. Je me hâte de dire que cette opinion est de celles que dans une certaine littérature on appelle *respectables*. Elle a pour elle tous les écrivains ecclésiastiques de Langres, lesquels, renchérissant sur les martyrologes qui font mourir les trois jumeaux sous Aurélien, placent cet événement sous Marc-Aurèle, et donnent hardiment la crypte de Saint-Geosmes pour un monument du IIe siècle de notre ère. Il faut que la Société archéologique de Langres abonde dans le même sens, car le travail de son secrétaire est de ceux qui avaient été envoyés pour être lus en Sorbonne, au mois d'avril 1881, et la Compagnie lui a donné son approbation pleine et entière.

Je ne m'arrêterai pas à prouver qu'il n'existe pas en France de cryptes d'églises bâties sous Marc-Aurèle, démonstration qui se compliquerait, dans le cas présent, d'un développement nécessaire sur le lieu du martyre des saints jumeaux ; car nous possédons sur leur compte deux légendes, copiées évidemment l'une sur l'autre, et dont la dernière en date les fait mourir à côté de Langres, tandis que la plus ancienne les fait mourir en Cappadoce. Au lieu de disserter sur des données si discordantes et si invraisemblables, j'aurai plus tôt fait de dire ce que la vraie doctrine archéologique, celle qui se fonde sur la comparaison des monuments, permet de discerner au sujet de la crypte de Saint-Geosmes.

De l'antiquité que l'opinion publique lui attribue à Langres et lieux circonvoisins, il y a pour le moins dix siècles à retrancher, c'est-à-dire que ce que l'on croit être une construction d'environ l'an 170 est une construction à laquelle conviendrait parfaitement la date de 1170.

Les raisons à donner sont les suivantes.

D'abord cette crypte, par son plan, ne se place pas parmi les plus anciennes que l'on ait faites au moyen âge. Elle régnait sous un chœur d'église garni d'un bas côté de pourtour, et les soupiraux, bouchés aujourd'hui, dont on voit qu'elle fut percée autrefois, prenaient jour sur le bas côté. Cette disposition est celle de la crypte primitive de Saint-Sernin de Toulouse, celle de l'église de la Couture au Mans, celle de l'abbatiale d'Andlau dans notre ci-devant département du Bas-Rhin, édifices qui appartiennent à la seconde moitié du XIe siècle et au commencement du XIIe.

En second lieu, les colonnes sur lesquelles porte la voûte sont surmontées de chapiteaux que M. Brocard a dessinés. Des calques de ses dessins accompagnent son mémoire. Il n'en faudrait pas davantage pour porter un jugement certain sur l'âge de la construction. M. Brocard, trompé par la grossièreté de la sculpture, a cru y voir le produit d'une époque primitive ; mais ce qu'il a pris pour une marque d'antiquité n'est que le témoignage de la maladresse de l'ouvrier. Il y a barbarie et barbarie. Un ignorant qui veut faire œuvre d'art arrive à produire, même au milieu de la civilisation la plus avancée, des choses d'un aspect tout à fait sauvage. Son ouvrage toutefois ne sera pas celui d'un sauvage, parce qu'il reflètera forcément, par un côté ou par un autre, quelque chose du goût ou des habitudes de son temps. C'est le cas des chapiteaux de Saint-Geosmes. Les profils de plusieurs de leurs tailloirs, la dépression de leur corbeille, les feuilles d'eau, cœurs et trèfles, qui les décorent, sont des imitations appauvries du genre de dessin appliqué aux chapiteaux dans nos plus anciennes églises gothiques, celles qui datent du règne de Louis VII.

La conclusion à tirer de tout cela est que la crypte de Saint-Geosmes doit être considérée comme le reste d'une église beaucoup moins spacieuse que celle d'aujourd'hui, d'une église qui avait été rebâtie en tout ou en partie dans la seconde moitié du XIIe siècle. Entrepris avec des ressources médiocres et exécuté par des ouvriers de bas étage, cet édifice fit triste mine à côté de l'élégante cathédrale qui s'éleva à Langres dans le même temps. Les religieux de Saint-Geosmes ne tardèrent pas à le sentir. Soit qu'ils aient eu honte de leur église, soit qu'ils aient été obligés d'aviser à quelque accident qui s'y était produit, ils n'hésitèrent pas à la sacrifier au bout de moins d'un siècle, afin de la refaire plus grande et plus digne du goût qui s'était répandu alors par toute la France. La considération religieuse paraît avoir été d'un poids bien léger dans leur détermination, car le sanctuaire de la nouvelle église fut porté à quatorze mètres de l'ancien, c'est-à-dire à une distance telle, que l'emplacement sanctifié par les tombeaux des martyrs ne devait plus même se trouver sous le chœur. Aussi est-il de toute vraisemblance que, lorsque l'on commença à construire la nouvelle nef, la crypte cessa d'être un lieu de dévotion et fut réduite à l'état où elle resta jusqu'en 1860 : c'est-à-dire qu'on en démolit l'abside et les travées attenant à l'abside, après avoir retiré les autels. Si la partie antérieure fut conservée, ce ne put être que pour servir de cachette souterraine. La preuve qu'elle n'avait plus d'utilité pour le culte est dans ce fait que l'escalier pour y descendre fut détruit.

La question archéologique n'est pas l'unique objet que M. Brocard se soit proposé dans sa notice. En l'écrivant avec l'espoir qu'elle serait lue en Sorbonne, son intention était de recommander à la sollicitude du gouvernement l'église de Saint-Geosmes, dont la nef, paraît-il, menace ruine. Sur ce point, qui échappe à sa compétence, je pense que le Comité trouvera bon de répondre autant qu'il est en lui au vœu de M. Brocard et de la Société archéologique de Langres, en renvoyant le dossier à la Commission des monuments historiques.

L'AGE

de la

CATHÉDRALE DE LAON[1]

L'une de nos plus belles églises gothiques, celle qui peut-être se présente avec le plus de majesté, la cathédrale de Laon, est restée jusqu'à présent un sujet de controverse quant à l'époque de sa construction. Suivant les uns elle daterait du commencement, suivant les autres de la fin du XIIe siècle. La divergence, bien qu'elle ne porte que sur une soixantaine d'années, est d'une gravité extrême, parce qu'elle implique la question d'origine du gothique. La cathédrale de Laon est la première qui ait été construite dans ce système d'architecture, si ceux qui la font remonter au règne de Louis VI ont raison.

Les autorités les plus imposantes se sont prononcées depuis longtemps en sens contraire. M. Vitet, dont le goût était si délicat en matière d'œuvres d'art, discuta l'âge de la cathédrale de Laon à propos de la construction de celle de Noyon, et son avis fut que la première était notablement postérieure à la seconde[2]. M. Viollet-Le-Duc, s'associant au sentiment de M. Vitet, a posé l'année 1190 comme une limite au-delà de laquelle il ne lui semble pas qu'un monument de ce style ait put être exécuté[3]. Cette conclusion est celle de la notice imprimée dans les *Archives de la Commission des monuments historiques*[4], notice sans nom d'auteur, mais qui paraît avoir été rédigée

---

1. [Extrait de la *Bibliothèque de l'École des chartes*, t. XXXV (1874), p. 249 à 254. — *Bibliogr.*, n° 97.]
2. *Monographie de l'église Notre-Dame de Noyon* (Collection des documents inédits), p. 100 et suiv.
3. *Dictionnaire raisonné de l'architecture française du XIe au XVIe siècle*, t. II, p. 304.
4. Tome Ier.

sur les notes fournies par M. Bœswillwald. Or M. Bœswillwald est l'architecte habile qui travaille depuis trente ans à la restauration de la cathédrale de Laon; personne ne peut se flatter de la connaître mieux que lui.

Cependant les archéologues qui tiennent pour la date la plus ancienne semblent avoir l'histoire de leur côté. Les textes ont été discutés avec talent par M. Jules Marion [1], et il en résulte que la cathédrale de Laon fut détruite par un incendie en 1114, détruite au point qu'il ne resta debout qu'un pan de mur qu'on essaya vainement de conserver. Force fut de tout rebâtir, et cette reconstruction fut un événement. La France et l'Angleterre en firent les frais. On parla avec admiration, dans les deux royaumes, de l'activité déployée par l'évêque Barthélemi de Vir qui s'était voué à cette entreprise. Le nouvel édifice fut en état de recevoir la consécration dès l'an 1114, et le même évêque, pendant trente-six ans que dura encore son administration, s'employa à l'accroissement et au perfectionnement de son œuvre.

Barthélemi de Vir résigna sa dignité sur ses vieux jours. Retiré à l'abbaye de Foigny, sous l'observance de la règle austère de saint Bernard, il y mourut vers 1160, et dans son épitaphe, où furent rappelés ses titres de gloire, celui auquel on donna la première place fut la reconstruction de la cathédrale et du palais des évêques de Laon.

Qui jacet hic præsul marianam condidit ædem
Lauduni, pariterque domos antistitis ustas, etc.[2].

Est-il permis de supposer une nouvelle destruction qui aurait eu lieu après 1160, lorsqu'on n'aperçoit pas le moindre indice d'un pareil événement dans la vie des successeurs immédiats de Barthélemi de Vir, lorsqu'il n'en est pas parlé, même par allusion, dans les écrits si nombreux qui nous restent de l'époque? Sans contester les caractères de postériorité qui ont frappé des connaisseurs aussi expérimentés que ceux que nous nommions tout à l'heure, ne peut-on pas les expliquer par le fait d'un remaniement décoratif auquel l'édifice aurait été soumis? Aux approches du règne de Philippe-Auguste, ou sous Philippe-Auguste lui-même, on aura voulu rajeunir un monument dont le style avait déjà vieilli. Cette conjecture paraîtrait d'autant plus plausible, que, dans beaucoup de parties, la grossièreté, on peut

---

1. *Essai historique et archéologique sur l'église cathédrale de Notre-Dame de Laon* (1843).
2. *Gallia christiana*, t. IX, col. 532.

dire la barbarie de la construction contraste d'une manière étrange avec l'élégance de l'ornement.

Voilà l'alternative entre les deux termes de laquelle il a été permis d'hésiter jusqu'à présent. Désormais le partage des opinions ne sera plus possible. Celle de M. Vitet et des architectes qui s'y sont rattachés est la vraie. La cathédrale de Barthélemi de Vir fut démolie et rééditiée vers 1170. C'est ce que nous apprend un bref inédit du pape Alexandre III, dont voici le texte :

Alexander, episcopus, servus servorum Dei, dilectis filiis decano et canonicis Laudunensibus salutem et apostolicam benedictionem. Relatum est nobis ex parte vestra quod plateam quandam ante ecclesiam, quibusdam macellis, stallis et immundis mansionibus occ[upatam], ex quibus fetor et tumultus in ecclesiam redundabant, ad decorem ecclesie const[ructe a bo]ne memorie G. quondam episcopo vestro, labore maximo et sumptibus non modi[cis ac]quisistis. Inde est quod vestris postulationibus annuentes, ne quis prescriptam pl[ate]am invadere, et predicte immunditie aut aliis indecentibus usibus et molestiis applicare ecclesi[am] presumat, sub interminatione anathematis inhibemus. Si quis autem hoc attemptare presumpserit, indignationem omnipotentis Dei et beatorum Petri et Pauli apostolorum ejus se noverit incursurum. Datum Tusculani, vi. kalendas novembris [1].

Ainsi le chapitre de Laon avait fait l'acquisition d'une place située devant la cathédrale, parce que de cette place, occupée jusqu'alors par un marché à la viande, partaient des clameurs et des exhalaisons dont l'église était incommodée. De quelle église s'agissait-il ? De celle dont la construction avait fait tant d'honneur à l'évêque Barthélemi ? Nullement. Les chanoines s'étaient mis en dépense pour compléter l'œuvre d'un autre évêque défunt, dont le nom commençait par un G. Ils avaient voulu éloigner les marchands du temple nouvellement reconstruit. L'affaire conclue, ils avaient craint qu'on ne revînt un jour sur les accords passés et que leur droit de propriété ne fut l'objet de contestations. C'est pourquoi ils avaient requis l'intervention du Saint-Siège.

L'évêque dont le nom n'est indiqué que par une initiale n'est pas difficile à déterminer. Les deux successeurs immédiats de Barthélemi s'appelèrent également Gautier. Il ne saurait être question ici du premier, Gautier de Saint-Maurice. Ce prélat ne fit que passer sur le siège de Laon; d'ailleurs il trouva les affaires de son église en assez mauvais état. Barthélemi de Vir, passionné pour la règle de Prémontré, avait fondé tant de monastères de cet ordre, qu'une partie des

---

1. Archives Nationales, L. 230, n° 9.

fonds de son église y avait passé. C'est au point que le second Gautier, Gautier de Mortagne, crut devoir le poursuivre en restitution. Le procès fut porté au concile de Reims (1158), qui nomma des arbitres pour le terminer [1].

Gautier de Mortagne est représenté dans un diplôme de Louis VII comme un administrateur infatigable, qui employait tous ses soins à remettre en valeur les champs et les vignes de son église [2].

Un tel personnage est bien celui auquel il convient de rapporter l'opération dispendieuse rapportée incidemment dans le bref d'Alexandre III. Par son active économie, Gautier de Mortagne créa les ressources nécessaires à la reconstruction de son église. Étant resté évêque de 1155 à 1174, il eut le temps de l'exécuter.

Notre bref, de même que les autres actes de son espèce, n'est daté que du lieu et du jour. Il a été délivré à Tusculum, un 27 octobre. C'est assez pour déterminer l'année.

En cherchant, parmi les divers séjours d'Alexandre III à Tusculum [3], ceux qui peuvent s'accorder avec les circonstances énoncées dans l'acte, on trouve les deux millésimes 1178 et 1180, entre lesquels le choix est indifférent. C'est donc quatre ou six ans après la mort de Gautier de Mortagne, qu'un dégagement convenable fut assuré au monument dont il était l'auteur.

Notre-Dame de Laon, telle qu'on la voit aujourd'hui, n'est plus dans l'état où elle était alors. Ses dix travées de chœur et son chevet plat, qui la distinguent entre toutes les cathédrales françaises, sont dues à une reconstruction effectuée postérieurement. L'église de Gautier de Mortagne n'avait que deux travées de chœur, après lesquelles venait un chevet rond, comme celui de Notre-Dame de Paris et des autres grandes églises de la même époque. L'existence de ce chevet est attestée par la cambrure des socles et des tailloirs des troisièmes colonnes de chaque côté du chœur; d'ailleurs la fondation parementée de tout l'hémicycle a été découverte par M. Boeswillwald sous le pavement actuel. Comme les tailloirs des quatrièmes et cinquièmes colonnes sont cambrés de même que ceux des troisièmes, c'est une preuve que les chapiteaux de toutes les colonnes du rond-point furent utilisés dans la nouvelle construction.

---

1. *Gallia christiana*, t. IX, col. 87.
2. « Exemplo decessorum territus et sibi præcavens, pontificalem insedens cathedram, dedit operam agriculturæ et vinearum plantationi, ut semper abundaret annona et vino, et curtes diversas constituit » (ann. 1158). D'Achery. *Spicilegium*, t. III, p. 527.
3. Jaffé, *Regesta pontificum romanorum*, p. 778 et 791.

La transformation du chœur ne suivit pas d'un grand nombre d'années l'achèvement de l'œuvre primitive. La notice des *Archives de la Commission des monuments historiques* estime qu'elle dut avoir lieu dans le premier quart du xiiie siècle. Il existe aux Archives nationales une charte de 1205 qui a l'air de se rapporter aux préliminaires de l'opération [1]. C'est l'acceptation par Renaud Surdelle, évêque de Laon, d'une carrière à Chermizy, qu'avait donnée à son église un gentilhomme du lieu.

En voici la teneur :

Ego R. Dei gratia Laudunensis episcopus, notum facimus presentibus et futuris quod Johannes, nobilis vir de *Chermesi*, dedit in elemosinam in perpetuum ecclesie beate Marie Laudunensis, assensu Gertrudis, matris sue, terram ad fodiendum et extrahendum lapides ad opus et officinas ecclesie supradicte ; et promisit firmiter coram nobis quod dicte ecclesie faceret legitimam garandiam de terra illa adversus omnes qui ad justiciam venire voluerint. Et ut hoc ratum et inconcussum permaneat, sigilli nostri appensione fecimus roborari. Actum anno Domini m° cc° quinto.

Ad opus et officinas ecclesiæ signifie les ouvrages de construction de l'église et de ses dépendances, et les dépendances dont on a voulu parler ici sont certainement la salle capitulaire et autres bâtiments qui s'appuient sur le flanc méridional de la cathédrale actuelle.

Pour terminer, nous rappellerons que plus d'une fois déjà on a signalé les incroyables lacunes de l'histoire à l'égard des édifices les plus célèbres. Nous possédons les détails les plus circonstanciés sur leur construction à une époque, et pas un mot n'a été dit des reconstructions qui leur ont donné incomparablement plus d'importance qu'ils n'en avaient auparavant. Puisse le nouvel exemple que nous venons de produire rendre les archéologues de plus en plus circonspects lorsqu'ils font l'application des témoignages écrits aux monuments.

---

1. Archives Nationales, carton L, 731.

MARCHÉ CONCLU POUR L'ACHÈVEMENT

DE

L'ÉGLISE DE SAINT-GILLES EN LANGUEDOC
(1261)[1]

Nous devons à M. de Lamothe, archiviste du département du Gard et correspondant du Ministère, la communication d'une pièce on ne peut plus importante, d'abord parce qu'elle concerne un monument célèbre, ensuite parce qu'elle est la plus ancienne de son espèce qui nous soit parvenue.

C'est un marché pour la construction de l'église de Saint-Gilles, qui fut passé en 1261, entre un maître de pierre appelé Martin de Lonay, domicilié à Posquières (aujourd'hui Vauvert), et l'abbaye de Saint-Gilles représentée, pour la circonstance, par son supérieur, l'abbé Guillaume de Sieure, et par l'*obrier* ou surintendant des bâtiments du monastère.

Ce contrat n'est pas tout à fait inconnu. Il a été mentionné dans le *Gallia christiana*, mais en termes si brefs que le fait n'a attiré l'attention de personne[2]. Il est écrit sur parchemin. M. de Lamothe, l'ayant rencontré dans un lot de papiers de rebut, s'est empressé de le réintégrer dans le fonds du chapitre de Saint-Gilles, où il est classé à présent sous la cote G, 1130.

Voici les conditions du marché :

Maître Martin prend sur lui la charge d'ordonner, deviser et di-

---

1. [Extrait de la *Revue des Sociétés savantes*, 6ᵉ série, t. VIII (1878), p. 117 à 124. — *Bibliogr.*, nᵒ 173.]

2. « Transegit (Guillelmus) an. 1261, viii idus septembris, cum Martino de Lonay, architecto Poscheriarum, pro absolvenda majori monasterii basilica. » T. VI, col. 493.

riger l'ouvrage, d'indiquer les achats à faire et de surveiller les fournitures. Pour sa peine, un fixe de cent sous tournois payable à la Pentecôte de chaque année, lui est alloué à titre d'indemnité d'habillement. En outre, il recevra un salaire de deux sous pour chacune de ses journées de travail, lorsqu'il les commencera avant midi. Pour tous les jours de l'année, sans distinction, il a droit à la nourriture pour lui et pour son cheval. S'il lui plait de prendre ses repas dehors, il lui sera fourni la ration de pain et de vin attribuée à deux moines; s'il aime mieux manger au monastère, il prendra place à la table de l'abbé, ou, en l'absence de l'abbé, à la table du doyen ou du juge de l'abbaye, mais seulement les jours gras; et alors sa portion sera celle d'un moine, qu'on évalue à trois deniers.

Les jours maigres, il ira prendre à la cuisine « le général et la pitance d'un moine », ce qui parait désigner une portion et demie de maigre; car dans l'ordre de Cluny, auquel avait été assujettie l'abbaye de Saint-Gilles, on appelait *ordinaire général* (nous dirions aujourd'hui, l'ordinaire), la portion pour un, et, *pitance*, la portion pour deux. C'est l'explication donnée par le moine Udalric, dans un article des coutumes de Cluny rapporté par Du Cange au mot *generale*.

Il résulte d'une dernière clause que l'architecte ne se proposait de résider à Saint-Gilles que pendant les mois d'été; car on lui impose l'obligation, pour le temps qui s'écoulera entre la Saint-Michel et la Pentecôte, de venir en toute hâte lorsque l'abbé ou l'obrier le manderont pour aviser, quelque chose d'imprévu survenant dans le cours de l'opération.

Tels sont les arrangements que nous fait connaître le contrat des archives du Gard. Nous fournit-il le moyen de discerner dans l'édifice actuel la main de Martin de Lonay?

L'église de Saint-Gilles n'est qu'une ruine, et n'a guère jamais été autre chose. Tout le monde connait son admirable portail; la gravure et la photographie l'ont reproduit à satiété; la sculpture y a le caractère de l'antique. La construction, en grand appareil jointoyé avec une précision mathématique, est ce qu'on peut imaginer de plus beau. Il y a une crypte qui ne ressemble à aucune autre, et encore ce fameux escalier, dont le nom est entré dans la science pour désigner l'une des opérations les plus difficiles de la coupe des pierres.

Pendant des siècles, on est venu de toutes les régions de l'Europe occidentale visiter la *vis de Saint-Gilles*. Le compagnon tailleur de pierre qui aspirait à devenir un maître accompli était tenu de faire ce pèlerinage. La légende ne manqua pas de s'emparer d'un édifice qui se recommandait si fort à l'attention des hommes. Il fut réputé œuvre de Charlemagne. Cette opinion était celle de tout le monde dans les derniers siècles du moyen âge. Elle a été consacrée par un grand pape des temps modernes.

Jules II, lorsqu'il n'était encore que le cardinal-archevêque d'Avignon, s'était fait donner par Louis XI l'abbaye de Saint-Gilles. Il conserva ce bénéfice jusqu'à son exaltation au trône pontifical, et ne perdit pas, dans sa nouvelle dignité, le souvenir d'une église qu'il avait sans doute plus d'une fois admirée. En même temps qu'il fit dresser les plans d'une reconstruction complète de Saint-Pierre de Rome, il projeta l'achèvement de Saint-Gilles. Les indulgences qui devaient procurer les fonds pour l'une et l'autre entreprise furent décernées en même temps.

Dans la bulle qui concerne Saint-Gilles, est exprimé le regret qu'il faille voir demeurer interrompue l'œuvre d'un édifice commencé par l'illustre roi Charlemagne sur un plan si magnifique que, s'il était achevé, il n'y aurait rien de comparable dans tout le royaume de France[1]. Le texte ajoute que, dans l'église telle qu'elle était alors, il n'y avait pas moyen de faire le service; que les moines officiaient dans la crypte; que ce n'était pas à moins de cent mille ducats qu'on parviendrait à mettre le reste en état.

S'il était nécessaire de prouver de quelle irrésistible faveur tout ce qui était légende a joui au moyen âge en dépit de la vérité la plus manifeste, on trouverait difficilement un exemple plus décisif que celui-ci. Les belles parties de l'église Saint-Gilles sont du XIIe siècle. Ce n'est pas seulement l'observation archéologique qui leur assigne cette date; une inscription encastrée dans le mur, du côté du cloître, indique l'année et le jour du commencement des travaux. L'année fut 1116; le jour, la deuxième férie dans l'octave de Pâques, ce qui revient au 10 avril. Voici le texte :

[ANN]O DNI M° C° XVI°. HOC TEMPLVM
[SCI E]GIDII AEDIFICARE CEPIT
[MENSE A]PRIL. FERᴬ. IIᴬ. IN OCTAB. PASCHE

En outre, un des manuscrits les plus usuels de l'abbaye, puisque c'était le livre des miracles de son patron, répétait la même chose, en signalant comme une marque évidente de la protection du saint,

---

1. *Gallia christiana*, t. VI, preuves, col. 204.

que la démolition de l'ancienne église, exécutée en vue de cette reconstruction, eût été accomplie sans le moindre accident [1].

Que ces témoignages aient été lettre morte pour la multitude ignorante, cela n'a pas lieu de surprendre; et l'on conçoit aussi facilement qu'ils aient échappé au cardinal-archevêque d'Avignon, qui, lorsqu'il visitait son abbaye, avait autre chose à faire qu'à lire ce qui était écrit sur les murs et à faire œuvre d'érudition. Mais comment expliquer que tant de générations de moines, qui eurent le livre entre les mains, qui passèrent et repassèrent devant l'inscription, ne se soient pas aperçues que ces documents mettaient la tradition à néant?

L'explication est que lire et réfléchir sont deux, et que, sans une certaine éducation, les esprits sont incapables de porter les jugements de la critique la plus élémentaire. Or cette éducation manquait au moyen âge. On croyait, on ne raisonnait pas. Une chose qui se répétait depuis des siècles était réputée incontestable, et l'on n'éprouvait aucun scrupule à la faire consigner sans plus d'examen, même dans un acte pontifical, comme si elle eût été parole d'Évangile.

L'église dont les fondements furent jetés en 1116 avait été conçue sur un tel plan, l'ouvrage était si compliqué et si dispendieux, qu'il fallait de longues années pour le conduire à fin. Mérimée a très bien jugé que le portail n'a pas dû être élevé avant le milieu du XIIe siècle [2]. La clôture des bas-côtés et les piles intérieures, jusqu'à la hauteur d'une douzaine de mètres, appartiennent à la même époque, tandis que les substructions du chœur, depuis longtemps démoli, indiquent par la façon dont les piles étaient dessinées, l'approche du XIIIe siècle. Nous savons d'ailleurs par la bulle de Jules II, que cette dernière partie n'était pas terminée au commencement du XVIe siècle, puisqu'elle n'avait pas encore pu être appropriée au service.

De cet ensemble de faits, il résulte que l'ouvrage dit de Charlemagne ne fut jamais que le commencement d'une construction abandonnée du temps de Philippe-Auguste, c'est-à-dire lorsque s'abattirent sur le Midi les catastrophes amenées par l'hérésie albigeoise. Il ne fut possible de songer à la reprise des travaux qu'après l'apaisement de la tourmente. Alors soixante ans s'étaient écoulés. L'abbaye de Saint-Gilles n'était plus le riche établissement d'autrefois. Tout était changé : et les habitudes religieuses des populations, et le goût en matière de bâtiment, et les traditions de l'architecture.

---

1. *Gallia christiana*, t. VI, col. 486.
2. *Notes d'un voyage dans le midi de la France.* Paris, 1835, p. 341, et édition de Bruxelles, p. 323.

Aux savants constructeurs de l'école provençale avaient succédé des ouvriers médiocres, qui s'essayaient maladroitement à introduire dans le pays les procédés de l'architecture du Nord. L'abbé Guillaume de Sieure, avec la meilleure volonté du monde, ne put pas faire autre chose que de pourvoir à ce que l'édifice fût couvert le plus promptement et le plus économiquement possible. Martin de Lonay, l'architecte auquel il s'adressa, n'était rien moins qu'un homme de génie. Son nom tout français semble le désigner comme l'un de ces émigrés septentrionaux qui allèrent en si grand nombre remplacer la population exterminée du Languedoc; et ce n'est pas l'ordinaire que l'on trouve de grands artistes parmi les aventuriers qui vont ainsi chercher fortune dans les pays conquis.

La nef fut la partie à laquelle s'attaqua maître Martin. Elle nous montre ce qu'il était capable de faire. Ayant baissé de deux mètres les chapiteaux déjà placés en haut des piliers pour recevoir les grandes arcades, il donna à celles-ci une forme de cintre brisé et surbaissé, qui n'était certainement pas celle du projet primitif. Ensuite il acheva les élévations de manière à poser dessus des voûtes d'ogives. La construction est exécutée en mauvais matériaux qui jurent avec la beauté d'appareil des parties inférieures. Les supports à partir des arcades ne sont plus couronnés que par de lourdes moulures; les percements se réduisent à de petites fenêtres sans meneaux. Rien de disgracieux et de froid comme cet intérieur, qu'un méchant raccommodage du XVIIe siècle a achevé de rendre tout à fait indigne du portail somptueux par lequel on y accède.

Le document sauvé de la destruction par M. de Lamothe ne nous fournit donc pas le nom d'un homme qui mérite de prendre place parmi les artistes de talent du moyen âge; mais c'est beaucoup que d'apprendre à quelles conditions étaient employés, au milieu du XIIIe siècle, les constructeurs d'églises. Nous n'avions rien, à ma connaissance, qui remontât à une date si reculée. Le plus ancien contrat de ce genre dont j'aie recueilli la mention est celui que le chapitre de Girone passa, en 1320, avec un architecte de Narbonne, appelé Jacques de Favières[1]. La rétribution de ce maître devait être de 250 sols par trimestre, ce qui faisait 1,000 sols par an. Martin de Lonay avait été incomparablement moins bien rétribué par l'abbaye de Saint-Gilles, le gain de ses journées ajouté au fixe annuel de cent sous n'ayant pas pu lui rapporter plus de trois cents sous ou quinze livres. C'est un indice de plus de l'infériorité de son talent.

---

1. Viollet-le-Duc, *Dictionnaire d'architecture*, t. I, p. 152.

Marché conclu pour l'achèvement de l'église de Saint-Gilles, en Languedoc.
(1264.)

Anno Dominice incharnationis millesimo ducentesimo LXI°, videlicet VIII° idus septembris, regnante domino Ludovyco Francorum rege.

Noverint universi hanc presentem paginam inspecturi quod dominus G., Dei gratia monasterii Sancti Egidii abas, et dominus Valentinus de Mirabello ejusdem monasterii operarius, cum consensu ejusdem domini abbatis, cum voluntate et assensu totius conventus monasterii Sancti Egidii ex una parte, et magister Martinus de Lonay habitator Poscheriarum ex altera, super edificio, constructione vel opere et apparatu et ordinatione ad construendum ecclesiam dicti monasterii, taliter ad invicem convenerunt :

Videlicet quod dictus dominus abbas et operarius predicti donaverunt et concesserunt dicto magistro Martino curam et administrationem operis supradicti, ita quod dictum opus et ad dictum opus necessaria regat ipse magister Martinus bene ac fideliter et etiam diligenter, quousque dictum opus fuerit consummatum, et promiserunt, stipulatione interposita cum obligatione bonorum dicti operis dicti monasterii, se daturos dicto magistro Martino qualibet die, pro mercede sua et labore suo, II solidos turonensium et victum seu rationem de pane et vino sicut duobus monachis, cum voluerit extra monasterium idem magister Martinus comedere. Si vero idem magister Martinus voluerit infra monasterium comedere diebus carnalibus, scilicet die dominica, die lune, die martis et die jovis, liceat ei et possit comedere in hospicio et in mensa dicti domini abbatis vel sociorum ejus, si dominus abbas [adfuerit]; sin autem, cum judice vel cum decano vel cum eis qui tunc ibi comedent. Et si voluerit dictis diebus carnalibus comedere ad dictam mensam vel in hospitio domini abbatis, dictus operarius, vel qui pro tempore fuerit, teneatur ei dare et providere in porcione unius monachi, scilicet in tribus denariis turonensibus; et in ceteris diebus non carnalibus et jejunalibus habebit generale et pitanciam unius monachi, et illud generale et illam pitanciam accipiet inferius in coquina : ita tamen, si idem magister Martinus venerit citra meridiem vel ante meridiem; si vero post meridiem seu transacta meridie venerit, non tenebuntur dare dictos duos solidos ipsi magistro Martino vel aliud aliquid pro mercede dicta die, nisi victum, ut superius est predictum et civatam illa nocte. Et in ceteris diebus dominicis et festivis debet habere civatam, in quibus non debebit aliquid accipere pro mercede; in quibus diebus dominicis seu festivis nihil aliud habebit nisi victum tantum et civatam, ut dictum est, quam civatam dabit ei dominus abbas.

Item promiserunt se daturos ulterius dicto magistro Martino centum solidos turonensium in festo Penthecostes pro vestibus annuatim.

Dictus magister Martinus promisit per stipulationem cum obligatione omnium bonorum suorum dicto domino abbati et operario supradictis, pro se suisque successoribus dictoque monasterio stipulantibus, se dictum opus ordinare, administrare, dictare et regere, et omnia ad dictum opus necessaria bene et fideliter et cum quanta poterit diligentia attendere, quousque dictum opus dicte ecclesie fuerit integre consummatum. Et promisit venire ad monasterium Sancti Egidii quando voluerit edificare seu construere, facere apparatum vel aliqua necessaria ad dictum opus vel occasione dicti operis facere, a festo sancti Michaelis usque ad festum Penthecostes, totiens quotiens a domino abbate et operario vel ab alio eorum verbo vel litteris certum ei nuntium fuerit quod ad dictum locum venire. . . . .

(*Le reste manque.*)

COMPTE DE FABRIQUE

DE

L'ÉGLISE SAINT-LAZARE D'AUTUN

POUR L'AN 1294-1295 [1]

Jusqu'ici on n'a pas, que je sache, signalé de compte de fabrique antérieur au règne de Charles V. En voici un de la fin du XIIIe siècle. En le comparant avec ceux de date plus récente, on aura l'idée de ce que pouvaient être les plus anciens, dont on a souvent regretté la perte, je veux dire les écritures tenues pour la construction des grands édifices religieux du temps de Philippe-Auguste. Comme elles devaient être incomparablement plus abrégées que celles du temps de Philippe le Bel, et que celles-ci ne nous apprennent pour ainsi dire rien sur la nature des travaux accomplis, on est amené à conclure que les comptes rendus, lorsque s'élevèrent, par exemple, les cathédrales de Chartres, de Bourges, de Reims ou d'Amiens, s'ils s'étaient conservés, seraient sans utilité aucune pour l'histoire de l'art.

L'église de Saint-Lazare, aujourd'hui cathédrale d'Autun, ne possède en plein que depuis 1776 ce titre qu'elle partageait auparavant avec la basilique primitive de Saint-Nazaire. L'évêque s'y tenait la plus grande partie de l'année; ainsi que Saint-Nazaire elle était administrée par le Chapitre. Sa fondation remonte seulement à 1060; le vaisseau actuel fut consacré en 1132. Il nous offre l'un des types les plus élégants de l'architecture qui prit naissance en Bourgogne pendant le XIe siècle. Il est voûté en berceau brisé avec des arcs-doubleaux d'un cintre pareil. Partout les supports sont travaillés en manière de pilastres cannelés et surmontés de chapiteaux composites ou

---

1. [Extrait de la *Revue archéologique*, t. XIV (1857), p. 173 à 181. — *Bibliogr.*, n° 194.]

corinthiens de la plus belle exécution. L'étagement est de trois ordres, dont le premier consiste en arcades d'une brisure si prononcée, que ceux qui font résider dans la forme des cintres le caractère distinctif des diverses architectures du moyen âge, ne peuvent pas faire autrement que d'appeler l'église de Saint-Lazare d'Autun « une église ogivale, » selon leur manière de parler. Elle est romane cependant, et parfaitement romane, sauf quelques additions qui y ont été faites postérieurement dans le goût gothique. Ainsi le sanctuaire, qui est un chevet sans galerie pour circuler autour, a été retouché au XVe siècle; ainsi la voûte de la grande nef a été consolidée par l'addition d'arcs-boutants. Je ne doute pas que ce ne soit à cette dernière opération que se rapporte notre compte, attendu qu'il y est question de transport de « pierres appelées gargouilles, » et en même temps d'une réparation à la couverture de l'édifice.

Un mot sur la provenance et la condition du document.

Il consiste en huit feuillets de parchemin d'un très petit format in-4° et de la plus belle écriture cursive. C'est un débris de registre, recueilli autrefois par Philibert Delamare et relié par ses soins avec des fragments de cartulaires du diocèse d'Autun. Le tout forme le volume n° 5529 B du vieux fonds latin aux manuscrits de la Bibliothèque impériale, volume qui a été mis à contribution par D. Carpentier, pour son supplément au Glossaire de Ducange. C'est de là que sont sortis les mots *borrellarius*, *cintrum*, *forrellus*, *latare*, *matellus* et *marritus*, introduits dans la nouvelle édition de M. Henschel.

Le compte de fabrique de Saint-Lazare est en latin. Il faisait partie d'une série portant sur des travaux dont il présente la troisième annuité, ce qui est indiqué par l'un des totaux ainsi conçu : *Summa recepte imposicionis pro tertio anno*. L'année y court d'une Pentecôte à l'autre, prenant son commencement dans la seconde semaine qui suit cette fête [1]. L'argent est compté en monnaie viennoise, monnaie plus faible que celle de Tours, car 5 deniers viennois valaient seulement 4 tournois.

De même que les autres comptes que l'on connaît, il est divisé en Recettes et Dépenses.

La partie des recettes porte cet intitulé :

Anno Domini M. CC. nonagesimo quarto, in septimana post festum beati Barnabe, apostoli, in qua septimana fuit synodus estivalis, usque ad annum revolutum, recepta per Robertum Cla-

---

[1]. Voir la clause par laquelle se termine le document, ci-après, p. 191.

velli, provisorem fabrice eduensis ecclesie, a terrariis, locis et personis, quorum inferius nomina subsequuntur, etc. Tout le monde comprendra que la date énoncée, 1294, est le point de départ pris par l'agent comptable, et par conséquent que l'exercice a été clos en 1295.

Sept chapitres embrassent la totalité des recettes. Je donnerai le titre et le résumé de chacun.

1° Imposition mise sur le chapitre d'Autun. — Elle est payée par les *terriers* ou receveurs des prébendes dans les divers lieux où les prébendes étaient constituées, savoir : à Autun même, à Marcheseuil et Sussey, à Sampigny, à Marigny et à Bligny. C'est le doyen lui-même qui acquitte sa cote sur le revenu de sa prébende, constituée à Thorey. L'imposition n'est pas payée pour toutes les prébendes des lieux sus-nommés ; elle ne l'est pour aucune de celles qui étaient constituées à Perreuil, à Chantoin et à Barbigny. Le total de la recette monte à 160 l. 5 s. ; celui de l'arriéré à 68 l. 17 s.

2° Recette des bénéfices vacants dans les cité et diocèse d'Autun, qui devaient être affectés à l'œuvre de la cathédrale par autorisation du Saint-Siège. — Cette source de revenu n'a fourni, pendant l'année de l'exercice, que 200 sous tournois évalués 12 l. 10 s. viennois, pour les églises du Pin, dans l'archiprêtré de Pierrefitte, et de Saint-Didier, dans l'archidiaconé de Semur en Brionnois.

3° Recette des indulgences accordées aux bienfaiteurs de l'œuvre. — Les sommes sont attribuées à chacun des archiprêtrés où elles ont été recueillies, et dans l'ordre suivant : Blanzy, Luzy, Perrecy (-les-Forges), Charolles, Bois (-Sainte-Marie), Semur-en-Brionnois, Pierrefitte, Moulins, Bourbon (-Lancy), Vergy, Arnay (-le-Duc), Couches, Flavigny, Pouilly (-en-Auxois), Semur-en-Auxois, Avallon, Saulieu, Corbigny, Quarrés (-les-Tombes), Anox (auj. Anost). Le total s'élève à 24 l. 18 s. 4 d.

4° Recette de la quête et de la confrérie de Saint-Nazaire au synode de la Pentecôte. — Elle monte à 12 l. 11 s. 7. d. Le produit est encore indiqué par archiprêtrés, comme dans le chapitre précédent ; mais l'archiprêtré d'Anost n'est pas porté. Au contraire, d'autres, qui ne figurent pas dans la précédente liste, sont portés ici, savoir : Beaune, qui vient entre Bourbon et Vergy; Vandenesse et Touillon, après Pouilly; Duesme, après Semur-en-Auxois; enfin un nom qui n'est pas dans les pouillés modernes qui vient après Quarrés. Il est écrit en abrégé *Align.*, sans doute Alligny.

5° Recette du casuel, *recepta summa emergentis*. — Ce chapitre contient les bénéfices non prévus, réalisés par la caisse de l'œuvre.

Ils s'élèvent à la somme de 34 l. 19 s. 5 d. On y remarque plusieurs legs faits par des particuliers de divers pays, entre autres celui d'une femme de Cluny ; mais généralement les donateurs appartiennent au diocèse d'Autun. Ce sont des paysans, sauf un, dont le nom *magister Humbertus de Virgultis* indique un clerc.

En dehors des legs, trois pierres vendues au curé de Reclesne, rapportent à l'œuvre 40 s. Le recteur de l'Hôtel-Dieu de Varenne (près de Saulieu) fait offrande aussi de 40 s. Le curé de Fontaines en Duesme verse 24 s. 9 d. comme distributeur (*expositor*) des indulgences de Saint-Lazare. Les curés de Buxy et de Saffres apportent, l'un 5 s. 9 d., l'autre 14 s. pour louage de charrues (*pro locatione carrucarum*) dans leur paroisse, et le village de Marcheseuil, qui appartenait au Chapitre, fournit au même titre 12 s. 2 d.

Dans le casuel sont encore comptés : le produit de l'arche ferrée ou tronc de Saint-Nazaire, depuis la Sainte-Catherine (25 novembre) de l'année 1293, jusqu'au jeudi après la Saint-André (12 décembre) 1294; le tiers des indulgences accordées aux bienfaiteurs de Saint-Pierre de Montmajour (près d'Arles), à ceux des églises et hôpitaux sous le vocable de Notre-Dame, tant à Clermont qu'au Puy, à ceux de Saint-Just (de Lyon) et du pont du Rhône, à Lyon, c'est-à-dire du pont de la Guillotière, qui se construisait alors avec le concours de la chrétienté tout entière.

6° Recette des troncs ouverts pour le compte particulier de l'œuvre : — Chez Isabelle Raclete, chez le curé d'Autun (*in pisside curati Eduensis, per annum*), chez Martinet le drapier, chez Grimoard, chez Moreau le poupier (*in pisside Morelli pouparii*), chez Robin l'orfèvre et boîtier [1], chez Gilles Gododin, à Saint-Pancrace d'Autun, à Saint-Jean de la Crotte et en l'église de Bligny : en tout 101 l. 17 s. 2 d.

7° Chapitre additionnel, où sont portés en compte 42 l. 13 s. 3 d. prélevés sur les deniers des distributions qui se sont faites à la cathédrale d'Autun, de la Pentecôte 1294 à la Pentecôte 1295.

Le total de la recette, énoncé avant ce dernier article, s'élève à 400 l. 9 s. 9 d.

La partie des dépenses est divisée en six chapitres, qui la plupart n'ont point de titre. Elle commence par l'énoncé de la même date que la partie des recettes ; après quoi viennent les mots, *missio pro opere*

---

1. Il y a dans le texte *In pisside Robini aurifabri et carnificerii. Carnificerius* n'est pas dans le Glossaire de Ducange, et les analogues, tels que *carnificeria, carnificium*, impliquent le sens de boucherie ; mais il y a si peu d'apparence qu'un même personnage ait été à la fois orfèvre et boucher, qu'il me semble préférable de voir dans *carnificerius* un dérivé de *carneria*, charnière.

ecclesie beati Lazari Eduensis per manum Roberti Clavelli, clerici, et l'on entre tout de suite dans le détail du premier chapitre, *primo, dicta septimana, in lathomis et minutis operariis, iv lib. xiiij sol. ix d.*, etc. Nous procéderons ici comme nous avons déjà fait, en résumant à part le contenu de chaque chapitre.

1º Salaires des tailleurs de pierres et carriers. — Ils sont comptés par semaine, sans spécification aucune de l'ouvrage exécuté, et toujours dans la même forme, tant pour les tailleurs de pierre *lathomi*, que pour les ouvriers de la carrière, *operarii perrerie*. Les menus ouvriers, *minuti operarii*, qui sont les hommes de peine employés pour les travaux accessoires de la construction, ne figurent, pour l'année 1294, que dans le compte de la première semaine et dans celui de la dixième, où il y a pour eux cette mention spéciale : *minutis operariis qui portaverunt arenam, lxxix sol. ix den.* Ils reparaissent en 1295, après le compte de la quarante-septième semaine, dans un article supplémentaire ainsi conçu : *Item pro supplemento et augmentione trium septimanarum post pascha in lathomis et minurtis operaiis, xliv sol. ij den.*

A partir de la vingt-septième semaine, il n'est plus question des ouvriers de la carrière.

La moyenne de la dépense est de 70 s. par semaine pour les tailleurs de pierre, et de 27 s. pour les carriers.

Au même chapitre sont ajoutés deux articles dans lesquels on a englobé toutes les dépenses de forge occasionnées tant au chantier d'Autun qu'à la carrière : *in forgia Eduensi per annum, xlij lb. x sol. vj den.; in forgia perrerie lxij sol., ferro nostro computato.* Quoique *forge* ait eu au moyen âge une acception beaucoup plus étendue qu'aujourd'hui, au point que même l'entretien des hommes et des chevaux s'appelait forge, cependant la fourniture de fer, spécifiée ici, ne permet pas d'entendre autre chose que la confection ou la réparation des outils employés, d'une part, à extraire les matériaux, de l'autre à les appareiller.

Le total des salaires, pendant les cinquante semaines de l'exercice, s'élève, avec les dépenses de forge, à 431 l. 14 d.

2º Dépenses à part dans le compte de carrière. — Chevillard, maître carrier, était payé tant pour chacune des pierres extraites, et proportionnellement à leurs dimensions, car ce qu'il a reçu est décomposé en trois articles : 10 l. pour 1,000 pierres ; 49 s. 6 d. pour 150 pierres ; 4 l. pour 200 pierres. Cela met son gain à un peu plus de 2 deniers pour chacune des pierres de la première espèce, à un peu plus de 3 pour chacune de la seconde, à un peu plus de 4 pour chacune de la troisième. Vient ensuite une somme de 4 l. 15 s. 4 d. *minutis operariis pro discohopertione dicte perrerie*, c'est-à-dire le salaire des terrassiers qui ont mis l'exploitation à découvert.

3° Dépenses accessoires tant pour la construction principale que pour diverses réparations extérieures et intérieures. — Ce chapitre mérite d'être rapporté textuellement.

Il commence par nous instruire d'une distinction qui était faite dans les travaux, et dont il n'est pas difficile de pénétrer le sens, quoique l'expression soit un peu obscure. Indépendamment de ce qu'une partie de l'édifice subissait une transformation complète, d'autres parties étaient touchées seulement pour être remises en état. Cet ouvrage d'entretien était appelé secondaire, *secundum opus*; il nécessita, en 1294, plusieurs journées de tailleurs de pierre :

In lathomis pro lapidibus ad opus secundum ecclesie beati Lazari preparatis, viij lb, x s. iv d.

Item in calce per annum, ix lb. viij s. iv d. Le chiffre élevé de cet article doit faire entendre la chaux employée pour la totalité des travaux.

Item pro marrino faciendo et quadrigando, pro cintris ecclesie B. Lazari faciendis, carpentariis et minutis operariis, xvij lb. ij s. vij d. Coupe et transport du merrain employé à la façon des cintres sur lesquels furent construits les arcs-boutants de l'église.

Pro sedibus ecclesie B. Lazari reficiendis, in marrino faciendo et quadrigando, carpentariis et minutis, viij lb. xix s. viij d. Coupe et transport de merrain pour réparer les stalles de l'église.

Item carpentariis pro marrino in foresta capituli faciendo, viij lb. xvj s.

Item pro refectione tecti ecclesie B. Lazari, et ingeniis removendis, carpentariis et minutis operariis, lxxv s. v d. Ceci indique des réparations au comble et la descente des engins, c'est-à-dire des échafauds et chèvres dressés pour la construction.

Item carpentariis qui lataverunt ecclesiam B. Lazari, xlb. viij s. iv d., clavis non computatis. Latare, latter, couvrir de lattes.

Item in latis emptis, iij s. vj d.

Item in clavis magnis et parvis emptis, x lb. ix s. ij d.

Item in clavis rotondis et aliis necessariis ferraturis ad opus sedium ecclesie B. Lazari, xvj s. viij d.

Item magistro Petro de Divione, tegulario, lxx lb. Salaire du maître couvreur.

Item habuit dictus Petrus xii lb. in precedenti compoto computatas.

Summa missionum prediclarum, vj^{xx} viij lb. x s. v d.

4° Frais accidentels, appelés dans le premier article et dans le total *missiones mergentes.* Il convient encore de rapporter ce chapitre dans son entier.

Item missio emergens pro lapidibus, qui vocantur gargoules, *quadrigandis, iv lb. x s. ix d.* J'ai fait remarquer ci-dessus[1] l'importance du mot gargouilles pour déterminer les travaux exécutés pendant la campagne. Les gargouilles sont les déversoirs des chéneaux disposés sur le dos des arcs-boutants. C'est donc les arcs-boutants qu'on avait construits; et, en effet, cette membrure extérieure, qui n'était pas dans les principes de l'architecture suivant laquelle fut élevé Saint-Lazare d'Autun, peut être facilement reconnue, à la vue de l'édifice, pour un ouvrage de consolidation, exécuté après coup.

Item Renaudo, tabernario, pro locatione domus in qua nunc moratur dictus magister, de duobus terminis anni presentis, lx s. Location de la maison où est logé ledit maître, c'est-à-dire celui dont on a parlé en dernier lieu, le maître couvreur. Il est singulier qu'il soit fait mention du maître carrier et du maître couvreur, tandis que le maître qui dirigeait la construction n'est pas nommé. Ne serait-ce pas l'indice qu'un chanoine de la cathédrale fît l'office d'architecte?

Item pro veste dicti magistri x lb., termino nativitatis B. Johannis Baptiste proxime futuro non computato. Nouvelle preuve, après beaucoup d'autres, de l'usage où l'on était de fournir d'habits ceux qui dirigeaient les travaux de bâtiment.

Item pro cavillis ferreis et nucibus ferrandis, et pro ferro, xviij s. iij d. Fourniture de chevilles de fer et de *noix* à ferrer, qui me semble se rapporter à l'ouvrage des stalles. Noix signifie bien des choses dans la langue technique du moyen âge. Les deux acceptions les plus communes sont celles du cylindre à engrenages que nous appelons *pignon*, et d'un pommeau d'ornement godronné à sa surface. Ce dernier sens, le seul que je voie la possibilité d'admettre ici, nous fait voir dans les noix à ferrer, l'ornement par lequel se terminaient les bras de chaque siège dans toute la longueur des stalles.

Item pro mallellis ad latandum factis, xxij d. Dom Carpentier a rendu *maltellus* par clou à latte; c'est une erreur. Il est question ici du maillet des couvreurs.

---

[1] Page 174.

Item pro situ perrerie de Marmontain, *xxx s.* Cet article nous apprend la situation de la carrière d'où la pierre fut extraite, et ce qu'il en coûta à l'œuvre pour la faire chercher.

Item minutis operariis qui ascenderunt lateres super ecclesiam B. Lazari, xxix s. xj d. Montée des tuiles employées à couvrir le comble.

Item pro brevibus indulgentiarum B. Lazari scripbendis, xxx s. Frais d'écriture pour l'émission des indulgences en faveur de l'œuvre.

Item in perticis per chanlates, *v s.* Achat de bois pour faire les chanlattes de la toiture.

Item pro duodecim butis faciendis et ferrandis, xxxv s. Je ne saurais dire s'il s'agit ici de sommiers placés au bout des chevrons de la toiture, ou bien de leviers confectionnés pour remuer les pierres du chantier.

Item in pergameno, v s. iv d. Dépense qui se rapporte à l'émission des brefs d'indulgence et probablement aussi à l'entretien du bureau de l'œuvre.

Item pro quodam equo sanando, v s. Je ne m'explique pas pourquoi cet article et celui qui le suit n'ont pas été portés au chapitre v, affecté spécialement aux dépenses du charroi.

Item pro quodam equo empto ad opus quadrige, lxx s.

Item pro cordis, xiij d.

Item pro quadam sera ferrea apposita hostio marmorum, iv s. Article de serrurerie d'où il résulte que l'œuvre possédait un magasin de marbre.

Somme toute, pour le quatrième chapitre, 29 l. 16 s. 2 d.

5° Dépense pour le charroi. — Elle s'élève à 79 l. 7 s. 10 d. dont voici l'emploi :

Benedicto borrellario, per annum, in sellis borrellatis, forrellis (colliers), *capistris* (chevêtres) *et aliis de corio pertinentibus ad opus quadrige, l s.*

Item in feno pro equis dicte quadrige, xiv lb. xvij s. iv d.

Item in avena, xxv lb. iij s. ix d.

In ferratura equorum, iv lb. vj s.

Item in ferro et clavis pro quadrigis ferrandis et veteribus reficiendis, vj. lb. ix s. j d.

Rotario (au royer ou charron) *pro quadrigis novis, et veteribus reficiendis, liv s. ix d.*

Item pro sipo marrito (suif fondu), *pro uncto, pro aceto, pro triginta libris candelarum, per annum, xlvij s.*

Item pro locatione, expensis et calciamentis quadrigarii, *xviij lb.*

Item pro locatione domus quadrigarum et equorum, et ubi fenum ponitur, xl s.

6° Frais de vitrerie. — Ils ont été occasionnés par des réparations aux verrières des deux églises de Saint-Nazaire et de Saint-Lazare. Le chapitre ne contient qu'un seul article : *Item magistro Stephano, pro verreriis Beati Nazarii et Lazari reficiendis, xj lb. xvj s. viij d.*

Le total des dépenses est de 519 l. 17 s.

Le compte se termine par cette indication, qui montre la situation du proviseur de l'œuvre vis-à-vis du chapitre :

Anno Domini M. CC. nonagesimo quinto, die veneris post octabas Penthecostes, computavit Robertus Clavelli, clericus, provisor fabrice ecclesie B. Lazari, de omnibus missionibus et receptis, nomine predicte fabrice factis a die lune post octabas penthecostes, anno Domini M. CC. nonagesimo quarto, usque ad diem dominicam in octabis penthecostes, quod fuit anno Domini predicto M. CC. nonagesimo quinto ; et facta deductione de xij libris xj denariis cum obolo, necnon facta deductione de recepta ad missiones, restat quod debet capitulum Eduense dicto Roberto liij libras vj solidos iij denarios Viennensium : quam summam debebat dictus Robertus capitulo Eduensi de compoto facto dicta die lune.

NOTICE

SUR PLUSIEURS REGISTRES DE L'ŒUVRE

DE

LA CATHÉDRALE DE TROYES[1]

La cathédrale de Troyes passe avec raison pour l'un des plus beaux produits de notre architecture gothique. Si elle manque d'unité dans ses détails, si elle n'a pas ce caractère de force et de grandeur qui appartient aux monuments d'une époque plus ancienne, elle se rachète dans son ensemble par la hardiesse du jet et par l'habileté des raccords. Son histoire est celle de presque toutes nos grandes basiliques. Commencée dans les premières années du XIII° siècle, elle attend encore la main qui la conduira à son entier achèvement, car il manque une tour à son grand portail, dont la première pierre fut posée seulement sous le règne de Louis XII. Les dates connues sur lesquelles s'échelonne sa construction sont les suivantes :

1208. Achat de l'emplacement sur lequel Hervée, soixante-troisième évêque de Troyes, fit bâtir les chapelles de l'abside et le sanctuaire.

1304. Achèvement du chœur sous l'épiscopat de Jean d'Auxois.

1316. Construction des transepts et du portail latéral nord.

1429. Dédicace de l'église, qui fait supposer l'achèvement d'une certaine portion de la nef.

1492. Achèvement d'une nouvelle partie de nef.

1506. Commencement de la construction du grand portail sur les dessins de Martin Cambiche, maître cambrésien, le même qui en 1511, bâtit le portail méridional de Saint-Pierre, à Beauvais.

---

1. [Extrait des *Mémoires de la Société des antiquaires de France*, t. XIX 1849), p. 41 à 83. — *Bibliogr.*, n° 205.]

Les annalistes de Troyes ont en outre conservé la mémoire de divers désastres qui survinrent dans l'intervalle de ces reprises, et qui sans doute nuisirent à l'achèvement de l'œuvre par les dépenses imprévues qu'ils occasionnèrent.

Ainsi, en 1227, quatre ans après la mort d'Hervée, un ouragan exerça ses ravages sur le nouveau sanctuaire. Il fallut les exhortations du pape Grégoire IX, les bienfaits d'Urbain IV et près de quarante ans d'attente, avant que les choses fussent remises en état.

En 1365, une autre tempête fit tomber non sans un grand dommage de la toiture et des voûtes, un clocher qui s'élevait sur le milieu de la croisée.

Sous le règne de Louis XI, un affaissement sensible du portail septentrional força de construire en avant deux énormes contreforts reliés par un arc finissant en aiguille, lesquels servent encore aujourd'hui à ancrer cette partie de l'édifice. La poussée au vide avait eu pour cause le délitement des quartiers de craie employés dans les fondations. Pareil accident eut lieu au portail méridional en 1537; mais cette fois le mouvement, beaucoup plus brusque, détermina la chute de la grande rose. On crut en être quitte pour reconstruire cette rose; mais à peine l'eut-on refaite, qu'elle fut en péril de tomber de nouveau et qu'il fallut la retenir en l'agrafant par des barres de fer après les gros piliers du transept. Finalement, on a démoli il y a quelques années et la rose et le portail pour les reconstruire à frais nouveaux.

Les faits que je viens de résumer m'ont été fournis par les *Éphémérides troyennes* de Grosley et par le *Voyage archéologique dans le département de l'Aube*, de M. Arnaud. Ils proviennent en grande partie des registres de l'œuvre conservés autrefois à la cathédrale et transportés depuis aux archives du département, où ils furent volés en 1825. Grosley les avait eus tous à sa disposition et s'en était mal servi. M. Arnaud ne les connut que par des notes qui lui furent communiquées. Il reproduisit ces notes en déplorant la perte des originaux, qu'il crut irréparable, parce qu'on lui affirma que ces précieux documents avaient passé en Angleterre.

Quoiqu'il ne soit malheureusement que trop vrai que l'Angleterre s'enrichit journellement de la dépouille de nos dépôts publics, les regrets de M. Arnaud n'étaient pas fondés de point en point : plusieurs des registres dérobés aux archives de l'Aube n'ont pas quitté la France; ils sont à la Bibliothèque royale, formant, avec quelques autres documents financiers de l'église de Troyes, le manuscrit 2560 du Supplément français. C'est à les faire connaître qu'est destinée la présente notice. Je les examinerai d'abord dans leur ensemble pour donner une idée des ressources avec lesquelles les églises parvenaient autrefois à solder tant de travaux dont l'estimation nous effraie aujourd'hui. J'extrairai ensuite du détail tout ce qui me semblera pouvoir servir à l'histoire du monument, ainsi qu'à celle de l'ancienne industrie.

Les comptes de la fabrique de Troyes acquis par la Bibliothèque royale consistent en sept grands cahiers de parchemin, se rapportant aux années 1372, 1373, 1380, 1381, 1382, 1383 et 1385. Les deux plus anciens sont rédigés en latin et rendus par deux proviseurs ou administrateurs de l'œuvre, tous deux membres du chapitre, savoir : Gui de Verdun, archidiacre d'Arcis, et Pierre d'Arbois, simple chanoine. Ils embrassent l'année écoulée du 12 avril 1372 au 12 avril 1373, plus trois mois et demi comptés de ce dernier terme au 22 juillet suivant. L'explication d'un si court exercice est donnée par les documents postérieurs, lesquels courent non plus d'avril en avril, mais d'une Sainte-Madeleine à l'autre. Cette seconde série de comptes est rendue par deux autres proviseurs de l'œuvre, qui sont Jacques Cousin, chanoine, et Thomas Bellé, marguillier prêtre. Elle est rédigée en français.

Ainsi de 1373 à 1380 deux changements notables s'opérèrent dans la comptabilité de l'église de Troyes. Les livres, au lieu d'être tenus en latin, commencèrent à l'être en français; et le cours de l'année financière fut établi de juillet en juillet. Ces deux innovations s'expliquent parfaitement à la date où nos documents constatent qu'elles eurent lieu. C'est sous le règne de Charles V que le latin cessa généralement d'être employé en matière de finances; et quant à faire courir les comptes du 12 avril au 12 avril suivant, on dut y renoncer, parce qu'avec l'usage où l'on était alors de commencer l'année à Pâques, tel exercice eût pu se trouver réparti sur trois années civiles. Cela aurait eu lieu précisément de 1373 à 1374, parce que le 12 avril 1373, antérieur à Pâques, appartint à l'année 1372, suivant l'ancien style, et que le 12 avril suivant, postérieur à Pâques, fut au contraire de l'année 1374. La réforme vint donc à point pour éviter l'inconvénient signalé tout à l'heure, et le court exercice d'avril-juillet 1373 servit de transition entre l'ancien mode et le nouveau.

Les comptes de chaque année sont divisés en recettes et dépenses.

Les recettes sont distribuées, d'après leur nature, en seize chapitres, dont voici les titres divers :

1° Argent des chapes des chanoines nouvellement reçus. C'était un droit d'entrée que payait chaque nouveau membre du chapitre. Dans l'origine il s'était acquitté par l'oblation d'une chape, mais au XIV⁰ siècle on l'avait converti en une somme de 13 livres 6 s. 8 d. une fois payée. En 1371, le vestiaire de la cathédrale se trouvant en mauvais état, le chapitre décida qu'il serait remonté avec l'argent des chapes, détourné temporairement de la caisse de l'œuvre.

2° Argent des cens et revenus concédés à l'église pour le fait de l'œuvre.

3° Recette de l'apport des reliques pour les douze mois de l'année. *Apport* avait le sens d'offrande obligée. Ce chapitre embrassait donc toutes les sommes déposées entre les mains des custodes par les fidèles qui voulaient voir les reliques ou obtenir d'y faire toucher du linge.

4° Recette de l'escrin des dites reliques. C'étaient les offrandes désintéressées qu'on déposait dans un tronc appliqué sur l'armoire aux reliques. Ce tronc n'était ouvert qu'une fois par an, le 24 mai.

5° Recette des boites qui étaient placées dans toutes les paroisses de l'évêché de Troyes, pour mettre le produit des quêtes faites au profit de l'œuvre de la cathédrale. La rubrique ajoute : « et sont ouvertes les dictes boictes le jour du senne et en la sepmaine par lesdiz proviseurs. » Le senne, *synodus*, était l'assemblée annuelle des curés qui se tenait au chef-lieu du diocèse sous la présidence de l'évêque. Il faut entendre que chacun d'eux apportait avec lui le tronc des offrandes destinées à l'œuvre de la cathédrale, tronc dont les proviseurs avaient seuls la clef. Ce versement se faisait pendant toute la semaine du synode.

6° Recette des boites des paroisses de la ville, savoir Saint-Jean, Saint-Nizier, Saint-Denis, Saint-Pantaléon, Saint-Gilles, Saint-Aventin, la Madeleine, Saint-Remi et Notre-Dame. Cet article prouve qu'il n'est question dans le précédent que des paroisses situées hors de Troyes.

7° Recette des *questains* ou quêteurs. La rubrique de ce chapitre n'est pas la même sur tous les comptes; elle représente les quêteurs tantôt comme faisant simplement la collecte par le diocèse, tantôt comme portant des reliques avec eux. Ce qu'il y a de singulier, c'est que cette recette était affermée à un laïque, à charge par celui-ci de payer 20 livres par an à la fabrique[1]. Le bail était de trois ans. Un habitant de Plancy, concessionnaire de la ferme en 1380, obtint

---

[1]. Sans doute c'est cet usage d'affermer le transport des reliques à des séculiers qui fut cause des singuliers expédients imaginés dans les temps qui pré-

remise de la moitié de sa redevance « pour les guerres des Anglois qui furent et ardirent plusieurs villes au mois d'aoust darrain passé. »

Dans le même chapitre sont comprises les sommes envoyées par d'autres quêteurs ayant leur résidence la plupart à l'étranger, dans les églises ou dans les hospices que fréquentaient le plus les pèlerins. Les lieux désignés sont les suivants : Saint-Antoine de Viennois, Saint-Esprit de Rome, Saint-Bernard-des-Monts de Montjeu[1], Saint-Loup-de-Naud[2], La Maison-Dieu, Saint-Nicolas, Notre-Dame de Chartres, Saint-Jean de Jérusalem, Saint-Jacques-du-Haut-Pas, les Aveugles de Paris[3], Notre-Dame-en-l'Ile à Troyes, Notre-Dame des Jardins, et Notre-Dame-de-Pitié-lès-Rameru[4].

8° Recette des anniversaires en argent.

9° Recette des anniversaires en blé.

10° Recette des chapitres généraux. Sans doute c'étaient des quêtes qui se faisaient pour l'œuvre de la cathédrale à la suite des assemblées générales ou chapitres des congrégations du diocèse.

11° Recette des poêles des morts, autrement dit argent des taxes perçues pour les pompes funèbres.

12° Recette des legs faits en argent ou en robes, legs spéciaux pour les besoins de l'œuvre. Tel donnait des écus, tel son chapeau, son manteau, sa cotte hardie ; et la fabrique vendait ces objets pour en verser le produit dans sa caisse.

13° Recette des offrandes des messes du Saint-Esprit, tous les lundis.

14° Recette des confréries. Trois confréries de bourgeois, celle de Saint-Savinien, celle de Saint-Pierre et Saint-Paul, celle de Sainte-Marguerite, se réunissaient au XIV° siècle dans la cathédrale de Troyes. Leurs offrandes ainsi que le prix de leurs offices et celui des obsèques de leurs membres revenaient à l'œuvre.

---

cédèrent la Réforme pour déterminer la Charité des fidèles. Voici ce qu'on lit dans la *Chronique de Paris* sous Charles VII, à l'an 1445 : « En la semaine de l'Ascension fut apportée à Paris la châsse de saint Quentin et fut portée par les églises de Paris ; et ceux qui la conduisoient, faisoient pendre un grand fléau, comme il est au poids du roy, et là faisoient peser hommes et femmes ; et eulx étans en la balance, on les tiroit tant qu'ils perdoient terre ; et en ce faisant, on nommoit sur eulx plusieurs saincts ou sainctes ; et après ils se rachetoient de bled ou d'argent ou de ce qu'ilz vouloient ; et moult firent grant cueillette d'argent à Paris iceulz questeurs de pardons. »

1. L'hospice du grand Saint-Bernard.
2. Prieuré de bénédictins du diocèse de Troyes.
3. Les Quinze-Vingts.
4. Ces dernières localités sont du diocèse de Troyes.

15° *Recette extravagante* ou *extraordinaire*. Dans ce chapitre étaient compris ensemble le casuel des messes de bout de l'an, le fruit de certaines amendes pour contraventions sur le territoire de l'église, et enfin l'argent de la vente des vieux matériaux ou bien des provisions emmagasinées pour l'œuvre, mais devenues inutiles.

Le budget produit par ces quinze branches de revenu était divisé en dix portions inégales et variables selon les besoins de l'année, lesquelles s'appliquaient à dix chapitres de dépenses, spécifiés par les titres suivants :

1° *Garnisons*, ou objets de provision pour l'entretien journalier du monument, tels que bardeau, chanlattes, tuiles, plomb, clous, etc., etc. Cela formait un matériel considérable, car on voit par un acte inséré dans le compte de 1372-1373, que cette année-là, l'église de Troyes put prêter 2500 livres de plomb en masse à la collégiale de Saint-Étienne [1].

2° *Maçonnerie*, ensemble des dépenses occasionnées par la construction, depuis l'achat des matériaux et leur transport de la carrière à l'église, jusqu'au salaire des sculpteurs ornemanistes et statuaires.

3° *Charpenterie*, comprenant la charpente proprement dite et la menuiserie, même celle des stalles du chœur.

4° *Couverture*, salaire des couvreurs en tuile et en ardoise.

5° *Forge*, serrurerie et taillanderie.

6° *Vêtements et ornements*. Ce chapitre concernait l'entretien des habits de chœur, celui des poêles des morts et de la tapisserie, l'écriture, l'enluminure et la reliure des livres du lutrin et de l'autel.

7° *Verrerie*, entretien des vitraux blancs ou de couleur.

8° *Dépense commune*, affectée aux nettoyages généraux ou partiels de l'église, qui s'effectuaient pour les diverses fêtes de l'année; au balayage de la neige qui séjournait sur les galeries extérieures pendant l'hiver; aux visites et expertises faites pour constater l'état du monument; à l'achat des outils et accessoires de construction.

---

1. Voici le texte de cet acte, qui est la reconnaissance du doyen et du chapitre de Saint-Étienne :

« Noverint universi nos, decanum et capitulum ecclesie Sancti Stephani Trecensis, teneri et obligari venerabilibus et discretis viris, decano et capitulo Ecclesie Trecensis, in duobus mille cum quingentis libris plumbi in massa, nobis ab eisdem venerabilibus pro commodo et utilitate dicte ecclesie nostre accommodatis; et quam plumbi quantitatem eisdem venerabilibus reddere promittimus quociénscumque ab eisdem fuerimus requisiti et eorum placuerit voluntati. In cujus rei testimonium, sigillum dicte nostre ecclesie presentibus duximus apponendum. Datum die xx^a mensis septembris, anno Domini millesimo ccc septuagesimo secundo. »

9° *Salaires et pensions*, tant des proviseurs de l'œuvre que des clercs qu'ils employaient pour tenir leurs écritures. Sur ces fonds était encore pris l'argent dont on payait les messes anniversaires des proviseurs défunts.

10° *Dépense extravagante* ou extraordinaire, telle que celle affectée à la réparation des orgues, lorsqu'il y avait lieu, ou bien à l'entretien des maisons, moulins ou établissements quelconques concédés à l'église pour le profit de l'œuvre.

Tel était le budget des dépenses. En temps ordinaire, c'est-à-dire dans les années où il ne s'agissait que d'entretenir, son chiffre n'atteignait pas, à beaucoup près, celui des recettes; mais, au contraire, il devenait d'une insuffisance manifeste dès qu'on se mettait en devoir d'avancer tant soit peu l'ouvrage de l'évêque Hervée. Les grands travaux, plus dispendieux alors qu'ils ne le sont aujourd'hui, avaient en peu de temps absorbé et les ressources de l'année courante, et les économies faites sur les précédents exercices. Aussi, après deux ou trois ans d'activité, on s'arrêtait pour attendre que des réserves ultérieures rendissent possible une nouvelle campagne. Cet inconvénient, du reste, n'est pas particulier à la cathédrale de Troyes; il a existé pour tous les grands édifices religieux qui ne furent pas achevés d'un seul coup dans la ferveur du XII° et du XIII° siècle.

Je passe au récit des travaux exécutés pendant la tenue des écritures dont se compose notre manuscrit. Celles de 1372 nous montrent cette année employée à une grande construction. On fait des achats considérables en pierre de Tonnerre, moellon, plâtre et bois de charpente [1].

---

1. « Pro lapidibus a parrecia de Tornodoro emptis per Dominos meos a Colineto Torquini, lathomo, dicto Colineto Torquini, cui mercatum fuit per dictos Dominos meos de Capitulo, de reddendo propriis sumptibus suis ante ecclesiam Trecensem cc lapides a parrecia de dicto Tornodoro, scilicet dimid. cent. lapidum quelibet de tribus pedibus, cum dimidio dimid. cent. de tribus pedibus; dimid. centum de duobus pedibus cum dimidio, dimid. centum de duobus pedibus in longitudine, in alto de uno pede, et in largo de uno pede, pro summa et pretio centum librarum turonensium; de quibus dictus Colinetus non reddidit ante dictam ecclesiam nisi ccc et xxviii pedes cum dimidio, qui appreciati fuerunt per lathomos ecclesie, de consensu ipsius Colineti, secundum valorem supradictam, ad LIX℔ xv s. ii d.

« Pro circiter XIII° plastri emptis a quodam homine de Vaudis, die festi beati Anthonii, iv libras.

« Dicto *Le Crullon* de Sancta-Siria, pro forestagio centum quatuor vectura-

D'autre part, le chapitre conclut marché pour la main-d'œuvre avec trois maîtres maçons qui s'engagent à travailler au prix de 3 sous tournois par jour pendant l'été, et 2 sous et demi en hiver. Les noms de ces trois maîtres sont Michelin de Joncheri, Jean Thierry et Michelin Hardiot [1].

Enfin, le dimanche 20 août, le lecteur des Cordeliers de Troyes vient prêcher dans la cathédrale pour réchauffer le zèle des bons chrétiens à l'endroit de l'œuvre [2].

L'objet qu'il s'agissait de construire était un nouveau pilier. Cela ressort de plusieurs articles de la dépense commune, où il est question de pilots et de madriers employés, *in fundamento novi pillerii* [3]. Il y a aussi au même chapitre une *courtoisie* ou gratification aux maçons et autres ouvriers qui, dans la nuit du samedi après l'Assomption, retinrent la fosse du nouveau pilier [4], ce qui signifie, je crois, qu'il y eut menace d'éboulement, dont on n'eut raison qu'en mettant tout le monde à la besogne. Rien de plus naturel, après cela, que le fait du bois de charpente mis dans la fondation.

Le compte ne dit nulle part à quel moment eut lieu la pose de la première pierre; mais il constate la distribution de 5 sous faite entre les ouvriers, à l'occasion de cette cérémonie.

L'ouvrage, poursuivi avec activité pendant tout l'hiver, ne se ralentit pas en 1373. On peut juger, d'après la nature des matériaux achetés cette année-là, que le pilier s'élevait rapidement et fut construit peut-être jusqu'à la voûte. Une carrière nouvelle, ouverte à

---

rum, gallice *de maillon*, ad tres equos, de perreria de Foussiaco, captarum; pro qualibet vii den. valentes LXIX sol. IV den. »

1. « Sciendum est quod lathomi, scilicet Michelinus de Joncheri, Johannes Thierrici et Michelinus Hardioti, se affirmaverunt et locaverunt dictis Dominis meis de Capitulo, modo et forma qui sequitur; videlicet quod quislibet dictorum lathomorum qualibet die lucrabit, a prima die marcii usque ad primam diem novembris, tres solidos; et prima die novembris usque ad dictam primam diem marcii, *duo solidos sex donarios*. »

2. « Pro pane et vino presentatis lectori Fratrum Minorum, qui predicavit pro fabrica die Dominico ante festum beati Saviniani, vi sol. x den. »

3. « Pro duobus vecturis percharum emptis ultima die julii, pro faciendo *les estos* de novo pillerio, XXIII s. VI d. — Pro XLI peciis et IV vecturis grossi marreni VIII libras. — Maulino Carpentario, pro agusando *les estos* positos in fundamento novi pillerii, per sex dietas, dieta III s. VI d., valentes XII s. Et sciendum quod predictum marrenum ctotum est positum in fundamento novi pillerii exceptis peciis que sunt in ecclesia. »

4. « Pro curialitate facta lathomis ecclesie et aliis operariis qui de nocte in sabbato post festum Assumptionis Beate Marie Virginis retinuerunt fossam novi pillerii, v sol. »

Tonnerre, fournit à Jean Thierry, qui s'y rendit lui-même pour faire son choix, douze fûts de colonnes et cent soixante-huit pierres de taille de si grande dimension, que deux faisaient la charge d'une voiture quand une seule ne suffisait pas. Pendant sept semaines, de douze à vingt fardiers à trois chevaux furent occupés à voiturer de Tonnerre à Troyes ces énormes matériaux. Cela s'accomplit en carême. Un achat de bois eut lieu ensuite pour faire les échafauds des maçons. Enfin, au mois de juin, il y eut encore une prédication pour le fait de l'œuvre. L'orateur fut cette fois un dominicain [1].

Si maintenant on demande auquel des piliers de l'église ces détails sont applicables, j'avouerai mon embarras. Pas un mot ne le peut faire deviner dans les deux comptes de 1372 et 1373; et en 1380, lorsque la série recommence, il n'est plus question du pilier neuf ni de rien qui ait trait à de la grosse construction. A la vérité, l'inspection du monument fait reconnaître, dès la sortie du chœur, des parties qui portent l'empreinte du règne de Charles V. Ainsi, le centre de la croisée présente une voûte disposée en étoile, avec liernes et tiercerons ; ainsi les deux dernières travées des transepts accotées aux gros piliers qui font retour sur la nef, ont des claires-voies décorées dans un goût qui annonce l'approche du genre prismatique. Est-ce quelque part par là qu'auraient eu lieu les travaux de 1372? Il est d'autan plus légitime de le supposer, que l'accident de 1365 occasionna forcément de grands travaux au centre de l'église.

Je sais bien une objection qui se présente ici. On dira que le sinistre de 1365 s'étant borné à un clocher renversé par le vent, en supposant la croisée aussi maltraitée que possible par cette chute, il est peu vraisemblable que la bâtisse ait été compromise jusque dans sa fondation et qu'il ait fallu la relever de fond en comble. Cette argumentation est on ne peut plus plausible si l'on part de l'assertion émise par Grosley, que le centre de la croisée fut construit en même temps que les bras, c'est-à-dire en 1316. Mais rien n'est moins prouvé. Grosley a induit cela sous l'empire d'une idée préconçue et fausse, qui est que la cathédrale de Troyes se serait élevée sur le vide ; qu'après avoir été détruite par un incendie, 1188, elle ne fut remplacée par rien jusqu'au moment où Hervée commença l'édification du vaisseau actuel, et que les travaux subséquents eurent pour

---

1. Je dois renoncer à justifier chacune de mes assertions par le texte sur lequel elle s'appuie. Cela m'entraînerait trop loin, surtout pour les dépenses de transport où le compte de chaque voiturier fait un article à part. Je me bornerai à rapporter les endroits où le texte me paraîtra d'une importance majeure.

objet de lui donner les parties qu'elle n'avait pas encore. Il fallait ignorer tout à fait l'esprit du moyen âge pour supposer que l'église-mère d'une province avait pu se passer, vingt ans au moins, d'autel ainsi que d'office, et n'être pendant tout ce temps qu'un tas de cendre. Grosley n'aurait eu qu'à toucher avec plus de circonspection les textes dont il s'est servi, pour reconnaître que le désastre de 1188 avait été réparé longtemps avant qu'Hervée devînt évêque. Il est positif, en effet, que les travaux mis en train par ce prélat tendirent uniquement à rallonger un édifice qu'il trouvait trop court, *pro ecclesia beati Petri Trecensis dilatanda*, dit la charte par laquelle fut livré l'emplacement choisi pour un nouveau sanctuaire. Ces expressions suffisent pour qu'on se figure une cathédrale romane sur laquelle eut lieu une opération que le clergé du XIIIe siècle fit subir à des milliers d'églises du même style, parce qu'elles présentaient toutes l'incommodité d'un chœur trop exigu. Mais restât-il à cet égard des doutes dans l'esprit du lecteur, ils seront levés tout à l'heure par la preuve directe que j'alléguerai, en continuant mon analyse, de l'existence d'un édifice roman qui fut remplacé pièce à pièce par les constructions qu'on voit aujourd'hui. Lors donc que Grosley a induit de la construction des transepts, en 1316, celle du centre de la croisée, il a été téméraire ; car on avait très bien pu faire des bras à la croix et en conserver le milieu, ne fût-ce que pour le clocher qui s'élevait dessus. Celui-ci tombant, on n'eut plus de raison pour laisser debout une partie surannée qui, sans doute, se raccordait imparfaitement avec le plan du nouveau chœur, et on acheva l'ouvrage de l'ouragan en démolissant tout à fait ce qu'il avait endommagé. Voilà comment s'explique le style des travées médianes de la croisée, plus moderne que celui des travées qui joignent les portails latéraux ; comment aussi je suis amené à placer tout près du chœur les travaux de 1372 et 1373.

Je m'arrête là ; ce serait s'aventurer que de vouloir préciser davantage. Comme on ignore l'ouvrage qui a pu être fait entre 1365 et 1372, le pilier neuf fondé par Jean Thierry peut-être, aussi bien que l'un des gros piliers communs à la croisée et à la nef, l'un des plus prochains qui s'alignent sur ceux-là dans la direction de l'occident.

Avant de laisser là les comptes de 1372 et 1373, j'extrairai encore de quelques articles des détails de main-d'œuvre ou des termes techniques bons à recueillir.

Le 27 mai 1373, on achète à Thibaud Bouy du Menil-Saint-Pierre dix chevrons pour faire les *allours aux maçons* ; le mot est ainsi rapporté en français. Ce sont les échafaudages. Carpentier n'a pas connu cette forme du mot *alloir* ; mais il cite un exemple d'*alons* pris dans le même sens. (*Voir* Du Cange, au mot *allorium*.) La forme *allour* est employée par l'auteur de Garin le Loherain pour signifier les chemins couverts qui règnent derrière les murs de villes. Une autre acception remarquable du même mot se trouve encore dans le compte de la fabrique de Troyes pour 1381-1382. On achète huit traits à charrue, huit longes et quinze toises de menue corde pour les *allours aux couvreurs*.

Dans la dépense du mois de juin figurent vingt-cinq claies [1], achetées sans doute pour faire les planchers des échafauds. Telle est encore la pratique usitée dans plusieurs provinces. Il paraît qu'à Troyes cependant on se servait aussi de planches pour le même usage. Je trouve inscrit au compte de 1372 un demi-cent de *trappens* [2] pour faire les allours du pilier neuf.

Le 20 avril 1373 d'autres trappens, achetés d'Humbert le scieur de long, servent à faire les panneaux et calibres des tailleurs de pierre [3].

Il est question ailleurs de deux claies à passer le repoux, *pro duobus cliviis ad clivendum le repoux et le sallum*. Les mots *clivius*, *clivia* et *clivere* manquent dans le glossaire de Du Cange. *Sallum*, forme adoucie de sablon. Quant au sens précis de *repoux* il est fixé par le compte de 1381-1382 : c'était du mortier fait avec la poussière de la pierre de taille [4]. On appelle *repous* aujourd'hui le mortier où il entre de la brique pilée.

Il y avait un *engin*, probablement une chèvre, pour monter les pierres. Une dépense de vieux oing, pour le graisser, est portée en compte en 1373.

Enfin au commencement de la campagne, deux paires de gants furent livrées aux maîtres maçons. Des distributions analogues figurent d'ordinaire dans les anciens comptes de construction. Les tailleurs de pierres peints sur les vitraux de la cathédrale de Chartres sont distingués des manœuvres par des gants qu'ils ont aux mains. Cet usage était bien ancien, car on le trouve déjà consigné dans le roman de Philomène qui est du XIIe siècle. L'auteur, énumérant les fournitures faites par l'ordre de Charlemagne pour l'édification du couvent de La Grasse, a soin de mentionner 7,000 paires de gants. Cela témoignait sans doute de l'estime qu'on faisait des ouvriers constructeurs.

---

1. « Pro xxv *cloies* emptis sabbato post festum beati Matthei apostoli, xi sol. »
2. Mot qui désigne toute sorte de bois de refend.
3. « Pro trappento ad faciendum quemdam *moole*, v den. »
4. « Pour cliver le grusi de la pierre dure dou pavement fait nuefà l'église, pour faire reppoux. »

A l'ouverture du compte le plus rapproché de ceux qui viennent d'être examinés, c'est-à-dire au mois juillet 1380, les grands travaux de construction étaient terminés. Jean Thierry, devenu maître de l'œuvre n'était plus occupé qu'aux réparations accidentelles de l'édifice. Au mois d'août il travaillait aux voûtes de la chapelle de la Vierge [1] ; au mois de novembre il posait des ventaux neufs à la grande porte. Il refit, l'année suivante, la piscine du chœur et entreprit à forfait le dallage de l'église en pierre du pays. Les économies faites dès lors sur la maçonnerie permirent aux proviseurs de l'œuvre d'ordonner d'autres embellissements. Comme le portail du nord était déjà tout noirci, quoiqu'il n'eût que soixante ans d'âge, ils en firent blanchir (sans doute à la chaux) plusieurs membres d'architecture nommément la rose et le pignon [2]. On badigeonnait donc l'extérieur des églises au XIVe siècle. On badigeonnait aussi l'intérieur ; car deux journées furent payées à Jean Thierry, en août 1382, pour avoir blanchi les voûtes de la chapelle de la Vierge, c'est-à-dire, de l'abside élevée par les soins d'Hervée. Il faut conclure de là que le badigeon appliqué aux églises n'est pas une invention des modernes, et que si on a le droit de s'élever contre une pareille coutume au nom du bon goût, il ne faut pas trop demander des arguments à l'antiquité pour la proscrire.

Je reviens à l'opération faite sur le portail septentrional. Il est surmonté aujourd'hui d'un pignon en charpente. On a cru qu'il n'avait jamais eu d'autre amortissement, et ainsi on l'a mis au nombre de tant d'autres ouvrages gothiques laissés inachevés. Nous avons maintenant la preuve que le pignon fut exécuté en pierre et subsista ainsi un certain laps de temps. Probablement on le déposa pour soulager la rose, lorsque celle-ci menaça ruine, à la fin du XVe siècle.

Un troisième article de badigeon va nous mettre en possession de l'un des plus curieux renseignements qu'on puisse avoir sur l'aspect d'une autre partie de la cathédrale, au XIVe siècle. Il est extrait du compte de 1381-1382, chapitre de la maçonnerie. Je cite textuellement :

« Pour nettoier et blanchir les ymaiges dou portau d'entrée, refaire

---

1. Un article qui concerne cette même réparation constate l'usage où l'on était de charger de terre les reins des voûtes : « Pour mener hors de l'église les nestoieures faites par un an et la viez terre des voltes de Nostre-Dame darrière, par Leroy, son cheval et son tumerel, pour deux jours. »
2. Il est impossible d'entendre autre chose que l'application d'une couche de lait de chaux, précédée tout au plus d'un époussetage, car l'ouvrage donné en tâche ne fut payé que 31 sous 3 deniers. On va voir tout à l'heure que la grande porte fut blanchie la même année, par un peintre.

le dyadime de l'imaige de Dieu, la main destre, la teste de l'aigle, une des elez et les deux piez, et croistre les elez dou buef, et mectre ledit portau eu premier estat qui fut, par marchié fait en tache à Denisot le pointre et à Droin de Mante, pour leur paine et sallaire, présent messire Pierre d'Arbois, 4 l. 2 s. 6 d. »

Pour peu qu'on ait l'habitude des monuments, on trouve là de quoi reconstituer un bas-relief du XII° siècle. Dieu (Jésus-Christ) couronné ou plutôt nimbé (car les anciens appelaient le nimbe diadème ou couronne), donnant la bénédiction de la main droite et entouré des quatre animaux symboliques, c'est la représentation qui se voit à Chartres dans le tympan de la grande porte de la cathédrale et sur quantité d'autres églises de la vieille époque. Voilà donc un bas-relief nécessairement antérieur, ainsi que la porte dont il dépendait, aux constructions de l'évêque Hervée.

Ce n'est pas tout. A côté de la mention qu'on vient de lire s'en trouve une autre d'un second *portau* qu'on détermine en disant qu'il faisait face à la maison d'un certain Guyot de Plaisy. Ce portau ne pouvait être sur les flancs de l'église, occupés l'un par les bâtiments claustraux, l'autre par le palais épiscopal. Il était donc sur la grande façade, à côté de l'entrée réparée par Denisot le peintre et Drouin de Mantes.

De plus, le même compte constate encore qu'un gros clocher s'élevait sur un point indéterminé qui ne peut être non plus que la façade[1], car ce n'est pas sur la croisée reconstruite après 1365 qu'une grosse tour aurait été assise.

Donc non seulement nos documents prouvent l'existence d'un portail très ancien faisant façade sur la cathédrale de Troyes au XIV° siècle, mais encore ils fournissent assez de données sur son ordonnance pour qu'on y voie un grand ouvrage; et en outre ils amènent cette conclusion nécessaire, qu'une vieille nef reliait cette porte romane aux constructions modernes, conduites à cette époque jusqu'en deçà

---

1. « En la sepmaine de saint Pierre et saint Pol, pour rebouter des chevrons de la rameure tenant au *gros clochier*, et dessus la chapelle Dreue de la Marche, et remettre 26 que corbes, que jarretiers et boutos en ladicte rameure par Jehan Fierabras, charpentier, pour 4 jours, 3 s. 4 d. pour jour valeut 13 s. 4 d. — Pour oster et remettre l'arestier de la dicte rameure joignent au *gros clochier* qui estoit brisiez, et plusieurs des chevrons de ladicte rameure, Jehan Coulombe, charpentier, pour 2 jours et son vallet, 12 sous. » — *Rameure* est la charpente de la toiture; *arestier*, poutre posée obliquement sur un angle; *corbes* ou *courbes*, pièces dont le nom indique la forme; *jarretières* et *boutos* sont peut-être les entraits relevés et les jambettes des fermes de charpente gothiques.

de la croisée. Et ainsi éclate l'erreur de Grosley qui veut que rien ne soit resté debout après l'incendie de 1188, ni que rien ait été relevé jusqu'au moment où fut posée la première pierre de l'abside.

La plus grosse dépense que les proviseurs de l'œuvre aient eu à faire en 1381 fut celle de la vitrerie appliquée tant à la rose qu'aux fenêtres du portail méridional. Ceci me donne lieu de relever une autre erreur de Grosley, partagée ainsi que la précédente par tous ceux qui ont écrit depuis sur la cathédrale de Troyes. Ce savant fit une lecture si superficielle des registres de l'œuvre, qu'il prit pour une expertise relative à la solidité du portail méridional l'opération d'un jury nommé pour recevoir les ouvrages de vitrerie qui venaient d'être exécutés à ce portail. Je cite l'article qui constate ce fait pour qu'on voie s'il donnait lieu à la moindre équivoque :

« Pour faire visiter la verrière de la roe par devers la court l'official par Jehan dit Maray et Jehan Mayourt, lesquelx messire Pierre d'Arbois fit jurer aux sainctes évangiles que bien et diligemment visiteroient toutes les verrières faites par maistre Jacquemin ; lesquelx rapportèrent que bien et léalment elles estoient faictes et senz nul deffauct. Pour leur penne et salaire de leur visitation, 5 solz. »

Évidemment Grosley se contenta des premiers mots, et voyant qu'on faisait visiter la rose, il induisit que le surplomb qui plus tard amena sa chute se faisait sentir dès 1384. Si ses yeux l'eussent mieux servi, ils lui auraient fait voir nombre d'autres articles du même compte où sont relatées toutes les circonstances du travail exécuté par maître Jacquemin. Il est constaté en effet que cet artiste employa 680 pieds de verre pour le vitrail de la rose et 260 pour les fenêtres de la claire-voie placée dessous. Son ouvrage, estimé au pied, lui fut payé 176 livres 5 sous ; et en outre le chapitre pour lui témoigner sa satisfaction, lui fit un avantage de 60 sous. 433 livres de fer employées pour la ferrure furent payées avec la main-d'œuvre 23 l. 2 s. 6 d.

Pour n'avoir pas à revenir sur Jacquemin le verrier, j'ajoute qu'il travailla tout le printemps de 1382 aux verrières des chapelles basses où il employa 18 livres de verre de couleur. Il posa ensuite un vitrail de verre blanc dans la chapelle Sainte-Marguerite, *au droit du grand autel*. L'article où est relaté ce fait mérite quelque attention. Il nous apprend que la vitrerie en verre blanc se payait par pied seulement 3 deniers de moins que la vitrerie en verre de couleur.

L'état prospère des finances en 1381 permit au chapitre de songer à l'érection d'un jubé. Michelin et Jean Thierry exécutèrent en conséquence un plan qu'ils présentèrent à MM. les chanoines, au mois de juillet 1382. Le dessin exécuté sur une feuille de parchemin parut convenable; mais avant de l'agréer, on voulut le voir exécuté en grand. A cet effet une aire fut pratiquée dans les combles de l'église; vingt tombereaux de terre, montés par le gros clocher, furent battus par un torcheur qui mit six jours à faire le terrassement demandé. Le dessin transporté dessus ayant complétement réussi, les maitres se mirent à l'ouvrage aux termes d'un marché conclu précédemment entre eux et le chapitre. Voici comment ce marché est rapporté sur le registre de l'exercice de 1383 :

« L'an mil ccc iiij^{xx} et deux, le vi^e jour de juing, marchandèrent messigneurs Déan et Chapitre de l'église de Troyes à Michelin et Jehan Thierry, maçons, de faire ung jubé de pierre en ladicte église. C'est assavoir que lesdiz maçons ouvreront ou dit jubé continuelment jusques il soit assouvis, senz ouvrer autre part, se n'est dou consentement de mes diz seigneurs, parmi ce que ledit Michelin aura pour chascun jour ouvrant, tant en yver comme en esté, pour despens et pour salaire, 4 s. 2 d. et Jehan Thierri pour chascun jour ouvrant, 3 s. 9 d. Et ont promis et juré lesdiz maçons d'ouvrer oudit ouvrage bien et diligemment et léalment. »

Pendant qu'on traitait cette importante affaire, le 9 juillet 1382, la foudre tomba sur l'église et mit le feu à la toiture. Un article de la dépense affectée à la réparation du dommage révèle un usage des anciens couvreurs qui contribuait à augmenter le danger de l'incendie, lorsque déjà par tant de causes les combles des anciennes églises se trouvaient sans cesse menacés. Pour empêcher sans doute l'infiltration des eaux, ils mastiquaient les chanlattes avec de la poix [1]. On ne pouvait offrir aux flammes un meilleur aliment. La coutume si dangereuse de sonner les cloches quand il tonne provoqua peut-être l'accident du 9 juillet, car elle fut observée par les sonneurs de la cathédrale qui avaient reçu l'ordre de sonner une meute ou volée générale de toutes les cloches [2]. Quoi qu'il en soit, le feu paraît avoir été assez promptement maîtrisé, tant par les ouvriers de l'œuvre, charpentiers, couvreurs, maçons, que par les gens de la ville. Le chapitre vota une courtoisie de 4 livres au provincial des Cordeliers qui s'y était comporté avec un dévouement remarquable [3]. La perte

---

1. « Pour 12 liv. de pois pour cimenter les chanlates, 5 s. »
2. « Pour sonner une meute de toutes les cloches le jour que la foudre chey en l'église et pour sonner la messe dou Saint-Esperit qui fu chantée en cuer ledit jour par le commandement de messeigneurs, pour ce 7 s. 6 d. »
3. « Pour courtoisie faicte à frère Guillaume, le provincial des Frères meneurs,

monta à la somme de 88 livres 11 s. 3 d. Jean Fierabras, maître charpentier de l'église, répara la charpente, et pour refaire la couverture qui était d'écaille, c'est-à-dire d'ardoise, on fit venir un couvreur de Reims, attendu que le couvreur attitré de l'œuvre ne savait couvrir que de tuiles [1]. Cet ouvrier, en sus de son salaire, fut gratifié d'une paire de gants, comme les maçons.

Soit à cause de l'incendie, soit en vertu d'une demande faite auparavant, l'église obtint vers ce temps-là des bulles d'indulgence au profit des bienfaiteurs de l'œuvre [2]. Les travaux du jubé purent donc marcher sans interruption, et Jean Thierry ainsi que son compagnon Michelin s'y employèrent jusqu'au 27 octobre. Ici se place une révolution d'atelier. Un étranger qui était venu à Troyes, se prétendant plus habile que personne, eut le talent de se faire écouter du chapitre. Il présenta un plan de jubé, préférable, selon lui, à celui qu'on exécutait. Il en appela de sa conscience aux chanoines, des chanoines au public ; et finalement il obtint d'être jugé par une assemblée des bourgeois et des ouvriers de la ville, qui lui décernèrent la palme. Cet heureux artiste s'appelait Henri de Bruxelles [3]. Il venait de Paris, précédé sans doute d'une grande réputation, puisqu'il put faire ses conditions au chapitre et avoir raison de toutes ses demandes. Un maitre maçon de son choix lui fut adjoint comme collègue, avec un salaire égal pour tous deux, mais supérieur à celui de leurs devanciers.

Voici le traité qui fut conclu à Troyes, lorsque maître Henri Soudan, l'homme indiqué par Henri de Bruxelles, eut été mandé de Paris qu'il habitait ainsi que son compagnon. Je rapporte cette pièce imprimée déjà par M. Arnaud, mais d'une manière très incorrecte.

---

qui fu à estaindre le feu de la dicte rameure, dou commandement de messigueurs fait en chappitre le mercredi xve jour d'octobre, baillié pour ce 4 livres. »

1. « Pour marchander à Rains par messire Jehan de Saint-Bernart à Jehan Lescaillon, cuvreur d'escaille, demourant à Rains, pour venir à Troyes pour recouvrir la dicte rameure, liquelz devoit gaignier par marchié fait à lui pour chascun jour qu'il ouvreroit, 7 sous parisis, et son vallet 2 sous par. pour le vin du marchié, paié par ledit Jehan 7 s. 6 d. »

2. « Pour les bulles des indulgences données par N. S. P. le pape Climent aux bienfaiteurs de l'œuvre de la dicte église, paié par messire Jehan de Braux, chanoine de la dicte église, 6 livres. »

3. « Pour ung pourtrait fait en parchemin pour ledit jubé par Henry de Bruisselles, maçon, dou commandement de messigueurs, pour monstrer aux bourgeois et aux ouvriers de la ville encontre ung autre pourtrait fait par Michelin le maçon ; auquel pourtrait fait par ledit Henry, lesdiz bourgeois et ouvriers se sont tenu pour estre le meilleur. Pour ce, paié audit Henry dou commandement de messigueurs, 20 sous. »

« C'est le marchié que Messigneurs Déan et Chapitre de l'Église de Troyes ont fait à Henry Soudan, maçon, demourant à Paris en la rue de Joy, devant l'ostel au Gros-Thomas prez de l'ostel messire Jehan des Maretz, et à Henry de Bruisselles, maçon, le xxviij° jour d'octobre l'an mil ccc iiii^{xx} et deux, pour faire ung jubé en ladicte église par la manière qu'il est pourtrait et gictié en une pel de parchemin, de la main doudit Henry de Bruisselles.

« Primo, lesdiz maçons doivent ouvrer oudit jubé continuelement, yver et esté, senz ouvrer autre part par quelque manière que ce soit, se n'est dou congié et licence de Messigneurs, jusques il soit parfais et assouvis de tout ouvraige de maçonnerie, senz les ymaiges, lesquelles MM. feront faire à leur plaisir et à leur propres coux et despens, parmi ung mouton d'or que ung chascun desdiz deux maçons aura pour chascune sepmaine, de tout l'an, à commencier au jour qu'il entreront oudit ouvraige, soient festes ou autres jours ouvrans. Et ou cas que lesdiz maçons ou l'un d'eux cessera d'ouvrer à ung des jours ouvrans, soit de sa volenté, par maladie ou autrement, il luy sera rabattu et descompté pour chascun jour, 5 sous tournois, pour cinquième partie d'un mouton d'or.

« Item, ont promis lesdiz maçons de continuer ledit ouvraige dès la natifvité Nostre-Dame en septembre jusques à Pasques, dès le soloil levant jusques au soloil couchant, senz partir de la loige, que pour disner compétemment une fois pour jour.

« Item, durant ledit ouvraige, le maistre de l'œuvre de ladicte église leur fera finance de charbon pour chauffer en la loige, quant il sera nécessaire. Et dès Pasques jusques à la dicte natifvité N.-D. lesdiz maçons continueront ledit ouvraige, dès ung petit après le soloil levant, par la manière que dit est, jusques à heure qu'il peussent avoir soupe, à heure de soleil couchant. Et ou cas qu'il plaira à Messigneurs d'anvoier lesdiz maçons ou l'un d'eulx à la perrière, pour traire de la pierre pour ledit ouvraige doudit jubé, il y yra parmi gaignant chascun ung mouton pour sepmaine, comme dit est, avec 10 s. t. chascun pour ses despens, pour chacune sepmaine.

« Item ont promis lesdiz maçons de donner bonne caucion à Messigneurs jusques à 400 frans, de faire bon ouvraige et loyal selonc le pourtrait dessusdit, au dit d'ouvriers et de gens coignoissans en ce, et de continuer ledit ouvraige bien et loyalment, comme dit est dessus; et de ce se doivent obliger chascun pour le tout; et parmi ce, Messigneurs leur doivent faire lettre qu'ils ne les débouteront point doudit ouvraige, se n'est par leur coulpe et deffault. Et avec ce leur bailleront davantaige, durant ledit ouvraige, mesdis signeurs une maison à Troyes souffisant pour leur demourance. Et de toutes les convenances desdiz maçons tenir et accomplir, sont obligez soubz le seel dou Chastellet de Paris jusques à 400 frans, ledit Henry Soudan, tant pour luy comme pour Henry de Bruisselles, et Marguerite, jadis femme de feu Jehan de Huy, demorant à Paris, au coing de la rue des Billettes par devers la rue de la Verrerye, mère de la femme doudit Henry Soudan, comme plesge principale, renderesse et paieresse, se deffaute avoit oudit ouvraige. »

Ces lettres d'obligations scellées effectivement en Châtelet, à la requête d'Henry Soudan et de sa belle-mère, furent retirées par l'archidiacre d'Arcis.

Il faut retenir de la pièce qui vient d'être rapportée l'idée très nette qu'elle donne de ce qu'était la *loge aux maçons*. On appelait ainsi un chantier non seulement couvert, mais clos de toutes parts, un véritable atelier qui pouvait être chauffé l'hiver; et de là les fournitures de charbon demandées par les architectes du jubé de Troyes. Maîtres et ouvriers y travaillaient côte à côte depuis le lever du soleil jusqu'à son coucher. Ils recevaient d'un maître des œuvres les choses nécessaires pour l'ouvrage; à tout autre égard, ils étaient sous la dépendance absolue du chapitre qui traitait avec eux à des conditions variables, les employait selon son bon plaisir à la journée, en tâche ou à forfait, leur taillait la besogne et n'acceptait l'ouvrage qu'aux termes convenus avec lui. D'ailleurs c'était sous le régime de la libre concurrence que se prenaient les engagements et que s'exécutaient les travaux. Les maçons d'un pays venaient en toute liberté déposséder ceux d'un autre, sans avoir besoin pour cela d'un arrêt de corporation; il leur suffisait de se faire bien venir du chapitre; et chose encore plus surprenante, lorsque le chapitre avait les mains liées par contrat, il pouvait se dégager par l'appel au peuple. J'insiste sur ces circonstances, pour qu'un rapprochement intempestif de la loge dont il est question avec les loges maçonniques de l'Allemagne ne vienne pas fausser l'interprétation de notre document, et pour qu'il ne soit pas invoqué en faveur d'une hypothèse trop facilement admise, d'après laquelle l'organisation des ouvriers de bâtiment en société de mutuelle assurance aurait existé de tout temps dans notre pays.

Le nombre des ouvriers qui travaillaient à la loge était nécessairement très restreint. Pour ce qui concerne le jubé de Troyes, sa construction, d'après nos comptes, n'occupa jamais plus de huit ouvriers à la fois, y compris les deux maîtres; encore ce chiffre n'est-il pas l'ordinaire, car la plupart du temps on ne voit que trois ou quatre compagnons occupés avec Henri Soudan et Henri de Bruxelles. L'ouvrage commencé le 2 décembre 1382 fut poursuivi de ce train jusqu'au mois d'avril 1385, époque où l'apprêt des matériaux parut assez avancé pour qu'on procédât à la pose de la première pierre. Il faut ajouter qu'en dehors des journées convenues, les maîtres usaient de la faculté de travailler chez eux avec leurs valets ou apprentis. Les ouvrages traités de cette façon leur étaient payés à part. C'étaient les choses délicates de moulures ou d'ornement. Les comptes de 1383 et 1384 mentionnent huit de ces pièces dont la main-d'œuvre avait demandé un temps évalué à cent quarante journées. Le nom qu'on leur donne est celui de *pierres estraières à mettre au-dessus des colonnes*. J'entends par là des niches pour la décoration des piédroits au-dessus de la retombée des arcades. *Estraière* dérive évidemment d'*estra* ou *estre*, mot par lequel les anciens constructeurs désignaient les ressauts ou parties saillantes. Les descriptions qu'on a du jubé de Troyes, détruit en 1793, s'accordent d'ailleurs avec cette interprétation.

Les vingt-huit mois qui précédèrent la pose de la première pierre n'offrent que fort peu d'incidents.

Au printemps de l'année 1383, l'un des proviseurs de l'œuvre mena Soudan et Bruxelles à Montieramey « pour voir l'ouvrage de maçonnerie qui est en l'abbaye dudit lieu, » dit l'article relatif à la dépense de ce voyage. C'était sans doute quelque construction renommée dans le pays dont le chapitre désirait que les maîtres s'inspirassent.

Au mois de février de l'année suivante, Henri de Bruxelles se maria avec une fille de Troyes. La cérémonie lui fit perdre un jour qu'on lui rabattit, aux termes de son traité. Mais cette rigueur fut compensée par un cadeau de huit pintes de vin et de douze pains qu'il reçut du commandement des chanoines. Ceux-ci eurent encore la générosité de payer des beignets à tous les hommes de l'atelier le jour de Carême-Prenant ou Mardi-Gras.

Deux ouvriers allemands prirent du travail à la loge dans le courant de l'année 1384. L'un, nommé Jean de Cologne, recevait 4 sous 2 deniers par jour; homme habile, selon toute apparence, car peu de temps après son arrivée, les proviseurs de l'œuvre jugèrent à propos de lui faire un cadeau. Ils lui achetèrent une paire de chausses de 10. sous. L'autre allemand, Coinrot de Strasbourg (probablement Conrad de Strasbourg), était de sa profession tailleur d'images. Il ne travailla que deux semaines pour le compte de l'œuvre, confondu sur les états avec les simples maçons et ne gagnant pas plus qu'eux. S'il exécuta quelque partie de sculpture, ce ne fut que de la sculpture d'ornement.

On a vu que, par le marché du 28 octobre 1382, les chanoines s'étaient réservé le droit de diriger la statuaire de leur jubé, et de la faire faire par qui bon leur semblerait. Deux articles de l'exercice 1382-1383 sont les seuls que j'aie trouvés ayant rapport à cet objet. Ils nomment deux artistes, dans l'un desquels on reconnaîtra le restaurateur des sculptures de la porte romane :

« A maistre Girart de Han, tailleur d'ymaiges, pour faire l'ymaige de saint Pol par le commandement de Mgr le déan, Mgr le chantre et messire Pierre d'Arbois, baillié 6 liv.

« A Droyn de Mante, tailleur d'ymaiges, pour l'ymaige de saint Pierre fait par ledit Droyn, par le commandement de messire Jacques Cousin et messire Guillaume de Crency, baillié 100 sous. »

Je n'ai rien de plus à ajouter sur les maçons et tailleurs de pierre, sinon que l'un d'eux s'appelait Mignart. On sait que l'illustre peintre de ce nom naquit à Troyes.

Le 4 avril 1385, surlendemain de Pâques, les charpentiers et terrassiers s'emparèrent du chœur de la cathédrale, tant pour déposer l'ancien jubé que pour préparer la fondation du nouveau. Les stalles des chanoines furent démontées et les degrés de l'orgue abattus, car cet instrument était déjà placé sous la première arcade du chœur, là où les vieillards de notre temps l'ont encore vu. Quinze hommes par jour, étaient employés à ces travaux divers. En faisant les déblais, on rencontra six sépultures, dont quatre de personnages connus ; mais on ne sut à qui attribuer deux squelettes, que d'après certaines marques on reconnut pour être ceux d'un évêque et d'un religieux. Le chapitre, sans se mettre en frais pour ces illustres morts, les fit inhumer dans de simples cercueils à 3 deniers la pièce [1].

De même que pour le pilier neuf, les charpentiers consolidèrent la fondation par des pilots ferrés.

Enfin, le 22 avril, l'évêque posa la première pierre et paya son aubaine à l'œuvre en déposant 100 sous entre les mains des proviseurs. Un chanoine paya 5 sous l'honneur de poser la seconde pierre. Un autre en donna 40 pour avoir une fosse voûtée sous le monument [2]. A l'occasion de la cérémonie, six paires de gants furent distribuées entre les maîtres et les principaux ouvriers.

Ici s'arrêtent nos comptes. Il faudrait avoir ceux de l'exercice 1385-1386 pour estimer le travail de la construction et se faire une juste idée du point où en était l'ouvrage lorsque les hommes se transportèrent de la loge sur le tas. On peut conjecturer cependant qu'il n'y avait plus guère qu'à poser, d'après l'article de serrurerie que voici :

« Pour 7 vingts et 16 aggrapez de fer et pour 6 vingts et 14 goujons

---

[1]. « Pour 6 cerqueux pour mettre les corps de feu messire Jehan de Bruyère, maistre Aubert de Plaisance, messire Pierre de Villeneuve, maistre Gautier de Villeneuve et l'évesque qui fut trouvez et ung que l'en disoit le Moigne, pour chascun 20 d. »

[2]. « De Mons. l'évesque qu'il donna quant il assit la première pierre dou jubé, et fut le 22e jour d'avril l'an 85, 100 soulz. De Jehan Martin, chanoine en ladicte église, pour murer et vooter sa fosse dessoubz le jubé, le 13e jour de may, receu 40 sous. De maistre Thomas de Braux, chanoine, qui assit une pierre ou jubé, 5 sous. »

pour tenir la maçonnerie du jubé, qui poisent l'un parmi l'autre 339 liv. de fer; et 5 grans barriaux qui poisent chascun 42 livres; et 6 autres barriaux qui poisent chascun 32 liv. de fer; et monte la somme des livres de fer 741 livres de fer, qui montent, à 27 livres pour chascun pois, 27 pois et demi de fer et demie livre, qui valent au pris de 26 sous pour chascun pois, rabatue la demie livre, 35 liv. 12 s. »

Pour faire un seul corps des détails relatifs à la construction, j'ai omis ceux des articles qui se recommandaient à la curiosité par un motif différent. Je pourrais presque me borner à transcrire ces articles. Ils sont généralement faciles à comprendre, et ne donnent pas lieu à grands commentaires.

En voici d'abord un qui nous apprend le nom d'un menuisier employé à l'ouvrage des stalles.

« Pour faire eu cuer 6 sieges tournans nuefs, et rebarrer et cheviller plusieurs des autres entour du cuer, et faire une forme gisant eu revestière et une autre petite formète, par Jehan de Provins, huchier, et tout de son bois; et appareillier les armaires dudit revestière qui estoient percées en plusieurs lieux, par marchié fait audit Jehan, pour tout, 40 souls. » (1380-1381, *Charpenterie*.)

Le suivant fait voir que la cathédrale de Troyes possédait une de ces horloges à calendrier qui passaient au moyen âge pour des merveilles de mécanique :

« Pour recoler le kalendrier dou reloige tout autour de la roe, et en plusieurs autres lieux, par messire Pierre le Royer; pour ce, 5 sols. » (1382-1383, *Despence pour aournemens*.)

Il est dit ailleurs que cette horloge était placée « emprès l'uis dou cuer. » (Compte de 1381-1382, *Maçonnerie*.)

La fête des fous se célébrait encore dans cette église au XIVe siècle :

« Pour appareillier la bonne crois qui fu brisée le jour de la feste aux foux, tant pour ouvraige comme pour doreure, paié a Jehan Nettelecte, 25 s. » (1381-1382, *Vestemens, aournemens*.)

Nous avons dit que l'orgue était placé sous une arcade à l'entrée du chœur. En 1372 on avait renouvelé la peau des soufflets; mais l'instrument avait besoin d'une réparation plus complète. Un facteur nommé Jean de Soignies passa à Troyes en 1381. Les proviseurs de l'œuvre allèrent le trouver chez les Cordeliers où il avait mis pied à terre et lui demandèrent son prix, d'après un devis approximatif de l'ouvrage à exécuter. Il paraît que le marché fut conclu séance tenante et le vin apporté et bu en signe de bon accord. Jean de Soignies remit plusieurs barres et pièces au sommier, refit les siéges des soufflets, étama à neuf les tuyaux, colla ce qu'il y avait à coller avec de la colle d'os de morue, posa des rideaux neufs tout autour du buffet, avec une belle roue de bois revêtue de papier doré, pour tourner au-dessus du pignon. En fin de compte il se trouva que le travail dépassait de beaucoup les prévisions du pauvre entrepreneur. Il était en perte évidente. Il en fit sa plainte au chapitre, qui voulut bien lui voter une augmentation.

Le 9 juin 1383 le duc de Bourgogne, Philippe le Hardi passant en Flandre, alla entendre la messe à la cathédrale. A la faveur du trouble causé par sa présence, un des poêles de l'église fut volé. Quelqu'un qui le rapporta reçut 5 sous pour sa récompense.

La même année on refit le cincenier ou cincelier du sanctuaire, c'est-à-dire le dais en forme de couronne qui surmontait l'appareil destiné à tenir le saint ciboire au-dessus du grand autel, selon l'usage de ce temps-là[1]. Il entra dans cet ouvrage 45 aunes de toile qu'on fit teindre partie en fin bresil, partie en jaune, partie en azur; 12 aunes et demie de boucassin blanc ou batiste; 20 aunes de frange de laine; 8 aunes et demie d'autre frange en bourre de soie; 4 feuilles de papier d'or et 3 d'argent; 200 clous à tête et 20 toises de cordes pour suspendre l'appareil. Dans les parties du compte qui se rapportent à la façon sont nommés deux peintres de Troyes, Gautier le Peintre et Jean de Dijon. Ce dernier fut employé en remplacement de l'autre qui s'était expatrié en Aragon.

Voici le texte même des détails de main-d'œuvre d'après lesquels on se représentera, de la manière la plus complète, l'aspect du cincelier :

« Pour refaire le cincenier dessus le grant autel de la dicte église, contenant environ 14 aulnes de tour; la bordure dessoubz le secle, et dès le cescle jusques au plomel, de 4 aulnes et demie de haust; et y faire au-dessus dou cescle une corone tout autour, faite à l'esguille, de bouquerant blanc sur les toiles de couleurs, et cousu tous les girons à double cousture; et pour faire le petit cincenier où repose *Corpus Domini*, par Jehan de Besançon, ermurier, tant pour son salaire comme pour fil, 10 l. 13 s. 4 d. »

Secle ou *cescle* est le cercle, la carcasse de forme circulaire sur laquelle était montée l'étoffe. Ce cercle fut fait par un *relieur* ou tonnelier, pour le prix de 7 sous 7 deniers. Par *plomel* il faut entendre un pommeau qui décorait en dessous le centre du cincelier et duquel pendait la corde destinée à soutenir la boîte aux hosties.

---

1. C'est toujours ainsi qu'on le voit représenté dans les miniatures du temps. Cf. Du Cange au mot *Cincinerium*.

Il est dit, dans un article à part, que le plomel était en bois de noyer. Les girons dont il est parlé ensuite sont les plis rayonnant du centre à la circonférence du cincelier. La mention d'un petit cincelier placé sous le grand et contigu au *Corpus Domini*, c'est-à-dire à la boîte aux hosties, fait voir quel était l'équivalent du tabernacle, lorsque l'Eucharistie était suspendue au-dessus de l'autel. Enfin l'ouvrage est confié à un armurier, parce que les armuriers, au moyen âge, ne faisaient que les fourniments et pièces rembourrées à mettre par-dessous l'armure. Des corps de métier à part, tels que les haumiers, les fourbisseurs, les haubergiers fabriquaient les armes de métal.

« Item, à Gautier le pointre, qui avoit marchandé de poindre ledit cincelier et faire tout autour de la bordure dedans et dehors des armes de France à fleurs de liz sur azur, et des armes de l'église d'argent sur le rouge ; et au dessus dou plomel faire une coronne d'or bien ouvrée desdites armes, et semer d'estoiles d'or la guelle dou cescle tout autour, parmi la *somme de* 9 francs : liquelx en fit environ la moitié et puis se départi et s'en ala en Aragon, et avoit reçu pour sa peine, senz les coulours, 60 sous.

« Item à Jehan de Dijon, pointre, pour assouvir ledit cincenier par la devise que dessus est dit, pour son salaire, senz aucunes coulours, 100 s. »

Je termine ici mes extraits. J'ai fait connaître tout ce qui m'a paru digne de remarque ; mais il est possible que des choses dont je n'ai pas su reconnaître l'importance restent encore à mettre en lumière. Je propose les originaux à l'étude des personnes compétentes, et notamment des architectes. J'appelle aussi l'attention des érudits sur les documents analogues que peuvent renfermer les archives publiques et particulières. S'il y en avait un certain nombre d'analysés, ou mieux encore de publiés, l'archéologie marcherait d'un pas bien plus sûr dans la voie que les idées modernes lui ont ouverte.

DOCUMENTS INÉDITS

SUR LA CONSTRUCTION DE

SAINT-OUEN DE ROUEN[1]

L'église de Saint-Ouen n'a pas besoin d'éloges; elle est de celles dont on a toujours parlé avec considération. Même dans les temps où l'architecture gothique était le moins goûtée, on la citait comme un chef-d'œuvre; et l'un des mémorables hommages qui lui aient été adressés se trouve au traité de La Mothe le Vayer sur l'*Envie*[2]. Elle en a reçu un autre encore plus éclatant, dans ces dernières années, par le vote de la loi qui a prescrit son achèvement.

Le P. Pommeraye, en son *Histoire de l'abbaye de Saint-Ouen*, parle assez longuement des diverses constructions de l'église[3]. D'après ses recherches, l'édifice actuel fut commencée en 1318 par l'abbé Jean Roussel, dit Mardargent, qui y fit travailler sans relâche pendant vingt et un ans, et qui put voir, avant de mourir, le chœur achevé ainsi que la plus grande partie du transept. Après lui, les travaux languirent ou même cessèrent tout à fait, de sorte qu'en l'espace de tout un siècle, il n'y eut de fait que le couronnement de la tour et les deux façades latérales. Entre 1459 et 1490 plusieurs bulles d'indulgences décernées par les papes fournirent de quoi bâtir une première moitié de la nef, dont l'autre moitié est, à elle seule l'ouvrage de l'abbé Boyer, mort en 1519. Enfin, le cardinal Cibo, abbé commandataire sous François Ier, fit édifier le morceau de portail auquel viennent d'être attachées les dernières constructions.

---

1. [Extrait de la *Bibliothèque de l'École des Chartes*, 3e série, t. III, (1852), p. 464 à 476. — *Bibliogr.*, n° 60.]
2. *Œuvres*, t. II, p. 436.
3. Liv. III, ch. 21, 22, 23.

Telles sont en substance les assertions du P. Pommeraye. Il y a mêlé le récit d'une anecdote ou plutôt d'une légende populaire, qu'il est utile de rapporter textuellement pour la suite de cet article.

« Je trouve, dit-il, dans quelques anciens manuscrits de l'abbaye et de la bibliothèque de M. Bigot une chose assez remarquable, arrivée à l'occasion de deux roses de la croisée. Elles furent faites l'an 1439, l'une par Alexandre de Berneval, maistre maçon, et l'autre par son serviteur ou apprenty qui fit la sienne avec tant d'industrie et de bonheur, qu'elle eut l'approbation de tout le monde et mesme fut jugée plus belle et mieux conduite que celle où son maistre avoit travaillé. Celuy-cy, au lieu de dissimuler et de souffrir patiemment les louanges qu'on donnoit à ce sçavant apprenty, ou plus tost d'en estre bien-aise et d'y prendre part, estant certain que c'est une gloire et non pas un deshonneur à un maistre de former un disciple plus habile que luy : celuy-ci, dis-je, se laissa tellement transporter à l'envie et ensuite à la colère, qu'il tua l'autre et mérita par cette action si lâche et si noire de finir misérablement sa vie par les mains d'un bourreau. Les religieux de Saint-Ouen, touchez de compassion envers ce malheureux artisan, obtinrent son corps de la justice, et pour reconnoissance des bons services qu'il leur avoit rendus dans la construction de leur église, non obstant sa fin tragique, ne laissèrent pas de luy faire l'honneur de l'inhumer dans la chapelle de Sainte-Agnès, où sa tombe se voit encore avec cette épitaphe :

« *Ci gist maistre Alixandre de Berneval, maistre des œuvres de machonnerie du roy nostre sire ou bailliage de Rouen et de ceste église, qui trespassa l'an de grâce mil CCCCXL le V*^{e}* jour de janvier. Priez Dieu pour l'âme de luy.* »

Comme le monument cité par le P. Pommeraye existe encore, nous ajouterons, pour plus amples renseignements, qu'il consiste en une pierre de liais sur laquelle Alexandre de Berneval est gravé de grandeur naturelle, ayant à sa gauche la figure, en même proportion, de celui qu'on dit être son apprenti. Les religieux de Saint-Ouen auraient donc couché dans le même sépulcre l'assassin et la victime ; ce qui ne laisse pas que d'être singulier. Il l'est encore plus qu'ils aient mis une épitaphe à ce méchant Alexandre de Berneval, sans accorder le même honneur à son élève le plus méritant, dont le nom, à cause de cela, est restée une énigme.

Quoi qu'il en soit de la tragique histoire qu'on vient de lire, elle forme, avec la série de dates fournie par le P. Pommeraye, tout le savoir qu'on possède sur le beau monument de Rouen, de sorte qu'à l'heure qu'il est, on n'est pas plus avancé qu'au moment où parut la vieille histoire de Saint-Ouen. Cette pénurie de renseignements fera sans doute accueillir avec intérêt la publication de deux pièces inédites[1] qui, si elles ne renversent pas de fond en comble l'opinion reçue, serviront du moins à l'éclairer en quelques points et à la corriger en d'autres. Ces pièces existent en original aux Archives de la Seine-Inférieure; elles y ont été copiées par M. Léopold Delisle, à l'obligeance de qui j'en dois la communication.

La première en date peut passer pour le titre fondamental de la construction de Saint-Ouen. C'est l'acte des dispositions prises par le chapitre de l'abbaye pour assurer la continuation d'un si grand ouvrage.

Voici quelle en est la teneur :

Universis Christi fidelibus presentes litteras inspecturis, frater Johannes, permissione divina, abbas humilis monasterii Sancti Audoeni Rothomagensis, ejusdemque loci conventus, ordinis sancti Benedicti, salutem in Domino sempiternam.

Urbem beatam Jherusalem que edificatur ut civitas, ut civitas non saxorum molibus, sed ex vivis lapidibus, que virtutum soliditate firmatur et sanctorum societate nunquam dissolvenda extruitur : sacrosancta militans Ecclesia, mater nostra, que natos ad mortem regenerat ad salutem, per manufactam et materialem basilicam representat. In cujus figura Moysi preceptum est a Domino ut tabernaculum sibi faceret et ornaret; et David, regum piissimus, volens edificare templum Domini (sed propter multum sanguinem quem effuderat, id facere prohibitus est), expensas pro templi illius opere legitur collegisse; Salomon quoque, filius ejus, paternum desiderium in hac parte, jubente Domino et auxiliante, perfecit. Si vero Judei, qui umbre legis deserviebant, tabernacula sive templa Domino faciebant, multo magis nos et cuncti fideles, quibus veritas patefacta est et gratia per Jesum Christum data est, debemus facere Deo gratas basilicas et ornatas.

Hujus itaque pie considerationis instinctu deducimur circa nostre reffectionem basilice seu ecclesie, cujus nuper in capite corruentis, subito parietum compaginibus dissolutis, precipitium ruinosum dolere compellimur; ac eam, in alia sui parte, artificiali cautela dirutam, ne nos casu ipsius dampnoso, ex nimia vetustate causato, turbatos, gravius ulterioris ruine dispendium quam minatur, offenderet, previis tractatibus studiosis extruere disposuimus; ac pensantes in cordis intimis quam dilecta sunt tabernacula Domini virtutum, cujus est totum quod est optimum, quique dignetur

---

1. Nous apprenons, au moment de paraître, que l'une de ces pièces, la seconde, vient d'être imprimée dans l'un des derniers numéros des *Annales archéologiques;* mais comme ce recueil la donne sans les explications nécessaires, que d'ailleurs notre texte est plus fidèle, nous pensons qu'elle aura pour nos lecteurs l'attrait d'un document entièrement nouveau.

pectoribus nostris inserere sui amorem nominis, et in nobis devote religionis augmentum prestare, necnon singulos actus nostros in beneplacito suo dirigere : ad honorem ipsius Domini nostri Jhesu Christi, beate Marie Virginis matris sue, ac sancti Audoeni, gloriosissimi confessoris ejusdem, predictam basilicam seu ecclesiam, industribus non inconsultis artificibus, qui probatam experientiam et famosam habere noscuntur in talibus, inchoari fecimus. Sed ad ejus perfectam consummationem, nec nostram que transeunt velut umbra tempora, nec ille quas ad hoc convenientes habere possemus, omnibus vite nostre diebus, de dicti monasterii nostri bonis, opes ultra, non superfluum, sed necessarium victum, suppeterent; cujus votivam consummationis executionem provida successorum nostrorum pietas, nostrum sequi desiderans temporibus successivis propositum, ut speramus, firmiter continuare studebit ; et opus inceptum, tam de hiis que inferius pro impensis fabrice predicte basilice duximus assignanda, quam de hiis que ipsi successores nostri avidiori devotione curabunt impendere, pro tam pio opere, suffragante divina clementia, consummabit. Quamobrem in nostro convenientes capitulo, quod propter hoc, adhibitis solemnitatibus consuetis in talibus, congregati fecimus: unanimi et concordi consensu, voluimus et ordinavimus, nulla penitus discordante, volumus, ordinamus, statuimus, statuendo, pronunciando et omni meliori modo quo tam de consuetudine quam de jure possumus, per presentes decrevimus quod redditus, exitus et proventus subscripti, sine diminutione vel substractione quacunque, in opus fabrice predicte basilice deinceps convertantur fideliter; quos eidem fabrice pro tam summa et urgente necessitate et futura ipsius sustentatione, cessimus imperpetuum et cedimus ac irrevocabiliter assignamus levandos et administrandos amodo, continuanda sollicitudine, per aliquem monasterii nostri monachum, circumspectionis experiencia commendatum, per nos ad hoc et successores nostros instituendum et destituendum, ut nobis et ipsis qui pro tempore fuerint, videbitur expediens ; qui de redditibus ac de gestis per eum circa dictam fabricam, bis in anno vel pluries, si super hoc requisitus fuerit, nobis rationem legitimam et fidelem compotum reddere teneatur. Quos quidem redditus, exitus et proventus ad aliis monasterii nostri bonis penitus separamus et pro de cetero separatis haberi volumus, et presenti ordinatione concorditer declaramus in opus fabrice supradicte solummodo, non in usus alios, convertendos.

Ipsi vero redditus et proventus sunt tales :

Primo, redditus et proventus quos habemus in duobus molendinis sitis Rothomagi supra Rodobeccum, franco seu libero molere nobis et successoribus nostris in molendinorum ipsorum altero, quod vocatur molendinum Sancti Audoeni, retento.

Item, redditus quos habemus super alia molendina civitatis Rothomagensis. Et volumus et ordinamus quod monachus hujusmodi super negocio dicte fabrice deputatus, boscum necessarium ad dictorum molendinorum sustentationem, nunc et in futurum, in et de foresta nostra que Viridis Foresta vocatur, in loco qui dicitur *la Haye Comparée* gallice, vel alib iubi in dicat

Viridi' Foresta melius expedire videbitur, cum quadrigis et vectura nostri monasterii percipere valeat et habere.

Item annuas pensiones quas in parrochialibus Sanctorum Audoeni et Viviani Rothomagensium ecclesiis habere solemus.

Item redditus et omnes proventus quos habemus et habere consuevimus in villa que dicitur Plena Silva.

Item omnes exitus et proventus emptionum a nobis et a bone memorie Johanne, immediate predecessore nostro, factarum in villa seu parrochia de Evrardi-Mesnillo.

Item fructus et exitus domorum et ortorum quos habemus in parrochia Sancti Gildardi, videlicet in fossatis civitatis Rothomagensis, aboutantes ex uno latere ad muros et ex altero ad portam Belvacensem; item ex latere per ante ad queminum, et ex alio ad vicum de *Gourneet*, sicut se proportant in longum et latum.

Item fructus et exitus domorum et edifficiorum de novo edificatorum in parrochia Sancti Viviani Rothomagensis, ad nos ac monasterium nostrum spectantes et pertinentes, in campo qui dicitur *le Camp ad Pignerresses*, cum omni campo, sicut se proportat in longum et latum.

Item redditus quos debet Thomas *Postel*, quondam civis Rothomagensis, tam in Rothomago quam extra.

Item redditus quos habemus super duas domos in boucheria Sancti Audoeni Rothomagensis: videlicet, super domum Stephani Abbatis, sitam inter domum Guillermi *Pié de fer*, ex uno latere, et domum Johannis *le Deable*, ex altero; item ex uno latere ad vicum qui ducit ad Sanctum Amandum de atrio Sancti Audoeni; et super aliam domum sitam inter domum Johannis *le Candelier*, ex uno latere, et domum nostram ex alio.

Item redditus quos emimus Johanni de Piris in vico Sancti Audoeni Rothomagensis, et apud Bretevillam.

Ex nunc et in perpetuum ad predicta omnia supportanda assignentur et applicentur ac etiam convertantur integre et sine diminutione quacunque, in necessitatibus antedictis.

Que premissa omnia et singula nos, predicti abbas et singuli de dicto conventu, promittimus bona fide, nos et nostrum quemlibet, tenere et observare cum effectu. Et ut premissa perfectius teneantur et adimpleantur, volumus, consentimus et ordinamus pro nobis et successoribus nostris, nos ac nostros successores per ordinarium, sub auctoritate ordinaria, per debita juris remedia, compelli ad observanciam premissorum; supplicantes reverendo patri domino Rothomagensi archiepiscopo, ut ipse presentem ordinationem nostram approbare velit, et per suas litteras confirmare, prout melius fieri poterit de consuetudine vel de jure.

In quorum omnium testimonium, nos, predicti abbas et conventus, sigilla nostra presentibus litteris duximus apponenda.

Datum anno Domini millesimo trecentesimo vicesimo primo, die sabbati ante festum beate Lucie.

Et ego, Johannes de Essarto, clericus Rothomagensis diocesis, apostolica et imperiali auctoritate notarius publicus, in capitulo Sancti Audoeni Rothomagensis predicti, cum religiosis viris abate et conventu ipsius monasterii supradicti, una cum subscriptis testibus, anno Domini et die sabbati predictis, presens fui, videlicet mensis decembris die xii^a, indictione quinta, pontificatus sanctissimi patris ac domini, domini Johannis, divina providentia pape XXII, anno sexto, suprascriptas litteras seu tenorem earum de verbo ad verbum legi, prefatasque litteras de mandato ipsorum religiosorum, signo et subscriptione meis una cum sigillis ipsorum religiosorum, more solito, communivi, requisitus et rogatus, in testimonium et ad majorem evidentiam rei geste. Presentibus ad hec discretis viris, domino Osberto, rectore ecclesie Sancte Crucis in monasterio Sancti Audoeni Rothomagensis predicto; Roberto de Essarto; Galtero *Troges* et Johanne de *Bethembos*, clericis Rothomagensis diocesis, ad premissa vocatis testibus et rogatis [1].

Dégageons de ce texte les faits qui y sont contenus.

D'abord, pour ce qui concerne l'état de l'édifice, il prouve qu'antérieurement au 12 décembre 1321, le chevet de l'ancienne église s'était écroulé, et que, pour éviter pareil accident en une autre partie qu'on ne désigne pas, il avait fallu démolir.

Le chevet tombé de vétusté était celui d'une église commencée en 1046 et incendiée en 1146, dix ans seulement après sa consécration. On peut se faire une idée de cette construction par une de ses absides qui, rejetée hors du vaisseau actuel, subsiste encore sous le nom de *Chambre aux clercs*. Elle était dans le goût roman et d'une grandeur de dimensions qu'Orderic Vital appelle admirable [2]. A en juger par les autres églises de Normandie antérieures à l'an 1050, elle devait être voûtée jusqu'au transept et n'avoir que du lambris sur la nef : ce qui explique les fréquents incendies dont elle fut la proie [3]; mais aussi la même circonstance éloigne l'idée que ce soit à la nef que des craintes de ruine aient fait mettre la pioche après la chute du chevet. L'endroit sacrifié par les religieux fut bien plutôt le transept, dont la solidité dépendait d'une partie souvent faible dans les églises romanes : je veux dire le carré central établi sur quatre piliers qui ont une grosse tour à porter et toutes les poussées longitudinales de l'édifice à contenir. Comme une ou deux travées de chœur devaient régner entre le transept et le chevet, la force des choses veut qu'on en suppose aussi la

---

1. Original sur parchemin dont le sceau est tombé. Trois autres pièces du même dépôt portent confirmation de celle-ci : 1° par l'archevêque de Rouen (14 déc. 1321); 2° par le chapitre de la cathédrale de Rouen (30 déc. 1321); 3° par le pape Jean XXII (3 déc. 1322).
2. *Histor. ecclesiast.*, lib. VIII, cap. 25; éd. Le Prevost, t. III, p. 432.
3. En 1136, 1211, 1248.

démolition, de sorte que la nef toute seule sera restée pour l'exercice du culte en attendant la nouvelle bâtisse.

Aussitôt les démolitions faites, ajoute notre document, on hâta les préparatifs de la reconstruction; toutefois on ne commença qu'après s'être adressé aux plus fameux architectes.

Là se montre un usage qui paraît avoir été général au xiv° siècle. Les églises qui avaient des travaux extraordinaires à faire exécuter, au lieu de s'en remettre au talent d'un seul architecte, faisaient appel au génie de tous. Un véritable concours était ouvert, et le projet qui réunissait le plus grand nombre de suffrages était adopté. C'est ainsi que plusieurs maîtres dont la cathédrale de Strasbourg a conservé les dessins dans ses archives concoururent pour l'exécution du grand portail de cette église; c'est ainsi qu'un architecte de Paris emporta celle du jubé de la cathédrale de Troyes en 1382[1].

L'acte de 1321 s'exprime avec trop de brièveté sur ces préliminaires pour qu'on puisse dire quelle en fut la durée. Il n'indique même pas depuis combien de temps avaient commencé les travaux. L'époque si rapprochée à laquelle il semble placer l'écroulement de la vieille église, *ecclesiæ nuper corruentis præcipitium*, ferait presque douter de la date de 1318 attribué par le P. Pommeraye à la fondation du nouvel ouvrage; mais outre qu'un texte, dont il sera parlé tout à l'heure, établit qu'en 1337 les travaux se poursuivaient déjà depuis dix-neuf ans, ce qui en place effectivement l'origine à l'an 1318, la chronique récemment publiée des abbés de Saint-Ouen dit d'une manière encore plus positive que l'abbé Mandargent posa la première pierre de son église le jour de Saint-Urbain (25 mai) de cette même année 1318[2]. Au mois de décembre 1321, les ouvriers venaient donc d'achever leur quatrième campagne, et c'est alors seulement que la communauté songeait à régler par des mesures administratives la conduite de l'immense opération où elle s'était engagée.

Là est, ainsi qu'on a pu le voir, le véritable objet de notre document. Il affecte aux dépenses de la construction le revenu d'un certain nombre des propriétés de l'abbaye, dont un religieux, nommé à cet effet, surveillera l'emploi. Cet agent, que l'abbé nommera et révoquera à son gré, sera tenu de rendre compte de semestre en semestre, ou

---

1. *Mémoires de la Société des antiquaires de France*, t. IX (2e série), p. 69.
2. *Chronique des abbés de Saint-Ouen de Rouen*, publiée pour la première fois par Francisque Michel. Rouen, 1840, petit in-4°; — la chronique de Jean Masselin, qui copie presque constamment celle de Saint-Ouen (ms. latin 5659 de la Bibl. nat.), place ce fait, sans grande apparence de vérité, au 25 mai 1319.

plus souvent s'il est jugé nécessaire. Les sommes livrées à sa gestion se composent ainsi qu'il suit :

1º Le rapport, à quelques réserves près, de plusieurs moulins sis à Rouen, dont deux sur la petite rivière de Robec ;

2º Les droits de la communauté sur les paroisses de Saint-Ouen et de Saint-Vivien ;

3º La totalité des revenus et fruits du domaine de Pleine-Sève ;

4º Le rapport des acquisitions faites en la paroisse d'Évrard-Mesnil, tant par l'abbé Mardargent que par son prédécesseur ;

5º Celui d'un pâté de maisons et jardins sis en la paroisse de Saint-Godard, le long des fossés de Rouen, entre le mur de ville, la porte Beauvoisine, la rue de Gournay et le chemin ;

6º Celui du Champ-aux-Peigneresses, y compris les maisons neuves et autres constructions que l'abbaye avait fait édifier sur ce terrain ;

7º Les redevances de diverses tenures intra et extra muros ;

8º Les locations de deux maisons sises en la Boucherie de Saint-Ouen ;

9º Enfin des rentes de nouvelle acquisition, tant dans la rue Saint-Ouen qu'à Bretteville.

Le montant de ces revenus n'est pas spécifié dans l'acte ; mais il est permis de le porter à un peu moins de 700 livres tournois, d'après un état des charges de l'abbaye en 1337, dont je dois également la connaissance à M. Delisle. Il y est dit que, depuis dix-neuf ans qu'on travaillait à la fabrique de l'église, la dépense annuelle avait été environ de 688 livres tournois[1]. Or, comme ce chiffre représente les ressources tirées du trésor de Saint-Ouen, il n'est pas possible d'y voir autre chose que le montant des sommes allouées par la délibération de 1321.

A ce taux de 688 l. par an, l'abbaye aurait dépensé du sien 14,448 l. pour les vingt et un ans que l'abbé Mardargent fit poursuivre les travaux, et comme, au dire du P. Pommeraye, la construction effectuée dans le même laps de temps coûta 63,966 l. 5 s., il faut conclure que la différence, à savoir 49,518 l. 5 s., fut fournie par les offrandes

---

1. « Item expendimus, annis communibus, pro refectione et reedificatione nostre ecclesie, jam pridem quasi totaliter demolite et destructe, ad cujus refectionem incessanter, juxta nostre possibilitatis modulum, insistimus et continue insistere non cessamus, decem et novem annis elapsis, ac perseverare proponimus, opitulante Domino, quamdiu nobis ad hoc suppetent facultates (cujus quidem ecclesie tercia pars nondum est plene complecta) : sexcies centum quater viginti et octo libras turonenses. » *Arch. de la Seine-Inf.*

des fidèles. Mais de cette somme est à déduire, pour être reporté sur le compte de l'abbaye, le produit de plusieurs coupes de bois, vendues au profit de l'œuvre, et dont le mémoire de 1337 ne fait pas mention. La Chronique des abbés de Saint-Ouen nous apprend que ces coupes rapportèrent 23,569 l. 1 s. 5 d.

Les 63,966 l. dépensées de 1318 à 1339 peuvent représenter, d'après les évaluations de Géraud, cinq millions de notre monnaie. Pour nous fixer sur la quantité d'ouvrage exécutée avec cet argent, nous avons quelque chose de plus positif que le dire du P. Pommeraye : c'est l'épitaphe de l'abbé Mardargent, où on lit que, « ayant commencé à reconstruire de nouveau son église, il fit le chœur avec ses chapelles, les piliers de la tour et une grande partie du transept[1]. »

Voilà trois termes dont les deux premiers sont d'une précision qui ne laisse rien à désirer. Le troisième est loin de paraître aussi satisfaisant; toutefois, s'il est vague par lui même, il cesse de l'être, rapproché du second; et on le déterminera dans une mesure tout à fait conforme à la donnée qu'il énonce, en supposant les deux bras du transept élevés au niveau des quatre piliers, par conséquent les clôtures de cette partie de l'église montées jusqu'aux naissances des arcs de voûte, par conséquent encore la galerie à claire-voie du deuxième ordre exécutée sur tout le pourtour, et les meneaux des fenêtres posés jusqu'à moitié de leur hauteur. L'étude archéologique du monument s'accorde on ne peut mieux avec cette conclusion.

Les choses en étaient là à la mort de l'abbé Mardargent, le 9 décembre 1339. Notre second document va nous apprendre à quel point elles se trouvaient amenées au commencement de 1441.

Cy ensieult le rapport de Simon Le Noir, de Jehan Wyllemer, maistres des euvres de machonnerie est (sic) charpenterie du roy nostre sire au bailliage de Rouen, de Jehanson Salvart, maistres des euvres de l'église cathédrale Nostre Dame de Rouen et de la dicte ville, de Jehan Rouxel, juré du roy nostre dit seigneur, et de Pierre Bense, ouvriers machons; lesquelz dirent et dénonchèrent à revérend père en Dieu, monsieur l'abbé de Saint Ouen et au prieur, au ballif, au gernetier, au maistre de l'euvre religieux[2] du dit lieu de Saint Ouen, comme leur église e[s]t mout périlleuse, veu et regardé la grant charge qui est sus les quatre pilliers touraulx et sus lez quatre grans ars doubliaux; lesquelz pilliers touraulx ne sount point contreboutés de leurs bendes et fournieemens devers leur croysie; par quoy les pilliers bouglent en iceulx endrois et sount mout redoutables; quer s'il

---

1. « Incepit istam ecclesiam edificare de novo, et fecit chorum et capellas, et pillaria turris, et magnam partem crucis. » *Gallia christ.*, t. XI, col. 150.

2. C'est l'agent des travaux, institué par la délibération de 1321.

advenoit que lez diz pilliers ou lez grans ars doubliaux laçassent (lâchassent) tant fut peu, l'église esquerroit en ung tel meschief que la tour querroit, et le ceur (chœur) la sievroit tout en ung tas. Pour lequel peril eschiver les diz maistres et ouvriers conseillent tous d'un opinion que, à toute diligence possible, l'en entende de jour en jour à faire lez bendes et fournieemens de la croysie, ainsy come l'en a coumenchié, pour tenir en seurreté lez pilliers touraulx, et ars doubliaux, et pilliers estrayers fermés lez ungz aveuc les autres. Et pour entendre diligaument à ceste emparacion faire, lez maistres et ouvriers desus nommez dient que il vaudroit mieulx vendre ou engagier galices ou aucuns joyaulx précieux pour avoir argent à ouvrer [diligau]ment, affin que l'église fut misé en seurreté; laquelle est en très grant nécessité pour le présent. Et le maistre de l'euvre ou[yant le dit] rapport, depria et requist aux maistres et ouvriers que icellui rapport fut mis en escript sus ung feullet de parchemin, signé de leurs signez ou seaulx de quoy ilz usent en leurs offices royaulx; et comme à la présence de mon dit sieur l'abbé, prieur, baillif, grenetier et des dis maistres, il se descharga de l'ofice de l'euvre, ou cas que l'en n'y besongneroit pour l'église tenir en seurté, et que se aucun meschief y avenoit, que on ne luy en peult riens demander, ne dire que se fut par sa faulte en quelque manière. Et à ce rapport fu présent Colin de Berneval, receu par mon dit seigneur l'abbé et des religieux cy desus nommés à estre l'ouvrier de machonnerie de leur église pour le temps advenir, en la semblabe magnière comme son feu père Alixandre de Berneval a esté en son temps; lequel Colin de Berneval requist à avoir la coppie du dit rapport par devers luy pour sa descharge au temps advenir. Ce fut fait le lundi xxiii[e] jour de janvier l'an de grace mil IIII[c]XL[1].

Rendons-nous bien compte du sens de ce rapport. Il constate qu'à la date du 23 janvier 1441 (1440 selon l'ancien comput), l'édifice était dans un état alarmant. Les quatre piliers *touraux*, c'est-à-dire les quatre piliers formant les supports de la tour au milieu du transsept, ceux dont il est question dans l'épitaphe de l'abbé Mardargent, ces piliers bouclaient, faisaient ventre en dedans. Une charge énorme leur pesait dessus, sans que rien les contre-butât dans le sens du transsept, car ils n'avaient encore de ce côté ni leurs bandes, ni leurs fourniments. On ne peut pas entendre par le mot *bandes* autre chose que des lignes d'architecture qui restaient à conduire perpendiculairement aux piliers; *fourniment*, de son côté, désigne de la manière la plus juste et la plus reconnaissable les arcs de voûte qui,

---

1. Signé du monogramme de Jeanson, de la signature paraphée de Colin de Berneval, d'une pique tracée à la plume pour la signature de Pierre Bense, et de trois cachets en cire rouge pour Simon le Noir, Jean Wyllemer et Jean Rouxel.

par leur retombée sur les mêmes piliers, devaient les garnir, leur procurer une fourniture nécessaire à leur assiette. Par conséquent, le transept manquait encore de ses voûtes et des dernières assises de ses élévations, sauf sur un point, ajoute le rapport, où l'on avait commencé à lui donner ce complément. Cependant la tour avait été élevée ; elle seule pouvait produire ce grand poids qui compromettait la solidité des supports. De là les appréhensions très légitimes des experts. A la moindre lézarde qui se fût produite dans les piliers qui bouclaient déjà, ou dans les arcs-doubleaux qui reliaient ces piliers, la tour fût tombée et eût entraîné avec elle la fabrique entière du chœur ; car c'est la condition de ces églises gothiques si légères d'avoir toutes leurs parties solidaires et posées comme en équilibre. Il fallait donc à tout prix, suivant les termes de la conclusion, édifier immédiatement le transept, de manière à ce que les piliers touraux reçussent des constructions latérales et transversales (bandes et fournitures), ainsi que des piliers butants du dehors (piliers estrayers), l'appoint de force qui leur était indispensable.

L'interprétation à laquelle nous venons de nous livrer nous met déjà en mesure d'affirmer que, depuis la mort de l'abbé Mardargent, le transept n'avait été touché qu'en deux endroits : au carré central d'abord, puis quelque part où l'on avait porté les travaux sans les avancer beaucoup, puisque le rapport n'en parle qu'incidemment, et comme pour dire que ce qui était fait ne renforçait en aucune manière la partie faible. Sans doute, c'est contre le portail du midi qu'avaient eu lieu ces travaux. La construction de la rose par Alexandre de Berneval oblige de le supposer, car une telle rose n'a pu être construite qu'autant qu'on fermait en même temps la travée de voûte à laquelle elle adhère. Il est vrai qu'on peut se demander si Alexandre de Berneval est bien l'auteur de la rose méridionale, comme le P. Pommeraye et la tradition le prétendent. A cela je réponds oui, parce que leur témoignage me semble suffisamment confirmé par le tombeau de cet architecte, qui nous le représente décrivant au compas un segment de rose, et que le dessin se rapporte visiblement à celui de la rose qui orne le portail du midi.

La tour et le portail méridional, voilà ce qui avait été fait au transept entre 1339 et 1441 ; le reste était encore dans l'état où l'avait laissé le fondateur. Il faut donc corriger ce que dit le P. Pommeraye de l'exécution simultanée des deux roses, et reléguer au nombre des ables le crime imputé à Alexandre de Berneval, à l'occasion d'un ouvrage qui n'était pas seulement commencé lorsqu'il mourut. Il faut aussi introduire le nom de Colin de Berneval dans l'histoire de l'église de Saint-Ouen. La rose septentrionale dont le dessin est si bien accommodé au reste de la construction, le raccord non moins habile des hautes fenêtres et les voûtes posées sur les bras du transept seront désormais les titres de cet artiste.

Ce que nous savons de la nécessité de consolider l'édifice doit lui faire attribuer encore certains détails extérieurs qu'on avait pu ne considérer jusqu'ici que comme des pièces d'ornement, mais qui, aux yeux de l'observateur averti, deviennent des expédients pour contenir la funeste tendance de la tour. Le porche élégant qui s'appuie sur le portail du midi et les deux tourillons qui en garnissent les angles sont dans ce cas : ils éperonnent la façade, à laquelle ils ne semblent apporter qu'un embellissement. La preuve de leur utilité est au portail septentrional, étayé, lui aussi, mais moins artistement, parce que la vue en est cachée par les anciens bâtiments claustraux; deux gros piliers butants projetés en avant de la fabrique servent d'appui de ce côté. La tour elle-même pourrait bien s'être ressentie du programme imposé au successeur d'Alexandre de Berneval. Elle se termine par une plate-forme, et le goût du moyen âge n'était pas pour cette sorte d'amortissement. Là où on la trouve, il y a presque toujours lieu de conclure que la construction n'a pas atteint ou a perdu la forme pyramidale qui lui était destinée. D'après cela, serait-ce se hasarder trop que de supposer la tour de Saint-Ouen découronnée en 1441 d'une aiguille par laquelle elle se terminait auparavant?

Le dernier parti à tirer de notre document est d'expliquer le tombeau qui a donné naissance à cette légende d'un maître jaloux qui tue son élève. Du moment qu'il est avéré qu'Alexandre de Berneval eut son fils pour successeur, au lieu de renouveler, comme on l'a fait, la fable de Dédale et de Perdix pour justifier l'accouplement des deux figures, nous verrons dans ce monument la double sépulture du père et du fils. Ayant le droit d'être enterré à Saint-Ouen en sa qualité de maître de l'œuvre, Colin de Berneval choisit sa place à côté de son père; et comme il fit exécuter immédiatement leur tombeau commun, il voulut qu'une même pierre portât leur double image. Que si le fils n'a point son épitaphe comme le père a la sienne, c'est qu'il ne jouit pas de la sépulture qu'il s'était préparée. Il sera allé mourir ailleurs; et ainsi on n'eut pas à mettre son titre sur une pierre qui ne recouvre pas ses restes. Loin donc que le tombeau de Saint-Ouen soit un monument de l'envie, il est un monument de la piété filiale. Il porte inscrit l'hommage que Colin de Berneval voulut que la postérité rendît à son père pour un ouvrage regardé dès ce temps-là comme un chef-d'œuvre.

Après ces éclaircissements, il reste encore bien des choses à apprendre sur la construction de Saint-Ouen : le nom de l'architecte dont se servit l'abbé Mardargent, l'époque précise où fut bâtie la tour, et tout ce qui concerne la fabrique de la nef, à part les dates que j'ai indiquées au commencement de cet article.

LA PORTE DE L'HOTEL CLISSON[1]

Dans son numéro de janvier 1848, la *Revue Archéologique* annonçait les restaurations faites par les soins de M. Letronne à la porte de l'hôtel Clisson, devenue la porte de l'École des Chartes. Voici quelques explications qui feront mieux comprendre la valeur du monument et l'opportunité des travaux dont il vient d'être l'objet.

C'est avec raison que les journaux qui ont signalé la réouverture de cette porte se sont servis du terme de *découverte*. Elle a été découverte en effet, quoique le corps de logis dans lequel elle est pratiquée soit une de nos antiquités les plus connues. Il n'est personne, sachant tant soit peu son vieux Paris, qui n'ait mémoire d'avoir vu deux tourelles placées obliquement sur le bâtiment principal des Archives nationales, au bout de la rue de Braque. On n'ignorait pas non plus que ces tourelles avaient jadis appartenu à l'hôtel du connétable Olivier de Clisson. Mais à quelle partie de l'hôtel ? c'est ce que la génération actuelle avait totalement oublié ou plutôt n'avait jamais su ; car à une époque incertaine, mais nécessairement antérieure à notre première révolution, la porte fut masquée de telle sorte que ni du dedans ni du dehors on n'en pouvait soupçonner l'existence. Il a fallu, pour la retrouver, que l'entrée des Archives ait été transportée de la rue du Chaume à la rue du Paradis. L'ancienne loge du concierge ayant alors été visitée, on aperçut à l'intérieur d'une soupente le couronnement d'une grande porte évidemment contemporaine des deux tourelles. Dès ce moment, M. Letronne résolut de faire restaurer cette porte,

---

1. [Extrait de la *Revue archéologique* de 1848, t. IV, p. 750 à 769. — *Bibliogr.*, n° 187.]

et de la donner pour entrée à l'École des Chartes transportée aux Archives. L'à-propos de la rencontre a été merveilleux, puisque, du même coup, on a vu sortir de dessous les plâtras qui l'obstruaient, un dégagement dont on avait besoin, et un monument dont l'architecture annonce l'enseignement professé à l'École des Chartes.

La porte de l'hôtel Clisson est pratiquée dans un petit pavillon flanqué de deux tourelles en encorbellement (voy. la planche VI). Elle s'ouvre par une double embrasure sur un couloir de quatre mètres six centimètres de longueur, par lequel on entre dans une cour entourée de constructions du xvie siècle. La première embrasure forme une arcade gothique de cinq mètres trente centimètres de haut, encadrant la seconde embrasure qui, elle, est en cintre surbaissé et haute seulement de trois mètres quatre-vingts centimètres. Toutes deux ont pour pieds-droits des colonnettes continuées au-dessus de leur chapiteau pour faire archivoltes autour de l'un et de l'autre arc. Dans l'épaisseur de la première embrasure et à son sommet, existe une de ces meurtrières qui servaient au besoin à verser de l'eau bouillante du premier étage sur les gens amassés devant la maison. Pareille disposition se remarque à l'hôtel de Sens [1], rue du Figuier Saint-Paul, et dans une foule de manoirs du xve et du xvie siècle.

Sur le tympan formé par la différence d'amortissement des deux embrasures, on a retrouvé deux écussons de la maison de Guise anciennement peints à l'huile (planche VII, fig. 1). Ils sont disposés l'un à côté de l'autre sur un manteau ducal qui lui-même se déploie sur un champ de couleur rouge semé de croix de Lorraine et d'un chiffre où l'on distingue une H couronnée avec deux C en forme de croissants. Ces emblèmes paraissent dater de différentes époques. Le champ rouge ainsi que le manteau ducal de l'écusson de gauche, sont moins chargés de couleur que l'écusson de droite. De plus, une ancre d'or qui paraît par derrière l'écusson de gauche est évidemment une addition postérieure, trahie par l'inhabileté de la main qui l'a faite. Or cette ancre est une date à elle seule. Elle ne peut se rapporter qu'au fils du Balafré, le seul de sa maison qui ait possédé un grand office dans la marine.

Charles de Lorraine, duc de Guise, amiral des mers du Levant sous Louis XIII, n'a pas laissé un grand renom dans l'histoire quoiqu'il

---

[1]. Une coupe longitudinale de la meurtrière de l'hôtel de Sens est gravée dans les *Instructions du Comité des Arts et Monuments*, publiées par le Ministère de l'instruction publique.

ait débuté, on peut dire, sur les marches du trône. Comme prince et comme capitaine, il ne manquait pas de certaines qualités. Il était par-dessus tout d'un sang-froid admirable dans le danger; mais distrait, facile à rebuter, et plus curieux d'intrigues que de grandes affaires. On a conservé un mot plaisant et courageux qu'il dit au combat naval gagné par lui sur les Rochellais, en 1622. Son vaisseau ayant pris feu, son second lui criait, tout blanc de frayeur : « Monsieur, nous sommes perdus ! — Tourne, tourne, dit le duc au pilote; autant vaut rôti que bouilli[1]. » Il eût été homme à bien faire au grand siége de 1628; mais il le quitta longtemps avant la fin, ne trouvant pas assez beau le commandement dont le cardinal de Richelieu l'avait chargé. Il mourut aux environs de Florence en 1640, après neuf ans d'un exil auquel il s'était sagement condamné pour avoir soutenu jusqu'au bout le parti de la reine mère. Il résidait à Marseille comme gouverneur de Provence. Ayant reçu l'ordre de venir rendre compte de sa conduite au roi, il demanda la permission d'aller auparavant en pèlerinage à Lorette, l'obtint et ne revint plus. Les Mémoires du cardinal de Richelieu rapportent cette fuite au mois de juillet 1631[2].

Si c'est nécessairement avant cette époque que l'ancre en question fut ajoutée aux armes héréditaires de Charles de Guise, on peut affirmer aussi que l'écusson placé à côté du sien n'a pas pu être peint avant l'année 1611, car il est parti de Guise et de Joyeuse et représente par conséquent l'alliance du prince avec Henriette-Catherine de Joyeuse, alliance qui eut lieu dans les premiers jours de 1611. On peut voir par les confidences de Fontenay-Mareuil combien de difficultés éprouva ce mariage qui était un retour sur la politique d'Henri IV. Empêcher les Guise de se marier avait été l'idée constante du sage monarque[3]. Quant à l'épousée, elle était fille de ce singulier duc de Joyeuse,

. . . . que Paris vit passer tour à tour
Du siècle au fond d'un cloître et du cloître à la cour[4],

et qui finalement mourut capucin. Elle était veuve en outre de M. de Montpensier[5] et belle-mère future du duc d'Orléans, parce que le

---

1. Tallemant des Réaux, t. II, p. 24 de la petite édition.
2. Livre XXII, p. 333, t. VIII, 2e série de la collection Michaud et Poujoulat.
3. Collection Michaud, 2e série, t. V, p. 41.
4. *Henriade*, chant IV, vers 21.
5. Ce qu'indique la cordelière enroulée autour de son écusson. Voy. la pl. VII.

feu roi, avant sa mort, avait concerté l'union du jeune prince, son dernier fils, avec une fille qu'elle avait eue de son premier mari. Tous les auteurs du temps rendent hommage à sa beauté et à sa sagesse. Elle avait vingt-six ans lors de ses secondes noces, et le duc de Guise quarante passés.

La circonstance des armoiries du duc moins chargées de couleur que celles de sa femme, et les chiffres dont le tympan de la porte est semé, chiffres qui ne se rapportent pas à Charles de Guise, font remonter ces peintures à une époque plus ancienne. Exécutées peut-être du temps du Balafré, elles furent corrigées postérieurement selon ce qu'exigeaient la position et l'alliance de son fils. Les H et les doubles C s'accordent très bien avec cette supposition, puisque le duc assassiné à Blois s'appelait Henri et qu'il avait épousé Catherine de Clèves. M. Lelong, architecte des Archives, qui a examiné tout cela de très près pendant qu'il faisait faire les restaurations, ne serait pas éloigné de croire que les chiffres eux-mêmes sont une première addition, et qu'avant qu'ils fussent posés, le manteau ducal et l'écusson de gauche, moins quelques accessoires, existaient déjà tels qu'on les voit aujourd'hui. Cette opinion d'un juge très compétent ferait donc remonter la première application de peinture au duc François, père du Balafré, c'est-à-dire à l'époque même où les Guise achetèrent l'hôtel de Clisson.

C'est en 1553 que le vieil hôtel de la rue du Chaume passa des Babou de La Bourdaisière, qui le possédaient alors, à la branche cadette de la maison de Lorraine. Les actes encore existants de cette transmission[1] témoignent qu'il fut vendu pour la somme de seize mille livres à madame la duchesse de Guise (Anne d'Est), « soy disant et portant fort en ceste partie du sieur duc de Guise, son espoux. » Comme le duc de Guise se trouvait à Paris le 13 juin 1553, jour où fut passé le contrat, la mise en nom de sa femme dans cet acte indique un motif qu'il avait de ne pas y figurer personnellement, soit pour faire comprendre, soit pour donner à croire que l'acquisition avait été faite des deniers de la duchesse. La seconde hypothèse est peut-être la meilleure, eu égard à ce qui se passa par la suite, et qui est constaté aussi par documents authentiques.

Le 7 octobre 1556, le duc et la duchesse de Guise allèrent au Châtelet faire renonciation de leur hôtel de Clisson en faveur de leur frère et beau-frère le cardinal de Lorraine. Celui-ci accepta, pour renoncer

---

1. Je les cite d'après d'excellentes copies qui font partie de la bibliothèque de M. Le Roux de Lincy.

à son tour, six mois plus tard, en faisant passer la propriété sur la tête de son neveu le prince de Joinville, fils aîné de la maison. Or, quel était l'objet de ces renonciations et transmissions successives? Il n'y a qu'une manière de les expliquer, et la voici : Le grand duc de Guise n'était pas riche dans la mesure de ses prétentions et de sa gloire ; pour tenir maison de prince, il empruntait à tout le monde. Il laissa en mourant plus de deux cent mille écus de dettes [1], et cela après avoir eu à sa disposition le trésor de l'État, où on l'accuse d'avoir puisé à pleines mains. Qu'était-ce donc dans le temps où sa prospérité ne faisait que de poindre? Peu rassuré sur l'héritage de ses enfants, il est visible qu'il voulut au moins sauver celui de l'aîné, et, pour le mettre à l'abri de tout recours, il passa, de connivence avec son frère, les actes énoncés ci-dessus, lesquels n'étaient que des actes fictifs. Ce qui prouve le parfait désintéressement du cardinal de Lorraine dans cette affaire, c'est que, vers le même temps, l donna à son frère, pour accroître d'autant la part de l'héritier présomptif, l'hôtel de Laval, dont il s'était lui-même récemment enrichi [2]. Cet hôtel de Laval occupait l'emplacement où s'est élevé depuis le magnifique portique de l'hôtel Soubise.

Mais ces particularités nous éloignent un peu de notre porte.

En dehors de l'arcade gothique, on voit sur le mur de face du bâtiment deux médaillons sculptés et peints, l'un à droite et l'autre à gauche, avec une M onciale couronnée au milieu, et les mots *pour ce qu'il me plet* gravés sur une banderole. Ces ornements n'existaient pas autrefois ; c'est M. Letronne qui les a fait faire pour rappeler l'illustre origine du monument. Le médaillon de droite figure en effet l'écu d'Olivier de Clisson (un lion vermeil en champ d'argent), et celui de gauche est la copie de son cachet, ou, comme on disait au xive siècle, de son *signet*, tel qu'il existe au bas d'un titre original qui fait partie du Trésor des Chartes [3]. On y voit un heaume surmonté d'une paire d'ailes ou *vol*. Le champ tout autour est semé d'M. *Pour ce qu'il me plet* est la devise de Clisson, tirée de son grand sceau de connétable [4], où elle est gravée avec accompagnement d'M pareilles à celles du signet. Au dire des vieux historiens de Paris, la même lettre était répétée de mille manières dans la décoration tant intérieure qu'extérieure de l'hôtel. La confirmation du fait s'est trouvée

---

1. Brantôme, *Hommes illustres et grands capitaines*, III, 14.
2. Copies de titres à M. Le Roux de Lincy.
3. Archives nationales, J. 400, n° 66. Voyez notre planche VII, fig. 3.
4. Voy. la gravure de ce sceau à la fin du tome II de l'*Histoire de Bretagne*, par D. Morice, pl. 10.

dans les derniers travaux. La lucarne établie dans le comble de la tourelle de gauche est ornée d'une M couronnée dont on n'a eu qu'à raviver la dorure pour lui rendre l'effet qu'elle produisait il y a quatre cent cinquante ans; elle a servi de modèle pour celle qu'on a gravée au-dessus de la porte. D'autres M décorent des carreaux employés à un ancien pavement dont les débris existaient sous la cage du grand escalier de Soubise. Enfin le même emblème se trouve entremêlé avec des feuillages dans une frise peinte dont l'ancienne chapelle présente encore quelques vestiges. On peut voir sur la planche VII un dessin de la lucarne en même temps que des échantillons, tant du carrelage que de la frise (fig. 2, 4 et 5). Celle-ci, large de quatorze centimètres, est composée d'un fond brun sur lequel les ornements se détachent en bleu d'azur; elle a pour bordures deux cordons d'un vermillon extrêmement tendre. Au-dessus sont posés en saillie les abouts des pièces de bois qui portaient les arceaux d'une couverture en charpente. Ces abouts, sculptés avec un art remarquable, offrent des figures d'hommes accroupis sous un tailloir bordé d'astragales, le tout enluminé des couleurs les plus vives. Pour ce qui est des carreaux, ils sont en terre cuite, les uns carrés, les autres en losange, ces derniers recouverts d'un émail vert, les autres d'un jaune pareil à celui du marbre antique. Sur ces fonds sont exécutés les dessins et les M au moyen d'une pâte d'un beau brun rouge incrustée à deux millimètres de profondeur. Le dessin résultant de l'assemblage de ces carreaux se verra mieux par la gravure que par aucune description qu'on en pourrait faire.

Il ressort de tout ceci que l'M était l'ornement par excellence de la demeure de Clisson. Dieu sait combien de contes on a fait à l'occasion de cette lettre. On a prétendu qu'elle était là comme initiale du mot *miséricorde*, et que l'hôtel dans l'origine s'était appelé *Hôtel de la miséricorde*. La ville de Paris, ajoute-t-on, l'avait offert à Olivier de Clisson, voulant que ce cadeau fût un monument de son humanité, après qu'il eut par ses supplications adouci Charles VI, irrité contre les Parisiens, en 1383[1]. Cette tradition n'est, comme toutes les traditions, que de l'histoire travestie. Il est bien vrai que Charles VI vainqueur à Roosbeck, vint achever la défaite des Flamands sur les Parisiens; bien vrai qu'il les désarma, qu'il abolit leur gouvernement municipal, qu'il les fit emprisonner par centaines, confisquer les uns et pendre les autres. Il est très vrai encore qu'après plusieurs semaines de cette terreur, on convoqua le peuple au Palais, pour lui

---

1. Piganiol, *Description de Paris*, t. II, p. 85.

faire entendre, le roi présent, que *tout ce qu'on avait fait jusque-là n'était rien et qu'on aurait à en supplicier bien d'autres*. Sur quoi les princes et princesses du sang qui avaient le mot, se jetant à genoux et criant miséricorde, le gracieux souverain se laissa toucher, et consentit à ce que le criminel fût converti en civil, c'est-à-dire à ce que la coupable cité se rachetât par des écus au lieu de se racheter par le sang [1].

Telle fut la miséricorde de 1383. Les Parisiens auraient-ils été assez sots pour en consacrer la mémoire par un monument ! Et quand ils l'auraient voulu, auraient-ils pu le faire, puisqu'après leur avoir pris leurs deniers communs, on se mit à les écraser d'amendes ? Voilà pour ce qui est de la donation de l'hôtel par la ville. Quant à la popularité de Clisson en 1383, elle est encore plus problématique. Non seulement ce capitaine ne passe pas pour avoir adouci le courroux du roi, mais au contraire il est nommé expressément comme l'un des conseillers de la rigueur. C'est lui qui suggéra et opéra le désarmement de Paris, et, en infligeant cette humiliation aux habitants, il prit à tâche de la leur faire sentir le plus qu'il put. Il alla jusqu'à ordonner que les portes de ville fussent déposées et couchées par terre pour être piétinées par les hommes et par les animaux. Un vainqueur impitoyable faisait cela le jour qu'il entrait dans une place rendue à merci : les Parisiens subirent neuf années durant cet outrage sans exemple. Leurs portes étaient encore par terre lorsque Clisson faillit périr assassiné par Pierre Craon en 1392 : ce qui fait dire à Froissart que « le connétable fut battu de la verge qu'il avait cueillie, » car, les portes fermant de nuit, l'attentat n'aurait jamais eu lieu [2].

Arrivons à une hypothèse plus raisonnable sur l'origine de l'hôtel Clisson. L'auteur de l'*Histoire généalogique de la maison de France*[3] mentionne deux allocations de quatre mille livres que Charles V fit en 1370 et 1371 à Olivier de Clisson pour se pourvoir d'un hôtel à Paris. N'est-il pas très supposable que la demeure achetée en conséquence de ce don royal fut celle de la rue du Chaume ? C'est vers 1370 que la vieille enceinte de Philippe Auguste, qui passait à peu près dans la direction de la rue des Quatre-Fils, fut supprimée comme inutile à cause que la nouvelle fortification, établie un millier de pas plus loin, venait d'être terminée. C'est en ce temps aussi que la no-

---

1. *Histoire de Charles VI*, par le religieux anonyme de Saint-Denis ; Froissart.
2. Froissart, livre IV, c. xxviii, édition Buchon.
3. Tome VI, p. 201.

blesse commença à habiter le Marais, attirée de ce côté par le séjour de Charles V à l'hôtel Saint-Paul. Un quartier neuf, où le terrain coûtait nécessairement moins cher qu'ailleurs, dut fixer tout naturellement le choix d'un étranger au début de sa fortune. Cette hypothèse admise, le palais des Archives ne cesse d'être un monument de nos révolutions que pour devenir un monument de nos victoires, car la première des sommes spécifiées ci-dessus fut accordée au capitaine breton peu après la bataille de Pontvallain, au gain de laquelle il contribua puissamment sous les ordres de Duguesclin.

Pour qu'il ne reste rien de la légende qui a voulu faire Clisson miséricordieux, j'ajoute que bien avant 1383 il avait adopté l'M pour emblème. Le fait a été établi déjà d'une manière incontestable[1], à l'aide de ce même signet dont nous avons fait reproduire le dessin. L'acte scellé de ce signet est une obligation relative à la saisine du château de Josselin nouvellement acquis par Olivier de Clisson. Il est daté du 21 juillet 1370; ce qui fait remonter les M au temps même où il est si vraisemblable que l'hôtel fut construit. Maintenant, est-ce le mot *miséricorde* que cette lettre veut exprimer? Ceux qui le prétendent n'ont qu'à produire le texte sur quoi ils fondent leur opinion. Précisément du temps de Clisson, c'est-à-dire à la fin du xive siècle, la mode s'établit entre les nobles d'ajouter à leurs armoiries et à leur devise une lettre qui depuis a été appelée *chiffre*. Le chiffre était une sorte d'hiéroglyphe, une allusion cachée à quelque aventure, ordinairement de galanterie. Les contemporains n'en savaient pas le mot la plupart du temps. Nous qui sommes postérieurs de tant de siècles, comment le devinerions-nous?

Passons des ornements de la porte à la place qu'elle occupait par rapport à l'hôtel.

Le renfoncement qu'elle forme sur la rue du Chaume est inintelligible, à moins de connaître l'ancien état des lieux. Voici comment cet état est présenté dans l'acte de vente du 13 juin 1553 :

« Une grand maison contenant plusieurs corps d'hostelz, estables, courts et jardins, assise à Paris, rue du Chaulme, appellée l'hôtel de Clichon, devant et à l'opposite de la chapelle de Braque[2]; tous lesdits lieux tenans d'une part et faisant l'un des coings de la rue de....., et d'autre part et faisant l'autre coing de la rue de....; aboutissant d'ung bout par derrière à la vefve et héritiers de feu noble homme messire

---

1. Par M. Dessalles, dans un article du recueil intitulé : *Paris pittoresque* (1837), t. II, p. 101.

2. Depuis, les Pères de la Merci.

Jacques Doulcet, en son vivant advocat en la court de Parlement, et d'autre bout, par devant, sur ladicte rue du Chaulme, etc., etc. » Il résulte de ce passage que l'hôtel faisait les encoignures de la rue du Chaume et de deux rues dont les noms ont été laissés en blanc. Pourquoi ces lacunes? C'est que les deux rues en question n'avaient pas encore de nom arrêté et que, baptisées tantôt d'une façon, tantôt d'une autre, elles pouvaient donner lieu à des malentendus qu'on évitait en s'abstenant de les nommer. Cela était ainsi en 1553 et n'était plus en 1556; car, dans un acte de cette année[1], la maison de Jacques Doulcet, sur laquelle on vient de voir que s'appuyaient MM. de Guise, est déterminée comme « aboutissant d'un bout par derrière à la rue des Quatre-Fils-Aymon, et d'autre part, devant, à la rue appelée vulgairement de La Roche. » Ces deux noms sont ceux par lesquels il convient de remplacer les blancs de la description ci-dessus; et ainsi l'hôtel de Clisson faisant deux retours d'équerre, l'un de la rue du Chaume sur la rue des Quatre-Fils, l'autre de la rue du Chaume sur celle de La Roche, avait sa porte principale pratiquée à cette dernière encoignure.

La rue de La Roche était un prolongement de la rue de Braque, qui originairement avait débouché dans la Vieille rue du Temple, en face de la rue Barbette. Elle fut obstruée au xve siècle par la construction d'un hôtel appartenant aux seigneurs de La Rocheguyon; dès lors elle n'eut plus d'issue qu'un passage qui tortillait à travers les communs de cet hôtel. La Rocheguyon a fait naître le nom abrégé de La Roche. La rue de La Roche séparait l'hôtel de Clisson de l'hôtel de Laval. Elle coupa donc en deux la propriété de MM. de Guise du moment que les deux hôtels leur appartinrent. Il ne paraît pas cependant qu'ils aient jamais songé à user de leur popularité pour faire cesser un état de choses qui les gênait si fort. Mais ce que n'avait pas fait la maison de Lorraine, le prince de Soubise l'essaya dès qu'il se fut rendu l'acquéreur des deux hôtels en 1697. Il fit agir de concert sa faveur, qui était grande, et celle de sa femme, qui était plus grande encore, de sorte qu'à force d'intriguer et de contester, il parvint, non pas à faire supprimer la rue, mais à la convertir en un passage fermant la nuit et interdit le jour aux voitures[2]. Cette servitude du passage est vraisemblablement ce qui donna l'idée de la grande cour qui fait aujourd'hui du palais des Archives un monument sans rival. Le seul moyen de mettre le prince chez lui était de rejeter tous les

---

1. Collection de M. Le Roux de Lincy.
2. Blondel, l'*Architecture*, t. II, p. 256.

bâtiments d'habitation d'un côté ou de l'autre de la voie réservée au public. L'architecte Delamaire, autorisé à prendre ce grand parti, sacrifia l'hôtel de Laval et fit du vieux manoir de Clisson le palais de Soubise. Il en établit la façade sur le côté que longeait jadis la rue de La Roche, et ayant construit le portique qui enveloppe tout l'espace entre cette façade et la rue de Paradis, il pratiqua dans l'axe de la rue de Braque deux issues pour les passants, l'une sur la rue de Paradis l'autre sur les flancs de l'hôtel de Rohan qu'il construisit dans le même temps à la place de l'hôtel de La Rocheguyon. La rue de Soubise (c'est le nom que prit le passage) resta ouverte au public jusqu'au moment où on mit là le dépôt des Archives en 1808. Alors elle fut fermée pour toujours, et la porte cochère de la rue de Paradis devint l'entrée principale du nouvel établissement. Quant à la porte gothique, sa suppression ne remonte pas au temps du premier ni même du second prince de Soubise. Elle se montre encore parfaitement dégagée sur le plan de Paris que fit exécuter le prévôt des marchands Turgot en 1739. Peut-être ne fut-elle bouchée qu'en 1787, à la mort de M. de Soubise, le maréchal de France. Il est certain toutefois que cela se fit avant la révolution. L'existence des armoiries des Guise en est la preuve.

On peut dire que la restauration de cette porte, exécutée sur les dessins de M. Ch. Lelong, est une des plus heureuses du même genre qui aient été faites de nos jours; elle rend à l'histoire et à l'art un monument perdu depuis nombre d'années, le seul vestige d'architecture civile du XIVe siècle qui existe maintenant à Paris.

NOTICE

SUR

L'ALBUM DE VILLARD DE HONNECOURT

ARCHITECTE DU XIIIe SIÈCLE[1]

L'incertitude qui règne sur les procédés manuels des artistes du moyen âge, l'ignorance absolue où l'on est de la manière dont se faisait leur instruction, donneront quelque intérêt à la description d'un manuscrit unique en son genre, qui paraît avoir été le livre de croquis d'un architecte du XIIIe siècle. J'appellerai *Album* ce singulier ouvrage qui fait partie des manuscrits de Saint-Germain conservés à la Bibliothèque nationale (S. G. latin, 1104)[2]. C'est un petit volume de 33 feuillets de parchemin cousus sous une peau épaisse et grossière qui se rabat sur la tranche. Une note, écrite au XVe siècle sur le verso du dernier feuillet, prouve qu'à cette époque l'album en contenait quarante et un[3]; les mutilations qui ont réduit ce nombre ont l'air d'être déjà anciennes.

Comme les feuillets ne sont pas égalisés entre eux, leurs dimensions varient de 15 à 16 cent. de largeur sur 23 à 24 de haut. Chacun d'eux est couvert sur les deux côtés de dessins à la plume, qu'on voit avoir été esquissés à la mine de plomb. Des notes explicatives, conçues dans le dialecte picard du XIIIe siècle et écrites en belle

---

1. [Extrait de la *Revue archéologique* de 1849, t. VI, p. 65 à 80, 164 à 188, 209 à 226. — *Bibliogr.*, n° 189. — Nous avons introduit dans le texte de ce mémoire de nombreuses additions et corrections que l'auteur avait consignées sur les marges d'un exemplaire que nous avons retrouvé dans ses papiers. — R. L.]

2. [Il porte actuellement le n° 19093 du fonds français.]

3. Elle est ainsi conçue : *En ce livre a quarante et j feillet*, signé *J. Mancel* avec paraphe.

minuscule de la même époque, accompagnent plusieurs de ces dessins.

L'album fut connu de Willemin qui y prit de quoi composer une planche de costumes pour ses *Antiquités inédites*[1]. Cela fournit à M. Pottier l'occasion de voir le manuscrit et d'en dire quelques mots dans sa notice explicative des *Antiquités*. Il fut communiqué depuis à plusieurs antiquaires habiles qui en prirent connaissance, et n'en parlèrent pas, peut-être par la difficulté qu'ils éprouvaient à donner une interprétation satisfaisante de tout ce qu'il renferme. Je serai plus hardi n'ayant pas la même ambition. Je ne prétends pas tout expliquer dans un recueil où les matières touchent à la fois à toutes les branches de la construction et de la décoration. Mon but est de faire, après Willemin et M. Pottier, un appel plus marqué à l'attention des érudits pour qu'un si précieux livre soit étudié à fond, discuté par qui de droit, et qu'il fournisse à la science archéologique tout ce qu'il contient pour elle de données certaines et de problèmes à résoudre.

Les notes manuscrites que je signalais tout à l'heure fournissent, sur l'auteur de l'album, sur l'époque à laquelle il vivait, sur ses travaux, quelques notions que je commencerai par mettre en évidence.

Au verso du premier feuillet, on lit ceci :

« *Wilars de Honecort vous salue, et si proie à tos ceus qui de ces engiens ouverront, con trovera en cest livre, qu'il proient por s'arme et qu'il lor soviengne de lui; car en cest livre puet on trover grant consel de le grant force de maconerie et des engiens de carpenterie; et si troverés le force de le portraiture les trais ensi come li ars de jometri le command et ensaigne.* Villard de Honnecourt vous salue et prie tous ceux qui travailleront aux divers genres d'ouvrages contenus en ce livre, de prier pour son âme et de se souvenir de lui; car dans ce livre on peut trouver grand secours pour s'instruire des principes fondamentaux de la maçonnerie et de la construction en charpente. Vous y trouverez aussi la méthode pour dessiner au trait, selon que l'art de géométrie le commande et enseigne. »

Cette note peut passer pour une préface. Elle apprend le nom de l'auteur, le lieu de son origine, la nature ainsi que la destination de son livre. Villard de Honnecourt ayant composé ce recueil, le lègue aux gens de son métier, qui y trouveront nombre de procédés pour la pratique de la maçonnerie, la construction en charpente et l'appli-

---

1. T. I, pl. 102.

cation de la géométrie au dessin. Il leur demande, en récompense, d'avoir mémoire de lui et de prier pour son âme.

Villard de Honnecourt, à en juger par son surnom, était Cambraisien, car Honnecourt est un village sur l'Escaut, à cinq lieues de Cambrai. Cette présumable origine prend la consistance d'un fait certain par la présence dans l'album de deux dessins, dont l'un est le plan de l'église de Vaucelles, abbaye située tout à côté d'Honnecourt; dont l'autre représente également, en plan, le chœur de l'église cathédrale de Cambrai.

De même que tous les hommes de son temps qui savaient quelque chose, notre architecte avait beaucoup voyagé. « *J'ay esté en moult de terres,* » dit-il en un endroit, et à l'appui de son dire, il invoque les monuments de tous pays réunis dans son album. En effet, c'est presque un itinéraire que ce manuscrit. On l'y voit traverser la France du nord à l'ouest, puis parcourir l'empire d'Allemagne jusque par de là ses limites les plus reculées. S'arrêtant une fois à Laon, il y prend le croquis de l'une des tours de la cathédrale, « la plus belle tour qu'il y ait au monde, » à son avis. Ses études minutieuses sur la cathédrale de Reims prouvent qu'il séjourna longtemps dans cette ville. Son passage à Meaux est constaté par un plan de Saint-Étienne, son passage à Chartres par un dessin de la grande rose occidentale de Notre-Dame. Plus loin, on le trouve installé devant le portail méridional de la cathédrale de Lausanne dont il copie la rose existante encore aujourd'hui. Enfin, l'album atteste un long séjour de l'auteur en Hongrie.

Il est à regretter que le manuscrit de Villard de Honnecourt fournisse moins de renseignements sur ses travaux comme architecte que sur ses pérégrinations. On n'y voit qu'une composition signée de lui ; encore en partage-t-il le mérite avec un confrère. Cet ouvrage consiste en un plan de sanctuaire pour une église de premier ordre. Le chœur est enveloppé d'une double galerie et de neuf chapelles, les unes de forme carrée, les autres en hémicycle. Elles alternent sur ce double patron à droite et à gauche de l'abside qui est carrée. Dans l'intérieur, on lit cette légende : *Istud bresbiterium*[1] *invenerunt Vlardus de Hunecort et Petrus de Corbeia inter se disputando.* Ainsi, cette disposition insolite fut le résultat d'une conférence entre Villard et un sien confrère appelé Pierre de Corbie; rien n'indique d'ailleurs qu'elle ait été exécutée.

---

1. *Bresbiterium* pour *presbyterium* est ici l'équivalent de notre mot « chœur ».

A défaut de preuves directes qui permettent de placer notre maître Cambraisien parmi les grands constructeurs du xiiie siècle, il y a lieu de recourir à l'induction.

L'une des mentions de son voyage en Hongrie arrive à propos d'un dessin qu'il prit à Reims : « Lorsque je le fis, » écrit-il au-dessous, « j'étais mandé en la terre de Hongrie. » Pourquoi mandé ? Évidemment pour faire œuvre de son art. Sa réputation était donc déjà si bien établie qu'elle allait le recommander jusqu'aux confins de l'Europe ; et comme l'ouvrage pour lequel on fait faire quatre cents lieues à un homme ne saurait être de médiocre importance, on peut conclure que Villard de Honnecourt n'allait à Bude ou à Strigonie que pour y élever quelque somptueuse église.

J'ai dit précédemment qu'un plan de l'ancienne cathédrale de Cambrai faisait partie des dessins de l'album. La légende qui accompagne ce plan est ainsi conçue : *Vesci l'esligement del chavec Medame Sainte Marie de Canbrai, ensi com il ist de tierre. Avant en cest livre en trouverés les montées dedens et dehors, et tote le manière des capeles et des plains pans autresi, et li manière des ars boteres.* C'est-à-dire : « Voici la disposition du chevet de Notre-Dame de Cambrai, tel qu'il sort de terre. Plus loin en ce livre vous en trouverez les élévations intérieures et extérieures avec le dessin des chapelles, des murs latéraux et des arcs-boutants. » Maintenant, si l'on cherche ces élévations, chapelles, clôtures annoncées par l'auteur, on ne les trouve pas dans le manuscrit, mais on trouve les parties analogues de la cathédrale de Reims, dessinées avec le plus grand soin, et expliquées par une autre légende où on dit, en parlant des chapelles, que celles de Cambrai seront toutes pareilles si on les mène à fin : *d'autretel maniere doivent estre celes de Canbrai s'on lor fait droit.* Donc au moment où Villard de Honnecourt écrivait cela, le chevet de la cathédrale de Cambrai, sorti de terre, mais non élevé, attendait qu'on le terminât ; donc le renvoi aux élévations du chevet de Cambrai n'a pu être qu'un renvoi aux élévations du chevet de Reims, modèle de l'autre.

Mais pour faire, dans son esprit, cette confusion de la cathédrale de Reims avec la cathédrale de Cambrai ; pour déclarer d'avance, et d'un ton décidé, la forme que devaient recevoir les parties inachevées de celles-ci ; enfin pour se livrer, à Reims, aux études les plus minutieuses sur ces parties même dont la copie était en voie d'exécution à Cambrai, ne faut-il pas que Villard de Honnecourt ait été l'architecte de l'église de Cambrai ? Cela me paraît d'une grande probabilité.

Les personnes qui ne connaissent ni l'esprit ni les pratiques du moyen âge vont dire que raisonner comme je fais, c'est se donner bien de la peine pour arriver à prouver, quoi? qu'un homme dont je cherche à établir la valeur, n'a été qu'un plagiaire. Mais il y avait une raison plus forte que la volonté d'aucun architecte pour que le sanctuaire de la cathédrale de Cambrai fût fait à l'image de celui de Reims. Cambrai, n'étant pas encore métropole, dépendait de la province rémoise; son église était donc fille de l'église de Reims. Or, l'archéologie a déjà constaté que ces sortes de relations entre les églises s'exprimaient, en architecture, par la conformité du plan et du style. La reproduction partielle de la basilique de Reims à Cambrai confirme donc le fait archéologique, mais n'infirme pas la capacité du constructeur.

Tout copié qu'il était, le sanctuaire de la cathédrale de Cambrai n'en présentait pas moins l'aspect d'une magnifique construction. Il y avait anciennement un dicton dans le Nord, que, pour faire une église parfaite, il aurait fallu joindre au chœur de Notre-Dame de Cambrai la nef de Notre-Dame d'Arras, la croisée de Notre Dame de Valenciennes et le clocher de Notre-Dame d'Anvers. Les vieillards qui l'ont vu ne se consolent pas de sa perte. Il fut renversé à la Révolution. Il y a vingt-cinq ans, lorsqu'on acheva de déblayer l'emplacement de l'église, l'architecte de la ville, M. Aimé Boileux, put encore en relever le plan. Ce plan, gravé dans les *Recherches sur l'église métropolitaine de Cambrai*, de M. Leglay, est parfaitement conforme au dessin de notre manuscrit.

J'ai voulu, par les développements qui précèdent, retrouver quelqu'un des titres perdus de Villard de Honnecourt. Mes efforts m'ont peut-être conduit moins au vrai qu'au vraisemblable; mais ils m'ont mis du moins en possession d'une série de faits au moyen desquels va être résolue d'une manière mathématique la question d'âge du manuscrit, et subséquemment l'âge de l'auteur. Il n'y a pour cela qu'à tirer de l'histoire des cathédrales de Cambrai et de Reims quelques-unes des dates de leur construction.

La cathédrale de Cambrai, qui était romane, fut accommodée à un nouveau plan lorsque l'architecture gothique prévalut. M. Leglay mentionne des travaux exécutés dès 1227 pour la reconstruction des bras du transept. Le tracé d'un nouveau chœur, derrière celui qui existait, fut commencé, en 1230, par la fondation de la première chapelle à gauche du sanctuaire. La seconde chapelle à gauche fut fondée en 1239, l'abside en 1244, la seconde chapelle à droite en 1243. Quant à la première à droite, qui complétait le pourtour du chevet, on ignore sa date, mais d'après la marche du reste des travaux qu'on voit avoir été dirigés du transsept vers l'abside, on peut raisonnablement supposer que cette chapelle fut commencée entre 1230 et 1239. Ainsi, c'est de 1230 à 1243 que s'éleva la clôture du nouveau chevet de Notre-Dame de Cambrai.

D'autre part, il est constant que l'œuvre circonscrite par la même clôture fut achevée en 1251, puisque, le jour de Pâques de cette année, le clergé prit possession du nouveau chœur.

Maintenant, qu'on se reporte à l'état des lieux constaté tant par le dessin que par les annotations du manuscrit. Le nouveau chevet est fondé sur tout le développement de sa ligne de ceinture; néanmoins, l'achèvement des travaux est assez éloigné pour que l'architecte en parle comme d'une chose problématique : « Les chapelles, dit-il, auront telle figure si jamais on les termine, *s'on lor fait droit*. » Et il n'y a pas que les chapelles qui demeurent inachevées, mais encore les arcs-boutants, pièces essentielles de la construction du chœur, pour le dessin desquelles on renvoie aux analogues de l'église de Reims. Cela concorde donc parfaitement avec la suspension des travaux qui résulte du silence de l'histoire entre 1243 et 1251 ; par conséquent, c'est dans l'intervalle de ces deux années que Villard de Honnecourt écrivit la légende rapportée ci-dessus.

Les dates connues de l'œuvre de Reims ne contrarient en rien ce résultat. L'édifice, commencé en 1211 par Robert de Couci, était achevé jusqu'au transept lorsque ce maître mourut en 1241 ; le chevet avec sa ceinture de chapelles était monté certainement dès 1215[1]. Quant à la nef, dont Villard nous a laissé aussi des dessins, elle s'éleva de 1241 à 1257 ; et comme ces dessins sont ceux d'une travée prise isolément, pourvu qu'on suppose une seule travée construite avant 1251 (et c'est le moins qu'on puisse faire), notre chronologie subsiste : c'est toujours de 1243 à 1251 que le manuscrit de Saint-Germain a été annoté.

Par une série d'autres rapprochements, il est possible de réduire encore ce terme, et subséquemment de placer à la date qui lui convient, le point le plus marquant de la biographie de Villard de Honnecourt.

Le dessin qu'il fit à Reims lorsqu'il s'en allait en Hongrie, ce dessin est celui d'une fenêtre des bas côtés de la nef : donc il est postérieur à 1241, donc le voyage de Hongrie lui-même se place après 1241.

Interrogeons maintenant l'histoire de Hongrie.

---

1. Le chœur fut consacré le 18 octobre de cette année, selon Marlot.

En 1242, les Tartares ayant envahi les provinces danubiennes, la nation hongroise presque tout entière fut forcée d'émigrer. Elle revint l'année suivante, expulsa ses vainqueurs, mais ne trouva plus que des ruines à la place où ses villes avaient existé. Strigonie surtout, Strigonie, la capitale et l'ornement de l'empire, avait été comme effacée du sol. C'est à la restauration de cette grande cité que Bela, qui régnait alors sur les Hongrois, commença par appliquer toutes ses ressources. Il tâcha de lui rendre sa splendeur, son animation, sa physionomie toute européenne, car au moment de l'invasion, elle était peuplée presque exclusivement de Français et d'Italiens[1]. Entre autres monuments, il y fit construire, pour les Frères mineurs chez qui il avait élu sa sépulture, une somptueuse église sous l'invocation de la sainte Vierge[2].

Ignorant l'année précise de la construction de Notre-Dame de Strigonie, je ne me hasarderai point à y faire intervenir Villard de Honnecourt; mais il est impossible de ne pas voir de relation entre son voyage et tant de travaux entrepris pour réparer les ravages des Tartares. Je suppose, en conséquence, qu'il partit pour la Hongrie en 1244, après la délivrance complète du pays. De son aveu, il y fit un assez long séjour : *la u je mes maint jor*. Deux ou trois ans justifieraient l'expression qu'il emploie. Donc, de retour en France vers 1247, il aurait annoté son album lorsqu'il n'était pas encore question de reprendre, à la cathédrale de Cambrai, les travaux qui furent terminés en 1251. Probablement qu'il était alors sur le déclin de sa vie ou à la veille de se retirer du monde, puisqu'il se séparait de ses instruments de travail.

Le voyage de notre auteur en Hongrie pourrait donner lieu encore à d'autres aperçus :

1° Le roi Bela était frère d'Élisabeth de Hongrie, princesse très dévote à Notre-Dame de Cambrai, et dont les offrandes servirent précisément à payer les travaux de reconstruction commencés au transept de ladite église en 1227, sous la direction présumée de Villard de Honnecourt.

2° Élisabeth de Hongrie mourut en 1231, fut canonisée, et devint l'objet d'un culte particulier à Marbourg où elle avait reçu la sépulture. Là, sous son invocation, fut construite en 1235 une magnifique église, la première, de l'aveu des archéologues, que l'Allemagne ait vue s'élever dans le style purement gothique ou, pour mieux

---

1. Rogerii Varadiensis, *De destructione Hungariæ per Tartaros*.
2. Johannes de Thworez, *Chronicon Hungarorum*.

dire, français. De plus, cette église de Marbourg a ses croisillons arrondis : disposition assez rare des églises gothiques, que la cathédrale de Cambrai présentait également.

3° A sainte Élisabeth fut consacrée encore celle des chapelles de la cathédrale de Cambrai dont la fondation, fixée dans l'histoire à 1239, serait, selon nous, du nombre des travaux exécutés par Villard de Honnecourt

Ce sont là de simples rapprochements opérés sur des faits qui peut-être n'ont entre eux aucune connexité, mais dont peut-être aussi la parenté sera établie un jour par des documents sortis des archives de l'Allemagne ou de la Hongrie. Jusque-là tenons-nous-en sur Villard de Honnecourt aux dates précédemment obtenues. Elles permettent de le faire sortir de la grande école du temps de Philippe-Auguste; elles le placent au beau milieu de cette génération d'hommes par l'industrie de qui le genre gothique atteignit, comme système de construction, ses derniers perfectionnements. Quoi de plus digne d'attention que cette circonstance, lorsque tout à l'heure nous verrons Villard de Honnecourt nous livrer les procédés de l'art de bâtir usités de son temps? Évidemment le manuscrit de Saint-Germain est destiné à devenir le point de départ de toutes les études sur cette matière, études bien neuves encore, car jusqu'à présent il n'y a guère que la conjecture qui ait été appelée à expliquer le faire des grandes constructions du XIII° siècle.

La meilleure description d'un livre de dessins serait de le reproduire par la gravure. N'ayant l'avantage de pouvoir faire passer sous les yeux du lecteur qu'un très petit nombre de figures, je devrai discourir avant tout. Cette nécessité m'en impose une autre : celle de soumettre à une classification les matières jetées pêle-mêle dans l'album.

Je les classerai donc; et pour cela je ne prendrai en considération ni leur plus ou moins d'apparence, ni le mérite plus ou moins grand de leur exécution, mais seulement la nature des connaissances auxquelles elles ont rapport. Le même point de vue me fournira la mesure du développement à donner à chacune de mes explications. Les plus grands et les plus beaux dessins de Villard de Honnecourt pourront ne recevoir de moi qu'une simple mention, tandis que j'insisterai sur des traits souvent informes et perdus entre d'autres figures : défaut de proportion qui en réalité n'en est pas un; car là où l'auteur se montre seulement dessinateur habile, il suffit du plus court éloge donné à son talent; tandis que les endroits où paraît son instruction professionnelle ne sauraient être trop discutés, devant, par leur éclaircissement, fournir à la science des données qui lui ont manqué jusqu'ici.

Neuf chapitres embrasseront facilement la totalité des remarques à faire sur le manuscrit de Saint-Germain. Ils seront désignés par les titres suivants :

1º Mécanique ; 2º géométrie et trigonométrie pratique ; 3º coupe des pierres et maçonnerie ; 4º charpente ; 5º dessin de l'architecture ; 6º dessin de l'ornement ; 7º dessin de la figure ; 8º objets d'ameublement ; 9º matières étrangères aux connaissances spéciales de l'architecte et du dessinateur.

1

MÉCANIQUE

Villard de Honnecourt se flattait d'avoir trouvé le mouvement perpétuel. Il s'en explique avec une satisfaction marquée, et en faisant ressortir l'impuissance des tentatives faites avant lui. *Maint jor*, écrit-il, *se sunt maistre desputé de faire torner une ruee par li seule. Ves ent ci con en puet faire par maillés non pers u par vif argent.* « Maintes fois les maîtres ont cherché entre eux la manière de faire tourner une roue d'elle-même. Voici comment on peut y parvenir au moyen de maillets en nombre impair ou par du vif-argent. » La figure expliquée par ce texte (fol. 5 recto du ms.), représente une roue montée sur un arbre entre deux jumelles. Une gorge, pratiquée dans l'épaisseur de cette roue, est traversée en sept points équidistants par autant de petits axes sur chacun desquels joue un maillet suspendu par le bout de son manche. Le cas du vif-argent que l'auteur indique sans le représenter, consisterait évidemment à substituer aux maillets des boules creuses remplies de mercure à la moitié ou aux deux tiers, de manière à avoir leur centre de gravité mobile.

L'illusion de Villard s'explique assez par son dessin. Le système des maillets y est figuré dans un moment où celui d'en bas n'est pas encore revenu à la verticale. Des personnes qui n'ont pas, comme lui, l'excuse de vivre au XIIIᵉ siècle, se laissent encore prendre à pareille visée, et il ne se passe pas d'année que l'Académie des sciences ne reçoive la communication du mouvement perpétuel découvert précisément par la suspension de poids mobiles sur la circonférence d'une roue.

Comme théorie de la mécanique, l'album ne contient rien de plus que cette invention. Il est plus riche en dessins de mécanique appliquée. On n'y rencontre pas moins de trois pages toutes pleines de machines. Ce sont là de précieux matériaux, mais d'un difficile emploi. Rien de bizarre comme le système dans lequel ont été conçues les figures de ces machines. Elles sont présentées à la fois dans toutes les perspectives, à vol d'oiseau et en hauteur, de face et de profil, de sorte que c'est un problème que d'avoir à définir le plan de chaque pièce. Joignez à cela que plus d'une fois des rouages importants ont été omis soit par l'inadvertance du dessinateur, soit par impossibilité de sa part à tout représenter.

Les machines dessinées sont les suivantes ;

1° *Une scierie hydraulique* (fol. 22 verso). — La figure a pour légende : *Par chu fait om une soore soir par li sole*, « par ce fait-on une scie scier d'elle même. » La scie est en élévation. On en distingue très bien le ressort, qui est une longue perche flexible. L'articulation opposée au ressort consiste en quatre barres assemblées entre elles comme les pièces d'un sautereau. Sur l'arbre de la roue motrice, vu en projection, sont établis une roue dentée pour faire avancer le bois qu'on scie entre ses guides, et un tourniquet qui s'abat sur l'articulation de la scie.

C'est bien là le point de départ de nos appareils aujourd'hui si perfectionnés. L'invention remontait à l'antiquité, puisque Ausone, dans son poème de la Moselle, mentionne des scieries de marbre établies sur la petite rivière d'Arouvre :

> Præcipiti torquens cerealia saxa rotatu
> Stridentesque trahens per lævia marmora serras.

Du Cange cite, pour le moyen âge, plusieurs exemples de scieries mécaniques, mais tous postérieurs au dessin de Villard de Honnecourt. Le plus ancien est celui d'un établissement de ce genre, acheté en 1303 par les chanoines de Saint-Sernin de Toulouse, au Mas-Saintes-Puelles (Aude). Deux autres exemples, postérieurs d'une trentaine d'années, constatent la prohibition des scieries mécaniques tant à Monréal (Aude) qu'à Allevard (Isère). Au contraire, les autorisations pour en construire abondent à la fin du même siècle, particulièrement en Bigorre et en Savoie. Les dénominations fournies par les titres, sont celles de *ressega, ressia, reyssia, resea de aqua, seyta, sciarium*.

2° *Scie à receper les pilots* (fol. 23 r.). — Ce n'est pas sans surprise que j'ai rencontré là cette scie qui passe pour une invention du siècle dernier; car, lorsque depuis un temps immémorial, les constructeurs hydrauliques ne savaient piloter qu'à l'aide de batardeaux, Belidor imagina de supprimer l'opération si dispendieuse de l'épuisement au moyen d'une scie qui atteindrait les pilots au fond de l'eau. L'idée de Belidor fut mise à exécution, non par lui (il n'y put réussir), mais par M. de Vauglie, ingénieur de la généralité de Touraine, qui construisit la première scie à receper en 1758, et l'employa à la fondation du pont de Saumur[1]. Voilà un exemple de plus après tant d'autres, du mal qu'ont eu les modernes à retrouver des choses parfaitement connues des anciens.

Pour la curiosité du fait, nous reproduisons ici le dessin de l'album. Il est accompagné de la légende que voici : *Par cest engien recopon estaces dedens une aie por une sole asir sos*, « par cet engin recepet-on pilots dans l'eau pour asseoir dessus une plate-forme. » Une partie du mécanisme a été omise, ou bien il faut admettre qu'on agissait à bras sur les montants de la scie dans le sens opposé au poids que conduit la roue; sans cela, le mouvement de va-et-vient n'aurait pas eu lieu. Quant à l'instrument qu'on voit à droite du dessin, il me paraît destiné à établir le niveau d'action de la scie.

3° *Vis à lever les fardeaux* (fol. 22 v.). — Une longue vis qui, par son mouvement, fait monter un écrou entre deux guides. Une corde passée autour de l'écrou et fortement nouée sur le devant constitue l'intermédiaire entre la puissance et la résistance. Légende :

---

1. *Encyclopédie méthodique*, Arts et métiers, t. I, p. 550.

Par chu fait om on des plus fors engiens ki soit por fais lever.
« Ainsi fait-on un des plus forts engins qu'il y ait pour lever des fardeaux. »

Cette machine, en effet très puissante, était peu commode à cause de la lenteur de son action. Le principe s'en conserva jusqu'aux temps modernes. La figure 38 du *Théâtre mécanique* de Jacques Besson, *Forma novæ machinæ ad exonerandas quasvis naves*, est une très légère modification de celle de l'album.

4° *Trébuchet* (fol. 30 recto). — On appelait ainsi une machine de guerre fort en usage au XII° et au XIII° siècle. On s'en servait pour lancer des quartiers de pierre ou des flèches de siège. Celle de Villard de Honnecourt est appropriée au jet des flèches. Elle est représentée en plan; l'élévation, ainsi que le marque la légende, se trouvait jadis sur un feuillet précédent qui manque aujourd'hui. Malgré ce que la figure a d'incomplet, on comprend que le jeu de la machine dépendait de deux énormes ressorts agissant dans son plan à droite et à gauche. Ces ressorts sont des pièces de bois flexible, assemblées en potence. Il y a pour les tendre un câble que des poulies de renvoi et un tour conduisent à l'extrémité d'un fort barreau planté dans un treuil. L'auteur indique que, lorsque les ressorts étaient tendus, autrement dit lorsque le barreau était renversé en arrière, il fallait, pour l'y tenir en respect, une masse de douze cent quatre-vingt-seize pieds cubes de terre. Quant à l'affût et au jet de la flèche, ils étaient représentés sur la page aujourd'hui absente. Voici l'explication commune aux deux dessins :

Se vous volés faire le fort engieng con apiele trebucet prendrés ci garde; ves ent ci les soles, si com il siet sor tierre. Ves là devant les ij. windas et le corde ploie à coi on ravale le verge. Veir le poés en cele autre pagene. Il i a grant fais al ravaler, car li contrepois est moult pezans; car il i a une huge plainne de tierre, ki ij. grans toizes a de lonc, et viiij. piés de lé, et xij. piés de parfont. Et al descosier de le fleke pensés et si vous en donés garde, car ille doit estre atenue à cel estancon la devant.

« Si vous voulez faire la forte machine qu'on appelle trébuchet, faites attention ici. Voici les soles qui procurent son assiette par terre. Voilà les deux guindales (ressorts) et la corde détendue dans laquelle on passe le barreau quand on le renverse. Vous en pouvez voir le jeu à l'autre page (celle qui manque). Il faut un grand effort pour le renverser vu la puissance du contrepoids qui est une manne pleine de terre, ayant deux grandes toises de long, neuf pieds de large et douze pieds de profond. Quant à la manière de décocher la flèche, jugez-en par l'idée qu'elle doit être affûtée sur la traverse placée là devant la machine. »

Tout cela justifie très bien les expressions *grandis, materialis, versilis machina*, appliquées au trébuchet dans quelques-uns des exemples rapportés par Du Cange (v° *Trebuchetum*).

5° *L'arc infaillible* (fol. 22 v.). — L'arc de Villard de Honnecourt est une arbalète dont le fût est terminé par une petite mitre tout à fait pareille à un éteignoir. Cet appendice était percé à son sommet d'abord pour diriger l'œil sur le but que l'on visait, et ensuite pour laisser passer le trait. Le dessin représente l'arc bandé et le trait posé sur le fût. A la queue du trait est attachée une longue ficelle nouée par l'autre bout sur le travers d'une cheville. Le trait étant chassé emportait avec lui la ficelle qui le suivait jusqu'à ce que la cheville vint barrer l'orifice de la mitre. Elle devait donc être plus longue que la distance à parcourir pour atteindre le but, puisque lorsqu'elle s'arrêtait, le trait s'arrêtait aussi. Une ligne droite tirée par delà la pointe de la mitre marque la tension de la ficelle lorsqu'elle sera emportée par le trait. Je ne connais pas de texte ancien qui atteste l'usage d'un instrument de cette sorte. Peut-être n'a-t-il jamais existé que dans l'imagination des mécaniciens du moyen âge, et il méritait d'y rester. Il est le digne pendant de celui qui montre le mouvement perpétuel. Légende : *Par chu fait om une arc ki ne faut*, « ainsi fait-on un arc qui ne manque jamais. »

6° *Mécanisme pour faire tourner une statue sur elle-même dans un espace de temps donné* (fol. 22 verso). — La légende explique la chose dans des termes qui ne conviennent qu'à un cas tout particulier : *Par chu fait om un angle tenir son doit adès vers le solel.* « Ainsi fait-on qu'un ange tienne son doigt toujours levé du côté du soleil. » Ceci serait une énigme si l'on ne se rappelait l'ancien usage de placer des statues d'ange sur le comble des grandes églises à l'endroit du rond-point. On ignore, il est vrai, qu'un mécanisme ait été jamais appliqué à ces statues pour leur faire accomplir du soir au matin une évolution en rapport avec le cours du soleil ; mais, outre que notre dessin prêterait difficilement à double entente, un monument détruit, il y a peu d'années, offrait encore des marques de ce vieil usage. Je veux parler de l'ange placé au chevet de la cathédrale de Chartres avant l'incendie de 1836. Il était de plomb et placé sur un pivot, ce qui avait accrédité l'opinion qu'il était là pour servir de girouette ; mais n'eût-il pas été bizarre de donner à un objet si pesant une pareille destination ? Il est bien plus naturel d'aller chercher dans le manuscrit de Saint-Germain l'explication du pivot de la statue de Chartres. Un pivot est en effet l'organe mécanique auquel aboutit l'appareil dessiné par Villard de Honnecourt. Comme l'arbre de ce pivot adhérait à la statue, pour n'avoir pas à déranger celle-ci, on l'aura laissé subsister, lors de la suppression de la machine.

Le mécanisme figuré dans l'album est fondé sur le même principe que le mouvement d'horlogerie. Un contrepoids suspendu à l'extrémité d'une corde entraîne un poids moindre qui lui fait opposition à l'autre bout de la corde. Dans l'intervalle s'effectue, au moyen de diverses décompositions de mouvement, l'emploi de la force produite. Ainsi, du côté du contrepoids, la corde guidée par une poulie de renvoi va s'enrouler sur un arbre horizontal que modère un volant; de là elle passe et s'enroule encore sur un arbre vertical qui est la pièce pivotante; enfin, après avoir été reçue par une dernière poulie, elle retrouve la verticale par l'effet du poids qui la sollicite.

7° *Mécanisme de l'aigle du lutrin* (fol. 22 verso). — Voici encore un effet de mécanique admis par l'Église pour exciter l'admiration des fidèles. La légende est ainsi conçue : *Par chu fait om dorner la teste del aquile vers le diachene kant list la vengile*. « Ainsi fait-on tourner la tête de l'aigle vers le diacre lorsqu'il lit l'évangile. »

La figure, que nous reproduisons à cause de son intérêt archéologique, demande à être corrigée et complétée par la pensée. D'abord l'aigle qu'on voit par son profil extérieur, devrait être représenté sur coupe, puisque le mécanisme était établi dans son corps. Il faut supposer ensuite que le cou de l'animal posait à coulisse sur le corps, de même qu'un couvercle de boîte. La broche sur laquelle la corde est enroulée et nouée, devait rester immobile dans le cou de l'oiseau; les deux poulies, posées sur des axes également immobiles, étaient au contraire dans le corps. On faisait jouer la machine en tirant la corde par un bout qui sortait vers la queue. Cette corde se raccourcissant faisait tourner le cou sur sa coulisse par la traction de la broche. La lâchait-on, un contre poids intérieur réagissait et l'aigle reprenait sa première attitude

8° *Chaufferette à mains* (fol. 9 recto). Appareil usité à ce qu'il paraît dans les églises du XIII° siècle, et dont la construction répond au problème suivant : Tenir un foyer suspendu dans une position constante au milieu d'une boule exposée à tous les mouvements. C'est une sphère creuse, formée de deux parties qui adhèrent l'une contre l'autre au moyen de rivures boulonnées. Dans l'un des hémisphères sont disposés six cercles concentriques dont les rayons vont toujours en diminuant d'une quantité égale à la distance qui sépare le plus grand des parois de l'appareil. Chacun est muni extérieurement de deux tourillons dans le sens de son diamètre. Les tourillons du premier jouent contre les parois de la sphère ; les tourillons du second, tournés perpendiculairement à ceux du premier, jouent sur lui ; les tourillons du troisième, tournés dans le même sens et sur le même axe que ceux du premier, jouent sur le second ; les tourillons du quatrième, tournés dans le même sens et sur le même axe que ceux du second, jouent sur le troisième, et ainsi des deux autres. Sur le sixième s'appuie également, au moyen de deux tourillons, un foyer marqué sur le dessin par une surface circulaire qui occupe ainsi le centre de l'appareil. C'était une petite poêle ou coupelle, nécessairement massive, où on mettait des parcelles de charbon allumé. On conçoit que chaque révolution de la sphère déterminait de cercle en cercle jusqu'à la poêle et de la poêle sur les cercles une réciprocité de mouvements qui empêchaient celle-ci de se déplacer brusquement, de sorte qu'elle arrivait toujours à trouver son assiette sans laisser échapper le feu qu'elle contenait.

Villard de Honnecourt explique cela comme il suit :

Se vous voleis faire j. escaufaile de mains, vos fereis ausi come une pume de keuvre de ij. moitiés clozeice. Par dedans le pume de keuvre doit avoir vj. ciercles de keuvre; cascuns des ciercles a ij. toreillons, et ens, en mi liu, doit estre une paelete à ij. toreillons. Li toreillon doivent estre cangiet en tel manière que li paelete al fu demeurt adès droite; car li uns des toreillons porte l'autre; et se vous le faites à droit si comme li letre le vous devize et li portraiture, torner le poés quel part que vous voleis, ja li fus ne s'espandera. Cis engiens est bons à vesque. Hardiement puet estre à grant messe, car ja tant com il tiegne cest engiens entre ses mains, froides nes ara, tant com fus puist durer. En cest engieng n'a plus. « Si vous voulez faire une chaufferette à mains, vous ferez comme une pomme de cuivre de deux moitiés qui s'emboîtent. Par dedans la pomme de cuivre il doit y avoir six cercles de cuivre, chacun des cercles est muni de deux tourillons et dans l'intérieur, tout au milieu, doit être une poêlette aussi sur deux tourillons. Les tourillons doivent être alternés de manière à ce que la poêlette à feu demeure toujours droite, car les tourillons d'un cercle emportent ceux de l'autre. Et si vous faites de point en point comme la légende et le dessin le disent, vous tournerez la boule dans tel sens que vous voudrez sans que le feu se répande. Cet appareil est bon pour un évêque. Il n'aura pas à craindre d'assister à la grand'messe, ayant cela entre les mains; il n'y sentira pas de froid aussi longtemps que pourra durer le feu. Il n'y a rien de plus à dire sur cet appareil. »

De plus, au milieu de la figure, dans le cercle qui représente la poêle, est écrit : *Cis engiens est fais par tel manière, quel part qu'il tort, adès est li paelete droite* « Cet instrument est fait de telle sorte que de quelque côté qu'on le tourne, la poêlette est toujours droite. »

Les termes de la note ci-dessus restreignent aux seuls évêques l'usage de l'*eschaufaille à mains* ; de là sans doute la rareté de cet objet dont aucun échantilon n'a été signalé depuis que l'on recherche les pièces du mobilier des anciennes églises. C'est à lui, sans aucun doute, qu'il faut appliquer une acception de *calefactorium* que Du Cange n'a pas pu déterminer, et dont il rapporte deux exemples, tous deux tirés d'un ancien inventaire de la cathédrale d'York : *Unum calefactorium argenti deauratum cum nodis curiosis insculptis, ponderis unius unciæ. Item unum calefactorium de cupro deaurato cum nodis insculptis ponderans x. uncias.* Ces *nodi insculpti* sont les rivures des boulons destinés à maintenir ensemble les deux parties de la sphère.

9° *Chantepleure* (fol. 9 r.). Ce mot qui plus tard désigna un arrosoir, sert à dénommer ici une certaine application du siphon. L'appareil, comme on voit, consiste en une petite tour à toit aigu sur le faite de laquelle est un oiseau qui penche la tête en avant. Cette tour porte sur trois pieds et l'on aperçoit qu'un tube la traverse verticalement, se prolongeant par en bas un peu au-dessous du niveau des trois pieds. Le tout est disposé dans un hanap ou large coupe. On lit à côté :

Vesci une cantepleure con puet faire en j. henap en tel manière qens, en mi le henap, doit avoir une torete ; et ens, en mi liu de le torete doit avoir j. behot qui tiengne ens el fons del henap ; mais que li behos soit ausi lons com li henas est parfons. Et ens en le torete doit avoir iij. traveçons par sontre le fons del henap, si

que li vins del henap puist aler al behot. Et par deseur le torete doit avoir j. oiziel qui doit tenir son biec si bas que, quant li henas iert plains, qu'il boive. Adont s'en corra li vins par mi le behot et parmi le piet del henap qui es dobles. Et s'entendés bien que li oiziaus doit estre crues. « Voici une chantepleure qu'on peut faire dans une coupe. Pour cela il doit y avoir au milieu de la coupe une petite tour, et la tour doit être traversée par un tube qui aille au fond de la coupe, tellement donc que le tube sera aussi long que la coupe est profonde. De plus il doit y avoir dans la tour trois tasseaux (pour lui servir de pieds) contre le fond de la coupe, afin que le vin de la coupe puisse aller au tube. Enfin par-dessus la tour il doit y avoir un oiseau dont le bec ira assez bas pour qu'il semble boire, lorsque la coupe sera pleine, alors le vin circulera par le tube et par dedans le pied du hanap qui est à double paroi. Entendez bien aussi que l'oiseau doit être creux. »

Cette explication, aussi bien que la figure qu'elle accompagne, est inexacte ou incomplète. L'oiseau creux et le tube forment siphon; mais par où amorçait-on ce siphon? Pourquoi et de quelle façon le pied du hanap était-il double? Il y a grande apparence que notre auteur ne comprenait pas bien le jeu de l'appareil.

Le principe du siphon a été appliqué, dans le moyen âge, à la construction de certains ustensiles d'église. En 1140, Hugues Payen, évêque du Mans, fit cadeau à sa cathédrale d'un vase de ce genre [1]. « Il est tout orné de pierreries, dit l'auteur qui en parle, et par sa forme ressemble assez à un encensoir, sauf que le chapiteau se termine par un appendice recourbé comme un crochet. Par cet appendice qui est percé d'un trou presque imperceptible, on peut verser le vin dans le calice, sans craindre qu'il s'y mêle ni duvet, ni aucune des ordures qui volent dans l'air. La docte antiquité a donné à cet ustensile le nom de *syon*. Il est porté en cérémonie par le diacre qui le tient en guise de manipule. »

J'ai achevé la revue des appareils mécaniques dessinés par Villard de Honnecourt. Il ne me reste plus qu'à mentionner, comme complément de la matière, deux figures qui concernent la construction des machines. L'une (fol. 20 r.) consiste tout simplement en un cercle sur la surface duquel est appliquée une jauge à trois encoches, tandis qu'une corde enroulée sur la circonférence, s'en éloigne en un point selon la tangente. Au bas est écrit : *Par chu tor torn le vis d'un*

---

[1]. *Gesta pontif. Cenom.*, dans les *Analecta* de Mabillon, éd. in-fol., p. 326.

persoir, « par ce tour tourne la vis d'un pressoir; » légende très-inexacte, car on ne voit nulle part l'apparence d'un tour, mais seulement les objets dont le tourneur se sert pour tracer une vis : la corde qui en décrit l'hélice, la jauge qui en mesure l'évidement.

L'autre dessin (fol. 23 r.) est celui d'un moyeu en forme de cadre entretenu par quatre moises, sur les extrémités desquelles sont chevillés huit rayons ayant leurs naissances sous le cadre. Légende : *Par chu fait om l'enbracement d'one roe sans l'arbre endamer*, « ainsi fait-on l'embrassure d'une roue sans entamer l'arbre. »

II

GÉOMÉTRIE ET TRIGONOMÉTRIE PRATIQUE

Je réunis sous ce chef un certain nombre de problèmes dont la solution est le plus souvent très mal indiquée par les figures; mais ils sont si connus et si faciles, que c'est la moindre chose que de suppléer aux omissions du démonstrateur. La plupart, comme de juste, ont trait à la construction. Le présent chapitre est donc en quelque sorte l'introduction de celui qui suivra. Villard de Honnecourt qui donne pêle-mêle les matières de l'un et de l'autre, annonce ce chaos par une note ainsi conçue : *En ces iiij. fuelles a des figures de l'art de jometrie, mais al conoistre covient avoir grant esgart ki savoir velt de que cascune doit ovrer.* « Sur les quatres pages suivantes sont des figures de l'art de géométrie ; mais il faut mettre grande application à les étudier, si l'on veut comprendre le sens pratique de chacune. »

1° *Trouver le centre d'un cercle* (fol. 20 r.). — La figure ne fait qu'indiquer la solution, car elle consiste seulement en un cercle sur la circonférence duquel sont marqués trois gros points. Légende : *Par chu trovom le point en mi on campe à conpas*, « ainsi trouve-t-on le point du milieu d'un champ décrit au compas. » Ce problème, fameux autrefois parmi les ouvriers tailleurs de pierre, était connu sous la dénomination des trois points perdus.

2° *Trouver le centre d'une voussure dans une construction* (fol. 21 r.) — Corollaire du problème précédent. La figure représente un claveau, avec deux ficelles tendues dans le sens de ses faces de joint et prolongées jusqu'à ce qu'elles se rencontrent. Légende : *Par chu trovom les poins d'one vosure taillie* « ainsi trouve-t-on les points d'une voussure taillée. » Il dit « les points » parce que la rencontre des ficelles indique non seulement le centre de la voussure, mais l'endroit où ce centre est placé.

3º *Déterminer la circonférence d'une colonne engagée* (fol. 20 r.). — Autre corollaire du problème des trois points perdus. Le moyen proposé est d'appliquer sur la surface extérieure de la colonne, perpendiculairement à son axe, un compas à coulisse dans le quadrant duquel s'adapte une branche mobile. On ajuste les trois branches de manière à ce qu'elles touchent toutes les trois la colonne. Le compas ensuite couché en plan donnera trois points suffisants pour trouver la circonférence qu'on cherche. Légende : *Par cu prenum la grosse d'one colonbe que on ne voit mie tote.*

4º *Trouver le module d'une colonne appliquée dans une encoignure* (fol. 20 v.). — La figure est un cercle tangent aux deux côtés d'un angle droit. Une équerre a l'un de ses bras appliqué contre l'un des côtés de l'angle et l'autre contre le cercle. Cela veut dire que le module cherché, c'est-à-dire le rayon de la colonne, est égal à la tangente conduite perpendiculairement du fût sur l'un des murs qui forment l'encoignure. Légende : *Ensi prendés one roonde en on agle, s'en arez le grose;* « ainsi prenez une rondeur dans un angle et vous en aurez la dimension. »

5º *Faire un vase double en capacité d'un autre vase donné* (fol. 20 r.). — Il y a bien des choses sous-entendues tant dans la légende que dans la figure. Celle-ci consiste tout simplement en une équerre dont l'angle intérieur est inscrit dans un cercle, tandis qu'un autre cercle concentrique mais de rayon plus petit est tangent à ses deux branches. Il y a dessous : *Par chu fait om ij. vassias que li ons tient ij. tans que li atres,* « par ce, fait-on deux vaisseaux tels que l'un tienne deux fois autant que l'autre. »

Il est certain que le grand cercle est double en superficie du petit, car son rayon est l'hypoténuse d'un triangle rectangle qui a pour petits côtés deux rayons du petit cercle. Maintenant pour que le vase construit sur le grand cercle tienne le double de l'autre, il faut les supposer tous deux ou cylindriques ou coniques et ayant mêmes hauteurs. Une écuelle ou tout autre vaisseau sphérique exécuté d'après le même procédé ne répondrait pas aux conditions du problème. La figure ne montre rien de tout cela, ni l'explication ne l'enseigne.

6º *Décrire trois arcs différents avec un seul rayon* (fol. 21 r.). — Cet énoncé est ainsi conçu dans le manuscrit : *Par chu fait om trois manires d'ars à conpas ovrir onc fois.* Je reproduis la figure en l'accompagnant de lettres pour la facilité de la démonstration.

Le rayon donné est CB avec lequel on décrit d'abord le cercle AHBK dont la moitié AHB est l'un des arcs demandés.

Le second arc est un arc brisé qu'on obtiendra en prenant B pour centre ; soit CKB.

Le troisième arc, également brisé, se décrit en prenant pour centre l'intersection O du diamètre AB, par la perpendiculaire abaissée sur lui du point K, sommet de l'arc précédemment obtenu. On a donc GHB.

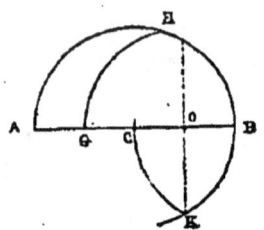

Si simple que soit cette opération, elle me paraît renfermer une donnée capitale pour l'étude de l'architecture du XIIIe siècle. Les trois arcs engendrés sont de ceux qui constituent la forme des cintres dans les monuments de cette époque. Sur les trois il y en a deux, AHB (le plein cintre) et CKB (l'arc tiers-point) dont la formule est parfaitement connue. Je me demande si GHB ne nous donnerait pas celle de l'arc gothique par excellence. L'archéologie, au point où elle en est, n'assigne pas de forme constante aux arcs de l'ère gothique qui ne sont ni le plein cintre ni le tiers-point. Ils en ont peut-être une ; du moins l'opération de Villard de Honnecourt, donne à croire que de son temps et du temps de ses maîtres, l'arc brisé le plus en usage, était celui dont les deux centres avaient pour distance un demi-rayon, dont par conséquent les deux naissances étaient distancées d'un rayon et demi. Ce sera aux praticiens à vérifier ce fait.

7° *Déterminer le point précis où tombera un fruit se détachant de l'arbre* (fol. 21 r.). — La chose est autrement énoncée dans le manuscrit : *Par chu met om on oef dessos one poire par mesure que li poire chice sor l'uef ;* « ainsi met-on un œuf sous une poire pour faire que la poire tombe sur l'œuf. » Pour figure un arbre d'où pend une poire ; trois jalons déterminant un plan qui passe par l'axe de la poire, et sous la poire une petite croix, indice d'une intersection. Cette intersection qui sera la place de l'œuf, résulte d'une autre ligne de jalons précédemment établie dans le même axe.

J'omets un autre problème, sans doute aussi simple que celui-là, mais dont il m'est impossible d'accorder la solution avec la figure (fol. 20 r.) : Il consiste à faire tomber en un même point deux pierres peu éloignées l'une de l'autre, si toutefois c'est bien là le sens de la légende : *Par chu fait om cheir deus pires à un point si lons ne seront.*

8° *Tracer l'aire d'un cloître* (fol. 20 r.). — Deux méthodes sont proposées ; mais les figures sont si incomplètes qu'on ne peut pas dire au juste par quelle opération s'effectuait ce tracé.

La première figure consiste en deux carrés, l'un inscrit parallèlement dans l'autre. Du centre commun, marqué par une intersection part une demi-diagonale qui aboutit à l'un des angles du carré inscrit. Au-dessous : *Par chu fait om on clostre, autretant es voies com el prael;* « ainsi fait-on un cloître, tant pour les galeries que pour le préau. »

Il y a ensuite pour seconde figure, un carré dans les quatre angles duquel sont disposés quatre pentagones ayant chacun trois angles droits, car leur forme est celle d'une équerre de dessinateur tronquée sous ses angles aigus par des lignes perpendiculaires aux côtés qui inscrivent l'angle droit, et l'un des angles obtus que cette section a produite sur l'hypoténuse, indique la direction des diagonales du carré. L'intersection des diagonales est marquée par une petite croix au milieu de la figure. Légende : *Par chu assiet om les iiij. coens d'on clostre sens plonc et sens livel;* « manière d'établir les quatre coins d'un cloître sans plomb et sans niveau. » Je conjecture d'après ces mots que la méthode proposée consistait à tirer d'abord une ligne droite de la longueur qu'on voulait donner à un côté du cloître, puis à établir successivement les trois autres côtés, au moyen de patrons de bois dont le dessin nous représente la forme. Ces mêmes patrons donnant aussi la direction des diagonales, fournissaient de quoi s'assurer que le tracé du carré était bon.

9° *Mesurer la largeur d'une rivière sans la passer* (fol. 20 r.). Une rivière figurée en plan, un point marqué sur l'une de ses rives, et de l'autre côté un instrument à prendre les angles : *Par chu prent on la largece d'one aive sens paseir.*

Le mérite de ce dessin et de ceux qui le suivent, est de prouver qu'au XIIIe siècle, nos praticiens usaient déjà de la méthode trigonométrique des sinus professée par les Arabes. Leur manière d'opérer était d'ailleurs très imparfaite. Le graphomètre dessiné par Villard de Honnecourt se compose de deux règles fixées en arbalétriers sur deux traverses, de sorte qu'on avait la base et deux angles du triangle auquel il fallait dès lors accommoder par des tâtonnements infinis le point saillant qu'on lui donnait pour sommet.

Un instrument analogue (même folio), mais assemblé en quadrilatère rectangle, s'employait pour déterminer à distance la largeur d'une fenêtre, ou, pour parler d'une manière plus générale, l'écartement de deux points fixes. La légende dit : *Par chu prent om la largece d'one fenestre ki est lons.*

10° *Mesurer la hauteur d'une tour* (fol. 20 v.). L'opération se faisait d'une façon aussi peu commode que la précédente, au moyen d'une équerre-triangle qu'il fallait hausser, baisser, rapprocher, éloigner, jusqu'à ce qu'on l'eût mise à son point pour aboutir au sommet de l'édifice. La figure, pour donner une idée de ces tâtonnements, représente l'équerre élevée sur une tablette à pieds pendant que l'opérateur, couché par terre, en mire l'hypoténuse dans le sens des créneaux de la tour. Légende : *Par chu prent om le hautece d'one toor.*

III

COUPE DES PIERRES ET MAÇONNERIE

Si j'étais parvenu à faire dire aux figures de Villard de Honnecourt tout ce qu'elles signifient, ce chapitre serait de beaucoup le plus intéressant ; on y trouverait, réduite à ses principes, la science qui a présidé à la construction des édifices gothiques les plus grandioses. Je n'ai réussi qu'à en saisir quelques traits ; mais comme ce qui est resté inintelligible pour moi, sera certainement compris par d'autres, afin que les précieuses indications de l'album sur cette matière reçoivent le plus tôt possible les explications qu'elles comportent, je les reproduirai dans leur entier, texte et dessins.

Il n'est pas inutile de rappeler pour la plus grande intelligence de ce qui va suivre, que la difficulté de toute construction en pierre réside dans les voûtes ; que les voûtes gothiques étant fractionnées en une infinité de plans appuyés les uns sur les autres, n'ont de capital dans leur économie que les membrures sur lesquelles est leur premier appui ; qu'ainsi toute la difficulté de construction de ces voûtes est réduite à celle de la construction des membrures, simples arcs de pierre, formés de pièces isolées qui s'appliquaient l'une contre l'autre sans enchaînement. J'ajoute encore que les courbes de ces membrures, étant toutes des segments de cercle, ne peuvent donner lieu à aucun problème dont on ne sorte par la connaissance du rayon, toujours si facile à obtenir.

Voilà pour la théorie. Quant à la pratique, supposez qu'on eût à construire aujourd'hui de ces sortes de membrures ; pour en exécuter les pièces ou voussoirs, la marche serait celle-ci. On dessinerait l'épure de chaque arc qu'on diviserait comme il convient pour en tirer le dessin d'un voussoir développé sur toutes ses faces. D'après ce dessin, on ferait des patrons (ce qu'on appelle des panneaux) donnant les formes propres aux diverses faces des voussoirs. Enfin, avec l'aide des panneaux, se ferait le travail du tailleur de pierre.

La méthode des panneaux ou plutôt l'art de les tracer, qu'on appelle *le trait*, passe pour être une invention des constructeurs gothiques. Ce qui le fait croire, c'est le contraste de l'ignorance manifeste qui a présidé à la construction des voûtes romanes, avec la précision progressive des coupes de pierre que l'on remarque dans les édifices bâtis depuis le xiiie siècle jusqu'au commencement du xvie. D'un autre côté, Philibert de Lorme, qui est le plus vieil auteur ayant écrit sur le trait, en parle comme d'une chose que les ouvriers se transmettaient entre eux de temps immémorial.

Arrivons à Villard de Honnecourt et à ses méthodes.

1° *Exécution du modèle avant de construire un arc* (fol. 20 r.). — Voici dès le premier énoncé, une notion importante pour l'histoire de l'art : c'est qu'au commencement du xiiie siècle, on exécutait le modèle en relief avant d'opérer la construction. La figure, il est vrai, et la légende ne sont pas sans difficulté ; mais quelle que soit l'interprétation précise de l'une et de l'autre, le fait d'un relief préliminaire  n'en restera pas moins acquis. La figure le prouve par la *jauge* qui est appliquée sur son segment extérieur. Le texte est encore plus explicite : *Par chu tail om le mole d'on grant arc dedans iij. piés de terre* ; « ainsi taille-t-on le moule d'un grand arc dedans trois pieds de terre » *Tailler le moule*, c'est découper avec ses élévations et profils, c'est sculpter un claveau qui, d'après les propriétés connues de l'arc plein cintre (que l'auteur appelle *grand arc*), pourra servir de modèle à tous les autres claveaux du même arc. Maintenant, que les mots *dedans trois pieds de terre* indiquent la surface ou le volume de terre suffisant pour l'exécution du modèle ; que *trois pieds* soit une quantité réelle ou seulement un indéfini synonyme de peu considérable ; que les trois demi-cercles concentriques de la figure, placés sous le segment que l'opération a pour but de produire, soient là pour enseigner la marche de l'opération ou à toute autre fin : peu importe ; l'exécution du modèle en relief est mise hors de doute. En dernière analyse, on n'opérait pas autrement pour les arcs de voûte que pour ceux des baies percées dans les massifs.

2° *Taille des voussoirs d'après le modèle* (fol. 20 r.). — Avec le modèle en terre de la grandeur de l'exécution, on pouvait se passer de panneaux, et alors les ouvriers procédaient à la taille des voussoirs par la méthode qu'on appelle de dérobement, c'est-à-dire en opérant du ciseau, suivant les hauteurs et profondeurs du modèle. Ils faisaient comme les sculpteurs lorsqu'ils en viennent à exécuter au ciseau la figure qu'ils ont modelée d'abord.

Les diverses applications de cette méthode sont ainsi figurées et expliquées :

Fig. 1re. *Par chu tail om vosure riulée*, « ainsi on taille les pièces d'un arc de voûte réglé, » autrement dit les claveaux d'un arc droit par son profil. Les points marqués entre le modèle et l'exécution sont pour indiquer la profondeur du dérobement.

Fig. 1.   Fig. 2.

Fig. 2. *Par chu tail om vosure d'estor de machonerie roonde*. Je crois qu'il faut entendre par *vosure d'estor*, un arc garni de moulures ; *de machonerie roonde* complète l'explication en donnant à entendre que les profils de ces moulures sont courbes. Villard de Honnecourt a indiqué sur ce dessin l'emploi de la règle, qui fait voir comment on arrivait à former la courbe extérieure du voussoir.

3º *Taille des voussoirs par d'autres méthodes*. Aux opérations précédentes, qui nécessitaient la juxtaposition continuelle du modèle à la pièce de travail, on en substituait d'autres, un peu plus savantes, et plus expéditives.

Fig. 1re (fol. 20 v.). *Par chu tail om vosors par esscandelon*; « ainsi l'on taille voussoirs par échelons, » c'est-à-dire au moyen d'une échelle de proportion établie entre la tête du voussoir et sa douelle.

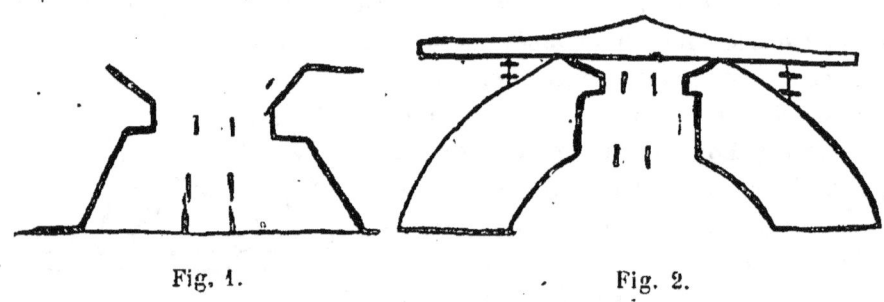

Fig. 1.

Fig. 2 (fol. 21 r.). *Par chu donom on vosoir se lumeie sens molle;* « ainsi on donne à un voussoir sa courbe sans moule, » au moyen d'une jauge que l'on faisait agir sur les faces latérales du voussoir, de manière à obtenir les sommets d'un polygone régulier, inscrit au cercle dont la courbe du même voussoir n'était qu'un segment.

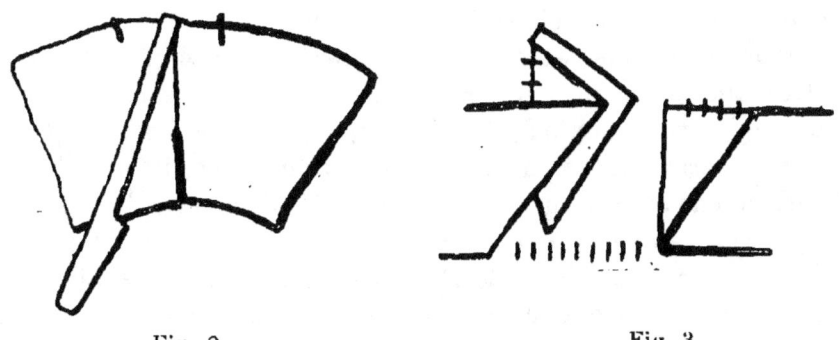

Fig. 2.   Fig. 3.

Fig. 3. *Par chu tail om vosure besloge*; « taille des pieds d'une voussure barlongue. » L'analogie de *besloge* avec *balonge* ou *berlonge*, formes diverses de l'ancien adjectif barlong, me semble incontestable. Barlong voulait dire allongé. *Voussure barlongue* est l'équivalent de ce que nous appelons voussure plate ou plate-bande appareillée, ou bien encore architrave en claveaux. Il y a des exemples de ce système, dans les constructions gothiques et même dans les constructions antérieures au gothique.

La figure de Villard de Honnecourt ne montre pas qu'on soit allé chercher dans le cercle la direction des joints sous lesquels devaient s'assembler les claveaux de plate-bande. Elle fait voir seulement une manière assez pénible de se servir de l'équerre pour donner à un claveau l'inclinaison inverse de celle du claveau auquel il doit adhérer.

Fig. 4 (fol. 21 r.). *Par chu bevum erracement jagiis sens molle, par on membre*. Cette légende est conçue dans un tel langage, qu'avant d'en hasarder l'interprétation, il est bon d'en discuter les termes.

Fig. 4.

Le dessin représente soit les naissances de plusieurs arcs dessinées en plan sur un même abaque, soit le calibre découpé selon le même plan pour tracer le dessin. Or, ces faisceaux d'arcs ou de membrures, qui sont en quelque sorte la tige d'où s'épanouit la voûte gothique, on les appelait jadis arrachements de voûte. Comme il est impossible de ne pas reconnaître le mot arrachement dans la forme *erracement* du manuscrit, la figure et le texte concordent, au moins en ce point, à éveiller l'idée d'un objet connu.

Les arrachements de voûte commencèrent au déclin du XIIe siècle à être taillés dans une seule pierre. Cela ne fut pas sans offrir beaucoup de difficulté aux ouvriers du temps, parce que les arcs qui partaient de l'arrachement, ayant des rayons différents, il fallait incliner différemment le plan sur lequel chacun devait poser. C'est, je crois, un procédé pour exécuter ce travail avec économie de temps et de peine que propose Villard de Honnecourt. Le verbe *bever*, dont il se sert, doit être analogue au mot *beveau*, *buveau* ou *biveau*, qui désigne un instrument à prendre les angles sous faces biaises; *bevum* équivaut donc à *on biaise*. *Jagiis* est certainement une forme de *jaugé*, et nous reporte à un procédé que la figure ne représente pas, pour donner à chaque naissance d'arc, d'abord sa projection en avant et ensuite l'inclinaison de son plan supérieur, qui devait être celle sous laquelle étaient taillées les faces de joint des claveaux appartenant au même arc. Par *membres* enfin, j'entends les diverses saillies de l'arrachement répondant à chacun de ses arcs. Le sens de la légende est donc : « Par ce moyen, on bive (ou biaise) arrachements de voûte jaugés membre par membre, sans le secours d'un modèle en relief. »

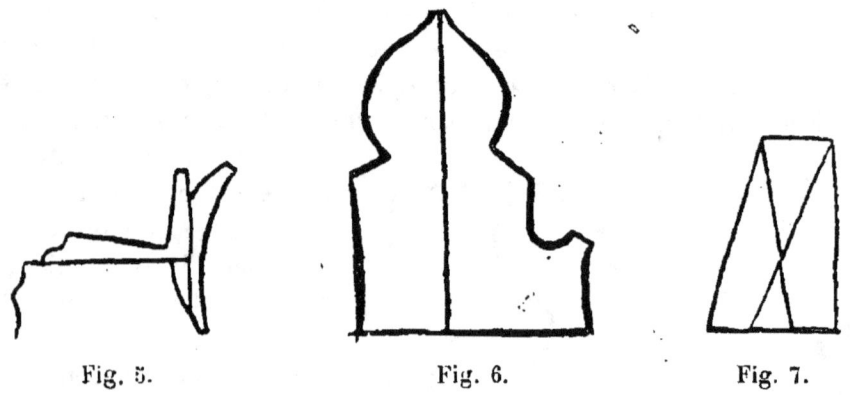

Fig. 5.   Fig. 6.   Fig. 7.

Fig. 5 (fol. 20 r.). *Par chu tail om erracenmens;* « ainsi on taille arrachements ». Cette opération est le complément de la précédente. Elle consiste à donner à chaque membre de l'arrachement, après qu'il a reçu son inclinaison, la voussure qui lui convient; et cela avec l'aide de l'équerre et d'un calibre.

Fig. 6 (fol. 21 r.). *Par chu tail om vosure engenolie;* « ainsi on taille voussoir engenouillé. » Je ne vois pas là non plus l'opération ; mais seulement le profil de la pièce exécutée avec le trait d'équerre qui a servi de guide à l'ouvrier pour en bien diriger l'arête. C'est à la présence de cette arête que j'attribue l'épithète d'engenouillé donné au voussoir.

Fig. 7 (fol. 20 v.). *Par chu tail om pendans riulés* ; « ainsi l'on taille pendants réglés. » Et à cette explication, l'auteur ajoute : *metés le bas el haut* ; c'est-à-dire que dans la construction, c'est l'extrémité large de la figure qui est en haut. *Pendant* est le nom donné aux voussoirs qui composent la couverte des voûtes gothiques. On pouvait, à cause de leur petitésse, les tracer simplement à la règle, comme l'indique Villard de Honnecourt, et sans se préoccuper aucunement de leur coupe. Le maçon y pourvoyait au moment de la pose, par du mortier ou par quelques coups de hachette.

4° *Trait de la clef du tiers et du quint point* (fol. 20 v.). — Ce qui précède ne nous a montré qu'une fois la description géométrique appliquée à la coupe des pierres, et encore dans un cas hypothétique. L'emploi de cette méthode me paraît résulter incontestablement de deux dessins de l'album, quoique je ne puisse pas retrouver les opérations dont ces dessins sont le produit. A cause de l'importance que je leur attribue, et pour qu'on ne manque d'aucun des éléments de critique qui peuvent conduire à les expliquer, je crois nécessaire de reproduire leur disposition respective et jusqu'au *fac-simile* de leurs légendes. Les voici :

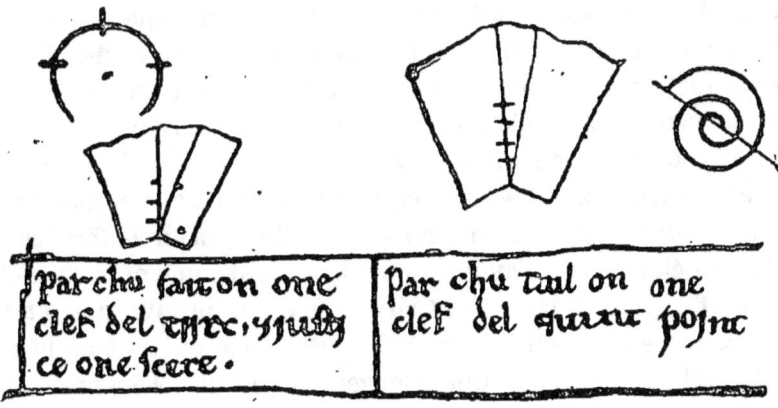

Ce que j'ai à dire là-dessus n'est que de la pure conjecture, comme on va voir.

Clef del tiirc de la première légende est évidemment en rapport de symétrie avec *clef del quint point* de la seconde. L'auteur veut donc parler d'abord de la clef du tiers-point.

Tiers-point, dans le langage actuel de l'industrie, est le sommet du triangle équilatéral : d'où l'application du même nom à l'arc gothique dont les deux centres et les naissances coïncident, parce que les trois cordes d'un tel arc forment un triangle équilatéral. Mais il faut remarquer que c'est l'usage moderne qui a restreint l'application de tiers-point au triangle équilatéral, et qu'autrefois on dénommait ainsi tout triangle isocèle; or, comme tout arc gothique produit un triangle isocèle en joignant ses naissances à son sommet, et que réciproquement les trois sommets d'un triangle isocèle déterminent un arc gothique, tout arc gothique était appelé autrefois arc tiers-point. C'est là le mot technique employé au moyen âge, et au XVIe siècle encore, il n'avait point changé d'acception, puisque Philippe de Lorme s'en sert pour dénommer l'arc brisé en général. Clef du tiers-point est donc la clef de l'arc brisé ou gothique.

Rien que ce premier résultat nous fixe déjà sur l'acception de *clef* qui peut signifier dans l'architecture du moyen âge, des choses essentiellement différentes; car la pierre commune à deux membrures de voûtes diagonales, au point de leur intersection, est une clef; et les deux pierres placées à la brisure des arcades et arcs doubleaux, sont aussi des clefs. Les nervures diagonales étant des pleins cintres, le nom de clef du tiers-point ne saurait convenir à leur clef, et ainsi, c'est de la clef des arcades et doubleaux gothiques qu'il est ici question.

J'achève l'interprétation de la légende.

Villard de Honnecourt dit que l'opération par laquelle on fait une clef du tiers-point sert aussi à *justicier one scere*, c'est-à-dire à vérifier la justesse d'une équerre ou d'un trait d'équerre (autrement dit de la perpendiculaire élevée à l'extrémité d'une droite). Or cette vérification se faisait en inscrivant dans un demi-cercle l'angle droit produit; et c'est certainement là ce que veut dire le cercle de notre dessin marqué de trois points sur une moitié de sa circonférence. L'assimilation établie par l'auteur entre le trait d'équerre et la méthode qu'il veut exposer relativement aux clefs d'arc, prouve que cette méthode consiste aussi en un tracé. Il s'agit donc du trait de la clef en question, trait dont l'exécution exigera qu'on élève en premier lieu une perpendiculaire figurant la flèche de l'arc, sur une horizontale figurant la ligne de ses impostes.

Je ne discerne rien au delà sur le procédé graphique employé par Villard de Honnecourt. La figure représente seulement la clef développée sous trois de ses faces.

Passons au quint-point.

On rencontre fréquemment dans les édifices du XIVᵉ et du XVᵉ siècle une forme d'arc gothique dont chaque branche est composée de deux segments de cercles de rayons différents, mais ayant un point commun. C'est ce que M. Willis appelle dans son *Traité des voûtes gothiques*, l'arc à quatre centres. Comme pour décrire un tel arc la connaissance de cinq points est nécessaire, je suppose que c'est celui-là que Villard appelle *quint-point*. A la vérité les premières églises gothiques n'offrent guère de ces sortes de courbes; mais les architectes pouvaient en connaître la construction et ne l'appliquer que rarement. D'ailleurs a-t-on procédé à l'examen des monuments du XIIIᵉ siècle la règle et le compas à la main, et ne peut-il pas se faire que des courbes prises par l'œil pour des segments d'un seul cercle, soient reconnues, vérification faite, pour décrites de deux centres? Quoi qu'il en soit, ma conjecture sur le quint-point reçoit une grande force de la présence d'une spirale à côté de la dernière figure. En effet, chaque révolution de spirale étant composée de deux demi-cercles décrits d'un rayon différent avec leurs centres sur la même ligne, il s'ensuit qu'un segment pris au-dessus et au-dessous du point où les deux courbes se confondent, remplit parfaitement les conditions de l'arc gothique formulé ci-dessus.

Reste à savoir ce que l'auteur appelle ici la clef. Ce ne peut pas être le voussoir placé à la brisure de l'arc, car ce voussoir ne diffère ni par sa coupe, ni en conséquence par son tracé de l'analogue de l'arc tiers-point. La même analogie avec le tiers-point existe pour tous les voussoirs contenus dans chacun des deux segments générateurs de la courbe; mais celui des voussoirs sur lequel s'opère la jonction des deux segments, celui-là est dans une condition exceptionnelle, car chacune de ses faces de joint se trouve avoir une coupe différente à cause de la différence des rayons. Je conjecture que c'est ce voussoir que la légende appelle clef du quint-point; ses propriétés seraient indiquées sur la spirale, par les points ou passe la cathète. Quant à l'opération pour arriver au développement de ses faces, elle n'est pas plus indiquée pour le quint-point que pour le tiers-point.

5° *Exemples de liaison.* — On appelle *liaison*, en maçonnerie, une façon de superposer les pierres par un enchaînement tel que les faces de lit de l'assise supérieure couvrent les joints de l'assise inférieure. Les architectes du moyen âge ont souvent sophistiqué cette partie de la construction en cherchant des combinaisons extraordinaires pour leurs joints qu'ils obliquaient ou courbaient ou faisaient pénétrer les uns dans les autres par enchevêtrement.

Voici les exemples fournis par Villard de Honnecourt :

Par chu fait on on piler de quatre cuins venir à loison (fol. 20 v.) :
« ainsi fait-on venir à liaison un pilier quadrangulaire. » Les joints sont dirigés obliquement suivant une ligne qui unit deux points pris au tiers de chaque côté opposé du carré. Il est évident que les joints de l'assise supérieure seraient dirigés à l'inverse, suivant la ligne conduite à l'autre tiers des côtés du carré.

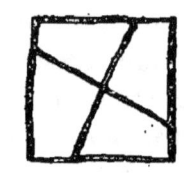

Chi prennés matère d'on piler metre à droite loisons (fol. 15 v.) ;
« ici prenez matière de construire un pilier avec la liaison qui lui convient. » Deux colonnettes opposées font queue dans chaque assise du noyau.

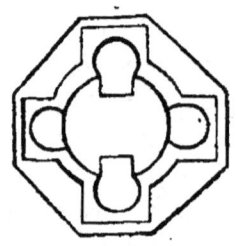

6° *Procédés de construction.* — Ils sont, comme on va voir, d'une barbarie surprenante, vu les produits qui nous sont restés de leur emploi.

Fig. 1 (fol. 20 v.). *Par ceste raison montom l'aguile d'one toor et taille les moles* ; « de cette façon on monte l'aiguille d'une tour et l'on en taille les moules. » Ainsi pour obtenir l'inclinaison des faces de la pyramide, on opérait d'après un *moule* ou patron qui était ou un relief, comme pour la construction de l'arc, ou peut-être seulement une planche profilée sous l'angle voulu.

Fig. 2 (Ibidem). *Par chu montom dous pilers d'one hautece sens plom et sens livel ;* « ainsi l'on monte deux piliers de même hauteur sans fil-à-plomb et sans niveau. » Procédé bien primitif qui consistait à abattre de côté et d'autre sous le même angle, une échasse montée sur une cheville ronde à distance égale des deux piliers.

Fig. 3 (fol. 20 r.). *Par chu vosom une arc le cintreel devers le ciel.* La figure n'offre aucun secours pour éclaircir le langage par trop laconique de la légende. Il s'agit de la construction des grands arcs ou nervures diagonales de la voûte gothique. Si les traits marqués entre les deux circonférences intérieures, figuraient le cintre, il faudrait entendre qu'on voit là comment se forme la voussure d'un arc lorsque le cintre est monté. La jauge appliquée sur l'arc serait pour éviter les jarrets dans la pose des voussoirs.

Fig. 4 (fol. 20 v.). *Par chu tail om vosure pendant ;* « manière de tailler voussure pendante. » Voussure pendante est l'équivalent de ce que nous appellerions pendentif de voûte, c'est-à-dire l'un de ces compartiments dont sont formées les voûtes du moyen âge par-dessus les nervures.

268   NOTICE

Chacun de ces compartiments étant une portion du cylindre que le rayon d'extrados des arcs diagonaux engendrerait par sa révolution tout le long de l'axe des arcs latéraux, il s'ensuit qu'en faisant agir entre les branches des arcs diagonaux une corde fixée à leur point centre sous leur clef commune, corde que l'on développerait à mesure qu'on approcherait des arcs latéraux; en faisant cette opération, dis-je,

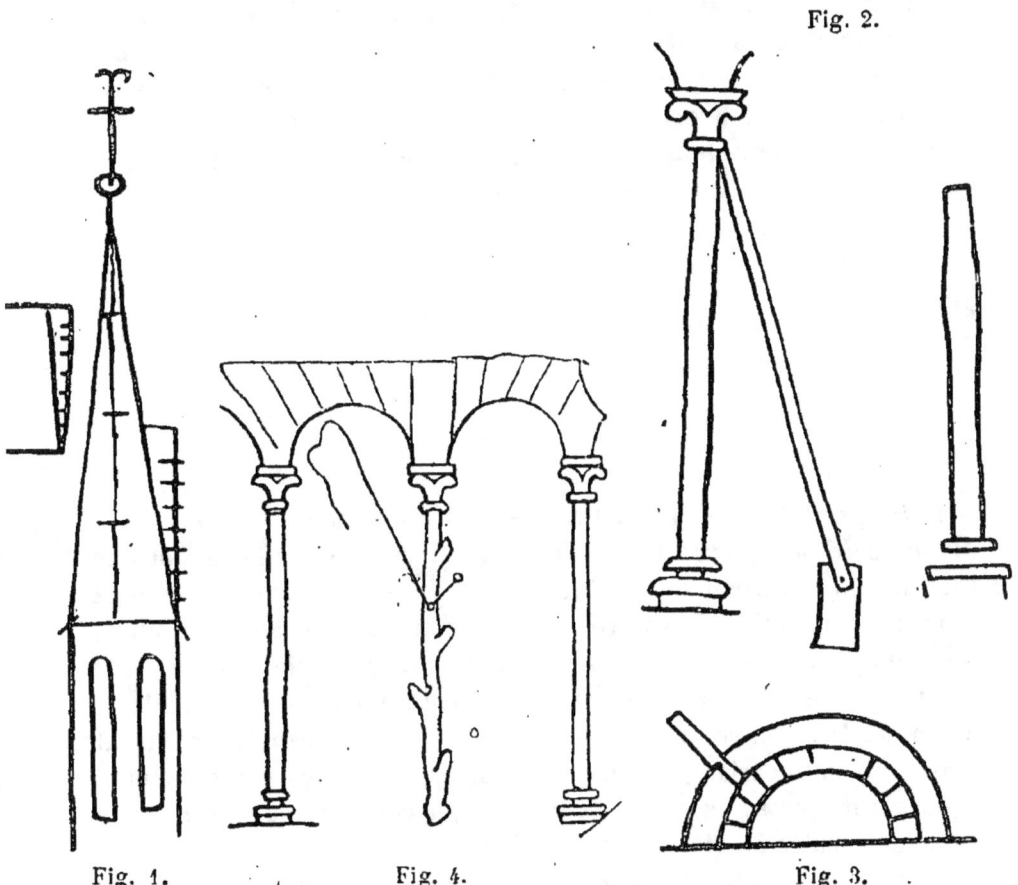

Fig. 2.

Fig. 1.   Fig. 4.   Fig. 3.

on produirait les courbes d'un solide répondant aux conditions ci-dessus énoncées. Villard de Honnecourt nous fait voir que, grâce à cette manœuvre, les constructeurs de son temps se passaient de cintres pour exécuter les pendentifs de voûte. Lorsque les nervures étaient construites, l'ouvrier, après avoir établi une ligne faîtière du sommet des diagonales à celui des latérales, disposait ses assises de pendants entre cette ligne et l'extrados des dites nervures, en se conformant à la courbe que lui donnait une corde tendue au centre de la travée de voûte et dont il avait l'autre bout dans la main. Comme dans le cours de ce travail il y avait à modifier sans cesse la coupe peu précise des pendants, l'auteur se sert du mot tailler comme équivalent de maçonner.

Cette méthode, certainement abandonnée lorsque l'art gothique se perfectionna, donne raison d'un fait qu'un architecte anglais très versé dans la connaissance du gothique, M. Willis, a établi sans pouvoir l'expliquer : c'est l'inclinaison des assises de pendants sur les nervures diagonales, inclinaison qui règne dans toutes les voûtes du temps de Philippe-Auguste[1]. M. Willis avait fini par y soupçonner une recherche de perspective; mais il est évident que la seule explication à donner est l'intersection oblique du cylindre engendré, par les plans suivant lesquels on manœuvrait la corde.

IV

CHARPENTE

1° *Un pont de bois* (fol. 20 r.). — *Par chu fait om on pont desor one aive de fus de xx. pies de lonc;* « par ce fait-on un pont sur une eau, de bois, de vingt pieds de long. » Le dessin n'est pas mieux tourné que l'explication, outre qu'il est extrêmement petit. La charpente du pont est posée contre des massifs en maçonnerie. Pour la petite portée qu'elle a, on ne saurait croire de combien de pièces elle se compose. Des contres-fiches partent du niveau de l'eau, et procurent ainsi une arche triangulaire. Les vieux ponts de bois que nous a légués le moyen âge sont mieux conçus que cela; mais aucun n'est de l'époque reculée où vivait notre architecte.

2° *Méthode d'assemblage pour suppléer à la longueur des solives* (fol. 23 r.). — La figure est un cadre de solives boiteuses, posé sur le plan d'une construction carrée en maçonnerie. Légende : *Ensi poes ovrer à one tor u à one maison de bas si sunt trop cor*; « ainsi vous pouvez travailler à une tour ou à une maison avec des pièces de bois (?) quand même elles seraient trop courtes. »

3° *Méthode d'étayement* (ibidem). — Elle consiste à contenir une maison qui tombe en avant, au moyen d'un étançon que l'on serre en

---

[1]. Voyez le beau mémoire de cet auteur sur la construction des voûtes gothiques dans la *Revue de l'architecture* de M. César Daly, vol. de 1843.

soulevant avec des coins une sole dans laquelle il s'emboîte. Légende : *Par copresse de ceste manine poés redrescir une maison ki pent d'one part, ja si pesans ne sera*; « par appareil de compression de cette sorte, vous pouvez redresser une maison qui penche d'un côté, car elle cessera de peser autant. »

4° *Combles en charpente* (fol. 17 verso). — D'abord l'une des maîtresses fermes d'un comble surhaussé, composé de deux arbalétriers, d'un entrait relevé, d'un poinçon et de deux jambettes, celles-ci assemblées dans des blochets qui portent sur les reins de la voûte. Légende : *Or poés veir j. bon conble légier por hierbegier deseur une chapele à volte*; « maintenant vous pouvez voir un bon comble léger pour loger sur une chapelle à voûte. »

Une ferme de comble formant voûte en cul de navire, où le cintre est obtenu par la taille des esseliers et jambettes qui s'assemblent dans les arbalétriers. Les esseliers ont, au-dessus de leur point de rencontre, des rallonges en contre-courbes qui vont s'assembler aussi dans les arbalétriers. Ceux-ci en outre sont entretenus, non loin de leur jonction, par un faux entrait. Légende : *Et se vous volés veir j. bon conble légier à volte de fust prendés aluec garde*; « et si vous voulez voir un bon comble léger à voûte de bois, faites attention ici. »

Demi-ferme pour un comble en appentis par dessus une galerie voûtée, se composant des pièces suivantes : un arbalétrier fixé sur un blochet par trois jambettes; un esselier assemblé dans la plus haute jambette et dans l'arbalétrier; enfin une contre-fiche assemblée également dans l'arbalétrier et qui a son appui inférieur sur un corbeau qui sort de la muraille. Légende : *Vesci le carpenterie d'une fort acainte*. Açainte, comme on le voit par un autre exemple de l'album, est l'équivalent de collatéral ou bas côté. Les passages rapportés par Du Cange, au mot *accincta*, prouvent que le même mot s'appliquait à toutes les espèces de constructions en appentis.

V

DESSIN DE L'ARCHITECTURE.

D'anciens dessins d'architecture ont été signalés dans ces derniers temps. Il y en a qui remontent au XIII° siècle; je ne crois pas toutefois qu'aucun soit aussi vieux que ceux dont je vais parler.

L'album contient à la fois des plans, des élévations, des coupes, des profils. Tout cela est très intelligible, quoique les moyens pour représenter la dépression des lignes et des surfaces ne soient pas aussi parfaits qu'ils l'ont été depuis. Ainsi, l'usage de la ligne pointée est inconnu à Villard de Honnecourt, et c'est par des traits pleins qu'il indique la projection des voûtes. Quant aux parties solides, clôtures et points d'appui, elles sont figurées simplement par les lignes de leur épaisseur, sans être chargées d'une teinte qui les fasse ressortir aux yeux. Dans les coupes, les massifs tranchés par le plan où est posé le point de vue, ont pour marque des traits ondés. Enfin, les élévations ne sont pas toujours réduites à un seul plan, comme cela se pratique aujourd'hui; celles des constructions circulaires sont mises en perspective.

Comme exécution, ces dessins ne sont pas sans mérite; on voit qu'ils sont dus à une main exercée, mais les outils paraissent avoir été bien imparfaits. On dirait que les courbes ont été tracées avec une plume attachée à l'une des branches d'un compas de tailleur de pierre. La gravure fera ressortir cela lorsque ces dessins auront été reproduits, si jamais ils le sont. La description que j'en vais faire n'a pour but que de mettre en relief les notions archéologiques ou historiques qu'ils renferment.

1° *Salle dont la voûte repose sur un pilier central* (fol. 21 r.). — *Par chu met om on capitel d'uit colonbes à one sole; s'en n'est mies si en conbres, s'est li machonerie bone*; « ainsi fait-on retomber les portées de huit colonnes sur une seule, disposition moins embarrassante, sans que la maçonnerie en soit moins solide. » Plan carré; huit piliers appuyés contre les murs (deux sur chacun) donnent naissance à seize nervures qui aboutissent à huit clefs, lesquelles en renvoient huit seulement sur une colonne centrale. Ce genre de construction, donné ici d'une manière théorique, a été exécuté nombre de fois au XIII° siècle, nommément pour voûter les salles supérieures dans les grosses tours des églises ou des châteaux.

2° *Plan d'une église en croix latine d'une forme absolument carrée* (fol. 14 v.). — Le chevet est donc rectiligne comme celui de Notre-Dame de Laon, celui de Saint-Pierre de Poitiers, celui de plusieurs cathédrales anglaises; mais au lieu que, dans ces églises, le sanctuaire est fermé tout uniment par le mur droit qui constitue la clôture du chevet : une double galerie règne au fond du monument tracé par Villard de Honnecourt. Au-dessous on lit : *Vesci une glize d'esquarie ki fu esgardée à faire en l'ordene de Cistiaus*; « voici une église d'équerre, qui fut projetée pour l'ordre de Cîteaux. » Je ne saurais dire si le projet a été mis à exécution; mais je vois par des dessins de M. Viollet-Le-Duc, que la grande église de Cîteaux avait un chevet plat, et que celles de Vaux-Cernay et de Fontenay près Montbard, dépendantes de Cîteaux, étaient dans le même cas [1].

3° *Plan du chevet et du chœur de Notre-Dame de Cambrai* (fol. 14 v.). — Il en a été dit assez sur ce dessin dans la première partie de la présente notice [2].

4° *Plan d'un chevet d'église à double collatéral avec abside rectangulaire* (fol. 15 r.). — Il en a été parlé également comme du seul ouvrage auquel se trouve attaché le nom de Villard de Honnecourt. Outre la légende latine que nous avons citée, il y en a une autre en français, qui répète la même chose au bas de la page : *Desoure est une glize à double charole k'Uilars de Honecort trova et Pieres de Corbie.* Le mot *charole* est à remarquer ; il précise le sens de *carola*, que Du Cange ni ses continuateurs n'ont pu démêler, malgré les nombreux exemples rapportés dans le Glossaire Carole, en général, veut dire entourage circulaire : galerie autour d'un chœur d'église, monture autour d'une pierre précieuse, bordure au bas d'une robe ; par extension, il a été appliqué aux ronds à danser. Un exemple célèbre de carole pris dans l'acception que lui donne Villard de Honnecourt, a échappé aux glossateurs. Jusqu'au siècle dernier, l'usage se perpétua à Paris, d'appeler ainsi la galerie autour du sanctuaire de Saint-Martin des Champs [3].

5° *Plan du chevet de Saint-Étienne ou de Saint-Faron de Meaux* (fol. 15 r.). — Le doute est permis, car dans l'intérieur du plan on lit : *Istud est presbiterium sancti Pharaonis in Miaus;* et dessous : *Vesci l'esligement de le glize de Miax de Saint-Estiene.* Comment se fait-il que le français applique à Saint-Étienne, c'est-à-dire à la cathédrale de Meaux, le plan que la légende latine donne pour celui de Saint-Faron ? L'édifice de Saint-Faron est aujourd'hui totalement détruit; quant à la cathédrale, elle existe encore, mais non pas telle que la vit notre architecte, car des titres certains prouvent qu'en 1268, « cette tant belle et noble construction ne présentait que « lézardes, et était à la veille d'une épouvantable ruine [4]. » Je ne vois donc pas jour à résoudre l'énigme de la double attribution du manuscrit, à moins qu'on ne suppose que le chœur de Saint-Faron et celui de Saint-Étienne étaient sur un même plan. Cela rentrerait

---

1. *Dictionnaire raisonné de l'architecture française*, t. I, p. 271 à 274.
2. Voyez ci-dessus, p. 24 et suiv.
3. Lebeuf, *Hist. du diocèse de Paris*, t. I, p. 307.
4. Voir le mandement publié à ce sujet par l'évêque Jean de Poincy, dans les preuves à l'histoire de Meaux de D. Toussaint Du Plessis.

dans la manière dont Villard de Honnecourt s'exprime à l'égard du chevet de Reims, auquel il renvoie comme si c'était celui de Cambrai, parce qu'il savait que ce dernier, non encore construit, devait être la copie de l'autre.

Mgr Allou, évêque de Meaux, a publié sur sa cathédrale une bonne notice historique et archéologique où se trouve un plan de cette église. En comparant ce plan avec celui de l'album, on voit qu'ils diffèrent par le nombre des chapelles du chevet, qui était de trois dans l'ancien édifice, tandis qu'aujourd'hui il est de cinq. En outre, les galeries latérales disposées à droite et à gauche du chœur avant la naissance des chapelles, ont une travée de plus sur le plan actuel que dans le manuscrit. Somme toute, ce ne sont pas là de bien grandes dissemblances; c'est plutôt de la conformité; or, en visitant la cathédrale de Meaux, on s'expliquera par l'inspection attentive de la maçonnerie, cette conformité qui ressort de la confrontation des deux plans. Il est visible que l'édifice reconstruit après 1268 fut planté sur les fondations mêmes de celui qui l'avait précédé. On aperçoit encore en maint endroit la suture des nouvelles élévations sur le vieux soubassement.

6° *Plan du chœur et du chevet de l'église de Vaucelles* (fol. 17 r.). — Légende : *Istud est presbiterium beate Marie Vacellensis ecclesie ordinis Cisterciensis*. L'abside est composée d'une chapelle carrée en saillie sur deux rondes; deux chapelles latérales offrent la même disposition à la hauteur du chancel. Le plan par la multitude des projections des voûtes, est bien celui d'une église gothique, et l'on ne peut douter qu'il ne représente l'état des lieux après la reconstruction dont l'archevêque de Reims, Henri de Dreux, vint faire la dédicace en 1235 [1].

L'église de Vaucelles a été détruite. Une vue à vol d'oiseau de tous les bâtiments de l'abbaye, prise au commencement du siècle dernier et plusieurs fois reproduite dans celui-ci [2] ne permet pas de reconnaître la disposition si originale constatée par le dessin de Villard de Honnecourt.

7° *Études sur la cathédrale de Laon* (fol. 9 v., et 10 r.). — Deux dessins représentant le plan de la tour septentrionale du grand portail de cette église, pris au-dessus de la galerie supérieure dudit portail, avec l'élévation de la même tour depuis sa naissance au point

---

1. *Gallia christiana*, t. III, col. 178.
2. Voyez *Une promenade en Cambrésis*, par M. Delcroix. — *Notice sur l'ancienne ville de Crèvecœur et l'abbaye de Vaucelles*, par M. Bruyelle.

où est pris le plan, jusqu'aux premières assises de son amortissement. L'explication est conçue en ces termes :

J'ai esté en mult de tieres, si com vus porés trover en cest livre. En aucun liu onques tel tor ne vi com est cele de Loon; ves ent ci le premer esligement si con des premières fenestres. A cest esligement, est li tors tornée à viij. areste; s'en sunt les iij. filloles quarées, seur colonbes de trois. Puis si vienent arket et entaulemens; se resunt les filloles parties à viij colonbes. Et entre ij. colonbes saut uns bues. Puis vienent arket et entaulmens. Par deseure sunt li conble à viij crestes. En cascune espase a une arkière por avoir clarté. Esgardés devant vus, s'en vereis mult de le manière et tote le montée et si com les filloles se cangent. Et si penseiz; car se vus volés bien ovrer de toz. grans pilers forkies, vus covient avoir qui asés aient col; prendés garde en vostre afaire; si ferés que sages et que cortois.

« J'ai été en beaucoup de pays, comme vous pourrez le reconnaître par ce livre. Jamais en aucun lieu je ne vis tour pareille à celle de Laon. Voici la disposition du premier étage avec ses fenêtres. A cet étage, la tour est à huit faces dont quatre sont des tourelles carrées (en manière d'avant-corps) portant sur des faisceaux de trois colonnes. Viennent ensuite les arceaux et les entablements. Après quoi les tourelles deviennent octogones et sont portées par huit colonnes avec un bœuf en saillie dans les entrecolonnements. Puis viennent encore des arceaux et d'autres entablements, et par-dessus, le comble qui est (en forme de pyramide) à huit arêtes garnies de crochets. Sur chaque face (de la pyramide) est une meurtrière pour avoir du jour (par dedans). Regardez devant vous, vous en verrez mieux la manière d'après l'élévation et comment les tourelles passent d'une disposition à l'autre, en montant. Méditez la-dessus; car si vous voulez faire de bonnes constructions à puissants contreforts, il vous faut prendre pour modèle ceux qui ont le plus de saillie. Apportez-y toute la réflexion possible; vous ferez comme doit faire un homme sage et entendu. »

Entre autres mots techniques dont ce texte abonde, on remarquera celui de *filloles* appliqué aux avant-corps de la tour. Il était d'un usage général, à en juger par le vocabulaire des habitants de Coutances qui, aujourd'hui encore, appellent *fillettes* les petites tours qui font saillie sur les grandes au portail de leur cathédrale. *Col* manque dans les glossaires et donnerait lieu à bien des hypothèses, s'il ne se trouvait parfaitement expliqué par un mémoire de construction de 1399 où sont mentionnés des contreforts *portant trois piez de col et deux piez d'aspoisse*[1] ; ,» de sorte que *col* est la saillie des pièces de renforcement.

Si on compare le monument dans son état actuel avec le dessin de Villard de Honnecourt, on verra qu'il a subi peu de modifications. La pyramide qui surmontait la tour a été démolie de fraîche date pour soulager sa base. Quant aux statues de bœufs placées entre les arcades du troisième ordre, elles existent encore[2]; mais un détail singulier que présente le manuscrit a disparu depuis si longtemps qu'il n'en est mémoire nulle part. C'est une main colossale qui faisait saillie sous l'entablement du premier étage aux avant-corps. On sait la signification de la main employée comme symbole par les sculpteurs et peintres de l'époque romane. Celle-ci, comme de coutume, est dans le geste de la bénédiction ; mais conformément au rit de l'église grecque, elle a l'index élevé, et le doigt du milieu ramené sur le pouce. Ces deux doigts ne sont pas en contact immédiat. Ils pressent un petit objet en forme de quintefeuille, qui est peut-être une représentation de l'hostie.

8° *Rose du grand portail de la cathédrale de Chartres* (fol. 15 v.). — La légende est tracée dans la bordure extérieure de la rose : *Ista est fenestra in templo Sancte Marie Carnoti*. L'exactitude du dessin est parfaite.

La rose de Chartres est des plus belles, quoiqu'elle appartienne au gothique primitif. Un texte que je n'ai pas vu cité dans les monographies, conduit à en placer l'exécution avant 1155, puisque l'évêque Gosselin, mort cette année-là, légua cent livres *ad opus turris*[3], ce qui prouve que le portail était alors élevé au moins jusqu'à la plate-forme.

9° *Rose du portail méridional de Lausanne* (fol. 16 r.). — Avec cette double légende écrite dans la bordure : *Ista est fenestra in Losana ecclesia*; et, *C'est une reonde veriere de le glize de Lozane*.

10° *Études sur la cathédrale de Reims* (fol. 30 v.). — Élévation à l'intérieur de l'une des chapelles placées au chevet de cette église. Ce dessin a pour légende : *Vesci le droite montée des capeles de le glize de Rains et toute le manière ensi com eles sunt par dedans droites en lor estage*; « Voici l'élévation des chapelles de l'Église de Reims et la manière dont est disposé tout l'étagement de leur architecture à l'intérieur. » A la hauteur de la corniche qui surmonte le

---

1. *Bulletin des comités historiques*, t. I, p. 48.
2. Voir la notice de M. Jules Marion sur la cathédrale de Laon ; et l'interprétation de la présence des bœufs donnée par cet archéologue.
3. *Gallia christ.*, t. VIII, col. 1142.

soubassement, on lit : *Vesci les voies dedens et les orbes arkes.* Les *voies dedens* sont les couloirs pratiqués entre chaque fenêtre dans l'épaisseur de leurs pieds droits. Les *orbes arkes* sont les fausses arcades qui décorent le soubassement.

(Fol. 31 r.). Élévation à l'extérieur de la même chapelle, avec la légende : *En cele autre pagene poes vous veir les montées des capieles de le glize de Rains par dehors, tres le commencement desci en le fin, ensi comes eles sunt. D'autretel maniere doivent estre celes de Canbrai s'on lor fait droit. Li daerrains entaulemens doit faire crétiaus.* « En cette autre page vous pouvez voir les élévations des chapelles de l'église de Reims par dehors, comme elles sont depuis le haut jusqu'en bas. » Nous avons assez insisté sur l'avant-dernière phrase qui constate l'identité du plan des deux chevets de Reims et de Cambrai. Quant au membre qui suit : « Le dernier entablement doit faire créneaux, » il prouve, concurremment avec le dessin, que la décoration de l'amortissement des chapelles absidales a changé depuis le xiiie siècle. L'entablement, qui n'était alors couronné que de créneaux, l'est aujourd'hui d'une haute galerie à jour.

(Fol. 31 v.). Élévations à l'extérieur et à l'intérieur d'une travée de la nef, avec la légende : *Vesci les montées de le glize de Rains et del plain pen dedens et de hors. Li premiers estaulemens des acaintes doit faire crétiaus si qu'il puist avoir voie devant le covertic; encontre ce covertiç sunt les voies dedens, et qant ces voies sont volses et entauls, adont reviennent les voies dehors con puet aler devant les suels des verieres. En l'entaulement daerrain doit avoir crétiaus con puist aler devant le covertic. Ves aluec les manières de totes les montées.*

Il y a bien des mots là-dedans qui demandent commentaire.

Plain pen ou *plain pan* est le mur de clôture des bas côtés de la nef, qui n'avaient pas de chapelles dans les églises du commencement du xiiie siècle. On sait que la cathédrale de Reims a conservé à cet égard sa disposition primitive. *Plain pan, planus pannus,* équivaut à pièce plate. Les continuateurs de Du Cange ont cité, sans pouvoir le définir, *pannus primus, secundus, tertius,* etc., employé dans l'ordinaire de l'église de Chalon et s'appliquant aux diverses travées des basses nefs ; cela revient à l'acception de notre manuscrit.

Li premiers estaulements des acaintes, est l'entablement qui surmonte extérieurement les bas côtés. Il était garni de *crétiaus* ou créneaux, comme celui du chevet, lesquels créneaux faisaient la balustrade d'une *voic devant le covertic,* c'est-à-dire d'une allée au bas du toit en appentis des mêmes bas côtés. Au *covertic*, c'est-à-dire à la hauteur du mur où s'appuie par dehors la toiture des bas côtés, répondent à l'intérieur les *voies dedens*, ou la galerie tenant lieu de triforium. A la hauteur de l'amortissement de ladite galerie, est établie par dehors une autre allée qui permet de circuler devant les *suels* (seuils) des verrières ou fenêtres de la grande nef. *En l'entaulement daerrain*, au dernier entablement, celui qui couronne le faîte de l'édifice, il y a encore une garniture de créneaux pour faire la balustrade des allées ménagées au bas du comble de la grande nef.

Finalement donc, la traduction est celle-ci : « Voici les élévations de l'église de Reims avec son mur de clôture, tant par dedans que par dehors. Le premier entablement, celui du bas-côté, doit faire balustrade crénelée pour qu'on puisse circuler au bas de la toiture. A cette toiture sont adossées les galeries intérieures; puis au point où règne l'entablement posé par-dessus les arceaux de ces galeries, il y a encore une allée extérieure qui permet de circuler devant les appuis des fenêtres (de la grande nef, en traversant les contreforts). Le dernier entablement (celui de la grande nef) doit être crénelé pour qu'on puisse circuler aussi au bas de la toiture. Voyez là les façons de toutes les élévations. »

Comme si son explication n'était pas assez complète, Villard de Honnecourt l'a reprise en partie dans une note marginale qui est ainsi conçue :

Entendez bien à ces montées. Devaunt le covertiz des acaintes doit aver voie sur l'entaulement, et desur le combe des acaintes redoit aver voie devant les verreres ; et un bas créteus, si cume vos veez en le purtraiture devant vos ; et sur le mors de vos piliers dait aver angeles, et devant ars buteret. Par devant le grant comble en haut redoit aver voies et créteus desur l'entaulement, k'en i puit aler pur peril de fui, et en l'entaulement ait nokeres por l'eve getir. Pur les capeles le vos di.

C'est la même description recommencée en termes un peu différents. Elle contient cependant l'énoncé de quelques détails omis d'abord. Ainsi la phrase: *Sur le mors de vos piliers dait aver angeles et devant ars buteret*, explique une décoration représentée par le dessin, qui consiste en des statues d'anges couronnant les contreforts au-dessus des naissances des arcs-boutants. La galerie supérieure, destinée aux manœuvres en cas d'incendie, est garnie, dit l'auteur, de *nokeres por l'eve getir*, de chéneaux pour le déversement des eaux.

La traduction est donc : « Remarquez bien ces élévations. Au bas de la toiture des bas-côtés, il doit y avoir une allée ménagée sur l'entablement, et au-dessus du comble de la même toiture une autre allée qui passe devant les fenêtres, avec une balustrade basse à créneaux, comme vous le voyez par le dessin qui est devant vous. A l'amortissement de vos contreforts il doit y avoir des anges et par devant les arcs-boutants au bas du grand comble supérieur doit être encore une allée crénelée ménagée sur l'entablement, pour circuler lorsqu'il y a danger de feu ; qu'il y ait aussi un chéneau sur le même entablement pour déverser l'eau. Ce que je vous dis, doit s'entendre également des chapelles. »

(Fol. 10 v.). Dessin de l'une des fenêtres des basses nefs, avec cette légende : *Vesci une des formes de Rains des espases de le nef teles com eles sunt entre ij. pilers. J'estoie mandés en le tierre de Hongrie qant jo le portrais, por co l'amai jo miex.* « Voici l'une des formes des travées de la nef de Reims, telles comme elles sont entre deux piliers. J'étais appelé en la terre de Hongrie quand je la dessinai ; c'est pourquoi je l'aime mieux. » Le mot *forme* signifie au propre l'encadrement d'une grande fenêtre gothique. Les termes relatifs au voyage de Hongrie nous ont déjà servi pour la biographie de Villard de Honnecourt ; quant à sa préférence pour le dessin de cette fenêtre qu'il dit aimer mieux que tout autre, le motif qu'il en donne implique trop de choses sous-entendues pour qu'on la devine.

(Fol. 32 v.). Dessin parfaitement exécuté de l'un des systèmes d'arcs-boutants qui pressent les contreforts de la cathédrale de Reims à son chevet. Pas de légende.

(Fol. 20 r.). Très petite esquisse faite on ne peut plus négligemment en cinq ou six traits de plume, d'un chevet d'église à cinq pans coupés avec six supports indiqués dans l'intérieur par des points. Légende : *Par chu fait om cavece à xij. vesrires.* « Ainsi fait-on un chevet à douze verrières. » Idée jetée plutôt qu'étudiée pour la solution d'un problème qui me paraît avoir été fort embarrassant pour les constructeurs gothiques. Je ne connais pas de chevet éclairé d'après cette donnée. La pensée de Villard était évidemment d'inscrire un sanctuaire à cinq pans dans une précinction heptagone, et d'obtenir par là sept fenêtres en haut et cinq en bas.

(Fol. 32 r.). Quatre plans de piliers expliqués comme il suit : *Ci poés vous veir l'un des pilers toraus de le glize de Rains et j. de ceus d'entre ij. capieles ; et s'en i a j. del plain pen, et j. de ceus de le nef del moustier. Par tos ces pilers sunt les loizons teles com eles i doivent estre.*

Ainsi Villard de Honnecourt nous donne là un pilier *toral*, un pilier d'entre deux chapelles derrière le chœur, un pilier des bas côtés et un de la grande nef. Il avertit qu'il a eu soin d'indiquer les liaisons des uns et des autres.

Pilier toral ne désigne pas seulement les piliers construits sous les tours, mais encore ceux qui soutiennent la croisée à l'intersection de la grande nef et des transepts. Cela est prouvé par un exemple du glossaire de Du Cange au mot *Arcus* (*arcus toralis*), et aussi par le dessin de Villard de Honnecourt qui, étant amorcé de dix-huit saillies, ne convient qu'à un pilier central.

Profils de divers membres d'architecture, avec des renvois à quelques parties correspondantes des élévations dessinées sur le feuillet précédent : *Vesci les molles des chapieles de cele pagne la devant, des formes et des verieres, des ogives et des doubliaus et des sorvols par deseure.* « Voici les patrons pour les chapelles figurées sur la page précédente (ci-dessus, p. 276 et 277), tant ceux des formes et verrières, que ceux des ogives et des doubleaux et ceux..... »

Il est fâcheux que les dénominations contenues dans cette légende soient donnés à part des objets qu'elles concernent et avec un système de renvois trop incomplet pour faire le rapprochement. Cela est cause que le mot *survol* (survoûte) ne peut pas être expliqué d'une manière certaine; car bien que la présence de profils de corniches appelle une dénomination, bien que le mot *survol* convienne assez à la corniche qui surmonte toujours des voussures d'arcade ou de fenêtre; enfin bien que le mot *corniche* soit chez nous d'un usage peu ancien : toutefois avant d'arrêter que son équivalent au XIIIe siècle était *survol*, il est besoin d'avoir quelques autorités de plus.

Les autres termes de la légende sont connus, soit que leur acception ait été établie déjà dans cette notice, soit que l'usage nous les ait conservés. *Forme*, ainsi que nous l'avons dit, est l'encadrement des fenêtres; *verrières* s'applique aux membres plus délicats placés dans l'intérieur de la forme pour contenir les vitraux : des profils de meneaux figurés d'une manière très reconnaissable se trouvent englobés sous cette vague dénomination. Les *doubleaux* sont les arcs de voûte disposés dans le sens du vaisseau. Quant aux *ogives*, nous en aurions ici l'indice si le fait n'était pas établi d'ailleurs, ce sont les nervures diagonales des voûtes.

Il serait temps que l'archéologie revînt à cette acception du mot *ogive*, la seule qu'il ait eue, et au moyen âge, et dans les temps modernes jusqu'à la génération qui a précédé la nôtre. On disait *croisée d'ogives*, parce que ces sortes d'arcs sont disposés en croix[1]. Au milieu du siècle dernier des écrivains absolument étrangers au vocabulaire de l'architecture, saisirent cette expression au vol, sans avoir soin de se la faire expliquer, de sorte qu'ayant pris « croisée d'ogives » pour la dénomination technique de la fenêtre à cintre brisé, ils usèrent du mot ogive tout seul comme s'il était un déterminatif du cintre brisé, tant pour les fenêtres que pour les autres baies; de là les portes et arcades en ogive, puis l'architecture en ogive ou ogivale. Jamais contresens plus malheureux ne s'est introduit dans une langue scientifique. Outre qu'il ferme l'intelligence à tous les textes anciens où se rencontrera le mot *ogive*, il a l'inconvénient de caractériser une forme qui est précisément l'opposée de la forme propre à l'objet d'où le nom est venu. Ogive, selon le préjugé actuel, serait l'arc brisé, et la courbe normale de l'arc décrit par les ogives est le plein-cintre; l'architecture à ogives serait exclusivement l'architecture gothique, et il se trouve que le tiers au moins des églises romanes ont leurs grandes voûtes construites sur croisées d'ogives.

Quoique l'erreur compte déjà un certain nombre d'années, on en peut, on en doit revenir. Les langues scientifiques ne comportent pas de si flagrantes absurdités. L'archéologie du moyen âge essaie depuis quarante ans de créer la sienne. Bien des termes qu'elle avait acceptés en commençant, ont été proscrits par elle du jour où elle a trouvé qu'ils étaient inexacts. J'ai déjà prêché et je prêcherai encore pour qu'*ogive* subisse le même sort ou plutôt pour qu'on rende à ce mot son acception primitive[2].

VI

DESSIN DE L'ORNEMENT

L'ornement est la partie dans laquelle excellèrent les artistes du XIIe siècle surtout depuis 1150. Villard de Honnecourt se montre tout à fait nourri de leur tradition, quoiqu'il commence à se produire dans son dessin quelque chose de la maigreur gothique. Les figures de pur ornement sont d'ailleurs en fort petit nombre dans son album.

---

1. *Augiva, arcus decussatus*, dit Du Cange.
2. Voir l'article intitulé de l'*Ogive et de l'architecture dite ogivale* dans la *Revue archéologique*. [Ci-dessus, p. 74 à 85.]

Il faut signaler en premier lieu un motif qui s'y trouve traité de plusieurs façons (fol. 5 v. et 22 r.), et qui consiste en rosaces de feuillage richement découpées et nervées figurant des faces humaines par l'addition d'yeux, de nez et de bouche. L'auteur appelle cela *testes de fuelles*, « têtes de feuilles. »

(Fol. 5 v.). Rinceaux enroulés, d'un bon style, pour l'ornement d'une archivolte romane. — Études de feuilles d'après nature, chêne et figuier. Ces dessins n'ont pas de légende.

(Fol. 6 v.). Une chimère contournée en forme de S, conception pleine de goût et d'élégance, copiée probablement d'après un manuscrit du temps de Philippe-Auguste.

(Fol. 29 r.). Dessin sur grande échelle d'un double enroulement de feuillage prenant naissance sur un culot commun : véritable chef-d'œuvre de découpure proposé pour servir de cloison à une stalle. L'auteur dit en marge : *Se vous volés bien ovrer d'une bone-poupée à uns estaus, à cesti vous tenés*[1].

Je placerai encore dans le chapitre de l'ornement, la mention de deux motifs de pavement qui sont trop peu de chose pour en faire une classe à part.

(Fol. 7 v.). Un labyrinthe tracé sans légende. Il est de forme circulaire, comme la Lieue de Chartres.

(Fol. 15 v.). Cinq panneaux de carrelage en compartiments et rosaces exécutées au compas. Villard de Honnecourt nous apprend qu'il prit ces dessins en Hongrie : *J'estoie une fois en Hongrie, là ù je mes maint jor. Là vi jo le pavement d'une glize de si faite manière.* « J'étais une fois en Hongrie là où je restais maint jour. Là vis-je un pavement d'église de cette gracieuse façon. » La nouveauté de l'objet peut seule avoir séduit notre auteur, car rien n'est plus ordinaire que le dessin qu'il nous met sous les yeux. Je crois pouvoir induire de là que ces carreaux en incrustation d'émail qui remplacèrent la mosaïque au XIIIe siècle, furent importés chez nous des parties orientales de l'Europe.

VII

DESSIN DE LA FIGURE

1. *Méthode pour dessiner la figure.* — Voici un fait à mettre au nombre des plus curieux que recèle le livre de Villard de Honne-

---

1. Voy. ci-après, p. 294, n° 4.

court : cette application de la géométrie au dessin de la figure, tant de fois proposée depuis la Renaissance, elle était connue et pratiquée au XIIIe siècle. J'en demande bien pardon aux hommes d'esprit qui dans ces derniers temps ont immolé l'art antique à celui du moyen âge en prétendant que ce qui se faisait à une époque avec les entraves de l'imitation matérielle, n'était dans l'autre que le produit de l'inspiration pure. Un bon dessinateur du bon siècle du moyen âge se charge lui-même de leur prouver que ses contemporains et lui ne dédaignent pas de chercher dans les prosaïques combinaisons de la géométrie les formes de la nature organique. Quatre pages du manuscrit sont remplies de ces combinaisons, mises par l'auteur sous ce triple intitulé : *Chi conmence le mate de la portraiture* [1]. — *Incipit materia porturature.* — *Ci commence li force des trais de portraiture si con li ars de jometrie les ensaigne por legièrement ovrer* [2].

Définir au juste cette méthode serait difficile ; sans doute elle était très arbitraire dans l'application. Ses procédés consistaient à réduire les attitudes à de simples lignes, ou à ramener les plans des corps aux figures élémentaires telles que le triangle et le carré ; mais cela se faisait sans le secours du calcul ni d'aucun autre moyen de précision, de sorte que la géométrie n'y intervenait que pour fournir les termes d'une approximation plus ou moins contestable. Aussi acquérait-on par l'étude de ces procédés, non pas la science du dessin, mais l'art de retrouver les poses en ne gardant que la mémoire de certains traits convenus ; l'œil et la main y contractaient aussi certaines habitudes qui, parce qu'elles dispensaient de regarder de plus près la nature, rendaient l'ouvrage facile, suivant l'expression de Villard de Honnecourt. La *matière de portraiture* n'est donc qu'une routine, de même que les dessins qui l'accompagnent ne sont que des patrons pour un certain nombre de sujets prévus. C'est ce que reconnaîtront les personnes habituées à l'art du XIIIe siècle, lorsqu'elles verront que les poses, à la reproduction desquelles s'attache la méthode, sont précisément celles qu'ont rendues avec une prédilection marquée les sculpteurs et miniaturistes du temps.

Pour que la démonstration soit complète, je mettrai sous les yeux du lecteur plusieurs de ces dessins.

---

1. « Ici commence la matière de la portraiture (c'est-à-dire du dessin de la figure). »

2. « Ici commence la méthode du trait pour dessiner la figure comme l'art de la géométrie l'enseigne pour facilement travailler. »

Les fig. 1, 2 et 3 donnent le type de tous les analogues : la tête de vieillard large et basse du front, étroite et longue de la face; le vi-

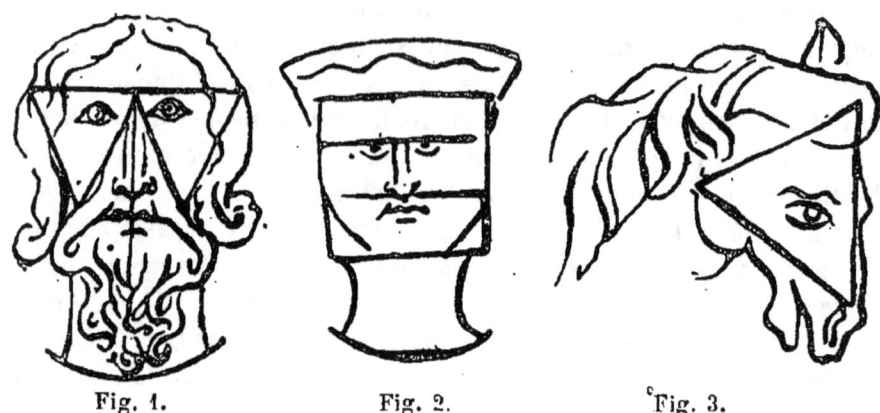

Fig. 1.   Fig. 2.   Fig. 3.

sage de femme rond et tendant à la bouffissure, la tête du cheval courte et rentrée dans l'encolure.

Fig. 4. Pose de l'homme; campé, une main sur la hanche, la tête inclinée, le ventre en avant.

Fig. 5. Pose de la femme, la tête tout à fait baissée, les bras rapprochés du corps, dans l'attitude de la soumission.

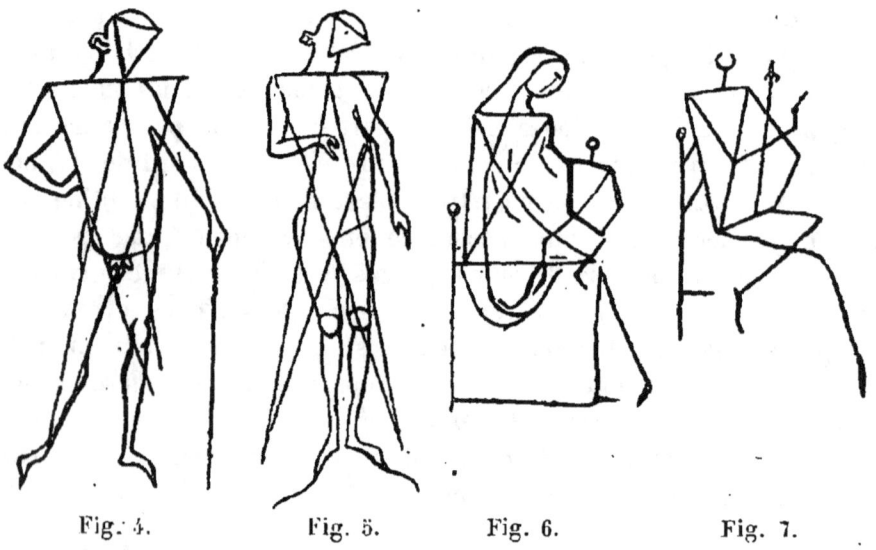

Fig. 4.   Fig. 5.   Fig. 6.   Fig. 7.

Fig. 6. Pose de la Vierge avec l'enfant Jésus sur les genoux pour les scènes de l'adoration des bergers ou des mages.

Fig. 7. Pose du roi siégeant comme juge, le sceptre à la main, les cuisses croisées.

Fig. 8. Type de la figure équestre reproduite à satiété sur les sceaux.

Fig. 8.

Qu'il suffise de ces exemples qui résument en eux le reste de la méthode.

2. *De la pratique de l'auteur.* — Les dessins de Villard de Honnecourt se ressentent de sa théorie. Tous ils en présentent l'application à un degré plus ou moins marqué. Sans parler de quelques-uns de ses croquis qui sont de pures triangulations, on voit qu'il procède dans ses esquisses par surfaces polygones et par contours anguleux. A la vérité, il possède une entente des draperies qui lui fait corriger le vice de cette préparation, à mesure qu'il soigne davantage ; cependant, la forme des nus, dont il n'a pas le sentiment, conserve toujours chez lui quelque chose de maigre, de heurté, de linéaire.

Deux figures montreront cela d'une manière plus nette que les paroles (voy. fig. 9 et pl. IX, fig. 1).

La première est celle d'une dame en habit de chasse, le faucon sur un poing ; un gant dans l'autre main ; elle n'a point de légende.

La seconde, également dénuée d'explication, représente un personnage affaissé par la douleur et vêtu à l'antique.

Fig. 9.

La fig. 9 simplement esquissée, offre de la hardiesse et de l'élégance. Villard de Honnecourt n'a pas toujours réussi à produire du premier coup des ensembles aussi satisfaisants. D'ordinaire ses préparations sont maladroites et disgracieuses; sans doute parce que la recherche de la pose le préoccupait plus qu'elle n'a fait ici. L'attitude de son personnage est en effet de celles qu'il devait savoir par cœur, à en juger par la quantité d'analogues qu'on retrouve dans les monuments figurés du XIIIe siècle. Mais indépendamment de cela, ce qu'il importe de remarquer, c'est le visage de la femme indiqué par un cercle, ce sont ses mains réduites en polygones, c'est la forme du chien qui est comme taillé à facettes.

La fig. 1 de la pl. IX est un dessin fini. Je ne ferai pas honneur à Villard de Honnecourt de la belle expression dont elle est empreinte, puisque j'ignore si c'est lui qui l'a composée; mais à ne voir que l'œuvre du dessinateur, il est impossible de ne pas trouver digne d'éloge la manière dont sont rendues la chevelure et les draperies. Malgré leurs nombreux détails, elles n'ont rien fait perdre à la pose de sa souplesse, et la vérité de l'ajustement domine l'attention au point de dissimuler de très grands défauts d'emmanchement et de perspective. A côté de cela, il y a dans le pied, le seul nu qui apparaisse, une pauvreté d'exécution telle qu'on ne dirait plus l'ouvrage de la même main. Tout y manque, la proportion, la correction, le sentiment. C'est une pièce de rapport, une réminiscence des formes enseignées par la méthode géométrique.

Les remarques qu'on vient de faire s'appliquent à toutes les grandes figures de l'album. Elles offrent toutes ce contraste de draperies extrêmement bien traitées à côté d'une imperfection choquante des nus. Manquer les formes du corps était pour Villard de Honnecourt quelque chose de constant et, pour ainsi dire, de fatal. Ce défaut lui est-il particulier ou n'a-t-il pas été plutôt celui de son siècle? L'habitude du tracé géométrique est-elle ce qui a rendu si faible dans une partie du dessin des artistes qui se tiraient de l'autre avec un incontestable talent? Voilà des questions qui pourraient se présenter ici, mais que je laisse à d'autres le soin de traiter, ne voulant que mettre au jour les faits positifs qui ressortent de mon manuscrit.

3. *Études d'après l'antique.* — Des écrivains et des archéologues ont nié de nos jours que les artistes du XIIIe siècle se fussent inspirés de l'antique, les uns, parce qu'ils ne trouvaient pas dans leurs œuvres la marque d'une telle imitation; les autres, parce qu'ils supposaient qu'un préjugé pieux devait rendre abominables ou au moins indifférents à leurs yeux des modèles profanes. La pratique de Villard de

Honnecourt attestée par son album fait tomber ces raisons ainsi que l'opinion qui cherche à se fonder sur elles. Il copiait l'antique sans croire enfreindre ses devoirs de chrétien et sans acquérir à cet exercice le sentiment du nu qui lui manquait. C'est encore par des dessins qu'il faut prouver cela.

Dans la figure gravée sur notre pl. X, n° 1, tout le monde reconnaît un personnage grec, vêtu de la chlamyde : j'en dirai tout à l'heure l'attribution probable. Certainement ce n'est pas au moyen âge qu'on aurait imaginé ce costume. Il est vrai que ce n'est pas non plus dans l'antiquité qu'on rendait de cette façon les formes humaines. Mais, d'après ce qu'on a déjà dit du talent de Villard de Honnecourt, tout s'explique. D'un beau modèle qu'il avait sous les yeux il a rendu convenablement la seule partie qu'il fût capable d'interpréter, le vêtement. Le reste s'est transformé sous sa main en un à peu près, satisfaisant pour lui, mais qui nous prouve jusqu'à quel point son œil était rebelle à de certaines perceptions.

Ailleurs, la copie d'un modèle antique est, si cela se peut, encore plus incontestable, car elle est avouée par une légende. *De tel manière*, dit l'auteur, *fu li sepouture d'un Sarrazin que jo vi une fois*, « ainsi était faite la sépulture d'un Sarrasin que je vis une fois; » et il dessine au-dessous le sujet de notre pl. VIII. *Sarrazin* est l'équivalent d'antique et de païen; *murs sarrasins* ou *sarrasinois* signifie toujours les ruines romaines dans les textes du moyen âge. Ce serait donc là un tombeau romain que Villard de Honnecourt nous aurait conservé; mais il est probable qu'il a aussi mal jugé de la destination que de la provenance du monument. Dans ce prétendu tombeau, je vois les honneurs divins décernés à un empereur. En haut, Rémus et Romulus soutenant une couronne de feuillage; l'empereur assis sur un pulvinar, à ses pieds un autel desservi par deux augustales.

Quoi qu'il en soit, le monument est antique; mais le dessin est gothique. L'architecture est déformée selon le goût du XIIIe siècle. L'empereur est devenu un roi du moyen âge avec son sceptre fleurdelisé dans la main. Les doigts effilés des personnages, leurs pieds en trapèzes, la singulière anatomie attribuée aux poitrines et aux hanches, tout cela nous renvoie à la méthode expliquée ci-dessus, tout cela prouve encore une fois qu'en copiant les anciens, le dessinateur ne les voyait point tels qu'ils étaient.

Plus loin, on trouvera la mention d'autres figures qui paraissent provenir de la même source.

4. *Études d'après la nature nue.* — Quelques figures nues de l'album pourraient bien être, non pas des copies de l'antique, mais de véritables académies posées par des modèles. Je mets de ce nombre deux lutteurs (fol. 15 v.) en béguins ou coiffes et en braies ou caleçons du XIIIᵉ siècle. L'homme assis représenté sur notre pl. IX, fig. 2, me semble avoir la même origine. Sans m'appuyer sur la forme de son bonnet, qu'il serait permis d'imputer à une fantaisie de notre auteur, sa pose ne rappelle pas le moins du monde une statue antique. Elle est maniérée comme toutes celles que donnent les modèles de profession. D'un autre côté, le dessin offre une telle recherche, et, vu le savoir-faire de Villard, une telle réussite de l'exactitude anatomique, que pour être arrivé là, il semble qu'il lui ait fallu avoir sous les yeux quelque chose de plus voyant et de plus souple que les détails de la pierre ou du marbre. Enfin la faute de perspective qui fait tomber perpendiculairement une jambe destinée à être vue en raccourci, est peut-être encore une preuve du modèle vivant. Une statue, par son immobilité, aurait mieux fait comprendre au dessinateur la projection dont il avait à tenir compte.

Quoi qu'il en soit, il ne résulte pas moins de ce qui précède, que si les artistes du XIIIᵉ siècle n'ont pas atteint la perfection de la forme corporelle, ce n'est pas faute d'avoir senti qu'il fallait l'étudier, ni faute d'avoir aspiré à la rendre.

5. *Études d'animaux.* — L'étude des animaux d'après nature ne peut pas faire de doute. Villard de Honnecout déclare « contrefait au vif » un lion qu'il a dessiné de face et de profil (fol. 24 r. et v.) : *Saciés bien que cis lions fu contrefais al vif.* Le profil est fort bien réussi ; mais la vue de face est manquée. Ailleurs (fol. 26 r.) il se tire encore avec succès de la représentation de deux faucons sur une perche. Ses chevaux (fol. 8 v. et 23 v.) sont moins heureux. Des chats, une écrevisse, une sauterelle, une demoiselle, une mouche, qui remplissent comme études le fol. 7 v., ont été faits visiblement d'après nature. Ces dessins ne manquent pas d'un certain caractère, quoique traités dans plusieurs de leurs détails d'une façon tout à fait fantastique.

Relevé des principaux sujets dessinés dans l'Album.

6. *Sujets religieux.* — Jésus-Christ dans l'attitude du jugement, les pieds nus et drapé dans un manteau d'un ajustement magnifique.

Il trône sur un banc porté par des colonnettes. Le bras droit est élevé, mais la main n'est pas faite (fol. 16 v.).

Jésus assis et évangélisant, la main droite levée pour bénir, la gauche retenant un livre appuyé sur le genou. Le visage n'est qu'indiqué (fol. 11 r.).

Jésus prêchant debout, affublé du manteau des philosophes, le bras droit dégagé et dans la pose de la bénédiction; le gauche enveloppé, la main est libre et tient un très petit rouleau (fol. 27 v.).

Jésus prosterné au jardin des Olives, ou au chemin du Calvaire, avec la légende : *Ce est un imaje Deiu si cume il est cheus*. « C'est une représentation de la manière dont Dieu est tombé » (fol. 17 r.).

Scènes de la présentation au peuple et de la flagellation; simples esquisses où sont accusés seulement les contours des corps (fol. 28 v.).

Jésus crucifié, affaissé sur lui-même, la tête séparée du nimbe qui reste figuré à la rencontre des bras de la croix; les deux pieds cloués d'un seul clou; le *subligaculum* noué au-dessous du nombril et descendant jusqu'aux genoux (fol. 2 v.).

Descente de croix; sujet à sept personnages, d'un mouvement remarquable et présentant quelque analogie pour la composition avec le célèbre tableau de Rubens (fol. 13 v.).

Esquisse à mi-corps d'une sainte Vierge tenant l'enfant Jésus sur ses genoux. L'enfant bénit de la main droite, et la mère tient de la gauche une plante à racine bulbeuse que je ne puis définir (fol. 10 v.).

Les douze apôtres, assis sur des bancs dans douze attitudes différentes, tous munis de rouleaux. Par le style et l'ajustement ces figures se rapprochent beaucoup de celles des manuscrits carlovingiens. Légende : *Ci poeis vos trover les agies des xij. apostles en séant*. « Ici vous pouvez trouver les âges (physionomies) des douze apôtres assis » (fol. 1 v.).

Tête d'étude d'un décimètre de haut, exécutée au trait et dans le plus grand détail pour servir à une représentation d'apôtre (fol. 18 r.).

Deux grandes figures drapées à l'antique et recueillies par l'auteur probablement comme représentations de prophètes. L'une est tournée de trois quarts, barbue, vêtue du manteau grec et de l'himation, un rouleau déployé à la main gauche; la droite dans le geste de la démonstration. L'autre est de face, imberbe, complétement enveloppée dans une toge; les pieds nus, et, aux jambes, des anaxyrides ou braies (fol. 28 r.).

Dessin très étudié pour les draperies, d'une jeune femme coiffée en cheveux, avec cette légende : *Vesci l'une des ij. damoizieles de que li jugemens fu fais devant Salomon de leur enfant que cascune voloit avoir.* « Voici l'une des deux demoiselles dont le jugement eut lieu devant Salomon à propos de l'enfant que chacune voulait avoir. » (Fol. 12 r.).

Grand dessin de sept personnages, celui de l'album qui est exécuté avec le plus de soin. Il me paraît représenter saint Paul plaidant sa cause devant le roi Agrippa. Les costumes sont de convention, dans un goût mêlé de l'antique et du moyen âge. Au milieu de la composition, le roi assis avec ses insignes et dans l'attitude traditionnelle, écoute un homme à barbe agenouillé devant lui et qui semble parler avec chaleur. A droite deux assistants, dont l'un (peut-être le proconsul Festus) est drapé dans une toge. A gauche, un jeune homme chuchotant à l'oreille d'un personnage habillé d'un surcot comme les bourgeois du xiiie siècle. Derrière ce groupe un sergent avec sa verge (fol. 13 r.).

L'Église personnifiée, debout, richement vêtue, couronnée, tenant d'une main le labarum et de l'autre un calice (fol. 4 v.).

Le martyre de saint Côme et saint Damien. Deux saints nimbés, agenouillés l'un devant l'autre; deux satellites s'apprêtent à les décapiter. Légende : *Vesci le labitement saint Come et saint Domyen* (fol. 27 r.).

Un évêque assis sur un banc dans l'attitude de la majesté, bénissant de la droite, tenant une crosse de la gauche. Mitre basse, chasuble en cloche et flottante à l'antique, manipule étoffé comme une écharpe (fol. 1 r.).

Figures allégoriques de l'Humilité et de l'Orgueil : très beaux dessins conformes aux représentations analogues qui ornent d'ordinaire la grande porte des cathédrales. L'Humilité a la figure d'une vierge voilée et assise qui tient sur l'un de ses genoux un disque chargé d'une colombe. L'Orgueil est représenté par un seigneur qui tombe à bas de son cheval. Légendes : *Humilité. — Orgieus, si cume il tribuche* (fol. 3 v.).

La roue de Fortune; esquisse par simples triangulations, pour le dessin d'un vitrail en forme de rose. La Fortune est au milieu, assise sur l'axe de la roue dont elle fait tourner les rais avec ses mains. Il y a six rais aboutissant à six lobes, dans lesquels sont figurés des rois plus ou moins à leur aise, suivant la position du lobe qu'ils occupent. Légende : *Vesci desos les figures de le ruee de Fortune, totes les vij. imagenes* (fol. 21 v.). « Voici les figures de la roue de fortune, rendues toutes les sept (comme il convient). » Interprète des artistes du xiiie siècle qui avaient reproduit à satiété cette allégorie, Jean de Meung, dit de la Fortune :

    Elle a une roe qui torne,

> Et quant ele veut, ele met
> Le plus bas amont, ou somet:
> Et celi qui est sor la roe
> Reverse à un tor en la boue.

Représentation symbolique d'une ville par un portail à pignons couvert d'un comble aigu d'où s'élèvent deux petits clochetons. Des croix sur les profils des pignons latéraux indiquent une église. Au flanc gauche adhère un donjon dans une enceinte crénelée (fol. 18 v.).

7. *Sujets profanes d'après l'antique.* — Représentation présumée du culte rendu à un empereur. Voyez ci-dessus, p. 286.

Personnage d'un type grec mentionné également à la p. 286. Un antiquaire regrettable, feu M. Ad. Duchalais le considérait comme un Mercure dont le pétase a été déformé par le dessinateur. L'attitude et l'ajustement sont en effet ceux de plusieurs figurines de Mercure conservées au Cabinet des antiques de la Bibliothèque nationale.

Un homme imberbe, frisé et entièrement nu à l'exception des épaules, sur lesquelles est passée une *palla*. Il tient élevé de la main droite un vase à long col rempli de fleurs. Il se tourne du côté d'un cippe orné de moulures et sur lequel est jetée une chlamyde. Derrière le cippe est une petite figure de roi dans un encadrement d'architecture (fol. 11 v.). Ce dessin, seul entre tous ceux de l'album, a été lavé à l'encre par-dessus le trait à la plume.

Deux esclaves accroupis, occupés à jouer aux dés devant un abaque. L'un a l'air d'un Grec et l'autre d'un Barbare (fol. 9 r.).

Barbares combattant contre des lions. L'un d'eux a les cheveux retroussés à la mode des Sicambres (fol. 26 v.).

Combinaison de quatre figures nues assemblées comme quatre rais d'étoile sur la rencontre de deux perpendiculaires. Chacune des figures dessinées absolument sur le même profil, est à mi-corps avec une jambe levée, et sur le pied de cette jambe la figure suivante appuie un ciseau de la main gauche tandis que la droite, armée d'un marteau, est levée pour frapper. Je vois dans cette combinaison un motif d'ornement copié d'après une mosaïque (fol. 19 v.).

8. *Sujets profanes du XIIIe siècle.* — Un prince, ganté, le faucon sur le poing, et assis à côté de sa femme, sur un banc à double siège (fol. 14 r.). Dessin gravé dans l'ouvrage de Willemin.

Un chevalier armé en guerre, mettant le pied sur l'étrier pour monter à cheval (fol. 23 v.). Également publié par Willemin.

Un homme de guerre à pied, en haubergeon, cotte par-dessus et chapeau de fer, chausses de mailles lacées du talon au mollet; au bras gauche un écu, une lance et un croc suspendu par une courroie (fol. 2 r.).

Deux cavaliers affrontés, habillés de tuniques avec chausses et éperons, les bras nus ainsi que la tête (l'un d'eux a pourtant un béguin ou coiffe), armés de lances et d'écus à boucle sans armoiries (fol. 8 v.).

Deux sergents dans l'attitude de combattants, l'un armé d'une longue lance et l'autre d'un arc. Ils ont pour vêtement de simples tuniques. Le premier porte avec cela des brodequins, une coiffe et une ceinture d'où pend une petite épée (fol. 25 v.).

Portrait assis d'un personnage laïque, barbu, habillé de cotte, surcot et manteau, coiffé d'un chapeau à basse forme et sans bords. Souliers découpés à la mode du temps.

Deux lutteurs ou champions se prenant à bras le corps; dessin cité précédemment, p. 287.

9. *Animaux symboliques, allégoriques et fantastiques.* — Le lion et le bœuf ailés, chacun dans l'attitude d'animaux passants et tenant un livre dans leurs bras; types d'un grand caractère, dont la noblesse et la correction semblent indiquer une provenance antique (fol. 13 v.).

Un démon sous la figure d'un satyre accroupi, très velu, avec des mains crochues et des cornes; type plus correct et plus noble que ne le sont d'ordinaire les représentations du diable au moyen âge (fol. 1 r.).

Un pélican sous la forme de convention que les artistes du moyen âge ont donnée à cet oiseau, moitié aigle, moitié faucon, posé de profil sur le bord d'un nid, battant des ailes et se déchirant le ventre (fol. 1 r.).

Une salamandre dans le goût du XIIIe siècle, pour la décoration d'une crosse dont la volute est indiquée sous les pieds de l'animal (fol. 11 r.).

Un hibou conforme au type des monuments égyptiens (fol. 1 r.).

Un ours et un cygne, dans l'attitude d'animaux passants. Types de toute beauté et conformes aux analogues qu'on trouve sur les bas-reliefs et dans les mosaïques de la meilleure époque romaine (fol. 4 r.).

Un aigle héraldique, d'un beau caractère. Le tracé en est indiqué par une étoile à cinq rais, dont une pointe aboutit à la tête de l'oiseau, deux, aux deux extrémités de son envergure, deux dans les pattes qui sont étendues comme les ailes, suivant l'usage (fol. 18 v.).

Trois poissons assemblés sur une seule tête comme trois pétales autour d'un bouton. Le style est celui de ces lettres ornées de l'écriture lombarde qu'on appelle ichthyomorphes.

VIII

OBJETS D'AMEUBLEMENT

Les objets que j'ai réunis dans le présent chapitre, étaient tous destinés à la garniture de l'église. L'archéologie s'en emparera avec avidité ; car depuis le temps qu'on fait la revue des anciens mobiliers religieux, on n'a rien signalé, si ce n'est des portes et des armoires, qui remonte au delà de 1300. La connaissance de formes qu'on n'aurait jamais devinées, résultera des dessins, malheureusement trop peu nombreux sur cette matière, de Villard de Honnecourt. J'ai fait reproduire les principaux par la gravure, pour n'avoir pas à me perdre dans des explications sans fin.

1. *Cage d'horloge* (fol. 6 v.). — Voyez notre pl. X, fig. 3. La dimension du dessin original est de 22 centimètres. On lit à côté, d'une encre pâle comme celle de la figure : *C'est li masons d'on orologe.* « C'est la maison (cage) d'une horloge » ; et au-dessous, de la même plume et de la même encre que la dédicace du manuscrit : *Ki velt faire le maizon d'une ierloge vers ent ci une que jo vi une fois. Li premierz estages de desos est quarés a iiij. peignonciaus. Li estages deseure est à viij. peniaux, et puis covertic; et puis iiij. peignonciaus; entre ij. peignons j. espasse wit. Li estages tos deseure s'est quarés à iiij. peignonciaus et li combles a viij. costés. Ves aluec le portrait.* Voici la traduction : « Qui veut faire la cage d'une horloge, en voici une que je vis une fois. Le premier étage par bas est carré à quatre pignons. L'étage au-dessus est à huit pans ; et puis (vient) une toiture ; et puis quatre pignons avec un espace vide entre deux. L'étage de tout en haut est carré, à quatre pignons, et le comble a huit côtés. Voyez le dessin ci-contre. »

Cette description si confuse et si incomplète, ne fournit aucun mot nouveau au dictionnaire de l'ancienne langue industrielle. Nous avons déjà rencontré *covertic*. *Peniaus* est la même chose que panneaux ; *pignonceau* est un diminutif peu intéressant de pignon.

Quant à la cage elle-même, ce devait être une construction en bois. Rien n'en marque les dimensions. L'horloge de la cathédrale de Beauvais qui est postérieure de plus de cent ans, forme un édicule d'environ 5 mètres de haut. Il est tout doré et peint.

2. *Lutrin d'église* (fol. 7 r.). — Voyez la pl. X, fig. 2. Le dessin original a 226 millim. de hauteur. Il est accompagné de cette légende : *Ki velt faire i. letris por sus lire evangille, ves ent ci le mellor manière que jo sace. Premiers a par tierre iij. sarpens; et puis une ais à iij. compas deseure, et par deseure iij. sarpens d'autre manière et colonbes de la hauture des sarpens. Et par deseure i. triangle. Après vous veés bien de confaite manière li letris est. Ves ent ci le portrait. En mi liu des iij. colonbes doit avoir une verge qui porte le pumiel sor coi li aile siet.*

« Qui veut faire un lutrin pour lire l'évangile dessus, en voici le meilleur modèle à ma connaissance. D'abord il y a par terre trois serpents et puis un ais à trois traits de compas sur les serpents; et par-dessus l'ais trois serpents dans l'autre sens, avec colonnes de la hauteur des serpents. Au-dessus est un triangle. Après, vous voyez assez quelle est la belle disposition du lutrin. Au milieu des trois colonnes, il doit y avoir une tige pour porter le pommeau sur lequel est posé l'aigle. »

Nouvel exemple de la pauvreté de la langue du XIIIe siècle pour exprimer les détails de l'architecture et de l'ornementation. Il est évident d'après cela, que les ouvriers faisaient quantité de choses pour lesquelles ils n'avaient pas de nom. Des six lignes de vieux français rapportées ci-dessus, il n'y a rien à tirer, sinon, que tous ces fantastiques reptiles à deux pattes que nous croyons devoir distinguer en dragons, chimères, salamandres, étaient pour Villard de Honnecourt et ses contemporains des serpents. Il appelle *à trois compas*, les contours pour l'expression desquels nous avons forgé le mot *trilobé*.

Voir ci-dessus, p. 251, le mécanisme proposé pour faire mouvoir la tête de l'aigle pendant la lecture de l'évangile.

3. *Croix monumentale* (fol. 8 r.). — Pièce de sculpture à mettre probablement dans une chapelle ou derrière un maître-autel. Elle est ainsi composée. Une colonne courte et massive, à base attique et montée sur un socle, porte à son sommet, au lieu de chapiteau, deux immenses volutes en feuillage qui s'écartent comme les branches d'un Υ. Sur la volute de gauche est placée une statue de la Vierge éplorée ; sur celle de droite une statue de saint Jean. Entre ces deux personnages, dans l'axe de la colonne, un crucifix tout à fait conforme à celui qu'on a décrit ci-dessus, p. 283. Les figures sont de la grandeur du fût de la colonne, et le monument dans son ensemble offre d'assez belles proportions. Au-dessus du dessin sont moulés en lettres on-

ciales les mots IHC + XPC, et ceux-ci, qui sont probablement des inscriptions grecques mal rendues par notre architecte : AGLA (du côté de la Vierge), IOThE (du côté de saint Jean). Lisez : ΑΓΙΑ (ΜΗ-ΤΗΡ) et ΙΩΑΝΝΗΣ.

4. *Deux modèles de sièges en bois ou stalles* (fol. 27 v.). — Voici une réduction de ces dessins. Il y a pour légende, entre les deux

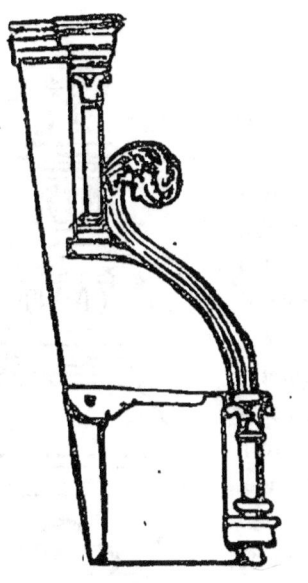

Fig. 1.   Fig. 2.

figures : *Vesci une legière poupée d'uns estaus à j. entreclos à toic le clef;* « Voici une légère poupée d'une stalle à cloison avec la clef. » Cette courte explication offre bien de la difficulté. D'abord on ne sait auquel des deux modèles elle s'applique. Le morceau de sculpture signalé ci-dessus, p. 281, n'est rien autre chose que l'exécution en grand de la fig. 2, et nous avons vu qu'il avait pour légende : « Si vous voulez bien ouvrer à une bonne poupée pour une stalle, tenez-vous à celle-ci. » *Poupée* serait-il d'après cela la pièce de sculpture, c'est-à-dire le double enroulement faisant cloison sur les côtés de la stalle ? Mais le mot *entreclos*, semble plutôt convenir pour cet objet. D'ailleurs poupée, à en juger par les analogues de basse latinité, *pulpa, polpa, polpedum*, etc., qu'on trouve dans Du Cange, doit impliquer une forme renflée, comme serait celle du culot, sur lequel naissent les deux enroulements de la fig. 2. De cette façon la fig. 1 aurait aussi une poupée, savoir le chou de feuillage qui naît sur sa membrure extérieure. Dès lors, l'explication de Villard de Honnecourt convient mieux à cette fig. 1 qu'à l'autre, parce qu'elle seule présente un objet auquel puisse s'appliquer le terme de clef contenu dans la même explication. C'est la cheville qui adhère aux montants de derrière et qui rendait mobile le siège de la stalle. Aussi bien, *legière poupée*, d'après l'acception la plus fréquente de l'adjectif *léger* dans notre ancienne langue, signifie *poupée facile à faire* ; et cela qualifie très bien le pommeau sculpté de la fig. 1, mis en opposition avec celui de la fig. 2.

Fig. 3.

5. *Esconce ou lanterne à mettre les cierges* (fol. 17 v.) — Voyez la fig. 3, qui reproduit le dessin de cet objet fréquemment cité dans les textes (*Absconsa* dans Du Cange). C'était, à proprement parler, un étui aéré dans lequel pouvait brûler un cierge. Légende : *Vesci une esconce qui bone est à mones por lor candelles porter argans. Faire le poez se vous savés torner* ; « Voici une esconce qui est bonne à moines pour porter leurs cierges allumés. Vous pouvez la faire si vous savez tourner. » Ainsi l'esconce se faisait au tour, et elle était surtout d'usage dans les couvents où les religieux avaient à traverser de nuit les cloîtres et les cours avec leurs cierges allumés.

6. *Chaufferette à mains et siphon.* — Ces ustensiles, qui faisaient aussi partie de l'ameublement religieux, ont été décrits au chapitre de la mécanique. Voyez ci-dessus, p. 251 et 253.

IX

MATIÈRES ÉTRANGÈRES AUX ARTS DE LA CONSTRUCTION ET DU DESSIN

Il ne s'agit pas ici d'établir au juste tout ce que notre architecte a pu savoir en dehors de son métier; on ne veut que donner l'indication raisonnée de certaines choses de sa connaissance qu'il lui est arrivé, pour une raison ou pour une autre, de consigner dans son album.

Il est évident, d'après la beauté de son écriture, qu'il était lettré. L'usage qu'il fait du latin à plusieurs reprises en est une autre preuve. Il avait achevé au moins ses classes de grammaire, soit dans une université, soit aux écoles épiscopales de Cambrai. La grammaire était la première branche du *trivium*, qui comprenait en outre la rhétorique et la dialectique. Ce ne serait pas trop hasarder, que de prétendre Villard de Honnecourt instruit de tout cela, attendu qu'il avait fait certainement son cours de science ou *quadrivium*, et que, par la manière dont les auteurs de la fin du xii° siècle, parlent du *trivium* et du *quadrivium*, il semble que le premier ait été l'introduction indispensable du second. L'instruction classique de Villard aurait donc été celle des gradués qui portèrent plus tard le titre de maître ès arts. Néanmoins il est à remarquer que, faute d'exercice, il s'était considérablement rouillé sur son latin.

Il paraît avoir été curieux de l'étude de la nature. Sa mémoire était ornée de tous les on-dit dont la science zoologique se composait alors exclusivement. L'une des figures de lion signalées précédemment donne lieu à notre auteur de rapporter le fait suivant.

De l'ensaignement del lion vous vel-ge parleir. Cil qui le lion doctrine, il a ij. chaiaus, quant il velt le lion faire faire aucune coze, se li comande. Se li lions groigne, il bat ses kaiaus : dont a li lions grant doutance, qant il voit les kaiaus batre, se refraint son corage et fait ço con li comande. Et s'il est corecies, sor ço ne paroit mie; car il ne feroit por nelui ne tort ne droit (fol. 24 r.).

« Je veux vous dire quelque chose de l'éducation du lion. Celui qui dresse le lion a deux petits chiens. Lorsqu'il veut faire faire quelque chose au lion, il lui dit son commandement. Si le lion grogne, il bat ses petits chiens. Or le lion a si grand peur à voir battre les petits chiens, qu'il réprime son humeur et fait ce qu'on lui commande. Je ne parle pas du cas où il serait en colère, car alors il ne céderait ni par mauvais ni par bon traitement. »

A la page suivante, il donne cette explication au-dessus du dessin, fort peu réussi, d'un porc-épic : *Vesci un porc espi. C'est une biestelete qui lance se soie quant elle est corecie.* « Voici un porc-épic. C'est une petite bête qui lance ses soies quand elle est en colère. »

Enfin il donne en terminant son manuscrit une instruction qui ne me semble convenir qu'à la confection d'un herbier : *Cuellies vos flors au matin, de diverses colors, ke l'une ne touce à l'autre. Prendés une manière de piere con taille à ciziel, qu'ele soit blance, molue et deliie. Puis si meteis vos flors en ceste poirre, cascune manière par li. Si duerront vos flors en lor colors.*

« Cueillez vos fleurs au matin, de diverses couleurs, (en ayant soin) que l'une ne touche pas l'autre. Prenez une espèce de pierre qu'on taille au ciseau [1] ; qu'elle soit blanche, lisse et mince ; puis mettez vos fleurs sous cette pierre, chaque espèce à part. Par ce moyen vos fleurs se conserveront avec leurs couleurs. » Il y a à conclure de là qu'il pratiquait la botanique, au moins comme amateur. S'il ne se préoccupait pas tant de la couleur, on pourrait dire que c'était pour avoir des modèles d'ornements à mettre sur les chapiteaux des colonnes, puisque c'est de son temps que les fleurs de nos pays, imitées en placage, ont commencé à remplacer, pour la décoration de l'architecture, les feuillages et fleurons imaginaires de l'antiquité.

C'est à un autre ordre de connaissances, à l'art du potier, qu'est empruntée la recette suivante (fol. 21 v.) : *On prent kaus et tyeule mulue de paiens ; et ferés kume autretant de l'une cum de l'autre, et un poi plus del tyeule de paiens, taunt come ses color vainke les autres. Destemprez ce ciment d'oile de linuse. S'en poez faire un vassel pur euge tenir.* « On prend chaux et tuile romaine pilée, et vous faites à peu près autant de l'une que de l'autre, mettant plutôt la tuile en excès, de telle sorte que ce soit sa couleur qui domine. Détrempez ce ciment d'huile de graine de lin. Vous en pourrez faire un vase à contenir de l'eau. » Je n'ai trouvé dans le Traité de céramique de M. Brongniart la mention d'aucun produit fabriqué par ce procédé. C'était une poterie crue qui devait avoir la consistance de la pierre. Le moyen âge le tenait certainement de l'antiquité. Sa composition ressemble beaucoup à celle de certains mortiers que Paul le Silentiaire dit avoir été employés à la construction de Sainte-Sophie.

Je crois reconnaître la préparation d'une pâte épilatoire dans une autre recette, écrite immédiatement après la précédente. *On, pren vive kaus bolete et orpieument ; se le met on en euge bollans et oile. Cist unnemens est bon por pail ostier ;* « on prend chaux vive qui a bouilli et orpiment ; on met le tout dans de l'eau bouillante avec de l'huile. C'est un onguent bon pour ôter le poil. »

Enfin comme remède aux blessures qu'on se faisait souvent autour de lui, Villard de Honnecourt avait trouvé dans ses lectures ou reçu de quelque empirique, l'ordonnance que voici :

« *Reteneis ço que jo vous dirai. Prendés fuelles de col roges et sanemonde (c'est une erbe con clainme galion filate), prendés une erbe con clainme tanesie et caneuvize (c'est semence de canvre); estanpés ces .iij. erbes, si qu'il n'i ait nient plus de l'une que de*

---

[1]. Sans doute une pierre à structure lamelleuse, comme la pierre à Jésus.

l'autre. Après si prendeis warance ij. tans que de l'une des iiij. erbes, et puis si l'estanpés, puis si meteis ces v. erbes en i. pot, et si meteis blanc vin al destenprer, le meillor que vous poés avoir, avecques tenpreement que les puizons ne soient trop espessez, si con les puist boire. N'en beviez mie trop; en une escargne d'uef en arés vous aseiz, por qu'ele soit plainne. Quel plaie que vous aiés, vous en garirés. Tergiés vo plaie d'un poi d'estoupes; metés sus une fuelle de col roge; puis si beveis des puizonz al matin et al vespre ij. fois le jor. Eles valent miex destemprées de moust douc que d'autre vin, mais qu'il soit bons; si paerra li mous avec les erbes. Et se vous les destenprés de vies vin, laissiés les ij. jors ançois con en boive. »

« Retenez ce que je vais vous dire. Prenez des feuilles de chou rouge, de la *sanemonde* (c'est une plante qu'on appelle chanvre-bâtard), aussi de la plante appelée tanaisie et du chènevis ou semence de chanvre. Broyez ces quatre plantes, de sorte qu'il n'y ait pas plus de l'une que de l'autre. Ensuite vous prendrez de la garance, en quantité double de chacune des quatre autres plantes. Broyez-la aussi et mettez ces cinq plantes dans un pot pour les faire infuser avec du vin blanc, le meilleur que vous pourrez avoir, en vous réglant pour la dose sur ce que la potion ne soit pas trop épaisse et qu'on la puisse boire. N'en buvez pas trop. Vous en aurez assez d'une pleine coquille d'œuf. Quelque plaie que vous ayez, vous en guérirez. Essuyez vos plaies d'un peu d'étoupes; mettez dessus une feuille de chou rouge, puis buvez de la potion le matin et le soir, deux fois par jour. Elle vaut mieux infusée dans de bon vin doux que dans d'autre vin; le vin doux fermentera avec les plantes. Si vous en infusez dans du vin vieux, laissez-les deux jours avant d'en boire. »

Cette recette dont je laisse l'appréciation aux hommes de l'art, est consignée sur la dernière page du manuscrit.

Après tout ce qui précède, je crois qu'il me sera permis, toute proportion gardée entre les deux époques, de définir par les paroles de Vitruve l'instruction de l'architecte au xiiie siècle : *Eum et ingeniosum esse oportet et ad disciplinas docilem; et ut litteratus sit, peritus graphidos, eruditus geometria et optices non ignarus, instructus arithmetica, historias complures noverit, philosophos diligenter audiverit, musicam sciverit, medicinæ non sit ignarus.*

UN

ARCHITECTE FRANÇAIS DU XIIIᵉ SIÈCLE

EN HONGRIE[1]

Des fouilles exécutées en 1869 sur toute la superficie de l'église métropolitaine de Calocza, en Hongrie, ont révélé des faits intéressants pour l'histoire de l'art au moyen âge. Un architecte hongrois, qui est en même temps un habile archéologue, M. Émeric Henszlmann, a dirigé cette opération. Il se propose d'en faire l'objet d'une publication étendue, qui paraîtra sous les auspices de l'Académie des sciences de Hongrie. En attendant, il a jugé utile de faire parvenir en France un compte-rendu succint de ses découvertes[2], parce qu'elles ont soulevé une question sur laquelle il pense que nous autres, Français, nous serons plus à même de nous prononcer que les savants de son pays.

Disons d'abord que M. Henszlmann est le premier qui ait reconnu la main d'architectes français du XIIIᵉ siècle dans la construction de certaines églises de l'Europe orientale. Il a fourni à cet égard des renseignements qui ont pris place dans l'édition de l'*Album de Villard de Honnecourt*, préparée par Lassus[3], et notre *Moniteur des Architectes* lui doit une étude comparative des églises de Saint-Yved de Braine et de Sainte-Élisabeth de Cassovie, qui parut dans ce recueil en 1857.

---

1. [Extrait de la *Revue archéologique*, nouv. série, t. XXXII (1876), p. 248. — *Bibl.*, n° 201.]

2. Une feuille imprimée en latin sous l'indication *De ecclesia metropolitana Cœlocensi*, sans autre titre ni aucune marque de lieu ni de typographie.

3. Voir la publication faite par M. Darcel, Préf., p. 17, et la notice sur Villard de Honnecourt, p. 50.

Outre Sainte-Élisabeth de Cassovie, M. Henszlmann avait signalé comme des églises toutes françaises par la conception celles de Szekesfchervat, de Veszptem, de Szent-Marton et de Leyden. Les fouilles de Calocza lui ont révélé un nouvel édifice de la même famille, dont personne jusqu'ici n'avait soupçonné l'existence.

La cathédrale actuelle de Calocza est une construction moderne dans le style italien. Elle a été rebâtie après l'occupation de la ville par les Turcs, sur l'emplacement d'une autre église qu'on sait avoir été renversée de fond en comble en 1602. Au sujet de cette église détruite en 1602, l'opinion était qu'elle datait du temps du roi saint Étienne, par conséquent qu'elle remontait au XIe siècle.

Les fouilles de 1869 ont effectivement mis à découvert les fondations d'une petite église ayant tous les caractères d'un édifice du XIe siècle; mais ces vestiges n'étaient pas les seuls. Ceux d'une autre église beaucoup plus considérable n'ont pas tardé à apparaître, et M. Henszlmann n'a eu qu'à en transporter le tracé sur le papier pour voir se dessiner le plan d'une église telle qu'on les bâtissait en France dans les premières années du XIIIe siècle.

Évidemment, c'est là l'église qui subsista jusqu'en 1602. Par conséquent, la cathédrale de Calocza en est à sa troisième manière d'être, et la plus longue période de son existence s'est accomplie sous la forme gothique.

La notice de M. Henszlmann est accompagnée d'un plan qui donne l'idée la plus avantageuse de l'édifice. Il y avait sept travées de nef et sept au sanctuaire. Le transept, peu saillant, mais d'une grande largeur, devait être du plus bel aspect. Il avait ses bras divisés en trois galeries. Les chapelles du chevet avaient beaucoup d'analogie avec celles de la cathédrale de Chartres. Les piles de la nef étaient des carrés armés sur chacune de leurs faces d'un dosseret en forme de colonne. Une tour s'élevait à chacune des encoignures du transept du côté de l'occident. Deux autres tours s'élevaient sur la façade principale, n'ayant de saillie hors œuvre que par leurs escaliers placés dans des tourillons. La grande porte s'ouvrait entre les deux tourillons.

Les matériaux employés contribuaient à l'effet du monument. Un trachyte verdâtre formait le plein de la construction; les membres d'architecture étaient en marbre rouge et blanc.

De nombreux fragments de socles, de bases, de chapiteaux, ont été recueillis et déposés dans un musée que vient de fonder l'archevêque actuel. Dans l'énumération faite par M. Henszlmann nous remarquons : une pièce de corniche ornée de deux fleurs de lis, deux consoles dont les tablettes sont soutenues par des figurines, des chapiteaux décorés des divers genres de feuillages qui dès lors avaient remplacé en France les vieux types de l'ornementation romane, notamment les rinceaux de chélidoine et les feuilles d'oseille.

Mais de tous ces débris, le plus important pour nous est une épitaphe que M. Henszlmann regarde avec toute apparence de raison comme celle de l'auteur de l'édifice, et qu'il transcrit ainsi :

**MARTINVS
RAVESV
LAPICIDA
IACETHIC**

A la façon dont s'exprime le savant architecte hongrois, ce ne serait là qu'un fragment : *superest etiam epitaphii pars*, dit-il. D'ailleurs il n'explique pas ce qui lui donne à penser que ce n'est qu'un fragment, ni s'il y a des indices qui obligent d'admettre que le texte ait comporté un plus grand nombre de lignes. On voit seulement qu'il conjecture qu'une lettre a été enlevée à la fin de la seconde ligne, de sorte qu'il faudrait lire **RAVESVS** au lieu de **RAVESV**. Or un pareil nom, selon lui, ne peut avoir été porté que par un Français. Il allègue à l'appui de son opinion divers noms de forme analogue, celui de *Raveza* entre autres, qu'il sait exister dans notre langue, et, sans prolonger davantage la discussion, il s'en remet au jugement des Français.

La question est si bien posée qu'il n'y a qu'à la prendre au point où l'a amenée M. Henszlmann, et voici ce qu'il nous semble qu'il y aurait à dire :

D'après les habitudes de transposition des noms français en latin, au XIIIe siècle, le vocable *Ravèze* ou *Ravez* aurait été rendu *Ravesius*.

D'autre part, *Ravesus* n'existant que par le fait d'une conjecture, il y a lieu de se demander si la conjecture est indispensable, en d'autres termes, si la destruction d'une lettre à la fin de ce nom est chose certaine. Dans le cas contraire, la leçon **RAVESV** conduirait à la supposition que le **V** final pourrait bien être un **Y**. L'épigraphie de ce temps-là présente une forme d'**Y** qui n'est autre chose qu'un V dont la branche droite est légèrement prolongée sous la ligne. On aurait alors le nom **RAVESY**, de forme toute française, et cela ne répugnerait pas aux usages de l'époque, car il ne manque pas de textes en latin dans lesquels les noms de famille ont été consignés sous leur forme vulgaire. C'est une vérification à faire sur le monument.

Pour ce qui est de l'authenticité du nom *Ravesy*, elle est établie par l'existence d'un lieu de *Ravizy* en Nivernais, aujourd'hui simple hameau, mais qui était une propriété importante dès le IXe siècle. *Ravisiacum* figure dans un diplôme de 877[1] et devient plus tard une seigneurie dont le nom est resté inséparable de celui d'un célèbre humaniste de la Renaissance, *Ravisius Textor*.

Ajoutons que, quelle que soit la leçon définitive, il n'y aura rien à changer à la conclusion de M. Henszlmann. L'épitaphe trouvée dans les fouilles de la cathédrale de Calocza est bien celle d'un de ces architectes voyageurs qui, sous le titre modeste de tailleurs de pierre ou de maçons, portèrent par toute l'Europe les procédés de la nouvelle architecture trouvée en France au XIIe siècle. Si l'on est obligé d'hésiter sur la forme exacte du nom de cet artiste, son œuvre est certaine. Elle le désigne comme le précurseur en Hongrie de ce Villard de Honnecourt dont la célébrité a pris naissance dans la *Revue archéologique*[2].

---

1. De Soultrait, *Dictionnaire topographique du département de la Nièvre*, p. 156.
2. *Notice sur l'Album de Villard de Honnecourt* dans la *Revue archéol.*, VIe année, 1849. [Voir ci-dessus, p. 238 et s.]

ENCORE L'INSCRIPTION DE CALOCZA[1]

Invoqué comme arbitre par M. Romer[2] au sujet du nom propre contenu dans l'inscription de Calocza, dont la *Revue archéologique* publiait le fac-similé dans son avant-dernier numéro, je m'empresse de rendre le jugement sollicité de moi par cet estimable érudit.

Il a raison lorsqu'il soutient que l'avant-dernière lettre du nom est un G, et non pas un S, comme avait lu M. Henszlmann; mais j'ai eu raison contre lui lorsque j'ai conjecturé que la finale était

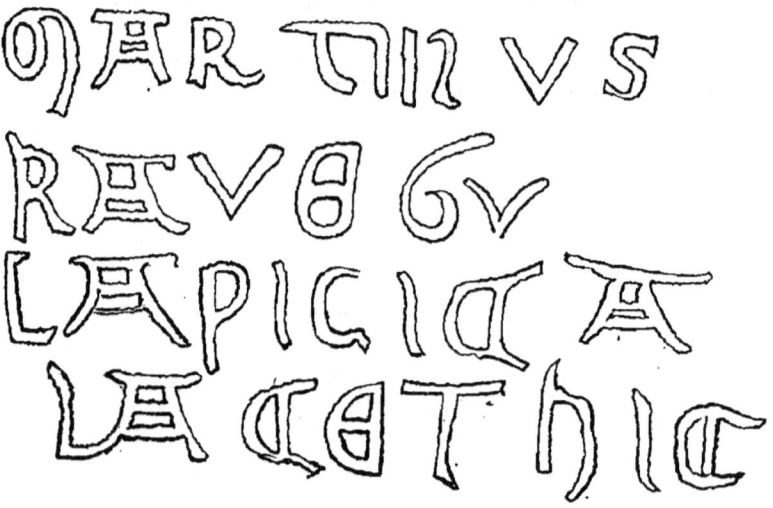

un Y. Le fac-similé ne laisse pas de doute à cet égard; l'Y y est différencié du V par la courbure et par la jonction indécise de ses branches. Le nom est RAVEGY et non pas RAVEGV.

---

1. [*Revue archéol.*, nouv. série, t. XXXIII, p. 240 à 241. — *Bibliogr.*, n° 202.]

2. [M. Romer, dans une note publiée par la *Revue archéologique* (nouv. série, t. XXXIII (1877), p. 129), ayant contesté la lecture proposée par Quicherat pour l'inscription de Calocza, et ayant soutenu que le nom de l'architecte de Calocza ne devait pas être lu *Ravesus*, mais que c'était un nom allemand tel que *Rauhecker*, Quicherat répondit à cet article par les observations que nous réimprimons ici.]

Fallût-il lire *Ravegu*, cette leçon ne pourrait pas être donnée pour le thème latin d'un nom germanique quelconque, attendu qu'à aucune époque on n'a latinisé les noms de cette origine en les accommodant au type indéclinable en *u* de la quatrième déclinaison. D'autre part, les noms allemands *Rauhecker*, *Rauchekker*, *Rauhegger*, auxquels a songé M. Romer pour en faire sortir *Ravegu*, n'ont aucun rapport avec ce mot.

Ravegy est un nom français, aussi bien que *Ravèze* et *Ravesy* qui avaient été déjà proposés; et de plus, ce nom ne saurait être celui du premier venu, du moment qu'on le lit dans une épitaphe. M. Romer connaît trop bien les choses du moyen âge pour ne pas se rappeler, dès qu'il y aura un peu réfléchi, que l'épitaphe annonce un mort qui a eu sa fondation dans l'église; que pour avoir eu sa fondation dans une église, et particulièrement dans une cathédrale, il faut avoir été autre chose qu'un simple compagnon travaillant à la journée; enfin, que la simplicité d'un monument funèbre ne dit rien quant à la condition du défunt, attendu que nombre de personnages éminents n'ont pas eu leur sépulture annoncée autrement que par une plaque de quelques centimètres de côté.

Enfin il y a à dire, avant tout, que l'épitaphe de Calocza n'est pas jugée sainement si on ne tient pas compte de toutes les circonstances dans lesquelles elle se présente.

M. Romer la déclare insignifiante et sans valeur historique, parce qu'il ne voit en elle qu'une pierre de rapport, encastrée sens dessus dessous dans le chevet de la cathédrale actuelle de Calocza, qui est un édifice moderne.

Mais M. Henszlmann, qui a remarqué que le chevet de la cathédrale actuelle était bâti sur et avec les débris d'un autre chevet plus ancien; qui a suivi et retrouvé tout entière, sous le sol actuel, la trace de l'édifice antérieur; qui a reconnu dans les substructions mises à découvert le plan d'une église identique à celles que l'on construisait en France du temps de Philippe-Auguste : M. Henszlmann a établi un rapprochement que tous les critiques trouveront légitime, entre la cathédrale hongroise, construite à la mode française du XIIIe siècle, et le Français contemporain, constructeur de son métier, qui eut sa sépulture dans la même cathédrale.

Ma conclusion est que ceux qui inscriront le nom de *Martin Ravegy* dans les archives de l'art français n'offenseront pas la vérité, selon la crainte exprimée par M. Romer avec une sollicitude qui l'honore, mais dont l'excès l'a égaré.

UNE TOMBE PLATE

DANS

L'ÉGLISE DE SAINTE-PRAXÈDE A ROME[1]

L'usage des *tombes plates* ou dalles gravées à l'effigie des morts, autrefois si répandu en France, en Angleterre, en Allemagne, ne paraît pas avoir joui d'autant de faveur au delà des Alpes. Les monuments de ce genre n'abondent point en Italie, et le petit nombre de ceux que l'on y voit en place ou dont le souvenir a été conservé, appartiennent à des étrangers plutôt qu'à des personnes du pays. La pierre qui fait l'objet de la présente notice, par cela seul qu'elle recouvre la sépulture d'un Italien, est donc une curiosité. Le costume et le style du dessin de la figure représentée dessus sont d'autres particularités qui la recommandent à l'attention (voy. pl. XI).

C'est à Rome, dans l'église de Sainte-Praxède, que se trouve cette tombe. Elle est engagée dans le pavement de la nef, sous l'une des arcades du côté méridional. Les descriptions modernes de Rome que j'ai pu consulter n'en parlent pas. Je ne l'ai trouvée mentionnée que dans l'ancienne monographie de Sainte-Praxède par Davanzati, ouvrage dont l'auteur s'est borné à rapporter l'inscription du monument, et à donner pour tout renseignement sur l'image qu'elle accompagne, qu'elle est celle « d'un homme habillé[2]. »

La pierre est longue de 1^m,80, sur une largeur de 0^m,72. Elle est encadrée par l'épitaphe, qui court sans interruption sur les quatre côtés et qui est ainsi conçue :

ISTVD EST : SEPVLCR
VM : IOHANNIS : MONTIS : OPVLI : SPECIARII : QVOD : VOS : ESTIS : EGO
FVI : QVOD : SVM : VOS : ERIT
IS : ORETIS : PRO ME : PECCATORE : AGITE PENITENTIAM :

---

1. [Extrait de la *Revue archéologique*, nouv. série, t. XXXVIII (1879), p. 129 à 138. — *Bibliogr.*, n° 204.]

2. *Notizie al pellegrino della basilica di San Prassede* (in-4°, Rome, 1725), p. 193.

Ainsi, le défunt s'appelait Jean Montopoli ou de Montopoli et il fut, de sa profession, épicier. Le texte ne nous en apprend pas davantage ; seulement, la forme des caractères autorise à faire remonter le monument, et par conséquent le décès du personnage, à la fin du XIIIe siècle. Le même indice est fourni par l'ajustement de la figure.

Montopoli est une petite ville de Toscane, située dans le val d'Arno. Son nom a-t-il bien ici la valeur que je viens de lui attribuer en le traduisant comme nom de famille ou comme nom d'origine ? Je n'oserais pas l'affirmer, attendu qu'il peut aussi bien avoir été mis pour désigner le lieu où le défunt avait exercé son commerce. Néanmoins, il est de toute vraisemblance qu'on a devant les yeux l'image d'un Toscan. Le costume, qui est celui des pèlerins, témoigne d'ailleurs que ce personnage mourut à Rome accidentellement, dans le cours d'un voyage de piété.

Il est à peine utile de rappeler quelle affluence de pèlerins recevait la Rome du moyen âge. On s'y rendait en dévotion de tous les pays de la catholicité, soit pour accomplir des vœux, soit pour se libérer de pénitences imposées par l'Église ou de condamnations prononcées par les tribunaux. L'objet principal du voyage était d'aller prier au tombeau des saints Apôtres ; mais, ce devoir accompli, on ne manquait pas de visiter les autres églises recommandées par des reliques en renom, et Sainte-Praxède, parmi celles-là, fut au premier rang.

Outre les corps saints que le pape Pascal Ier y transporta des Catacombes par cents et par mille [1], outre un puits pratiqué dans le milieu de la nef, que la légende prétend avoir servi à recueillir le sang des martyrs, Sainte-Praxède possède la sainte Colonne.

On appelle ainsi un balustre en marbre, apporté de Jérusalem en 1223 et vénéré depuis lors comme étant la colonne à laquelle on attacha le Christ pour le flageller. Rien de bizarre comme la dévotion qui s'attacha à cette relique invraisemblable (l'objet en son entier n'est haut que de 0^m,67). L'entrée de la chapelle où on la déposa fut interdite aux femmes ; du moins, les femmes ne furent admises à y pénétrer que les dimanches de carême. L'excommuni-

---

1. L'inscription commémorative de la translation (inscription encastrée encore aujourd'hui dans l'un des piédroits de l'arc triomphal), après avoir mentionné ceux des saints amenés là dont on savait les noms, se termine par les mots : *Sunt autem insimul omnes Sancti duo mille ccc.* Le texte a été donné par Davanzati, *Notizie del pellegrino*, etc., p. 294.

cation majeure était décernée contre celles qui en auraient franchi le seuil en tout autre temps. Il y a lieu de croire que le désir de reposer aussi près que possible de ce mystérieux sanctuaire est ce qui détermina le choix de Jean de Montopoli, lorsqu'il se pourvut d'un emplacement pour sa sépulture. L'arcade sous laquelle est sa tombe avoisine la porte de la sacrosainte chapelle.

Arrivons à l'habit sous lequel ce dévot marchand voulut que son image fût gravée. C'est la représentation la plus nette que nous ayons, pour le XIIIe siècle, d'un costume intéressant au premier chef. Comme les chrétiens de tous les États occidentaux, Français, Anglais, Allemands, n'usèrent pas d'un autre accoutrement que les Italiens lorsqu'ils allaient en pèlerinage, le type fourni à l'imagerie par la pierre tumulaire de l'église Sainte-Praxède est essentiellement européen. Il est applicable aux pèlerins de tous pays qu'on aurait à figurer, de même qu'il répond aux indications que nous ont laissées les auteurs de tous pays sur la mise des pèlerins.

Lorsque la mode du siècle exigeait que l'on eût le visage entièrement rasé et que les cheveux fussent relevés au fer sur le front et autour de la tête, le pèlerin laissait sa barbe aussi bien que ses cheveux pousser de toute leur longueur et tomber naturellement sur sa poitrine et sur ses épaules. C'était là sa marque naturelle, sans laquelle le reste n'aurait compté pour rien. Dans un exemple du roman de Blancandin, cité par Du Cange [1], un pèlerin est constaté par sa barbe et par ses « grenons » ou moustaches. A l'office des pèlerins d'Emmaüs, qui se célébrait avec l'appareil scénique à la cathédrale de Rouen, les deux clercs, en tunique et chape, chargés de représenter les disciples voyageurs, devaient, aux termes du rituel, avoir des barbes [2].

Barbu et chevelu, ainsi que le voulait la coutume, le marchand italien de Sainte-Praxède a la tête couverte d'un chapeau à larges bords. Cette forme de coiffure, désignée dans le latin de l'époque de même qu'elle l'eût été dans le bon latin, par le mot *galerus*, n'était de mise qu'en voyage. Elle a été conservée au chapeau de cardinal par une vieille habitude qui témoigne de l'époque où tous les membres du sacré collège, ayant à remplir à tour de rôle les fonctions de légat, étaient à proprement parler des voyageurs au service du saint-siège. C'est le même chapeau, mais avec des bords plus larges et bosselés par la pluie, que l'auteur de la chanson de

---

1. *Glossarium mediæ et infimæ latinitatis*, v[o] *Palmarius*.
2. Du Cange, v[o] *Peregrinus*.

Gaydon a voulu dépeindre, lorsqu'il a dit de Charlemagne se travestissant en pèlerin :

> Prent un chapel de grand roe tortue [1].

Au chapeau de Jean de Montopoli est fixée une coquille, dont le dessin est répété sur son escarcelle. C'est l'*enseigne* du pèlerinage, une marque que l'on se procurait au lieu même de la dévotion pour laquelle on s'était mis en route. Elle était à la fois une attestation du voyage accompli et un souvenir des grâces qu'on en avait rapportées. L'enseigne du pèlerinage en Terre-Sainte était une palme; celle des pèlerinages à saint Michel et à saint Jacques, une coquille; ailleurs ce fut un objet taillé ou découpé dans la pierre, dans le bois, dans du métal, dans de l'étoffe, etc. Les enseignes de plomb estampé ou coulé prévalurent depuis la fin du XIIIe siècle. Les dragages de la Seine ont fourni des coquilles de plomb qui furent à l'usage des pèlerins du Mont-Saint-Michel [2]. La coquille appliquée comme fermoir à l'escarcelle de notre Italien a tout l'air d'un objet en métal, et alors celle du chapeau aurait été dans le même cas. Quant à la signification qu'il convient d'attribuer ici à cet emblème, elle est probablement que le pieux marchand, avant de visiter les sanctuaires de Rome, était allé faire ses dévotions à quelque église italienne de Saint-Michel, par exemple celle du Mont-Gargan; à moins qu'il n'ait été de ceux qui mettaient dans un même pèlerinage Saint-Jacques de Compostelle et Rome.

Le surtout, qui est la pièce la plus apparente de l'habillement, fut de deux sortes dans le costume des pèlerins du XIIIe siècle. Ou bien c'était un sarreau en drap grossier et velu, qu'on appelait *esclavine* (il y a surabondance de textes pour établir ce point dans l'article *Sclavina* de Du Cange), ou bien c'était un vêtement appelé *jupe*, dont la nature n'a point été encore déterminée.

La jupe fait partie de l'habillement du *paumier*, c'est-à-dire de pèlerin revenant de Jérusalem avec l'enseigne de la palme, habillement que prend le traître Aumaguin au début du roman de Parise la Duchesse :

> J'aurai bordon et paume et jupe [et] autre tel [3].

---

1. Edition Guessard et Luce, p. 294.
2. Forgeais, *Plombs historiés*, t. II, p. 79; Corroyer, *Description de l'abbaye du Mont-Saint-Michel*, p. 338.
3. Édition Guessard et Larchey, p. 6. Il me semble reconnaître une leçon altérée du même mot dans ce vers de la chanson de Gui le Bourguignon

Du Cange a consigné le mot *jupa* avec la définition : *vestis talaris species*. Mais les exemples allégués, loin de justifier l'idée d'un habit long, éveillent plutôt celle d'un habit écourté.

De plus, l'un de ces exemples, extrait de la règle des chanoines de l'ordre de Saint-Marc de Mantoue (la rédaction de cette règle est de 1260), fait comprendre par assimilation ce qu'était la jupe. Il y est dit que la garde-robe de chacun de ces prêtres devait se composer pour l'habillement du corps, « de deux tuniques, plus d'un pelisson ou d'une jupe ; laquelle jupe pouvait, au gré du prieur, être remplacée par une troisième tunique [1]. »

Il résulte de ce témoignage que la jupe était une tunique, et, dans l'espèce, une variété du pelisson. Or il est notoire que le pelisson fut une tunique courte, en peau de bête parée avec son poil,

Vestes que fiunt de solis pellibus, he sunt :
Pellicium, reno, quibus andromeda sociatur,

est-il dit dans les *Synonyma* attribués à Jean de Garlande [2]. La jupe, par conséquent, fut aussi une tunique de pelleterie, et, selon toute apparence, celle qui répond à l'*andromeda* ou *endromide* du vers qu'on vient de lire [3]. Le mérite du monument de Sainte-Praxède est de nous apprendre la façon exacte d'une jupe. C'était, ainsi que le fait voir notre planche, un fourreau ou, si l'on aime mieux, une sorte de blouse fendue sur les côtés, depuis le bord inférieur jusqu'à mi-cuisse, puis fendue encore à la hauteur du buste pour le dégagement des

---

(p. 47) : *Karles vesti la guige, mist le chapel el chief*. Le mot *guige*, qui se disait de la bretelle de l'écu ou du cor, n'aurait pas comporté le verbe « vestir », en supposant qu'on l'eût employé pour désigner la bandoulière de l'escarcelle, d'autant que l'escarcelle est mentionnée dans l'un des vers suivants : *L'escharpe cordowane a à son col liée*. Probablement il y avait dans le manuscrit primitif *guipe* au lieu de *jupe*. Le mot *gipe* désignant une pièce d'habillement de même nature que la jupe, mais encore plus court, est fréquent dans les chansons de geste.

1. « Duæ tunicæ, et unum pelliceum sive jupa ; verumtamen in arbitrio sit prioris pro jupa tertiam tunicam fratribus providere. » Il y a dans le texte du Glossaire *pelliceum sine jupa*, que le sens du membre de phrase suivant indique devoir être corrigé en substituant *sive* à *sine*.

2. Du Cange, v° *Rhenno*; Leyser, *Historia poetarum et poematum medii ævi*, p. 333.

3. Du Cange n'a pas aperçu l'origine de ce mot, pour lequel il a fait un article à part, *Andromeda*. Ses continuateurs n'ont pas corrigé son erreur, quoiqu'ils aient introduit dans le Glossaire les formes *andromades*, *endroma*, *endromedis*, qui auraient dû leur ouvrir les yeux. Le ms. de Wolfenbuttel, d'après lequel Leyser a publié les *Synonyma*, porte *endromade*.

avant-bras ; et ces dernières fentes étaient recouvertes chacune par un rabat qui produisait l'effet d'un aileron.

J'ai eu l'occasion de mentionner tout à l'heure le sachet que notre pèlerin porte en bandoulière, et je l'ai appelé « escarcelle ». C'est le nom que cet objet eut alors dans les langues romanes du Midi ; mais en France, dans la France du centre et du nord, il en avait un autre : on l'appelait *eskerpe* ou *escherpe*. Le sens de ce mot se restreignit au xiv° siècle. Il signifia uniquement la bretelle à laquelle était suspendu le sachet, et par suite tout ornement qui se portait en façon de baudrier. *Echarpe* n'a plus d'autre acception que celle-là.

Entraîné par l'usage, D. Carpentier, dans son article *Escerpa* ajouté à Du Cange, n'a pas donné d'autre définition du mot que *fascia*, *balteus*, *zona*, bien qu'un exemple allégué par lui :

> Et c'est le pain que doivent mettre
> Li pelerin en leur esquerpe,

ne justifiât l'idée ni d'un baudrier ni d'une ceinture. Il fallait que l'écharpe fût un sac pour y mettre du pain. D'autres vers du *Pèlerinage de l'âme*, le même poème d'où sont tirés ceux qu'on vient de lire, nous apprennent que le pèlerin portait aussi dans son écharpe de quoi panser les blessures :

> Quar le cop dont je fu feru
> Mortel estoit, se n'eusse éu
> En mon escherpe avecque moy
> De l'onguement que fait le roy [1].

Puis il y a encore le témoignage du sire de Joinville, qui parle de l'écharpe comme d'un objet susceptible de contenir de la monnaie d'or et d'argent en quantité [2]. Bref, les textes abondent pour établir que l'écharpe fut primitivement ce qu'est aujourd'hui le sachet dont se munissent les voyageurs, et que beaucoup d'entre eux portent également en bandoulière. C'est pourquoi cette pièce eut une importance capitale dans l'équipement du pèlerin. Elle était l'objet d'une consécration religieuse. Au moment du départ on faisait bénir son écharpe, moyennant rétribution au prêtre à qui l'on s'adressait, et telle fut la fréquence de cette cérémonie que la bénédiction des écharpes fut comptée dans le revenu de certaines églises [3]. Le sire de Joinville, sur le point de se mettre en route pour la croisade, requit de l'abbé de Cheminon, son voisin, qu'il vînt bénir son écharpe [4].

---

1. Ms. français de la Biblioth. nat., n° 824, fol. 55, v°.
2. Edition de Wailly, c. 497.
3. Du Cange, v° *Escerpa*.
4. Chap. 122.

« Prendre l'écharpe et le bourdon » fut une locution qui signifiait « entreprendre un pèlerinage. »

Le bourdon était le bâton du pèlerin. Nous l'avons ici, dessiné avec une curieuse exactitude, sous la forme qu'on lui donnait au xiiie siècle. Il consistait, comme on le voit, en un gourdin enveloppé de lanières de cuir, surmonté d'un pommeau et terminé à l'autre bout par une broche de fer. C'est bien le bourdon « dont la pointe iert aguë » du roman de Gaydon [1]. Il servait de défense en cas d'attaque, ou de point d'appui pour traverser les mauvais pas. Au repos on s'accotait dessus; en marche on le portait sur l'épaule. Le cordelier Salimbene nous représente dans cette attitude saint Louis, qu'il vit à Sens en 1248, lors de son départ pour la croisade. Voici les paroles mêmes de cet auteur : « Le roi se rendit à l'église des Frères mineurs sans nulle pompe, en simple habit de pèlerin, ayant à son cou l'escarcelle et le bourdon de pèlerinage, qui faisait le meilleur effet sur ses épaules royales [2]. » Ayant les habitudes de langage d'un Italien, Salimbene n'a pas employé le mot latin *escerpa*.

J'ai signalé comme une chose digne de remarque, en commençant, la manière dont est dessinée la dalle de Sainte-Praxède. Le style ne me semble pas déceler une main italienne; c'est bien plutôt celui de quelqu'une de nos écoles de deçà les Alpes, et je ne crains pas d'avancer que si ce monument, au lieu d'être à la place qu'il occupe, figurait dans un musée sans l'inscription qui indique son origine, tous les connaisseurs y verraient un ouvrage français. C'est dire que, dans ma pensée, l'image de Jean de Montopoli a été gravée par un tombier français.

Une pareille supposition n'a rien de téméraire. Dans un temps où les Français affluaient à Rome, non seulement comme pèlerins, mais comme gens d'affaires, comme solliciteurs de bénéfices ou de procès, comme créatures de deux papes champenois qui se succédèrent sur le saint-siège à vingt ans d'intervalle [3], lorsque les rapports furent si étroits entre les deux pays que le sénat romain avait adopté pour type de ses monnaies le type des monnaies de Provins, un graveur de tombes, lui aussi Champenois ou Provinois, peut très bien avoir tenu boutique dans la Ville éternelle, et avoir eu de quoi s'y occuper

---

1. Édition Guessard et Luce, p. 132.
2. « Veniebat ad ecclesiam Fratrum minorum, non in pompa regali, sed in habitu peregrini, capsellam et burdonem peregrinationis ad collum, qui optime scapulas regias decorabat. » *Monumenta ad provincias Parmensem et Placentinam spectantia*, p. 94.
3. Urbain IV et Martin IV.

rien qu'avec la clientèle de ses compatriotes; car si on allait beaucoup à Rome, on y mourait beaucoup aussi.

Une dernière circonstance à noter est que la tombe de Jean de Montopoli date, selon toute apparence, d'un temps où l'église Sainte-Praxède, à laquelle est attaché un titre cardinalice, fut en la possession d'un cardinal français et d'un cardinal résident, très affectionné à sa basilique, très soigneux de tout ce qui la concernait; de sorte qu'il est permis de se demander si le praticien appelé à faire œuvre de son métier sur la sépulture du pèlerin toscan ne fut pas choisi par l'ordre du cardinal plutôt qu'en vertu des dernières dispositions du défunt.

Le cardinal dont je veux parler était le neveu du pape Urbain IV, *Ancherus* ou Ancher, natif de Troyes comme son oncle, grand archidiacre de l'église de Paris, où la juridiction fut exercée en son nom par un official jusqu'à sa mort, arrivée en 1286. Nommer ce personnage, c'est rappeler que la *Revue archéologique* a eu la bonne fortune de faire connaître aux Français et aux Romains son mausolée, qui avait disparu depuis des années sous un amas d'objets de rebut dans un coin obscur de la même église Sainte-Praxède. Nous renvoyons à l'article où est racontée cette découverte, ainsi qu'à la gravure qui l'accompagne [1]. Il est bon d'ajouter, toutefois, que l'épitaphe qu'on lit sur le tombeau n'est point le seul texte épigraphique où ait été consigné le souvenir du cardinal français. Ses dons et fondations à son église étaient rappelés sur une plaque dont Davanzati nous a laissé une lecture que je rapporte ici à titre de document, quoiqu'elle laisse à désirer sous le rapport de la correction :

✢ IN NOMINE DNI. AMEN. ANNO INCARNATIONIS EIVS MCCLXXXI [2]
E O.SANCT.OBIIT PIE MEMORIE DN.ANCHERVS PRESBITER CARD.IST
CCLIE. S. PRAXEDIS PRO CVIVS ANIME REMEDIO DATI SVNT EIDEM
IE. IN POSSESSIONIBVS FLORENI [3] AVREI CRVX ET CANDELABRA
TEA IN EA CAPPELLA CVM ALTARI OB REVERENTIAM OM. SANCTOR
)EBET IN CAPPELLA ISTA LAMPAS ARDERE SEMPER ET TRES IN QV.
BET SEPTIMANA MISSÆ ET INSEQVENTI DIE POST ANNIVERSA
IVM QVOLIBET ANNO PER MONACHOS IPSIVS ECCLIE. CELEBRARI
)LLEMNITER PRO EIVSDEM CARDINALIS ANIMA QVE REQVIESCAT II
PACE. AMEN.

---

1. Volume de 1851 (1re série, 8e année), p. 735.
2. Il faut corriger MCCLXXXVI.
3. Une correction est ici nécessaire, je proposerais : *in possessione bis^m floreni*.

D'autres Français encore reposent à Sainte-Praxède, notamment des prélats du xvᵉ siècle.

On voyait jadis dans la nef deux tombes semblables à celle de Jean de Montopoli, où étaient gravées les images du cardinal Raymond de Mairose, évêque de Castres, mort en 1443, et de Gabriel du Châtel, de Bretagne, évêque d'Uzès, mort en 1463 [1].

Une inscription, sans accompagnement d'aucune figure, indiquait le lieu où fut inhumé, en 1491, le fameux Jean Balue [2].

Enfin, dans une des chapelles contiguës à celle de la sainte Colonne, a été conservé un très beau mausolée de marbre blanc qui recouvre la sépulture du cardinal de Coëtivy, frère de l'amiral du même nom. Le défunt est sculpté dans l'attitude de gisant, entre sainte Praxède et sainte Sabine, dont les statues en pied décorent les montants d'un riche tableau d'architecture : tout cela exécuté vers 1480, par un artiste de talent, dans le goût de la première renaissance italienne.

Il y aurait lieu de publier ce monument, et de s'enquérir par la même occasion si quelques débris des autres, qui ne sont plus en place, n'existeraient point dans les magasins de la basilique. C'est là une recherche qui se recommande à la diligence des pensionnaires de l'École archéologique de Rome.

---

1. Davanzati, p. 193 et 204. Les épitaphes de ces deux tombeaux sont rapportées dans le *Gallia christiana*, aux articles des évêques qu'elles concernent.

2. Le texte de cette épitaphe donné par Davanzati, p. 210, fournit une correction utile à celui qui avait été déjà publié par Aubery, *Histoire des cardinaux*, t. II, et par Ughelli, *Italia sacra*, t. I, p. 271. Au lieu de *Hic heros prospera et adversa usus fortuna*, qui est dans la leçon publiée par ces auteurs, Davanzati avait lu : *Hic inter prospera et adversa, varia usus fortuna*; ce qui est plus vraisemblable que l'épithète *heros* appliquée à ce cardinal Dubois du moyen âge.

EXPLICATION
DU MOT *VENTAILLE*

DANS LES CHANSONS DE GESTE[1]

Lorsque nos trouvères du xiie et du xiiie siècle racontent un combat ou bien décrivent l'équipement d'un chevalier, il est rare qu'ils ne parlent pas de la *ventaille*. Qu'entendaient-ils par là ? Certainement une pièce de l'armure de tête : les circonstances dans lesquelles le terme se présente le prouvent surabondamment. Mais si l'on veut pousser plus loin, si l'on cherche à s'expliquer ce qu'était au juste la pièce en question, alors la difficulté commence. Les textes ont l'air de ne pas s'accorder; plus on en rapproche, plus leur contradiction semble devenir flagrante, et l'on s'aperçoit que le peu qui a été dit pour les éclaircir ne fait au contraire que les embrouiller.

Qu'il me soit permis de proposer une définition à laquelle je songe depuis longtemps. Deux passages de la *Chanson d'Aliscans*, que mon collègue à l'École des chartes et mon ami M. Guessard m'a mis sous les yeux, me confirment dans la pensée que cette définition est la bonne.

D'abord il faut savoir que le mot dont il s'agit est resté dans la langue aussi longtemps que s'est conservée l'armure chevaleresque. Les glossateurs du commencement du xviie siècle n'ont eu garde de l'oublier.

Nico dit : « *Ventaille*. La ventaille d'un homme d'armes ; les autres escrivent *ventelle*. C'est par où l'homme d'armes prend vent et air. »

---

1. [Extrait des *Mémoires de la Société des antiquaires de France*, t. XXVII (1863), p. 232 à 248. — *Bibliogr.* n° 5.]

Cotgrave : « *Ventaille*, f. The breathing part of a helmet, » c'est-à-dire, la partie d'un armet par laquelle on respire.

Et les auteurs qui ont écrit sur l'art héraldique ayant rendu le mot masculin, de féminin qu'il était, le Dictionnaire de l'Académie l'a consigné avec ce genre, en ajoutant le commentaire que voici : « Terme de blason; partie inférieure de l'ouverture d'un casque, d'un heaume, qui se joint au nasal quand on veut la fermer. »

Cette dernière explication ne vaut rien. Le heaume héraldique, auquel elle se réfère, nous représente une boîte de métal industrieusement composée d'une calotte, d'une mentonnière cambrée selon la forme de l'os maxillaire et d'un masque à grille. La partie inférieure de l'ouverture d'un pareil casque serait la mentonnière; mais la mentonnière était immobile, par conséquent ne se levait ni ne s'abaissait. En outre le heaume héraldique n'avait point de nasal.

Au contraire, l'explication de Nicot et de Cotgrave est bonne; c'est de l'armet, de la coiffure portée par les gendarmes de leur temps, que l'un et l'autre ont voulu parler. Or, l'armet était composé de trois pièces dont l'une protégeait à la fois le crâne et la nuque, l'autre le menton et le devant du visage jusqu'aux yeux, la troisième les yeux seulement. Cette dernière était la *vue* ou *visière*; la seconde, percée de trous pour respirer, était la ventaille.

J'ouvre maintenant le Glossaire de la basse latinité, où *ventaille* a été judicieusement rapproché de *ventaculum*. Après divers exemples où le mot latin est employé avec le sens d'éventail, du Cange ajoute : « Le même nom a été donné chez nous à la partie du casque par laquelle on respire. » Puis il cite neuf exemples tirés du roman de Roncevaux, du Garin, de Philippe de Mouskes et de Guillaume Guiart.

Dom Carpentier, dans son Glossaire français, a défini à son tour la ventaille, « ce qui ferme l'ouverture d'un casque par où on respire. »

Enfin dans nos deux glossaires modernes de la langue d'oïl et de la langue d'oc, qui en cela n'ont fait que se copier, *ventaille* et *ventalha* sont expliqués : « La visière d'un casque, espèce de soupape qui était devant la bouche et que l'on relevait pour prendre l'air. »

Dans cette nouvelle série d'auteurs, qui tous ont eu en vue la ventaille qu'il s'agit pour nous d'expliquer, c'est encore le plus récent qui a été le moins heureux. Il n'y a qu'incohérence dans la dernière définition que je viens de transcrire. Une visière n'a jamais pu être une soupape, et, si l'on s'était mis une soupape devant la bouche, c'eût été pour qu'elle jouât d'elle-même, ainsi que font toutes les soupapes, sans avoir besoin de la relever. Du Cange et dom Carpentier ont mieux su ce qu'ils voulaient dire. Dans leur pensée, la ventaille était un appareil respiratoire qui s'adaptait au casque. Leur définition est la même par conséquent que celle de Nicot et de Cotgrave.

Mais le casque chevaleresque de l'époque à laquelle appartiennent les chansons de geste, le heaume antique comporte-t-il une semblable explication ? Que l'on consulte les monuments figurés du xie et du xiie siècle : tous invariablement représentent le heaume comme une simple calotte de métal, de forme conique, et n'ayant pas d'autre appendice que le nasal, petite pièce de la longueur du nez, qu'elle avait pour objet de garantir. Si la ventaille a été un appareil respiratoire, par conséquent une pièce posée devant la bouche, outre qu'on ne comprend pas comment elle a pu s'attacher à un casque fait de la façon que je viens de dire, il faut admettre que tous les artistes, peintres, miniaturistes et sculpteurs, se sont donné le mot pour ne la jamais figurer.

Le témoignage des monuments n'est pas le seul qui résiste à l'interprétation de du Cange et de Carpentier. Quelques-uns des exemples qu'eux-mêmes ont allégués donnent de la chose une idée toute différente de celle que ces savants hommes ont eue dans l'esprit.

Ainsi de ce vers du Garin cité par du Cange :

> Sur la ventaille li fu le hiaume assis,

il résulte que le heaume ou casque se mettait par-dessus la ventaille ; et cet autre vers :

> En li deslace le vert hyaume bruni
> Et la ventaille de l'auberc c'ot vesti

nous fait entendre que la ventaille adhérait au haubert, lequel haubert était la cotte de mailles, l'armure de corps du chevalier. On ne comprend pas qu'une pièce destinée uniquement à la respiration aurait été posée sous la coiffure et aurait en même temps dépendu de l'armure qui enveloppait le buste.

Ainsi la ventaille des anciens est un objet sur lequel les idées ne sont pas encore fixées, et l'incertitude provient, d'une part de ce que les textes n'ont pas été serrés d'assez près, d'autre part de ce que leur étude n'a pas été combinée avec l'inspection des monuments figurés. Il s'agit par conséquent de conduire ensemble cette double opération, si l'on veut arriver à une notion plus précise.

Deux points viennent déjà d'être indiqués : l'adhérence de la ventaille après le haubert, et la superposition du heaume à la ventaille. Voici d'autres particularités à y joindre :

Dans le roman provençal de Gérard de Roussillon :

> Li ausberc de son dos fort es seratz
> Los pans e la ventalha ab aur safratz [1].

« Le haubert qu'il a sur le dos est fortement serré. Les pans et la ventaille sont galonnés d'or. » Ainsi la ventaille recevait le même genre de décoration que le haubert.

Dans le roman d'Alexandre, lorsque Porus se prépare à jouter contre le roi de Macédoine :

> Il vesti une brogne serée, de grant pois ;
> Li pan e la ventalle en sont d'or espagnois [2].

« Il revêtit une brogne serrée et de grand poids ; les pans et la ventaille sont en or d'Espagne. »

Ici la dénomination de brogne ne change rien aux choses. La brogne et le haubert ne différaient que par la forme du tissu de mailles. Les deux termes étaient si près d'être synonymes, qu'un peu plus loin, dans le récit du combat, le trouvère dit, non plus la brogne, mais le haubert de Porus. Il ressort donc des deux vers précédents que la ventaille était faite du même métal que le haubert.

Elle était aussi un ouvrage de même façon, c'est-à-dire un tissu formé de mailles. Cela résulte d'une image employée dans le même roman d'Alexandre pour faire sentir l'inefficacité de la ventaille contre un coup porté au Chaldéen Samuel par Emenidus d'Arcadie :

> Ne li vaut la ventalle le vies pan d'une nasse [3].

« Sa ventaille ne le garantit pas plus qu'une vieille pièce de filet. »

Aussi bien la barbe et les cheveux du combattant se distinguaient par la ventaille.

Dans la chanson d'Antioche :

> Par dessous la ventaille perent li poil meslé [4].

---

1. P. 134 de l'édition de M. Fr. Michel.
2. Edition de Stuttgard, donnée par M. Michelant, p. 359, v. 27.
3. P. 480, vers 11.
4. T. II, p. 214.

« Les poils de sa barbe grisonnante apparaissent par-dessous sa ventaille. » Et dans le roman d'Alexandre :

> Quant voit par la vantalle les blons caveux cenus [1].

« Quand il voit à travers la ventaille ses cheveux d'un blond blanc. »

Autre conséquence à tirer de ces deux derniers exemples : la ventaille couvrait à la fois la tête et le menton.

Elle couvrait aussi la nuque, car dans l'un des passages allégués par du Cange, un homme à qui l'on va couper le cou est d'abord débarrassé de sa ventaille :

> La ventaille li ont ostée,
> Si li ont la teste copée.

Dès lors on ne peut plus douter qu'il ne s'agisse de la ventaille dans le passage suivant du chroniqueur Balderic :

Super cæteras vestes loricam induitur, et ut moris est bellantium, capiti impositam (sous-ent. *partem*) *loricæ strictim commisit* [2].

« Il passa un haubert par-dessus ses vêtements, et, suivant l'usage des combattants, il serra étroitement la partie du haubert qui se posait sur la tête. »

Qu'on fasse attention à l'expression *strictim commisit* du chroniqueur. Elle est le juste équivalent de *fermer la ventaille* dont du Cange a cité des exemples auxquels il me serait facile d'en ajouter cent autres, car il n'y a pas de locution plus fréquente. C'est même, selon toute apparence, ce mot *fermer* qui a fourvoyé les commentateurs. Ils ont induit de son emploi le mouvement d'une pièce qui jouait sur gonds ou sur pivots, comme une porte. Mais fermer dans l'ancienne langue n'emporte point une telle acception. Il signifie simplement fixer, assujettir; il a le sens de *firmare*. D'ailleurs si les uns ont dit *fermer la ventaille*, d'autres ont dit *lacer*, comme l'auteur du roman d'Alexandre :

> Il vesti un hauberc, si lace la ventaille [3].

comme celui de Parténopex de Blois :

> Après li lace la ventaille [4];

---

1. P. 311, vers 14.
2. *Chronicon Cameracense*, l. III, c. IX.
3. P. 422, vers 25.
4. Cité dans le *Glossaire français* à la suite de Du Cange.

comme tant d'autres qu'il est inutile de citer. Concluons donc que la pièce du haubert appelée ventaille, qui se ramenait sur la tête, y était serrée par un lacet passé dans une coulisse, afin de ne point flotter et de fournir au heaume une assiette immobile.

Du moment que la ventaille constitue une véritable coiffure indépendante du heaume, on s'explique une foule de circonstances que l'idée d'un appareil respiratoire rendait d'une obscurité impénétrable.

Par exemple, l'auteur du Garin nous montre Bègue de Berlin décoiffé de son heaume sans qu'il s'en soit aperçu. Quand on lui dit qu'il a perdu cette pièce de son armure :

> Tot en es esbahis;
> Met à son chief sa main, si le senti.

Puis, avisant par terre un autre heaume, il se le fait mettre par-dessus sa ventaille :

> Sor la vantaille li ont le heaume assis [1].

L'auteur du roman d'Alexandre représente son héros brisant d'un premier coup le heaume du roi Nicolas de Césarée. Il revient à la charge :

> Il feri Nicolas; mult l'a bien conséu;
> Parmi le cief l'ataint ù l'elme avoit perdu;
> La ventaille est céue, le cief est auques nu [2].

« Il frappe Nicolas après l'avoir bien avisé. Celui-ci déjà décoiffé de son heaume est atteint sur le milieu de la tête. La ventaille tombe; son chef est mis à nu. »

L'auteur de la chanson d'Aliscans dépeint une lutte corps à corps entre Rainouart au Tinel et Flohart la Sarrasine. Celle-ci, se sentant étreinte au point de ne pouvoir plus remuer, saisit avec ses dents la ventaille du héros et l'arrache d'après le haubert :

> Et Flohart a la vantaille saisie,
> As denz li a del hauberc arrachie.

Bertrand de Born nous montre la ventaille renversée sur les épaules :

> Ab ventalha
> Ampla pels muscles sus [3].

---

1. T. II. p. 117.
2. P. 43, vers 32.
3. Raynouard, *Glossaire de la langue romane*, au mot *Ventalha*.

Et par deux autres vers de l'Alexandréide, on voit que la même pièce protégeait aussi une partie de la poitrine :

> Tel cop li a doné el pis sor la ventalle,
> Le fier de son espiel li met en la coralle [1].

« Tel est le coup qu'il lui a donné dans la poitrine sur la ventaille, qu'il lui met le fer de sa pique dans la région du cœur. »

Le même trait ressort d'une image du poète Chaucer, que notre confrère M. de Montaiglon vient de me signaler. Entre autres conseils donnés aux femmes contre les maris, à la fin de l'histoire de Griselidis, il y a ceci :

> Ne drede hem not, doth hem no reverence,
> For though thin husband armed be in maille,
> The arves of thy crabbed eloquence
> Shall perce his brest and eke his aventaille.

« Ne les crains pas, ne t'abaisse pas devant eux, car ton mari, fût-il armé de mailles, les traits de ta grondeuse éloquence perceront son sein tout aussi bien que sa ventaille. »

Le problème amené à ce point n'est pas loin d'être résolu. On n'a qu'à jeter les yeux sur les mêmes monuments où j'allais chercher tout à l'heure la forme du heaume chevaleresque. On y verra ce casque invariablement posé sur un capuchon qui peut être considéré comme le prolongement du haubert. Telle est la maille du haubert, telle est celle du capuchon. Quand celui-ci était formé d'un tissu peu serré, il a dû laisser passer les poils de la barbe et les cheveux du combattant. Il a été assujetti autour du chef, car un cordon noué en rosette apparait quelquefois derrière la coiffe. Il couvre les épaules et le haut de la poitrine. Il s'est renversé sur les épaules de manière à laisser entièrement libres la tête et le cou ; c'est ainsi qu'il est figuré lorsque le chevalier est au repos. Enfin il répond à toutes les données que les textes nous ont fournies relativement à la ventaille. Il est la ventaille.

Reste à expliquer maintenant l'appropriation du nom à la chose. Ventaille est bien dérivé de *ventaculum*, ainsi que l'a reconnu Du Cange, et *ventaculum* désigne un soupirail ou tout autre appareil propre à fournir de l'air. On conçoit que l'ouverture du capuchon qui complétait le haubert se soit appelée *ventaille* (je citerai tout à l'heure des exemples avec cette acception); mais comment le capu-

---

1. P. 305, vers 32.

chon tout entier a-t-il pu prendre le nom de la partie de lui-même où précisément son tissu était supprimé?

Il faut voir là une de ces figures de langage qui sont communes à toutes les langues. La synecdoche n'est pas plus forte que celle en vertu de laquelle *os*, qui dans le latin signifiait une bouche, a voulu dire ensuite les yeux, puis le front, puis le visage, et enfin la tête entière.

Ventaille, pour exprimer le capuchon du haubert, n'est pas le terme qui s'est présenté en premier lieu. On disait d'abord la *coiffe*. Cette dénomination est la seule que l'on rencontre dans l'ancienne leçon de la chanson de Roland :

> Si fiert Naimun en l'elme principal;
> L'une moitiet l'en fruisse d'une part,
> Al brant d'acier l'entrenchet cinc des laz.
> Li capelers un denier ne li valt.
> Trenchet la coife entresques à la char;
> Jus à la tere une pièce en abat [1].

« Il frappe Naime sur son heaume princier; il le lui fend en deux sur un côté, puis de son épée d'acier coupe cinq des attaches. La chapeline ne résiste pas plus qu'un denier. Il tranche la coiffe jusqu'à la chair; il en abat par terre un grand morceau. »

Ici la coiffe est bien la même chose que la ventaille des exemples précédemment cités, sauf que le poète nous montre le capuchon de mailles renforcé sur le crâne par le *chapelier* ou chapeline, calotte de fer dont la représentation n'est pas rare sur les monuments.

C'est également le mot coiffe qui est employé d'ordinaire au lieu de ventaille dans le roman de Gui de Bourgogne :

> La coiffe li traucha du blanc haubert treslis.
> Se ne fust la cuirie que li Turs ot vesti,
> Tot l'éust porfandu contreval jusqu'al pis [2].

« Il lui trancha la coiffe de son blanc haubert treillissé. Sans la calotte de cuir que le Turc avait mise, il l'eût pourfendu jusqu'à la poitrine. »

Et un peu plus loin :

> Et li Turs feri lui au pooir qu'il a
> Amont desus son hiaume que tot li embarra;

---

1. Édition Génin, p. 280.
2. Édition Guessard et Michelant, p. 75.

> La coife de l'auberc li rumpi et faussa,
> Et puis le gambison, si qu'el chief le navra [1].

« Et le Turc le frappa de toute sa force sur le sommet de son heaume, qui fut tout fracassé. Il lui rompit et faussa la coiffe de son haubert, puis la doublure rembourrée posée dessous, si bien qu'il le blessa à la tête. »

Dans Garin et dans Alexandre, *coiffe* et *ventaille* sont employés indifféremment, selon le besoin du vers :

> Coiffe ne heaume ne poet ses cous tenir.
> *(Garin, I, p. 32.)*

> Ne fust la coiffe du blanc haubert safré.
> *(Ibid., II, p. 191.)*

> Mais la coiffe doublière qui est à or sarcie
> Li a iluec rescous et sauvée la vie.
> *(Alexandre, p. 181.)*

> Les coifes de l'hauberc dont les las a rompus
> Li mist sur les espaules, et li ciés remest nu.
> *(Ibid., p. 361.)*

Le dernier exemple est d'autant plus intéressant qu'il se rapporte à l'armure de Porus, décrite précédemment par le trouvère qui avait nommé ventaille ce que maintenant il appelle coiffe. La synonymie des deux mots achève ainsi d'être démontrée.

Au contraire, la preuve qu'ils ont été primitivement distincts et que ventaille signifiait l'ouverture de la coiffe sur le visage, ressort des passages qui vont suivre.

Dans la chanson d'Aliscans, Guibour, femme de Guillaume d'Orange, arme de ses mains un chevalier. Pour la coiffure il y a ce détail :

> La coife lace, puis mist le capeler ;
> A quinze las li va Guibours fremer ;
> Après le fist si bien envoleper
> Com un capel de feutre acoveter ;
> Mais la ventaille ne li vaut pas noer,
> S'il a mestier, por le miex alener
> Et ke delivres en puist li ber aler.

« Guibour lace la coiffe, puis met la chapeline qu'elle assujettit par quinze attaches et qu'elle lui enfonce bien sur la tête, pour qu'il soit couvert comme d'un chapeau de feutre ; mais elle s'abstient de nouer

---

[1]. Édition Guessard et Michelant, p. 77.

la ventaille afin que le héros puisse mieux respirer au besoin, et qu'il aille plus à son aise. »

Outre que les deux choses sont distinguées ici par la différence des termes, elles le sont encore parce que, la coiffe ayant été nouée, la ventaille ne le fut pas, quoiqu'elle aurait pu l'être; détail précieux qui nous apprend qu'il y avait une coulisse autour de l'ouverture du capuchon; et il faut bien qu'il en ait été ainsi pour que la barbe du même capuchon ait serré le menton et la lèvre inférieure, comme on le voit par les peintures et par les statues.

Par contre, l'auteur de Doon de Mayence nous montre le chevalier commençant par délacer sa ventaille, c'est-à-dire l'ouverture de son capuchon, lorsqu'il veut rejeter la coiffe sur ses épaules :

> Lors a son hiaume osté sans plus de demourée
> Et le pent à l'archon de la selle dorée.
> Sa ventaille a du tout deslachie et ostée,
> Sur ses espaules a sa coife arrier getée [1].

D'après cela on doit s'attendre à rencontrer quelquefois ventaille pris dans son sens restreint, sans qu'on ait pour le discerner l'opposition du mot coiffe. Alors c'est par les circonstances du récit que l'interprétation sera décidée.

Lorsque Guillaume d'Orange, au retour d'une longue expédition, veut rentrer dans sa ville, sa femme, à qui il en a laissé la garde, refuse de lui ouvrir la porte à moins qu'il ne se découvre le visage; et le trouvère ajoute :

> Ot la li quens: lait la ventaille aler,.
> Puis haut leva le vert elme gemé.

« Le comte l'entendit; il laissa aller sa ventaille, puis leva en l'air son heaume bronzé, orné de pierreries. »

Comme l'action de lever le heaume vient en second, il est clair que le premier mouvement a été, non pas de renverser le capuchon sur l'épaule, mais seulement de dénouer le cordon qui le tenait assujetti autour du visage, de manière à en laisser flotter la barbe et à dégager par là les joues et le bas du visage du baron.

Dans le roman d'Otinel, il y a la description d'un armement de chevalier où je lis ces vers :

> Ou dos li vestent un haubert Samuel.
> En la ventaille ot un riche fressel ;
> Fet fu de soie, d'or furent li noiel [2].

---

1. Édition Pey, p. 131.
2. Édition Guessard et Michelant, p. 13.

« On lui met au dos un haubert, ouvrage de l'armurier Samuel. Il y a à la ventaille une riche garniture fraisée, faite de soie avec des boutons d'or. » Cette garniture, analogue à celle des bonnets de femme, ne peut avoir eu sa place qu'autour de l'ouverture du capuchon.

Restons en là. Je crois être maintenant en mesure de donner la définition exacte de la ventaille des chansons de geste. C'était l'ouverture sur le visage, du capuchon adapté au haubert que portaient les chevaliers des premiers siècles. Plus souvent ce mot s'est pris par extension pour le capuchon lui-même.

SUR UN ANNEAU SIGILLAIRE

DE

L'ÉPOQUE MÉROVINGIENNE[1]

L'année dernière [1862], M. Calixte de Tusseau, amateur d'antiquités, domicilié à Moiré (Deux-Sèvres), acheta d'un orfèvre d'Airvault une bague d'or à monogramme, que celui-ci tenait depuis peu d'un homme de la campagne. Elle avait été trouvée dans un champ où elle gisait à peu de profondeur, et sans accompagnement d'autres objets, comme un bijou qui aurait été perdu. Le lieu de la découverte touche au terrain sur lequel fut livrée, en 1569, la bataille de Moncontour.

M. de Tusseau, qui s'attache particulièrement à la recherche des vieilles poteries, n'avait jamais vu de bague à monogramme. Il montra la sienne à plusieurs personnes pour savoir à quelle époque elle se rapportait. Lorsqu'il eut acquis la certitude qu'elle était mérovingienne, il la céda à M. Benjamin Fillon. C'était au moment même où cet habile antiquaire rétablissait, à l'aide d'une riche sépulture mérovingienne découverte à Grues (Vendée), la véritable position de l'*insula Cracina*, patrie du comte Leudaste[2]. M. Fillon, ayant examiné avec attention le monogramme de la bague, fut tellement surpris du sens qu'il y trouvait, qu'il m'envoya l'empreinte, sans me dire quelle avait été sa lecture. Il consulta de la même manière M. Redet, archiviste du département de la Vienne. M. Redet et moi, nous ne lûmes pas autre chose que M. Fillon. Le mot du monogramme était pour nous *Radegondis*.

---

1. [Extrait des *Mémoires de la Société des Antiquaires de France*, t. XXVII (1863), p. 186 à 202. — *Bibliogr.* n° 207].

2. *Bulletin de la Société des antiquaires de France*, année 1863, p. 73.

Ce nom inscrit sur un bijou qui a tous les caractères d'un ouvrage du VIe siècle, qui n'a pu appartenir qu'à une personne d'un rang élevé, qui venait de se retrouver en Poitou, ce nom donnait aux conjectures une direction presque forcée. Comment, en effet, ne pas songer sur-le-champ à sainte Radegonde? Sainte Radegonde fut princesse et reine ; après avoir été mariée au roi Clotaire Ier, elle se retira à Poitiers pour y fonder le monastère de Sainte-Croix, et se vouer dans cette maison à la vie religieuse. La convenance y était : donc l'anneau lui avait appartenu. Et s'il lui avait appartenu, il l'avait accompagnée dans le cercueil, conformément à un usage observé dans les temps barbares. Il devenait alors l'un des deux anneaux que Jean Bouchet raconte avoir été trouvés encore à leur place, lorsque le duc de Berry, oncle de Charles VI, fit ouvrir le tombeau de sainte Radegonde, en 1412[1] ; il était celui de ces deux anneaux dont le duc fut empêché de se saisir, parce que (toujours au témoignage du même Jean Bouchet) le doigt auquel il était passé se replia. Nécessairement il avait été volé en 1562, lorsque les protestants, maîtres de Poitiers, brûlèrent les reliques et firent main basse sur les objets de prix. Retiré de terre près du champ de bataille de Moncontour, c'est qu'il était une épave de cette bataille : quelqu'un l'avait perdu, soit en luttant pour défendre sa vie, soit en tombant blessé ou mort.

Tel est l'enchaînement qui m'avait séduit et qui fut cause que j'acceptai d'abord comme très probable l'attribution du bijou à sainte Radegonde. La discussion, ainsi qu'une étude plus attentive des documents et des textes, ont changé depuis lors ma manière de voir. De toutes les conjectures auxquelles je m'étais associé, il n'en est plus une seule que j'oserais hasarder maintenant. Avant d'exposer le motif de mes doutes, il est nécessaire que je donne connaissance du monument.

La bague dont il s'agit consiste en un anneau sur lequel est assujetti un chaton de forme ronde. L'or est très pur, et de cette belle couleur que le latin exprime par l'épithète de *fulvum*. Le poids est de 11 grammes 60 centigrammes, et les mesures sont, pour le diamètre du chaton, 12 millimètres, pour celui de l'anneau, 2 centimètres, et pour celui de la verge qui forme l'anneau, 3 millimètres. La verge est ouverte sous le chaton. Afin d'offrir plus de prise à la soudure,

---

1. *L'Histoire et cronicque de Clotaire, premier de ce nom, viij[e] roy des François et monarque des Gaules, et de sa très-illustre espouse Madame saincte Radegonde extraicte au vray de plusieurs cronicques antiques et modernes*, fol. 88 (in-4°, Poitiers, Engilbert Marnef, 1527).

ses deux bouts ont été fendus, aplatis et recourbés en dehors comme les yeux de nos agrafes. En blason, on dirait qu'ils sont resercelés. Indépendamment de cela, il y a, aux deux extrémités de l'axe horizontal du chaton, trois pois assemblés en triangle, entre lesquels est passé un fil d'or grené qui revient par plusieurs tours s'enrouler sur la verge.

Le dessin ci-joint, qui représente l'objet vu par dehors et par dedans, fera mieux comprendre la disposition que je viens d'essayer de décrire.

Le mode d'attache a cela de remarquable, qu'il réunit les deux systèmes employés pour la monture d'autres bagues mérovingiennes que l'on connaît.

Ainsi, sur la bague au monogramme *Ragnethramus*, n° 2640 du Cabinet des antiques de la Bibliothèque impériale[1], on retrouve les trois pois et le fil d'or qui assujettit le chaton à la verge; mais celle-ci n'est pas interrompue, elle forme un anneau plein.

La bague n° 2638, de la même collection, sur le chaton de laquelle est gravée une tête avec les deux initiales S. R. présente les pois au chaton, et la verge interrompue avec ses deux bouts resercelés, sans qu'il y ait de fil d'attache[2]. Il en est de même pour le n° 2639, qui est un sou d'or arlésien au nom de Clotaire, monté en bague[3].

L'anneau de M. Fillon s'adapte donc parfaitement dans la série des bijoux mérovingiens. Comme ouvrage d'orfévrerie, il n'offre pas une seule circonstance qui ne se justifie par des exemples. Le monogramme porte également avec lui tous les caractères d'une incon-

---

1. Chabouillet, *Catalogue général et raisonné des camées et pierres gravées de la Bibl. Imp.*, p. 389. Le dessin a été donné par M. Combrousse, puis par M. Le Blant, *Inscriptions chrétiennes de la Gaule*, t. I, fig. 137, et en dernier lieu par M. l'abbé Cochet, le *Tombeau de Childéric Ier*, p. 378.

2. Chabouillet, *Catalogue*, etc., p. 389. Le dessin est dans l'*Histoire de France*, de MM. Bordier et Charton, t. I, p. 150, et dans le *Tombeau de Childéric*, de l'abbé Cochet, p. 379.

3. Longpérier, *Catalogue Rousseau*, n° 93.

testable authenticité. Les lettres par leur forme annoncent le vi⁶ siècle. Elles sont assemblées sur les deux montants et sous le cintre d'une espèce d'arcade. C'est un mode de combinaison dont l'épigraphie et la numismatique fournissent un assez grand nombre d'exemples, particulièrement pour la Gaule méridionale. Il faut seulement remarquer que, tandis que dans les monogrammes de ce genre qui ont déjà été signalés, le groupe est surmonté d'une croisette, ici la croisette est placée tout au bas.

Les lettres ont été gravées dans leur position naturelle, de sorte qu'elles se présentent à l'envers sur l'empreinte. C'est le cas de la bague chevalière au monogramme que M. Chabouillet lit *Mariculfus*, n° 2642 du Cabinet de la Bibliothèque impériale. Le nom *Heva*, tracé en toutes lettres, se présente de la même manière sur l'anneau du chef barbare dont la sépulture fut trouvée il y a quelques années à Pouan, dans le département de l'Aube[1].

Arrivons maintenant à la lecture.

On ne peut pas contester la présence des lettres R, G, D, A, E, O. L'I est au moins facultatif, s'il n'est pas imposé par l'élévation où se trouve la traverse inférieure de l'E sur le jambage à droite de l'arcade. L'N et l'S font difficulté. Est-on autorisé à admettre la présence de ces lettres?

Pour moi, qui lisais *Radegondis*, je trouvais l'S dans la combinaison du D avec le trait figuré dessous, et qui s'en rapproche tellement que, même à la loupe, il est impossible de voir un intervalle entre les deux. M. Le Blant, plus exercé que moi à la lecture des inscriptions barbares, objecte qu'un pareil trait, combiné avec la haste d'où il se détache, a ordinairement la valeur d'une L, et que son extrême rapprochement d'une autre lettre dans notre monogramme peut n'être qu'une faute du graveur.

Quant à l'N, que je trouvais représentée par l'enveloppe du monogramme, notre docte confrère y résiste de tout son pouvoir. Il invoque le monogramme des *triens* de Lyon à l'effigie de Justinien et à la légende DE OFFICINA MARETI[2], lequel monogramme présente la figuration de l'N, indépendamment de son enveloppe en forme d'arcade, de sorte que celle-ci n'est pas à compter pour autre chose que pour un double support réuni par une ligature. Les deux

---

1. Peigné-Delacourt, *Recherches sur le lieu de la bataille d'Attila*, pl. I, fig. 10; Cochet, *Le Tombeau de Childéric I*ᵉʳ, p. 378.

2. B. Fillon, *Lettres à M. Dugast-Matifay sur plusieurs monnaies françaises inédites*, pl. I, fig. 14 et 15.

supports servent pour compléter les lettres qui s'appuient dessus ; la ligature n'a pas d'autre emploi que de constituer le groupe.

Quoique les *triens* de Lyon n'aient pas encore été déchiffrés, quoique certaines légendes monétaires de l'époque mérovingienne fournissent des N formées absolument comme l'enveloppe des monogrammes, cependant, après avoir revu un certain nombre de ces monogrammes et surtout ceux des monnaies de la Septimanie, je me rends à l'observation de M. Le Blant. Je ne conclus pas d'une manière absolue que le cintre des monogrammes disposés comme l'est celui de notre bague n'a jamais de valeur; je dis seulement qu'il faut attendre, avant de lui en attribuer une, qu'on produise des monuments d'où elle ressortira avec autant de probabilité qu'elle est exclue par les monuments déjà connus.

Arrivé là, je n'ai plus d'opinion arrêtée sur le signe incertain dans lequel j'avais trouvé une S, car l'S me paraissait commandée surtout par la présence de l'N. Il peut y avoir dedans D, L, aussi bien que D, S, et peut-être faut-il y voir D, L, S. Dès lors conviendraient indifféremment les lectures RADEGODIS, AREGODIS, RADEGOLDIS, AREGOLDIS, AREGOLDA, RADEGOLDA, DROGESILA. Et comme le module de l'anneau peut avoir convenu à un homme aussi bien qu'à une femme, je ne disputerai pas contre ceux qui croiront devoir lire un nom masculin terminé en *o*, comme ERGADILO, ARDEGILO, voire même GRADELO.

Voilà bien des concurrents suscités à sainte Radegonde, et je ne doute pas qu'en s'y prenant autrement que moi on ne lui en suscite d'autres encore. Je ne prétends cependant pas la mettre tout à fait hors de concours. De plus hardis que moi se croiront peut-être autorisés à revendiquer en sa faveur la lecture RADEGODIS. Mais ce à quoi je suis d'opinion qu'il faut entièrement renoncer, c'est à établir un rapport quelconque entre notre bague, eût-elle appartenu à sainte Radegonde, et la bague qui resta dans le tombeau de Poitiers, après la visite racontée par Jean Bouchet. On va voir pourquoi, si l'on veut bien me suivre dans l'histoire que je vais essayer de faire du corps de la bienheureuse reine.

Nous possédons de ses funérailles un récit étendu et véridique, car il est de Grégoire de Tours [1], qui fut présent à la cérémonie.

Sainte Radegonde avait élu sa sépulture dans la basilique de Sainte-Marie, fondée par elle-même hors des murs de Poitiers. Lorsqu'elle mourut, l'édifice n'était point achevé, par conséquent le lieu n'avait

---

1. *De Gloria confessorum*, cap. CVI.

pas encore reçu la consécration. L'évêque de Poitiers était absent ; on appela Grégoire, qui, vu l'urgence du cas et les instances de la multitude, s'acquitta d'une consécration partielle en bénissant un autel dans la cellule où devait reposer la défunte[1]. Je m'empresse de dire que cette circonstance ne se rapporte à aucune des parties de l'église actuelle de Sainte-Radegonde, laquelle a succédé, après cinq ou six reconstructions, à la basilique primitive de Sainte-Marie. La cellule dont parle le vieil historien doit être entendue d'une confession semblable à celles qu'on voit dans la plupart des anciennes églises de Rome.

La consécration terminée, on alla chercher le corps. Celui-ci avait été embaumé et enfermé dans un cercueil de bois par les soins de l'abbesse de Sainte-Croix. En cet état, il fut trouvé beaucoup trop petit pour la fosse, qu'on avait faite immense. Il fallut aviser à un expédient. On prit deux sarcophages à chacun desquels on abattit un de ses longs côtés, et on les appliqua l'un contre l'autre par le côté abattu[2]. C'est dans l'auge de pierre qui résultait de cet arrangement que le cercueil fut déposé.

Ceci suffit déjà pour renverser l'hypothèse tant de fois émise, que le tombeau qu'on voit dans la crypte de Sainte-Radegonde serait celui où la sainte a toujours reposé. Je reviendrai tout à l'heure sur ce tombeau. Tâchons de suivre les faits dans leur ordre chronologique.

La chose n'est pas facile, il y a des lacunes démesurées dans l'histoire du monastère de Sainte-Croix, et encore plus dans celle de l'église annexe de Sainte-Radegonde. Pour l'une comme pour l'autre, la notice du *Gallia christiana* est muette entre les années 600 et 814, 840 et 876. Or, ces époques sont précisément celles où se placent les invasions des Sarrasins et des Normands, qui furent si funestes pour les corps saints partout où pénétrèrent ces barbares; et l'on sait qu'ils pénétrèrent à Poitiers.

De ce que le propre des offices de Sainte-Croix, au commencement du XVIIe siècle, ne consignait aucune translation des reliques de la fondatrice, Jean Filleau avait conclu que celles-ci n'avaient jamais été changées de place[3]. Ce raisonnement n'était pas rigoureux, car il pourrait se faire qu'il y eût eu des translations dont la mémoire s'était perdue; il était même admissible que les souvenirs qui faisaient

---

1. « Et sic ab illis injunctus, altare in cellula ipsa sacravi. »
2. « Fossa sepulturæ spatiosior erat, ita ut ablatis duorum sepulchrorum singulis spondis, sic de latere juncta (*liser* junctis), capsa cum sanctis artubus locaretur. »
3. *Preuve historique des litanies de sainte Radegonde*, p. 360.

défaut à Sainte-Croix eussent été conservés dans d'autres églises. Les grands travaux dont l'hagiographie a été l'objet depuis Jean Filleau ont démontré qu'il en était ainsi. Les Bollandistes ont recueilli la mention de quatre translations marquées sur divers nécrologes au 11 et au 27 février, au 7 juillet et au 25 octobre [1]. L'une des quatre eut lieu à l'abbaye de Quinçay, en Poitou. On ignore l'itinéraire des autres. Je conjecturerais volontiers que la fuite fut poussée une fois jusque dans le Rouergue, car entre Poitiers et Rodez on voit s'étendre comme une file d'églises au vocable de sainte Radegonde [2]. Mais laissons là les conjectures. Ce qui est un fait certain, attesté par l'une des chroniques les plus dignes de foi, c'est qu'en l'an 1001, lorsqu'on fit les fouilles pour la fondation de la célèbre rotonde de Saint-Bénigne, à Dijon, on trouva dans un cercueil de bois une toile cirée contenant des os qu'une inscription gravée sur une feuille de plomb indiquait être ceux de sainte Radegonde : *Ad hoc haud longe reperta est sancta Radegundis, habens ad caput titulum sui nominis in lamina plumbea; cujus ossa cerato involuta linteo sunt inventa in capsa lignea in terra recondita* [3]. Or c'est à Saint-Bénigne de Dijon que se célébrait la translation du 7 juillet, consignée comme se rapportant à *sainte Radegonde, reine*; et plusieurs églises du diocèse d'Autun eurent des reliques de la même sainte Radegonde, entre autres Vézelay, qui possédait une touffe de ses cheveux [4].

Quoi donc? Le corps ne serait-il pas revenu de l'une de ses pérégrinations, et la ville de Poitiers aurait-elle adressé pendant plusieurs siècles ses hommages à des reliques qui n'étaient point celles qu'elle croyait? Le savant jésuite qui a relevé le fait s'est abstenu de se prononcer. Il a dit seulement : « Que les Poitevins produisent leurs preuves à l'encontre des Dijonnais [5]. »

---

1. *Acta sanctorum*, t. III d'août, p. 65.
2. Sainte-Radegonde (Charente-Inférieure, canton de Saint-Porchaire); Sainte-Radegonde (Charente, canton de Baignes); Sainte-Radegonde (Gironde, arrond. de Libourne); Sainte-Radegonde (Dordogne, canton d'Issigeac); Sainte-Radegonde de Pépines (Lot-et-Garonne, commune de Bonencontre); Sainte-Radegonde-sur-Lot (Lot-et-Garonne, commune d'Aiguillon); Sainte-Radegonde (Lot-et-Garonne, commune de Villeneuve-sur-Lot); Sainte-Radegonde (Gers, commune de Saint-Larry); Sainte-Radegonde (Aveyron, canton de Rodez).
3. *Chronicon S. Benigni Divionensis*, dans le *Spicilège* de Dachery, t. II, p. 383
4. *Acta sanctorum*, l. c.
5. « Quod si Pictavenses his monumentis non acquiescant, ipsis antiquiora proferant et monachis Divionensibus intentent litem, quam nos defectu certioris notitiæ jam aliter decidere non possumus. » *Acta sanctorum*, l. c.

Eh bien, les Poitevins n'ont pas d'autres preuves à produire que leur tombeau, une inscription ignorée des Bollandistes, mais qui n'aurait pas dissipé leur incertitude s'ils l'avaient connue, enfin le récit de la visite faite en 1412.

Le tombeau est un monument qui déroute l'archéologie. Par sa forme on peut le faire remonter jusqu'au viiie siecle; par le style d'un bandeau sculpté qui décore sa base, il se placerait à l'époque romane[1].

L'inscription, la voici. Elle est en deux pièces, gravée sur la base d'un pilier, dans l'église de Sainte-Radegonde. Obstruée par des boiseries, elle fut découverte seulement en 1849, et publiée par M. l'abbé Auber[2] :

ANNIS MILLE DEI CARNIS BISSEXQVE PERACTIS
OMNIBVS IGNOTA RADEGVNDIS SANCTA MANEBAT
SCROBIS IN ABSCONSO TVMVLVS TEGEBATVR IN VMO
AVLA SVO VENERABATVR DE NOMINE SANCTO
ABBATISSA SACRIS SCRVTANS BELIARDIS...

.... KALENDARVM MARCII PATEFE
..... CRIPTAMQVE.... ERNIS HONESTE F
.... LE BELIARDSS TVM.... SER
... BERTVS REX DVXQVE PICTAVIS WIL
S APEX GISLEBERTO REGENTE E

Malgré le mot qui manque à la fin du dernier vers de la première partie, malgré les nombreuses lacunes de la seconde, le sens ne saurait faire de doute. On a voulu apprendre à la postérité que les restes de la sainte, enfouis dans la crypte de son église, où personne ne soupçonnait leur présence, furent retrouvés au mois de février 1012, à la suite d'une recherche exécutée par les ordres de Béliarde, abbesse de Sainte-Croix. Mais comment peut-il se faire qu'à onze ans d'intervalle, le même corps ait été découvert de la même manière à Dijon et à Poitiers? Avant qu'on possédât l'inscription, on pouvait à la rigueur accorder les choses, en supposant que par un dernier déplacement les reliques, exhumées à Dijon en 1001, auraient été rapportées plus tard à Poitiers. L'inscription s'oppose à toute tentative de conciliation. Il faut absolument que l'un des deux corps n'ait pas été celui de sainte Radegonde.

---

1. Voir le dessin donné par M. de Caumont, *Bulletin monumental*, t. IX, p. 619.
2. *Bulletin de la Société des antiquaires de l'Ouest*, 5e série (1849), p. 361 et 541.

Quant au récit de la visite, il n'a d'instructif pour la question que la très courte phrase dans laquelle Jean Bouchet décrit l'état du corps : « Et si estoit entier, voylé, couronné et ses mains jainctes. » Entier ! pouvait-il l'être après un si grand nombre de ces voyages où l'on sait que l'hospitalité se payait par l'abandon de quelque ossement ? Couronné ! aurait-on mis l'emblème de la fausse grandeur sur la tête de celle qui n'avait recherché que la couronne céleste, dont l'application constante, pendant sa retraite, fut d'effacer jusqu'au souvenir de son origine ; pour qui l'humilité consista non seulement à refuser le commandement dans l'abbaye qu'elle avait fondée, mais à s'y rendre la servante des servantes ?

Voilà ce qui m'apparaît d'un côté, et réfléchissant de l'autre que le roi Pépin d'Aquitaine fut inhumé dans l'église de Sainte-Marie, que plus d'une reine mérovingienne put également y recevoir la sépulture, j'appréhende une de ces confusions qui furent si fréquentes lorsque, après un siècle et demi de ruine et d'anéantissement, sous le sol des églises plusieurs fois détruites, rebâties à la hâte, dépouillées de leur antique splendeur, des personnes enthousiastes cherchèrent des patrons pour les autels qu'elles voulaient relever.

Quoi qu'il en soit, la certitude, qui seule peut servir de base aux déductions historiques, manque absolument ici. Il n'y a aucun parti à tirer pour la science de ce qui se trouvait dans le tombeau de Poitiers avant la spoliation de 1562.

La conclusion de tout ce qui précède sera que je mets sous les yeux du public une pièce précieuse par la matière et par le travail, d'une espèce rare, d'une vénérable antiquité. Je sais quand elle a été trouvée, mais non pas quand et encore moins comment elle a été perdue. Je lis ce qui est écrit dessus de plusieurs façons : c'est dire que je ne le lis pas du tout, et que je le livre à la sagacité de plus habiles. Si maintenant quelqu'un est tenté de me reprocher, comme parle le poète, qu'après avoir mis sous le tour la matière d'une jarre, il ne sort de mes mains qu'une écuelle, je répondrai que ce qui est un défaut en littérature ne l'est pas en érudition ; que la critique a précisément pour objet d'éliminer et de réduire, et que le résidu le plus mince, lorsqu'il est la vérité, vaut mieux que l'agrément d'une longue histoire échafaudée sur de fausses suppositions.

THEOPHILI
DIVERSARUM ARTIUM SCHEDULA

EXAMEN CRITIQUE[1]

DE

L'ÉDITION DONNÉE PAR M. DE L'ESCALOPIER[2]

Théophile était un moine, lui-même se donne pour tel; Allemand de nation, toutes les probabilités s'accordent à ce qu'on le croie ainsi; qui vivait au XIIe siècle, c'est ce que tend à établir la critique de son livre. Ce livre est un recueil de procédés réunis dans un ordre que l'auteur a cherché à rendre méthodique, pour l'instruction des ouvriers ou artistes, dont la décoration d'une église exigeait le concours. On y passe successivement en revue les principales opérations du peintre, de l'enlumineur, du verrier, de l'orfèvre, du ciseleur, du facteur d'orgues; tout cela décrit d'une manière succincte, souvent incomplète, et qui constitue un *manuel abrégé* plutôt qu'un *essai*, équivalent trop ambitieux proposé par le traducteur à la place du terme, très vague il est vrai, mais très simple, de *schedula*.

Le livre de Théophile fut imprimé pour la première fois en 1781, par les soins de Christian Leiste. Lessing en avait préparé l'édition d'après les mss. de Leipsick et de Wolfenbüttel. Dans le même temps, l'Anglais Raspe en publiait une partie à la suite de son *Critical essay on oil-painting*. Malgré ces deux impressions, la *Schedula*

---

1. [Extrait de la *Bibliothèque de l'École des Chartes*, 1re série, t. V (1843), p. 176 à 187. — *Bibliogr.*, n° 39.]
2. [*Theophili presbyteri et monachi libri III, seu diversarum artium schedula.* — *Théophile, prêtre et moine. Essai sur divers arts*, publié et traduit par M. le comte Charles de L'Escalopier, et précédé d'une introduction par M. J.-M. Guichard. — Un vol. in-4° de 314 et LXXII pages, avec fac-similé. Paris, 1843. Chez Toulouse, Techener et Delion.]

diversarum artium, toujours rare, n'était connue, surtout en France, que d'un très petit nombre de personnes; on pouvait la considérer à bon droit comme un livre manquant encore à l'histoire des arts. M. le comte de L'Escalopier a donc fait œuvre méritoire en la publiant de nouveau. En l'augmentant de plusieurs passages inédits par lui découverts dans un manuscrit de la Bibliothèque royale, il a d'avance fixé la préférence des érudits sur son édition.

L'art au moyen âge n'était pas séparé de l'industrie. Mille professions qui se sont formées depuis pour l'approvisionnement des ateliers n'existaient pas alors, et le matériel tout entier était à la charge de l'artiste. Le peintre, par exemple, était réduit à se faire badigeonneur, encolleur ou chimiste, selon qu'il avait ses panneaux ou ses couleurs à préparer. Cette confusion de tous les métiers, si gênante pour l'exécution, ne compliquait pas d'une manière moins désagréable la tâche du démonstrateur. Au moindre objet se rattachaient des prescriptions à n'en plus finir. Il n'est pas de travail si simple qui, pour être enseigné, n'entraîne Théophile dans le domaine de deux, de trois ou de quatre industries. Aussi faut-il chercher dans son livre les matières qu'il se propose d'y traiter, et la multitude des incidents y est telle, qu'à tous moments on perd de vue le principal.

S'en tenir à des généralités, ne conduirait qu'à donner une idée très imparfaite d'un pareil ouvrage. Une nomenclature peut seule en faire connaître le contenu et la disposition.

Théophile consacre son premier livre à la peinture, sans séparer le genre qui constitue l'art proprement dit, de ceux qui s'appliquent à la décoration du bâtiment, des meubles ou des livres. Voici dans quel ordre se succèdent les recettes qu'il donne pour la pratique du métier tel qu'il le conçoit : — Composition et application des tons qui servent à peindre les nus et tous les détails du corps humain. — Application des tons pour peindre les draperies : procédé propre à la miniature; procédé propre à la peinture murale. — Manière de modeler les accessoires. — Préparation des panneaux à peindre. — Blanchiment au plâtre du cuir ou de la toile qu'on étend sur les panneaux. — Recette pour faire la colle destinée à fixer l'enduit de plâtre. — Préparation et application de la couleur à l'huile sur l'enduit. — Confection du vernis qui s'étend par-dessus la couleur à l'huile. — Apprêt du bois à peindre lorsqu'il n'est recouvert ni de cuir ni de toile. — De l'art de réduire en feuilles l'or, l'argent et les autres métaux. — Application de l'or en feuilles sur les murs et sur le bois. — Or factice destiné au même usage. — Broyage des couleurs à l'huile, à la gomme ou au blanc d'œuf pour peindre sur bois. — Emploi de ces préparations diverses. — Peinture lustrée sur feuilles d'étain (*paillon*). — Procédés pour moudre l'or à l'usage des enlumineurs. — — Application de l'or moulu sur le parchemin. — Or factice employé par les enlumineurs. — Confection des encres d'or et d'argent et manière de s'en servir. — Détrempe des couleurs pour la miniature. — Fabrication du cinabre, du verdet, de la céruse, du minium. — Confection de l'encre noire.

Le second livre concerne la verrerie : — Construction des fours à fondre, à recuire et à dresser le verre. — Première opération sur la matière vitrifiable. — Confection des pots à fondre le verre. — Fabrication du verre à vitre. — Teintes naturelles que contracte le verre par la cuisson. — Aplanissement de la vitre. — Fabrication de la poterie de verre. — Du verre coloré. — Application de l'or et de l'argent sur les vaisseaux de verre coloré. — Verre doré qui se débite en cubes pour la mosaïque. — Couleurs vitrifiables appliquées à la décoration de la poterie de terre. — Dessin sur le carton et choix du verre coloré pour la composition d'un vitrail. — Coupe du verre et assemblage des morceaux. — Couleur avec laquelle on peint le vitrail assemblé. — Disposition des trois tons qui produisent le modelé de la peinture sur verre. — Dessin des ornements sur le vitrail. — Construction du moufle. — Cuisson du vitrail. — Du moule à couler les verges de plomb. — Fonte des verges. — Fonte des verges dans un moule de bois, à défaut de fer. — Pose des verges et soudure du vitrail. — Imitation des pierres précieuses sur le verre peint. — Fonte et décoration des bagues en verre.

Le travail des métaux occupe le troisième et dernier livre. — Disposition de l'atelier et de l'établi. — Construction de la forge. — Confection des boucs ou soufflets de fondeur. — Description des outils de l'orfèvre. — Trempe des limes et autres outils. — Fabrication des creusets à fondre l'or et l'argent. — Affinage de l'argent. — Distribution du métal pour l'ouvrage. — Fonte en lingots. — Travail pour faire un petit calice (du poids d'un marc d'argent environ). — Travail pour faire un grand calice (de quatre marcs et au-dessus). — Composition de la nielle pour décorer le calice. — Application de la nielle. — Modelage et fonte des anses du calice. — Soudure de l'argent. — Niellure des anses du calice. — Affinage de l'or. — Confection de l'or moulu à l'usage des orfèvres. — Du mordant pour appliquer l'or moulu sur les anses du calice. — Polissage et mise en couleur de cette dorure. — Polissage de la niellure. — Dorure et gravure des faces non niellées du calice. — Décoration du pied du calice. — Travail pour faire la patène et le chalumeau du calice. — Des diverses espèces d'or. — Travail pour faire un calice d'or. — Soudure de l'or. — Montage des pierres précieuses. — Pose des pierres sur le calice. — Façon de la plaque à émailler. — Préparation du verre d'émail. — Fusion de l'émail. — Polissage de l'émail. — Travail pour faire les accessoires du calice d'or. — Façon des burettes. — Ornementation des burettes. — Façon de l'encensoir battu. — Façon de l'encensoir coulé. — Façon des chaînes d'encensoir. — Extraction du cuivre de ses divers minerais. — Construction des appareils à fondre le cuivre. — Composition du bronze. — Épuration du cuivre qui sert à la ciselure et à la composition du cuivre jaune. — Dorure du cuivre jaune. — Opération pour séparer l'or et l'argent du cuivre, lorsque ces métaux sont appliqués l'un sur l'autre. — Mise en noir de la gravure sur cuivre. — Ciselure et damasquinure du cuivre. — Ciselure maillée. — Du travail en relief. — De l'estampage. — Du travail à l'emporte-pièce. — Placage de l'or sur l'argent pour les ouvrages de passementerie et de quincaillerie. — Du travail en creux par-dessus le travail en relief. — Manière de nettoyer une vieille dorure ou toute autre application d'or et d'argent. — De la fabrication et de la disposition des tuyaux d'orgue.

Cette table des matières n'est pas précisément celle des chapitres de la *Schedula diversarum artium*. L'ouvrage de Théophile est mal coupé. Souvent les paragraphes y sont multipliés à propos d'opérations tout à fait secondaires, tandis que l'importante est reléguée à la fin d'une division où rien n'indique qu'elle se trouve. Plus souvent encore les titres sont vagues ou inexacts, tout à fait insuffisants pour l'intelligence du sujet auquel ils se rapportent. Plutôt que de m'y attacher, j'ai cherché, tout en suivant la marche de l'auteur, à renfermer dans ses limites naturelles chacune des opérations qu'il décrit et à les désigner, autant qu'il m'a été possible, par l'expression technique.

A coup sûr, il n'est pas une seule personne adonnée tant soit peu à la science archéologique qui, sur le simple aperçu d'un répertoire si varié, n'en comprenne sur-le-champ l'importance. Là, en effet, se trouvent résolues la plupart des questions que soulèvent, quant à leur fabrication, les objets du moyen âge déposés dans nos musées ou dans nos églises. Là, se montre exposé dans tous ses détails tel procédé qu'on regardait comme un secret perdu, tel autre qui passe journellement pour une invention moderne. Enfin, s'il est vrai que les connaissances pratiques, l'intelligence du métier, constituent l'élément le plus sûr de la critique appliquée aux monuments, nul doute que le livre de Théophile ne devienne pour les antiquités du moyen âge un manuel indispensable aux érudits. Il y a plus. Les procédés usités par les artistes de cette époque n'étaient pas le fruit de leur invention; tant s'en faut. La plupart leur étaient venus par une tradition de plusieurs siècles, soit qu'ils en eussent directement hérité des maîtres de leur nation, soit qu'ils les dussent aux Byzantins; et comme, après tout, ces maîtres, ainsi que les Grecs du Bas-Empire, ne faisaient qu'appliquer à des formes nouvelles la main-d'œuvre des anciens, il en résulte que la créatrice antiquité se montre encore au fond des leçons professées par le moine du xiie siècle, et que celui-ci pourra contribuer à éclaircir plus d'un point obscur de l'industrie grecque et romaine. Pour en citer un exemple, la momenclature des couleurs se retrouve dans la *Schedula diversarum artium,* telle à peu près que la donnent Pline et Isidore de Séville. Avec les définitions de Pline et d'Isidore, il n'a pas été possible jusqu'à présent de déterminer la valeur de toutes les espèces. Théophile indiquant dans un but tout pratique les rapports des différents tons entre eux, enseignant que telle couleur, qui pour nous est incertaine, prenait son ombre ou sa demi-teinte de telle autre couleur dont la valeur est fixée, voilà toute une classe d'arguments à introduire dans la discussion, et les plus positifs qu'on puisse invoquer, puisqu'ils sont de fait et ne résident plus dans des interprétations plus ou moins douteuses. De même, au sujet de la verrerie, la *Schedula diversarum artium* nous révèle entre l'industrie pratiquée au moyen âge et celle des anciens, l'existence d'une relation aussi curieuse qu'elle était peu soupçonnée. D'après ce qui nous reste des produits de l'une et de l'autre époque, il est évident pour nous que les artistes du moyen âge avaient acquis sur leurs devanciers l'avantage de donner au verre plus de pureté, plus de transparence; mais quant à l'habileté de ceux-ci à colorer la matière, ils n'avaient pu y parvenir; et c'est Théophile lui-même qui avoue cette infériorité, lorsqu'il dit que de son temps le verre d'émail se faisait avec les pièces des anciennes mosaïques, et que le beau verre bleu, vert et pourpre employé dans la composition des vitraux, s'obtenait par la fusion des verreries teintes en ces couleurs, *que les Français, habiles à ce genre de travail, recueillaient dans les antiques édifices des païens.*

Laissons à de moins pressés et surtout à de plus habiles le soin de continuer cet examen dont le résultat remplirait un volume. Il suffit d'avoir signalé par quelques traits frappants la portée d'un livre qui intéresse l'universalité des archéologues. Aussi bien les limites de cet article m'obligent de laisser là le travail de Théophile pour jeter un coup d'œil sur celui de M. de L'Escalopier.

Lorsqu'un éditeur, volontairement et en vue d'être utile au public, multiplie les devoirs de sa tâche, c'est de la faveur qui doit d'abord lui en revenir. Voici un texte unique en son genre, un texte d'une difficulté énorme, puisqu'il est conçu dans une latinité assez obscure, et qu'en outre il roule sur cent objets tous plus étrangers les uns que les autres aux études d'un philologue; de plus, il est nouveau, les critiques l'ont à peine entrevu, les praticiens n'ont pas encore été appelés à en dire leur opinion : n'est-il pas vrai que si, dans cet état de choses, quelqu'un s'était présenté avec une édition revue soigneusement sur les manuscrits, augmentée de passages nouveaux, éclaircie de quelques notes sur les points de sa compétence, personne n'aurait eu à en demander davantage? M. de L'Escalopier pousse plus loin le scrupule et ne se contente pas de ce peu qui serait assez. Il s'impose l'obligation de traduire, contraint par là d'attaquer de front toutes les difficultés, privé de la ressource d'en tourner aucune. Ce procédé témoigne d'une conscience que, dans aucun cas, il ne serait juste de tourner au préjudice de celui qui en fait profession. Pour mon compte, je ne me permettrais aucune observation sur le travail de M. de L'Escalopier, s'il n'était bien entendu que je les subordonne toutes à la considération que je viens de faire valoir.

La traduction de Théophile présente un grand défaut : c'est une affectation continuelle de fidélité qui la prive de toute précision. Je n'entends pas bien ce que M. de L'Escalopier appelle, dans ses préliminaires, l'obligation de *conserver la physionomie* de son auteur. Dans un écrivain qui, d'un bout à l'autre de son livre, se borne à vous dire : « Pour faire telle chose, faites ceci, puis cela, etc., » il n'y a rien à conserver que le sens de son discours; et pour cela il faut deux choses : d'abord saisir dans tous ses détails l'opération qu'il expose; ensuite trouver l'équivalent exact de chacune de ses expressions. Ainsi, par exemple, si Théophile enseigne l'art de modeler en peinture, et qu'il désigne ce que nous appelons *une gamme de tons*, par la périphrase *tractus qui imitatur speciem pluvialis arcus*, en vain prétendra-t-on que la pensée de Théophile est rendue par le mot à mot : *un trait qui reproduit l'image de l'arc-en-ciel*. Non seulement cette phrase ne représente pas la pensée de Théophile, mais elle ne représente rien du tout; car un trait, qui est une ligne, ne peut figurer l'arc-en-ciel, qui est un plan. *Tractus*, pour l'auteur latin, est une succession de plusieurs bandes colorées; la langue dont il se sert lui permet d'exprimer cela d'une façon très elliptique; mais le français ne souffre pas que le traducteur use d'autant de liberté, et il ne se fera entendre qu'à la condition de proposer un équivalent analogue à celui-ci : *Série de tons qui se dégradent à l'imitation de l'arc-en-ciel.*

Si des planches assemblées s'appellent *tabula* en latin, ce n'est pas conserver la physionomie de l'auteur que de rendre ce mot par *table* en français; car vous nous parlerez de *tables d'autel*, de *tables de porte*, et nous ne vous comprendrons pas. Il n'y a qu'un terme pour exprimer cet objet, c'est celui de *panneau*, et Théophile n'en aurait pas employé d'autre, s'il eût écrit dans notre langue.

Si, dans le latin, *siccare vivum argentum* signifie l'opération par laquelle on fait évaporer le mercure amalgamé avec l'or, traduire *siccare* par *sécher*, c'est faire un contresens; *sécher* le mercure n'est pas *dégager* le mercure.

Théophile décrit un petit outil dont on se servait de son temps pour grener les fils de métal et qu'il nomme *lima inferius fossa*. La *lime creusée à sa partie inférieure* de M. de L'Escalopier donne de cet instrument une idée peu conforme à la description qu'on en fait; car il ne s'agit pas là de ce que nous appelons une lime, mais bien d'une tige de fer entaillée à son plan inférieur et armée de tranchants aux bouts de son entaille.

Le latin est souvent très vague. Toutes les espèces, il les exprime d'ordinaire par la dénomination du genre : ainsi, par exemple, *chevron, planche, tasseau, baguette, manche d'outil*, tout cela est *lignum* dans Théophile. M. de L'Escalopier a toujours traduit *un bois*, et il résulte de là que des opérations très difficiles à saisir dans le latin le sont encore plus dans la traduction. Puisque notre langue lui offrait l'avantage d'être plus précise que son modèle, pourquoi n'en a-t-il pas profité? — *Fers à racler*, mis à la place de *ferri rasorii*, ne représente nullement les échoppes d'orfèvre que ces mots désignent. — Les outils avec lesquels on grave, *ferri fossorii*, s'appellent des *burins* et non des *fers à creuser*. — *Acutus* veut dire *aiguisé*, soit de pointe, soit de taille; en traduisant toujours cet adjectif par *aigu*, M. de L'Escalopier est arrivé dans un endroit à réunir sur le même outil les deux conditions inconciliables d'être à la fois large et pointu du bout : c'est le *ciseau, ferrum incisorium*, qu'il valait mieux exprimer par sa dénomination technique que par la traduction trop indécise de *fer à couper*. — A la page 136, je trouve *ferrum ad ductile* rendu par *fer à graver*; page 148, *ferrum ductile, fer ductile :* ce n'est ni l'un, ni l'autre; dans les deux cas, il s'agit du *ciselet*, de l'outil avec lequel on champlève le métal. Je m'étonne que M. de L'Escalopier ait commis ces contresens, car plus loin il traduit très bien *opus ductile* par *travail au repoussé*. Il n'a pas trouvé d'une manière si heureuse l'équivalent de *opus quod sigillis imprimitur*. C'est l'estampage, et il le dissimule sous une périphrase inintelligible : *l'ouvrage qui s'imprime aux sceaux*, etc., etc.

Je ne crois pas montrer un esprit trop exclusif en blâmant les exemples de traduction littérale que je viens de citer. Certainement, il se présente des cas où le respect du mot est un devoir : c'est lorsqu'il s'accorde avec le respect du sens; et, à cet égard, je regrette que M. de L'Escalopier se soit départi quelquefois de son système favori. Ainsi il traduit *prasinus color*, par *vert foncé*. C'est un tort. Outre que *prasine* se dit en français, la couleur que ce mot désigne n'est pas d'un vert foncé, mais d'un gris vert : *quasi confectio quædam habens similitudinem viridis coloris et nigri*, dit Théophile, c'est-à-dire « comme une composition qui tiendrait du vert [1] et du noir; » et non pas, selon M. de L'Escalopier, « une espèce de *préparation* qui tient du vert et du noir. » La prasine est une terre, non pas une préparation. De même, *minium* est mal rendu par *vermillon;* car le vermillon est le protosulfure du mercure que les anciens confondaient vraisemblablement avec le cinabre ou deutosulfure; tandis que pour les chimistes modernes, aussi bien que pour Théophile, qui en indique la composition, le minium est un oxyde de plomb, appelé *rouge de plomb* dans l'industrie.

Mais laissons là ce procès sur des mots, procès qu'il semble que la critique peut toujours intenter à un écrivain sans s'aventurer beaucoup, et aussi sans prouver assez. Pour montrer d'une manière plus franche et plus nette ce que je trouve de vicieux au mode de traduction mis en usage par M. de L'Escalopier, pour qu'on se convainque en même temps qu'il n'était rien moins que facile d'éviter les reproches que je lui fais, je vais transcrire tout un passage de la *Schedula diversarum artium*, sous lequel je mettrai le texte français qui y correspond. Je choisis un chapitre qui puisse intéresser tout le monde, celui de la peinture des ornements ou plutôt des détails, sur une verrière déjà assemblée, dessinée et ombrée. Théophile s'exprime ainsi :

Sit etiam quidam ornatus in vitro, videlicet in vestibus, in sedibus et in campis, in saphiro, in viridi et albo, purpureoque colore claro. Cum feceris priores umbras in hujusmodi vestimentis et siccæ fuerint, quicquid reliquum est vitri, cooperi levi colore, qui non sit tam densus sicut secunda umbra, nec tam clarus sicut tertia, sed inter has medius. Quo exsiccato, fac cum

---

1. Il faut remarquer que dans la *Schedula diversarum artium*, *viride*, *viridis* s'applique à la teinte claire du vert-de-gris.

cauda pincelli juxta priores umbras quas feceras, subtiles tractus ex utraque parte, ita ut inter hos tractus et priores umbras illius levis coloris subtiles tractus remaneant. In reliquo autem fac circulos et ramos et in eis flores ac folia, eodem modo quo fiunt in litteris pictis ; sed campos qui coloribus implentur in litteris, debes in vitro subtilissimis ramusculis pingere. Potes etiam in ipsis circulis interdum bestiolas et avicolas et vermiculos ac nudas imagines inserere. Eodem modo facies campos ex albo clarissimo, cujus campi imagines, vesties cum saphiro, viridi, purpura et rubicundo. In campis vero saphiri et viridis coloris eodem modo depictis, et rubicundi non picti, facies vestimenta ex albo clarissimo ; quo vestimenti genere nullum speciosius est. Ex supradictis tribus coloribus pinges in limbis ramos et folia, flores et nodos, ordine quo supra ; et uteris eisdem in vultibus imaginum et manibus ac pedibus et in nudis membris per omnia pro eo colore qui in præcedenti libro dicitur *posch*. Croceo vitro non multum uteris in vestimentis nisi in coronis et in eis locis ubi aurum ponendum esset in pictura.

M. de L'Escalopier traduit :

Il faut aussi un certain ornement sur le verre, savoir dans les draperies, dans les sièges et dans les champs, sur le saphir, le vert, le blanc et le pourpre clair. Lorsque vous aurez fait les premières ombres dans les tapisseries de ce genre et qu'elles seront sèches, couvrez tout ce qui reste de verre d'une couleur légère, qui ne soit ni aussi foncée que la seconde ombre, ni aussi claire que la troisième, mais qui tienne le milieu entre les deux. Cela sec, avec la queue du pinceau de chaque côté de vos premières ombres, faites des traits fins, de sorte qu'entre ces traits et les premières ombres de cette légère couleur il reste des traits délicats. Dans le reste, faites des cercles et des rameaux, et dedans des fleurs et des feuilles de la même façon que dans les lettres peintes. Pour les champs qui se couvrent de couleurs dans les lettres, vous devez, sur le verre, les peindre avec des rameaux très délicats. Vous pouvez aussi introduire quelquefois dans les cercles de petits animaux, de petits oiseaux, des insectes et des images nues. Vous ferez de la même manière les champs de blanc très clair ; vous en revêtirez les images de saphir, de vert, de pourpre et de rouge. Pour les champs de saphir et de vert pareillement peints, et de rouge sans dessins, vous y ferez des draperies de blanc très clair : il n'y a pas d'espèce de draperies plus belle que celle-là. Avec les trois couleurs déjà désignées, vous peindrez dans les bordures des rameaux, des feuilles, des fleurs et des nœuds d'après le procédé indiqué. Vous vous en servirez aussi partout dans les visages, les mains, les pieds et les membres nus des images, au lieu de la couleur qui au livre précédent est appelée *posch*. Vous ferez rarement usage du verre jaune dans les draperies, si ce n'est pour les couronnes et les endroits où l'on placerait de l'or en peinture.

Je suppose qu'on veuille faire exécuter par un artiste le travail décrit dans ce chapitre, et qu'on l'abandonne à lui-même sans autre secours que la traduction de M. de L'Escalopier : je crois qu'il lui sera plus facile d'inventer des procédés à lui que de comprendre les instructions de son guide. Le latin est fort obscur, j'en conviens ; mais au moins à force d'interroger le sens de chaque mot, à force de rapprocher chaque phrase l'une de l'autre, on finit par apercevoir ce que l'auteur a voulu dire. L'obscurité du français n'est que ténèbres, et le vide est au fond. Le traducteur a beau dire *qu'il n'a pas dû aller au delà du mot à mot, lorsqu'il pouvait, en creusant la phrase en la réduisant à un lit de Procruste, s'exposer à tomber dans quelque chose d'arbitraire.* A coup sûr, il faut se garder toujours de donner dans l'arbitraire ; mais mieux vaut réduire une phrase au lit de Procruste, c'est-à-dire à la règle immuable de la raison, que d'écrire des choses dénuées de sens. Pour moi je ne nierais pas m'être hasardé davantage, mais je croirais aussi avoir accompli le devoir d'un traducteur plus réellement fidèle, en rendant comme il suit le passage rapporté ci-dessus :

Il y a ensuite des détails à ajouter pour l'ornement du vitrail, par exemple dans les draperies, dans les intérieurs, dans les fonds, lorsque ces objets ont été faits avec du verre bleu, vert, blanc, ou pourpre clair. Pour les draperies qui sont de ces couleurs, après que vous les aurez ombrées [1] et qu'elles seront sèches, étendez sur le reste de leur surface une couche légère de couleur [2] qui soit moins foncée de ton que la teinte mixte de vos ombres, moins claire que la plus dégradée de ces mêmes ombres, mais qui tienne le milieu entre les deux. Laissez sécher, puis à droite et à gauche et dans le sens des masses résultant de la première opération, marquez [3] à la pointe du pinceau des traits sans épaisseur [4], de manière à ce qu'entre ces traits et le contour desdites masses se trouve enfermé un étroit sillon de la

---

1. *Priores umbras*, signifie les grandes masses d'ombre dont Théophile prescrit l'application dans le chapitre précédent, et qu'il veut qu'on fasse avec trois tons, *quasi videantur tres colores appositi*.

2. *Levi colore*. Il s'agit toujours de la couleur vitrifiable qui servait à dessiner et à modeler sur les morceaux de verre teint dont se composait le vitrail. Théophile, au chap. XIX du même livre, indique la composition de cette couleur qui se faisait avec parties égales d'oxyde de cuivre, de verre antique vert et de *saphir grec* ou verre bleu d'importation byzantine ; le tout broyé ensemble et délayé avec de l'urine.

3. Je me suis longtemps demandé s'il s'agissait ici d'une application nouvelle de couleur, ou si au contraire Théophile ne prescrivait pas d'enlever des sillons sur la couche générale, de manière à mettre le verre à nu en cet endroit. Mais la disposition des tons établie par le dernier membre de phrase, prouve que les *tractus* en question sont des vigueurs et non des reflets.

4. Ces traits ou rides disposés sur les contours et en avant des masses, constituent un style de plis particulier aux verrières et aux miniatures du XIIe siècle.

couche que vous avez étendue en dernier lieu. Partout ailleurs [1] tracez des médaillons et des rinceaux décorés de fleurons et de feuillage, absolument comme si vous procédiez à la décoration d'une majuscule en miniature [2] ; seulement, au lieu que dans les initiales des manuscrits le corps des ornements est enluminé en teintes plates [3], sur le vitrail vous y ferez de fines nervures. Dans l'intérieur des médaillons, vous pourrez aussi disposer quelquefois de petits animaux, de petits oiseaux, du vermiculé ou des figures nues. Ainsi vous opérerez sur les fonds en verre blanc transparent, ayant eu soin que les figures qui se détacheront sur ce genre de fond soient habillées de bleu, de vert, de pourpre et de rouge. Au contraire, sur les fonds bleus et verts (que vous décorerez par le même travail), et sur les rouges (qui ne comportent pas de décoration) [4], vous ferez les draperies avec du verre blanc transparent. C'est là le genre de draperies qui fait le meilleur effet. Avec les trois tons indiqués ci-dessus [5] vous peindrez les rinceaux et le feuillage, les fleurons et les entrelacs de vos bordures, et cela d'après la méthode que j'ai donnée pour modeler. Vous appliquerez encore ces tons sur les figures de vos personnages, sur les mains, sur les pieds, sur les nus, partout enfin où vous feriez usage en peinture de la teinte que j'ai appelée *posch* [6] dans mon premier livre. Ne vous servez pas trop de verre jaune dans les costumes, si ce n'est pour figurer les couronnes et les autres objets sur lesquels les peintres appliqueraient de l'or.

C'est ainsi que j'aurais traduit Théophile, le paraphrasant sans remords lorsque son laconisme est inintelligible, le surchargeant de notes, soit pour rappeler les instructions précédentes auxquelles il fait

---

1. *In reliquo* ne s'applique pas aux draperies. Outre que ce n'est qu'à partir du xiv° siècle qu'on trouve des draperies damassées sur les vitraux, le sens de ce qui suit exige qu'on entende par *in reliquo* les autres objets que Théophile énumère au commencement du chapitre, *in sedibus et in campis*.

2. *In litteris pictis*. Évidemment l'auteur allègue ici comme exemple le travail dont étaient l'objet les initiales des manuscrits.

3. Cette remarque nous reporte bien aux mss. du xii° et du commencement du xiii° siècle où les initiales sont ornées d'arabesques plates, qui se détachent sur des fonds de toutes couleurs également plats. *Campi*, dans le langage de Théophile, s'applique aussi bien au fond sur lequel se détachent les ornements, qu'au fond des ornements eux-mêmes. Je prends ici cette dernière acception, guidé par la considération de ce qui se voit dans les anciens vitraux.

4. Observation capitale, quoiqu'elle soit rejetée dans une incise. Toujours attentifs à ce que le passage de la lumière à travers le vitrail ne fût pas intercepté par le travail de peinture, les anciens ne voulaient pas qu'on surchargeât les teintes de verre qui étaient déjà assez absorbantes par elles-mêmes. Le rouge dont il s'agit ici, *rubicundus*, doit être le brun rouge.

5. Voy. la note 1 de la page 343.

6. Cette teinte composée avec de la prasine, de l'ocre brûlée et un peu de cinabre, servait à modeler la chair.

allusion, soit pour citer à l'appui de ses allégations les monuments connus qui les expliquent ou les confirment. Quelques remarques rejetées par M. de L'Escalopier à la fin de son livre me paraissent par trop insuffisantes; si jamais auteur a dû être accompagné d'un commentaire perpétuel, c'est celui auquel il s'en prenait. D'ailleurs renvoyer l'explication si loin du lieu où la difficulté se trouvait, a eu pour lui l'inconvénient de rendre ses discussions incomplètes en ce qu'il n'en avait plus tous les éléments présents à la pensée. Cela se voit surtout dans une note où il débat le sens d'*electrum*, où il allègue toutes les raisons capables de faire passer ce mot pour l'équivalent d'émail, et où cependant il conclut qu'il ne l'est pas : défense malheureuse d'un contresens par suite duquel toute une branche d'art se trouve supprimée de la *Schedula diversarum artium*.

Théophile appelle *electra* les incrustations d'émail qui servaient jadis à relever l'orfèvrerie. M. de L'Escalopier, guidé par je ne sais quelle analogie, traduit ce mot par *cabochon*. Le cabochon, ainsi qu'il l'explique lui-même, est une pierre précieuse qu'on n'a fait que polir sans la tailler; mais il ne s'est pas rappelé que la taille des pierres est une invention relativement moderne, et qu'au XIIe siècle, ainsi qu'au XIIIe et au XIVe la joaillerie ne s'exécutait qu'en cabochons. Si les *electra* avaient eu cette signification, Théophile ne les aurait pas distingués des *margaretæ* et des *gemmæ*. Il les distingue cependant; il emploie deux chapitres et demi à en décrire la façon, et, rien que par le sommaire des opérations qu'il détaille, on va voir si la confusion était possible :

— Vous ajustez une petite plaque d'or au fond de la fosse que vous destinez à recevoir un *electrum*; vous bordez cette plaque d'un filet d'or; vous découpez d'autres filets d'or que vous contournez en forme de lacs, de rosace, d'oiseau ou de tout autre objet dont vous voulez que le dessin décore l'*electrum*. Vous soudez sur la plaque. Prenez les couleurs de verre nécessaires pour votre dessin; pilez et faites fondre le verre de chaque couleur à part sur un morceau de cuivre. Votre verre fondu, coulez-le dans l'eau; il se divise en éclats d'une ténuité extrême que vous réduisez en poussière. Prenez cette poussière avec le bec d'une plume; appliquez-la sur la plaque, chaque couleur dans le compartiment qui lui convient. Faites fondre en exposant la plaque sous un petit four en tôle dont le chapiteau est percé de trous, etc., etc. — Insister davantage serait inutile. C'est bien de l'émail qu'il s'agit, et de l'émail préparé, ajusté, fondu par des procédés peu différents de ceux que l'industrie actuelle met encore en pratique.

Que M. de L'Escalopier me pardonne l'insistance avec laquelle je relève les erreurs dans lesquelles il est tombé. C'est moins lui que je combats qu'un système, dont il s'est fait l'apôtre à la vérité, mais que bien d'autres que lui ont préconisé et préconisent encore; c'est cette malheureuse opinion qu'une traduction est bonne, pourvu qu'elle soit littérale. Il s'est étourdi de cette idée, il a considéré tout ce qu'il savait de latin, et il a conclu qu'il était en mesure de traduire Théophile. Assurément il y a dans M. de L'Escalopier tout autant de littérature qu'il en fallait pour un travail de ce genre. Il possède à un degré très remarquable le sentiment de la phrase latine. Son texte est excellent; là où les manuscrits présentent des leçons vicieuses, il les a corrigés souvent par des restitutions pleines d'à-propos. En un mot, il a compris à merveille partout où il a eu affaire seulement à l'auteur latin; mais lorsque le peintre ou l'orfèvre se sont mis à discourir, il n'a plus fait qu'entrevoir; il lui a manqué à la fois la vue distincte des objets et le vocabulaire approprié à la dénomination de ces objets. Or il lui était impossible de trouver rien de tout cela dans les livres où s'est formée son érudition.

Si M. de L'Escalopier trouve justes ces remarques, s'il reconnaît l'insuffisance de son travail et qu'il se sente le courage de le reprendre à frais nouveaux, qu'il visite les ateliers, qu'il se fasse expliquer la main-d'œuvre dans la langue que l'industrie a créée pour son usage, et il aura bientôt acquis le genre d'instruction dont je regrette qu'il n'ait pas senti plus tôt la nécessité. Mais reculât-il devant la peine qu'il y a toujours à recommencer ce qu'on a fait une fois, il peut être assuré que l'honneur lui restera d'avoir propagé un texte précieux s'il en fût jamais, et d'avoir courageusement ouvert la voie des commentaires, en essayant le plus difficile des travaux dont ce texte pouvait être l'objet.

EXAMEN CRITIQUE

DES

RECHERCHES SUR L'ORIGINE DU BLASON

PAR

M. ADALBERT DE BEAUMONT

M. de Beaumont est un homme d'esprit, qui a vu beaucoup de choses, et avec des yeux d'observateur. Mais il ne lui suffit pas de raconter ce dont il a été témoin ; rencontrant dans l'Orient, où il a longtemps voyagé, un certain nombre de pratiques qui ressemblent à celles de notre vieille Europe, il se lance dans le champ de la généralisation et déclare que tout nous est venu de l'Orient. Ses *Recherches sur le blason* sont un avant-goût de cette thèse sur laquelle il semble se réserver de revenir.

On trouve la fleur de lis représentée très visiblement sur les plus anciens monuments de l'Égypte et de l'Assyrie ; la décoration persane et arabe présente des lions rampants et des aigles à deux têtes ; le bleu et le rouge, qui s'appellent *azur* et *gueules* en blason, se disent *azurk* et *ghul* en persan : c'est sur ce fondement que M. de Beaumont donne hardiment au blason une origine orientale. Nous trouvons que c'est conclure trop vite.

Ni les couleurs, ni les emblèmes ne constituent le blason, mais bien le système d'après lequel les emblèmes et les couleurs sont combinés. Tous les peuples du monde ont des signes de ralliement dont les éléments nécessaires sont des emblèmes et des couleurs ; il n'y a que l'Europe féodale qui ait eu des armoiries, c'est-à-dire des signes

---

1. [Extrait de la *Bibliothèque de l'École des Chartes*, 3ᵉ série, tome V (1855), p. 384 à 386. — *Bibliogr.*, n° 69.]

2. *Recherches sur l'origine du blason, et en particulier sur la fleur de lis*, par M. Adalbert de Beaumont. Paris, Leleux, 1853. — Un vol. in-8° de 140 p., avec 22 pl. gravées.

de ralliement à la fois héréditaires et représentatifs de la seigneurie, combinés et diversifiés d'après les lois qui réglaient le cumul ou la transmission des fiefs. Tout ce que prouve M. de Beaumont, c'est que des emblèmes usités dans le blason, viennent de l'Orient; et dire cela, c'est n'apprendre rien de neuf, car on a déjà constaté cette provenance, et en ayant le soin, que n'a pas pris M. de Beaumont, d'indiquer que la transmission s'est faite dans la plupart des cas par les Grecs et les Romains de l'antiquité. En suivant cette marche historique, l'auteur des *Recherches* n'aurait pas remis en honneur l'hypothèse fantastique de Bullet, que *fleur de lis* veut dire *fleur de roi*. Il aurait trouvé, dans des documents de la décadence romaine, de nombreuses mentions du *lilium* employé comme décoration, et notamment des *pallia liliata*. Les *escus à flors* du xie siècle furent l'imitation de ces étoffes ; de sorte que l'erreur qui a fait prendre l'emblème de nos anciens rois pour une représentation du lis des jardins, n'est pas imputable, comme il le donne à entendre, aux hérauts d'armes du xive siècle.

Les arguments que M. de Beaumont veut tirer du nom des couleurs ne sont pas plus décisifs, outre qu'ils le conduisent à des étymologies tout à fait inadmissibles. Si le bleu employé pour la peinture des écus s'appelle *azur*, cela ne prouve pas que les Persans nous aient appris à peindre les écus, mais seulement que cette couleur apportée du Levant conservait dans le commerce un nom oriental, — plutôt arabe, par parenthèse, que persan — car l'opinion générale fait dériver azur de *azul* et non de *azurk*. Que M. de Beaumont se donne la peine de consulter Du Cange au mot *Lazul*. Le même glossaire lui fournira une étymologie de *gueules* venant de *gula*, bien plus probable que celle qu'il tire de *ghul*. Quant au *tenné*, qu'il fait venir de *henneh*, personne ne sera de son avis. Le *tanné* ou *tenné* est la couleur du cuir qu'on a préparé au tan. *Sinople* est si clairement le cas oblique de *sinopis* (*sinopide*), que ce n'était pas la peine, pour expliquer ce mot, d'inventer la combinaison bizarre de πράσινα ὅπλα.

M. de Beaumont se trompe encore quand il dit qu'émail, *smaltum*, vient du persan *mina*, bleu, qui, selon lui, aurait fourni *miniature*, dérivé au contraire de *minium*, rouge; quand il prétend « que tout le jargon du blason » date environ de la première croisade, lorsqu'il est certain, par les romans du xiie siècle, que le rouge des écus s'appelait au commencement *vermeil*, le noir *bis*, le sinople *vert*, l'azur aussi souvent *inde* ou *pers* qu'azur, etc.; quand il ajoute que ce n'est qu'à partir du xive siècle qu'on peut « trouver pour le blason des documents spéciaux, authentiques, irrécusables, » puisque les sceaux armoriés abondent dès Philippe-Auguste ; quand il aggrave cette erreur par la prétention que le premier pays où le blason fut soumis à des règles fixes est Venise, sans en citer d'autre preuve que le *Livre d'or*, qui, datant seulement de 1316, ne contre-balance pas les infiniment nombreux monuments que nous avons pour le xiiie siècle : sceaux, vitraux, manuscrits, etc., etc.

Enfin nous contredirons l'auteur des *Recherches* sur la plupart des points étrangers au blason qu'il a touchés çà et là dans sa marche un peu trop vagabonde. La main de justice, qui est le symbole tout chrétien de la bénédiction divine, n'a pas de rapport avec la *main blanche* par laquelle les Orientaux expriment le pouvoir d'opérer des miracles. Les lits de justice que nos rois tenaient au parlement, ne dérivent en aucune façon des mœurs du désert. Le système des corporations industrielles, au moyen âge, ne ressemble en rien à l'organisation du Grand-Orient, qui lui-même n'a rien d'oriental. Les Arabes ont réduit le midi de la France en désert au ixe siècle et ne l'ont pas civilisé. Parce que Charlemagne reçut un éléphant et d'autres cadeaux du calife Aroun-el-Reschid, on ne peut pas dire qu'il s'entoura de poètes, d'écrivains, de musiciens, d'architectes arabes et persans ; et, malgré ce qui est dit dans les *Recherches*, ce monarque s'accommoda si peu aux modes de l'Orient, que son biographe a soin de nous apprendre qu'il ne quitta jamais la mode des Francs.

Que M. de Beaumont étudie le moyen âge sur ses monuments et dans ses historiens, qu'il donne pour objet à ses recherches la question de savoir ce que nous avons emprunté aux Arabes. Avec l'intelligence qu'il a, il ne tardera pas à reconnaître que ces emprunts sont beaucoup moins considérables qu'il ne l'a cru à première vue, car nos pères n'ont guère pris de la main des musulmans que des étoffes et de l'épicerie. S'ils ont connu les livres de la science arabe, ç'a été par les traductions que les Juifs en ont faites ; et la science arabe n'était que la science grecque.

FRAGMENTS INÉDITS

D'UN

COURS D'ARCHÉOLOGIE

INTRODUCTION

S'il est une vérité vulgaire et sur laquelle il soit inutile d'insister aujourd'hui, c'est que les sciences n'ont pas été créées du premier coup. Avant qu'on eut trouvé la base sur laquelle il convenait de les asseoir, elles ont coûté de longs efforts, elles ont passé par bien des phases successives. Tout comme l'humanité dont elles sont l'ouvrage, elles ont eu leur enfance, leurs aberrations de jeunesse, leurs moments de souffrance, leur temps d'arrêt. La plupart ne sont parvenues que d'hier à leur maturité. Elles doivent ce progrès aux inventions qui ont rendu si promptes les communications entre les hommes, et rendu faciles les moyens de s'instruire et d'expérimenter. Plus qu'aucune autre science, l'archéologie du moyen âge est dans ce cas.

Je prends le moyen âge dans ses limites les plus étendues, entendant par là les dix siècles qui se sont écoulés entre la constitution définitive des monarchies barbares, et le règne de Louis XII qui a vu commencer le mouvement si caractéristique de la Renaissance. Cette période a été assez longue pour avoir eu son antiquité à elle, indépendamment de l'antiquité proprement dite qui l'avait précédée. Une archéologie du moyen âge aurait donc pu exister avant l'avènement des temps modernes. Il eût suffi pour cela que quelques hommes aient su combiner l'étude des textes avec l'observation des monuments. Mais l'éducation donnée aux esprits fut un obstacle à ce qu'il se rencontrât rien de pareil. Les documents historiques n'étaient consultés que comme un répertoire de faits religieux ou politiques. L'art d'observer les choses extérieures manquait à tout le monde. La science consistait à disserter sur les livres, à déduire des témoignages écrits que l'école avait acceptés, toutes les conséquences qu'ils étaient capables de rendre sous la pression du raisonnement. Avant tout, on cherchait à s'appuyer sur une autorité et nul ne se fût avisé de donner la valeur d'une autorité à un fait constaté scrupuleusement par lui-même. Voilà pourquoi le moyen âge ne s'est pas plus élevé à la notion de l'archéologie qu'à celle d'aucune autre science critique.

On a cité cependant quelques exemples de jugements raisonnables que des savants du moyen âge portèrent en matière d'antiquités. Guibert, le principal historien de la première croisade, qui gouverna le monastère de Nogent-sous-Coucy, ayant entrepris la reconstruction de son monastère, suivit avec curiosité les travaux des fouilles. Des cercueils de pierre se montrèrent en quantité infinie. Le docte abbé remarqua qu'ils étaient disposés en groupes, formant chacun le cercle autour d'une sépulture centrale. Il n'avait jamais vu cela, et il savait que depuis des siècles l'Église avait consacré l'usage observé de son temps, qui était d'inhumer les morts les pieds tournés vers l'Orient. Il conclut qu'il avait sous les yeux un ancien cimetière de païens, ou bien un cimetière de chrétiens remontant à l'époque où les chrétiens se conformaient encore au mode d'inhumation des païens[1].

Un poète latin du nom de Fulcoius, contemporain de Guibert de Nogent, nous a laissé le récit d'une découverte qui lui avait fourni l'occasion de donner une leçon d'archéologie aux habitants de Meaux. Voici à peu près comment il s'exprime dans un jargon assez difficile à rendre en français[2] :

[« Il y avait à Meaux une construction dont les ruines attestaient l'ancienne splendeur. Son nom subsiste encore. Les anciens habitants l'appelèrent *Martis fanum*, les modernes lui ont conservé ce nom, mais sans en comprendre le sens. Un objet trouvé sur les lieux a révélé ce que ce nom voulait dire. Un serf, en labourant au milieu de ces décombres, découvrit une statue... Il découvrit une tête qui ne ressemblait à rien que nous connaissions, à aucun être humain, à aucun être vivant. C'était une horrible figure, belle pourtant dans son horreur. Terrible était son regard, mais cet air terrible, l'expression féroce de sa bouche ne laissait pas que de plaire, sa difformité même n'était pas sans beauté. A mon arrivée dans la ville, on m'apporte cette image, on me demande ce que c'est, qui elle peut représenter. Je me fais dire le nom du lieu, corrompu par la langue vulgaire, je contemple cette tête si belle et si laide tout ensemble; le lieu de la trou-

---

1. [Guibert de Nogent. *De vita sua*, lib. II, c. 1.]
2. [Toussaint Duplessis, *Hist. de l'église de Meaux*, t. II, p. 453.]

vaille, son nom, cette tête m'apprennent ce que je cherchais. Là se dressait un temple de Mars, donc cette tête est celle de Mars, dont l'idolâtrie a fait un dieu. »]

...Que la statuette montrée à Fulcoius ait représenté tout autre chose que le dieu Mars; que les cercueils en rond de Nogent n'aient pas eu l'antiquité que Guibert leur attribuait, il n'en est pas moins vrai que l'opinion de ces deux hommes fut parfaitement raisonnée et raisonnable. Mais l'un comme l'autre ont vécu à un moment qui fait exception dans leur époque. Ils appartiennent au siècle d'Abailard, de Béranger, de Roscelin, au siècle où la critique essaya de se faire jour, mais sans succès, parce que la doctrine de l'autorité sut revendiquer ses droits de telle sorte qu'elle l'emporta. Depuis lors, toute antiquité fut lettre close pour les yeux qui s'arrêtaient sur elle. Les hommes les plus instruits n'en savaient pas plus en cette matière ou (ce qui est encore plus pénible à dire) en surent autant que la multitude ignorante. La multitude, en effet, s'était forgé des opinions sur un certain nombre de choses d'une rencontre fréquente qu'elle connaissait de vue. Il est bon qu'on sache quelles furent ces opinions.

Transportons-nous au temps où elles se formaient. Le sol de la France était alors couvert de ruines romaines. Toutes étaient d'une structure qui ne ressemblait plus à celle des bâtiments élevés depuis. La différence était si sensible que même les gens de la campagne savaient la reconnaître. Mais quels étaient les auteurs de ces édifices dont les innombrables débris se dressaient de tous côtés? Le peuple fit à la fois la demande et la réponse.

La notion du passé se réduisait à peu de chose dans l'esprit de la nation. La mémoire des Gaulois et, ce qui étonnera davantage, celle même des Romains s'était effacée. La seule chose qu'on ait retenue, c'est qu'avant d'appartenir aux chrétiens la France avait été habitée par des païens, dont on faisait un peuple étranger. Quelques-uns les appelaient Wandres (Vandales) ou Saisnes (Saxons); leur nom qui prévalut depuis la première croisade fut celui de Sarrasins. On avait fini par se persuader que les infidèles, sur qui l'Europe avait conquis le Saint-Sépulcre, étaient des païens et les seuls qui eussent jamais existé. C'est à eux qu'on attribuait ces vieilles constructions faites d'une façon dont la pratique s'était perdue. Tous les restes d'édifices bâtis à la romaine furent appelés *œuvre aux Sarrasins, murs sarrasinois*[1], dénominations qui, en se perpétuant dans quelques

---

1. [Le chroniqueur Jean de Venette parle d'un ouvrage aux Sarrazins, qui fut découvert à Paris en 1358, et dont il vante la solidité : « Ut vix a quibus-

lieux pour désigner des limites territoriales, ont trompé plus d'un érudit de notre temps. On s'est cru autorisé à conclure que les Musulmans étaient venus partout où l'on rencontrait le nom de Sarrasins et l'on a donné par là aux invasions musulmanes du VIIIe et du IXe siècle une extension que l'histoire ne justifie pas.

Mais toutes les constructions à la romaine ne pouvaient pas être considérées comme l'ouvrage des païens. On voyait des églises bâties de cette façon : c'eût été une impiété de les appeler sarrasines. On les mit sur le compte de l'homme qui résumait en lui toute la gloire et toute l'histoire de la nation depuis qu'elle avait professé la foi chrétienne. Ces églises furent l'œuvre de Charlemagne.

La période qui renfermait les œuvres de Charlemagne a été mobile. Elle s'est avancée en même temps que se sont accomplis les progrès de l'art du moyen âge. Le Xe siècle, le XIe, le XIIe y sont entrés tour à tour, parce que la génération de Louis le Gros ne se reconnaissait plus dans les œuvres contemporaines des premiers Capétiens, ni la génération de saint Louis, dans les œuvres du temps de Louis le Gros; et ainsi, des monuments qui avaient cent ans d'âge, tout au plus, passèrent au XIIIe siècle pour être carolingiens.

Telle fut l'archéologie populaire en matière de constructions. Ces erreurs à force d'être répétées, entrèrent dans les esprits les plus ornés, dans les têtes les mieux faites. Il ne servit à rien que la vérité fût consignée dans les documents les plus authentiques. On lisait

---

cumque malleis vel etiam instrumentis ferreis posset dictum opus, utpote Sarracenicum, destrui aliquatenus vel dissolvi. » (Édit. Géraud, t. II, p. 258.) On a retrouvé en 1849, lors de la construction, et en 1865, lors de l'agrandissement de la rue Soufflot, quelques débris de cet ouvrage, dans lesquels tout le monde a pu reconnaître l'œuvre des Romains. (Voy. Quicherat, dans le *Bull. de la Soc. des antiq. de France*, 1867, p. 177, et dans son mémoire sur la *Rue et le château Hautefeuille*, p. 16, 20 et s. (Cf. le tome I de ces *Mélanges*, p. 450.) — Les chansons de geste parlent souvent de l'œuvre des Sarrazins :

> La tors fu fors, de l'ovre as Sarrasins
> Tos li mortiers en fu de sanc boli
> Ele ne dote perrière ne engin.
>
> (*Ogier le Danois.*)

Dans un passage de *Garin*, où il est question du palais de l'Antiquaille à Lyon : « El palais montent, que firent Sarrasin. » (I, p. 88.) Plus loin le poète décrit les souterrains du château de Naisil, dont il attribue la construction à Jules César (t. II, p. 53), ce qui ne l'empêche pas un peu après de dire qu'ils sont l'œuvre des Sarrasins :

> Et dans Bernars est dou chastel parti
> Par une croute que firent Sarrasin.]

sans songer à rapprocher ce qui était écrit de ce qui se disait et qui, étant dans la bouche de tout le monde, avait fini par devenir l'autorité.

Nous n'avons que trop de preuves de ce manque de réflexion.

Peu de personnes s'arrêtent à Arles sans aller visiter la ruine imposante de l'abbaye de Montmajour. Elle couronne un rocher qui émerge des marais et qui attire les regards par son isolement. Sur la partie la plus basse, du côté du levant, était le cimetière primitif des religieux, on le reconnaît à la présence des fosses qui ont été creusées dans le tuf. Violées et vidées depuis longtemps, elles apparaissent béantes sur un espace assez étendu où il n'y a jamais eu de terre végétale pour les remplir. Au milieu s'élève un charmant édicule bâti sur un plan qu'on a souvent adopté au moyen âge comme étant la figuration en miniature de celui du Saint-Sépulcre. C'est la chapelle Sainte-Croix [1].

On sait que cette chapelle fut construite par les soins d'un abbé Rambaud, qui fit venir, en 1019, l'archevêque d'Arles pour la consacrer. La mémoire de la dédicace fut consignée dans une charte où étaient renouvelés, par la même occasion, tous les privilèges de l'abbaye [2]. Les moines de Montmajour n'avaient pas de titre plus important dans leurs archives, cela ne les empêcha pas au XIIIe siècle de faire de leur chapelle un édifice carolingien. Les poètes du temps célébraient à l'envi une bataille qui se serait donnée entre chrétiens et Sarrasins dans un lieu qu'ils appelaient Aleschamps. Aleschamps n'a pas plus sa place dans la géographie que la bataille elle-même n'avait la sienne dans l'histoire. Mais les Arlésiens crurent reconnaître là leur cimetière des Aliscamps, et l'abbaye de Montmajour, revenant sur ce thème, conclut que les sépultures qu'on voyait autour de Sainte-Croix renfermaient une partie des Français tués dans la bataille, par conséquent, que la chapelle Sainte-Croix avait été bâtie en l'honneur de ces héros par Charlemagne. Et ce ne fut pas assez pour eux de le croire, ils voulurent que la postérité en fût instruite, si bien qu'une inscription en caractères magnifiques, gravée par leurs soins dans l'intérieur de la chapelle, a transmis jusqu'à nous le témoignage de cette erreur archéologique et historique à la fois [3].

---

1. [Voir Revoil, *Archit. romane du midi de la France*, t. II, p. 26 à 32 et pl. XXXI à XL].

2. [D'Achery, *Spicilège*, éd. in-fol., t. III, p. 383.]

3. [Voici le texte de cette curieuse inscription qui se lit encore au-dessus de la porte d'entrée :

« Noverint universi quod cum serenissimus princeps Carolus | magnus Francorum rex civitatem Arelatem quæ ab infidelibus | detinebatur obsedisset

Tout le monde sait que l'abbé Suger rebâtit au XIIe siècle l'église de Saint-Denis. Il fit d'abord la façade et le bas des tours, puis le sanctuaire et le transept, et en dernier lieu la nef. Cela est expliqué dans un livre qu'il se donna la peine de composer exprès pour l'instruction de ses successeurs [1], et ce livre ne quitta jamais la bibliothèque de l'abbaye.

L'église de Suger fut l'un des premiers essais de l'architecture gothique. Le dessin en était lourd, la construction mauvaise. Quatre-vingts ans après son achèvement, elle menaçait ruine de toutes parts. Elle fut recommencée en 1231, et cette opération, qui la mit dans l'état où nous la voyons encore, a été consignée dans les Grandes chroniques de France écrites à Saint-Denis même. Dans ce monastère qui avait dû sa première splendeur à Dagobert, Dagobert et non pas Charlemagne était l'expression suprême de l'antiquité pour toutes les choses qui appartenaient à l'établissement. Eh bien, le chroniqueur qui vit démolir l'édifice de Suger, tout comme si le livre qui en indiquait le véritable auteur n'eût pas existé, rapporta au temps de Dagobert (ce en quoi il était l'écho de sa génération) une église dont les premiers travaux remontaient juste à un siècle. Voici ce qu'il dit en propres termes : « Huede, l'abbé de Saint-Denys en France, fu en moult grant pensée coment il pourroit renouveller le monastère Saint-Denys, car il n'avoit esté de riens amendé puis le temps au fort roy Dagobert, qui premièrement le fist faire pour le grant amour qu'il avoit au glorieux martir et à ses compaignons [2]. »

Mais ce qui s'est passé à Saint-Gilles en Languedoc est encore plus fort que tout cela.

Cette bourgade, qui languit sur la branche morte du Rhône de l'autre côté de la Camargue, était en voie de devenir, au commence-

---

et ipsam vi armorum cepisset et Sarra | ceni in eadem existentes pro majori parte aufugissent in | montana Montis majoris et ibidem se retraxissent et in | eadem se munissent et idem rex ibidem cum exercitu suo ve | nisset pro ipsis debellandis triumphum de ipsis obtinuit | et de ipso gratias Deo agendo, in signum hujusmodi victoriæ | presentem ecclesiam in honorem sanctæ Crucis dedicari fecit | et presens monasterium in honorem sancti Petri apostolorum | principis dedicatum quod ad ipsis infidelibus penitus destructum | fuerat et inhabitabile redactum idem rex ipsum reparavit et | reædificavit et monachos ibidem pro serviendo Deo venire fecit | et ipsum dotavit et plura dona eidem contulit in quo quidem | monasterio plures de Francia ibidem debellantes sepulti sunt | ideo fratres orate pro eis. »]

1. [Liber de rebus in administratione sua gestis, c. xxv et xxviii. Cf. le Libellus de consecratione ecclesiæ a se ædificatæ.]

2. [Paulin Paris, les Grandes Chroniques, t. IV, p. 251.]

ment du XIIe siècle, l'un des grands entrepôts du commerce de la Méditerranée. L'abbaye du lieu, enrichie par la prospérité de la ville, projeta de reconstruire son église sur un plan qu'on peut appeler magnifique, car ce qui en a été exécuté est le chef-d'œuvre de l'architecture du temps non seulement pour la France, mais pour toute l'Europe occidentale [1]. Les travaux furent commencés en 1116, date certaine, qui nous a été transmise par une inscription qu'on peut lire encore aujourd'hui sur le cloître attenant à l'église. « L'an du Seigneur mille cent seize, y est-il dit, ce temple de Saint-Gilles commença d'être édifié au mois d'avril, le lundi de la deuxième semaine après Pâques [2]. »

Les progrès de l'hérésie albigeoise dans le Languedoc et la funeste croisade qu'elle suscita forcèrent de suspendre les travaux lorsque l'édifice n'avait pas encore atteint la hauteur de son premier ordre d'architecture. Il en resta là. Pendant quatre cents ans les religieux durent se contenter de la crypte pour célébrer l'office.

En 1506, l'abbé qui gouvernait la maison crut le moment propice pour achever l'œuvre depuis si longtemps interrompue. Le pape Jules II alors régnant, avait compté Saint-Gilles au nombre de ses bénéfices, lorsqu'il n'était encore que le cardinal de la Rovère. C'était une recommandation pour obtenir de lui en faveur de son ancienne abbaye quelques-unes de ces indulgences qu'il décernait avec tant de prodigalité pour la reconstruction du Vatican. Une supplique lui fut adressée à cet effet. Elle appelait sa sollicitude sur un monument dont Charlemagne, d'illustre mémoire, avait commencé la construction avec une telle magnificence, que si l'ouvrage eut été terminé, il n'y en aurait pas de pareil en France ; ce qui veut dire que personne dans l'abbaye ne s'était donné la peine de lire l'inscription qui crevait les yeux de tout le monde. On voyait des constructions très anciennes ; sans s'informer autrement, on les attribuait à l'auteur putatif de toutes les constructions anciennes ; et le pis est que cette version, adoptée par la chancellerie romaine, prit place dans la bulle que le pape s'empressa d'accorder [3].

---

1. [Voir la monographie de ce monument au tome II des *Archives de la Commission des Monuments historiques* et dans Revoil, *Architecture romane du midi de la France*, t. II, p. 47 à 66 et pl. LX à LXVII].

2. [Voyez ci-dessus p. 178 le texte de cette inscription.]

3. [« Cum itaque... licet ecclesia monasterii Sancti Ægidii, ordinis Sancti Benedicti,... per claræ memoriæ Carolum Magnum Francorum regem miro et sumptuoso edificio construi et ædificari cœpta fuerit. » (*Gall. christ.*, t. VI, instr., col. 204.)]

Il va de soi que de si mauvais juges en matière d'antiquités architechtoniques, ne discernaient pas mieux l'origine et l'âge des autres œuvres d'art.

Les trésors des églises, véritables musées de l'époque, contenaient des objets de toute provenance déposés sur les autels ou légués comme offrandes pieuses. C'étaient des raretés, des joyaux, des vases précieux par la matière ou par le travail, dont les uns s'étaient transmis dans les familles, dont les autres avaient été conquis à la guerre, ou rapportés de loin, ou amenés à la surface du sol par la charrue, et des découvertes de cette sorte devaient être bien fréquentes au moyen âge, car il y a peu de rituels qui ne mentionnent des oraisons spéciales pour accompagner la bénédiction de ces vases trouvés en terre [1]. Tous ces produits d'un art inconnu aux ouvriers de l'époque, qu'ils fussent romains, byzantins ou musulmans, qu'ils eussent mille ans d'âge ou qu'ils n'en eussent que cinquante, dérivaient, dans l'esprit de la multitude, d'une source unique. On voyait en eux les épaves dispersées de Jérusalem. Ils avaient appartenu au roi Salomon; ils étaient l'*œuvre Salomon* [2].

Les pierres gravées, camées et intailles formaient une classe à part dans le nombre des belles choses. Elles étaient appelées *pierres d'Israël* [3] et l'on admettait que l'atelier d'où elles étaient sorties avait fonctionné longtemps encore après Salomon, car on donnait à plusieurs une signification chrétienne : ainsi la belle onyx du Cabinet des Antiques de la Bibliothèque Nationale [qui fut donnée par Charles V à la cathédrale de Chartres], passait pour représenter saint Jean l'Évangé-

---

1. [Voici une de ces prières publiée par M. Le Prévost dans les *Mém. de la Soc. des Antiq. de Norm.*, 1831, p. 77, d'après un rituel du xiᵉ siècle, provenant de l'abbaye de Jumièges, et maintenant conservé à la bibliothèque de Rouen : « Omnipotens sempiterne Deus, insere te officiis nostris et hec vascula, arte fabricata gentilium, sublimitatis tuæ potentia ita emundare digneris, ut omni immunditia depulsa, sint fidelibus tuis tempore pacis atque tranquillitatis utenda. Per Christum etc. » — M. Wright a publié dans l'*Archæologia* (t. XXX, p. 140) une prière anglo-saxonne du même genre empruntée au rituel de l'église de Durham.]

2. [Le musée du Louvre possède un curieux vase d'origine sicilienne sur lequel est gravée l'inscription : Opus Salomonis erat, à côté d'une inscription arabe qui donne le nom du fabricant, Abd-el-Melek, le chrétien. A. de Longpérier dans un article qu'il a consacré à ce vase (*Revue archéologique*, nov. 1865, p. 356), a réuni un assez grand nombre de textes mentionnant l'œuvre de Salomon.]

3. [Voir les textes groupés sous ce mot dans le glossaire dont M. de Laborde a fait suivre sa *Notice des émaux du Louvre*.]

liste, parce qu'il y a dessus Jupiter avec son aigle [1] ; ainsi un camée de Caracalla, enchâssé dans la reliure d'un de nos beaux manuscrits, passait pour figurer saint Pierre et on y grava son nom à cause de la chevelure crépue qui fut commune à l'empereur et à l'apôtre [2].

[Les pierres gravées furent d'autant plus appréciées par les gens du moyen âge, qu'ils leur attribuaient une foule de vertus mystérieuses. On en fit des amulettes, et des livres furent écrits pour les interpréter. Les bibliothèques contiennent bon nombre de manuscrits du *Lapidaire*, où sont décrites toutes les propriétés que l'on prêtait aux pierres, propriétés variables suivant la nature de la pierre et suivant le sujet qui y était gravé. Certaines, par exemple, servaient à l'invention des trésors [3], d'autres procuraient bonne chance aux chasseurs [4], un grand nombre, enfin, pouvaient guérir d'une foule de maladies, et cette dernière opinion était si invétérée qu'on en trouve la trace dans les livres de médecine les plus estimés au moyen âge [5]. La vogue des lapidaires fut grande jusqu'au XVIᵉ siècle, et l'on ne cessa qu'au XVIIᵉ, de considérer comme une science l'interprétation des amulettes.

Le moyen âge n'a donc pas connu l'archéologie.

La Renaissance ne l'a guère comprise davantage, ou du moins elle a dédaigné l'étude de nos antiquités nationales, pour réserver toute son admiration aux œuvres de l'antiquité classique. Aussi cette grande époque d'activité intellectuelle fut-elle plus funeste qu'utile aux monuments du moyen âge. On en vint peu à peu à les considérer comme des monuments barbares, indignes d'être conservés. Quelques esprits d'élite protestaient, il est vrai, contre ce parti pris si fatal pour nos vieux édifices. On connaît ce passage de Montaigne : « Il n'est âme si revesche qui ne se sente touchée de quelque révérence à considérer

---

1. [Voir Chabouillet, *Catal. génér. des camées de la Bibl. nat.*, p. 1, nº 4.]
2. [Cette pierre, aujourd'hui détachée du manuscrit, est conservée au Cabinet des médailles; elle porte le nº 2101 du Catalogue de M. Chabouillet.]
3. [« Si inveneris sigillum in lapide sculptum, scilicet virum sedentem super aratrum, longibarbum, curvaturam habentem in collo, quatuor homines jacentes, et tenentem in manibus vulpem et vulturem, hoc sigillum ad collum suspensum valet ad omnes plantationes et ad inventionem thesaurorum. » (Traité *de Sculpturis lapidum*, publié dans l'*Archæol. britann.*, t. XXX, p. 415).]
4. [« Si in aliquo preciosorum lapidum sigillum taliter sculptum inveneris, scilicet militem super equum tibicinantem et arborem ante illum sculptam, hoc venatoribus multam venandi gratiam præstat. » (*Ibid.*, p. 452.)]
5. [Dans l'ouvrage de médecine d'Alexandre de Tralles, qui a été publié par Guinther (Bâle, 1556), l'image d'Hercule étranglant un lion, enchâssée dans un anneau d'or, est recommandée pour la guérison des douleurs néphrétiques.]

la vastité sombre de nos églises, la diversité d'ornements, à ouïr le son dévotieux de nos orgues et l'harmonie si posée et religieuse de nos voix. »

Mais l'opinion hostile à nos monuments ne cessa de gagner du terrain, et le mépris que tous les gens de goût affectaient pour eux, contribua pour beaucoup à en entraver l'étude.

Pourtant les progrès de la critique obligèrent les savants du xviie siècle à certaines recherches archéologiques. Les Bénédictins de Saint-Maur, sans attacher à ces recherches une importance suffisante, furent conduits par leurs travaux à discuter l'âge de beaucoup de monuments, à rassembler les textes qui pouvaient les expliquer. Mabillon notamment dans ses *Annales bénédictines,* Ruinart, dans ses commentaires sur Grégoire de Tours, mirent souvent le pied sur le terrain de l'archéologie. De son côté Du Cange, dans son admirable *Glossaire,* fournissait à la critique un instrument non moins précieux pour l'intelligence des monuments que pour l'interprétation des textes.

Gaignières, à la fin du xviie siècle, rendit à l'archéologie des services plus grands encore en appelant par sa collection l'attention du public sur une foule d'œuvres du moyen âge. C'est dans cette collection que Montfaucon puisa, quelques années plus tard, une grande partie des éléments de son grand ouvrage sur les monuments de la monarchie française. Tout médiocre qu'il nous paraisse aujourd'hui, ce livre marque une nouvelle étape dans l'histoire de l'archéologie.

Mais l'homme du xviiie siècle qui a le mieux connu nos monuments du moyen âge, qui a le mieux su discerner leurs caractères et déterminer leur date, ce n'est pas Montfaucon, c'est le savant abbé Lebeuf. Pendant bien des années il parcourut la France, le plus souvent à pied, couchant dans les presbytères, ne craignant pas de s'arrêter dans les lieux les plus écartés, notant avec soin tous les détails qui pouvaient l'édifier sur l'âge des monuments. Il avait projeté de réunir toutes ses observations en un ouvrage qui eut posé les premières bases de notre archéologie nationale. La mort le surprit avant qu'il eut pu donner suite à ce projet; les matériaux qu'il avait recueillis furent dispersés, perdus, et nous ne pouvons aujourd'hui juger de la compétence que l'abbé Lebeuf avait acquise dans ce genre d'études, que par des observations de détail consignées dans ses divers ouvrages, et dont la précision et la justesse sont bien faites pour nous faire déplorer la perte d'un travail qui eut fait éclore soixante ans plus tôt la science de nos antiquités.

L'abbé Lebeuf n'avait pas formé d'élèves, et pendant les trente premières années qui suivirent sa mort, personne en France ne sembla s'intéresser à l'archéologie nationale. Ce n'est qu'à la fin du XVIIIe siècle, au moment même où éclatait cette Révolution qui fut fatale à tant d'œuvres anciennes, que l'on vit un petit groupe d'hommes éclairés et dévoués prendre en mains la défense de toutes les richesses artistiques que nous avait laissées le moyen âge, s'attacher à les conserver, s'appliquer à les étudier. Le plus zélé de tous, celui qui par son activité, par sa persévérance, par le courage même qu'il sut déployer dans des circonstances difficiles, rendit les plus signalés services à la science archéologique, ce fut Alexandre Lenoir. Prévoyant les conséquences désastreuses que la suppression des corporations religieuses devait avoir pour nos monuments, il s'efforça d'intéresser l'assemblée nationale à la conservation des œuvres d'art que contenaient les établissements sécularisés. Ses efforts joints à ceux du peintre David et de l'évêque Grégoire, contribuèrent beaucoup à faire instituer ces Commissions qui furent chargées par l'Assemblée nationale et par la Convention de sauver de la destruction tout ce qui pouvait intéresser l'histoire ou les arts. Il fit plus. Mis à la tête de l'un des dépôts [1] dans lesquels on amassait tous les objets recueillis dans les anciens couvents ou chez les émigrés, il sut y réunir peu à peu une quantité considérable d'œuvres de premier ordre, il eut le talent d'intéresser à ces œuvres les pouvoirs publics, de transformer ce qui n'était d'abord qu'un dépôt provisoire et confus, en un musée où les principaux chefs-d'œuvre de notre art national trouvèrent un abri. Le Musée des monuments français fut ouvert au mois d'octobre 1795 dans l'ancien couvent des Petits-Augustins, là où s'élève aujourd'hui l'École des beaux-arts. Il fut accueilli avec faveur, et contribua puissamment à provoquer le revirement du goût public qui devait éclater quelques années plus tard. Malheureusement il n'eut qu'une existence éphémère. La réaction générale qui s'étendit pendant les premières années de la Restauration à toutes les œuvres bonnes ou mauvaises de la Révolution, n'épargna pas l'œuvre de Lenoir. Un décret du 18 dé-

---

1. [Lenoir fut nommé conservateur du dépôt des Petits-Augustins, le 4 janvier 1791. Ce dépôt était spécialement destiné aux monuments de sculpture et aux tableaux. Les dépôts des Capucins, des Grands-Jésuites et des Cordeliers furent affectés aux livres et aux manuscrits. Tandis que ces derniers étaient livrés au plus fâcheux désordre, Lenoir sut introduire dans le dépôt des Petits-Augustins un ordre remarquable. Il tint un journal dans lequel il notait scrupuleusement l'entrée et la sortie de tous les objets confiés à ses soins, et qui fournit aujourd'hui les plus précieux renseignements sur la provenance et le sort d'une foule d'œuvres d'art. Voir Courajod, *Alexandre Lenoir, son Journal et le Musée des monuments français.*]

cembre 1816, détruisit le Musée des monuments français, sous le fâcheux prétexte de rendre les objets qui le composaient, aux édifices qui les possédaient avant 1790. Les inspirateurs de cette déplorable mesure oubliaient qu'une bonne partie de ses édifices avaient été détruits ou aliénés; et ne sachant où porter les œuvres d'art qui en provenaient, on les entassa pêle-mêle dans des magasins dépendant de l'abbaye de Saint-Denis, on les abandonna dans les cours et les caves du couvent des Petits-Augustins où beaucoup furent oubliés, mutilés ou détruits.

Heureusement l'œuvre de Lenoir avait porté ses fruits. Son grand ouvrage sur les monuments français [1], les diverses éditions du catalogue de son musée, les livres de Millin [2], le recueil de Willemin [3], premier ouvrage français dont les planches témoignent d'une observation scrupuleuse du style et du caractère des monuments, avaient contribué, non moins que le musée des Petits-Augustins à appeler l'attention du public sur les monuments du moyen âge. D'autre part, les recherches archéologiques poursuivies en Angleterre depuis la fin du dernier siècle avaient amené plusieurs antiquaires anglais à visiter les monuments de notre Normandie pour étudier les analogies qu'ils pouvaient présenter avec les édifices bâtis dans la Grande-Bretagne après la conquête normande. L'un de ces antiquaires, Whittington tira de ses études sur l'architecture française une théorie qui souleva d'importantes controverses de l'autre côté de la Manche. Dans un livre qui ne parut qu'après sa mort [4], Whittington prétendait établir que, pendant les premiers siècles du moyen âge, on continua à bâtir les églises en suivant les traditions des constructeurs romains; que c'est au xie siècle seulement, qu'apparut un art original commun à toute l'Europe; et enfin que l'art gothique est une transformation de l'art du xie siècle due aux artistes français.

Cette dernière proposition eut pour conséquence de multiplier les visites faites à nos monuments par les antiquaires anglais, et de créer de nombreuses relations entre les archéologues d'Outre-Manche et les quelques sociétés savantes qui commençaient à se former en France. L'une d'elles particulièrement, la Société des Antiquaires de Normandie, se lança avec ardeur dans l'étude des monuments du moyen âge. Elle

---

1. [*Musée des monuments français*, 6 vol. gr. in-8°.]
2. [*Antiquités nationales*, 5 vol. in-4°, Paris, 1790-1799, et *Voyage dans les départements du midi de la France*, Paris, 1807-1811, 5 vol. in-8° et atlas.]
3. [*Monuments français inédits*, 2 vol. in-fol. Paris, 1806.]
4. [Whittington, *An historical survey of the ecclesiastical antiquities of France*, 2ᵉ éd., Londres, 1811, in-8°.]

y fut entraînée surtout grâce à l'activité d'un homme qui peut être considéré à bon droit comme le père de notre archéologie nationale. Dès 1823, M. de Caumont publia dans le premier volume des *Mémoires de la Société des Antiquaires de Normandie*, un important travail dans lequel il posait les bases de la doctrine qu'il devait développer plus tard et dont les premiers éléments avaient été entrevus par Whittington. Plein de zèle pour la vulgarisation de ces études, M. de Caumont professa à Caen de 1830 à 1832, un cours public d'antiquités monumentales, dont il sut tirer le premier et l'un des meilleurs manuels d'archéologie nationale que nous possédions. En même temps il établissait la Société française pour la conservation des monuments, fondait le *Bulletin monumental* et organisait les Congrès archéologiques qui allaient se tenir tour à tour dans les principales villes de France, et éveiller partout le goût des études archéologiques.

Les efforts de M. de Caumont et des hommes zélés qui furent ses élèves ou ses émules, furent secondés du reste par un revirement complet qui s'était opéré peu à peu dans le goût public. Ce revirement ne fit que s'accentuer après la révolution de 1830. Le gouvernement de Louis-Philippe y contribua beaucoup pour sa part par l'institution du Comité des arts et monuments et de la Commission des monuments historiques. En 1844, la fondation de deux importants recueils périodiques, la *Revue Archéologique* et les *Annales Archéologiques*, vint activer encore l'impulsion donnée par M. de Caumont et ses disciples à l'étude de nos monuments. Dès lors le nombre des travaux consacrés à l'histoire et à l'art du moyen âge se multiplie avec une profusion telle qu'il serait impossible d'en donner une idée sans entrer dans de longs développements. Qu'il suffise donc de rappeler ici les noms des savants qui ont été nos principaux initiateurs dans la connaissance des œuvres du moyen âge, les Vitet, les Mérimée, les Didron, et en première ligne Viollet-le-Duc, qui a su résumer une foule de notions aussi ingénieuses que neuves, dans son précieux *Dictionnaire d'architecture*, que d'incomparables dessins ont popularisé dans l'Europe entière.

I

PRINCIPES DE CONSTRUCTION

Tous les emplacements spacieux, pourvu qu'ils n'eussent pas reçu des païens une destination religieuse, furent trouvés bons par les premiers chrétiens pour y tenir leurs assemblées ou *église, ecclesia*. Par la suite des temps la préférence fut donnée aux basiliques, qui servaien aux Romains à la fois de tribunaux et de bourses. Ces édifices étaient construits à proximité des places publiques dans toutes les villes de l'empire. Il y en avait aussi dans les riches maisons particulières et dans les palais de tous les fonctionnaires d'un ordre élevé. Les adeptes de la nouvelle religion eurent la jouissance des unes et des autres tantôt par location, tantôt à titre de concession gratuite. A la fin ils en bâtirent qui furent exclusivement à leur usage.

Depuis le triomphe du christianisme jusqu'au démembrement de l'empire de Charlemagne, les empereurs romains, les rois barbares qui leur succédèrent, les patriciens des cités devenus évêques, enfin, tous ceux qui possédaient la puissance et la richesse, mirent leur gloire à fonder des basiliques. Il n'y eut d'activité que pour ce genre de constructions; elles furent les unes sur les autres dans les villes, et l'on ne faisait pas une étape, sans en rencontrer dans la campagne.

De tous ces édifices, cependant, on peut dire qu'aucun ne nous a été conservé. Le très petit nombre de ceux qui sont restés debout, outre qu'ils ont été défigurés par une infinité de remaniements, se trouvent être des monuments exceptionnels d'où ne saurait sortir la notion générale des églises de la même époque. C'est ailleurs qu'il faut aller chercher les renseignement sur la matière. Ils nous sont fournis par les témoignages des auteurs, par des ruines enfouies sous le sol, par des pans de murs ou autres fragments de peu d'importance, épargnés dans les reconstructions de quelques églises rurales, enfin par des basiliques élevées du vi⁰ au x⁰ siècle, qui subsistent encore en Italie, notamment à Rome[1] et à Ravenne[2].

Voyons les données qui résultent des rapprochements de ces sources diverses. J'examinerai successivement le mode de construction, le style d'architecture et l'effet d'ensemble des basiliques. J'aurai soin, en mentionnant chaque chose, d'indiquer les noms sous lesquels elles ont été désignées par les anciens auteurs, autant du moins que ces noms nous sont connus.

DU MODE DE CONSTRUCTION DES ANCIENNES BASILIQUES

Clôtures. — Les clôtures étaient de pleine pierre ou de blocage contenu entre deux parements de pierre taillée. De même qu'aujourd'hui elles étaient l'ouvrage du tailleur de pierre, *latomus, lapicida, lapidicæsor*[3]; et du maçon, *cæmentarius*[4], *murarius*[5], *murator*[6]. La taille des pierres et leur mode d'assemblage présentent de nombreuses variétés sur lesquelles il importe d'insister.

Appareil est le terme qui distingue d'une manière générale la forme à laquelle les pierres ont été amenées avant de prendre place dans la construction et, par suite, appareil s'est pris pour la construction elle-même. D'après la dimension des matériaux on distingue le grand, le moyen, le petit appareil.

---

1. [On trouvera réuni dans l'ouvrage de Bunsen, *Les Basiliques chrétiennes de Rome* (traduit par D. Ramée. Paris, 1872, in-fol.), les plans de toutes les basiliques de Rome antérieures au xii⁰ siècle.]

2. [On trouvera les plans des basiliques de Ravenne dans Hubsch, *Monum. de l'archit. chrét. depuis Constantin jusqu'à Charlemagne* (trad. de l'allem. par l'abbé Guerber), pl. XVI, XX, XXI, et suiv.]

3. [Pour ces mots, voyez le glossaire de Du Cange.]

4. [« Benedictus, Oceano transmisso, Gallias petens, cæmentarias, qui lapideam sibi ecclesiam juxta Romanorum, quem semper amabat, morem facerent, postulavit, accepit, attulit. » (*Vita S. Bened. Biscopi* dans les *Acta SS. ord. S. Bened.*, sæc. II, p. 1004.)]

5. [« Cum... eum ad castella sua munienda artifices et *murarios* mittendo juvaret... » (Eginhart, *Annal.*, ad ann. 821.)]

6. [« Trulla, instrumentum cementarii sive *muratoris.* » (Mamotrectus, cité par Du Cange, v⁰ *Murator.*) — On disait en provençal *murador* (Du Cange, d'après le glossaire latin provençal du ms. 7657 de la Bibliot. nat.) — Dans un acte de 1392, cité dans Du Cange, v⁰ *Lapicida*: « Idem dominus de Monteclaro habebit lapicidas sive muratores, qui turrim ipsam et anambarrium murabunt et ædificabunt. »]

Du grand appareil. — Le grand appareil est celui dont les éléments admettent la plus grande dimension. C'est une construction faite de blocs de pierres, *opus constructum saxis* ou *quadratis lapidibus*. Cet ouvrage se faisait sans l'intervention du maçon. Le volume des pierres, joint au soin avec lequel on dressait leurs faces de contiguïté, en assurait la parfaite adhérence.

Un exemple de construction en grand appareil est allégué dans un texte du viie siècle comme une chose qui n'était déjà plus dans les usages de la Gaule[1]. Mais antérieurement plus d'une basilique avait été bâtie de la sorte, témoin celle de Saint-Ouen[2] à Rouen, élevée aux frais de Clotaire Ier et celle de Saint-Martin d'Autun, ouvrage de la reine Brunehaud, qui subsista jusqu'en 1750[3].

Il y a deux sortes de grand appareil : l'irrégulier et le régulier.

L'irrégulier est composé de pierres quadrilatères de diverses proportions juxtaposées et superposées les unes sur leurs faces larges ou sur lit, les autres sur leurs faces étroites ou en délit. Dans cet ouvrage la superposition s'est faite sans observer d'autre règle que d'éviter les cavités.

Le grand appareil irrégulier n'a été employé que pour faire des soubassements, c'est-à-dire la partie inférieure des murailles dont le reste était exécuté en maçonnerie.

Le grand appareil régulier (fig. 1) est celui qui a été posé par rangs successifs ou assises, *cubilia*[4], dans chacune desquelles toutes les pierres ont la même hauteur. La superposition a été effectuée en observant la règle de la liaison (les anciens disaient *concatenatio*) qui consiste en ce que les contiguïtés verticales d'une assise répondent au plein des pierres des deux assises inférieure et supérieure (fig. 1). Cette disposition produit en effet un enchaînement que dessinent extérieurement les lignes des contiguïtés ou joints, *coagmenta*[5]. Les joints verticaux ou joints montants fuyant toujours les joints horizontaux

---

1. [« Primam inibi more antiquorum basilicam præcipiens quadris ac dedolatis lapidibus ædificavit, non quidem nostro gallicano more, sed sicut antiquorum murorum ambitus magnis quadrisque saxis exstrui solet. » (*Vita S. Desiderii Caturc.*, c. 17, dans Labbe, *Nova bibl. mss. libr.*, t. I, p. 709.)]

2. [« Ipsa ecclesia in qua sancta ejus membra in pace quiescunt, miro opere quadris lapidibus, manu gothica, a primo Hlothario rege Francorum olim est nobiliter constructa, sub anno circiter XXIV regni sui, pontificante sedem ejusdem ecclesie Rothomagensis Flavio episcopo. » (*Vita S. Audoeni*, dans les *Acta SS. Aug.*, t. IV, p. 818.)]

3. [Voir Bulliot, *Essai hist. sur l'abbaye de Saint-Martin d'Autun*, I, 23.]

4. [Vitr. II, 8.]

5. [*Ibid.*]

ou joints de lit, il en résulte cette sorte de réseau dont l'effet est connu de tout le monde.

Fig. 1.

Du moyen appareil. — Le moyen appareil est toujours régulier, il est toujours posé à liaison. Les pierres qui le composent se renferment dans la mesure de 20 à 40 centimètres; on s'en servait pour faire les parements (fig. 2).

Fig. 2.

Les Romains appelaient les parements *coria*, parce qu'ils font dans les constructions le même office que le cuir sur la chair des animaux.

Ils contiennent dans les murs antiques un noyau de *blocage*, c'est-à-dire un amalgame de pierraille et de mortier qui a été introduit et foulé à l'état humide entre les deux parements[1].

Le nom de *cæmentum*, qui était celui des éclats de pierre introduits dans le blocage, a donné naissance au mot *cæmentarius*. C'est en effet le maçon qui composait et coulait le blocage à mesure qu'il formait les assises des parements. Celles-ci n'étaient point posées à sec comme dans le grand appareil. Les pierres du moyen appareil sont agglutinées par du mortier, qui enveloppe leurs faces de lit et leurs faces de joint.

Il y a eu deux sortes de moyen appareil. L'une, où les pierres n'ont reçu qu'une taille négligée. Leur face extérieure se montre sillonnée de hachures ou d'un large pointillé qui sont les témoins d'un travail exécuté au pic ou à la hachette. Dans ce cas, le mortier de liaison a été employé par couches épaisses et souvent rabattu sur les joints des pierres où il forme un bourrelet (fig. 3).

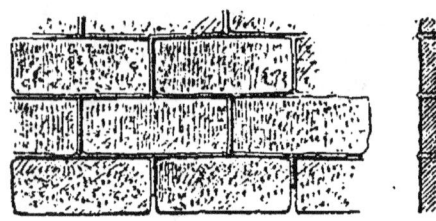
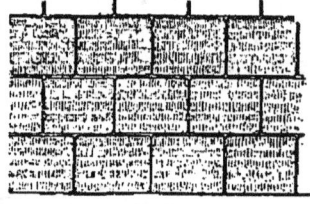

Fig. 3.   Fig. 4.

Dans l'autre espèce, les pierres ont été soigneusement égalisées au ciseau, polies suivant l'expression des anciens : nous disons *layées*. Elles affectent souvent la forme carrée; elles ont été liées au moyen d'un mortier clair et employé avec épargne, qui a laissé aux joints toute leur finesse (fig. 4).

Le moyen appareil à joints fins contient quelquefois des couples d'assises en pierres plates débitées comme des carreaux. Ces pierres, ayant plus d'étendue que les autres, font queue dans le blocage et, par là, elles enchaînent le parement au noyau (fig. 5). Cet artifice est,

---

1. [« Nostri... erecta coria locantes, frontibus serviunt, et in medio farciunt fractis separatim cum materia cæmentis, ita tres suscitantur in ea structura crustæ, duæ frontium et una media farturiæ. » (Vitr., II, 8.)]

pour moi, l'indice d'une époque avancée. Je ne ferai pas remonter au delà du IX⁰ siècle les constructions où il se rencontre.

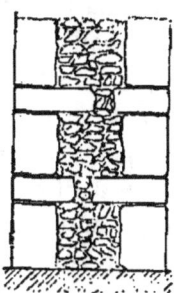

Fig. 5.

Avant d'aller plus loin, il est bon de spécifier les caractères archéologiques du mortier.

Du mortier. — Le mortier s'est dit *mortarium*, ou, en ne considérant que l'un des ingrédients dont il est composé, *arenatum, arena, calx*. C'est en effet un mélange de sable et de chaux éteinte qu'on a amené à l'état d'une pâte homogène en la remuant longtemps avec de l'eau.

Tout le monde connaît au moins par ouï-dire l'excellence des mortiers romains. Ils ont acquis, avec le temps, une telle tenacité que lorsqu'on démolit des constructions antiques, il est plus facile de casser les pierres que de les désagréger. Les hommes des générations qui suivirent, étonnés d'une telle résistance, s'imaginèrent qu'elle était due à la présence d'ingrédients étrangers; ceux-ci disaient de l'huile, ceux-là du vinaigre[1], d'autres du vin, d'autres du sang bouilli[2]. Les modernes, tout en rejetant ces contes, croyaient cependant que l'antiquité avait possédé une recette dont le secret s'était perdu. Les analyses

---

1.   [« Li murs ne doit pas faire faute
     Pour enging qu'on y puist gitre
     Car les destrempa le mortier
     De fort vinaigre et chaus vive. »
                    (*Roman de la Rose.*)
Philibert Delorme partageait encore ce préjugé.]

2.   [« La tors fu fors de l'ovre as Sarrazin
     Tos li mortier en fu de sanc boli. »
                    (*Ogier le Danois.*)]

ont démontré que les Romains n'usaient pas d'une autre recette que celle qui est consignée dans les écrits de leurs praticiens. Ils composaient leur mortier de deux parties de sable et une partie de chaux, et ils réputaient la consistance du mélange encore mieux assurée si un tiers de la quantité de sable était remplacé par de la poterie pilée et passée au crible. Leur secret résidait dans le choix des matériaux et dans la longueur du travail qui était employé à les mêler ensemble [1]. Les populations étaient assujetties par la loi à charrier la pierre à chaux, à la cuire et à remuer le mortier [2]. Des opérations qu'il fallut abréger plus tard par économie, se faisaient sans frais. C'était encore ainsi à l'époque barbare. Les lois impériales subsistaient à l'état de coutume et d'ailleurs, dans une société aussi profondément imbue de l'esprit religieux que l'était celle de ce temps-là, c'était à qui offrirait sa peine et son concours, même pour accomplir les œuvres les plus grossières, lorsqu'il s'agissait de construire une église. Aussi les mortiers conservèrent-ils leur qualité jusqu'au xe siècle, et on les trouve souvent mélangés avec de la groise de poterie ou avec de la cendre volcanique selon la formule des Romains [3].

Du petit appareil. — Le petit appareil, *opus constructum lapillis*, est celui dont l'usage a été le plus répandu à la décadence. Il n'a

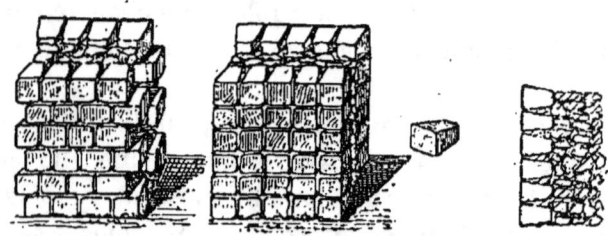

Fig. 6.

servi, comme le moyen, qu'à faire des parements. Ses éléments sont oblongs, de 10 à 12 cent. sur les grands côtés, ou carrés d'environ 8 cent. En principe il est toujours régulier, mais non pas toujours posé en liaison (fig. 6).

Le petit appareil en pierres carrées, grâce à l'épaisse enveloppe

---

1. [Voir les *Recherches sur la préparation que les Romains donnaient à la chaux dont ils se servaient pour leurs constructions et sur la composition et l'emploi de leurs mortiers*, par M. de la Faye. (Paris, Leleux, 1852, in-8°.)]

2. [Voyez notamment une loi de Valentinien et Théodose, qui énumère les prestations auxquelles sont soumis les non privilégiés. On y lit ces mots : « Operarum artificum diversorum, excoquendæ etiam calcis obsequia, nulla de talibus adjumenta poscantur. » (*Cod.*, l. X, t. XLVII, c. XII.)]

3. [l. Vitr. II, 4, 5 et 6.]

de mortier dont on entourait les pierres, a pu être posé de telle sorte que les joints dessinent sur le parement un réseau quadrillé. Afin d'augmenter la dose de la matière agglutinante, on a parfois taillé les pierres en *dépouille*, c'est-à-dire qu'on leur a donné la forme d'une pyramide tronquée, qui se présente sur le parement par sa base et qui, par ses côtés, plonge dans le mortier (fig. 6).

Les petites pierres carrées composent encore un arrangement qui a consisté à les mettre par la pointe dans leurs assises respectives et,

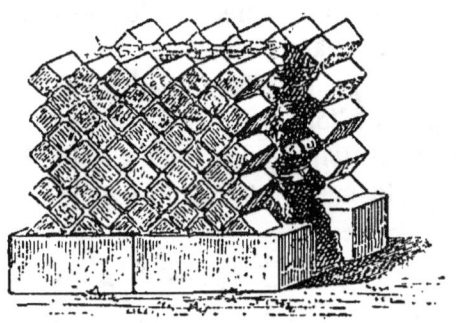

Fig. 7.

de là, résulte sur le parement un dessin de mailles losangées, comme les mailles d'un filet (fig. 7). C'est ce que l'on appelle l'œuvre réticulé, *reticulatum opus*.

Dans les plus bas temps on a fait du faux réticulé, en traçant sur des parements soigneusement dressés des sillons obliques qu'on a remplis ensuite d'un mortier rouge[1].

Fig. 8.

Enfin il y a des pierres de petit appareil qui ont été taillées non pas en parallélipipèdes rectangles, mais en parallélipipèdes obliques, et dans ce cas, on a opposé l'obliquité d'une assise à celle de l'assise précé-

---

1. [Cette particularité se remarque dans la large frise d'appareil réticulé qui

dente. Il en résulte un dessin que l'on dénomme en épi, en arête de poisson ou en feuille de fougère. C'est en latin le *spicatum opus* (fig. 8).

L'appareil en épi, comme le réticulé, couvre des faces de murs entières dans plusieurs édifices de Rome. Il y a pour la Gaule des exemples, mais rares, de la même pratique. L'ordinaire dans notre pays a été de n'employer ces dispositions que pour faire des bandes d'une largeur médiocre entre les assises du petit appareil en liaison ou carré, ou pour revêtir les frontons qui surmontent les façades [1].

On a aussi construit en petit appareil avec des galets soigneusement alignés et noyés dans du mortier sur lequel des joints ont été tracés à la pointe autour de chaque pièce.

Enfin on trouve des exemples de petit appareil irrégulier, composé de pierres mal échantillonnées, posées par assises confuses, les unes sur lit, les autres en délit, genre d'ouvrage qui paraît répondre à ce que Vitruve a appelé *cæmenticium opus incertum* [2].

Fig. 9.

Chainage du grand appareil dans le petit. — La rencontre à angle droit au retour d'équerre de deux murs de petit appareil s'est faite assez souvent sur des chaînes opposées de grosses pierres ou de

---

longe les murs latéraux de l'église de Saint-Généroux, à la hauteur du cintre des fenêtres. (Voy. Gailhabaud, l'*Architecture du V° au XVII° siècle*, t. I)].

1. [On en peut voir des exemples à Saint-Martin-de-Vertou [à Vieux-Pont-en-Auge (Caumont, *Abécédaire*, p. 108)] et dans cette basilique figurée sur un chapiteau de Saint-Sauveur de Nevers. [*Annal. arch.*, t. II, p. 116. Les murs latéraux des églises de Cravant (*Bull. monum.*, t. XXXI, p. 103), et de Saint-Généroux (*ibid.*, t. XIII, p. 226), en fournissent également.]

2. [Vitruve n'a pas employé textuellement ces mots; mais il décrit ainsi ce procédé de construction : « Incerta vero cæmenta alia super alia sedentia inter seque imbricata non speciosam sed firmiorem quam reticulata præstant structuram. » Vitr., II, 8.]

grands carreaux (fig. 9). C'est un moyen de consolidation qui dénote une époque avancée, le ixe ou le xe siècle. Pour le même motif, des contreforts ou chaînes saillantes, aussi de grand appareil, ont été posées contre les angles et non pas ailleurs. Cette disposition, plus rare que l'autre, est du même temps.

Des briques. — Il faut parler des briques qui ont eu, comme on va le voir, leur emploi dans le petit appareil.

Les briques antiques n'avaient pas la forme de parallélipipèdes comme les briques modernes. Elles étaient faites en façon de plaques ou de dalles, un peu plus longues que larges, ressemblant à nos tuiles. Celles des siècles barbares présentent une grande variété de dimensions, depuis 16 centimètres jusqu'à 45 et même 55 sur leurs grands côtés, depuis 2 centimètres jusqu'à 5 en épaisseur.

Toutes les briques n'étaient pas carrées. On a employé des briques triangulaires de 30 à 35 centimètres de côté, dont la pointe était engagée dans le noyau.

Fig. 10.

Dans les pays où l'on ne se procurait pas facilement de la pierre, comme les plaines de la Belgique et celles du Languedoc, on a fait des murs pleins avec des briques posées en liaison, *lateritium opus*. Néanmoins l'usage le plus général de la brique dans les constructions de la décadence a été de former des assises simples, doubles ou triples que l'on introduisait de distance en distance dans le petit appareil (fig. 10). Les briques, par leur largeur enchaînaient le parement au noyau; par leur couleur elles produisaient entre les pierres un bariolage au goût de l'époque [1].

---

1. [Les exemples de ces rangées de briques insérées dans des assises de petit appareil sont nombreux. On en trouve dans les murs gallo-romains de Soissons, du Mans, de Jublains, de Beauvais, de Dax, etc.; dans les théâtres ou arènes de Lillebonne et de Bordeaux; dans les thermes de Paris et de Trèves, et dans une foule de ruines romaines. Les constructions religieuses élevées

La recherche de l'agrément par l'opposition des couleurs entre la terre cuite et la pierre conduisit à l'emploi de briquettes triangulaires hexagones, rhomboïdales, en écaille de poisson [1]. Ces pièces, profilées en dépouille sur leur épaisseur, formaient des bandeaux dans l'appareil où elles étaient encastrées, entre des briques ordinaires posées sur face et de champ.

On a enfin employé un appareil avec insertions de briquettes longues et minces, posées de champ entre les joints montants de chacune des pierres qu'elles séparent [2].

DES PERCEMENTS

Les percements qu'il y a à considérer en archéologie sont les portes et fenêtres. On appelle baies les vides que ces ouvertures produisent dans la construction; embrasure ou tableau, l'épaisseur des murs à l'endroit où l'ouverture est pratiquée, c'est-à-dire l'ensemble des plans qui circonscrivent l'ouverture dans le mur où elle est pratiquée..

Les choses à remarquer dans les baies sont leurs montants et leur amortissement, c'est-à-dire le genre de construction employée pour leurs côtés et pour leur couronnement.

Les montants des portes sont dits jambages ou piédroits, et en latin *postes*. Ils n'offrent de particularité digne de remarque que dans les constructions en petit appareil. Alors il est souvent arrivé, surtout dans les plus bas siècles, qu'ils ont été chaînés de grosses pierres, ou de pierres moyennes alternant avec des pierres taillées en carreaux ou avec des briques, ou enfin tout uniment de briques.

---

du ve au xe siècle en fournissent non moins d'exemples, on en voit notamment dans les églises de Vieux-Pont-en-Auge (*Bull. monum.*, t. XIII, p. 560), de Souday, de Saint-Eusèbe de Gennes (*Bull. monum.*, t. XXVIII, p. 668), de Rugles, de Saint-Christophe de Suèvres, etc.; dans la chapelle souterraine du Mont-Saint-Michel (*Bull. monum.*, t. XXX, p. 746)].

1. [On trouve de ces briques triangulaires dans l'église de Selommes en Vendômois (*Congrès archéol.*, 39e session, tenue à Vendôme, 1872, p. 355).

Des briques en losange se voient à Saint-Pierre de Vienne (*Bull. monum.*, t. XXV, p. 203).

Dans la démolition de l'église de Saint-Samson-sur-Rille, on a trouvé bon nombre de briques taillées en dépouille et présentant des formes rhomboïdales (*Mém. de la Soc. des Antiq. de Norm.*, 1827-28.)]

2. [M. Victor Petit en a signalé un exemple dans les murs romains de Sens. (*Bull. monum.*, t. XIII, p. 145).]

Quant à l'amortissement, il a été *droit* ou *cintré*.

Droit, il résulte de la pose d'une pierre robuste, assez longue pour couvrir l'intervalle entre les jambages et avoir son assiette sur tous les deux. Cette pierre est le *linteau* de la porte (fig. 11, A). En latin on disait *limen*, acception qu'il faut bien se garder de confondre avec une

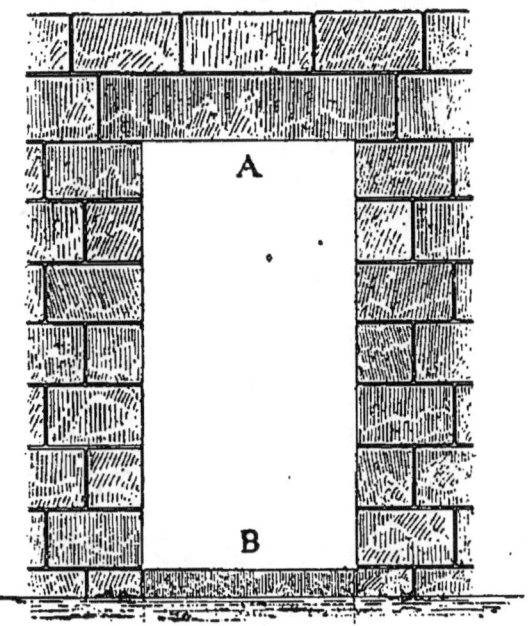

Fig. 11.

autre tout opposée du même mot, car *limen* signifie aussi la pierre enfoncée dans le sol, entre les deux jambages, laquelle est pour nous le *seuil* (fig. 11, B).

La porte cintrée, *arcuata*, s'amortit par une chaîne de matériaux qui décrivent un demi-cercle sur le vide, disposition qu'ils ne conservent que parce qu'ils ont leurs joints convergeant tous vers un même centre qui est celui de l'arc décrit (fig. 12).

Lorsque le cintre a été construit en pierre, chacune de ces pierres se présente avec ses deux faces de joints biaisées dans le sens qui vient d'être expliqué, ce qui leur donne la forme de coins; aussi les anciens les appelaient-ils *cunei*; nous disons, nous, des *claveaux*.

Les claveaux ont en outre deux faces courbes. Ils sont taillés à leur pied et à leur sommet suivant l'arc déterminé par le rayon auquel leurs côtés correspondent. La courbure du bas s'appelle *douelle*, celle du sommet *extrados*.

La courbure du sommet n'était pas nécessaire pour la solidité de l'ouvrage, mais elle lui donne de la grâce, et c'est pour cela sans doute qu'elle existe dans tous ceux des cintres antiques qui s'ajustent aux constructions en petit appareil.

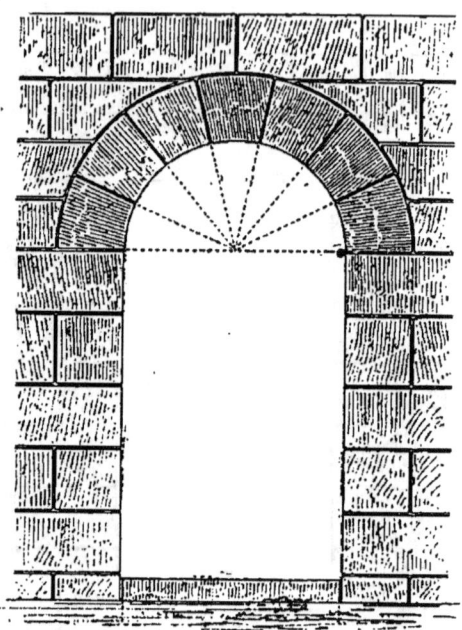

Fig. 12.

Le claveau qui occupe le sommet de l'arc s'appellait *clavis* et son nom est le même aujourd'hui, on dit la *clef*. C'est celui que l'on pose en dernier et qui ferme la construction. L'importance de sa fonction a été indiquée quelquefois par un excès de saillie. Son sommet, son pied et sa face débordent le reste du cintre.

Il y a des exemples de cintre qui ont été formés avec des claveaux de terre cuite fabriqués exprès pour la destination qu'ils ont reçue. L'ordinaire est que ces claveaux alternent avec des claveaux de pierre.

On trouve encore des cintres faits avec des briques ou par alternance de briques et de claveaux de pierre. Les briques employées à cet usage sont des briques ordinaires. La convergence nécessaire leur a été donnée par le moyen de la couche de mortier qui les relie.

Comme mesure de précaution, le cintre a été fréquemment combiné avec le linteau. Dans ce cas, on a construit un arc de claveaux ou de briques qui a ses naissances appuyées sur les deux extrémités du linteau ou même en dehors de ses extrémités (fig. 13). Le linteau se trouve ainsi soulagé du poids de la construction supérieure qui porte uniquement sur le cintre. La charge se réduit à la très petite partie de construction nécessaire pour boucher le vide sous le cintre.

Cette partie de remplissage s'appelle *tympan,* et le cintre, *arc de décharge. Fornicatus paries* est le nom latin du mur dans lequel l'arc de décharge est engagé.

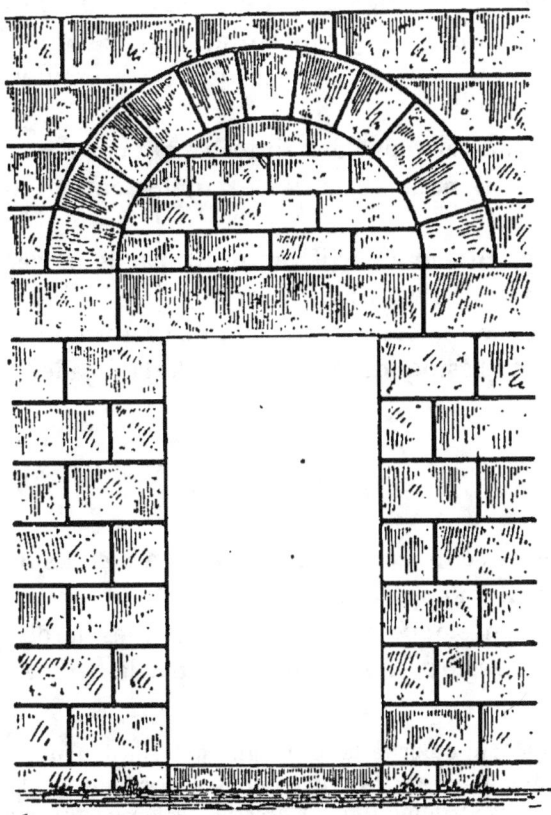

Fig. 13.

En réduisant le cintre à un tiers ou même à un quart de cercle, on a économisé sur la construction de l'arc de décharge et sur la hauteur du tympan. Le cintre produit prend alors la dénomination de *surbaissé*.

Grâce à l'arc de décharge, on a pu établir dans des conditions de durée qui n'auraient pas été obtenues sans cela, des linteaux factices composés de plusieurs pierres. Nous appelons *plate-bande appareillée*, cet artifice qui a encore son emploi aujourd'hui. Les pièces de la plate-bande sont de véritables claveaux à joints convergents. Les anciens ont appliqué à cet ouvrage leur procédé d'alternance de la pierre et des briques [1].

Des fenêtres. — Tout ce qui a été dit de la construction des portes s'applique à celle des fenêtres, avec cette différence que les fenêtres étant beaucoup plus petites d'ouverture ont exigé moins de précautions. Les fenêtres des basiliques par leur exiguïté ne répondaient pas aux autres proportions de l'édifice. Elles ont été le plus souvent cintrées, la hauteur des montants ne dépassant guère de plus d'un tiers le diamètre du cintre, quelques-unes ont été amorties en cintre surbaissé sans linteau, circonstance que ne présentent jamais les portes [2].

Les fenêtres amorties par des linteaux ou par des plates-bandes appareillées dont il nous reste des exemples ont presque la forme d'un carré parfait.

Quelques-unes ont été amorties en mitre par le moyen de grandes briques arc-boutées l'une contre l'autre [3].

Enfin l'œil-de-bœuf, *oculus*, a eu sa place au moins dans un endroit de toutes les basiliques, au sommet de la façade.

DES REVÊTEMENTS

Les revêtements sont une couverte que l'on étend sur la construction pour dissimuler l'appareil.

Les basiliques enveloppées de bâtiments qui les dérobaient presque entièrement aux regards ne reçurent point de revêtements à leur

---

1. [C'est ainsi qu'était amortie la baie d'une poterne des murs gallo-romains de Sens, qui fut démolie vers 1840, mais dont Victor Petit avait heureusement pris un croquis avant sa démolition. L'arc de décharge qui surmontait cette plate-bande appareillée était formé de claveaux de pierre alternant avec des briques. (Voir le *Bull. monum.* de 1849, p. 149.)]

2. [On peut voir dans le *Bull. monum.*, t. XXXVI, p. 624, un exemple de fenêtres de cette espèce emprunté aux ruines gallo-romaines de Vernou, près de Tours.]

3. [Ce genre d'amortissement est rare. On voit à la cathédrale de Trèves un reste de mur en petit appareil de date très reculée, dans lequel étaient percées des baies, aujourd'hui bouchées, amorties en mitres à l'aide de rangs de briques inclinés. M. Gailhabaud, en décrivant les arcades en mitre qui ornent le porche de Lorsch, a donné l'indication de plusieurs monuments de dates diverses où se voient des amortissements de cette espèce. (Gailhabaud, *Monuments anciens et modernes*, t. II, art. Lorsch.)]

extérieur sinon sur leur façade. Les rares exceptions que l'on pourrait citer se rapportent à des édifices d'une construction tout à fait irrégulière dont on garnissait le dehors d'un enduit grossier. A l'intérieur, au contraire, des revêtements de toute sorte contribuaient à la magnificence des édifices religieux. C'étaient des placages de marbre ou de menuiserie, des enduits, de la peinture ou de la mosaïque.

Les placages servaient principalement à garnir le bas des murs. Ceux de marbre, *marmoratio, incrustatio, incrustatura,* étaient faits de plaques minces, scellés dans le parement du mur au moyen de crampons. Les marbres veinés ou moirés étaient débités en plaques assez minces pour former des couples qui présentassent le même dessin, et l'on posait les couples l'un à côté de l'autre en sens opposé [1].

Les placages de menuiserie, *tabulatio,* consistaient, comme aujourd'hui, en membrures et panneaux de bois d'une architecture plus ou moins riche, et rehaussés par des couleurs ou de la dorure.

Un enduit, *tectorium,* est un mortier fin que l'on étend par couches sur les murs et qu'on dresse à la règle de manière à produire une surface parfaitement plane.

Les anciens ont fait entrer du plâtre dans leurs mortiers d'enduit, et cela constituait l'ouvrage appelé *gypsatio*; ils y ont fait entrer aussi de la poussière de marbre blanc, ingrédient dont l'effet était de donner à l'enduit une telle consistance qu'il devenait susceptible du plus beau poli. C'est le stuc : *albarium* ou *dealbatio* [2].

Les enduits ne sont pas de ces choses qui traversent les siècles. Ceux des anciennes basiliques qui sont restées debout ont été vingt fois renouvelés [3]; mais une épithète singulière attachée au nom d'une de nos vieilles églises de la Gaule témoigne que cette église dut sa principale décoration au stuc dont elle était revêtue. C'est la Notre-Dame de Toulouse qu'on appelle la *Dalbade, dealbata,* par opposition à une autre Notre-Dame de la même ville qui est la *Daurade, deaurata.* On saura dans un instant pourquoi cet autre hom de Daurade.

---

1. [Isidore de Séville (*Orig.*, XIX, c. xiii) explique comment on sciait ces plaques de marbre qu'il appelle *crustæ*.]

2. [L'église bâtie à Verdun par l'évêque Aggerius et dont parle Fortunat, III, c. 29, était sans doute un de ces édifices que l'éclat des stucs faisait paraître tout blancs :

Candida sincero radiat hæc aula sereno
Et si sol fugiat, hic manet arte dies.]

3. [L'église de Germigny-les-Prés possède encore quelques fragments des stucs qui ornaient les baies de ses fenêtres. M. Albert Lenoir en a donné un dessin dans son *Architecture monastique,* t. II, p. 88.]

Le revêtement de peinture ou, comme on dit aujourd'hui, la peinture murale était exécutée dans les basiliques par le procédé dit à la détrempe. Le dessin était tracé, et les couleurs appliquées sur une couche de plâtre fin superposée à l'enduit, pendant que cette couche de plâtre était encore humide.

La mosaïque, *musivum opus*, s'exécutait aussi sur une couche fraîche d'enduit par le rapprochement de petites pièces de pâte soudées avec une plaquette de couleur vitrifiée ou avec une lamelle d'or recouverte de verre blanc. On produisait ainsi des tableaux d'une dimension colossale et d'un éclat inexprimable. Comme les sujets se relevaient le plus souvent sur un fond d'or, on a donné le nom de dorée (*deaurata*, daurade) à plusieurs des églises qui possédaient ce somptueux revêtement [1].

La décoration en mosaïque fut celle qui eut le plus de vogue à l'époque barbare. On l'appliqua partout où on le put. C'est à elle que devaient leur magnificence la plupart des basiliques fondées par les rois mérovingiens. Elle était d'un usage moins fréquent sous Charlemagne et ses premiers successeurs [2], non qu'on en eût perdu le goût, mais les ressources avaient diminué et la fabrication de la matière première était devenue plus difficile. Cette fabrication paraît avoir cessé tout à fait sous le coup des invasions normandes. La peinture fut l'unique décoration des basiliques élevées au xe siècle.

DES PAVEMENTS

Les anciens apportaient un soin extrême à la fondation de l'aire sur laquelle reposait le pavement de leurs édifices. Ils s'appliquaient à

---

1. [Outre l'église de Toulouse déjà citée, on peut donner comme exemples la petite église de Saint-Pierre-Daurat, fondée à une époque très reculée, à côté de la cathédrale de Rodez (Bion-Marlavagne, *Hist. de la cath. de Rodez*, p. 18), l'église Notre-Dame de la Daurade, au diocèse de Fréjus, propriété de l'abbaye de Montmajour (*Gallia christ.*, t. I, p. 428), une chapelle de Notre-Dame-la-Dorée à Troyes, citée dans une pancarte de l'abbaye de Montieramey (*Musée des Archives dép.*, pl. XXII, p. 66), etc.]

2. [La petite église de Germigny-les-Prés, construite par Théodulfe dans les premières années du ixe siècle, est probablement la seule aujourd'hui qui ait conservé des mosaïques bien authentiques de l'époque carlovingienne. Il faut aller en Italie pour étudier cet art intéressant; les Romains en particulier n'ont jamais cessé depuis l'antiquité de le cultiver avec succès. Les églises de Rome peuvent, à elles seules, fournir une série ininterrompue de mosaïques, se suivant siècle par siècle depuis Constantin. (Voir les *Vetera monimenta* de Ciampini, les *Notes sur les mosaïques chrétiennes de l'Italie* de M. Müntz, et surtout le bel ouvrage de M. de Rossi, les *Mosaïques des églises de Rome*.)]

préserver celui-ci de l'humidité du sol. Ils déblayaient à autant de profondeur qu'il le fallait, et à la place de la terre enlevée, ils formaient une, deux, trois couches de pierres brutes, par-dessus lesquelles ils pilonnaient soit des graviers, soit des tessons de poterie ou de charbon concassés. Par-dessus ce premier ouvrage qu'ils appelaient *statumen*, ils établissaient le *nucleus*, couche épaisse de gros mortier qui soigneusement dressée au niveau, devenait l'aire sur laquelle prenait place le pavement proprement dit [1].

Les architectes chrétiens restèrent fidèles à ces pratiques jusqu'au temps où l'abus des inhumations dans les églises convertit ces édifices en véritables cimetières. Alors on regarda à ne pas rendre impénétrable un sol qu'on aurait sans cesse à remuer. Les pavements furent posés sur des aires le plus légèrement et le plus négligemment établies.

Ces pavements étaient exécutés, comme ceux d'aujourd'hui, avec des pièces de toutes les dimensions qu'on reliait entre elles par du mortier.

Il y avait :

1° le carrelage, *tesseratum* ou *tessellatum opus*, composé de carreaux de terre cuite plus ou moins volumineux et affectant diverses formes géométriques. Un usage très ancien et peu rationnel, qui consistait à imprimer des dessins d'un léger relief sur des surfaces exposées au frottement des pieds, se conserva jusque et par delà le xe siècle [2].

2° Le dallage *opus sectile*, en grands carreaux de pierre dure ou de marbre.

3° La marqueterie, *opus alexandrinum* ou *quadratarium*, combinaison de petites pièces de marbre et de porphyre de toutes les couleurs, produisant des dessins courants ou rayonnants qui reviennent tous à des formes géométriques [3]. Le pavement du sanctuaire

---

1. [Vitr., liv. VII, c. 1. et s.]

2. [Ce genre de travail devait consister en une sorte de gravure analogue à celle qui fut si employée du xiiie au xvie siècle pour la décoration des dalles funéraires. On l'employa en Italie beaucoup plus tard qu'en Gaule; l'église de San Miniato, près de Florence, et la cathédrale de Sienne en offrent de curieux spécimens qui ne sont pas antérieurs au xiiie siècle.]

3. [C'est encore en Italie qu'il faut aller chercher des exemples de ce genre de décoration. A Rome, spécialement, on continua à fabriquer des pavés en *opus alexandrinum* jusqu'à une époque avancée du moyen âge, aussi la plupart des églises de cette ville en ont-elles conservé de remarquables. En France, nous ne voyons guère à citer que celui qui orne le chœur de l'église abbatiale de Saint Benoît-sur-Loire. Il fut apporté d'Italie au xvie siècle par le cardinal Duprat.]

de la première église de Saint-Bertin composé, dit la chronique, de pierres d'une infinité de couleurs avec des lames d'or intercalées, devait être de la marqueterie [1]. La représentation funéraire de la reine Frédégonde sur son tombeau exécuté au XIIIe siècle est un ouvrage de ce genre; mais l'or y est remplacé par des bandelettes de cuivre posées de champ [2].

4° La mosaïque, ou pavement historié en petits cubes de pierre, de marbre de couleur et de terre cuite. On trouve des fragments de cette sorte d'ouvrage sous le sol des églises de très ancienne fondation. Il n'a été appelé mosaïque que par les modernes. Son nom dans les auteurs de la décadence est le même que chez ceux de l'antiquité, *emblema*[3], *lithostrotus*[4], ou bien il est désigné par une périphrase [5].

DE L'ÉTAGEMENT ET DES COUVERTURES

Nous passons à des ouvrages qui ont été pour la plus grande partie exécutés en bois, car les voûtes, qui sont un moyen de faire des étagements et des couvertures, n'ont eu d'application dans les basiliques que sur de petits espaces exigus et indépendants du corps de l'édifice. Le bois de construction, *materia*, *marteriamen*, en vieux français *merrien*, était mis en œuvre par le charpentier, *faber lignarius* ou *carpentarius*. Ce dernier terme, dans le latin classique, signifie charron. C'est par détournement de son sens primitif qu'il est devenu synonyme de *faber lignarius*. Mais le changement date de loin : on en trouve déjà des exemples au VIIe siècle [6]. Le travail ne

---

1. [« Oratorii pavimenta, multicoloris petrarum junctura quæ pluribus in locis aurea infiguut lamina decenter adornavit. » (Folquin., *Cartul. Sith.*, l. I, c. 1.)]
2. [Cette tombe a été bien des fois dessinée. La meilleure reproduction qui en ait été faite est celle que M. Albert Lenoir a insérée dans la monographie de Saint-Germain-des-Prés au tome Ier de la *Statistique monumentale de Paris*.]
3. [Voici un texte qui montre bien que l'*emblema* n'était pas la même chose que la mosaïque, *musivum*. Il s'agit de la décoration de la basilique de Germigny-les-Prés, par Théodulphe, évêque d'Orléans : « Floribus gipseis atque musivo ejus venustavit interiora, pavimentum quoque marmoreo depinxit emblemate. » (*Catal. abb. Floriac.*, ap. Baluz., *Miscell.*, t. I, p. 79.)]
4. [« Lithostrota sunt elaborata arte parvulis crustis ac tessellis tinctis in varios colores. » (Isid. *Orig.*, XIX, 14.)]
5. [« Videtur usque hodie in pavimento chori tam pulcra et tam distincta marmoris operatio ut quicumque illud inspicit incomparabile opus asseveret. » (*Chron. Centul.*, l. II, c. 3.)]
6. [L'auteur de la vie de sainte Geneviève qui écrivait au VIIe siècle dit en parlant de la construction de la basilique de Saint-Denis : « Collectis carpen-

différait pas de ce qu'il est aujourd'hui. Le bois se débite en pièces équarries de toutes les dimensions. On l'assemble par tenons et mortaises, en fourrant le bout d'une pièce dans une autre (fig. 14, C, D.), ou par embrevure quand on fait entrer la face d'une pièce dans la face d'une autre (fig. 14 A, B.). Des chevilles ou des clous achèvent de

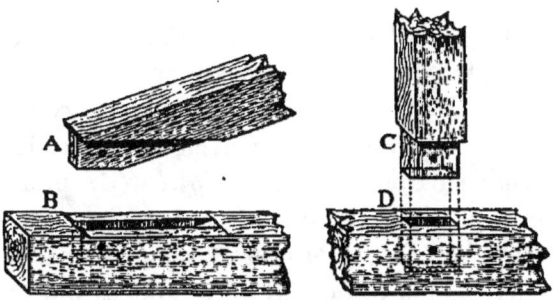

Fig. 14.

consolider l'assemblage; mais, anciennement, le métier ne se bornait pas à cela. Les ouvrages de menuiserie en membrures et planches clouées ou collées, qui s'adaptent à la construction, étaient aussi de la compétence du charpentier. La division du travail n'eut lieu qu'assez tard dans le moyen âge.

La supériorité que les Romains avaient acquise dans la construction en maçonnerie, les Gaulois l'eurent de tout temps dans la construction en bois. Depuis la conversion du pays au christianisme, il y eut des basiliques qui étaient de fond en comble l'ouvrage des charpentiers, et elles étaient d'un assez bel effet pour que des villes, même importantes, s'en contentassent[1]. Les ouvrages de bois qui avaient leur place dans les basiliques de pierre n'étaient nulle part mieux exécutés qu'en Gaule. Encore au VIIIe siècle le pape Adrien, voulant restaurer le comble de Saint-Pierre de Rome, demandait à Charlemagne de lui envoyer un de ses sujets pour exécuter le travail[2].

Des planchers. — L'étagement n'était pas indispensable dans les

---

tariis qui ad crebrodictum edificium quæ de lignis opus erant, in saltu inciderent ac dolarent, alii in plaustra conveherent. » (*Vita S. Genov.* § 18.)]

1. [Grégoire de Tours mentionne une église construite à Thiers, en Auvergne, en l'honneur de saint Symphorien et qui « ligneis erat tabulis fabricata. » (*De gloria mart.*, c. 52.)]

2. [« De camarado autem, quod est hypocartosa, ad renovandum in basilica Beati Petri apostoli prius nobis unum dirigite magistrum, qui considerare debeat ipsum lignamen quod ibidem necesse fuerit, ut sicut antiquitus fuit ita valeat renovari. » (*Ep. Adr. papæ ad Carol. M.* apud *Cod. Carol.*, n° 67.)]

basiliques; et lorsqu'il y fut pratiqué il n'en occupa qu'une partie limitée. C'est par des planchers qu'on le procura.

Le plancher doit son nom aux planches qui ne sont que le moindre de ses éléments. Les anciens l'ont appelé *contabulatio*, *coaxatio*; mais ils ont dit aussi, en considération des grosses pièces qui en formaient l'ossature, *contignatio* [1]. *Solarium* a la même valeur dans la basse latinité.

En effet, l'ouvrage était composé (fig. 15) successivement : 1° de poutres, *trabes* (A), largement distancées et engagées dans les murs par leurs extrémités; 2° de solives, *tigna* (B), de moindre volume que les poutres, plus rapprochées que celles-ci et clouées sur elles dans le sens inverse; 3° de soliveaux ou poutrelles, *tigilla* (C), plus petits que les solives et assujetis plus près les uns des autres dans le même sens que les poutres; 4° de planches, *tabulæ* (D), clouées l'une contre l'autre, tant sous les solives dans l'intervalle des poutres que sur le dos des

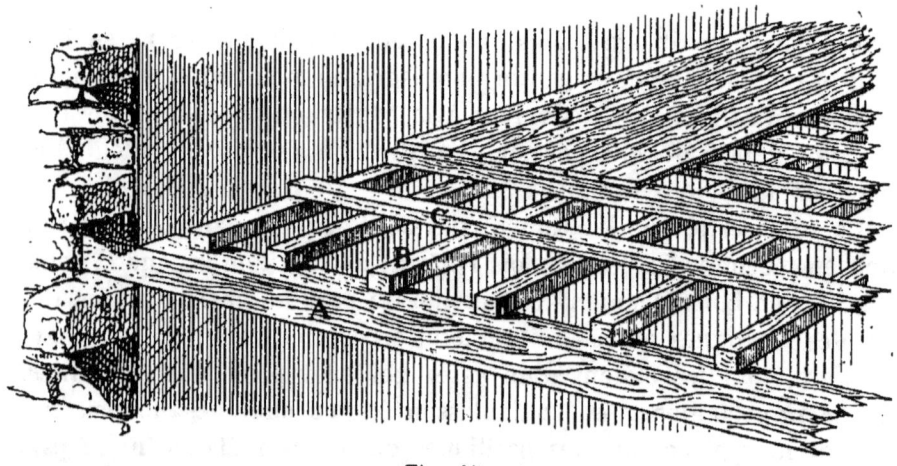

Fig. 15.

soliveaux; 5° d'une aire en menus gravois et en mortier dressée par-dessus le plancher supérieur; 6° d'un pavement pareil à l'un de ceux qui se posaient par terre.

Des couvertures. — Les couvertures comprennent le comble et la toiture. Celles qui surmontaient les parties hautes de l'édifice étaient à deux versants ou rampants; celles des parties basses n'avaient qu'un seul rampant. L'inclinaison des rampants resta celle qu'avait fixée la pratique des anciens. Elle répondait à un angle qui n'avait pas plus de 15 à 20 degrés.

Le comble, *camera*, dans les auteurs du vi° et du vii° siècle, est

1. [Vitr., l. IV, c. 2.]

l'ouvrage de charpente qui supporte la toiture. Il se compose de *fermes*, assemblage de poutres assujetties les unes aux autres par des tenons et des mortaises. Les fermes sont espacées en proportion de la force de leurs éléments.

La combinaison des poutres constituant les fermes des combles dans les basiliques était la plus simple qu'il y ait.

Les fermes des combles à double rampant comprenaient : 1° une poutre horizontale (fig. 16, A), *trabes* ou *transtrum*, en français *entrait* ou *tirant*; 2° deux pièces inclinées suivant la pente du toit, en latin *cantherii* ou *luctantes*, en français *arbalétriers* (B); 3° une pièce droite montant du milieu de l'entrait à la rencontre des arbalétriers, *columen*, *poinçon* ou *aiguille* (D); 4° une seconde pièce horizontale traversée par le poinçon, qui était assemblée par ses bouts au milieu de chacun

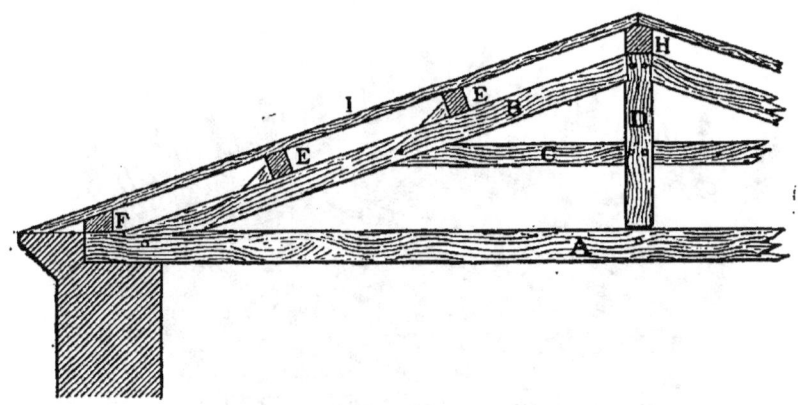

Fig. 16.

des arbalétriers [1]. C'est ce qu'on appelle *entrait retroussé* (C); mais cette pièce n'existait que pour les combles de grande portée. Une pièce supérieure, le *comble* proprement dit, *culmen* [2], régnant dans toute la longueur de l'édifice (H), recevait les têtes des arbalétriers et des poinçons pour tenir en respect toute la suite des fermes. La poutre du comble portait à ses deux extrémités sur les murs de face et de fond de l'édifice qui avaient été construits en pignon, *fastigati*, afin d'emboîter la toiture.

Il y a eu des fermes de comble qui étaient *couplées*, c'est-à-dire formées de deux assemblages, ceux-ci entretenus au moyen de frettes ou brides de métal, *subscus* [3].

---

1. [Dans beaucoup de fermes les arbalétriers devaient être soutenus par des contrefiches, pièces posées obliquement par rapport au poinçon et qui relient cette pièce aux arbalétriers.]

2. [Ou poutre faîtière.]

3. [Vitr., l. IV, c. 1.]

Sur le dos des entraits, des poutrelles du nom de *templa* (les pannes) étaient couchées dans le sens longitudinal (fig. 16, E) et commençaient à fermer le vide entre les fermes [1].

La couverture à un seul rampant était posée en appentis et portée sur des demi-fermes. Dans la composition de celle-ci entrait seulement un demi-entrait, un arbalétrier et une contrefiche, chacune de ces pièces plongeant dans la muraille.

Le comble devant contribuer à l'effet intérieur de l'édifice, était habillé d'un revêtement approprié à la décoration qu'on lui destinait. Ce revêtement a été de deux sortes.

Ou bien on faisait tenir sous les entraits un parquet composé de membrures entrelacées dont des planches remplissaient les intervalles. C'est ce que nous appelons un plafond caissonné : les anciens disaient : *lacunar*.

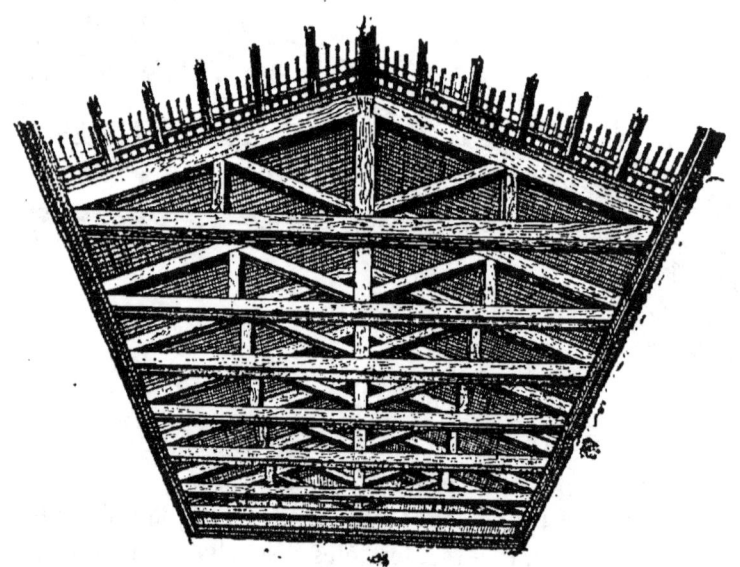

Fig. 17.

Ou bien on se bornait à fermer l'intervalle entre les arbalétriers par un ouvrage de menuiserie fixé sous les pannes; alors toutes les pièces du comble restant en vue devenaient l'objet d'un travail dé-

---

[1]. [Voici, d'après Vitruve, l'énumération des pièces essentielles qui doivent entrer dans la composition d'une charpente : « Si majora spatia sunt, columen, in summo fastigio culminis, unde et columnæ dicuntur, transtra et capreoli; si commoda, columen et cantherii prominentes ad extremam subgrundationem; supra cantherios templa; deinde insuper sub tegulas asseres ita prominentes uti parietes projecturis eorum tegantur. » (Vitr., l. IV, c. 2.)]

coratif de sculpture, de peinture ou de dorure. De là, le comble lambrissé, *laquear*, qui s'est appelé aussi *camera* (fig. 17.).

Des toitures. — La toiture commençait au-dessus des pannes par les chevrons, *capreoli* (fig. 16, I). C'étaient et ce sont encore des barreaux de bois couchés très près l'un de l'autre dans le même sens que les arbalétriers, mais plus longs parce qu'il faut qu'ils débordent le parement extérieur des murs dans lesquels plongent l'entrait ainsi que les arbalétriers. Par-dessus les chevrons, sont clouées des lattes, *asserculi*, que l'on couvre de mortier. Dans les temps anciens, les lattes furent souvent remplacées par des clayons de roseaux enduits de goudron. Sur cette garniture étaient posées en dernier lieu, des plaques de métal ou des tuiles.

Nous avons la mention de plaques de plomb dont Dagobert fit couvrir la basilique primitive de Saint-Denis[1], de plaques d'étain dont celle de Saint-Martin de Tours fut revêtue par la munificence de Clotaire Ier, après un incendie qui dévora la toiture de cette église en 556[2]. La dénomination de *laterculi*, briquettes[3], appliquée au IXe siècle à des plaques de couverture en plomb, prouve que ces pièces différaient essentiellement par leur dimension de celles qu'on applique aujourd'hui au même usage.

La garniture extérieure des toitures des basiliques fut, le plus souvent, en tuiles de terre cuite.

On ne peut pas douter de la persistance du tuilage à la romaine. Outre qu'on en trouve des vestiges toutes les fois qu'on fouille des emplacements occupés par d'anciennes basiliques, il se montre encore en place sur des églises du XIe siècle, ainsi qu'on le verra en son lieu.

Le tuilage des constructions romaines se composait de deux sortes de pièces (fig. 18) :

1° Des tuiles carrées à rebords, auxquelles appartenaient proprement le nom de tuiles, *tegulæ* (fig. 18, A).

---

1. [L'abbé Gervola (797-806) fit couvrir en plomb la basilique de Saint-Pierre dans l'abbaye de Fontenelle (*Chron. Fontanell*, c. 16). L'évêque Franco (796-816) recouvrit en plomb la cathédrale du Mans (*Gesta episc. Cenom.*, apud Cauvin, *Géogr. du Maine*, p. XLIX.)]

2. [« Beati Martini basilica, ordinante Chlothacario rege, stanno cooperta est. » (Greg. Tur., *Hist. Franc.*, IV, 20.)]

3. [« Ecclesiam amplificans fornicem orientalem laterculis plumbeis elegantissime contexit. » (*Mirac. S. Maximini*, c. 14, apud *Acta SS. ord. S. Bened.*, sæc. I, p. 601.) Il est probable que ces couvertures de plomb devaient aussi imiter les tuiles de terre cuite puisqu'Eginhard parle d'une église « tegulis plumbeis tectam. » (*Annal.*, anno 829.)]

2° Des tuiles bombées, rétrécies à un bout pour entrer l'une dans l'autre et qui se plaçaient par files sur le joint des *tegulæ*, celles-ci étant assemblées bord contre bord[1]. C'étaient les *imbrices* (fig. 18, B).

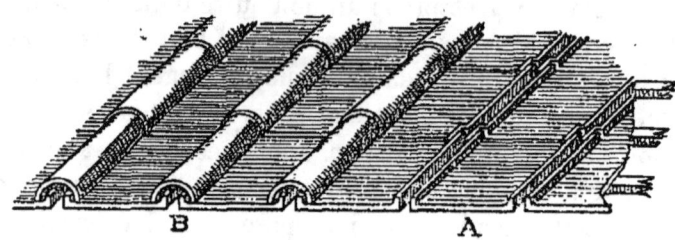

Fig. 18.

Dès le VIIIe siècle on voit figurées, dans les miniatures, des tuiles carrées sans rebords, comme les nôtres, et d'autres, dont l'usage persista pendant tout le moyen âge, et qui sont d'une forme allongée arrondie à l'un de leurs bouts. Ces tuiles se posaient à recouvrement, et produisaient sur la toiture un dessin d'écailles (fig. 19).

Des planchettes débitées suivant les mêmes formes constituèrent le dangereux système de couverture en bardeaux ou esseaux, *scindulæ, scinduli*, dont fut recouvert le comble de beaucoup de basiliques même importantes.

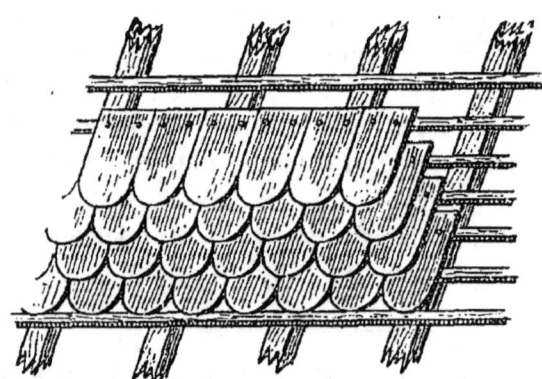

Fig. 19.

La couverture des absides. — Au fond des basiliques s'ouvrait sous le nom d'abside, *absis* ou *absida*, une grande niche en hémi-

---

1. [Souvent les *tegulae* portaient à leur partie inférieure une encoche qui permettait de les ajuster à la partie supérieure de la tuile placée immédiatement en dessous. Plus tard on leur donna une forme rétrécie à leur extrémité inférieure, de telle sorte qu'on put les poser à recouvrement en les emboîtant les unes dans les autres.]

cycle surmontée d'une voûte. La forme de cette voûte, déterminée par celle de la construction qu'elle recouvrait, était un quart de sphère, ce qu'on appelle en construction un *cul-de-four*.

Le cul-de-four a pu être fait en pierres appareillées d'une certaine façon qu'il n'est pas utile d'expliquer pour le moment. Plus généralement la voûte des absides fût exécutée en maçonnerie, par-dessus une carcasse de bois que l'on commençait par recouvrir d'un garni de lattes ou de jonc. On chargeait le dessus d'une chape de gros mortier. On enduisait le dessous d'un revêtement de luxe, soit stuc, soit peinture ou mosaïque. La toiture était conique et sans autre support que des chevrons assemblés par leur tête qui portaient de l'autre bout sur le sommet de l'hémicycle.

DES SUPPORTS OU POINTS D'APPUI

Les supports, *fulcra*, *fulmenta*, ont été d'un emploi perpétuel dans les basiliques, parce que la disposition intérieure de ces édifices consistait principalement en galeries parallèles communiquant l'une avec l'autre dans toute leur longueur. Des colonnes, *columnæ*, ou des piliers, *pilæ*, ont servi de points d'appui entre les jours de communication.

Colonnades. — Les colonnes choisies pour cet usage étaient monolithes et les plus belles qu'on pouvait se procurer, en marbre, en granit poli, en porphyre. Dès le règne de Constantin la coutume s'établit de prendre les colonnes des temples et des autres édifices publics qui n'avaient plus d'emploi, pour les dresser dans les églises, et nous avons la preuve que sous les successeurs de Charlemagne, Marseille, Arles, Narbonne, après tout ce qu'elles avaient fourni depuis plus de cinq siècles, étaient encore les magasins où allaient s'approvisionner les architectes de la Gaule. On peut dire que des forêts de marbre passèrent ainsi des monuments de l'antiquité dans les églises où elles allèrent s'abimer, car il n'en reste plus aujourd'hui que quelques pièces sans apparence, isolées qu'elles sont et perdues dans la fabrique des églises qui ont remplacé les basiliques dont ces colonnes firent l'ornement [1].

Chaque temple ne donnait qu'un petit nombre de colonnes relativement à ce qu'il en fallait pour une seule basilique. De là l'impos-

---

1. [On en peut voir un exemple dans la petite église Saint-Pierre, à Montmartre. Quatre colonnes antiques en marbre d'Aquitaine s'y sont conservées, malgré tous les remaniements que l'édifice a subis depuis l'époque romane.]

sibilité où l'on se trouva, dès l'origine, d'appareiller exactement tous les supports d'un même édifice. Par une première infraction aux règles de l'art, on aligna, dans une même file, des colonnes qui différaient par leur substance et par leur décoration, par exemple des colonnes de marbre blanc avec des colonnes de marbre noir, vert ou jaune, ou avec des colonnes en porphyre rouge, des colonnes lisses avec des colonnes cannelées, etc.[1]. Bientôt on fut obligé d'associer ensemble des colonnes d'ordre différent, le plus souvent des ioniques avec des corinthiennes. L'égalité de grosseur était la seule condition observée pour composer l'assortiment, et comme les colonnes de même grosseur dans des ordres différents présentent des longueurs différentes, il fut nécessaire de rogner les unes et de mettre aux autres des rallonges. Plus tard encore on en vint à faire entrer dans une même file des colonnes de grosseur différente, pourvu que cette différence ne compromît pas la solidité de la construction et sans plus de scrupule on coiffa ces colonnes de chapiteaux qui n'étaient point faits pour elles.

Les anciens avaient introduit dans l'architecture une proportionnalité savante qui reposait sur l'épaisseur de la colonne représentée par le rayon de sa circonférence, ce que les Romains appelaient et que nous appelons encore le module. La délicate harmonie résultant de ce que toutes les parties étaient des multiples ou des fractions d'une même mesure, cette harmonie, violée dans son principe même, cessa d'être l'une des conditions de l'art, et c'est par là que l'architecture tomba en décadence ; mais il y a une proportionnalité nécessaire parce que sans elle la construction ne tiendrait pas : ainsi le rapport du plein au vide, celui des écartements aux élévations. La connaissance de ces rapports ne se perdit point ; perpétuée par la tradition, toutes les fois qu'elle fut appliquée par des hommes de valeur, comme il y en a à toutes les époques, elle produisit encore, même au sein de la barbarie, des édifices d'une belle proportion.

Colonnes architravées. — Les colonnes dans l'architecture classique avaient été invariablement reliées l'une à l'autre par un linteau que nous appelons architrave et que les anciens appelaient *epistylium* (fig. 20).

Nos latinistes des temps barbares ayant détourné ce dernier mot de sa véritable acception pour lui donner le sens de chapiteau, on ne conclura pas qu'une basilique a eu des colonnades architravées,

---

1. [C'est ce que l'on peut voir aujourd'hui encore dans la plupart des anciennes basiliques de Rome.]

parce qu'un auteur aura mentionné parmi ses ornements des *epistylia*. Mais la pratique de l'architrave s'est certainement maintenue en Gaule, de même qu'elle s'est maintenue en Italie, on peut

Fig. 20.

en donner pour preuve des colonnes reliées de cette façon qu'on peut voir encore sinon dans des basiliques, du moins dans des constructions secondaires qui ont été des dépendances de basiliques élevées au xiie et au xiiie siècles.

Il arriva pour les architraves ce qui était arrivé pour les colonnes. Elles furent empruntées aux monuments antiques, de sorte que des pièces de décoration différente furent mises bout à bout. La disparate fut plus choquante encore que celle que présentaient les colonnades.

Arcades sur colonnes. — Au moment du triomphe de l'Église, l'architecture romaine était en voie de transformation. Des combi-

Fig. 21.

naisons dont on n'avait pas eu l'idée aux belles époques de l'art étaient essayées dans les monuments. L'une des plus originales consistait à relier les colonnes par des arcades, *arcus*[1]. Les architectes

---

1. [On s'accorde à citer parmi les plus anciens exemples de colonnes reliées

chrétiens adoptèrent ce procédé qui leur permettait de se passer d'architrave. De petits cintres en briques étaient construits d'un chapiteau à l'autre dans toute l'étendue des colonnades. Ce qui n'avait été d'abord qu'un expédient devint peu à peu d'un usage universel, et l'usage fut érigé en principe dans l'architecture du moyen âge.

De très bonne heure on prit l'habitude d'établir les naissances des arcades, non pas directement sur les chapiteaux, mais sur un sommier qu'on superposait aux chapiteaux. La forme de ce sommier a été celle d'un cube chanfreiné ou, si l'on aime mieux, d'une pyramide tronquée assise sur son sommet. De cette pratique paraît être issu l'usage universel en Gaule, dans les siècles subséquents, de transformer l'abaque classique en une épaisse tablette présentant sur ses tranches tout un étayement de moulures et procurant par le haut un plan qui débordait de beaucoup la corbeille du chapiteau. C'est ce que les praticiens du moyen âge ont appelé tailloir, et, dès lors, il fut de principe de faire affleurer au sommet du tailloir la charge superposée à la colonne : ce qui produisait un porte-à-faux, au contraire du principe observé par les anciens qui fut toujours de poser la charge à l'aplomb des colonnes, la projection des abaques faisant saillie dans l'ouverture.

Lorsque deux ordres étaient superposés, le second fut toujours en arcades et déprimé par rapport au premier. Les supports de ce second ordre étaient de petites colonnes, souvent si petites que l'épaisseur de la construction les débordait de beaucoup. Le sommier, en pareil cas, était allongé de flanc dans la mesure nécessaire à l'assiette de l'arcade. Si les colonnes étaient par trop petites et dès lors insuffisantes pour le soutien de la charge, même avec la licence du porte-à-faux, on les dressait deux par deux l'une devant l'autre, et c'est sur chacun de ces couples qu'étaient posés les sommiers ou tailloirs oblongs.

Ces artifices conduisirent à l'idée des *fenêtres jumelles* qui existèrent certainement depuis le IXᵉ siècle. La baie de ces fenêtres s'amortissait par deux cintres égaux très rapprochés l'un de l'autre qui avaient pour support commun soit une seule colonnette soit un couple surmonté d'un sommier.

De l'arcade sur pilier. — A défaut de colonnes monolithes il était

---

par des arcades au lieu d'architraves, certaines colonnades qui existent encore dans le palais de Dioclétien à Salone (Spalatro) en Dalmatie. Voir Adam, *Ruins of the palace of the emperor Diocletian at Spalatro*, Londres, 1764, in-fol.]

possible d'en faire de plusieurs morceaux à l'aide de tambours de pierre ou de brique ronds. Cet expédient, auquel les Romains avaient eu fréquemment recours, dut être pratiqué encore dans la Gaule barbare, car il le fut en Italie. Toutefois on n'en trouve l'application dans aucune des humbles basiliques qui nous restent, lesquelles appartiennent toutes au ixe ou au xe siècle. Ces édifices n'ont pas d'autres supports que des massifs quadrangulaires, c'est-à-dire des piliers.

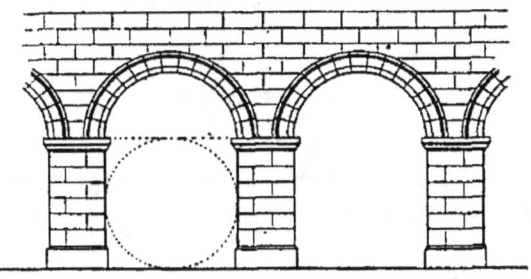

Fig. 22.

Le pilier avait l'avantage de comporter plus d'écartement que les colonnes; aussi les arcades sur piliers sont-elles beaucoup plus ouvertes que les arcades sur colonnes. Cette *ouverture* est d'ailleurs proportionnée à la hauteur des piliers. A cet égard la pratique des architectes carolingiens n'a pas été uniforme. Ils ont fait la largeur de l'arcade tantôt égale à la hauteur du pilier (fig. 22), tantôt moindre de

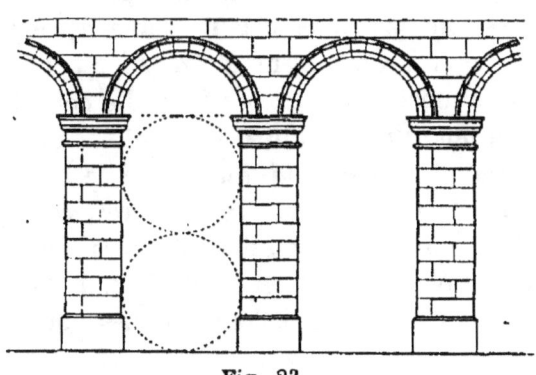

Fig. 23.

la moitié (fig. 23). De cette différence résulte une architecture déprimée ou élancée. On a fait au xe siècle des piliers équarris qui, par leurs dimensions, faisaient l'effet de colonnes.

Les jambages d'une arcade s'appellent piédroits, et la ligne des piédroits à partir de laquelle le cintre de l'arcade opère son évolution, est l'imposte. Il importe en archéologie de noter la proportion qui existe entre la largeur de l'arcade et sa hauteur d'imposte.

La colonne a été employée aux décorations de l'arcade. Les Romains de la belle époque l'avaient appliquée sur la face des piliers, les Romains de la décadence et les barbares la mirent dans des entailles sur les flancs; ils en firent les piédroits de l'arcade. Ce fut un moyen de mettre à profit des colonnes qu'on avait et qui n'étaient pas de taille à fournir les supports d'une galerie.

D'après le même principe des colonnes furent posées d'angle sous les cintres qui formaient l'ouverture des absides.

DES MOULURES

Les moulures sont des saillies ou des creux prolongés qui se présentent sous des contours de dessin différent qu'on appelle leur profil.

Elles servent le plus souvent à adoucir les passages trop brusques du plein au vide ou du plein au plein; elles sont employées aussi pour pallier la nudité des surfaces lisses.

Les moulures sont un ornement, mais un ornement si nécessaire que l'architecture ne saurait s'en passer. Elles deviennent par là une partie intégrante de la construction. Et, en effet, elles sont exécutées par la main des mêmes ouvriers qui taillent la pierre ou par celles des maçons qui posent les enduits. Dans le premier cas, on les fait au ciseau, dans le second elles sont produites par une lame découpée suivant le profil voulu, laquelle on promène sur du mortier appliqué en épaisseur, pendant que ce mortier est encore frais. Le nom de cet instrument était en latin *modulus*. Moulure en vient par un intermédiaire qu'on peut supposer avoir été *modulatura*. Si le latin de la bonne époque a eu un terme pour désigner les moulures, ce terme ne nous est pas connu. C'est par des expressions figurées, comme *linea* ou *ruga*, que les auteurs ont exprimé cet objet. Ceux de la décadence ont usé du même moyen. Ils les ont appelées des raies ou des creux, *rigæ, cavaturæ*[1].

Dans l'architecture classique, les moulures étaient mesurées d'après le module et profilées au compas; dans l'architecture barbare l'à peu près a remplacé la précision mathématique. Aussi est-ce surtout dans cette partie que s'est fait sentir l'altération de l'art.

---

1. [« Sedebant supra unum lapidem quadratum, qui lapis erat sculptus cum righis cavatis, sicut aliquas solemus videre columnas. » (*Acta S. Franciscæ Rom.* dans les *Acta SS., martii*, t. II, p. 166, cité par Du Cange, v° *Riga*.)]

On distingue les moulures, d'après leur profil, en rectilignes et curvilignes, en saillantes et creuses.

Moulures à profil rectiligne. — On a coutume d'en compter trois, le *listel*, le *bandeau* et la *frise*, mais en réalité il n'y en a que deux, car la frise est moins une moulure qu'un grand espace lisse réservé entre deux moulures.

Le listel (fig. 24, 1) est une petite moulure carrée, dont le nom est d'origine germanique. On l'appelle aussi *réglet* à cause de sa ressemblance avec le bâtonnet qui sert à régler le papier.

A la décadence on a fait un singulier usage du listel. On l'a montré sous deux faces en le faisant se présenter d'angle (fig. 24, 3). Cela produit une moulure d'un effet tout différent qu'il conviendrait peut-être de désigner par un terme particulier. Ceux de biseau ou de prisme seraient convenables.

Le bandeau (fig. 24, 5), est un listel à large face. Il se présente toujours perpendiculaire dans les ouvrages de la bonne époque. Plus tard, il y eut des bandeaux inclinés en avant ou en arrière, dont on pourrait faire des espèces à part sous les dénominations de *chanfrein* et de *talus*, qui expriment très exactement leur profil. Comme moulures à profils rectilignes rentrants, il faut compter la *rainure* (fig. 24, 2) et l'*onglet* (fig. 24, 4), qui sont l'inverse du réglet et du biseau.

Moulures à profil curviligne. — Elles se divisent en trois classes selon que leur profil présente une courbe saillante ou une courbe rentrante ou une courbe à la fois saillante et rentrante.

1º Les moulures à profil courbe saillant sont la baguette, le tore, le quart de rond, et le bandeau bombé.

La *baguette* est une très petite moulure profilée en demi-cercle (fig. 24, 6).

Le tore est profilé selon la même formule, mais dans de grandes dimensions (fig. 24, 7). Le profil du quart de rond (le nom l'indique) répond au quart d'un cercle (fig. 24, 9). Le bandeau bombé décrit sur sa face une courbe moindre que le quart d'une circonférence.

Ces formules n'ont pas été fidèlement observées par les ouvriers des bas temps. Les baguettes sont si négligemment profilées qu'on a souvent de la peine à les distinguer des listels; les tores sont comme de petits bandeaux bombés, ou bien aplatis d'un côté, ils semblent avoir emprunté leur profil d'une courbe parabolique. Les quarts de ronds ont été altérés de même sur leurs contours.

2º Les moulures à profil curviligne rentrant sont le cavet, la gorge ou canal, la scotie.

Le cavet est un quart de rond à l'envers (fig. 24, 8). Tandis que dans l'architecture classique il ne sert qu'à raccorder les autres moulures aux faces droites, il a pris place à la décadence dans l'intérieur même des groupes.

La gorge peut de même être considérée comme un tore à l'envers (fig. 24, 10).

La scotie est une gorge dont le profil présente au lieu d'une demi-circonférence, la combinaison de deux quarts de cercle de rayons différents (fig. 24, 11).

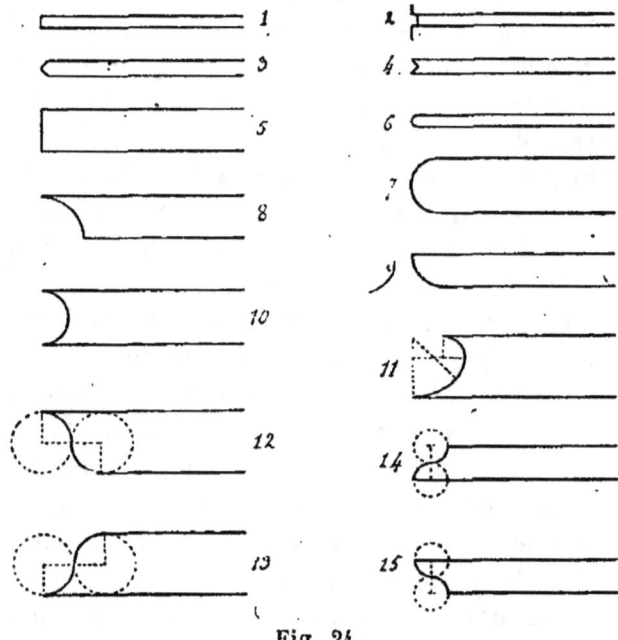

Fig. 24.

3° Les moulures profilées en courbes saillantes et rentrantes sont la doucine ou gueule et le talon.

La doucine se présente par un quart de cercle saillant et un quart de cercle rentrant, les deux cercles d'où provient cette courbe se touchent sur un axe horizontal (fig. 24, 12).

Le talon se présente de même par deux quarts de cercles tangents sur un axe vertical (fig. 24, 15).

Les courbes de l'une et de l'autre de ces moulures peuvent être disposées en sens inverse, alors on les dit renversées (fig. 24, 13 et 14).

Leur altération s'est produite soit par effacement soit par exagération des deux courbes qui déterminent leurs profils.

Emploi des moulures. — Les moulures, qui ne sont presque rien par elles-mêmes, acquièrent de la valeur par leur accouplement. Les anciens ont su produire avec d'aussi petits moyens, des combinaisons du plus grand effet.

Ces combinaisons s'opèrent en faisant avancer ou reculer plusieurs moulures l'une sur l'autre, de sorte que les groupes de moulures sont en saillie ou en retraite.

La gorge a eu la destination particulière d'être répétée sur des surfaces lisses pour les couvrir et y produire ce qu'on appelle les cannelures.

La règle générale d'assemblage était de ne jamais mettre à la suite l'une de l'autre deux moulures identiques et de séparer les grandes par des petites. Mais ces principes n'ont plus été observés à la décadence.

Nous allons examiner successivement les principaux groupes de moulures.

Des bases. — Les bases (*basis, bases*), sont des combinaisons en retraite qui se mettent au pied des murs, des piliers ou des colonnes.

Les bases de murs sont d'une composition simple : un bandeau, une doucine ou un talon renversés, un listel ou une baguette. Le bandeau des bases, est ordinairement appelé *plinthe,* et par extension plinthe a fini par désigner la base tout entière.

Il y a des exemples de bases barbares qui contiennent à la fois une doucine et un talon, ce qui alourdit la moulure et lui donne un effet désagréable.

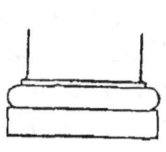   

Fig. 25.   Fig. 26.

Les bases des colonnes, *spirae,* sont de deux sortes; la base simple (fig. 25) et la base attique (fig. 26). Ce qui les distingue, c'est que celle-ci admet dans la composition deux tores, tandis que l'autre n'en admet qu'un. Une ou deux scoties séparaient les tores dans la base attique.

La pièce fondamentale des bases de colonnes est une dalle carrée qui est, proprement, ce qu'on a appelé plinthe. Souvent la plinthe a été relevée par une pierre carrée comme elle et qui la déborde. C'est ce qu'on appelle un *socle.* Le socle exhaussé et muni lui-même d'une base à sa partie inférieure devient un piédestal, *stylobata.*

La corruption des bases des colonnes s'est produite non seulement par l'abâtardissement des profils, mais encore par l'introduction de moulures qui n'avaient pas été appliquées auparavant à cette partie, telles que bandeau, talus, doucine et talons, par l'arrondissement de la plinthe, par une largeur du plus mauvais effet donnée au socle, *crepido*[1].

Des corniches. — Les corniches, *coronæ*, sont des groupes de moulures en saillie qui se mettent entre les divers étages d'architecture pour les séparer, et au sommet des murs de clôture pour les couronner. Cette décoration a encore sa place au sommet des soubassements, des piédestaux et des piliers. Dans ce dernier cas, elle porte le nom d'imposte, parce qu'elle marque la ligne de naissance ou imposte de l'arcade. Enfin le chapiteau des colonnes dorique et toscane n'est pas autre chose qu'une étroite corniche, surmontée d'un abaque.

Les corniches de couronnement, ayant eu leur première application à l'extérieur des édifices où elles avaient pour fonction de soutenir l'extrémité de la toiture, ont une projection considérable; par conséquent elles admettent un grand nombre de membres dans leur composition. On y a fait entrer un, deux et jusqu'à trois bandeaux surmontés d'une grande doucine qui faisait la terminaison du groupe. Toutes les petites moulures, sauf le tore et les gorges, étaient réparties entre les grandes pièces des groupes.

Des membres d'une nature particulière, des pièces espacées connues sous les noms de modillons, *mutuli*, et de denticules, *denticuli*, ont été introduits dans les corniches, à la fois pour soulager le porte-à-faux des membres supérieurs et pour adoucir l'effet de ce porte-à-faux.

Les modillons sont des pièces carrées profilées en doucine ou en talon, ou simplement chanfreinées, qui sortent d'un bandeau pour soutenir un bandeau supérieur. Les denticules sont de petites pièces carrées comme les touches d'un orgue ou d'un piano, séparées les unes des autres par un étroit intervalle et qui garnissent la face d'un bandeau sur tout son développement.

Les architectes de la décadence, procédant de ce que les anciens avaient fait de plus compliqué, trouvèrent d'abord que ce n'était pas assez et ajoutèrent des membres nouveaux qui gâtèrent la conception primitive en l'alourdissant. Les moulures autrefois exclues de cette sorte d'ouvrage y furent introduites; puis d'autres qui étaient indispensables au bon effet de l'ensemble furent supprimées; ce fut ensuite le tour des denticules de disparaître. Enfin la paresse, la

---

1. [Paulini Nol., *epist.* XII, ad Severum.]

précipitation ou l'impuissance trouvant leur compte à la simplification, on ne s'arrêta plus dans cette voie. Chaque siècle retrancha quelque chose aux combinaisons qui avaient servi de point de départ. Lorsque furent abandonnées les traditions de l'antiquité, la corniche ne se composait plus que d'un rang de modillons surmonté de deux ou trois petites moulures.

De l'entablement. — L'entablement (fig. 27) est l'ensemble des moulures distribuées par les anciens au-dessus de chacun de leurs ordres de colonnes. Cet ensemble, terminé par une corniche, commençait par des bandeaux séparés par de petites moulures qui constituaient la décoration de l'architrave et portaient pour ce motif le nom même d'architrave. Une frise régnait entre l'architrave et la corniche.

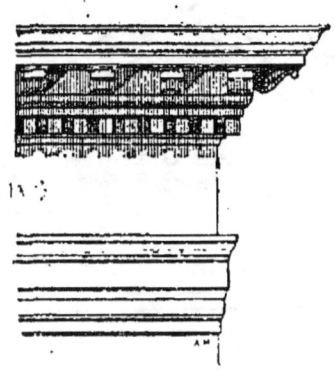

Fig. 27.

Vitruve appelle la frise *zoophorus*[1] parce que dans les ordres élégants d'architecture, l'ordinaire était de sculpter dessus des griffons et autres figures d'animaux fantastiques. Eginhard se sert d'un terme plus général. Il dit *margo coronæ*[2], et Paulin de Nole, *balteus*[3].

L'entablement n'a pas laissé que d'avoir sa place au-dessus des colonnades des basiliques, bien qu'elles fussent reliées par des arcades. L'architrave était portée au-dessus des arcades. La marque de la décadence est dans l'inclinaison donnée aux bandeaux, ce qui les transforme en talus, et dans la suppression des petites pièces entre chacun d'eux. Quant à la frise, tantôt elle a été remplacée par un bandeau bombé, ou entièrement supprimée, tantôt au contraire elle a été

---

1. [Vitr., l. III, c. 3.]
2. [*Vita Karoli imperatoris*, c. XXXII.]
3. [« Inferiore autem balteo, quo parietis et cameræ confinium interposita gypso crepido conjungit aut dividit, hic titulus indicat deposita sub altari sancta sanctorum. » (Paul. Nol., *epist.* XXXII.)]

portée à une hauteur démesurée en vue de lui faire contenir de grands sujets en mosaïque.

L'idée de l'entablement a fini par se perdre dans la suite des siècles. La décoration des monuments n'admettait plus que des corniches, avant même que les principes de l'architecture antique fussent complètement abandonnés. Entablement, au moyen âge, n'a pas signifié autre chose que les corniches placées sous les toitures.

Des frontons. — Le fronton, *fastigium*, est le cadre de moulures qui entoure le pignon des édifices couverts d'un comble à deux rampants. Il entre dans la composition de ce cadre une corniche pour chacun des rampants et un entablement complet pour la base (fig. 28).

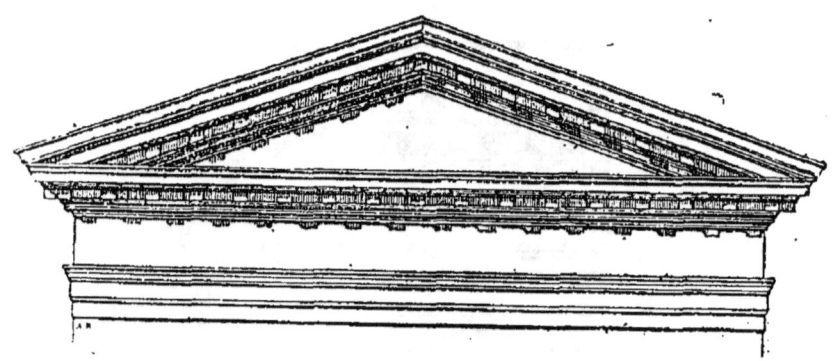

Fig. 28.

Les frontons des basiliques ont été souvent réduits à trois corniches, une simple corniche remplaçant l'entablement inférieur, ou même à deux corniches rampantes. Souvent encore on a fait des frontons sans moulures d'aucune sorte, parce que leur décoration consistait en mosaïques, et que l'encadrement résultait d'un dessin courant exécuté de cette façon.

C'est aussi à la décadence qu'a commencé l'usage des frontons avec entablement interrompu. Les moulures de la base s'arrêtent à peu de distance des deux extrémités, au lieu de se prolonger sur toute la longueur de la façade.

Des archivoltes. — On appelle ainsi l'encadrement de moulures qui contourne extérieurement le cintre d'une arcade. L'archivolte a été le plus souvent supprimée à la décadence; il y a cependant des exemples de ce genre de décoration dans de vieilles basiliques et alors elle est beaucoup plus chargée qu'on ne la trouve dans les monuments de l'antiquité. L'archivolte classique ne comprenait pas plus de deux bandeaux surmontés d'une étroite corniche (fig. 29). Celle de la décadence a admis jusqu'à trois bandeaux, accompagnés d'une corniche avec un rang de modillons. D'une exagération on passa à une

Fig. 29.

autre par la suite du temps. L'archivolte finit par n'être plus qu'un listel de beaucoup de relief, soutenu par des modillons réduits presque à la dimension de denticules.

Fig. 30.

L'archivolte amenée à cet état d'appauvrissement fut placée au-dessus du cintre des fenêtres et, dans ce cas, l'ordinaire fut de la retourner, c'est-à-dire de lui donner la direction horizontale avant chacune de ses naissances. De là l'idée de la faire courir sans interruption dans toute la longueur du rang de fenêtres. Elle est alors comme une corniche conduite à la hauteur des impostes qui se relève à chaque baie pour contourner les cintres (fig. 30).

Des chambranles. — Le chambranle, *antepagmentum*, est l'encadrement de moulures qui contourne la baie d'une porte. La plus grande partie de son développement consiste en bandeaux. Le bandeau bombé y a souvent trouvé place dans les ouvrages de la décadence.

Au-dessus du chambranle, quand la porte était carrée, on a mis souvent un entablement en saillie d'une longueur proportionnée à la largeur de la baie, avec deux colonnes pour supports.

Des cannelures. — Il a été dit précédemment que les cannelures étaient produites par une série de gorges creusées parallèlement sur une surface lisse. Cet ornement ne s'est mis que sur les frises, sur les linteaux de portes et sur les fûts des colonnes. Dans les bas-temps, les gorges des cannelures ont été bordées quelquefois de baguettes et même de petites doucines.

Un genre de cannelures très usité à la décadence consistait à pratiquer les gorges en spirales. On appelle striée la pièce qui est ainsi décorée.

On a combiné aussi dans les cannelures les gorges avec les tores. La colonne *rudentée* de l'architecture classique, se rapporte à cette façon. Des tores sont relevés dans chacune des gorges qui forment la cannelure, mais seulement dans le premier tiers de l'élévation du fût. Des colonnes de la basse époque ont été rudentées dans toute leur hauteur, et même sans qu'on ait pris la peine de faire saillir le tore d'une gorge, les tores étant appliqués l'un contre l'autre sans séparation, soit verticalement, soit en spirales.

DE LA FAUSSE ARCHITECTURE

La fausse architecture est la répétition en relief des ordres de colonnes ou de piliers et de tout ce qui les surmonte, que l'on exécute sur le plan des murs pour en couvrir le nu. Il en résulte une décoration du plus grand effet dont les anciens transmirent le goût aux barbares.

La colonne pleine est entrée dans la fausse architecture. Son emploi fut alors d'être plaquée contre les murs, sous des saillies du parement dessinées en façon d'entablement ou d'arcades, mais plus souvent c'est de fausses colonnes qu'on s'est servi pour cet usage.

La fausse colonne est dite *colonne engagée* parce qu'elle imite une colonne qui serait plongée dans le mur d'un tiers ou de la moitié de sa circonférence. Plus souvent encore que la colonne engagée, a été employé le pilastre, *parastata,* saillie carrée de la hauteur d'une colonne et décorée comme la colonne d'une base et d'un chapiteau.

La recherche des moyens expéditifs, qui était aussi celle de l'économie, conduisit à exécuter la fausse architecture en mosaïque ou en peinture. Il y a apparence que dès le VIe siècle, la décoration de la plupart des basiliques sur leurs parties pleines consista en tableaux encadrés de colonnades ou d'arcatures n'ayant qu'un relief simulé qui qui était dû à l'artifice des couleurs. Dans les rares échantillons qui nous restent de la fausse architecture usitée en grand à l'époque barbare, on voit presque toujours de petites arcatures dans lesquelles des frontons aigus alternent avec les cintres. Elles ont pour supports des pilastres cannelés ou des colonnettes en placage.

DES BASILIQUES

Configuration générale. — Un édifice oblong, divisé intérieurement en trois galeries par deux rangées de colonnes; la galerie du milieu plus large au moins du double que les deux autres et en même temps plus élevée de comble, parce qu'elle devait être percée de fenêtres à droite et à gauche dans toute sa longueur; au bout de cette même galerie du milieu un renfoncement en hémicycle s'ouvrant dans le mur de fond; sur le mur de face une porte percée dans l'axe de chacune des galeries : telle fut la configuration de la basilique romaine transformée en église. Pour leur convenance, les chrétiens avaient supprimé deux galeries basses qui avaient régné autrefois sur les petits côtés du quadrilatère, aussi bien que sur les grands, et par là ils avaient dégagé l'ouverture de l'hémicycle, ils en avaient fait la partie vers laquelle se portaient de tous les points de l'intérieur les regards des assistants.

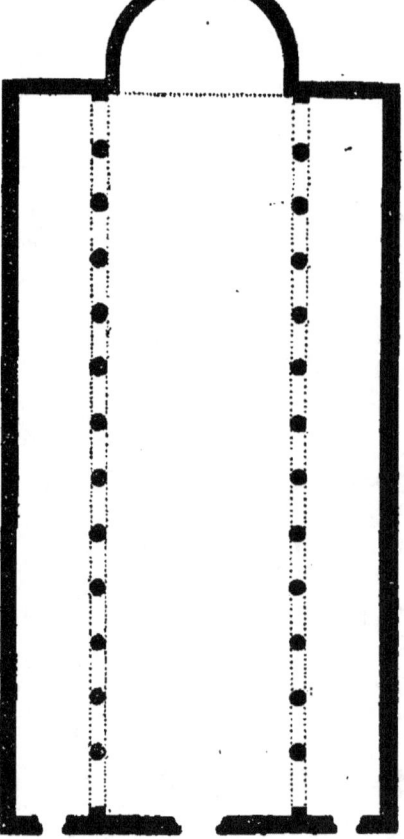

Fig. 31.

La construction pouvait se compliquer, tantôt de deux galeries au lieu d'une seule sur chaque côté[1], tantôt d'un étage d'autres galeries établies au-dessus de celles du rez de-chaussée[2], tantôt d'une colonnade (réminiscence du bas portique primitif), qui traversait la galerie du milieu à proximité de l'entrée et qui procurait une tribune au revers du mur de face[3].

Ce plan, dont l'application paraît avoir été générale du temps de Constantin, ne fut jamais complètement abandonné; par la suite, on le retrouve accommodé aux exigences d'une architecture toute différente dans quantité d'églises de tous les siècles du moyen âge.

Appropriation des parties de la basilique au culte chrétien. — La grande pièce du milieu s'est appelée *capsus*[4], *navis*[5], *aula*[6], c'est-à-dire coffre, nef. Pour nous ce sera toujours la nef.

Des séparations effectuées par des balustrades ou par des cloisons à hauteur d'appui, la divisaient en trois parties.

Au bas le *pronaos*, place destinée aux catéchumènes, à une certaine classe de pénitents, en un mot, à tous les membres de la communauté chrétienne qui, ne pouvant entendre qu'une partie des offices, étaient tenus de vider l'église aux approches de la consécration.

Plus haut, le *chorus* où se tenaient les chantres, les instrumentistes, les exorcistes, les *matricularii*, les *morturarii*, enfin les acolytes de tant d'autres catégories encore qui composaient, avec ceux qui viennent d'être nommés, le bas clergé des basiliques.

Tout en haut, vers l'ouverture de l'hémicycle, l'*altarium* ou *sacrarium*, le sanctuaire, emplacement de l'autel. Souvent cette région fut close sur les côtés par des murs pleins qui remplaçaient une ou deux des colonnes du portique. Là, était la place des diacres et des sous-diacres.

---

1. [Comme dans les basiliques de Saint-Pierre, de Saint-Paul-hors-les-Murs à Rome.]

2. [Comme à Sainte-Agnès et dans la partie primitive de Saint-Laurent-hors-les-Murs.]

3. [Voir ces mêmes basiliques de Sainte-Agnès et de Saint-Laurent.]

4. [C'est le nom que Grégoire de Tours donne à la nef de l'église Saint-Martin de Tours. (*Hist. Franc.*, l. II, c. 14.)]

5. [Le mot *navis* est le plus usité pour désigner la nef des églises. L'idée de comparer l'église à un navire est fort ancienne. Elle se trouve déjà dans un passage souvent cité des *Constitutions apostoliques*, II, 57.]

6. [Il est souvent question dans les textes anciens de l'*aula ecclesiæ*, sans que l'on puisse toujours savoir s'il s'agit de la nef ou de cette grande cour ordinairement nommée *atrium* qui précédait, comme on le verra plus loin, la plupart des églises des premiers siècles. Voici toutefois un texte dont le sens n'est pas douteux : « Navis vel aula est ecclesiæ subnixa utrinque pilariis octo. » (Gervas. Dorobern. apud Du Cange, v° AULA.)]

L'hémicycle ou abside, qui avait été jadis le tribunal, devint l'emplacement des prêtres ordonnés, c'est pourquoi on le trouve désigné sous le nom de *presbyterium*. Un banc circulaire interrompu au milieu par un siège plus élevé, *consistorium*, contournait le mur du fond. La place éminente, *suggestus*, était celle de l'évêque ou du dignitaire qui en tenait lieu.

Les galeries latérales que nous disons *bas-côtés*, recevaient l'assistance. Les dénominations de *plaga* ou *porticus* étaient communes à l'une et à l'autre; on les distinguait par l'épithète de *dextera* et *lœva*, droite ou gauche, ou par le déterminatif *virorum*, *mulierum*, parce que les sexes étaient séparés dans l'église et que les hommes devaient occuper la droite et les femmes la gauche. La détermination de la droite et de la gauche des églises a été de bonne heure une cause de confusion, parce que l'orientation des églises a changé, et que les liturgistes du moyen âge s'attachèrent à la lettre des anciens textes sans tenir compte de ce changement.

De l'orientation des basiliques. — Il suffit de voir comment se présentent les plus anciennes basiliques de Rome pour se convaincre que d'abord on n'eut pas d'idée arrêtée quant à l'orientation de ces édifices. Telle a sa façade au sud, telle autre au nord, à l'est ou à l'ouest. Une des constitutions attribuées à saint Clément veut que le prêtre regarde l'orient pour accomplir la consécration[1]. Cette prescription paraît avoir déterminé la situation de l'église telle qu'on la voit encore à Saint-Pierre du Vatican et à Saint-Jean-de-Latran, c'est-à-dire la façade tournée à l'est. Le prêtre célébrait derrière l'autel, regardant l'assistance, les hommes à sa droite, c'est-à-dire au midi, les emmes à sa gauche, c'est-à-dire au nord; aussi les bas côtés droit et gauche furent-ils déterminés par les épithètes *australis* et *septentrionalis*[2].

Au Vᵉ siècle l'orientation contraire fut préférée. Les basiliques présentent leur façade à l'ouest[3], pour se conformer à la règle qui vou-

---

1. [« Ac primum quidem sit ædes oblonga ad orientem versus navi similis. » (*Const. apost.* II, c. 57.)]

2. [« Masculi stant in australi parte et fœminæ in boreali, ut ostendatur per fortiorem sexum firmiores sanctos constitui, in majoribus tentationibus æstus hujus mundi. » (Amalaire *De ecclesiasticis officiis*, l. III. c. 2. — Cf. Anast., in *Vita Greg. IV*.]

3. [Il y eut encore bien des exceptions à cette règle. Mais les expressions dont les auteurs se servent depuis cette époque en parlant des édifices orientés différemment, prouvent qu'elle était généralement admise. Ainsi l'historien Socrate, parlant d'une église d'Antioche tournée vers l'Occident, s'exprime ainsi : « Inversus est ecclesiæ situs; neque enim altare ad solis ortum spectat,

lait que le prêtre tournât le dos à l'assistance. Cela fit que la droite de l'église devint celle du prêtre, ce fût le midi. Mais, chose singulière, la droite et la gauche de l'autel restèrent comme auparavant, la droite au nord, la gauche au midi; car il a toujours été entendu que l'évangile se lisait à droite de l'autel et l'épitre à gauche [1]. De là une confusion dans l'esprit de quelques-uns qui, ne comprenant pas que l'attitude de l'église pût différer de celle de l'autel, ont mis la droite de l'église au nord.

La même interversion eut lieu pour le placement des fidèles. La basilique de Saint-Apollinaire nella Città, à Ravenne, édifice du VIe siècle qui a sa façade à l'ouest, en fournit la preuve.

La décoration principale de ce bel édifice consiste en une frise immense où sont représentées en mosaïque les figures des saints et des saintes. Or les saintes, qui devaient être vues par les femmes, occupent le mur septentrional de l'église, tandis que le mur méridional est occupé par les saints. Donc les hommes étaient dans le bas côté nord et les femmes à l'opposite. C'est par l'effet de la fausse interprétation signalée tout à l'heure que cet ordre fut changé dans les siècles suivants [2].

Les basiliques de la Gaule qui ont eu de la célébrité, ne remontant pas au delà des dernières années du Ve siècle, furent généralement tournées leur façade à l'ouest; cependant il y eut des exceptions et, au IXe siècle encore, le liturgiste Walafrid Strabon signalait cette orientation comme la pratique la plus usitée, mais non comme une nécessité absolue [3].

Du transept. — Une pièce transversale sans colonnade avait été quelquefois ajoutée aux basiliques judiciaires soit à l'entrée pour le dégagement de l'édifice, soit devant l'hémicycle pour éloigner davan-

---

sed ad occasum » (liv. V, c. 22). Paulin de Nole signale également comme exceptionnelle l'orientation qu'il avait donnée à sa basilique : « Prospectus basilicæ non, ut usitatior mos est, Orientem spectat, sed ad domini mei beati Felicis basilicam pertinet, memoriam ejus adspiciens. » (Paulini, *Epist.* XXXII, ad Severum, § 13).]

[1]. [Les rubriques du Missel romain, révisé par ordre de Sixte-Quint sont positives à ce sujet : « Osculato altari accedit ad cornu ejus sinistrum id est epistolæ. — Primum incensat reliquias quæ a dextris sunt, id est a parte evangelii prope crucem. » (*Rit. servand. in celebr. miss.* IV.)]

[2]. [On peut voir, au sujet de la séparation des sexes dans les églises, Sarnelli, *Antica basilicografia*, c. 15; et Bingham, *Origin. eccles.*, l. VIII, c. 5.]

[3]. [« Usus frequentior et rationi vicinior habet in Orientem orantes converti et pluralitatem maxime ecclesiarum eo tenore constitui. » (Walafrid Strabon, c, 4.)]

tage le tribunal du bruit qui se faisait dans la basilique; chalcidique était le nom de cette pièce [1]. La plupart des églises, depuis le déclin du ve siècle, reçurent une addition du même genre en avant de leur abside (fig. 32).

A l'extrémité des colonnades on établit un corps de bâtiment transversal porté à même hauteur de comble que la nef et mis en communication avec la partie antérieure de la basilique par trois arcades ouvertes de toute la largeur de ladite nef et de ses bas côtés. C'est ce que nous appelons en archéologie un *transept, transseptum*, construction jetée en travers. Les anciens ne paraissent pas avoir eu de terme pour dénommer cette construction.

Le transept procura un sanctuaire plus spacieux et mieux délimité que cette partie n'avait été auparavant. L'autel fut placé dans le milieu, entre l'abside qui s'ouvrait dans le mur de fond et la grande arcade, *arcus maximus, arcus triomphalis,* percée sur la nef.

En prolongeant la construction du transept hors de l'alignement des bas côtés, on donna au plan de la basilique la forme d'un tau, configuration pour laquelle les

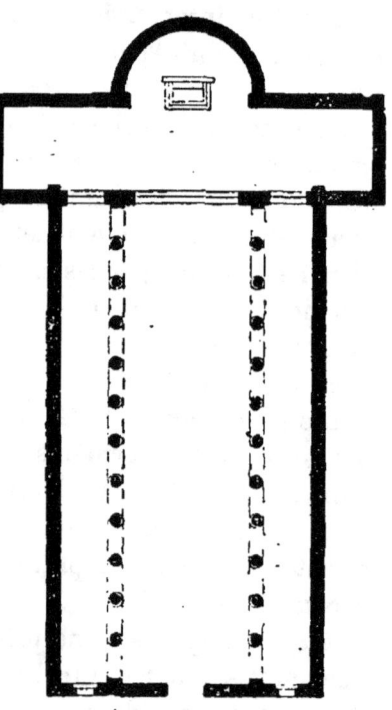

Fig. 32.

chrétiens eurent une prédilection particulière parce que le tau était l'image de la croix; aussi les basiliques disposées de cette façon furent-elles dites en croix, *in modum crucis*[2]. Les parties en saillie sur le reste de l'édifice ont porté le nom d'ailes, *alæ*. Pour nous ce sont les bras du transept, quelques-uns disent les croisillons. La manière la plus claire de les distinguer l'une de l'autre est de les appeler conformément à leur orientation, *bras méridional, bras septentrional*.

---

1. [Vitr., lib. V, c. 1, 4.]
2. [C'est ce que Grégoire de Tours dit de la basilique élevée à Clermont par l'évêque Namatius : « Totum ædificium in modum crucis habetur expositum. » *Hist. Franc.*, l. II, c. 16).]

Dans toute la suite des siècles, on n'a plus cessé de faire des églises à transept dans la double forme qui vient d'être indiquée : celles-ci à transept contenu dans l'alignement des bas-côtés; celles-là à transept saillant.

Du dôme ou tour centrale. — Beaucoup d'églises de la Gaule présentèrent à leur transept, depuis la fin du ve siècle, une disposition qu'on ne retrouve pas dans les basiliques de l'Italie, mais qui paraît avoir été celle de certaines basiliques, à Constantinople et dans d'autres grandes villes de l'Orient. Saint-Jean d'Ephèse et les Saints-Apôtres de Constantinople[1], l'église de Bethléem[2] en étaient des exemples.

Le transept était partagé en trois pièces par deux murs de refend percés chacun d'une grande arcade, qui étaient comme la continuation des colonnades de la nef, l'*altarium* était transformé par là en un emplacement carré contenu entre quatre percements, savoir l'ouverture de l'abside, l'arc triomphal et ces deux arcs latéraux nouvellement introduits.

Grâce à l'appui des quatre murs dans lesquels étaient pratiquées ces quatre arcades, il fut possible de surélever la construction. On la conduisit par delà les combles de la nef et des bras du transept. Percée de fenêtres de tous les côtés, elle prit l'apparence d'une lanterne carrée, polygone ou ronde, au sommet de laquelle fut montée la toiture qui couvrait l'autel[3]. C'est ce que les écrivains de l'époque mérovingienne ont appelé la tour par excellence, *turris*. Le vrai nom, pour nous, devrait être le dôme, car c'est bien à cela que répondent les expressions *domus aræ*, *domus altaris*, familières à nos anciens auteurs; mais puisque le sens de dôme s'est restreint à celui de coupole, nous aurons recours à une autre expression qui sera *tour-lanterne*. La tour versait sur le sanctuaire une lumière abondante, et annonçait de loin cette partie capitale de l'église assimilée au Saint-des-saints du temple de Jérusalem. Pour lui donner plus d'effet, on la couronna d'un campanile en bois doré, *machina*[4], *arx*[5], ouvrage élégant qui se composait de plusieurs retraites d'arcades à jour, étagées les unes sur les autres[6]. Il y eut ordinairement trois étages, d'où l'épithète de *tristega* appliquée au campanile.

---

1. [Hübsch, pl. XXXII, fig. 5.]
2. [Vogüé. *Les églises de la Terre-Sainte*, pl. II.]
3. [Voir à l'appui de tout ceci le mémoire sur la *Restitution de la basilique de Saint-Martin de Tours*, ci-dessus, p. 43 et s.]
4. [Greg. Turon., *De glor. martyr.*, c. 92.]
5. [Fortunat, *Carmina*, l. III, 5.]
6. [Voir la description donnée par Grégoire de Tours de la tour-lanterne

Particularités relatives à l'abside. — De très bonne heure la destination de l'abside fut changée dans plus d'une église de la Gaule. Cette partie cessa d'être le *presbyterium* pour devenir le *martyrium*, c'est-à-dire l'endroit où reposait, sous un beau monument, le corps du saint patron de la basilique, ou la relique à qui s'adressait particulièrement la dévotion du lieu. Il en était ainsi avant l'an 500 dans l'église primitive de Saint-Martin de Tours [1].

Cet usage se répandit dans les siècles suivants. Il était général sous les rois de la seconde race.

L'abside primitive n'avait pas eu d'autre jour que celui qu'elle recevait de la nef ou du transept. Transformée en martyrium, elle fut percée de fenêtres. Il y a plus, les probabilités qui ressortent de l'interprétation de certains textes, sont que des absides du vi^e siècle furent percées entièrement à leur base, c'est-à-dire supportées sur des colonnes ou sur des piles, au moyen de quoi elles étaient mises en communication avec une galerie basse qui les contournait, de telle sorte que la disposition si caractéristique du chevet des églises modernes remonterait à cette antiquité [2].

Dès la première moitié du vi^e siècle, il y eut des basiliques que l'on disait établies en trois membres, non que leur plan différât de celui des autres, mais leurs trois parties, nef et bas côtés, étaient considérées comme autant d'églises, chacune avec son patron particulier [3]. Il semble que l'ancien Capitole de Rome, qui avait contenu dans son enceinte [4] trois sanctuaires à la fois, ait suggéré l'idée de ces temples

---

élevée au-dessus de l'autel de la basilique de Saint-Antolianus à Clermont. (*De Gloria martyr.*, c. 65.)]

1. [Voir ci-dessus, p. 46 et s.]

2. [M. de Rossi a amplement démontré cette particularité (*Bull. di archeologia cristiana*, 3e série, t. V, 1880) dans une intéressante étude qu'il a faite sur l'abside de l'église Saint-Sévère à Naples. D'après lui, elle se rencontrait dans cette église de Naples ; dans la basilique de Saint-Côme et Saint-Damien, à Rome, dédiée par le pape Félix IV (526-536); dans la basilique de Sainte-Marie-Majeure, reconstruite par Sixte III (433-440). On la trouverait également dans un petit oratoire récemment signalé au milieu des ruines de Tebessa en Algérie. Enfin il rapproche de ces divers monuments la petite lampe en forme de basilique, qui fait aujourd'hui partie de la collection Basilewski, et qui a été maintes fois décrite. Voir en particulier, *Bull. de la Soc. des Antiq. de France* 1865, p. 140.]

3. [« Disposuit fabricavitque triplicem in una conclusione basilicam, cujus membrum medium in honore S. Mariæ virginis cultu eminentiore construxit, ex uno latere domui Johannis, ex alio S. Martini subjecit. »(*Vita S. Cesarii*, c. 32.)]

4. [La *cella* du temple de Jupiter Capitolin était triple, la partie centrale était vouée à Jupiter, celle de gauche à Junon, celle de droite à Minerve (Voir Saglio, *Dict. des Antiq. grecq. et rom.*, t. I, p. 902.)]

chrétiens. Les bas côtés, tout comme la nef, eurent leur autel et leur abside ouverte dans le mur de fond aussi bien que la nef; mais ces absides latérales furent toujours plus petites que celle du milieu. En archéologie on les appelle absidioles (fig. 33).

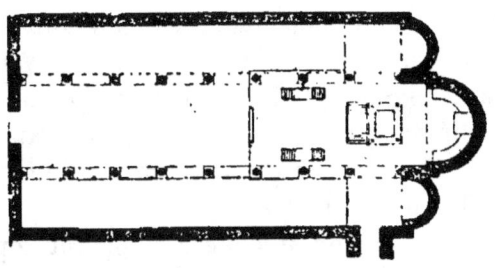

Fig. 33.

Origine du chœur. — Les renseignements que nous possédons sur les basiliques carolingiennes s'accordent à nous les représenter, leur abside reculée au fond d'une pièce carrée qui augmentait la profondeur de cette partie. En d'autres termes, un petit corps de bâtiment de la largeur de la nef, mais plus bas de comble fut interposé entre le transept et l'hémicycle du fond[1]. On profita plus tard de cet accroissement pour y transporter les chantres et autres membres du clergé inférieur qui avaient eu jusque-là leur place en haut de la nef, et c'est pourquoi cette partie a fini par s'appeler le chœur; mais cette dénomination ne s'introduisit pas avant le XIe siècle.

Des dépendances du sanctuaire. — Des constructions basses appuyées contre les murs du sanctuaire de la basilique et mises en communication avec celle-ci par des portes, remplissaient le même office qu'aujourd'hui les sacristies, mais avec des appropriations liturgiques différentes. Le nom de ces dépendances a changé selon les temps et les lieux. On a dit *pastophorium, diaconicum, gazophylacium, secretarium, vestiarium, thesaurus*. Les trois derniers termes sont ceux dont l'usage a été le plus répandu.

Leur place était contre le mur de fond, à côté de l'abside, ou contre l'abside elle-même. Les basiliques de l'Italie en fournissent plusieurs exemples. A Saint-Clément ce sont deux cellules carrées qui ont leur entrée à l'extrémité des bas côtés; à Saint-Jean-de-Latran, c'était un appentis à six pans qui enveloppait l'abside, et telle était

---

1. [Nous trouvons cette disposition dans un document graphique dont il sera plusieurs fois question ci-après, et qui date du commencement du IXe siècle, nous voulons parler du célèbre plan de Saint-Gall, publié par Mabillon (*Annal. Bénéd.*, t. II, p. 570), Albert Lenoir (*Archit. monast.*, t. I, p. 24) et bien d'autres.]

la largeur de cette construction que l'architecte avait jugé à propos de la diviser en deux par un rang de colonnes ; à Saint-Félix de Nole, église construite par le gallo-romain saint Paulin, deux *secretarium* formaient deux absidioles profondes ouvertes sur la grande abside [1]. Dans les basiliques carolingiennes, lorsqu'elles furent pourvues d'un chœur, la plupart des mêmes dépendances fut au nord et au midi contre les murs de ce chœur. Dans le plan qui fut tracé vers 830, pour la construction de la basilique de Saint-Gall, ces appendices sont indiqués comme devant avoir deux étages : au midi la sacristie où l'on serrait les vases sacrés et le vestiaire au-dessus ; au nord le bureau des écrivains et la bibliothèque.

Dans un temps plus ancien, une pièce d'apparat appelée *salutatorium* adhérait soit au transept soit à la partie supérieure de l'un des bas côtés, lorsqu'il n'y avait pas de transept. C'était à la fois une salle d'attente et de réception pour l'évêque, les jours qu'il officiait dans la basilique, et pour les hauts personnages qui venaient y faire leurs dévotions. Les données manquent pour nous représenter la configuration du *salutatorium*.

Particularités relatives à la nef et aux bas côtés. — La nef et les bas côtés, qui constituaient le corps de la basilique, sont ce qui changea le moins. Toutefois les convenances d'appropriation, les nécessités liturgiques ou le manque de ressources ont fait introduire dans ces parties des dispositions dont il est bon de dire un mot parce qu'elles paraissent avoir eu une certaine généralité.

D'abord il faut mettre en ligne de compte la substitution des piliers aux colonnes. Elle fut plus fréquente à mesure qu'on s'éloigna davantage de l'antiquité, par la raison que les ruines des anciens monuments exploitées depuis des siècles ne fournissaient plus de colonnes. Dans nos contrées septentrionales où ces supports n'avaient point été prodigués comme en Italie, on était obligé, pour en avoir, de les faire venir de loin à grands frais [2].

---

1. [« Cum duabus dextra lævaque conchulis intra spatiosum sui ambitum apsis sinuata laxetur, » parlant un peu plus loin des vers qu'il fit peindre au-dessus de l'entrée de ces deux absidioles, Paulin ajoute : « In secretariis vero duobus, quæ supra dixi circa apsidem esse, hi versus indicant officia singulorum. » (*Epist.* XXXII *ad Severum*, § 13 et 16).]

2. [On sait que Charlemagne fut obligé d'envoyer chercher à Ravenne les marbres et les colonnes dont il eut besoin pour la décoration de la basilique d'Aix-la-Chapelle (Labbe, *Conc.*, t. IV, col. 1770). Lorsque Conrad, frère de l'impératrice Judith, fit restaurer l'église de Saint-Germain d'Auxerre, il envoya chercher des marbres à Arles et à Marseille. « Eruderatis edificiorum ve-

Ces piliers qui étaient encore d'une bonne proportion au IXe siècle, se montrent avec une tendance de plus en plus prononcée au surhaussement dans les monuments qui nous restent du Xe siècle. A Saint-Pierre de Vienne, ils ne sont à proprement parler que des colonnes à fût carré. Ils sont dénués de tout ornement d'architecture sauf une étroite moulure d'imposte, qui le plus souvent était arasée, ne régnant que dans le tableau du cintre sans se retourner sur la face antérieure et postérieure du pilier. La décoration devait consister en peintures exécutées sur des enduits qui ont disparu.

Les arêtes des piliers de la Basse-œuvre, à Beauvais, sont toutes chanfreinées.

A Rome, dans les basiliques des siècles postérieurs qui ont conservé leurs rangs de colonnes et qui sont dénuées de transept, la colonnade est interrompue environ aux deux tiers de la nef par une petite partie de mur plein, qui produit l'effet d'un trumeau. Très probablement on pratiqua aussi en Gaule cette disposition qui avait pour objet de marquer l'endroit où commençait le chœur.

Nos basiliques sans transept du IXe et du Xe siècle ont quelquefois figuré en plan cette partie absente, voici comment : les arcades de la nef finissaient des deux côtés, en avant de l'abside, par une ou deux arcades, d'une ouverture extraordinaire, et très basses sur leurs piédroits. A ces arcades correspondaient dans le mur de clôture des bas côtés l'ouverture d'oratoires ou chapelles profondes [1].

Sainte-Praxède de Rome présente une disposition curieuse qui n'a pas été assez remarquée (fig. 34). Voici en quoi elle consiste. L'ordonnance architectonique de la nef, qui se compose de colonnes architravées, est interrompue de distance en distance par de grandes arcades ; celles-ci traversent l'édifice, et leur extrados se termine par un pignon engagé sous le comble. De cette façon la nef est divisée en quatre pièces complètement indépendantes l'une de l'autre à la partie supérieure. La construction de Sainte-Praxède a une date certaine ; elle

---

terum circumquaque ruinis, ingentem marmorum pretiosorum copiam, obtentu partim, partim pretio congregavit. » (*Mirac. S. Germani auct. Herrico* dans les *Acta SS. Julii*, t. VII, p. 273.) Lorsqu'on reconstruisit, en 812, la basilique de Maguelonne, on l'orna de colonnes arrachées aux édifices antiques de Nîmes (Dom Vaissette, *Hist. du Lang.*, t. I, pr., p. 19).]

1. [Une disposition de ce genre se voit à l'église Saint-Brice de Chartres. Les arcades qui séparent la nef des bas côtés se continuent sans interruption dans toute la longueur de l'édifice. Seulement la travée qui précède immédiatement le chœur est percée d'une arcade plus large de cintre et plus basse de piédroits que celles de la nef auxquelles elle succède.]

appartient au pontificat de Pascal Ier (817-824)[1]. L'église San-Miniato de Florence, qui n'est que du xie siècle, a sa nef divisée par deux arcades de même façon. Probablement on a cherché, par cet artifice, à préserver le comble d'une destruction totale en cas d'incendie, car si le feu atteignait la charpente, comme cela n'arrivait que trop souvent, ses ravages étaient limités à l'intervalle contenu entre deux pignons.

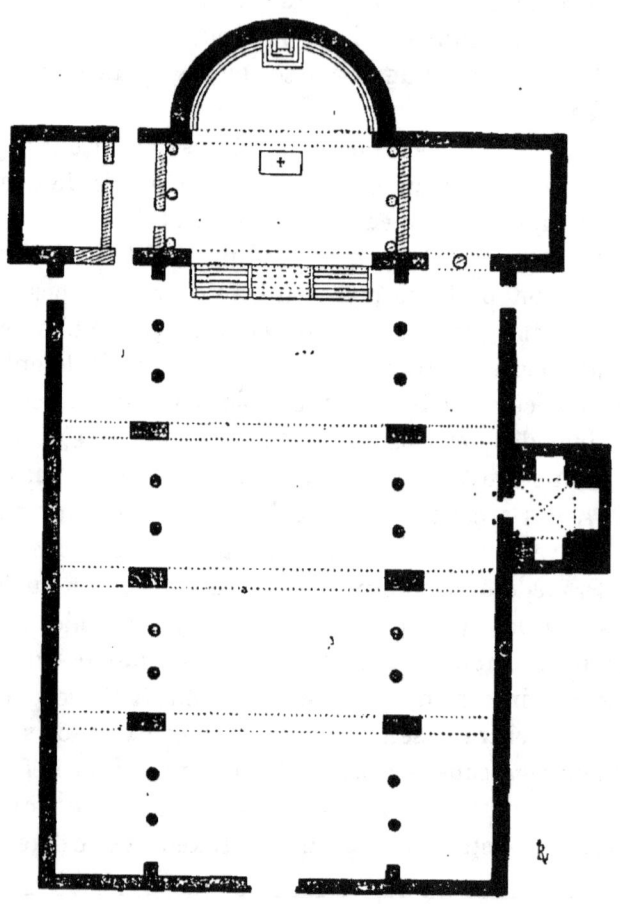

Fig. 34.

Comme un très grand nombre de nos églises construites dans les premiers temps qui suivirent l'abandon de l'architecture romaine se montrent distribuées de la sorte; il y a toute apparence que ce système avait été adopté en Gaule auparavant; on peut même con-

---

1. [Anastas. *in vita Paschalis I*. — Cf. Ciampini. *Vetera monimenta*, t. II, p. 143 et s.]

jecturer que son application exceptionnelle dans une église de Rome tient à une influence toute gallicane, qui s'explique par l'autorité dont la famille carolingienne jouissait à Rome, lorsque Sainte-Praxède fut fondée.

Les bas côtés de toutes les basiliques italiennes sont aveugles ; ils n'ont maintenant et n'ont jamais eu de fenêtres. En était-il de même en Gaule ? Le dessin qui nous a été conservé de la basilique de Saint-Riquier [1] vue de flanc prouve que cet édifice était ajouré par de grandes fenêtres sur toute la longueur de son bas côté méridional, mais il faut dire que cette partie donnait sur une cour. Un trait qui doit avoir été commun aux basiliques gallicanes et à celles de l'Italie, c'est que lorsque celles-ci ont double bas côté, la couverture des deux galeries n'a cependant qu'un seul versant. Elle consiste en deux demi-combles qui se suivent sous une même inclinaison. Il s'ensuit qu'il y a eu place au-dessus de la colonnade intermédiaire pour un ordre bas d'architecture analogue à ce qu'on appelle un attique dans l'architecture classique. Cet ordre est remplacé dans la basilique de Saint-Paul-hors-les-Murs par un rang de percements pareils à des baies de fenêtres [2].

L'ordinaire était que les bas-côtés fussent flanqués de corps de bâtiments étroits, divisés en pièces appelées chambres, *cubicula*, qui communiquaient avec l'église par des portes monumentales ; ou bien ces chambres étaient l'équivalent de ce qu'on a appelé aussi oratoires ou exèdres, parce que ces réduits contenaient une abside. Les dévots s'y livraient à la méditation et à la prière ; les privilégiés y recevaient la sépulture, ou bien elles servaient de logement à des personnages d'un certain ordre. Le plan de Saint-Gall, déjà cité, indique dans les dépendances du bas côté septentrional de l'église, la résidence du chef de l'école monastique, un autre logement pour les religieux étrangers qui étaient reçus dans l'abbaye et une chambre réservée pour l'évêque du diocèse lorsqu'il venait la visiter.

Il est bon de noter aussi que beaucoup d'églises des temps les plus anciens, indépendamment des portes dont était percée leur façade, en

---

1. [Ce dessin, exécuté au XIIe siècle, représente la basilique de Saint-Riquier, construite par Angilbert au IXe siècle. Il a été gravé dans l'ouvrage de Petau, *De Nithardo illiusque prosapia* (Paris, 1612), et plus exactement dans les *Annales bénédictines* de Mabillon. M. Lenoir a reproduit la gravure de Petau dans son *Architecture monastique*, t. I, p. 27.]

2. [Voir les vues intérieures de la basilique de Saint-Paul données par Bunsen, *les Basiliques de Rome*, pl. V ; Hübsch. *Monum. de l'archit. chrét.*, pl. XI ; et Lenoir, *Architecture monastique*, t. I, p. 177.]

avaient d'autres sur leurs bas côtés. On entrait dans celle de Saint-Martin par le midi et par le nord [1].

Enfin il est certain que l'on construisit nombre de petites basiliques sans bas côtés, qui ne se composaient par conséquent que d'une nef. La plupart des paroisses rurales élevées à l'époque barbare furent dans ce cas. C'est l'édifice que les textes du temps de Charlemagne et de ses successeurs désignent sous le nom de *capella*, chapelle, et ce nom de chapelle a été pendant longtemps celui de toute église de campagne. même paroissiale. Presque tout ce qui nous reste des anciennes constructions religieuses de la Gaule appartient à des chapelles de ce genre.

De la façade et des choses y attenantes. — La façade des basiliques dessine la coupe de l'édifice : d'une largeur extrême par le bas, elle se rétrécissait à une certaine hauteur par deux rampants entre lesquels se dégageait la montée de la nef couronnée par un fronton.

Voici l'ordre des percements : trois et quelquefois cinq portes; celle du milieu plus haute que les autres, à toutes s'appliquait l'épithète de *regiæ*, royales [2]. Elles étaient fermées par des vantaux de bronze ou de bois sculpté, munies intérieurement de portières en riches étoffes; dans la partie supérieure un rang de cinq ou sept fenêtres; dans le tympan du fronton un œil-de-bœuf. Ce tympan ainsi que le pourtour des fenêtres admettait de la décoration en mosaïque.

Devant les portes régnait un large portique fermé aux deux bouts, qui ne paraît pas avoir eu de nom particulier dans l'église latine. Les Grecs l'appelaient *narthex* dont *ferula* est l'équivalent; mais *porticus* est la dénomination qui fut la plus employée en Gaule, d'où nous avons fait *porche*. C'est sous ce portique que stationnaient en attendant les moments où ils pouvaient être admis à l'église, ceux qui ne devaient pas assister à la totalité des offices.

La fameuse basilique Ulpienne, bâtie à Rome par Trajan, se terminait à ses deux extrémités par une abside [3]. Des basiliques chrétiennes d'une

---

1. [Voir la *Restitution de la basilique de Saint-Martin*, ci-dessus, p. 38 à 40.]

2. [Aringhi cite l'épitaphe d'une femme enterrée à Saint-Pierre, auprès de la seconde colonne du portique extérieur en avant de la porte : « Ad Sanctum Petrum apostolum ante regia, in porticu, columna secunda » (*Roma subterranea*, l. II, c. x). Une charte de l'an 471 publiée par Mabillon, mentionne les rideaux suspendus « ante regias basilicæ » (*De re diplom.*, p. 462). Anastase dit que le pape Léon III fit faire des images d'argent « in ingressu basilicæ, supra regias majores ». (Voyez, en outre, les nombreux exemples recueillis par Du Cange au mot *Regia*.)]

3. [Le fragment du plan antique de Rome, conservé au musée du Capitole, sur lequel est gravée une partie de la basilique Ulpia, montre qu'elle avait à l'une de ses extrémités une construction en hémicycle. On suppose, d'après

grande antiquité furent accommodées à ce plan. Elles eurent sur leur façade une abside tournée en sens inverse de l'abside du fond. Ainsi était l'église de Saint-Vital et Saint-Agricol, élevée à Clermont en Auvergne en 470[1]. C'est aussi la disposition que présente le plan de Saint-Gall. Il n'y avait plus à Saint Gall qu'une porte ouverte dans l'axe de chacun des bas-côtés et le porche avait été supprimé.

Fig. 35.

Pour beaucoup de basiliques secondaires, le porche se réduisait, comme on le voit encore aujourd'hui devant tant d'églises de village, à un avant-corps percé d'une ouverture sur chacune de ses faces, qui enveloppait la grande entrée.

Voyons maintenant ce qui attenait quelquefois au revers de la façade dans l'intérieur de l'église.

---

l'ordonnance symétrique de toute la construction, que cet hémicycle était répété à l'autre extrémité. (Voir Saglio, *Diction. des Antiq. grecques et rom.*, t. I, p. 679, et les autorités qu'il cite en note.)]

1. [« Inante absidem rotundam habens. » (Greg. Turon., *Hist.*, l. II, c. xvi.)]

Le *pronaos*, délimité le plus souvent par une simple balustrade, prenait dans certaines basiliques un aspect tout à fait monumental moyennant une colonnade qui traversait le bas de la nef. Il était surmonté alors d'une tribune[1]. Cette disposition n'était guère usitée que dans les basiliques étagées. La tribune mettait alors en communication les galeries supérieures des deux côtés (fig. 35).

D'autres basiliques furent munies d'un transept à leur entrée, soit un transept limité à l'alignement des bas côtés, soit un transept faisant saillie par l'allongement de ses bras. Alors la façade devenait carrée, à moins qu'on ne prolongeât le comble de la nef jusqu'à l'aplomb de cette façade en le continuant par un versant unique sur chacun des bras du même transept, auquel cas on obtenait pour la façade un amortissement en fronton.

Il est arrivé en effet que le transept antérieur a reçu les mêmes divisions que celui du sanctuaire. Les deux bras furent séparés de la partie centrale par des murs de refend percés chacun d'une grande arcade. Bien plus, on en vint à élever sur le carré central un dôme pareil à celui du sanctuaire, et ce dôme fut couronné, ainsi que l'autre, d'un campanile à plusieurs étages. Cette riche ordonnance était celle de la basilique de Saint-Riquier. Elle inspira les constructeurs de maintes églises au XIe siècle.

Dépendances extérieures des basiliques. — Un des traits par lesquels la basilique chrétienne a différé de la basilique judiciaire, c'est que, tandis que celle-ci était ouverte de toutes parts dans l'endroit le plus fréquenté de la ville, l'autre fut éloignée autant qu'on le put de la voie publique. Il y eut pour le moins une cour établie devant la basilique, de toute la largeur de sa façade. Cette cour, environnée de portiques qui se raccordaient avec le narthex ou porche d'entrée, constituait l'*atrium*, nous disons l'aitre de l'église. Comme on y enterra de bonne heure les fidèles qui s'étaient recommandés par leurs mérites, elle fut appelée aussi *paradisus*, parvis.

L'aitre était environnée de portiques qui se raccordaient avec le porche d'entrée. L'ensemble des galeries s'appelait *triporticus* ou *quadriporticus*, selon qu'elles étaient au nombre de trois ou de quatre.

Les basiliques somptueuses des temps les plus anciens eurent un premier enclos, triportique ou quadriportique, qui précédait l'atrium. Ainsi se présentait la façade tournée du côté de la Saône, une basi-

---

1. [Cette disposition se présente notamment dans la basilique de Sainte-Agnès-hors-les-Murs à Rome.]

lique édifiée à Lyon vers 460 par l'évêque Patient. C'était le temps où l'on ne ménageait pas les colonnes. Les deux enceintes extérieures de la basilique de Lyon formaient chacune un triportique et tous les supports étaient des colonnes en marbre des Pyrénées[1]. Plus tard on réserva le marbre pour les intérieurs. Nos auteurs, depuis le VIIe siècle, ne parlent plus de la magnificence des portiques extérieurs, preuve qu'ils étaient établis de la manière la plus simple sur des supports en maçonnerie ou même sur des poteaux.

Sous les portiques latéraux de l'aitre donnaient [parfois] des cellules qui servaient de logement aux moines habitués de la basilique ou aux plus recommandés parmi les malades qui venaient y chercher leur guérison.

Au milieu de l'aitre se trouvait ordinairement une vasque d'où sortait un jet d'eau ou bien une citerne. Cet accessoire a été désigné sous les noms de *phiala, cantharus, puteus*. C'est là que les fidèles, avant de pénétrer dans la basilique, faisaient les ablutions, dont la prise d'eau bénite à l'entrée des églises est une réminiscence.

De très bonne heure en Gaule, l'aitre perdit son importance et son aspect monumental. Ce fut une petite cour sans portique entourée de bâtiments ou seulement de murs. L'aitre indiqué sur le plan de Saint-Gall est un espace de terrain en hémicycle de la largeur de la façade qu'il enveloppe. Il est clos par un mur auquel s'appuie un portique soutenu par des piliers.

Ce changement tient à deux circonstances. La société tout entière étant devenue chrétienne, la classe des catéchumènes disparut; d'autre part la discipline s'adoucit à l'égard des pécheurs; comme les grands coupables furent les seuls exclus des sacrements, on cessa de voir ces troupes de pénitents qui assiégeaient auparavant les abords de la basilique en attendant le jour de la réconciliation.

Enfin l'extension que prit l'institution monastique obligea d'augmenter les dépendances de l'église en vue de ceux qui la desservaient.

A partir du VIe siècle, la plupart des basiliques de fondation nouvelle furent affectées à des communautés de moines, souvent si considérables qu'elles comptaient plusieurs centaines de personnes. Puis, sous la seconde race, une règle imitée de celle des monastères, la règle des chanoines, fut imposée par les conciles nationaux au clergé des

---

1. [« Huic est porticus applicata triplex
Fulmentis Aquitanicis superba
Ad cujus specimen remotiora,
Claudunt atria porticus secundæ. »
(Sidoine Apoll., *Epist.*, l. II, 10.)]

cathédrales et de toutes les grandes basiliques séculières. Les bâtiments nécessaires aux actes de la vie commune de ces pieuses congrégations furent établis sur l'un des flancs de l'église, et l'on trouva commode de les disposer autour d'une cour carrée. C'est là que fut transporté sous le nom de cloître, *claustrum*, le quadriportique devenu inutile sur la façade ; il s'est maintenu à cette place pendant toute la durée du moyen âge.

Des clochers. — Ce n'est point ici le lieu de disserter sur l'origine des cloches. Qu'il suffise de dire que l'emploi de cet instrument dans le culte chrétien n'est pas mentionné avant le vɪᵉ siècle, et que les cloches usitées à l'époque mérovingienne ne durent point dépasser en dimension celles dont nous voyons qu'on se sert encore aujourd'hui dans les collèges, dans les fabriques, dans les marchés. C'est seulement dans la seconde moitié du vɪɪɪᵉ siècle que les cloches acquirent un volume assez considérable pour qu'on ait été obligé de faire des constructions à part pour les suspendre. Le premier clocher dont il soit question est celui de Saint-Pierre du Vatican.

Cloche s'est dit *campana* et *clocca*, d'où les termes de *campanarium*, *turris campanaria*, *clocarium*[1], pour dire un clocher. On s'est servi aussi au ɪxᵉ siècle des mots *turricula*[2], *turris claxendix*[3], le premier par opposition à la *turris* ou dôme de l'église, le second quand il y avait un escalier en escargot pour monter en haut de la tour.

Les premiers clochers eurent en effet la forme de tours rondes et toujours d'un petit diamètre, preuve que les cloches qu'ils contenaient, si grosses qu'elles parussent à la génération qui les mit en usage, ne dépassèrent point le poids de quelques quintaux. Celles-ci étaient suspendues au sommet de la tour dans une partie évidée d'arcades que recouvrait un comble en pavillon. Le reste de la construction était parementé sans autres ouvertures que des meurtrières qui éclairaient la montée.

Le dessin déjà cité de Saint-Riquier nous montre deux tours de cette façon, appliquées chacune à l'un des bras des deux transepts, dont cette basilique était munie. Mais très souvent le clocher ou les clochers furent séparés du corps de l'église. On sait qu'en Italie, quantité d'églises de tous les siècles du moyen âge ont leur clocher séparé

---

1. [Voyez les nombreux exemples recueillis par Du Cange aux mots *Campana* et *Clocarium*.]

2. [Voir dans la légende de sainte Anstrude (*Acta SS. ord. S. Ben.*, sect. II, nᵒˢ 13 et 14.)]

3. [*Mirac. S. Bertini*, lib. II, c. 3.]

d'elles par une distance souvent considérable. C'est que l'Italie s'est tenue à cet égard à la pratique des temps carolingiens. Le plan de Saint-Gall indique deux tours rondes placées symétriquement sur le devant de l'église en dehors de l'aitre; et qui, à ce que semble indiquer le dessin, communiquaient avec le portique par des galeries couvertes.

Jusqu'ici tous les commentateurs ont pris ces deux tours pour des clochers; cependant la légende qui les accompagne ne dit pas cela. Elle leur attribue seulement la destination de lieux d'observation et d'oratoires dédiés aux anges, l'un à saint Michel, l'autre à saint Gabriel [1]. A une époque plus ancienne il existait déjà en avant de certaines basiliques de ces tours sous l'invocation de saint Michel qui certainement ne furent pas des clochers. Il y en avait un au VIIe siècle à l'entrée du monastère de Saint-Maur qui reproduisait en plan la forme d'une croix ou d'un quatrefeuille, *quadrifida*, dit le texte [2].

La force de l'habitude fit appliquer la forme ronde à des clochers construits même au XIIe siècle [3]; mais les exemples en sont rares, et il y a toute apparence que dès le Xe le plan carré eut la préférence.

Outre les grosses cloches qui annonçaient au loin les offices, on continuait, pour régler les exercices religieux du clergé, d'employer des clochettes. Elles sont appelées dans les textes *signum*, *schilla*, *nola* (en français : sin, esquielle, eschelette) Elles prirent place au IXe siècle dans les campaniles qui surmontaient les dômes.

Il ne faut pas oublier ce qui a été dit en commençant de la rareté et du peu d'apparence des constructions qui nous représentent l'architecture chrétienne de la Gaule à son état primitif; abstraction faite des cryptes qui constituent un genre à part. Ce sont moins des monuments que des vestiges de monuments. La plupart appartiennent à la région occidentale de la France, à la basse Normandie, au Maine, à la Touraine, à l'Anjou, à la Bretagne nantaise, au Poitou. En dehors de ces provinces, on ne cite que quatre ou cinq spécimens

---

1. [Celui qui est à gauche de l'entrée a pour légende : « Ascensus per cocleam ad universa super inspicienda. Altare sancti Michaelis in summitate. » Celui de droite : « Alter similis. Altare sancti Gabrielis in summitate. »]

2. [« In ipso monasterio ecclesiæ quatuor ædificatæ fuerant.... quarta quæ in modum turris quadrifidæ in ingressu monasterii altissime ædificata est, benedicta fuit in honore sancti Michaelis. » (Faustus, *Vita S. Mauri abbatis*, c. 48. dans Mabillon, *Acta SS. ord. S. Bened.*, t. I. p. 292.)]

3. [Un des clochers de forme ronde les mieux conservés, qui se voient en France, est celui de l'église Saint-Théodori d'Uzès. Il remonte au XIIe siècle. Revoil en a donné de bons dessins dans son *Architecture romane du midi de la France*, t. III, pl. XLIV à XLVI.]

largement distancés sur une ligne qui s'étend d'Arles à Beauvais. L'incertitude règne sur la date qu'il convient d'assigner aux uns et aux autres. Généralement on incline à les faire remonter le plus haut possible dans l'antiquité. Cependant si l'on réfléchit à la destruction systématique des églises opérée à la fois par les Normands, par les Hongrois et les Sarrasins et pendant une si longue suite d'années, il est difficile d'admettre qu'il nous reste quelque chose de plus ancien que le dixième siècle.

Cette conjecture est justifiée par un édifice à date certaine qui est précisément le plus important parmi ceux de son espèce : je veux dire la Basse-œuvre de Beauvais.

La Basse-œuvre de Beauvais, humble bâtiment écrasé par une gigantesque construction du XIIIe siècle, qui s'élève au-dessus de lui, nous représente la nef de la cathédrale de Beauvais réédifiée par l'évêque Hervé, vers 990. Elle est en petit appareil d'une extrême régularité et percée de fenêtres dont les cintres sont appareillés alternativement de claveaux de pierre et de briques.

Si cet exemple ne suffit pas pour qu'on en induise la contemporanéité des constructions analogues, au moins établit-il d'une façon péremptoire que la maçonnerie romaine était encore pratiquée sous le premier roi capétien dans le nord de la France.

C'est là d'ailleurs une limite extrême en deçà de laquelle on pourra trouver la brique mariée à la pierre dans la fabrique de certaines églises, mais non plus comme chaînage pénétrant dans le noyau de la construction. La brique employée alors a été amenée à la forme qu'on lui donne encore aujourd'hui. Elle est contenue tout entière dans le parement ; ses dimensions sur la tranche avertiront l'observateur qu'il est en présence d'un ouvrage moderne. Ce mode de maçonnerie s'est conservé jusqu'au XVIe siècle dans la haute Normandie, en Picardie et en Flandre.

III

DE L'ARCHITECTURE ROMANE

NOTIONS PRÉLIMINAIRES

L'architecture romane est celle des églises bâties entre le moment où l'on renonça à la façon de construire des anciens et celui où l'on arriva à la manière aérienne qui caractérise le moyen âge, c'est-à-dire depuis les environs de l'an mil jusqu'au milieu du douzième siècle.

La dénomination d'architecture romane existe depuis cinquante ans. Elle a été trouvée par une heureuse assimilation de l'art de bâtir avec le langage parlé à la même époque, lequel n'était plus le latin sans être devenu le français.

Le roman ne résulte pas d'une recherche frivole de la nouveauté. Il s'est produit par la force des choses. On y fut conduit bon gré mal gré parce qu'on voulut à un moment assurer la durée des églises en changeant l'une des conditions auxquelles leur fabrique était restée soumise jusque-là.

Les basiliques avec leur couverture de bois, leurs clôtures de plus en plus mal bâties et leurs grêles supports, n'étaient pas faites pour traverser les siècles. Elles vieillissaient vite sous l'influence d'un climat comme le nôtre, outre que des accidents auxquels on n'avait pas alors les moyens de rémédier, compromettaient sans cesse leur existence. Il faut mettre en première ligne l'incendie pour qui ces édifices étaient, en quelque sorte, une proie prédestinée. Il suffisait que le feu propagé du dedans ou du dehors, gagnât le comble pour que le mal devînt aussitôt irrémédiable. Une fois les fermes embrasées, la toiture s'effondrait. Elle déversait sur le sol un brasier ardent qui faisait éclater les colonnes, et celles-ci à leur tour tombaient en entraînant les murs avec elles.

Les sinistres de ce genre, très fréquents déjà tant qu'ils n'avaient été qu'accidentels, devinrent quotidiens pendant le siècle de dévastation que les invasions normandes suivies de l'anarchie féodale infligèrent au pays.

A force de voir le même désastre se renouveler, on finit par se demander s'il n'y aurait pas un moyen de le prévenir. L'idée des voûtes se présenta alors aux esprits. Il était évident que si une couverture de pierres était interposée entre la toiture et l'intérieur de l'édifice, on n'aurait plus à craindre du feu, en quelque endroit qu'il éclatât, autre chose que des dégats partiels. Un accident cessait d'entraîner la ruine totale.

Mais voûter les églises sans renoncer à leur donner la disposition basilicale était une aspiration qu'il était plus aisé de concevoir que de mettre à exécution. Pour en comprendre toute la difficulté, il faut connaître l'effet des voûtes sur les constructions qu'elles recouvrent.

Des voûtes. — *Voûte* est la prononciation française, du mot latin *voluta* ou *volta* (sous-entendu *structura*), parce que toute voûte affecte une direction courbe. Il n'est possible en effet de faire tenir des pierres sur le vide qu'en leur donnant une semblable direction.

La courbure d'une voûte s'appelle *cintre*. Cintre s'est dit d'abord de la ferme de bois, qui est nécessaire pour effectuer la construction de la plupart des voûtes.

Les murs sur lesquels est portée la voûte sont ses piédroits. On donne les noms d'imposte ou de naissances, à la ligne des piédroits à partir de laquelle la construction devient courbe.

La concavité d'une voûte, son dessous, qui est la partie en vue dans l'édifice qu'elle recouvre, s'appelle *douelle*; le rang de pierres ou la pierre unique, qui prend place au sommet de la douelle forme la clé; le dessus de la voûte est son extrados; les parties de l'extrados voisines des naissances sont les reins de la voûte.

Les voûtes sont construites en maçonnerie bloquée sur le cintre, ou bien d'appareil, c'est-à-dire formées de pierres auxquelles on a donné préalablement des faces courbes et des faces biaises. Le nom de ces pierres est *voussoirs*. La taille des voussoirs s'appelle *coupe*.

Une voûte, quelle que soit sa forme, exerce contre ses piédroits une pression oblique dite *poussée*, qui résulte de la tendance qu'ont à tomber par terre des matériaux pesants montés sur le vide, mais retenus par leur situation respective. L'effet de la poussée est de chasser les impostes au dehors, par conséquent de faire fléchir les murs; aussi les murs sur lesquels repose une voûte ont-ils besoin, pour résister à la force qui les pousse, d'être notablement plus épais que ceux qui n'auraient à porter qu'un comble en charpente.

On conçoit encore que plus la voûte est large, plus la poussée est forte, plus, par conséquent, les piédroits doivent être robustes; et une semblable progression est à observer suivant le degré d'élévation donnée aux piédroits.

Il y a beaucoup de sortes de voûtes. On peut ramener à six celles à l'aide desquelles opérèrent d'abord les architectes romans : le berceau, la voûte d'arêtes, la coupole, le pendentif, la trompe, la demi-coupole ou cul-de-four.

Berceau. — Le berceau ou voûte en plein cintre représente par sa configuration la moitié d'un cylindre creux (fig. 36). On peut le définir, une arcade prolongée. Sa largeur mesurée entre les impostes s'appelle corde; sa hauteur prise du milieu de la corde s'appelle flèche, et la flèche est le rayon du cercle qui détermine le cintre.

Fig. 36.

Le berceau est la voûte qui exerce le plus de poussée parce que la pression oblique descend de tous les points du sommet sur les impostes. A cause de cela les Romains, de qui le moyen âge tint la connaissance du berceau, n'exécutèrent jamais cette voûte que sur des murs massifs, autant que possible sans percements, ne dépassant guère en élévation la dimension de la corde ou largeur du cintre[1].

De la voûte d'arêtes. — La voute d'arêtes se définit théoriquement un berceau traversé à la hauteur de ses impostes par un autre berceau de même cintre (fig. 37). Le résultat de la pénétration est un compar-

Fig. 37.

timent de pierre en forme de calotte composé de quatre pans qui sont des triangles cylindriques s'assemblant sur quatre arêtes : d'où le nom donné à cette voûte. On appelle lunette le dégagement de la douelle de chacune des pièces latérales.

Une série de compartiments identiques construits à la suite l'un de l'autre composent une voûte susceptible d'être prolongée autant que bon semblera.

Dans chacune des pièces du compartiment d'arêtes la poussée s'exerce comme dans le berceau, c'est-à-dire qu'elle descend du

---

1. [M. Choisy a fort ingénieusement expliqué les procédés employés par les Romains pour construire les voûtes, dans son *Art de bâtir chez les Romains*. Paris, 1873, in-fol.]

sommet de la douelle sur les pentes de droite et de gauche. Arrivée aux arêtes elle dévie et prend la direction de celles-ci. Il s'ensuit que toutes les poussées des quatre compartiments aboutissent à la naissance des quatre arêtes, c'est-à-dire à quatre points isolés, où il suffit d'accumuler la résistance pour assurer le maintien de la construction. aussi une voûte d'arête qui n'est portée qu'à une hauteur médiocre au-dessus du sol peut-elle tenir sur quatre piliers.

De la coupole. — La coupole est une voûte sphérique, une calotte de pierres, dont la douelle représente le creux d'une moitié de sphère. Elle est formée d'assises semblables à autant d'anneaux qui vont en se rétrécissant jusqu'à ce que le vide n'offre plus de place que pour une dernière pierre taillée en cône tronqué, qui est la clé.

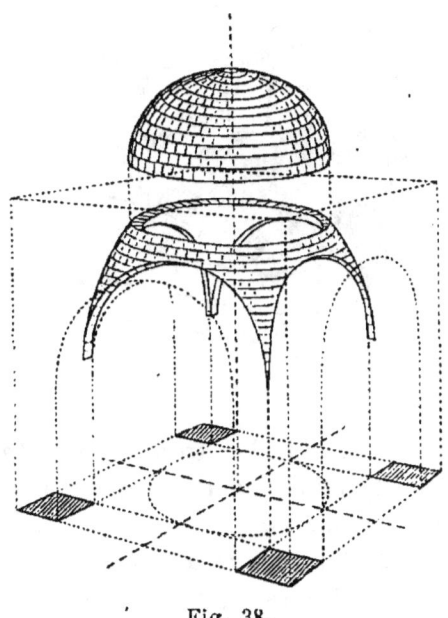

Fig. 38.

La propriété de la coupole est telle que tous les voussoirs qui composent ses assises s'entretiennent par la direction concentrique de leurs quatre faces de joint, par conséquent la construction, peut être interrompue à telle hauteur que l'on veut et, quoiqu'ouverte à son sommet, ne perdra rien de sa solidité.

Rien de plus simple que la pose d'une coupole sur des constructions rondes ou en forme d'un polygone de beaucoup de côtés, mais son emploi non moins fréquent a été de couvrir des emplacements carrés. Alors il a fallu que la construction qui était carrée par le bas, fût amenée dans sa montée à une forme ronde ou polygone. C'est ce qu'on appelle en terme de bâtiment racheter le carré. Cela s'exécute au moyen de voussures en porte-à-faux, sections de voûtes qu'on fait partir de chacun des angles du carré en les avançant sur le vide de l'un à l'autre des murs latéraux.

Quatre triangles sphériques qu'on fera naître ainsi des quatre coins du carré se joindront par leur base lorsqu'ils auront été suffisamment élevés et fourniront alors une assiette commode à la coupole, car leur jonction produira un cercle (fig. 38). Ces triangles sphériques sont ce qu'on appelle des *pendentifs* et c'est avec des pendentifs que doivent être rachetés les grands espaces que l'on veut couvrir d'une coupole.

Pour une coupole de petit diamètre qui peut être assise sur un octogone on fera naître de chacun des carrés une *trompe* qui est une

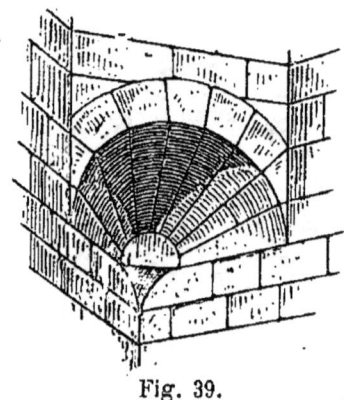

Fig. 39.

section de voûte conique (fig. 39). Les trompes avancées suffisamment sur le vide deviennent l'appui de quatre pans de murs obliques qui changent le carré en octogone.

De la voûte en cul-de-four. — Cette voûte, qui est celle qu'on a employée pour couvrir les absides n'est pas autre chose qu'une demi-coupole; sa configuration est donc celle d'un quart de sphère. Comme elle n'a jamais été posée que sur des hémicycles, la construction qu'elle surmonte répondant exactement à sa base, on n'a eu besoin, pour l'asseoir, de recourir à aucun artifice.

Essais de voûtes dans les basiliques. — Comme les voûtes ne peuvent être posées que sur des massifs puissants et d'autant plus robustes qu'ils ont plus d'élévation, on conçoit que les basiliques ne se prêtaient point à être voûtées, car les basiliques avaient pour clôtures à leur nef, qui était la partie capitale de leur fabrique, des murs de 10 à 15 mètres de hauteur, évidés par une série de percements à leur base et à leur sommet. C'est pourquoi les Romains ne mirent pas de voûtes sur les basiliques, ou, lorsqu'ils y en mirent, ils changèrent complètement la physionomie de cet édifice, car ils supprimèrent la division en galeries longitudinales et les colonnades. Témoin la basilique de Rome connue sous le nom de temple de la Paix[1].

Un fragment de saint Avit, récemment découvert, fait mention d'une basilique chrétienne voûtée dont cet évêque fit la dédicace à Genève vers l'an 500; autant qu'il est possible de comprendre la description très obscure qu'il en fait, cette église était surmontée d'une voûte d'arêtes[2]. Elle devait ressembler au soi-disant temple de la Paix.

Depuis le VIe siècle, les Grecs renoncèrent aux combles en charpente pour couvrir les églises. Le genre de voûte qu'ils adoptèrent à la place fut la coupole et ils ne l'appliquèrent qu'en détruisant, eux aussi, les dispositions primitives de la basilique, soit en donnant à l'édifice une forme ronde ou polygone, soit en le divisant en plusieurs pièces carrées consécutives.

On ne sait si la mode byzantine a trouvé grande faveur dans l'Occident à l'époque barbare. On ne peut citer que deux essais importants d'églises à coupole qui aient été tentés, l'un au milieu du VIe siècle à Ravenne; l'autre à la fin du VIIIe à Aix-la-Chapelle, tous les deux se rapportent au type byzantin de l'église octogone.

Voilà les faits exceptionnels que l'on peut citer quant à l'application des voûtes sur la totalité des églises. Diverses applications partielles qui ont eu un certain caractère de généralité sont aussi à mettre en ligne de compte Puisque la difficulté de voûter les basiliques résidait uniquement dans la nef, on ne s'étonnera pas que les parties basses des mêmes édifices aient pu recevoir des couvertures de pierre.

D'abord la pratique la plus répandue fut de voûter les absides, les unes en blocage, les autres en briques ou même en pierres d'appareil.

Des voûtes légères appuyées d'un côté au revers des colonnades et de l'autre contre les murs de clôture purent couvrir les bas-côtés de certaines basiliques. Il y a à Rome plusieurs exemples de cette disposition, qu'une phrase de Sidoine Apollinaire nous fait présumer avoir été celle de la basilique primitive de Saint-Irénée à Lyon.

---

1. [Ou plutôt sous le nom de basilique de Constantin.]

2. [« Firmissimo aliarum ædium fundamine cacumina nostra tutiora sunt, sinuatis e regione fornacibus dum se per totum scripturæ arquatilis nisus objectu mutuo propellit ac sustinet. » (*Études sur des papyrus du* VIe *s. renfermant des homélies de Saint-Avit*. Genève, 1866, p. 29.)]

La plupart des églises, dès l'époque mérovingienne, possédaient des cryptes ou chapelles souterraines. Quelques-unes de ces constructions qui subsistent encore se montrent invariablement voûtées d'arêtes ou en berceau.

Enfin nous avons la mention de plusieurs oratoires ou édicules religieux bâtis aux VIIe et VIIIe siècles qui furent voûtés, mais ces oratoires, on n'en peut pas douter, étaient des édicules dépourvus de bas-côtés.

Ce sont là autant de cas où les voûtes furent établies à de petites élévations et sans beaucoup de portée. Pour les construire on n'eut qu'à se conformer à la pratique des anciens, les règles de l'architecture restant ce qu'elles avaient été jusque-là, mais aussi on ne remédia en aucune façon à l'inconvénient qui a été signalé ci-dessus.

Essais du Xe siècle. — Le fractionnement du comble des basiliques par des pignons en maçonnerie, artifice dont il a été question ci-dessus[1], est l'unique préservatif qui paraisse avoir été imaginé contre l'incendie jusqu'au temps des invasions normandes. Il appartenait à ceux qui furent témoins de la destruction universelle des églises de concevoir un remède plus efficace. C'est, en effet, au Xe siècle qu'apparaissent des preuves certaines de l'emploi des voûtes. Mais l'époque n'était pas propice aux grandes entreprises et l'ambition des fondateurs se borna d'abord à mettre hors des atteintes du feu la pierre sacrée des autels, les corps saints qui reposaient dessous, en un mot tous les objets qui garnissaient le sanctuaire. Dans ce but, on voûta le chœur, cette pièce d'introduction nouvelle qui se trouvait entre l'abside et le transept, et l'on voûta aussi le transept.

Le chœur étant une construction peu élevée, à clôtures pleines, il était facile de poser dessus, soit un berceau, soit un compartiment d'arêtes. Afin d'accommoder les bras du transept au même genre de couverture, on les abaissa jusqu'à les transformer en oratoires, en chapelles qui faisaient saillie sur les flancs de l'édifice[2]. Quant au carré, il est démontré, par la représentation qui nous reste d'une église de ce temps-là, que l'on connut dès lors le moyen de le recouvrir d'une coupole.

Mais la nef fut laissée dans son état ancien, soit lambrissée sur toutes ses parties ainsi que se présente la Basse-œuvre de Beauvais,

---

1. [Voir ci-dessus p. 412 et 413.]
2. [C'est ce qui fut fait à l'église Saint-Étienne d'Auxerre par l'évêque Guy. Voir les *Gesta episcop. Autissiod*, c. 45, dans Labbe, *Nova bibl. mss. libr.*, t. I, p. 446.]

ouvrage d'environ 990, soit voûtée de briques sur ses bas-côtés, tandis qu'elle conservait la couverture de bois à sa nef, ainsi qu'était, au témoignage de Dudon de Saint-Quentin, la grande église de Fécamp reconstruite aux frais de Richard Ier, duc de Normandie[1].

AVÈNEMENT DE L'ARCHITECTURE ROMANE

L'architecture romane put s'annoncer dans les essais qui viennent d'être indiqués. Elle ne se constitua qu'au moment où l'on voulut que la nef eût sa couverture de pierre, aussi bien que les autres parties de l'édifice. Telle était l'entreprise, que ceux qui l'abordèrent furent obligés de renoncer du premier coup au plus grand nombre des mesures traditionnelles. Tous les écartements et tous les percements durent être diminués, toutes les clôtures et tous les massifs épaissis en prévision de la voûte qu'on avait à faire tenir dessus.

Ainsi les nefs des basiliques qu'on avait vues se présenter jusqu'alors avec une largeur à peu près égale à leur hauteur, n'eurent plus en largeur, au maximum, que le tiers ou quelquefois même que le quart de leur hauteur. Les bas-côtés furent resserrés dans une proportion analogue et de même les arcades et les fenêtres.

Aux clôtures légères succédèrent des murailles énormes, des piles massives remplacèrent les piliers dégagés, et à plus forte raison les colonnes qui servaient auparavant de points d'appui. Plus de ces portiques élégants qui faisaient la beauté des églises. Partout l'envahissement du vide par le plein, partout le parti pris du surhaussement imposé par la nécessité de regagner en élévation l'espace qu'on avait perdu dans le sens de la largeur. De là un contraste étrange entre le corps de l'édifice qui est ce qu'on a jamais fait de plus massif, et sa tendance qui est l'élancement. On s'en convaincra à la vue du dessin rudimentaire de la basilique transformée par la superposition d'une voûte (fig. 40).

Voilà la première ébauche de l'église romane, le grossier embryon d'où ne tardèrent pas à se dégager des membres qui répondirent à la

---

1. [« Mirabiliter miri scematis forma construxit in honore Sanctæ Trinitatis delubrum, turribus hinc inde et altrinsecus præbalteatum, dupliciterque arcuatum mirabiliter et de concatenatis artificiose lateribus coopertum. » (Dudon de Saint-Quentin, lib. III, édit. Lair, p. 291.)]

conformation du corps où ils s'ajoutaient et dont on verra plus loin s'accomplir le développement.

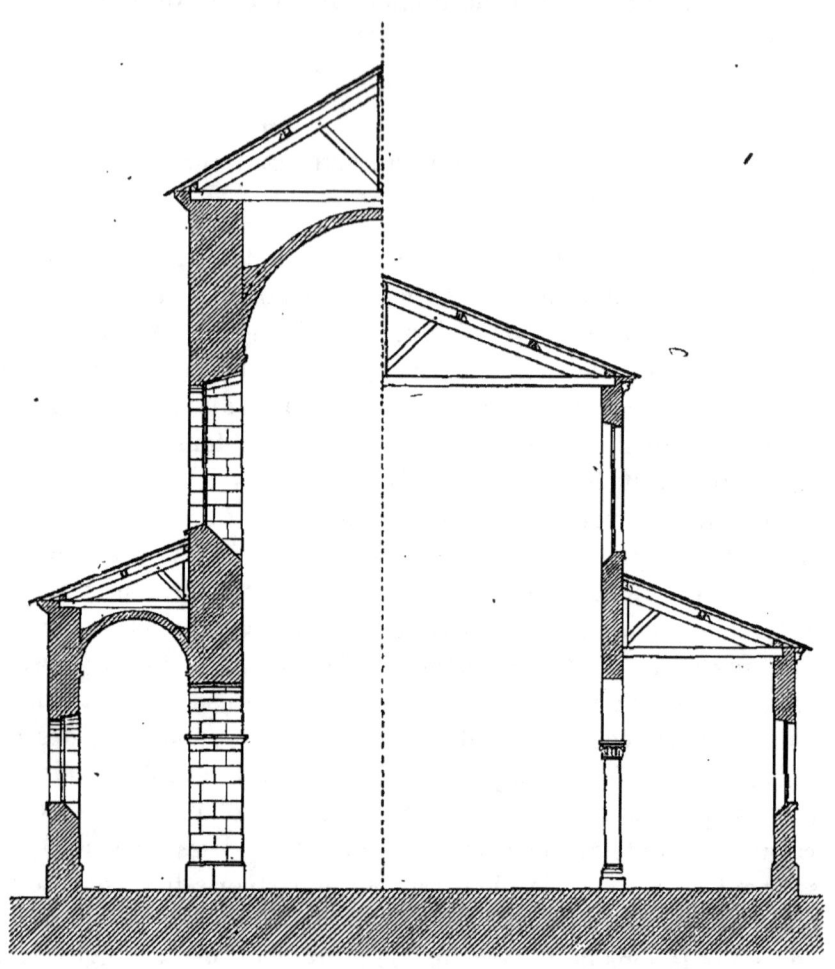

Fig. 40.

Le moine clunisien Raoul Glaber, dans un chapitre de son histoire intitulé : *Du renouvellement des églises dans le monde entier*, raconte qu'aux approches de l'an 1003 les populations chrétiennes de l'Europe occidentale saisies, comme par miracle, d'un transport de ferveur religieuse, se mirent partout dans les villes et dans les campagnes à démolir leurs églises pour les refaire dans une forme qu'elles jugeaient plus belle[1]; comme les plus anciens édifices de façon romane,

---

1. [Voici le texte de Glaber : « Infra supradictum millesimum tertio jam fere imminente anno, contigit in universo pene terrarum orbe, præcipue tamen

parmi ceux dont l'âge est connu, remontent ainsi aux premières années du xie siècle, il s'ensuit que nous avons dans le témoignage de Raoul Glaber, la date précise de l'avènement de l'architecture romane.

De l'avènement et non pas de l'invention. Tant d'hommes, en tant de contrées diverses, n'auraient point opéré simultanément sur une même donnée, s'ils n'avaient point été inspirés par des essais antérieurs. Nul doute que des églises à nef voûtée n'aient été déjà construites et en plusieurs lieux à la fois, dans les dernières années du xe siècle.

La question de date en fait naître une autre, celle de la provenance. L'idée de la nouvelle architecture appartient elle en propre à l'Europe occidentale, ou bien ne vient elle pas plutôt de l'Orient, région où l'on était rompu à la pratique des voûtes et où étaient connues toutes les propriétés de ce genre de construction?

L'origine orientale serait incontestable si l'on pouvait accueillir sans défiance une classe de monuments asiatiques dont les voyageurs et la photographie nous ont naguère apporté la connaissance. Je veux parler des plus anciennes églises de l'Arménie, églises entièrement voûtées, qui présentent combinée avec la coupole grecque, la disposition d'une nef établie entre des bas-côtés, églises, par conséquent, dont l'intérieur ressemble beaucoup à celui des nôtres. Plusieurs sont indiquées, soit par les historiens du pays, soit par des inscriptions encastrées dans leurs murs, comme remontant au ve siècle de l'ère arménienne, qui correspond à la plus grande partie du xe siècle et à quelques années du xie de notre ère chrétienne. Ainsi par exemple, pour les églises de Coumardo, Mokwi et Ani[1], nous avons des dates correspondant à nos années, 964, 965, 1010; mais ce qui est surtout surprenant, c'est que par leurs caractères architectoniques, ces mêmes églises appartiendraient en France, les deux premières au xie siècle, et celle d'Ani au xiie siècle avancé. L'apparence serait donc que notre architecture romane non seulement prit naissance en Arménie, mais

---

in Italia et in Galliis, innovari ecclesiarum basilicas, licet pleraque decenter locatæ, minime indiguissent. Aemulabatur tamen quoque gens christicolarum adversus alteram decentiore frui. Erat enim instar ac si mundus ipse excutiendo semet, rejecta vetustate, passim candidam ecclesiarum vestem indueret. Tunc denique episcopalium sedium ecclesias pene universas ac cœtera quoque diversorum sanctorum monasteria, seu minora villarum oratoria, in meliora quique permutavere fideles. » (Glaber, *Histor.*, lib. III, c. 4.)]

1. [Voir Brosset. *Rapport sur un voyage archéologique dans la Géorgie et l'Arménie, exécuté en* 1847-1848. Saint-Pétersbourg, 1849, pl. XIV et XXXV. [Voir Texier dans la *Revue générale de l'Architecture* publiée par Daly, t. III, p. 97 et surtout Brosset, *les Ruines d'Ani.*]

qu'elle y passa par les mêmes phases que chez nous, et cela avec un bon siècle d'avance sur l'Europe.

Avant de s'arrêter à cette conclusion, il sera bon d'attendre que l'enquête ait été poussée plus à fond. L'expérience a démontré qu'en pareille matière on peut être la dupe des textes les plus authentiques. Il suffit pour cela que le monument que ces textes concernaient ait été remplacé par un autre et qu'on applique à celui-ci ce qui concernait celui-là. Même avec des inscriptions on peut tomber dans ce genre d'erreur, parce qu'il est souvent arrivé au moyen âge que des inscriptions commémoratives de la fondation ou de la dédicace d'une église détruite, ont trouvé leur place dans l'édifice renouvelé. On peut donc s'attendre à ce qu'un archéologue exercé qui aura visité de nouveau les églises de l'Arménie revienne avec la preuve que loin d'avoir servi de modèle aux nôtres, elles ont été faites sur l'imitation des nôtres et que leur antiquité ne dépasse pas l'époque où l'influence latine s'exerça en Asie, c'est-à-dire le XIIe et le XIIIe siècles.

Mais sans aller jusqu'en Arménie, l'empire grec, au XIIe siècle n'avait pas cessé de communiquer avec l'Europe ; mais la Syrie, à la même époque, était traversée tous les ans par des foules de pèlerins qui se rendaient de l'Occident en Terre-sainte ; ne serait-ce pas de ces régions que le monde latin aurait tiré la connaissance et la pratique d'une nouvelle architecture ?

On l'a conjecturé plus d'une fois, on l'a même avancé, mais sans le prouver. Qu'il y ait eu dans la rénovation de l'an mil des idées suggérées par la vue des monuments religieux qui jalonnaient le chemin de Jérusalem, c'est un fait incontestable ; mais il n'est pas moins incontestable que ces monuments ne furent pas de si tôt des patrons auxquels on chercha à se conformer. L'imitation flagrante de modèles byzantins et syriens n'apparaît que dans l'art roman parvenu à sa maturité. Les premiers produits de cet art ont un air de barbarie indigène sous lesquels on ne démêle nettement que des traits de provenance romaine, des combinaisons empruntées à certains édifices tels que les amphithéâtres et les thermes, dont les ruines se rencontraient alors partout dans nos pays. D'autre part l'inexpérience manifeste des plus anciens architectes de cet école éloigne l'idée qu'ils aient été des maîtres appelés du dehors.

DES PREMIÈRES ÉGLISES ROMANES

De ces églises bâties en si grande quantité et si vite que ceux qui les virent s'élever crurent être témoins d'un miracle, il ne reste pour ainsi dire rien. Des pays entiers n'ont pas conservé les vestiges d'une seule. Ailleurs elles n'existent que par fragments défigurés qu'un œil exercé parvient seul à démêler dans la fabrique plus moderne qui les enveloppe. Le petit nombre de celles qui subsistent à peu près entières, dérogent par le trait principal au système de la nouvelle architecture.

Que conclure de là ? C'est que les premières églises romanes n'eurent point de durée, c'est que par le vice de leur construction, elles furent incapables de traverser les siècles, au contraire de ce qu'avaient espéré ceux dont elles étaient l'ouvrage. Après plus ou moins d'années de service, ces édifices s'écroulèrent ou durent être démolis. On en sauva ce qu'on put : des pans de murs, une abside, quelques arcades de nef, les cryptes dont la construction s'était effectuée sans sortir des pratiques connues. Les tours étaient dans le même cas, n'ayant que des étages étroits, enfermés entre quatre murs : aussi sont-elles ce qui s'est le mieux conservé des ouvrages de l'an 1000. Il y en a peu, parmi celles qui adhèrent aux anciennes églises, dont la base ne remonte à cette antiquité.

Ce n'est pas seulement par l'inspection des monuments qu'on est instruit de l'existence éphémère des premières églises romanes. Les chroniques des cathédrales et des monastères abondent en témoignages qui établissent le même fait. Rien de plus fréquent que les mentions d'églises bâties au XIe siècle, qui s'écroulent, les unes aussitôt après leur construction, les autres avant la fin du siècle ou dans le siècle suivant[1].

---

1. [Voici quelques exemples choisis entre mille : L'église de Beaulieu bâtie par Foulques Nerra, s'écroule en 1005, le jour même de sa dédicace (Glaber, l. II, c. 4); — l'église de Deutz, bâtie par Herbert, archevêque de Cologne, s'écroule de telle façon qu'il n'en reste pas pierre sur pierre : « ut lapis super lapidem non remaneret præter parietem parvulum. » (*Vita S. Heriberti*, c. 4. dans les *Acta SS. Martii*, t. II. p. 476). — les voûtes de Saint-Germain d'Auxerre s'écroulent en 1029, le jour même où l'on voulut les décintrer (*Chron. Roberti S. Mariani Autissiod. monachi*). — la cathédrale de Worms, construite vers 1002 par l'évêque Burchard, était à peine achevée depuis deux ans, quand elle s'écroula en grande partie (*Vita Burchardi episc.* dans Pertz, *Scrip.* t. IV, p. 839.) — La nef de l'église abbatiale du Mont Saint-Michel fut construite un peu après 1020, elle tomba en majeure partie en 1103. (*Gallia christ.* t. XI, col. 514 et 516.)]

Ce fâcheux résultat du travail de la première heure paraît avoir suggéré un compromis auquel nous devons les monuments du xi⁰ siècle qui se sont le mieux conservés. Ce sont des églises qui n'eurent point de couverture en pierre à leur nef, bien que leurs autres parties fussent voûtées. Nous en trouvons aujourd'hui dans toute la moitié septentrionale de la France, les unes nous sont parvenues telles qu'elles furent établies d'abord, ainsi les nefs des églises de Jumièges, de Montiérender, de Vignory (fig. 41) ; les autres ont été voûtées posté-

Fig. 41.

rieurement grâce aux restaurations d'un art plus avancé, par exemple Notre-Dame-du-Pré au Mans, Saint-Germain-des-Prés à Paris, Saint Etienne et la Trinité de Caen, Saint-Georges de Boscherville, Saint-Remi de Reims, etc. A cette même famille pourront être ajoutées les églises bâties ou rebâties au xi⁰ siècle que l'histoire atteste avoir été la proie des flammes, évidemment par le fait de leur couverture en charpente. De ce nombre sont les cathédrales de Bayeux, du Mans, de Chartres, de Cambray ; les abbatiales du Mont Saint-Michel, de

Saint-Martin de Tours, de Saint-Vaast d'Arras, de Saint-Riquier, de Corbie, etc.[1].

Mais quoique échappant à la condition principale de l'église romane, ceux de ces édifices dont nous pouvons juger sont parfaitement romans par leur mode de construction ainsi que par leur dessin architectonique. Le goût avait si vite et si complètement changé qu'on ne songeait plus à conserver les anciennes formules là même où elles auraient été de mise.

Le fait général souffre cependant une exception. Dans la vallée de la Loire, au-dessous d'Orléans, le renouvellement des églises s'opéra sous l'empire des vieilles traditions, qui y persistèrent un bon tiers de siècle après qu'elles avaient été abandonnées ailleurs. Là donc, il faut s'attendre à trouver des églises contemporaines des premières églises romanes, qui ont encore l'aspect de ce que nous possédons de plus ancien en fait de basiliques. Ce fait a échappé à nos meilleurs archéologues, trompés qu'ils furent par l'apparence, et confirmés dans leur erreur par une fausse date qu'on avait assignée à l'église Saint-Martin d'Angers. Cet édifice, aujourd'hui en ruines, est le produit le plus considérable de la mode arriérée que je signale et celui sur l'âge duquel on s'appuyait pour dater les autres. On le réputait du IXe siècle; il est de 1020 environ[2].

L'exemple de quelques retardataires faisant comme ils pouvaient dans une province éloignée, n'empêcha pas la réalisation du nouveau programme d'être poursuivie avec ardeur par les constructeurs d'églises. L'effort fut surtout remarquable au delà de la Loire et dans toute la moitié méridionale de la France. Il n'est pas de combinai-

---

1. [Voir dans la *Revue archéologique*, t. XVI. p. 684, la longue liste dressée par M. Champollion-Figeac des incendies d'églises dont les textes du XIIe siècle font mention.]

2. [La plupart des auteurs ont attribué la construction de ce monument à l'impératrice Hermengarde, femme de Louis le Pieux, morte en 818. Mérimée (*Notes d'un voyage dans l'Ouest de la France*, p. 317), Godard-Faultrier (*L'Anjou et ses monuments*, t. I. p. 204), Caumont (*Cours d'Antiquités monum.*, t. IV, p. 102, et *Abécédaire d'archéologie*, 5e édit. p. 109) et bien d'autres après eux ont adopté cette opinion. Mais un document rapporté par Hiret (*Antiquitez d'Anjou*, p. 177), nous apprend que le comte d'Anjou, Foulques Nerra et sa femme Hildegarde, firent rebâtir l'église Saint-Martin qui tombait en ruines. « Dolentes ecclesiam Sancti Martini longo tempore tam destructam esse ut vix a duobus presbyteris Deo inibi serviretur, eum reedificare tantum conati sunt ut tredecim canonicos ibi ad serviendum Deo constituerent. » On trouvera les coupes et plans de cette église exactement dessinés dans Gailhabaud, *Monuments anciens et modernes*, t. II.]

sons qui n'aient été essayées, pas d'expédients qui n'aient été mis en œuvre pour arriver à rendre durables en même temps qu'acceptables par leurs proportions des édifices entièrement couverts de voûtes. Une recherche si persévérante aboutit à la réussite qu'elle méritait. Dans les vingt dernières années du XIe siècle l'architecture romane était en possession de tous ses moyens. Elle était constituée avec l'unité de principe et la variété de formes qui caractérisent cet art original et fécond.

DES ÉLÉMENTS CONSTITUTIFS DE L'ARCHITECTURE ROMANE.

Avant d'aller plus loin, il est bon de faire connaissance avec les procédés dont se montre pourvue l'architecture romane parvenue à sa maturité. Presque tous furent adoptés afin de remédier aux conséquences des écartements, dangereux pour la solidité de l'édifice lorsqu'ils étaient trop grands, nuisibles à ses effets lorsqu'ils étaient trop réduits.

Diversité de forme des cintres. — Le plein-cintre ou demi-cercle (fig. 42), et le cintre surbaissé, moindre que le demi-cercle (fig. 43),

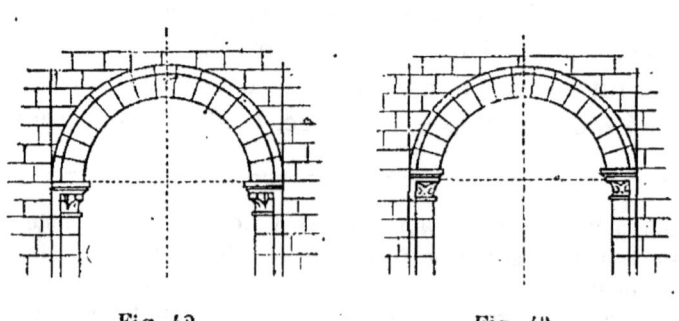

Fig. 42.   Fig. 43.

sont les seules courbes que nous ayons trouvé employées dans l'architecture des temps barbares. D'autres que celles-là apparaissent dans maintes constructions de l'époque romane, savoir :

1º Le cintre surhaussé, qui ne diffère pas par sa formule du plein-cintre, mais qui en diffère par son effet parce que les impostes architectoniques ont été placés au-dessus des impostes virtuels de la courbe (fig. 44);

2º Le cintre brisé qui, au lieu d'être comme le plein-cintre le produit d'une demi-révolution de compas, est formé par deux arcs de même rayon tirés chacun d'un centre différent, de manière à se couper sous un angle plus ou moins aigu (fig. 45).

La plupart des archéologues appellent *ogive* cette forme de cintre, par suite d'un contre-sens que l'on a commencé à commettre au siècle dernier sur la signification du terme *ogive*. Cela sera expliqué en son lieu [1]. Pour le moment, il suffit de dire qu'au moyen âge et depuis,

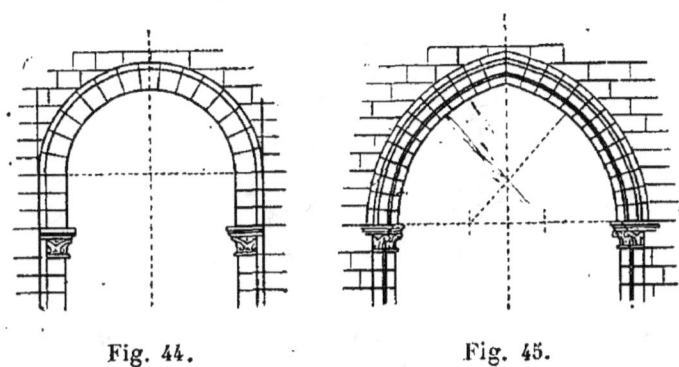

Fig. 44.   Fig. 45.

les praticiens appelèrent l'arc brisé *arc en tiers-point* ou *tiers-point* tout court. La résolution de cet arc, en effet, dépend de trois points dont deux déterminent la naissance de chacune de ses branches, et le troisième ou *tiers*, leur rencontre. Les trois points étant disposés comme pour construire un triangle isocèle, on obtenait les courbes voulues au moyen de l'opération de géométrie qui consiste à décrire deux segments de cercles ayant pour cordes les côtés du triangle, et pour centre un point de sa base.

Une autre erreur est d'avoir fait du cintre brisé la caractéristique de l'architecture du moyen âge avancé par opposition à l'architecture romane. La brisure a été pratiquée dès le XIIe siècle. Sans parler des églises de cette époque en très grand nombre où elle se montre à l'état d'exception, comme expédient employé pour sortir d'une difficulté de construction, on la trouve, dans d'autres églises, systématisée déjà au point d'avoir affecté tous les grands cintres, sinon les petits [2].

On a discuté à perte de vue sur l'origine du cintre brisé. L'invention en a été attribuée, par les uns aux peuples du Nord, par les autres aux Arabes. Il est démontré aujourd'hui qu'il eut ses premières applications dans l'architecture des Perses, or cela dès le temps des Arsacides; qu'il fut longtemps pratiqué dans la Haute-Asie sans que

---

1. [Voir ci après p. 497 et s.
2. [Voir ci-dessus, p. 74 et s., les articles relatifs à l'ogive et à l'architecture romane.]

les Romains ni les Grecs qui en eurent connaissance, jugeassent à propos de se l'approprier ; que les Arabes le transportèrent en Afrique et en Espagne ; enfin que les chrétiens occidentaux y eurent recours dès leurs premiers essais d'églises voûtées. D'ailleurs, il est visible, par l'usage qu'on en fit d'abord dans nos contrées, qu'il fut adopté plutôt comme un pis-aller que comme une forme à laquelle on trouvât de l'agrément. Les yeux s'y habituèrent peu à peu, par l'usage.

Fig. 46.

3° Le cintre en fer à cheval, dont la formule est celle du plein cintre outrepassé (fig. 46). En d'autres termes, c'est un demi-cercle continué sous son diamètre pour aller chercher ses impostes qui sont établies plus bas que ce diamètre. Il n'y a que la vue des monuments arabes qui ait pu suggérer cette forme de cintre. Qu'elle ait été importée de l'Orient ou de l'Espagne, ce fut certainement avant l'époque des croisades[1]. Son emploi dans l'architecture romane ne descend pas en deçà de l'an 1100.

Fig. 47.

4° Le cintre tréflé, combinaison de trois segments de cercles produisant la figure d'un trèfle (fig. 47). C'est là encore une fantaisie

---

1. [L'arc en fer à cheval a dû être fort employé à l'époque carolingienne,

d'origine orientale, mais qui, au contraire de la précédente, ne parut pas chez nous avant le XIIe siècle.

Arcs doubleaux. — Lorsque les Romains faisaient leurs berceaux en pierres d'appareil, il leur arrivait quelquefois de rompre la continuité de la voûte en établissant dans sa douelle des arcs d'une forte saillie qu'ils montaient sur des pilastres ou sur des colonnes engagées. C'était comme une charpente de pierre sur laquelle s'effectuait la pose du berceau. On donne à ces arcs le nom d'arcs doubleaux [1].

Fig. 48.

L'architecture romane, dès ses premiers essais, non seulement s'appropria l'arc doubleau, mais en fit l'un de ses membres, on peut dire indispensables; car celles de ses voûtes qui n'en ont pas sont une rareté.

Outre que cet artifice facilitait la construction du berceau, il pro-

---

si on en juge par les miniatures de cette époque qui en fournissent de nombreux exemples. On en voit d'assez accusés dans l'église de Germigny-les-Prés, dont l'attribution au commencement du IXe siècle est indiscutable.]

1. [L'amphithéâtre de Nîmes offre un exemple bien conservé d'arcs doubleaux de l'époque romaine. Le corridor qui forme la dernière précinction du second étage est recouvert d'une voûte en berceau, soutenue par des doubleaux qui retombent sur des culs-de-lampe.]

curait une certaine atténuation de la poussée par le déplacement de cette force à chacun des points où les arcs aboutissaient. Raisonnant d'instinct sur ce fait, les constructeurs, afin de rendre leurs voûtes plus larges de corde ou plus hautes sur leurs piédroits, ont redoublé l'arc doubleau. Cette membrure est formée alors de deux assises de claveaux dont la seconde déborde la première des deux côtés, et procure ainsi une plus large assiette à la partie du berceau qu'elle supporte.

Dosserets. — Aux arcs doubleaux répondirent nécessairement des ressauts leur servant de piédroits. Ces pièces restèrent dessinées en façon de pilastres ou de colonnes engagées, conformément à la pratique des anciens; mais, dénaturées par le surhaussement, elles font l'effet d'une chose d'invention nouvelle. L'usage actuel est de les appeler pilastres ou colonnes engagées, suivant la forme qu'elles affectent; au moyen âge elles furent désignées par le terme générique de *dosserets*.

De la réunion des arcs doubleaux et des dosserets résulte une membrure puissante, qui sépare énergiquement chacune des travées d'architecture à l'intérieur de l'édifice, et qui accuse davantage la tendance de la masse générale à l'élancement.

Quelque chose d'approchant se passe au dehors par la présence des contreforts.

Contreforts. — On appelle ainsi des chaînes de pierre qui ressortent avec plus ou moins de saillie sur les parements extérieurs. Les contreforts sont appliqués au revers des dosserets, et ont [au moins] toute la hauteur de ceux-ci. Ils procurent un complément de résistance aux points où s'exerce la poussée des arcs doubleaux (fig. 48).

Les contreforts n'avaient eu leur emploi dans l'art des anciens que sous divers déguisements : simulant, par exemple, aux encoignures des temples, des pilastres appelés antes; autour des théâtres et des amphithéâtres romains, des colonnades à plusieurs étages; à l'extérieur des monuments en briques du Bas-Empire, des arcatures colossales. Il était réservé aux architectes romans de faire entrer dans la construction d'apparat le contrefort réduit à sa forme, qui est celle d'un simple étai. Une certaine hésitation cependant semble s'être produite à l'idée d'introduire dans les perspectives cette brutale garniture. Nous avons de très anciens exemples de contreforts ne s'élevant pas plus haut que le soubassement de l'édifice. Pour n'être vus que lorsqu'on est à proximité, ceux-ci ne sont pas d'un meilleur effet. D'ailleurs, s'ils suffisaient à la rigueur pour assurer la solidité de la construction, il y avait plus de sécurité à les faire monter jusqu'à la

Mode de percement des massifs. — La double nécessité de réduire les écartements des baies et de donner à celles-ci des proportions en harmonie avec la grandeur de l'édifice, a suggéré l'emploi de divers artifices qui ont leur raison d'être dans l'extrême épaisseur des murs que l'on avait à traverser. Ainsi les portes, les fenêtres, les grandes arcades, ont eu chacune leur mode de percement.

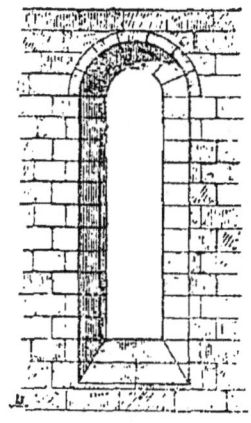

Fig. 49.

Le percement des portes est fait par retraite de voussures et de piédroits allant de dehors en dedans, jusqu'à la baie définitive qui est ordinairement carrée. Le couronnement de celles-ci est un linteau surmonté d'un tympan.

Aux fenêtres a été appliqué le percement biais, que l'on appelle *ébrasement*; procédé qui fait que la baie va en s'élargissant de dehors en dedans (fig. 49).

Fig. 50.

Pour les maîtresses-arcades on a usé du mode de percement

à deux reprises, ou par retraite de voussures et de piédroits ; c'est-à-dire qu'il y a sur chacun des parements une première ouverture qui n'est qu'une fausse arcade, laquelle en inscrit une seconde, et cette seconde est la baie véritable, celle qui traverse le noyau du massif.

Il existe des percements du même genre, pratiqués à travers des massifs si puissants, qu'on a cru devoir faire l'ouverture à trois et quatre reprises. C'est le cas des arcades ouvertes entre la nef et le transept des églises, ou bien de celles qui règnent au rez-de-chaussée de certaines tours. Dans ce cas-là, il y a étagement de cintres et de piédroits du noyau au parement (fig. 50).

Supports dans l'intérieur des baies. — Lorsqu'il a fallu pratiquer

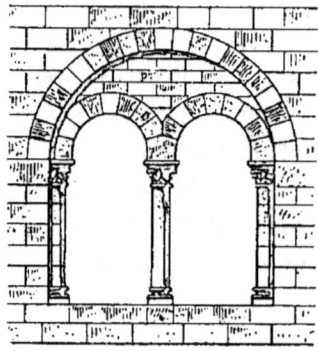

Fig. 51.

des baies dont la largeur donnait de la crainte pour la solidité de la construction, on a eu soin de leur donner beaucoup moins d'élévation qu'aux autres et en outre on les a divisées en deux ou trois arceaux montés sur des colonnettes ou sur des piles intérieures, qui sont les supports désignés dans l'ancienne langue sous les noms de meneau et de trumeau.

De là dérivent de nombreux motifs d'architecture d'un effet caractéristique ; par exemple, ces baies jumelles dont les voussures du côté du vide, portent sur une seule colonnette par le moyen d'un linteau taillé en dépouille.

De là provient ce genre de percement qui consiste à mettre sous le cintre d'une baie largement ouverte une cloison de pierre ou tympan, en faisant porter ce tympan, suivant son épaisseur, soit sur des couples ou triplets d'arcades ayant des colonnes pour piédroits communs, soit sur un trumeau (fig. 51).

[Les architectes romans ont imaginé de corriger la sécheresse des lignes produites par les ressauts successifs des supports, en ornant de colonnes ou de colonnettes les angles des piédroits tant à l'ouverture de l'abside qu'aux portes, aux fenêtres et aux grandes arcades.]

Ces colonnes n'ont pas d'autre objet que de décorer l'architecture. Lorsque ces supports d'ornement sont en granit, en porphyre ou en marbre, on peut tenir pour certain qu'ils proviennent d'un monument antérieur. Ils sont en pierre lorsqu'ils ont été taillés exprès pour la place qu'ils occupent.

Un moyen plus expéditif et moins dispendieux d'obtenir la même décoration a été de tailler l'arête du piédroit en manière de colonnette engagée : ce procédé se généralisant a contribué pour une part notable aux effets de l'édifice, parce qu'il a servi à adoucir la dureté des profils produits par la multiplicité des dosserets.

Les colonnes angulaires avaient déjà eu leur emploi pendant les siècles de barbarie. D'un autre côté, des monuments byzantins qui remontent au VIe siècle offrent des baies jumelles séparées par un meneau. Les baies à double voussure furent pratiquées dans l'architecture romaine du temps de l'Empire. Nous avons dit qu'il en fut de même des arcs doubleaux, des dosserets, des contreforts, et que les singularités de forme introduites dans les cintres avaient eu leurs précédents dans l'architecture des Orientaux. Donc les éléments constitutifs du roman préexistaient à sa naissance ; donc l'originalité très grande de cette architecture résulte, non pas de ce qu'elle créa de toutes pièces ses moyens, mais de ce qu'elle fit plier à ses convenances des moyens déjà connus, mais employés jusqu'alors dans des conditions différentes.

APPAREIL DE LA CONSTRUCTION ROMANE

Appareil des clôtures. — L'usage du grand appareil, de plus en plus rare pendant les siècles de barbarie, s'était perdu tout à fait au Xe siècle. On ne connaissait plus alors que la construction de blocage entre des parements de toutes petites pierres. Le nouveau système d'architecture paraît avoir eu pour principe l'abandon du petit appareil. Le noyau de blocage, conservé dans la construction romane, fut invariablement enveloppé de parements en matériaux qui étaient, vu l'état des chemins et la pauvreté des moyens de transport, ce que l'on pouvait alors se procurer de plus grand ; mais ces parements ne constituent à nos yeux que du moyen appareil.

Le fait qui vient d'être énoncé a souffert des exceptions locales.

Ainsi la Touraine, l'Anjou, la Bretagne nous offrent des églises datant, pour sûr, des vingt ou trente premières années du xie siècle et qui furent bâties encore en petit appareil à la romaine[1]. Les vieilles parties de l'église de Langeais, de Saint-Martin d'Angers, de Saint-Martin de Vertou en fournissent la preuve.

Dans d'autres provinces, l'usage du petit appareil réticulé, en épi, ou bien échantillonné selon des figures, jusqu'alors sans exemple, se conservera jusqu'en 1100, mais seulement comme revêtement de certaines parties de murs sur les façades ou au chevet des églises. Cette particularité se rencontre dans le Maine[2], en Poitou[3] et en Auvergne[4], en Béarn et en Bigorre, comme aussi, dans le pays de Caux, on voit, pendant toute la période romane et au delà, persister l'emploi des galets alternés ici par enchaînement ou par assises avec des pierres de taille, là avec des briques plates ou des carreaux de schiste.

Le moyen appareil employé dans l'architecture romane se présente, suivant les temps et les lieux, sous des aspects divers dont voici les principaux :

1° Pierres à faces hachées avec mortier rabattu en grande épaisseur sur les joints. C'est la continuation d'un procédé usité au xe siècle et qui s'est maintenu pendant tout le xie. Les constructions voisines de l'an 1000 qui ont été ainsi traitées laissent voir assez souvent dans leur fabrique d'anciennes briques romaines introduites çà et là dans les joints, plus souvent dans les joints montants que dans les joints de lit.

2° Pierres soigneusement layées sur les faces, assemblées à joints fins. Il résulte d'un témoignage de Guillaume de Malmesbury[5] que cet appareil ne fut connu en Angleterre que depuis les premières années

---

1. [Voir dans le *Diction. d'archit.* de Viollet-le-Duc, t. I, p. 89, un dessin représentant une portion de mur en petit appareil du xie siècle prise au bas-côté de la cathédrale du Mans.]

2. [Par exemple, à l'église du Ronceray, à Angers, qui fut reconstruite en 1028.]

3. [Notamment sur la façade de l'église du château de Chauvigny.]

4. [Les exemples en sont très nombreux dans cette province ; les plus curieux se remarquent dans les églises de Notre-Dame-du-Port, à Clermont, d'Issoire et de Saint-Nectaire. Le même genre de décoration se rencontre aussi dans certaines églises des provinces voisines de l'Auvergne, ainsi à Conques, dans le Rouergue, et à la cathédrale du Puy-en-Velay (fig. 52).]

5. [Cet auteur, parlant des églises de Salisbury et de Malmesbury, rebâtie par l'évêque Roger (1115-1139), dit : « Fecit ibi edificia spatio diffusa, numero pecuniarum sumptuosa, specie formosissima ; ita juste composito ordine lapidum, ut junctura perstringat intuitum, et totam maceriam unum mentiatur esse saxum. » Will. Malmesb., *Gesta regum anglorum*, lib. V, § 409.]

du XII⁰ siècle; en France, il remontait à l'époque barbare; il y en a des exemples du commencement du XI⁰ siècle en Provence et en Poitou[1].

3⁰ Pierres négligemment échantillonnées, ayant l'apparence de moellons plutôt que de pierres de taille. Les assises, quoique un peu brouillées, ne laissent pas d'être régulières; la liaison est du mortier employé sans bavure. Cet appareil a été le plus répandu au XI⁰ siècle. Il a servi à faire la plupart des parements des grandes surfaces de mur.

4⁰ Pierres smillées, échantillonnées pour la plupart en carrés parfaits, liées de mortier à la façon moderne : appareil d'un emploi général pour exécuter les piles, contreforts, jambages de portes, toutes les parties en un mot auxquelles il importait de donner plus de force.

5⁰ Pierres de taille alternant avec des briques massives en carreaux d'un pied de côté et d'une épaisseur de sept centimètres et au delà. Cet appareil est particulier à la Belgique. Nous en avons des échantillons dans ceux de nos départements qui confinent à cette contrée, notamment à Foigny. Les ruines de l'abbaye de Foigny sont exploitées par les gens du pays, en vue d'en retirer ces grandes briques qu'ils appellent : *Briques de Saint-Bernard*[2].

6⁰ Pierres de taille blanches et noires, assemblées par assises alternatives produisant une construction zébrée.

Il n'existe en France qu'un très petit nombre d'échantillons de cet appareil qui est celui de la plupart des églises romanes de la Sicile, de la Toscane, de la Ligurie et de la Catalogne. Nous n'en ferons qu'une classe avec l'appareil en mosaïque de pierres de taille de deux, trois et même quatre couleurs, appareil dont firent usage les constructeurs auvergnats. (Fig. 52.)

7⁰ Carreaux de pierre calcaire soigneusement layés, posés de champ sans enduit, mais engagés par leur face intérieure dans le mortier du noyau. Viollet-le-Duc a signalé cette méthode comme un expédient dont usèrent les architectes bourguignons pour simuler le grand appareil romain[3].

8⁰ Le même auteur a signalé l'existence d'un chaînage en solives, cachées dans la maçonnerie, qui reliait ensemble les piles et les contreforts de l'église de Vezelay[4]. Cet artifice doit avoir été d'un emploi

---

1. [Par exemple, dans les murs de la chapelle du château de Talmond.]
2. [*Annales archéol.*, t. X, p. 23, 24.]
3. [*Dictionn. d'Architecture*, au mot CONSTRUCTION, t. IV, p. 50.]
4. [*Annales archéol.*, t. II, p. 75.]

fréquent. On l'a constaté dans plusieurs des constructions militaires de l'époque.

[9° Enfin il faudrait ajouter les pierres taillées en bossage, c'est-à-dire dont les faces, seulement dégrossies à la hachette, ont conservé une apparence rugueuse, tandis que leurs bords, le long des joints, ont été soigneusement dressés au ciseau. Mais cet appareil ne fut d'un usage un peu fréquent que dans les constructions militaires.]

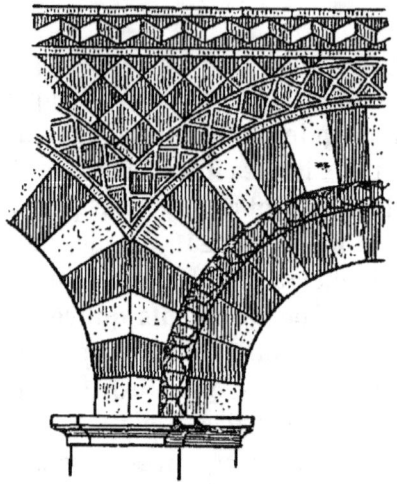

Fig. 52.

Le grand appareil vraiment digne de ce nom ne se montre qu'après 1100, et seulement dans un petit nombre des constructions religieuses de la Provence. Il fut dès lors ce qu'il ne cessa plus d'être dans toute la suite du moyen âge, une manière de parementer plus fortement les noyaux de blocage.

Appareil des voussures et voûtes. — Toutes les arcades romanes

Fig. 53.

sont uniformément appareillées de claveaux de pierre, d'une coupe régulière, mais très minces, par conséquent fort multipliés (fig. 53).

Le nombre des claveaux est d'autant plus grand que l'ouvrage est plus ancien. Dans les premières constructions du genre, des briques pourront se montrer encore associées aux claveaux de pierre.

L'extrados des arcades présente une courbe parfaitement concentrique à celle de la douelle. S'il en était autrement (comme par exemple aux baies percées dans les grosses piles de Saint-Front de Périgueux), cela pourrait être tenu non sans vraisemblance pour une pratique étrangère.

Les plates-bandes appareillées de claveaux en guise de linteaux devinrent d'un emploi fréquent pendant le XIe et le XII° siècle. C'est dans celles de la dernière époque que furent mises à la mode ces coupes compliquées avec des encoches angulaires ou rondes, qu'on appelle aujourd'hui des *crossettes*.

Les voûtes en berceau sont généralement bâties d'appareil avec des voussures qui ont tout l'air d'avoir reçu leur coupe sur le cintre, ces pierres n'ont pas eu besoin d'une régularité mathémathique, les défauts étant rachetés par des épaisseurs de mortier.

Avec la même méthode de tâtonnement ont été obtenus des berceaux formés d'assises en épi et d'assises réticulées.

C'est encore d'appareil qu'ont été faits le plus souvent les coupoles, culs-de-four, trompes et voussures établies sous les coupoles. Il y eut d'abord tant d'inexpérience en cette partie que des pendentifs d'une grande portée, tels que ceux de Saint-Front de Périgueux, purent être posés sur lits horizontaux, les voussures n'ayant de coupe que sur leur face extérieure. Cependant la science du trait se fit jour dès le commencement du XIIe siècle. La vis de Saint-Gilles, chef-d'œuvre d'appareil que ne se lassèrent pas d'admirer les générations subséquentes, les belles trompes des grandes églises du Midi et du Centre étaient construites avant 1140.

Autre fut la méthode de construction des voûtes d'arêtes. Elles ont été faites ordinairement de moellons plats, sans coupe, que l'on noyait dans une couche épaisse de mortier, cette couche étendue en premier lieu sur le cintre. Cela explique pourquoi l'on voit très souvent sur la douelle des voûtes d'arêtes romanes la marque des couchis de bois qui garnissaient le dessus du cintre, c'est aussi par ce procédé que furent faites d'abord les couvertes étendues entre les vides des croisées d'ogives.

Poterie dans l'appareil. — Dans l'épaisseur de quelques coupoles, notamment celle de Saint-Martin d'Angers, dans l'épaisseur des murs de certains chœurs, on a trouvé des pots de terre cuite qui y avaient été introduits vraisemblablement à des fins différentes. Les uns eurent pour objet d'alléger la construction, les autres d'augmenter la sonorité de l'édifice. Ce dernier emploi s'est conservé en deçà de la période romane.

Mortiers. — Aucune observation générale ne saurait être faite sur la qualité des mortiers romans. Elle a dépendu des ressources qu'offraient les localités et du degré d'expérience que possédaient les constructeurs. Dans les plus anciennes bâtisses romanes, il est plutôt bon que mauvais, il est même parfois d'une qualité qui vaut l'antique; mais aussi il arrive qu'un même ouvrage fortement cimenté dans la plus grande partie de sa fabrique, présente à d'autres places et sans qu'il y ait apparence d'une reprise postérieure, un mortier qui se détache des joints et qui s'écrase sous les doigts. La qualité devint uniforme par le progrès de l'industrie; mais l'amalgame perdit en même temps la ténacité extraordinaire qui l'avait recommandé jusque-là et qui fut dès lors considérée comme un secret perdu.

MOULURES

Le système de moulures de l'antiquité se trouvait appauvri jusqu'aux dernières limites du possible, lorsque l'architecture romane prit naissance. Il fut rétabli graduellement entre 1000 et 1120.

La restauration fut si complète en de certaines contrées (au sud et à l'est par exemple) que maints profils relevés dans les églises romanes de ces pays-là, ont pu être mis naguère au compte des Romains; cette méprise n'a pas encore cessé pour tout le monde.

A partir de 1120, commença une évolution dont la durée fut de près d'un demi-siècle, et par l'effet de laquelle le système éprouva une complète métamorphose.

Bases. — Au commencement du XIe siècle, on ne les trouve plus

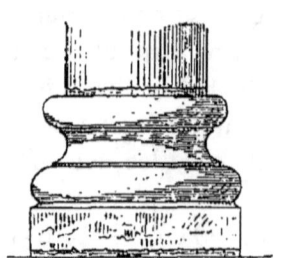

Fig. 54.

qu'au pied des colonnes et des pilastres. Elles ont toujours pour éléments principaux des tores, mais lourds, mal profilés, aplatis sur leur face, sans séparation entre eux ou séparés soit par de simples rainures, soit par des répétitions de listels d'un mauvais effet. La doucine qui avait pris place au bas des colonnes dès l'époque barbare se trouve doublée et triplée dans certains ouvrages de la fin du xie siècle. En corrigeant les profils, en remettant à leur place les scoties et les listels, les architectes ressuscitèrent les formes romaines (fig. 54), au point que, dans cette partie, leurs ouvrages sont notablement plus classiques que beaucoup de ceux dont la Gaule fut dotée même sous les premiers Césars.

[*Corniches*. — Les corniches sont réduites au début du xie siècle à une simple tablette de pierre formant une saillie plus ou moins prononcée sur les murs qu'elles couronnent. Grossièrement épanelées, elles

Fig. 55.

forment à cette époque un simple bandeau chanfreiné; quelquefois une moulure creusée en grain d'orge accompagne le chanfrein. Des modillons dont le dessin devient extraordinairement varié depuis la fin du xie siècle, forment dans tous les édifices romans un des éléments essentiels des corniches (fig. 55). Dans certaines provinces, particulièrement dans la région du bas Rhône et de la Méditerranée, les artistes romans ont copié les corniches des édifices romains, avec une exactitude remarquable.

Les tailloirs des chapiteaux et les cordons horizontaux qui séparent les divers étages des édifices ont, au xie siècle, cette même forme de bandeau chanfreiné que l'on trouve dans les corniches. Au xiie siècle, à la place du chanfrein on met ordinairement un tore, et les tailloirs des chapiteaux, jusque-là très simples, commencent à se couvrir de plusieurs rangs de moulures, combinées avec beaucoup de goût et d'habileté.]

DIVERSITÉ DE CONFORMATION DES ÉGLISES ROMANES

Il ne suffit pas de dire qu'une église est romane : il faut expliquer de quelle façon elle l'est; car les éléments qui viennent d'être énumérés ont abouti par leur emploi à des combinaisons de plus d'une sorte, et, d'autre part, on remarque entre les produits d'une même région un air de ressemblance qui les distingue de ceux d'une autre région.

Cette diversité est l'une des conséquences du morcellement qui fut l'état de la France au XIe et au XIIe siècle. Lorsqu'à la place d'un grand royaume, il y eut une quinzaine de petits États fermés les uns aux autres, on conçoit que l'architecture, s'essayant de tous les côtés à la fois à remplir un même programme, y soit parvenue par des moyens différents. Les chantiers de construction des grandes églises cathédrales ou abbatiales furent autant d'écoles indépendantes où se fixèrent des pratiques, que les ouvriers qui s'y étaient instruits portèrent ensuite dans les autres localités de la même domination; de sorte que les provinces eurent chacune leur façon particulière d'architecture romane.

M. de Caumont, à qui il appartient d'avoir signalé ce fait important, n'y a pas discerné autre chose qu'une diversité de style. Le point de vue est trop restreint, et le terme impropre. La différence entre les églises romanes des diverses régions dépend d'autre chose que de leur style; elle réside dans leur conformation. Or, le style n'est pas la forme; il n'est que l'expression de la forme. Quand on parle du style d'un monument, on entend une chose qui ne concerne que les parties délicates de la main-d'œuvre, comme par exemple l'ornement. Or, la différence entre les églises romanes des diverses régions dépend d'autre chose que de leur ornementation, d'autant que l'ornementation y peut faire défaut; elle réside dans leur conformation.

J'ai démontré, il y a bientôt trente ans, que ce qui entraînait la conformation d'une église romane, c'était la voûte employée pour en couvrir la nef[1]. En effet la forme de la voûte détermine non seulement les proportions, mais encore tout le dessin architectonique de cette partie de l'édifice à laquelle le reste se trouve forcément subordonné. Partant de ce principe, j'ai classé les églises romanes en trois espèces caractérisées par l'emploi à leur nef de la voûte en berceau, de la voûte d'arêtes ou de la coupole.

Cette distinction est la première chose qu'ait à faire l'observateur en présence d'une église romane; et pour cela il est nécessaire d'entrer dans l'édifice, parce que l'extérieur ne fournit sur le fait qu'il s'agit de constater que des indices insuffisants.

---

1. [Voir les articles publiés dans la *Revue archéologique*, t. VIII, p. 145; t. IX, p. 525; t. X, p. 65; t. XI, p. 668, et réimprimés ci-dessus, p. 86 à 152.]

Après l'examen de la nef, doit venir celui des bas côtés qui y adhèrent ; puis le transept et le sanctuaire à leur tour se présentent à l'étude, chacun avec un effet différent qu'ils doivent aussi à la forme de leur voûte respective.

LA NEF

La nef des églises romanes se présente avec des dispositions diverses qu'il importe de noter tout d'abord. Ainsi, elle peut être sans bas côtés, quoique l'ordinaire soit qu'elle en ait, comme aussi l'exception peut faire qu'elle les ait doubles ; elle peut être à trois, à deux ou à un seul étage d'architecture ; elle est éclairée directement par des jours pratiqués dans ses murs latéraux ou indirectement par la lumière qui lui vient des bas côtés, différence qui tient à un détail de conformation qui sera expliqué ci-après.

Toutes ces circonstances sont à mettre en ligne de compte, parce qu'elles ont déterminé le choix et les dimensions de la voûte employée par l'architecte.

Les voûtes qu'on trouve appliquées sur les nefs romanes sont le berceau, la voûte d'arêtes, la voûte à membrures croisées et la coupole. Les deux dernières n'ayant apparu que postérieurement, par suite d'apports étrangers, nous examinerons plus tard les œuvres auxquelles elles ont donné lieu.

Voûtes en berceau. — Ainsi qu'on en a déjà fait la remarque, le berceau proprement dit, la voûte cylindrique unie, ne se rencontre qu'à l'état d'exception, le cas ordinaire étant celui du berceau fractionné dans sa continuité par des arcs doubleaux, et l'on sait que les arcs doubleaux peuvent avoir été redoublés.

Mais le berceau n'a pas été seulement fractionné dans sa continuité. Il l'a été aussi quelquefois dans sa montée. Son cintre alors est un cintre brisé, et la voûte se présente avec un angle rentrant à son sommet (fig. 56). Traitée de la sorte, elle a l'avantage d'exercer une poussée beaucoup moindre sur ses piédroits ; et l'on conçoit aisément qu'il en soit ainsi, puisqu'elle est débarrassée de la partie de tête qui est, dans le berceau plein, ce qui fournit l'élément le plus considérable de la poussée.

Sous les berceaux brisés ont été mis, de même que sous les berceaux pleins, des arcs doubleaux simples ou redoublés ayant même brisure, par conséquent cintrés suivant des courbes concentriques.

Beaucoup d'églises du Bas-Poitou, du Limousin, de la Provence, qui remontent notoirement au xi⁰ siècle ou au commencement du xii⁰, sont couvertes en berceau brisé, en dépit de ce qu'on a dit tant de fois, que cette forme de cintre ne fut connue en France que depuis 1150.

Il existe une différence essentielle entre les nefs voûtées en berceau, selon qu'elles ont été faites pour résister toutes seules à la

Fig. 56.

poussée de leur voûte, ou qu'une partie de la résistance a été tirée des bas côtés, auquel cas les voûtes de chacun des bas côtés sont montées de façon à épauler celles de la nef. Dans le premier système, la nef est percée de fenêtres qui l'éclairent directement à droite et à gauche (fig. 57); dans le second, elle n'a de lumière latérale que celle qui lui vient des bas côtés (fig. 58).

Voilà déjà deux classes d'églises romanes qui seront caractérisées l'une par la nef à berceau dégagé, l'autre par la nef à berceau épaulé. Il convient d'en ajouter une troisième pour des églises conçues dans un système mixte, où le berceau étant épaulé plus bas que ses impostes, il y a place pour des fenêtres exiguës, qu'elles aient été percées où non.

Fig. 57.

La pratique du berceau dégagé a été générale dans la partie de la France que limite la rive droite de la Loire, dans tout son cours, à partir du Forez.

Fig. 58.

Le berceau épaulé à ses impostes appartient à la région comprise entre la Loire et le Rhône.

Le berceau épaulé plus bas que ses impostes est le système usité entre la rive gauche du Rhône inférieur et les Alpes.

Il est curieux que ces divisions répondent exactement à celles de la Gaule romaine : Celtique, Belgique, Aquitaine, Provence.

Le berceau dégagé est en plein cintre ou brisé, et toujours fractionné par des arcs doubleaux.

De la forme du berceau, de celle des arcs doubleaux qui le fractionnent, lesquels sont simples ou doubles et par conséquent motivent des dosserets également simples ou doubles, traités en manière de colonnes engagées ou de pilastres ; de tout cela résultent autant d'aspects dont les différences s'accentuent encore davantage par le dessin donné aux maîtresses arcades, aux fenêtres, au triforium, lorsqu'il y en a.

Dans l'Ile-de-France, en Picardie, en Champagne, le berceau est en plein cintre, les doubleaux simples, les dosserets traités en colonnes engagées, les cintres des arcades pleins et percés à deux reprises.

Le même dessin a été appliqué à la nef — qui pourtant ne fut pas voûtée d'abord — des grandes églises de la Normandie et de la Bretagne.

La manière des Lorrains et des Bas-Allemands se distingue de la précédente par le mode de percement des maîtresses arcades, qui est pratiqué sans reprise.

En Alsace, le berceau est indifféremment plein ou brisé, et les maîtresses arcades sont brisées le plus souvent.

La Bourgogne a pratiqué la brisure au berceau et aux maîtresses-arcades, le redoublement aux mêmes arcades, ainsi qu'aux arcs doubleaux et aux dosserets, l'application aux dosserets d'un dessin de pilastres divisés en plusieurs étages, et cannelés.

Voûtes d'arêtes. — Les voûtes d'arêtes, comme couvertures des nefs, ont été d'un emploi beaucoup moins fréquent que les berceaux. Elles se présentent toujours par compartiments que séparent des arcs doubleaux. Assez souvent d'autres arcs, plaqués contre les murs de clôture, dans le sens inverse de celui des doubleaux, complètent un cadre d'arcs sur lesquels sont assises les quatre pièces du compartiment. Ces arcs latéraux s'appellent *formerets*.

Les compartiments d'arêtes sont sur plan carré ou barlong.

Dans le cas du plan carré, les quatre pièces du compartiment sont égales. Dans le cas du plan barlong, les pièces latérales, celles qui sont assises sur les formerets, sont plus étroites que celles que portent les arcs-doubleaux.

Des constructeurs ont pris le parti d'élever le sommet du compartiment plus haut que celui des arcs sur lesquels ses pièces reposent. Il en résulte une forme bombée qui approche de celle d'une coupole, les arêtes et la distinction des pans s'effaçant dans la montée de l'ouvrage.

Il y a des voûtes d'arêtes brisées, dont les quatres pièces présentent un angle rentrant à leur sommet. Ils reposent en même temps sur des arcs doubleaux et formerets brisés.

Dosserets et piliers. — On se rappellera, conformément à la définition donnée ci-dessus, que les dosserets sont les ressauts qui servent de piédroits aux arcs établis dans la voûte. Donc si le berceau est uni, il n'y a pas de dosserets sur la nef. Au contraire, si la voûte repose sur des arcs doubleaux redoublés, la nef a aussi sa garniture de dosserets redoublés; c'est-à-dire que chacun de ces appareils se compose de deux ressauts dont l'un fait saillie sur l'autre. L'ordinaire, dans ce cas, est que le ressaut de dessus soit dessiné en colonne, et celui de dessous en pilastre. [Cependant il y a des exemples nombreux des deux ressauts traités en pilastres[1]]. Le dosseret peut être triplé, autrement dit à triple ressaut. Ce cas est celui des nefs voûtées d'arêtes sur doubleaux redoublés et formerets, et aussi de certaines nefs voûtées en berceau sur des doubleaux redoublés, qui ont une décoration ou plutôt une consolidation en fausses arcades appliquées contre les murs et de même largeur que chacune de leurs travées.

Les formes de pilastre et de colonne engagée ne sont pas les seules qu'affectent les dosserets de la nef. Il y en a qui font pilastres par le bas et colonne pleine à leur sommet[2]; d'autres qui, tout en conservant la forme de pilastre dans toute leur hauteur, ont été décorés de colonnettes angulaires à leur partie supérieure.

Le but de ces artifices paraît avoir été de pallier ce qu'il y avait d'excessif dans l'exhaussement des supports. Un correctif, dont l'idée dérive certainement de l'observation de l'antique, fut de simuler sur la face du dosseret la superposition de plusieurs ordres d'architecture.

Le pilier roman est un massif carré, armé de dosserets sur chacun de ses côtés (fig. 59 et 60). On s'est servi des termes *cantonné* et *quadrilobé* pour exprimer cette disposition. Cantonné est impropre: son vrai sens serait de désigner le massif carré muni de colonnes angulaires; quadrilobé n'est acceptable que dans le cas d'une combinaison

---

1. [Cela est particulièrement fréquent dans les églises de la Bourgogne et de la Provence].

2. [Comme dans la nef de l'ancienne cathédrale de Saint-Paul-Trois-Châteaux.]

très rare où le carré disparaît, les quatre dosserets se présentant comme un groupe de colonnes engagées. A défaut d'une épithète, on devra donc recourir à une périphrase.

Comme l'on peut avoir besoin de désigner l'un des dosserets, abstraction faite des autres, on les dénommera, suivant leur position, dosseret de face, ou de flanc, ou de derrière.

Il a été déjà remarqué que les dosserets de face font défaut si la voûte de la nef est toute unie (fig. 60, n° 1).

Sous les maîtresses arcades à voussure unie (celles qui sont percées sans reprises), les dosserets de flanc ont été supprimés par les uns, conservés par les autres. On conçoit que, dans ce cas, ils n'étaient plus des membres nécessaires, et que, si on les a maintenus, c'est uniquement pour la décoration.

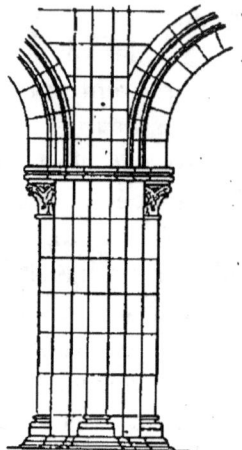

Fig. 59.

La voûte des bas côtés qui motive les dosserets de derrière étant toujours munie d'arcs doubleaux, le pilier de ce côté ne se présente pas autrement qu'avec sa garniture.

Il est à noter cependant qu'il y a des exemples, bien que très rares, de piliers sans garniture aucune. Ils sont de forme cylindrique, traités en manière de colonnes assez puissantes pour que tout ce qu'il y avait à porter de membrures supérieures ait trouvé son assiette sur leur chapiteau[1].

Signalons encore certains supports secondaires, ayant forme de colonne ou de pilier uni, que l'on peut considérer comme des meneaux, car ils en font la fonction. Ils servent de piédroits à des couples d'arcades per-

Fig. 60.

cées sous un tympan entre chacun des gros piliers de la nef, quand la conformation de la voûte a obligé de donner trop d'écartement à ces piliers[2].

---

1. [Comme à l'église de Tournus et à Saint-Nazaire de Carcassonne.]
2. [C'est un cas fréquent dans les églises de l'est; on le rencontre dans la cathédrale de Saint-Dié, dans l'église de Rosheim, dans les cathédrales de

Maîtresses arcades. — En général, les maîtresses arcades des églises romanes sont surhaussées de piédroits. Ce n'est guère que dans celles des églises qui furent construites pour être plafonnées ou lambrissées qu'on trouve observée la proportion établie par les anciens entre l'élévation et l'écartement des piédroits. Encore le surhaussement apparaît-il dans beaucoup d'édifices de cette catégorie.

Si l'on peut dire que à l'époque romane, le cintre normal de la maîtresse arcade est le plein cintre, il ne manque pas d'exemples qui attestent qu'on y a appliqué aussi, le cintre surhaussé, le cintre en fer à cheval, et même le cintre brisé. Cette dernière forme a eu la préférence des architectes bourguignons, surtout depuis 1100.

Les maîtresses arcades ont été percées le plus souvent à deux reprises, et, le plus souvent aussi, leur cintre intérieur a eu ses piédroits ou dosserets, figurés en demi-colonnes. Le cas des pilastres faisant le même office est une exception.

Triforium. — On appelle triforium l'ordre de percements par esquels sont mis en communication avec la nef, soit une tribune établie au-dessus des bas côtés, soit un passage étroit ménagé dans l'épaisseur des murs de clôture, au-dessus des grandes arcades.

Nous tenons le terme de triforium de la pratique des archéologues anglais. Il n'a pas été d'un usage fréquent, au moyen âge, au moins dans cette acception. Son étymologie n'est pas grecque, ainsi qu'on l'a cru. C'est tout bonnement un mot de notre ancienne langue vulgaire qu'on habilla au xiie siècle d'une forme latine : le mot *tréfoire*, dérivé du latin *transforare* et qui désignait un ensemble de percements, quelle qu'en fût la disposition et la dimension. L'italien possède encore l'analogue *traforo*, qui s'applique également à des galeries de mine et au réseau de la dentelle.

Le triforium échappa à la tendance de l'architecture romane. Il est d'une forme déprimée au lieu d'être d'une forme élancée, différence qui tient à la même loi, puisqu'elle a été motivée par la précaution des constructeurs à ne pas trop affaiblir les piédroits de la voûte au milieu de leur élévation.

Les percements du triforium consistent en arceaux accouplés par deux, par trois, par quatre, de manière à remplir entre les maîtresses arcades et les fenêtres la totalité de la travée, en hauteur et en largeur, ou bien ils sont pratiqués sous le tympan de remplage d'une arcade simulée, qui occupe alors toute la superficie de la travée (fig. 61).

Spire, de Mayence, et dans beaucoup d'édifices de l'Alsace et de la Lorraine.]

Cette arcade est surbaissée de cintre lorsqu'elle ne l'est point de piédroits. Le procédé du redoublement y a été appliqué quelquefois.

Fig. 61.

Fenêtres. — Toutes les fenêtres romanes, à une seule et rare exception près, sont en plein cintre et ébrasées. Leur ouverture est d'assez

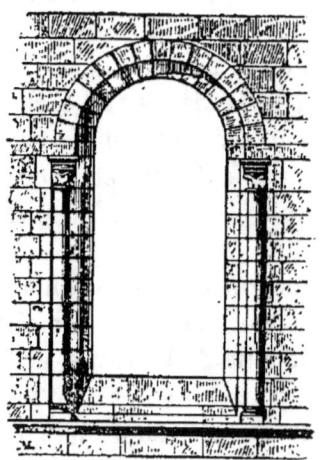

Fig. 62.

bonne proportion dans les très anciennes églises qui furent faites pour être couvertes d'un comble de bois, ou dans les églises entièrement voûtées qui appartiennent au xiiᵉ siècle (fig. 62); autrement elles sont d'une exiguïté que ne corrige pas leur ébrasement. Celles-ci démesurément étroites et longues, ressemblent à des meurtrières ; celles-là n'ont un peu plus de largeur qu'au détriment de leur élévation, et elles ont l'air de lucarnes ; aussi est-il souvent arrivé qu'on les a ultérieurement agrandies.

Pour la pose des vitraux, une feuillure a été pratiquée ordinairement dans la baie, en retraite du parement extérieur. C'est une preuve d'antiquité lorsque la fouillure est à l'arase de ce parement. Enfin il y a des fenêtres sans feuillure, dont il paraît que la baie resta vide, ou fut fermée par une pièce de toile.

BAS CÔTÉS

L'examen des bas côtés doit comprendre celui des tribunes qui les surmontent dans presque toutes les grandes églises romanes.

Grâce à une pratique qui fut observée principalement dans la région d'entre Loire et Garonne, les bas côtés, avec ou sans tribunes, ont servi à assurer la stabilité de la nef. On a obtenu ce résultat en montant les constructions latérales assez haut pour que leurs voûtes contrebutassent celle de la nef. Il en résulte que cette nef, entièrement couverte sur ses flancs, ne peut plus avoir de jours sur le dehors. Tout ce qu'elle reçoit de lumière lui vient des bas côtés.

Le caractère des bas côtés romans est l'étroitesse. Il y en a qui sont réduits à n'être que des espèces de couloirs ménagés le long de la nef. La largeur en cette partie est l'indice d'une époque avancée de l'art.

Voûtes. — Les bas côtés ont été le plus souvent voûtés d'arêtes (fig. 56, 57, 58); mais on y rencontre aussi la voûte en berceau plein (fig. 63) ou brisé, et quelquefois de simples segments équivalant aux trois quarts ou à la moitié du berceau (fig. 64), des arcs doubleaux fractionnent toujours la voûte, quelle qu'en soit la nature.

Pour les tribunes, la voûte normale fut longtemps le demi-berceau. Ce n'est qu'au xiiᵉ siècle que l'on appliqua à cette partie la voûte d'arêtes.

Il y a une singulière disposition de voûtes que présentent les bas-côtés de quelques églises. Chacune de leurs travées est couverte d'un berceau transversal qui a ses impostes sur les arcs-doubleaux. Ces berceaux ont leur cintre concentrique à celui des maîtresses arcades qu'ils enveloppent.

Dosserets. — Ils existent invariablement au revers des piles de la nef et contre les murs de clôture. Ces derniers sont souvent redoublés, faisant saillie sur des pilastres qui servent de piédroits à un placage de fausses arcades.

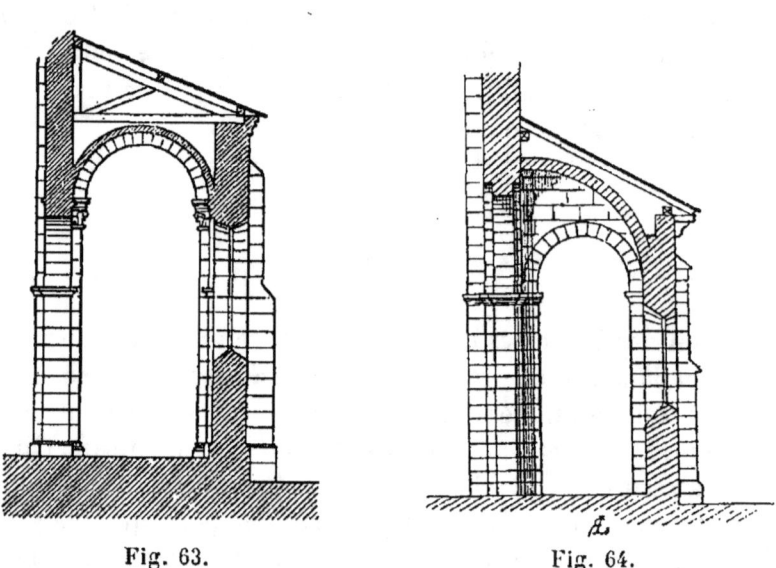

Fig. 63.   Fig. 64.

Fenêtres. — Elles n'ont de particulier que leurs dimensions. Leurs baies sont plus grandes qu'à la nef. Dans les édifices d'une construction somptueuse, leur ouverture est souvent décorée de colonnettes angulaires, et s'accommode avec une galerie de fausse architecture qui remplit le soubassement de chacune des travées.

AVANT-NEF

La nef des grandes églises monastiques du XIe et du XIIe siècle possède, dans sa fabrique même ou par l'addition d'un avant-corps, un vestibule appelé *atrium* dans les textes de l'époque. Cet emplacement a eu une autre destination que le pronaos des basiliques primitives. Il servait à recueillir l'assistance pendant les processions, l'église, à ce moment-là, devant rester toute entière à la disposition des religieux[1]. Nous l'appellerons *avant-nef*, en réservant la dénomination de porche, que lui donnent certains auteurs modernes, pour désigner exclusivement les avant-corps non fermés, qui précèdent les portes de beaucoup d'églises romanes et autres.

L'avant-nef contenue dans œuvre résulte de ce qu'il y a une tribune qui partage en deux, dans sa hauteur, la première travée de la nef. L'étagement repose sur une voûte d'arêtes. Le dessous de cette

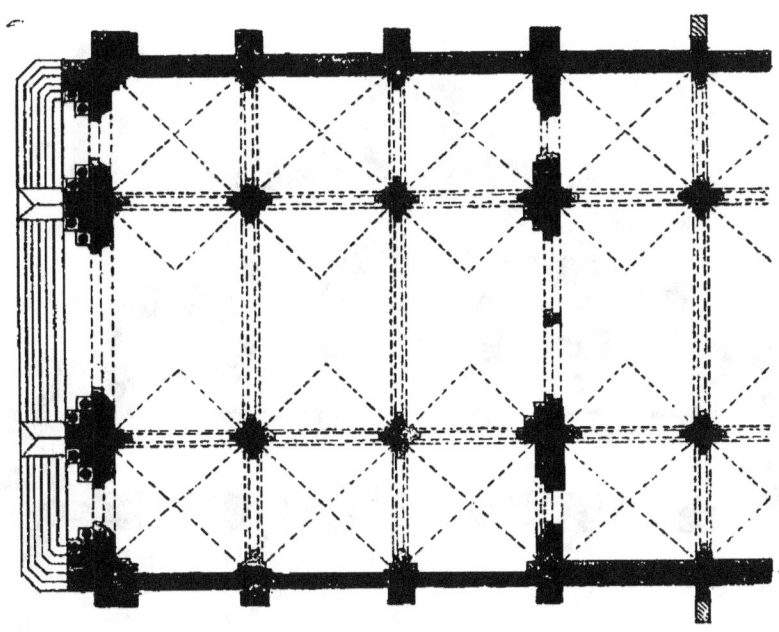

Fig. 65.

voûte est l'avant-nef; le dessus servit généralement à usage de chapelle; car lorsqu'on n'y trouve plus d'autel, les documents constatent qu'il y en eut un anciennement.

L'avant-nef hors œuvre est d'ordinaire le dessous d'une tour qui est appliquée sur la façade de l'église; et dans ce cas la chapelle haute existe encore. Elle occupe le premier étage de la tour et s'ouvre du côté de la nef par une large baie.

Quelquefois l'avant-nef hors œuvre, conçue dans des proportions

---

1. [Dans les coutumes de Cluny, rédigées par l'abbé Hugues au XIe siècle, il est dit que la nef doit être précédée de deux tours sous lesquelles on construira un atrium où les laïques devront se tenir pendant les processions : « Duæ turres sint in ipsius fronte statutæ, et subter ipsas atrium ubi laici stare debent ut non impediant processionem. » (*Annal. ord. S. Bened.*, t. IV.)]

grandioses, n'est rien moins qu'une église antérieure avec nef et bas-côtés (fig. 65)[1].

TRANSEPT

Au transept se présentent deux parties essentiellement distinctes : les bras et le carré.

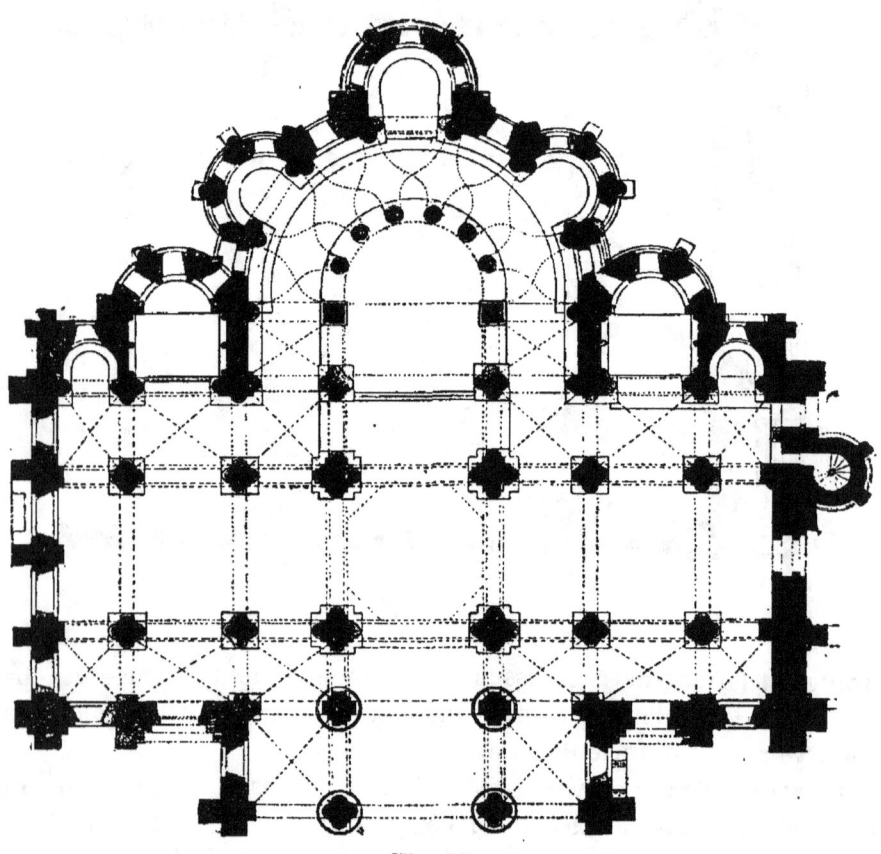

Fig. 66.

Bras du transept. — Dans les églises romanes ainsi que dans les basiliques des premiers siècles, les bras du transept peuvent être contenus dans l'alignement du vaisseau, par conséquent n'avoir pas plus de saillie que la largeur des bas côtés de la nef.

Les bras de transept, contenus d'ordinaire entre deux murs pleins,

---

1. [Ainsi dans les églises de Tournus, de Vézelay, de Cluny.]

étaient la partie de l'édifice qui se prêtait le mieux à recevoir le berceau pour couverture. Aussi le berceau plein ou brisé avec membrure d'arcs doubleaux, est-il la voûte qu'on y a appliquée de préférence, même dans les églises voûtées d'une autre façon à leur nef.

Quelques églises, conçues dans les plus vastes proportions, ont les bras de leur transept munis de bas côtés [1]. Alors ces bras présentent la même conformation que la nef (fig. 66).

Il y a des exemples, rares en France, fréquents dans la vallée du Rhin et au delà, de bras de transept arrondis à leur extrémité [2]. Dans ce cas, une voûte en cul-de-four a été adaptée au-dessus de l'hémicycle qui termine chacun des bras. Le même genre de voûte a invariablement servi à recouvrir les chapelles en forme d'abside qui s'ouvrent sur le transept de presque toutes les églises romanes. On trouvera plus loin, dans le chapitre consacré au sanctuaire, comment le cul-de-four a été traité dans l'architecture romane [3].

Il n'y a pas d'autres remarques à faire sur les bras de transept dans les églises romanes, sinon que les fenêtres de leurs murs de pignon sont disposées assez souvent sur deux rangs, et que là seulement, et non ailleurs, s'est conservée la pratique du percement en forme de mitre.

Carré du transept. — Dans de très petites églises le carré a été couvert d'un berceau, posé dans le sens du berceau de la nef, ou dans le sens de celui des bras. D'autres fois on a eu recours à la voûte d'arêtes ; mais la voûte normale du carré, dans les églises romanes, a été la coupole. Il en existe encore un grand nombre d'exemples, et on en retrouve la trace dans presque tous les édifices du XIe et du XIIe siècle, dont le carré a été revoûté à une époque ultérieure.

On doit remarquer si la coupole est posée plus bas que la voûte de la nef, ou si elle est à même hauteur, ou si elle s'élève au-dessus.

Telle coupole disparaît sous le comble de l'église sans que rien, au dehors, n'annonce son existence, telle autre est enveloppée dans le premier étage d'une tour qui la surmonte ; telle autre s'élève au-dessus d'un tambour percé de fenêtres nombreuses, qui font du carré la partie la plus lumineuse de l'édifice.

---

1. [Par exemple Saint-Remy de Reims (Viollet-le-Duc, *Dict.*, t. IX, p. 217), Saint-Sernin de Toulouse (*ibid.*, p. 224) et Sainte-Foy de Conques, dont nous donnons ici un plan plus exact que celui qu'a publié Viollet-le-Duc (*ibid.*, p. 221.)]
2. [Comme dans l'église Sainte-Marie du Capitole, à Cologne.]
3. [Voyez ci-après p. 467.]

La coupole du carré a été montée quelquefois, mais rarement, sur pendentifs. Ce sont ordinairement des trompes qui lui procurent son assiette.

Les trompes romanes sont de trois sortes :

1° La trompe obtenue par une suite de voussures concentriques, po-

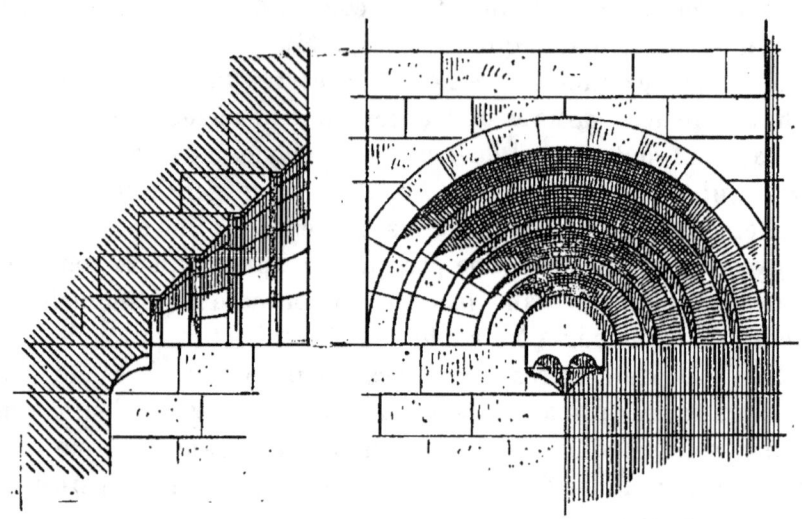

Fig. 67.

sées en saillie l'une sur l'autre, la première ayant pris naissance sur le dos d'une pierre arquée, engagée dans l'angle du carré à couvrir (fig. 67) :

2° La trompe en cul-de-four, ou quart de sphère (fig. 68), dont les naissances d'ouverture sont souvent tenues en porte-à-faux par des

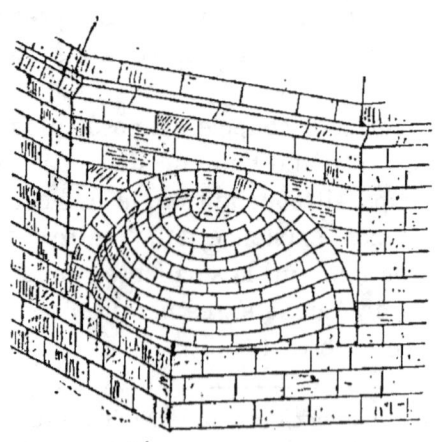

Fig. 68.

consoles. On l'a parfois montée sur un demi-tambour, c'est-à-dire sur une base concave qui lui donne l'apparence d'une absidiole ;

3° Enfin la trompe conique (fig. 39), conforme à la définition donnée ci-dessus.

Il est arrivé que des églises ayant leur transept plus étroit que leur nef, le carré se présentait sur un plan barlong. Dans ce cas, on l'a ramené à la forme de carré parfait par un système d'encorbellements qui a consisté à disposer contre les deux murs latéraux, avant la naissance des trompes, une suite d'arcs surbaissés qui sont en saillie l'un sur l'autre [1].

Le carré ayant été racheté presque toujours en octogone, on a trouvé la coupole à huit pans plus commode que la coupole hémisphérique, aussi la plupart des coupoles sont-elles octogones au transept des églises romanes. Dans leur montée elles affectent quelquefois la forme ovoïde. Enfin il y a le cas des coupoles dont les pans reposent sur une membrure d'arcs saillants. Ceux-ci sont posés en porte-à-faux sur des consoles.

Le carré du transept a pour supports quatre piles cruciformes dont les faces sont garnies de dosserets en nombre égal aux voussures des arcs supérieurs. L'ordinaire est que chacun des grands arcs par où on accède au carré soit doublé au moins d'une voussure en retraite. La doublure est quelquefois de deux et de trois.

Le carré étant le plus souvent surmonté d'un clocher de pierre, le surcroît de charge apporté par cette construction a fait recourir quelquefois à un moyen de consolidation d'un grand effet. On a dressé une sorte de triforium de grande dimension dans l'intérieur des arcs latéraux, en élevant une ou deux colonnes dont on a relié les tailloirs par des arceaux surmontés à leur tour de colonnettes qui vont jusqu'au cintre des arcs en question.

Ce système de remplage a reçu en Angleterre le nom de *screen* (écran). Quoique ce terme ait été adopté par bon nombre de nos archéologues, celui d'*entretoise*, qui est français et qui désigne une pièce destinée à en immobiliser deux autres dans leur écartement, me semble préférable.

SANCTUAIRE

Les dispositions du sanctuaire dans les églises romanes sont on ne peut plus variées. Nous énumérerons seulement les principales :

1° Une abside dans les conditions de celle qui faisait le fond des

---

1. [On voit une disposition de ce genre à l'église Notre-Dame-des-Doms, à Avignon. (Viollet-le-Duc, *Dictionnaire d'architecture*, t. IV, p. 361, 362.)]

basiliques romaines, par conséquent plus basse que la nef, et ouverte directement sur le carré du transept ;

2° Une abside ouverte également sur le carré, mais portée à la hauteur de la nef ;

3° Une abside, haute ou basse, précédée d'un chœur entre des murs pleins ;

4° Une abside précédée d'un chœur avec bas côtés terminés par des absidioles ;

5° Une abside avec pourtour continuant les bas côtés : auquel cas la dénomination d'abside est remplacée par celles de *rond-point* et de *chevet*.

6° Un chœur sans abside, que l'on dit à *chevet plat*.

Au chœur, lorsqu'il existe, et à ses bas côtés s'il en a, les choses se passent comme à la nef et aux bas côtés de la nef. Il y a seulement à remarquer si cette partie de l'édifice est plus basse que la nef, ce qui fut fait intentionnellement plus d'une fois dans les églises romanes. Le contraire eut lieu aux époques subséquentes. Les chœurs des églises romanes refaits depuis le XIII° siècle dépassent toujours en élévation la nef à laquelle on les a raccordés.

Cela dit, il ne nous reste à considérer, comme pièces de fond de l'église, que les absides et les ronds-points.

Absides. — L'abside n'admet pas d'autre voute que le cul-de-four, mais c'est presque toujours un cul-de-four qui commence par une voussure en berceau, parce que, généralement, l'abside romane est d'un plan allongé.

Lorsque la nef et surtout le chœur faisant suite à la nef, sont couverts d'un berceau brisé, l'abside s'ouvre par un arc brisé, et le cul-de-four affecte dans sa montée la forme ovoïde.

Le cul-de-four, de même que la coupole dont il est la moitié, a été fréquemment fractionné en plusieurs pans. Alors l'abside qui le porte subit le même fractionnement ; elle est à pans coupés, de trois, de cinq ou de sept pièces.

Il y a de ces voûtes en cul-de-four qui portent sur une garniture d'arcs saillants qui convergent à une clé commune (fig. 69).

Les absides sont assez généralement garnies à l'intérieur de colonnes engagées, ou même de colonnes pleines adossées à la muraille. Presque toujours aussi on a fait naître sur ces supports de fausses arcades qui ont office de formerets autour du cintre des fenêtres (fig. 69), celles-ci sont généralement décorées de colonnettes d'angle à leur ouverture.

Toutes les définitions qui précèdent s'appliquent également aux absides étagées ou non étagées. La seule différence est que les premières, selon leur élévation présentent, deux ou trois ordres de fenêtres avec la même garniture de colonnes et d'arcs formerets pour chaque étage.

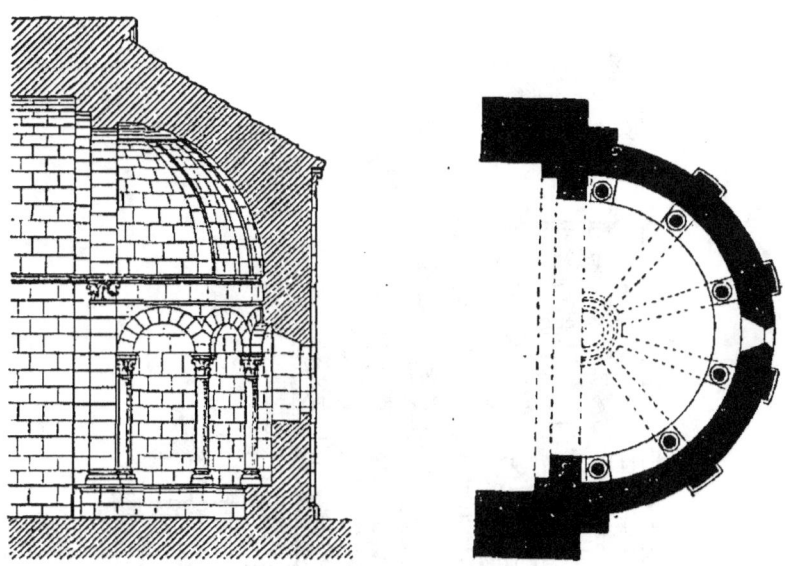

Fig. 69.

Des ronds-points. — De même que les absides proprement dites, ils sont sans ou avec étagement.

Ceux de la première espèce sont rares. On ne les rencontre que dans les plus anciennes églises romanes.

Toutes les variétés décrites à l'occasion du cul-de-four des absides se retrouvent dans celui des ronds-points.

Les ronds-points sont percés au rez-de-chaussée d'arcades en nombre impair, parce qu'il y en a presque toujours une qui s'ouvre dans l'axe de l'église. Ce sont des arcades étroites, souvent surhaussées, sans doublement dans leur cintre et portées sur des colonnes. L'emploi des colonnes est de règle dans cette partie des églises romanes. Il a été possible d'user impunément de ce genre de support grâce à ce que la poussée du cul-de-four au-dessus de la construction en tour ronde qui le supporte est presque nulle.

Derrière la colonnade du rond-point règne le pourtour.

La voûte la plus anciennement appliquée à cette galerie fut le berceau annulaire avec ou sans arcs doubleaux. On appelle une voûte *annulaire* quand son axe est tourné comme la verge d'un anneau.

Plus souvent on trouvera le pourtour voûté de compartiments

d'arêtes sur plan trapézoïde. Les arcs doubleaux qui séparent ces compartiments s'appuyent, d'un côté sur le tailloir des colonnes du rond-point, et de l'autre sur des dosserets appliqués au mur de clôture.

Fig. 70.

L'ordonnance des ronds-points étagés comporte quelquefois un triforium, parce qu'il y a une tribune au dessus du pourtour. Les choses se passent alors de même qu'à la nef.

Trois ou cinq chapelles s'ouvrent d'ordinaire sur le pourtour. Ce sont des absidioles, dont l'élévation et la voûte présentent les mêmes particularités que les grandes absides sans étagement.

EXTÉRIEUR DE L'ÉGLISE

Il reste à examiner sous ce chef les flancs de l'édifice, le chevet, la façade, les tours, le comble et la toiture.

Les flancs de l'église. — L'extérieur de la nef ainsi que des bas côtés a été traité le plus souvent à l'économie. La seule chose qu'il y ait alors à remarquer est la dimension des contreforts.

Les contreforts sont généralement à plusieurs reprises, divisés en étages dont la saillie diminue en montant, et qui se relient l'un à l'autre par des talus. Les saillies sont d'autant plus prononcées que le contrefort est moins large. [On a fait des contreforts redoublés de même que des dosserets redoublés].

Il y a contreforts à la nef et contreforts aux bas côtés.

Il ne faut point perdre de vue que ceux de la nef portent sur les dosserets de derrière des piliers intérieurs. Aussi ont-ils la forme de colonnes engagées à leur partie inférieure, ils ne prennent la forme équarrie qu'on leur voit du dehors, que dans leur partie haute, c'est-à-dire au-dessus des voûtes des bas côtés.

[Certains architectes romans, s'inspirant des anciens, ont dissimulé les contreforts sous diverses formes architectoniques, en en faisant des colonnes engagées, ou des pilastres servant de piédroits soit à des arcatures décoratives, soit à des formerets à la façon romaine, soit à des rangées d'arquettes répétées à la façon byzantine].

Les contreforts de ce dernier système étant sans reprises et d'une médiocre saillie, par conséquent peu efficaces contre la poussée des voûtes, n'ont jamais été appliqués que sur des murs d'une extrême épaisseur.

Avec des murs très épais et des membrures intérieures d'une grande puissance, on a pu supprimer tout à fait la garniture de contreforts. C'est le cas de plusieurs églises romanes du Midi et de l'Est.

Fig. 71.

A l'extrémité de la nef les contreforts se retournent pour garnir le transept conformément aux règles qui viennent d'être énoncées. Mais ici se présente la circonstance de retours d'équerre produits par les murs de pignon qui terminent les bras du transept. La pratique constante dans ce cas, et dans tous les cas analogues, à quelque partie de l'extérieur qu'ils se présentaient, a été de contenir entre deux contreforts l'angle de rencontre des deux murs.

Les murs latéraux dépassent en élévation les naissances, les reins, souvent même la montée totale des voûtes qu'ils ont pour objet de protéger. On a donné à cette partie supérieure des clôtures le nom de *murs gouttereaux* parce que c'est là que se produit l'égout des eaux déversées par les rampants du comble (fig. 71).

La plupart des églises romanes ont leur toiture prolongée de manière à déborder les murs gouttereaux, par conséquent il n'y a pas de chéneaux établis derrière ceux-ci, comme cela s'est fait postérieurement. Toutefois la méthode des chéneaux a commencé à l'époque romane. Il y en a dans le Poitou des exemples qui remontent vers l'an 1100. Une pratique plus répandue, à la même époque, fût de décorer les murs gouttereaux d'une galerie d'arceaux plus ou moins ajourée, qui éclaire une allée ménagée contre les reins des voûtes.

Fenêtres. — Le trait commun des fenêtres percées tant à la nef et aux bas côtés qu'au transept est d'être chanfreinées jusqu'à leur feuil-

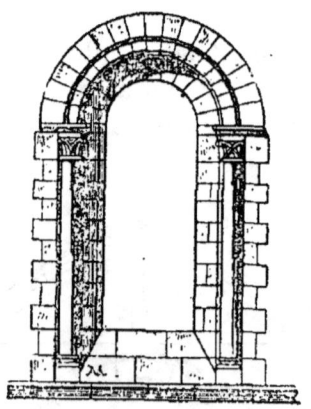

Fig. 72.

lure. On n'oubliera pas l'exception précédemment signalée à propos des fenêtres sans feuillure.

La feuillure peut avoir été reculée vers le noyau au point que le chanfrein se change en un véritable ébrasement pratiqué dans le sens opposé à l'ébrasement intérieur.

Pour l'embellissement des flancs de l'église on a usé, à l'égard des fenêtres, du procédé décrit déjà tant de fois. La baie de percement a été pratiquée en recul sous une première voussure décorée d'un tore dans son angle rentrant et de colonnettes d'angle à ses piédroits (fig. 72).

Assez souvent les églises romanes ont une entrée à l'un de leurs bas côtés ou de leurs bras de transept. De là des portes plus ou moins décorées d'architecture, soit qu'elles consistent en un simple percement des murs de clôture, soit qu'on les ait abritées par un porche. On verra ce qui les concerne à l'article des portes ouvertes sur les grandes façades ; la différence entre les unes et les autres ne réside que dans la dimension.

Chevet. — L'apparence ordinaire du chevet, est celle d'un mur de pignon sur lequel est appliquée, de manière à la couvrir presque entièrement, une abside à un ou plusieurs étages.

S'il y a un pourtour au sanctuaire, la perspective se complique non seulement de la précinction formée par ce pourtour, mais encore de la ceinture d'absidioles dont il est garni.

Il est rare que le chevet n'ait pas été traité extérieurement avec plus de recherche que le reste de l'édifice. C'est là surtout que se montrent les fenêtres décorées de colonnettes à leurs piédroits. Les contreforts y sont presque toujours dessinés en manière de colonnes engagées, dont les chapiteaux vont se perdre dans l'entablement sous la toiture.

Le cas d'une galerie de couronnement pratiquée sur le mur gouttereau qui enveloppe la voûte se présente fréquemment.

La forme extérieure de l'abside ne répond pas toujours à celle du dedans. La construction, ronde à l'intérieur, peut être extérieurement à pans coupés, et la réciproque a lieu ; nous avons même un exemple d'église dont le chevet, construit en pointe, comme l'avant-bec d'une pile de pont, enveloppe une abside à pans coupés [1].

FAÇADE

Nous bornons cette dénomination à la devanture de l'église, en regard de l'Occident. Cette partie se présente avec une extrême variété de dispositions qui peuvent se ramener aux suivantes :

1° Façade basilicale ;

2° Façade en chevet ;

3° Façade affrontée d'une tour ;

4° Façade flanquée de deux tours, soit dans œuvre, soit hors œuvre ;

---

1. [C'est l'église Saint-Quinin, à Vaison. Voir Revoil, *Archit. romane du midi de la France*, t. I, pl. 19.]

5° Façade carrée appartenant à un avant-corps qui masque entièrement le reste de l'édifice.

A presque toutes ces dispositions peut s'ajouter la présence d'un porche.

1° La façade basilicale n'est à proprement parler qu'un mur de pignon qui dessine la coupe en largeur de l'édifice (fig. 73). Son trait essentiel est d'être garnie dans toute sa hauteur de quatre contreforts

Fig. 73.

correspondant aux quatre murs de clôture de la nef et des bas côtés. A l'effet perspectif de cette puissante membrure s'ajoute le profil du premier contrefort de la nef et des bas côtés qui projettent leur saillie dans le sens inverse.

Les contreforts de façade sont quelquefois doublés, comme on a vu que pouvaient l'être les dosserets de l'intérieur.

Dans la région de l'Ouest l'appareil de consolidation a été grandement transformé en élément décoratif par la forme de groupes de colonnes donnée aux contreforts.

Dans les trois travées produites sur la façade par les saillies des contreforts sont distribués les percements, les corniches et galeries d'étagement, les sculptures décoratives, en un mot tous les éléments du dessin architectonique.

Il y a une ou trois portes, celles de côté sont moins grandes que celle du milieu, souvent elles sont simplement simulées. Au-dessus des portes on voit la ou les fenêtres qui éclairent la nef; enfin, il y a souvent dans le pignon, une fenestrelle de petite dimension.

Fig. 74.

2° La façade en chevet est celle des églises, très rares en France, fréquentes dans la vallée du Rhin et au delà [1], qui ont au bas de leur

---

1. [Voir dans Boisserée, *Denkmale der Baukunst vom 7ten bis zum 13ten Jahr-*

nef une abside formant pendant à celle du sanctuaire. Les entrées, quand on les a maintenues sur les façades de cette catégorie, sont percées dans l'axe des bas côtés, seul endroit où elles puissent trouver

Fig. 75.

place, puisque la largeur de la nef est occupée par l'abside occidentale. Autrement les portes on été rejetées sur les flancs de l'église.

---

hundert am Nieder-Rhein, le plan de l'église abbatiale de Laach. — La cathédrale de Verdun présentait une disposition du même genre, qui est encore

3° Lorsque la façade est affrontée d'une tour, elle en est presque entièrement couverte, et il n'y a plus de place pour l'architecture que sur la tour, de même qu'il n'y a d'entrée que par la tour (fig. 74).

4° Quand il y a deux tours, comme elles sont plantées dans l'axe des bas côtés, le pignon et toute la devanture de la nef sous le pignon restent dégagés; de sorte que c'est sur cette partie que sont pratiqués les percements.

Si les deux tours sont posées en saillie, elles produisent devant l'entrée un renfoncement qui a toujours été rempli par un porche (fig. 75).

Les deux tours établies dans œuvre procurent ordinairement une avant-nef, par le moyen d'une voûte basse qui les relie l'une à l'autre. Dans le cas d'un avant-corps couvrant entièrement l'édifice, la façade se présente avec la nudité d'un mur de fortification[1] ; et en réalité elle n'est pas autre chose, car c'est évidemment dans un but défensif qu'on a mis devant les églises de semblables constructions.

Portes. — Il faut s'attendre à trouver aux portes le mode de percement par reprises, tel qu'il a été expliqué ci-dessus. Toutefois une pareille complication n'a pas été imaginée à l'origine même de l'architecture romane. On y est arrivé graduellement. Le percement qui établit le passage entre la tour et la nef de Saint-Germain-des-Prés, à Paris, consiste en une simple arcade[2].

A la grande porte de la cathédrale du Mans, qui est d'environ 1060 on voit trois cintres consécutifs sur des piédroits réglés, et le tympan introduit dans la baie définitive.

Les colonnes d'angle s'ajoutent aux piédroits vers l'an 1100, et le trumeau prend place sous le tympan au moins un quart de siècle plus tard.

Souvent la porte a été percée dans un placage en saillie, qui se termine par une corniche droite dans les plus anciens exemples qu'on en ait. Plus tard ce simulacre d'avant-corps fut terminé en pignon.

Porche. — On a appelé ainsi, depuis le xie siècle, une construction

---

parfaitement reconnaissable malgré les remaniements importants que l'édifice a subis à l'époque gothique. Voir Viollet-le-Duc, *Dictionn. d'architecture*, t. I, p. 209.]

1. [Rien ne le montre mieux que les façades des églises de Tournus (*Archives de la Comm. des Mon. hist.*, t. II), et d'Elne (Lenoir, *Architecture monastique*, t. II, p. 56)].

2. Il ne faut pas tenir compte d'une seconde voussure qui enveloppe le débouché de cette arcade à l'intérieur. C'est une addition faite postérieurement pour placer le buffet d'orgue.

basse qui procure un abri devant la porte ou les portes d'une église. Tel porche en effet règne sur toute la façade de l'édifice ; tel autre ne couvre que l'une des portes sur la façade ou sur le côté. Il est peu d'églises rurales en Champagne et en Picardie qui n'aient leur porche de l'une ou de l'autre façon.

Le porche étendu sur toute la façade a la forme d'une galerie percée d'une porte au milieu et, sur le reste, d'une suite d'arceaux qui en font un triforium dans la rigueur du terme [1].

Le porche qui n'a qu'une seule porte à abriter est un édicule sur plan carré, adossé au mur dans lequel est percée la porte, et ouvert par une arcade sur chacun de ses côtés.

Fenêtres. — Le roman primitif, procédant directement de l'architecture antérieure, multipliait à l'exemple de celle-ci les fenêtres sur les façades des églises. Il les faisait petites, distribuées sur plusieurs rangs et dénuées de décoration.

Dans les produits de l'art plus avancé, on ne voit qu'une fenêtre simple, double, ou triple, de grande dimension, dont les baies se serrent de près quand elles ne sont pas conjuguées ensemble. Le percement est pratiqué à plusieurs reprises, et des colonnes angulaires décorent d'ordinaire les montants.

Un percement de petite dimension, avons-nous dit, a sa place assignée dans le pignon. Il éclaire le dessous du comble. Sa forme est celle d'une fenestrelle à deux cintres jumeaux, ou tout uniment carrée ou ronde.

Sous cette dernière forme, qui était celle de l'oculus des basiliques anciennes, le percement fut accommodé plus d'une fois au principe de l'architecture romane, c'est-à-dire pratiqué par reprises.

TOURS

Il y a à distinguer les tours centrales, qui surmontent le carré du transept, et qui par conséquent sont tenues en équilibre sur quatre supports, de celles qui se dressent de fond en un point quelconque du pourtour de l'église. Quoique les unes comme les autres servent généralement de clochers, il n'est pas certain qu'elles aient toutes été construites à cette fin. La masse de beaucoup d'entre elles n'est pas en proportion avec le volume des cloches de l'époque, qui

---

1. [L'église d'Urcel, dans l'Aisne, en fournit un bel exemple du XIIe siècle].

passaient pour prodigieuses lorsqu'elles atteignaient le poids de cinq à six mille livres. Telle de ces constructions peut avoir eu un but

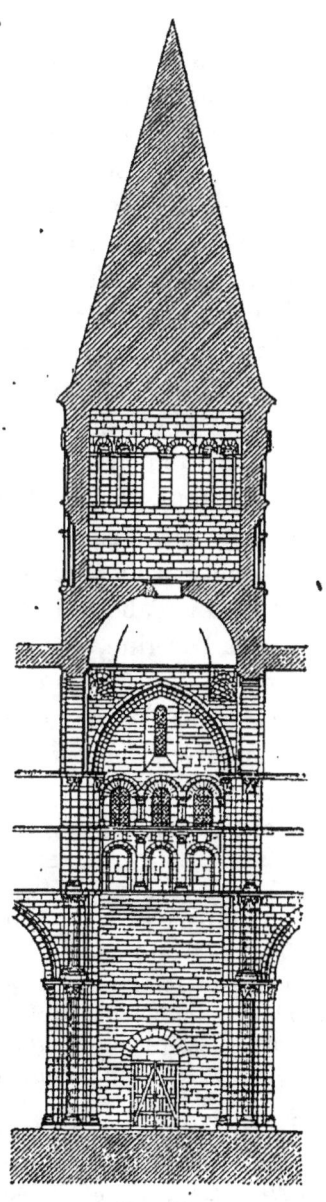

Fig. 76.

défensif, telle autre avoir répondu à une idée symbolique. Dans tous les cas il vaut mieux les appeler tours que clochers.

Les tours centrales peuvent conserver dans toute leur hauteur le plan carré, qui est celui de leur base[1]. D'autres fois elles sortent du comble sous la forme carrée pour passer bientôt après à celle de l'octogone[2], ou bien elles sont déjà réduites à l'octogone lorsqu'elles deviennent apparentes[3]. Enfin il y a des exemples, mais rares, de tours qui prennent la forme ronde dans leur montée[4].

Bien entendu, la transformation, lorsqu'elle existe, a été obtenue au moyen de voussures intérieures, trompes ou pendentifs (fig. 76).

Les tours centrales sont percées sur chacune de leurs faces de deux ou de trois étages d'arceaux à jour, pratiqués selon la méthode du doublement, et presque toujours d'une riche architecture qui varie à chaque étage. Toutes eurent pour amortissement dans l'origine soit une toiture en batière, soit une pyramide ou un cône engendrés par le triangle équilatéral, soit une coupole ovoïde, mais il est rare que cette partie de la construction nous soit parvenue dans son état primitif; presque toujours elle a été remplacée dans les siècles suivants par une flèche en pierre ou en charpente.

Il a été parlé ci-dessus des tours bâties de fond quand elles garnissent la façade. Toutes n'occupent pas cette place. On en voit qui s'élèvent sur les côtés de l'église, soit parce que celle-ci a été rallongée plus tard et que ce qui était d'abord la façade se trouve engagé dans la nef, soit parce que dès l'origine, une raison majeure a obligé de choisir cet emplacement.

Suivant une disposition particulièrement adoptée dans la région Nord-est, les grandes églises eurent deux et même quatre tours placées dans les encoignures du transept.

Les tours dont il s'agit sont en construction pleine au moins jusqu'à

---

1. [Cette forme se rencontre surtout dans la vallée du Rhône, c'est celle des tours centrales des églises d'Ainay à Lyon (Viollet-le-Duc, *Diction. d'archit.*, t. III, p. 314, fig. 23), de Saint-André-le-Bas, à Vienne, etc. On la trouve aussi à Isomes dans la Haute-Marne (*Ibid.*, p. 315, fig. 24.)]

2. [C'est la disposition la plus commune, dans toutes les parties de la France; elle a été adoptée en Auvergne, à Issoire; en Limousin, au Dorat et à Obazine, en Bourgogne, à Paray-le-Monial et à Beaune; dans le Midi, à Saint-Sernin de Toulouse, etc...]

3. [Les principaux exemples de tours centrales de ce type appartiennent à la région de l'Est et à l'école rhénane. Les tours des églises de Guebwiller (*Archives de la Comm. des Mon. hist.*, t. I) et de Sainte-Foy de Schélestadt (Viollet-le-Duc, *Dictionn. d'Archit.*, t. III, p. 319, fig. 26) appartiennent à cette catégorie.]

4. [L'église Notre-Dame de Saintes en fournit un bel exemple. (Voir Viollet-le-Duc. *Diction. d'Archit.*, t. III, p. 305, fig. 14.) On trouve la même particularité à la tour centrale de l'église de Cruas (Ardèche).]

la hauteur du comble de l'église, et garnies à leurs angles de puissants contreforts. Leur intérieur est divisé en un ou deux étages voûtés auxquels on accède par un escalier tournant. Une tourelle faisant l'office de contrefort renferme cet escalier.

On a vu que si le rez-de-chaussée de la tour sert de porche devant une entrée, il est percé d'une porte sur chacune de ses faces.

A la hauteur du comble de l'église, ou un peu au-dessus, la construction, se transformant en campanile ou en belvédère, était dessinée à l'instar de la tour centrale. Il faut parler au passé ; car la partie supérieure des tours de façade et de flanc a été remaniée plus fréquemment encore que l'amortissement des tours centrales, de sorte qu'on ne connaît guère que par l'ancienne imagerie ce que l'architecture romane produisit en ce genre.

DES COMBLES ET DES TOITURES

Beaucoup d'églises de nos départements du centre et du midi n'ont pas de combles. Leurs voûtes ont été garnies à l'extrados d'une chape de mortier portant directement un dallage de pierre qui est l'unique toiture de l'édifice.

Dans les autres régions de la France, où l'usage de mettre des combles sous les toitures fut toujours observé, il est rare que cette partie n'ait point été refaite, et refaite autrement qu'elle était d'abord ; de sorte que les combles de façon romane n'abondent pas.

Leur présence se reconnaît extérieurement à l'inclinaison des toitures qu'ils supportent. Cette inclinaison est d'autant plus prononcée qu'on s'avance davantage vers le nord. Elle varie entre 25 et 50 degrés, c'est-à-dire entre l'inclinaison attribuée par les anciens à la couverture de leurs temples, et celle des côtés du triangle isocèle qui a pour hauteur les 5/8 de sa base.

Les combles romans ne présentent pas d'uniformité dans leur structure. Leur composition a été simplifiée ou compliquée, suivant la conformation des voûtes, suivant la largeur des espaces qu'ils avaient à couvrir, suivant l'idée que se faisait des choses tel constructeur inexpérimenté. Ainsi aux églises qui ont la voûte de leur nef contrebutée par celle des bas côtés, tantôt un comble unique embrasse toute la largeur de l'édifice ; tantôt chaque partie a sa couverture séparée, savoir un comble entier pour la nef, un demi-comble pour chacun des bas côtés ; d'autres fois encore les trois combles, construits séparément sous des inclinaisons diverses, ont été réunis sous une même toiture.

Quant à la pose du comble au-dessus de la voûte, indépendamment de la pratique rationnelle qui voulait que l'ouvrage de charpente et l'ouvrage de maçonnerie fussent absolument indépendants l'un de l'autre, par conséquent que le comble eût pour appui des murs élevés plus haut que la voûte (fig. 71), on trouve des exemples d'une autre pratique qui consiste à appuyer les combles sur l'extrados des voûtes.

Dans ce système, il a été de toute nécessité qu'on supprimât les grands entraits. Les arbalétriers de chacune des fermes sont alors reliés entre eux dans le sens de la longueur par des sablières couchées à plusieurs hauteurs sur les reins de la voûte.

D'autres fois, afin d'éviter la pression du bois sur la maçonnerie, on s'est borné à l'emploi de sablières basses sur lesquelles on a haussé les arbalétriers au moyen de forts patins qui portent le nom particulier de *blochets*.

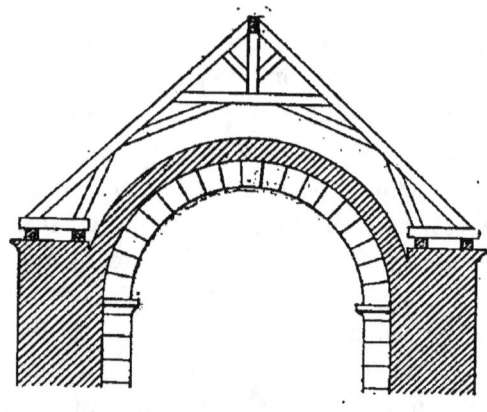

Fig. 77.

Dans tous les cas, même celui où le grand entrait a pu trouver sa place, les arbalétriers sont entretenus de haut par un entrait retroussé.

La composition des fermes admet encore un certain nombre de pièces qu'on ne voit pas avoir été d'usage dans les combles à l'antique (fig. 77). Par exemple :

Les *jambettes*, qui sont des poteaux reliant les extrémités des blochets aux arbalétriers ;

Les *contre-fiches* qui sont des pièces obliques, reliant les arbalétriers aux poinçons ;

Les *esseliers*, pièces obliques reliant les arbalétriers au-dessous des entraits ;

Les *croix de Saint-André*, couples de pièces qui se croisent entre les poinçons. On en place aussi parfois entre les arbalétriers, au-dessous ou au-dessus de l'entrait.

Un certain nombre de combles romans n'ont pas de pannes, et par conséquent ne présentent pas la double épaisseur de pièces de charpente. Les chevrons y sont couchés entre la faîtière et les sablières, à l'arrase du dos des arbalétriers. Cette disposition constitue le comble de chevrons portant fermes.

Nous avons dit que la plupart des églises de ce temps-là n'ayant pas de chéneaux, l'égout des eaux avait lieu par la saillie de la toiture. La longueur des chevrons donnait la projection nécessaire.

La toiture était réduite à sa plus simple expression, la pose du tuilage étant préparée seulement par des lattes, du merrain ou de la volige cloués sur les chevrons. On fit même l'économie de ces pièces complémentaires dans les localités du midi où s'était conservé le tuilage à la romaine [1].

On se rappelle la façon de ce tuilage composé de tuiles plates à rebords et de tuiles creuses. Le système antique fut modifié à l'é-

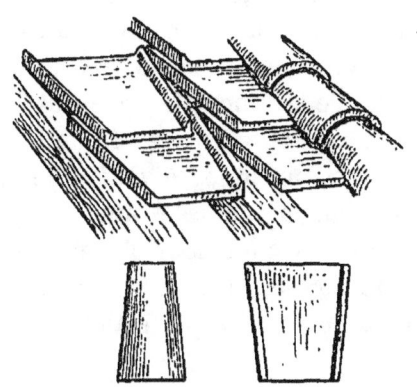

Fig. 78.

poque romane, en ce que les tuiles à rebords furent posées à recouvrement moyennant qu'elles avaient la forme d'un trapèze, au lieu de la forme carrée, et que leur petit côté s'engaînait dans le grand (fig. 78).

Dans le même temps, on fit en Bourgogne des tuiles carrées qui n'avaient qu'un seul rebord sur l'un de leurs petits côtés, et ce rebord servait à les accrocher après des tringles de merrain clouées en guise de lattes sur les chevrons.

---

[1]. [Voir Viollet-le-Duc, *Dictionn. d'architect.*, t. IX, p. 322 et 323.]

Les tuiles tout à fait plates, découpées en carré, en pointe ou en forme d'écailles, pour être posées à recouvrement, d'après le mode usité encore aujourd'hui, furent celles dont on se servit de préférence dans nos contrées septentrionales.

Diverses miniatures de manuscrits ne permettent pas de douter que, dès le xie siècle, il n'y ait eu de ces tuiles vernissées de diverses couleurs, qu'on alternait pour produire des dessins sur les toitures.

Comme ouvrage de terre cuite, les tuiles romanes sont mal dressées, mal cuites et d'une argile qui n'a pas été corroyée avec soin. Ni mieux débitées, ni plus régulières dans leur forme ne sont les tuiles que l'on fit alors, soit avec l'ardoise, soit avec le calcaire lamelleux (*dalle nacrée*), dans les pays où ces minéraux se trouvent en abondance.

CLASSIFICATION DES ÉGLISES ROMANES

Des explications qui précèdent il résulte que les églises romanes présentent entre elles une infinité de différences comme conformation et comme disposition. Cette variété est un fait qui a attiré depuis longtemps l'attention. Whittington en fut très frappé dès le commencement de ce siècle [1]. M. de Caumont le reconnut à son tour, en constatant de plus que les produits similaires étaient groupés à peu près suivant les limites de nos anciennes divisions territoriales; de sorte que la Normandie, la Champagne, la France propre, la Bourgogne, l'Auvergne, etc., eurent chacune leur façon particulière d'églises romanes. D'après cette donnée, M. de Caumont lui-même esquissa une carte géographique [2] qui a été perfectionnée depuis par Viollet-le-Duc [3]....

[Le temps a manqué à Quicherat pour rédiger cette partie de son cours. Nous devons le regretter vivement, car sa classification des églises romanes

---

1. [Whittington, *An historical survey of the ecclesiastical antiquities of France.*]

2. [Caumont, *Abécédaire d'archéologie; architecture religieuse*, 5e édit., p. 291 et s.]

3. [Il s'agit ici de la grande carte publiée par la Commission des Monuments historiques et sur laquelle les écoles d'architecture de la fin du xiie siècle sont indiquées par des teintes de diverses couleurs. Viollet-le-Duc fut le principal auteur de cette classification. Il a du reste exposé sa théorie sur les écoles d'architecture de l'époque romane dans divers articles de son *Dictionnaire*, notamment au mot *Architecture*, et plus spécialement au mot *Église*.]

était, de l'avis de tous, une des parties les plus originales et les plus intéressantes de tout son cours. Il en avait fait connaître les principaux éléments dans ces importants articles qu'il publia en 1851 et 1852 dans la *Revue archéologique* et que nous avons réimprimés ci-dessus, p. 86 et suivantes. Mais combien il eût été curieux de savoir avec précision quelles modifications trente années de recherches ininterrompues, éclairées par de nombreux voyages dans toutes les parties de la France, avaient pu apporter à ses idées premières.

La lacune est ici trop grave et touche à un sujet trop difficile pour que nous tentions de la remplir; qu'il nous suffise de résumer en quelques mots la théorie du maître, telle qu'il l'exposait dans les dernières années de son enseignement.

Pour lui, l'élément caractéristique de l'architecture romane, c'est l'emploi de la voûte pour couvrir la nef des églises. Aussi est-ce cet élément qu'il a pris pour base de sa classification.

On a vu plus haut que le problème des voûtes a reçu des solutions très diverses. Ici l'on s'est servi de berceaux en plein cintre, là de berceaux à cintre brisé; dans certaines régions on a cru nécessaire de contrebuter les voûtes de la nef en élevant celles des bas côtés jusqu'au niveau de leurs impostes; dans d'autres, c'est aux voûtes des tribunes élevées sur les bas côtés qu'on a fait remplir ce même office; mais cet artifice ne permettait pas aux constructeurs d'éclairer leurs nefs par des jours directs, les voûtes latérales et les combles qui les surmontent venant s'appliquer contre les murs de la nef à la seule place où l'on pouvait percer des fenêtres. Aussi, dans certaines régions, des architectes plus hardis ont-ils renoncé à épauler la voûte centrale par les voûtes latérales, et n'ont-ils pas craint de diminuer la solidité de la construction en perçant une rangée de fenêtres dans la partie haute de la nef.

La voûte en berceau n'est pas seule employée au xiie siècle; bien des églises sont couvertes de croisées d'ogives, d'autres de coupoles. En étudiant la distribution de tous ces édifices sur la surface de notre sol, on reconnaît qu'elle correspond à un petit nombre de grandes divisions :

La voûte en berceau non épaulée caractérise les églises de l'école provençale, dont on peut donner comme type la cathédrale de Saint-Paul-Trois-Châteaux; et celles de l'école bourguignonne, dont le type sera la cathédrale d'Autun. Des caractères secondaires distinguent ces deux écoles : dans la première, la hauteur des voûtes est médiocre, le berceau de la nef est habituellement en plein cintre; dans la seconde, les voûtes sont élevées et souvent en berceau brisé.

Les voûtes en berceau épaulées par les voûtes latérales sont employées dans trois écoles : celle du Poitou, celle de l'Auvergne, celle de Toulouse ou de l'Aquitaine. Dans la première, dont Notre-Dame-la-Grande de Poitiers ou l'église de Saint-Savin sont les types les plus complets, l'épaulement est obtenu par la voûte même des bas côtés. Dans les deux autres, dont Notre-Dame-du-Port de Clermont et Saint-Sernin de Toulouse sont les produits les plus fameux, ce sont les voûtes des tribunes qui contrebutent celles de la nef.

La croisée d'ogives caractérise les églises romanes du xii⁰ siècle dans les trois grandes écoles entre lesquelles on peut partager le pays au nord de la Loire, ce qui sont :

L'école normande, dont les plus beaux édifices, tels que Saint-Étienne et la Trinité de Caen, n'ont été voûtés qu'au xii⁰ siècle. Ils ont reçu des croisées d'ogives disposées sur plan carré de façon à embrasser deux travées par croisée. Un doubleau s'élève entre les deux travées et vient traverser la clef de la voûte.

L'école germanique présente la même particularité; elle aussi n'a trouvé que tardivement la formule dont les architectes se sont inspirés; c'est également la croisée d'ogives sur plan carré englobant deux travées; mais elle n'admet pas de doubleau à l'intersection des ogives.

Enfin l'école française, une des dernières qui se soit constituée, mais qu devait promptement prendre le pas sur toutes les autres, et léguer aux architectes gothiques la formule de voûte qu'elle avait adoptée, c'est-à-dire la croisée d'ogives sur plan barlong ne couvrant qu'une seule travée de nef. L'église de Saint-Germer, près de Beauvais, en est le type le plus accompli.

Quicherat ne faisait pas rentrer dans cette classification les églises à coupoles. Le motif de cette exclusion, c'est que, pour lui, ces édifices ne dérivent pas de l'ancienne basilique romaine. Mais nous avons retrouvé, sur ce point, un exposé sommaire de ses idées, on le lira dans les pages qui vont suivre].

ÉGLISES A COUPOLES

Un certain nombre d'églises qui sont couvertes de coupoles dans toute leur longueur demandent à être examinées à part, parce qu'elles dérivent d'un type qui n'est plus la basilique romaine.

Le premier édifice de ce genre qui ait été construit en France paraît être Saint-Front de Périgueux (fig. 79). Il fut certainement fait à l'imitation d'une église orientale. Sa ressemblance comme conformation avec Saint-Marc de Venise est telle qu'on n'a pas craint d'affirmer qu'il en était une copie [1]. Mais pour que cela fût un fait acquis, il faudrait qu'on eût commencé par établir d'une manière certaine l'âge respectif de Saint-Marc et de Saint-Front : ce qui est encore à faire. Aussi bien les conjectures émises pour expliquer l'importation d'un modèle vénitien en Périgord sont dénuées de toute consistance.

---

1. [Voir l'*Architecture byzantine en France. — Saint-Front de Périgueux et les églises à coupoles de l'Aquitaine*, par Félix de Verneilh.]

Il est plus naturel de considérer les deux églises comme des sœurs engendrées par la même mère, et d'aller chercher celle-ci à Constan-

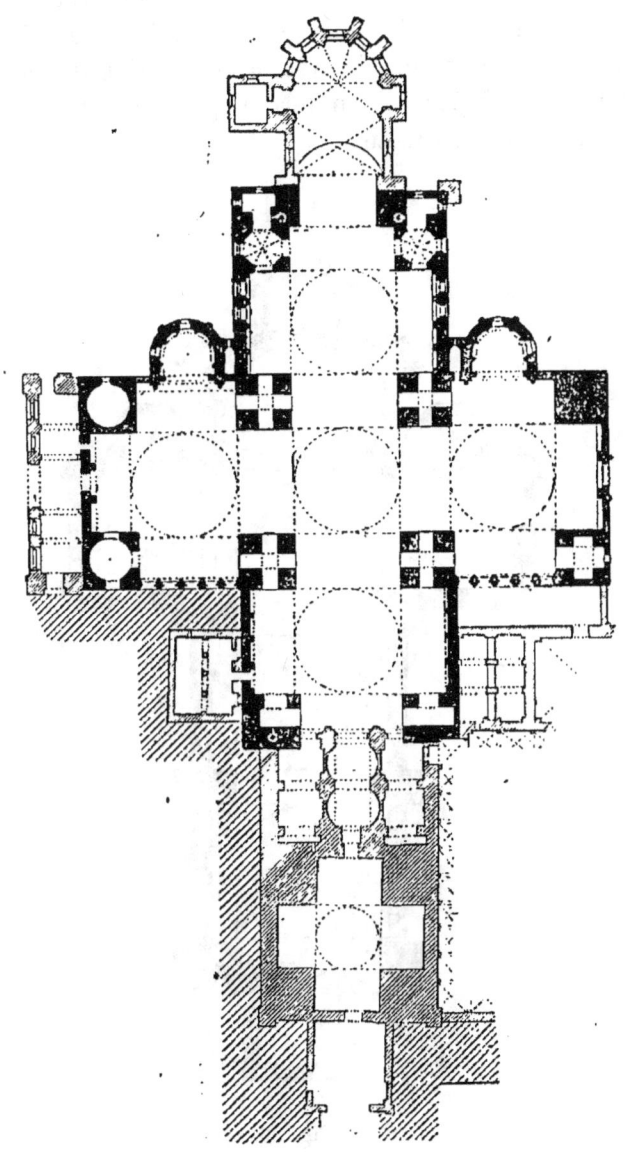

Fig. 79.

tinople. Là effectivement existait une célèbre église, celle des Saints-Apôtres, bâtie par Justinien, dont la description, qui nous a été laissée par Procope, s'applique également à Saint-Marc et à Saint-Front [1].

---

1. [Procope. *De œdificiis Justiniani*, éd. Didot, t. II, p. 13.]

De ce que la conformation de Saint-Front est incontestablement byzantine, on a proposé d'appliquer l'épithète de byzantine à cette église et à toutes ses dérivées. Mais outre que cette conformation n'ôte pas à Saint-Front lui-même le caractère d'un édifice roman, elle se plia si vite, dans les dérivés, à la tradition du plan latin, qu'il est prudent de s'abstenir d'un terme qui exagérerait l'influence de l'Orient sur notre architecture.

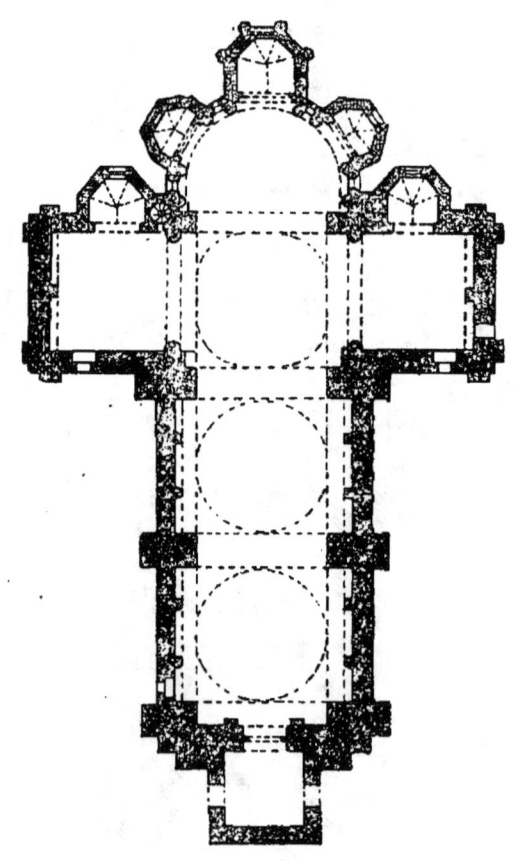

Fig. 80.

Saint-Front présente dans son ensemble cinq salles carrées disposées en croix, chacune couverte par une coupole, qui a pour assiette des pendentifs outrepassant les doubleaux entre lesquels ils sont établis. Avant une reconstruction, qui date de ces dernières années, pendentifs et coupoles étaient construits par encorbellement au moyen d'assises horizontales de voussoirs qui n'avaient de coupe que pour former la douelle [1]. On remarquait en outre cette particularité que les cintres des arcs doubleaux étaient brisés. Ces arcs portent sur douze piles ou contreforts intérieurs qu'on peut assimiler à des tourelles carrées, car elles sont évidées, au rez-de-chaussée par des passages en croix; au premier étage par de petites salles voûtées. Les clôtures règnent entre ces grosses constructions. Elles sont percées en haut de larges fenêtres, et décorées d'arcatures à l'étage inférieur. L'édifice se prolonge à l'ouest par un appendice conservé d'une église plus ancienne, qui avait été bâtie à la façon purement romane.

Dans les premiers dérivés de Saint-Front, tel que saint Etienne de Périgueux, la cathédrale de Cahors, l'abbatiale de Souillac (fig. 80), les pièces latérales, qui donnaient à l'édifice la forme de croix grecque, ont été supprimées. Il ne reste qu'un vaisseau composé de deux ou trois pièces à coupole, mises à la suite l'une de l'autre.

A la seconde génération, le plan revient à la forme de croix, mais de croix latine, par l'addition de deux bras de transept voûtés en berceau. En même temps les grosses piles intérieures sont remplacées par des faisceaux de dosserets auxquels s'ajoutent des contreforts extérieurs. Les coupoles étant cachées sous des combles à deux rampants, ces églises par dehors ont absolument le même aspect que les autres églises romanes dénuées de bas côtés. Exemples : Brassac (Dordogne), la cathédrale d'Angoulême, Sablonceaux (Charente-Inférieure), Fontevrault (Maine-et-Loire).

En dehors de ces groupes, il faut citer quelques monuments d'une conception singulière, mais certainement issus des mêmes types. Ainsi :

La cathédrale du Puy, dont la nef consiste en une suite de travées voûtées comme le carré du transept l'est dans la plupart des églises romanes; c'est-à-dire que chacune de ces travées est surmontée d'un tambour octogone sur trompes et d'une coupole octogone aussi.

L'église de Champagne (Ardèche) qui a pour couverture à sa nef, des coupoles de plan ovale, soutenues chacune sur un arc doubleau qui les traverse. Le passage du carré à l'ovale est effectué par des trompes.

La collégiale de Loches (Indre-et-Loire), dont les deux travées de nef qui étaient restées plafonnées jusqu'au milieu du douzième siècle, furent couvertes alors de pyramides creuses octogones, qui sont de véritables coupoles à pan. Il est à noter que le texte qui nous instruit de cette modification donne le nom de *duba* à ces pyramides creuses.

---

1. [Voir dans le *Dictionnaire* de Viollet-le-Duc, t. IV, p. 353, une figure qui fait bien comprendre cette disposition.]

ÉGLISES RONDES ET POLYGONES

Le vaste répertoire de l'architecture romane offre encore un certain nombre d'églises et de chapelles singulières par leur forme qui est ronde ou approchant du rond. Elles dérivent d'édifices dont l'idée première remontait à l'antiquité chrétienne, quoique plusieurs d'entre elles aient été prises plus d'une fois pour des monuments païens. Les Saints-Sépulcres, temples, chapelles de cimetière, baptistères sont dans ce cas.

Le Saint-Sépulcre[1] dont la conquête fut le but de la première croi-

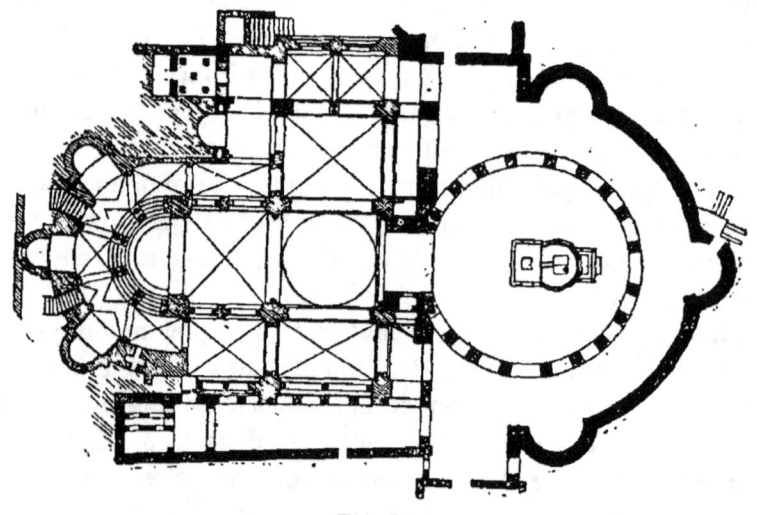

Fig. 81.

sade, n'était plus l'immense et magnifique basilique que Constantin avait fait bâtir sur l'emplacement assigné par la tradition au tombeau du Sauveur. Deux fois reconstruit après deux destructions, l'une par les Perses, l'autre par les Arabes, il avait reçu dès le VIIe siècle la forme qu'on lui voit encore aujourd'hui : celle d'une rotonde avec bas côté étagé (fig. 81). Seulement cette rotonde, que les modernes ont coiffée d'une coupole en maçonnerie, reçut d'abord et garda pendant toute la durée du moyen âge un chapeau de charpente en forme de cône tronqué, et ouvert à son sommet (fig. 82). Par là le Saint-Sé-

---

1. [Voir l'excellente étude que M. de Vogüé a consacrée à ce monument dans ses *Églises de la Terre-Sainte.*]

pulcre ressemblait aux temples hypèthres de l'antiquité. Son plan

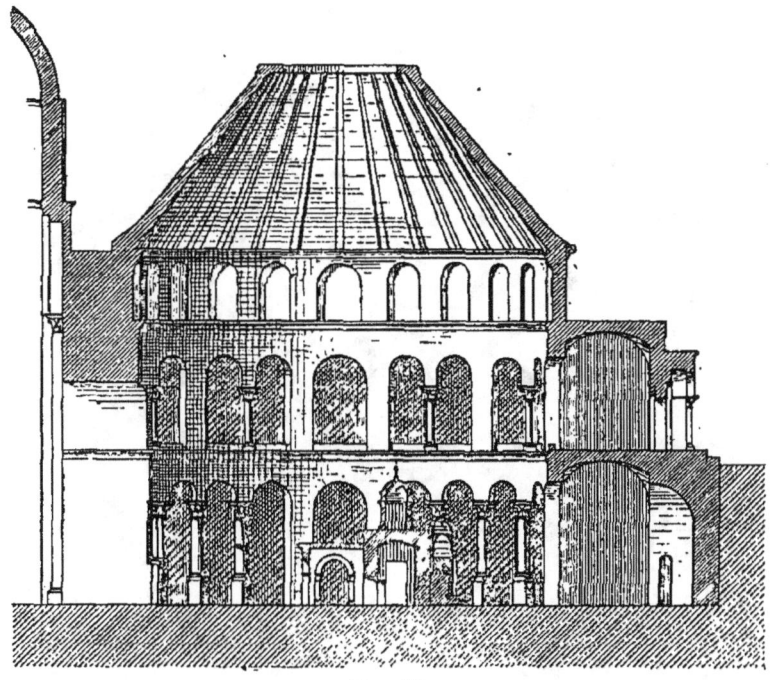

Fig. 82.

d'ailleurs ne fut pas une nouveauté. Des rotondes avaient été construites pour l'exercice du culte chrétien avant le sac de Jérusalem

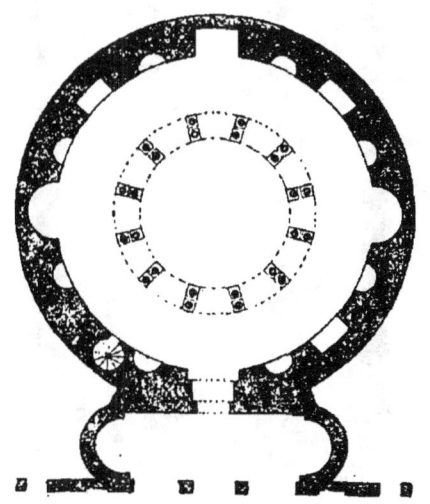

Fig. 83.

par les Perses : témoins Sainte-Constance (fig. 83) et Saint-Etienne-

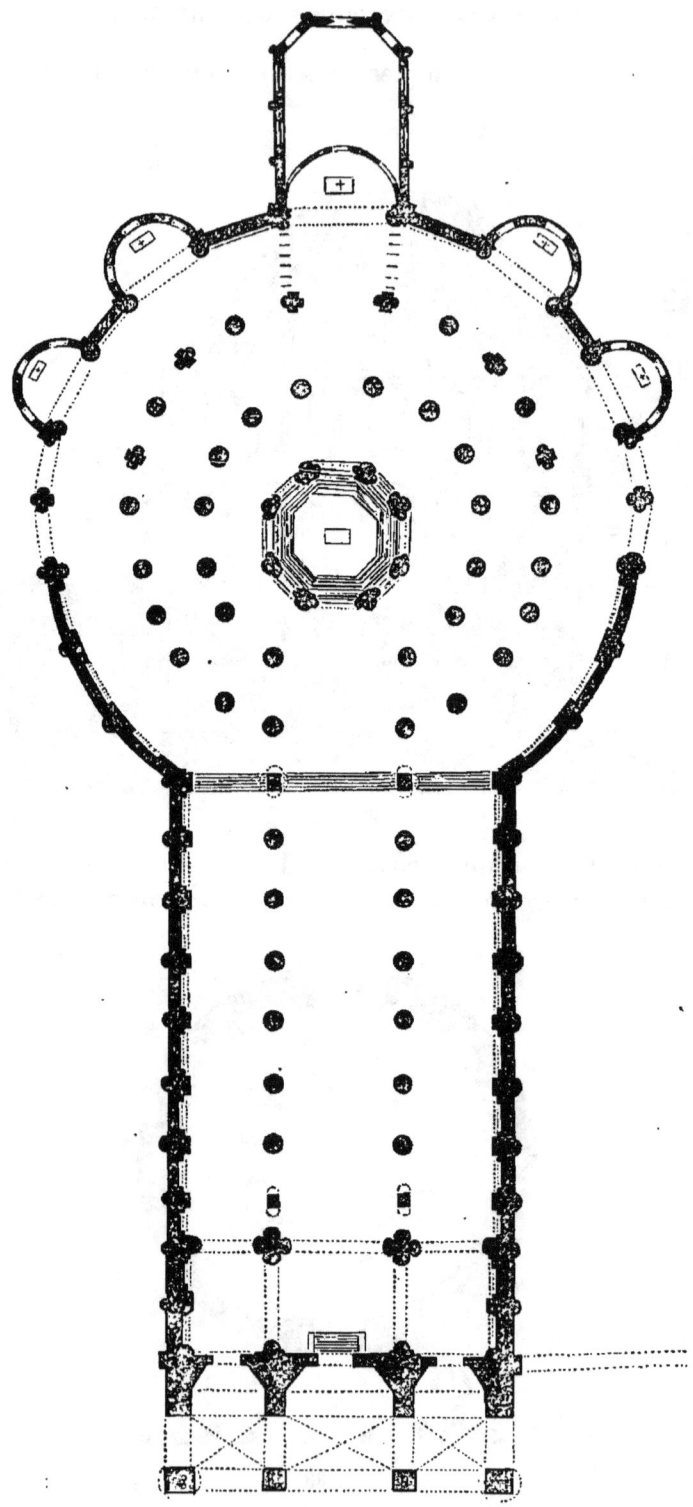

Fig. 84.

le-Rond, à Rome, et notre Saint-Germain-l'Auxerrois de Paris, qui commença par être une église ronde, et bien d'autres encore. On ne peut donc pas dire que le Saint-Sépulcre renouvelé ait été la première église bâtie en rond; mais il est certain que, sous cette forme, il devint un type qu'on imita dans toute la chrétienté.

L'histoire nous apprend qu'on en fit en France, au xie et encore au xiie siècle, beaucoup de copies sur grande échelle. Elles ne durèrent pas, car nous voyons à leur place des églises dans la forme ordinaire, par conséquent reconstruites.

La disparition de ces églises, construites par les architectes romans à l'instar du Saint-Sépulcre, résulte des vices de construction de leur couverture. Tantôt, en effet, on voulut les coiffer de coupoles qui s'écroulèrent, tantôt on chercha à éluder la difficulté de construire une coupole en les recouvrant, comme le Saint-Sépulcre de Jérusalem, d'ouvrages en charpente. Mais ces ouvrages furent la proie des flammes, et entraînèrent dans leur ruine le bâtiment lui-même. Pourtant, deux de ces essais, Saint-Bénigne de Dijon et l'église de Charroux (fig. 84) ont subsisté jusque dans les premières années de ce siècle-ci, grâce à ce que la plus grande partie de leur diamètre avait été donnée au bas côté, tandis que la rotonde centrale y était extrêmement exiguë, et par conséquent plus facile à couvrir. Encore celle de Saint-Bénigne fut-elle hypèthre.

Les imitations en petit, qui se sont conservées, permettent de conjecturer ce que furent la plupart de ces grands édifices.

Sont à citer :

Le Saint-Sépulcre de Neuvy (Cher). Rotonde intérieure de 8 mètres de diamètre, portée sur onze colonnes (fig. 85). Cet édifice, commencé en 1045 et abandonné à la hauteur du premier étage, fut achevé un siècle plus tard, mais sans qu'on osât le surmonter de la coupole pour laquelle l'épaisseur de ses murs démontre qu'il avait été préparé. Cette coupole a été exécutée récemment par Viollet-le-Duc.

Saint-Bonnet-la-Rivière (Corrèze). Rotonde intérieure de 9^m,50, portée sur dix colonnes, couverte en charpente, ainsi que le bas côté.

Le prétendu temple de Lanleff (Côtes-du-Nord), réduit à l'état de ruine depuis des siècles, probablement par l'incendie de sa couverture, qui était en charpente. La rotonde intérieure est de dix mètres, elle est portée sur douze arcades romanes.

Sainte-Croix de Quimperlé, reconstruction toute moderne d'un édifice qui s'écroula en 1862. Il datait de 1081. La partie centrale, au lieu d'être en rotonde, est un carré contenu entre quatre piles colossales, qui ont en plan la forme de quadrants de cercle.

Constantin avait fait construire en l'honneur de la Vierge à Antioche, une église à huit pans, appelée le *temple d'or*, qui paraît avoir été le prototype des églises polygones de l'Occident.

Le plus ancien monument de ce genre, parmi ceux qui nous intéressent, est la cathédrale d'Aix-la-Chapelle, bâtie par ordre de Char-

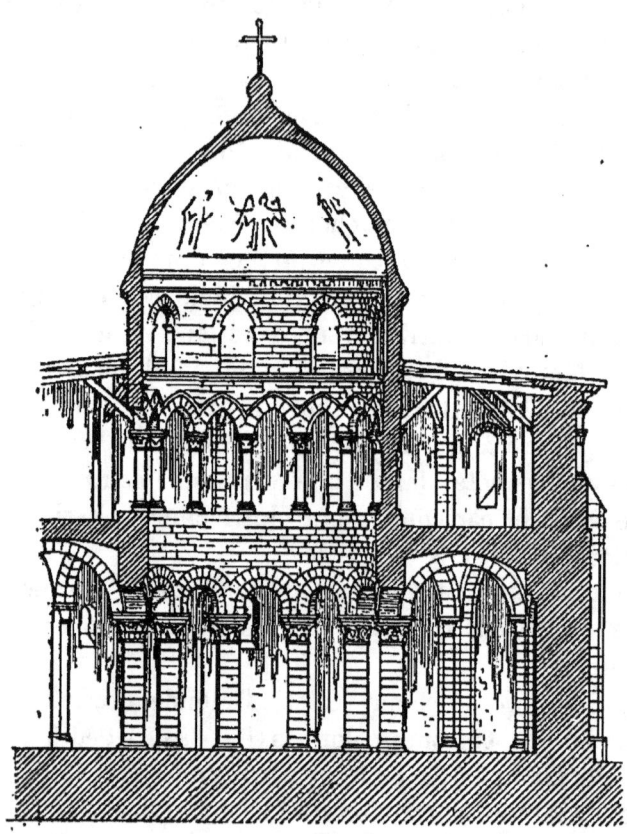

Fig. 85.

lemagne, dans les dernières années du viiie siècle. C'est un octogone de 15 mètres de diamètre, enveloppé d'un bas côté à seize pans et à deux étages. La couverture du milieu est une coupole ovoïde à huit pans; les bas côtés sont voûtés sur seize arcs doubleaux portant huit compartiments d'arêtes de quatre pièces et huit de trois pièces.

L'architecture romane s'annonce dans cet édifice par l'emploi systématisé d'arcs doubleaux dans les voûtes. Mais par l'absence de contreforts, par le rapport des cintres à leurs piédroits, par le remplage introduit dans les baies du premier étage sur l'octogone, il procède de l'architecture byzantine.

On connaît deux copies à peu près fidèles de l'église d'Aix-la-Chapelle : l'une du xie siècle à Nimègue (Pays-Bas), l'autre du xiie, à Ottmarsheim (Alsace). Les dérivés français de ce type sont sur petite échelle, les uns avec la précinction d'un bas côté, les autres

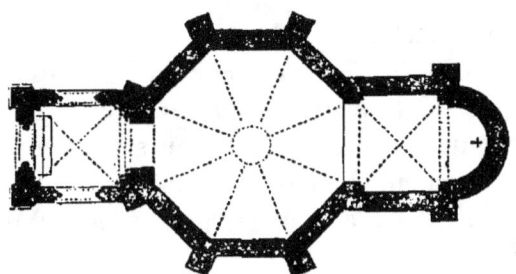

Fig. 86.

formant un octogone unique. Ils appartiennent généralement au xiie siècle, et se distinguent tous par quelque trait particulier.

Exemples :

L'église de Rieux-Minervois (Aude), c'est par dedans un heptagone de 7^m,50 de diamètre porté sur trois colonnes et quatre piles,

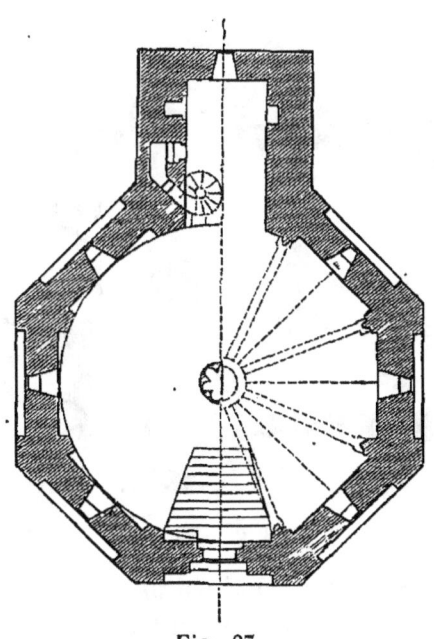

Fig. 87.

par dehors un polygone à quatorze pans. Un clocher s'élève au-dessus de la pièce centrale qui est voûtée en coupole.

Saint-Michel d'Entraigues (Charente), octogone unique de 13 m.

de diamètre, ayant ses huit pans arrondis en abside, voûté d'une coupole sur membrure d'arcs saillants.

Les temples de Metz et de Laon (fig. 86), consistant tous les deux en un octogone unique avec une abside à l'orient, et un avant-corps d'entrée à l'opposite.

Les Templiers affectionnèrent cette forme, sans doute parce qu'elle s'approchait de celle de leur église-mère à Jérusalem qui avait été élevée elle-même sur le plan du Saint-Sépulcre. Aussi bien eurent-ils des églises toutes rondes dans plusieurs de leurs commanderies de l'Europe, notamment à Paris. Probablement ils se contentèrent de l'octogone à défaut de la rotonde, lorsque les architectes trouvaient trop difficile de la faire.

La chapelle mortuaire de Montmorillon (Vienne) octogone à deux étages superposés, celui d'en haut voûté en coupole sur des membrures, celui d'en bas en coupole unie (fig. 87).

D'autres formes que l'on ne peut pas faire dériver avec autant de certitude de l'église octogone ont été affectées aux chapelles de cimetière.

Baptistères. — Pendant les premiers siècles du triomphe de

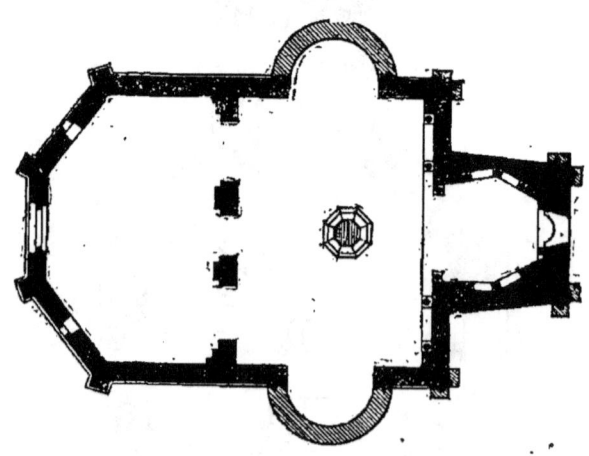

Fig. 88.

l'Église, il fut de règle qu'on administrât le baptême dans des édicules séparés des églises, qu'on appelait baptistères.

Le plan consacré du baptistère fut, dès l'origine, le rond ou l'octogone. Sur ce point cependant il y eut des dérogations à l'usage, au moins dans la Gaule. Le seul monument de ce genre qui reste en France de l'antiquité chrétienne, Saint-Jean de Poitiers, a la forme d'un temple païen sans colonnades extérieures ; par conséquent son plan est un carré long (fig. 88). Une abside quadrilatère par dehors fait saillie sur l'un des grands côtés; et une absidiole en tour ronde, sur chacun des petits côtés. On ne sait quelle date au juste assigner à cette construction qui se place par son appareil et par sa décoration parmi les ouvrages de l'époque barbare.

Les autres baptistères qui nous ont été conservés appartiennent tous à l'architecture romane. Ils sont peu nombreux, parce que les anciens usages relatifs à la cérémonie du baptême se modifièrent de bonne heure en Gaule. Dès le VIIIe siècle, il fut permis de baptiser dans l'intérieur des églises. Presque partout en France on profita de cette facilité. L'ancien usage ne subsista plus que dans les diocèses du midi et plus particulièrement dans ceux qui avoisinent la vallée du Rhône. C'est là que se trouvent, à une seule exception près, tous les exemples qui vont être cités.

En général, les baptistères romans sont octogones, avec ou sans bas côté. Dans le premier cas, l'édifice intérieur est soutenu par huit colonnes (cathédrales d'Aix) ou par huit piliers (Riez) ; dans le second, les colonnes sont plaquées comme piédroits d'une arcature ou de niches faisant décoration sur chacun des pans. (Cathédrale de Fréjus ; église de Mélas, dans le département de l'Ardèche.)

A Saint-Léonard (Haute-Vienne), existe un baptistère rond, muni d'un bas côté et de trois absides[1] ouvertes sur ce bas-côté.

A Venasque (Vaucluse), l'édifice est un carré sur chacun des côtés duquel s'ouvre une grande abside, de sorte que le plan figure un quatrefeuille. La voûte est d'arêtes sur le carré ; nouveau trait distinctif de ce baptistère d'avec tous les autres, qui sont voûtés en coupole.

On découvrit il y a quelques années les fondations du baptistère roman de Valence (Drôme). Elles dessinaient un édifice en croix.

A partir de 1150, il ne s'est plus fait de baptistère dans aucune partie de la France ; mais l'usage de cette sorte d'édifice s'est conservé en Italie.

. . . .

---

1. [Il y en avait primitivement quatre, mais il ne reste plus que des vestiges de la quatrième.]

IV

LA CROISÉE D'OGIVES ET SON ORIGINE

Je me sers du terme *ogive* dans l'acception qui est la seule qu'il ait eue au moyen âge, la seule que tous les dictionnaires français et traités d'architecture lui ont conservée jusqu'après 1830. J'entends par là l'une ou l'autre des *nervures*, ou, pour parler plus exactement, l'une ou l'autre des *membrures* qui se croisent diagonalement dans les voûtes gothiques. Les deux pièces réunies composent ce qu'on a appelé la *croisée d'ogives*.

Cette explication est indispensable, vu la confusion produite par l'usage que l'on fait aujourd'hui de ce mot *ogive*. Quelques-uns, tout en le prenant dans son sens propre, lui ôtent sa force parce qu'ils emploient concurremment des synonymes, tels que *arétiers, arêtes saillantes, nervures croisées* ou *diagonales*. D'autres, en plus grand nombre, appellent ogive tout cintre qui a une brisure à son sommet, transportant par là à une forme générale du dessin architectonique, l'expression créée pour désigner un membre d'architecture qui est une chose unique en son genre. D'autres encore, les éclectiques, donnent la dénomination d'ogive à la fois aux cintres brisés et aux membrures diagonales des voûtes, bien que celles-ci ne soient point brisées quand tous les autres cintres du même édifice le sont.

Je ne m'arrête pas à faire ressortir ce qu'il y a de fâcheux pour la science dans de semblables malentendus. C'est une démonstration à laquelle je me livrais déjà, il y a trente ans, dans la *Revue archéologique*[1], et depuis lors je ne me suis point lassé d'y revenir, soit dans

---

[1]. *De l'ogive et de l'architecture dite ogivale.* — *Revue archéol.*, première série, tome VII, p. 65; tome VIII, p. 145. [Voir ci-dessus, p. 74 à 85.]

mes leçons, soit dans ceux de mes écrits où la même remarque pouvait trouver sa place. Qu'il me soit permis de tenir la chose pour acceptée et d'aborder sans plus de préliminaires l'objet que je me propose.

I

La croisée d'ogives est quelque chose de fondamental dans l'architecture du moyen âge. Ce n'est point exagérer son importance que de dire qu'elle est la pièce génératrice sans laquelle cette architecture n'aurait ni trouvé ses lois, ni contracté sa physionomie, ni atteint à l'originalité que nous lui voyons. Pour comprendre cela, il faut se rendre compte de la fonction mécanique de cette membrure.

Tout le monde sait que la nef de la plupart de nos églises romanes a pour voûte la voûte cylindrique appelée aussi *berceau*. On sait encore, quoique moins généralement, qu'une voûte en berceau tend incessamment à faire fléchir sous elle les murs qu'elle surmonte. Cela résulte de la pression dite *poussée*, qui s'exerce du sommet de la voûte sur ses impostes.

Résister à la poussée, fut la préoccupation constante de ceux qui construisirent des églises au xie siècle. Afin d'y réussir, ils ajoutèrent à l'épaisseur des murs, entre chaque travée, des contreforts intérieurs et extérieurs, ceux de l'intérieur servant de piédroits à des arcs doubleaux posés sous la voûte.

Mais cet expédient, sur lequel on avait beaucoup compté, fut insuffisant dans nombre de cas, parce que les contreforts n'atténuaient que par intervalles et sur des espaces très restreints la poussée qui, elle, agissait également dans toute la longueur de la voûte.

Il y avait bien un moyen de faire qu'il n'y eût de poussée qu'à l'endroit des contreforts : c'était de substituer au berceau la voûte d'arêtes, genre de couverture qui se prêtait parfaitement à remplir l'espace entre chaque paire d'arcs-doubleaux. La propriété de la voûte d'arêtes est en effet de déverser toute sa poussée aux quatre points où ses arêtes et elle-même prennent naissance.

Les architectes du xie siècle eurent, sinon la connaissance raisonnée, du moins le sentiment de cela. La preuve en est que la plupart se servirent de la voûte d'arêtes pour couvrir les bas côtés des églises. Mais cette construction qu'ils exécutaient volontiers en petit, c'est-à-dire dans un cas où l'à peu près pouvait suffire, ils éprouvèrent une difficulté presque insurmontable à l'exécuter en grand, parce que l'ouvrage exigeait alors une précision à laquelle, dans l'état de la science et des ressources matérielles du temps, il leur était presque impossible d'atteindre. Or, pour couvrir la nef d'une église, il fallait que la voûte d'arêtes fût exécutée en grand.

Tous les obstacles furent levés lorsque l'on connut la croisée d'ogives. Des arcs diagonaux combinés avec les arcs-doubleaux produisirent une charpente de pierre, facile à dresser, dont on ferma, non moins aisément, les interstices par des sections de berceau qu'on n'eut pas besoin de faire pénétrer l'une dans l'autre, comme celles qui composent la voûte d'arêtes. Il résulta de là une voûte qui eut tous les avantages de la voûte d'arêtes, sans en présenter les inconvénients.

En effet, la poussée de la voûte d'ogives n'agit, elle aussi, que sur quatre points, ceux où les ogives et les doubleaux prennent conjointement leur naissance et, d'autre part, les sections de berceau, qui forment la couverte par-dessus les arcs, étant indépendantes l'une de l'autre, peuvent tasser ou gauchir impunément, l'ensemble n'étant pas compromis par un accident survenu à l'une des parties.

Les transformations ultérieures de l'architecture des églises furent la conséquence de ce commode fractionnement des voûtes. L'expérience ayant montré qu'il permettait d'atténuer considérablement le corps de l'édifice entre les massifs sur lesquels s'exerçaient les poussées, les architectes, séduits par un si grand avantage, n'eurent plus d'autre visée que de pousser l'allègement à son dernier terme. Les progrès continus qu'ils accomplirent sur cette donnée (chacun renchérissant par quelque réduction nouvelle sur l'œuvre de ses devanciers), les amenèrent en peu de temps à faire sortir du lourd et sombre vaisseau roman la svelte construction gothique.

Un artifice de construction qui a produit de si importants résultats, mérite qu'on fasse pour lui ce qu'on a fait pour toutes les inventions remarquables, c'est-à-dire qu'on en cherche l'origine. Le droit de la croisée d'ogives à être traitée de la sorte lui est d'autant plus légitimement acquis, que l'on a prétendu expliquer la formation de l'architecture du moyen âge en dissertant à perte de vue pour établir où et par qui avait été pratiqué en premier lieu le cintre brisé, c'est-à-dire la chose appelée improprement ogive, et sans laquelle l'architecture du moyen âge aurait pu tout de même exister.

Deux points sont à résoudre dans cette question d'origine.

A quel moment la croisée d'ogives apparaît-elle dans la structure des églises?

Avant de servir à cette fin la croisée d'ogives fut-elle connue et pratiquée?

II

Lorsque l'étude des monuments reposait sur la classification chronologique dressée par M. de Caumont, on pouvait faire remonter l'emploi de la voûte d'ogives au milieu du xi⁰ siècle ou à peu près. Cette voûte, se voit en effet, aux deux grandes églises abbatiales de Caen, Saint-Étienne et la Trinité, signalées par le créateur de l'archéologie nationale comme des types accomplis de l'architecture religieuse du xi⁰ siècle. Mais depuis que les notions sont devenues plus précises par suite d'observations plus minutieuses, depuis qu'à la faveur des travaux d'architecture accomplis pour restaurer les monuments, il a été permis de voir ce qui se cachait sous les parements et sous les combles, les abbatiales de Caen, ainsi que la plupart des églises considérées d'abord comme de purs produits du xi⁰ siècle ont été reconnues avoir subi une transfiguration complète au siècle suivant, et la voûte d'ogives est l'une des additions les plus manifestes à leur fabrique primitive [1]. Les premiers exemples de cette voûte doivent donc être cherchés plus bas dans le xi⁰ siècle, si ce n'est au commencement du xii⁰. Le doute est permis à cet égard, l'âge des édifices où ils se rencontrent ne pouvant être fixé que d'une manière approximative.

Le caractère des plus anciennes voûtes d'ogives est celui d'une chose qui n'est encore qu'à l'état d'essai. Elles sont employées à des élévations médiocres, et, d'ordinaire, pour couvrir un espace qui n'exigeait qu'une seule croisée. Leurs arcs n'ont pas cette apparence de souplesse que leur donnera plus tard un habillement de moulures appliqué sur toute leur surface. Ils sont simplement *réglés*, formés de claveaux coupés sous des faces droites comme le sont les arcs-doubleaux dans la plupart des constructions romanes. La clé de la croisée n'est pas autre chose que la rencontre des quatre bras de la membrure, et l'assemblage des voussoirs présente parfois des singularités, qui accusent d'une manière encore plus sensible l'indécision du constructeur.

Les plus anciens exemples de croisées d'ogives que l'on puisse citer, sont : la voûte du porche de l'église de Moissac, celle du porche de Saint-Victor de Marseille, celle de la rotonde de Sainte-Croix à Quimperlé.

---

1. [Ces remaniements ont été décrits avec détail par M. Ruprich-Robert (*Mém. de la Soc. des Antiq. de Normandie*, t. XXV, p. 104) et M. Georges Bouet (*Bull. monum.*, t. XXVIII, XXIX et XXXI).]

A Moissac, les deux arcs de la croisée ont une puissance énorme. Leur largeur à l'intrados dépasse un mètre. La courbe qu'ils décrivent l'un et l'autre est un cintre surbaissé. Leur rencontre n'a pas lieu sur une clé. La clé est remplacée par une combinaison de voussoirs dont on a cherché à assurer l'adhérence au moyen de crossettes et d'autres coupes bizarres. Il n'y a pas de termes pour exprimer un pareil assemblage. Viollet-le-Duc en a figuré les joints par un tracé en plan [1]. J'ai fait moi-même sur lieu un dessin où je me suis appliqué à rendre avec encore plus de fidélité la barbarie de l'ouvrage [2]. La croisée du porche de Saint-Victor de Marseille, à cause du plan, qui est barlong, a dû être resserrée dans le sens du petit côté, de sorte que ses arcs se rencontrent obliquement. Là encore, apparaît une conception étrange. A en juger par ce qui est en vue, l'intersection a lieu par la suppression du sommet de l'un des arcs, lequel se trouve par là s'appuyer de biais par ses deux branches sur la clé de l'autre arc, à moins que dans le plein de la construction ne se cache un assemblage pareil à l'entaille des charpentiers.

Il y a encore à noter l'application à la même croisée d'un procédé employé par les Byzantins lorsqu'ils mettaient des arcs doubleaux dans les voûtes d'arêtes. Les pans de voûte adhèrent par pénétration au flanc des arcs, à la naissance de ceux-ci. C'est seulement dans leur montée qu'ils vont prendre leur assiette sur les extrados; par conséquent la saillie des ogives est en raison de la proximité de leur intersection.

L'église Sainte-Croix de Quimperlé, inspirée par celle du Saint-Sépulcre de Jérusalem, a pour nef une rotonde, dont la partie médiane aurait dû être voûtée en coupole. L'architecte, embarrassé probablement par la difficulté d'une semblable construction, transforma le milieu de sa rotonde en carré, de manière à poser dessus une voûte d'ogive.s

Il faut se reporter aux choses comme elles étaient naguère, et non comme elles sont aujourd'hui [3]. Le carré s'est écroulé en 1874, et bien qu'on en ait reconstruit un nouveau sur le même plan, l'é-

---

1. *Dictionnaire raisonné de l'architecture*, t. VII, p. 292.

2. [Nous avons retrouvé ce dessin dans un des carnets de voyage de l'auteur, que possède l'École des Chartes, et qui porte le n° 40. Malheureusement c'est un croquis trop sommaire pour que nous ayons pu songer à le reproduire.]

3. Une vue et un plan de l'état ancien se trouvent dans la partie *Bretagne* des *Voyages pittoresques dans l'ancienne France*, par Taylor.

difice actuel, sorti de mains plus habiles, n'a plus au même degré le caractère de barbarie que présentait l'ancien.

Les arcs de la croisée montés à 11^m,30 au-dessus du sol, mesuraient de largeur à l'intrados 1^m,10. Selon toute apparence, leur appareil avait été exécuté sur le cintre. Il consistait en petits moellons à peu près échantillonnés, contenus par des chaînes de grosses pierres qui garnissaient les arêtes.

Les pièces de voûte assises sur l'extrados de ces arcs s'appuyant, du côté des murs, sur des formerets plus bas de flèche, l'ensemble de la couverture affectait la forme d'une calotte à quatre pans surbaissés.

Voilà les croisées d'ogives que je regarde comme les plus anciennes qu'on ait faites en France, sans que pour cela, cependant, les monuments auxquels elles appartiennent aient à mes yeux l'antiquité qu'on leur attribue communément. C'est ici un point sur lequel il convient d'insister pour la justification de la date approximative que j'ai d'abord énoncée.

Mérimée se conformant, sauf quelques restrictions, au témoignage d'Ogée [1], avait cru pouvoir reculer la construction de Sainte-Croix de Quimperlé jusqu'à 1029, qui fut l'année de la fondation du monastère dont cette église dépendait [2].

Le porche de Saint-Victor de Marseille, à cause de la rude et barbare simplicité de sa construction, passe pour être une partie conservée de l'église, qui fut reconstruite au xie siècle par l'abbé Isarn, et consacrée en 1040 par le pape Benoît IX en personne [3].

Enfin, le porche de Moissac, d'après l'interprétation des textes par les meilleurs archéologues, serait aussi le reste d'une église qu'on sait avoir été consacrée en 1063 [4].

Mais depuis Mérimée, on a produit, au sujet de Sainte-Croix de Quimperlé, le témoignage d'une reconstruction qui empêche de faire remonter la rotonde au delà de 1083, et qui n'empêche pas de la faire descendre jusqu'aux environs de l'an 1100, époque à laquelle elle se rapporte par le caractère de son ornementation [5].

De même pour le porche de Saint-Victor de Marseille. S'il s'annonce à première vue comme un ouvrage des plus anciens, en y

---

1. [Ogée, *Dictionn. de Bretagne.*]
2. *Notes d'un voyage dans l'ouest de la France*, p. 210.
3. *Cartulaire de Saint-Victor de Marseille*, t. I, p. 17.
4. Description de l'église de Moissac dans la *Bibliothèque de l'École des Chartes*, 3e série, t. I (1849), p. 138.
5. *Bulletin monumental*, t. XV, p. 524; *Gallia christiana*, t. XIV, col. 900.

regardant de près on voit qu'il a été bâti en grands matériaux, que même les pans de voûte établis sur sa croisée sont en pierres d'appareil; et il n'en faut pas davantage pour limiter son antiquité au commencement du xii° siècle.

Et le porche de Moissac à son tour, en dépit de ce que disent ou semblent dire les témoignages écrits, il a son âge indiqué par le caractère de son ensemble et par le dessin de ses parties ornées, qui appartiennent au roman de la fin du règne de Philippe Ier.

Il y a donc de bonnes raisons en faveur de l'à peu près où je me suis renfermé d'abord en alléguant les années les plus voisines au delà et en deçà de l'an 1100.

A peu d'intervalle apparaît l'emploi de la voûte d'ogives à plusieurs croisées consécutives. L'église de Saint-Gilles (Gard), qu'une inscription atteste avoir été commencée en 1116, a sa crypte voûtée de la sorte [1].

Ici, il n'y a plus de marque d'indécision dans l'appareil de la membrure. Non seulement les claveaux sont d'une coupe irréprochable, mais le travail du tailleur de pierre y est compliqué d'un luxe de sculpture dont je ne connais pas d'autre exemple. Les branches d'ogives ainsi que les arcs doubleaux sont garnis sur toutes leurs faces de moulures richement ciselées d'oves et d'autres motifs imités de l'antique.

L'église de Saint-Gilles est un monument d'une structure exceptionnelle qui ne fit pas école dans la région où il fut élevé. Les églises provençales qu'on peut réputer ses contemporaines, ou même ses cadettes, ne présentent pas d'autres voûtes dans leur fabrique que le berceau et la coupole : la coupole entière au carré de leur transept, la demi-coupole ou cul-de-four à leur chevet [2]. Il est vrai que, dans plusieurs d'entre elles, tantôt la coupole, tantôt le cul-de-four sont fractionnés par des membrures en quart d'arcs qui sont de véritables arcs ogifs; et, bien que les pans de voûte soient posés à plat et non relevés sur le dos de ces arcs, il n'en est pas moins évident que le système fut suggéré par la croisée d'ogives; mais cela ne constitue pas des voûtes d'ogives; et précisément à cause de cette application détournée du principe, on est autorisé à dire que celui-ci resta banni

---

1. *Voyages pittoresques dans l'ancienne France*; Languedoc, t. II, 2ᵉ partie, pl. 289. — Révoil, *Architecture romane du midi de la France*, t. II, pl. 56 et 57.
2. Par exemple la coupole de la lanterne à la cathédrale d'Avignon; les demi-coupoles de l'église de Montmajour, de Saint-Jean d'Arles, de Saint-Quinin de Vaison, etc., monuments figurés dans l'*Architecture romane* de M. Révoil.

de l'architecture religieuse du Midi jusqu'au milieu du xiiie siècle. Je fais seulement une réserve pour le cas où l'on arriverait à démontrer que les nefs de la cathédrale de Toulouse et de la cathédrale de Fréjus furent voûtées dès l'origine comme elles le sont aujourd'hui.

Pour voir l'usage des voûtes d'ogives s'étendre et se généraliser, il faut se transporter à l'extrémité opposée de la France.

A une date qu'il est impossible de préciser, mais qui ne doit pas s'éloigner beaucoup de celle de la crypte de Saint-Gilles, la membrure d'ogives a pris place dans plusieurs églises importantes qu'on reconstruisait tant à Paris qu'au nord de Paris, dans un rayon qui ne paraît pas avoir dépassé d'abord le bassin de l'Oise.

Saint-Étienne de Beauvais, Saint-Germer de Fly, Saint-Évremond de Creil, et toute la partie voûtée de notre Saint-Martin-des-Champs, appartiennent à cette catégorie. Ce sont des églises qui, à les voir par dehors, sont romanes; mais leur aspect intérieur n'est plus celui du roman.

On a cru expliquer ce changement d'effet en l'attribuant à la brisure qui, dans les églises dont il s'agit, affecte la plupart des grands cintres, tels que les arcs doubleaux et formerets des voûtes, les maîtresses arcades de la nef et du chœur. Cependant à Saint-Étienne de Beauvais, non plus qu'à beaucoup d'édifices analogues de date postérieure, les maîtresses arcades ne sont point brisées, tandis que celles des églises les plus romanes de la Bourgogne et du Limousin le sont : d'où il faut conclure que la différence d'aspect tient à autre chose qu'à la brisure des cintres.

Elle résulte en effet de l'introduction des ogives dans la voûte. A ces nouvelles membrures, il fallut donner des supports. Le mode de soutènement adopté consista à ajouter dans l'élévation de l'édifice des pièces montantes sous forme de colonnettes d'un prolongement infini, et rien que par cette addition le dessin architectonique fut modifié dans son essence. Non seulement il fut plus compliqué, mais il devint plus svelte. Les grêles supports qu'on poussait ainsi du sol à la voûte, donnèrent du mouvement aux piliers massifs dans lesquels ils étaient engagés; et d'autre part la nécessité d'accommoder à leur souplesse les pièces qui reposaient sur eux conduisirent à diminuer le volume des ogives et à profiler ces arcs, soit en rondins, soit en groupes de moulures rondes.

Maintenant, ces églises où l'emploi de la voûte d'ogives a été d'une si grande conséquence pour la physionomie du monument, sont-elles bien les premières de leur genre qui aient été construites ? Il est permis d'en douter. Leur fabrique décèle une unité de méthode, une dextérité d'exécution qui seraient par trop extraordinaires de la part d'ouvriers qui en étaient à leur premier essai. La vraisemblance est plutôt qu'elles ont été faites à l'imitation d'un type primitif que l'on doit supposer avoir existé, bien qu'il ne se rencontre pas. Une pareille hypothèse n'est pas en contradiction avec l'ensemble des faits connus, pourvu qu'on suppose que l'apparition de ce type précéda de peu celle des dérivés et qu'elle eut lieu dans la région qui a été délimitée tout à l'heure, c'est-à-dire dans l'Ile-de-France.

L'Ile-de-France est si bien le pays d'origine des églises à voûtes d'ogives que c'est de là que nous voyons le système gagner les autres contrées. La plupart des églises romanes de la Normandie, plusieurs de celles de l'Angleterre et de la vallée du Rhin, après avoir été primitivement recouvertes de charpentes apparentes, ont reçu des voûtes d'ogives où est flagrante l'imitation du procédé français, tel qu'il se manifeste dans les monuments cités ci-dessus. Aussi les bons observateurs de tous les pays ne font-ils aucune difficulté de reconnaître dans ces remaniements l'adoption d'une mode venue de France, bien que l'époque précise où se fit l'importation ne soit pas plus connue d'eux que ne l'est de nous l'apparition de la mode elle-même.

Ce n'est qu'aux approches de l'an 1140, lorsque déjà le système s'est répandu au dehors, qu'il devient possible d'assigner à ses produits des dates certaines. L'histoire enregistre depuis lors une suite de reconstructions d'églises dont il n'y a pas à douter que nous n'ayons sous les yeux le travail, sinon en entier, du moins conservé par portions considérables. Dans ce cas sont la cathédrale de Noyon rebâtie après un incendie qui l'avait détruite en 1131 ; l'abbatiale de Saint-Nicolas de Blois, dont la première pierre fut posée en 1138; les parties de la basilique de Saint-Denis refaites par Suger, dont la consécration eut lieu en 1143; les tours et le portail occidental de la cathédrale de Chartres auxquels on travaillait en 1145. Après 1150 les exemples ne se comptent plus.

Les églises de cette nouvelle génération diffèrent de celles qui les ont précédées par un dernier progrès accompli dans l'emploi de la voûte d'ogives. Non seulement cette voûte a pris place, à l'exclusion de toute autre, dans les parties hautes et basses de l'église, mais secondée par l'artifice des culées et des arcs-boutants extérieurs, elle a achevé la transformation de l'architecture. C'est le moment où celle-ci cesse d'être l'architecture romane, par ce fait que les supports et les clôtures de l'édifice ont été réduits de volume et d'épaisseur au point de n'être plus que des cales sous les voûtes. Les véritables fonctions de ces voûtes sont dans les appareils disposés au dehors ; la construction en hauteur n'est, pour ainsi dire, plus que de la membrure de pierre fermée par des panneaux en découpure.

Pour la question d'origine, qui est la seule que j'avais en vue, il n'est pas nécessaire de pousser plus avant.

Deux faits généraux ressortent de l'enquête à laquelle je viens de me livrer, et ce sont deux faits entre lesquels il m'est impossible d'établir aucun lien.

Vers l'an 1100 la croisée d'ogives apparaît isolée, et comme à l'état d'essai dans des provinces excentriques de l'ancienne Gaule qui ne faisaient pas partie de la France de ce temps-là.

Vers l'an 1120, la croisée d'ogives a passé à l'état de système, dans l'architecture religieuse du pays qui était alors la France propre; et aussitôt ce système se propage partout, excepté là où avait été appliqué d'abord l'artifice de construction qui en est la base.

Voilà ce que l'on peut dire de certain au point où nous en sommes de la connaissance des monuments. Si quelque chose doit y être ajouté, ce sera par suite d'observations rigoureuses qui se concentreront sur cet objet si peu remarqué jusqu'ici : la croisée d'ogives.

III

La voûte d'ogives dérive incontestablement de la voûte d'arêtes; la croix d'arcs de l'une n'est que le dessin en relief des chaînes arêtières de l'autre. Or si quelque chose a l'apparence d'un expédient imaginé pendant qu'on s'essayait à voûter les nefs des églises, c'est bien cette croix d'arcs. Dans la pratique du temps, il était déjà de règle de faire saillir des arcs doubleaux entre les compartiments d'arêtes composant une voûte prolongée; il semble tout naturel que, pour faciliter la construction, on ait songé aussi à faire saillir une membrure arêtière dans chaque compartiment. Pour ma part, je voyais là un corollaire presque inévitable de la pratique romane, à ce point que je ne pensais pas qu'il y eût besoin d'autre preuve pour affirmer que la croisée d'ogives avait été inventée chez nous au XIe siècle.

Un mot latin, pris dans un sens auquel on n'a point encore fait attention, a changé mon opinion d'une manière si complète que l'invention que j'attribuais au moyen âge, je crois pouvoir la reporter aujourd'hui à l'antiquité.

On lit dans la relation des lieux saints, écrite par Adamnanus sous la dictée de l'évêque Arculphe [1], qu'une petite église, à la fin du VIIe siècle, conservait la mémoire du lieu où, suivant la tradition, Jésus-Christ avait déposé ses vêtements pour recevoir le baptême. L'édifice, en partie fondé dans le lit même du Jourdain, reposait nécessairement sur des voûtes; ce que Adámnanus exprime ainsi [2] :

« *Hæc quatuor suffulta* cancris *stat super aquas inhabitabilis.* » Et un peu plus loin, toujours au sujet de la même église : « *Inferius, ut dictum est,* cancris *et arcubus sustentata.* »

Dans l'un des chapitres suivants [3], le même mot *cancer* se trouve appliqué à une grande église qui s'élevait au milieu de la ville de Nazareth *super duos fundata cancros*, et ce nouvel exemple a son commentaire dans une paraphrase qui vient quelques lignes plus loin sans toutefois préciser le sens. Il est dit en effet, de la même église, qu'elle était *duobus tumulis et interpositis arcubus suffulta*, ce qui signifie que l'édifice portait sur deux massifs et sur des arcs qui les reliaient l'un à l'autre, mais n'explique pas dans quelle direction ces arcs interposés effectuaient leur trajet.

Quelle espèce de voûte peut donc désigner le mot *cancer*?

Les trois exemples d'Adamnanus sont rapportés dans le glossaire de Ducange avec l'explication : *arcus, fornix, quod cancri forcipem referat*. Mais il n'existe, dans aucune architecture, ni arcade, ni voûte qui ressemble à une pince de crabe.

Un fragment de la plus basse latinité que je trouvai, il y a bien des années, dans un manuscrit de la bibliothèque de Charleville [4], fait figurer des *cancri* dans la structure du phare d'Alexandrie et du théâtre d'Héraclée en Bithynie, deux monuments que l'antiquité classait parmi les merveilles du monde.

D'après ce texte, le phare d'Alexandrie fut fondé à vingt pas, c'est-à-dire à trente mètres de profondeur, dans la mer, sur quatre *cancri*, qui étaient soi-disant un ouvrage en fonte de verre [5], et le

---

1. *Acta Sanctorum ordinis S. Benedict.*, sæc. III, pars II, p. 502.
2. Cap. 2...
3. Cap. 26.
4. *Catalogue général des manuscrits*, t. V, p. 647, dans la Collection des documents inédits.
5. « Farus Alexandriæ super quatuor cancros fusiles vitreos sub mari passus viginti fundata. Quomodo tam magni cancri fusi sint vel quomodo deportati in mare et non fracti, vel qualiter fundamenta cementica super illos adhcrere potuerint, et sub aqua qualiter cementum stare potuerit, vel quare cancri non frangantur et cur non lubricat fundamentum desuper : hoc magnum miraculum est, ac qualiter factum sit ad intelligendum videtur difficile. »

théâtre d'Héraclée, d'autre part, était soutenu comme en équilibre sur sept *cancri* taillés dans le marbre [1].

Le fait relatif au phare d'Alexandrie fut de tradition tant que dura le monument. Le biographe arabe Masoudy, qui recueillit ce propos au xe siècle de notre ère, le consigna en des termes que les traducteurs français ont ainsi rendus : « On dit que le véritable auteur du phare le bâtit sur un piédestal de verre en forme d'écrevisse, qui reposait sur le fond de la mer [2]. »

Voilà qui est loin, on en conviendra, d'aider à l'intelligence du mot. Isaac Vossius, qui eut entre les mains un autre manuscrit du morceau sur les Merveilles du monde, s'est efforcé, au moyen d'une double conjecture, d'en tirer un sens raisonnable [3]. Il a supposé que les *cancri* avaient été des ouvrages de sculpture garnissant le pied du phare, de même qu'on voit au pied de certains monuments des sphinx ou des lions; et quant à la matière de ces ornements, il pensait qu'ils avaient été jugés de verre parce qu'ils étaient d'une pierre qui avait le poli et le luisant du verre.

Malgré ces données discordantes, j'inclinais à voir des voûtes dans les *cancri* d'Alexandrie et d'Héraclée aussi bien que dans ceux des églises mentionnées par Adamnanus. Je soupçonnai même que de part et d'autre il s'agissait de voûtes d'arêtes, me fondant sur ce que les arêtes dessinent dans chaque pièce de voûte une croix diagonale, et que *cancri* eut primitivement en latin la même signification que *cancelli* [4], par conséquent voulut dire un treillis, une combinaison sans fin de croix diagonales. J'étais d'autant plus disposé à caresser cette hypothèse que le nom latin de la voûte d'arêtes ne nous est pas connu, et qu'il serait bien étrange que les Romains n'aient pas eu de mot pour exprimer une chose au moyen de laquelle ils ont exécuté des prodiges de construction. Persuadé que ce mot avait été *cancer*, j'étais dans l'attente d'un nouvel exemple qui fût assez positif pour rendre cette signification manifeste aux yeux de tout le monde. L'exemple s'est présenté, et j'en vois sortir autre chose que la voûte d'arêtes.

Dans le traité récemment retrouvé de Grégoire de Tours sur le cours des étoiles, on lit une énumération des sept merveilles du

---

1. « Theatrum in Eraclea civitate de pari marmore sculptum..... super septem cancros de ipso lapide sculptos pendens sustinetur. »
2. *Les Prairies d'or*, traduction de Barbier de Maynard et de Pavet de Courteille, t. II, p. 433.
3. *Observationes ad Pomponium Melam de Situ orbis* (La Haye, 1758), p. 204.
4. Festus, *De verborum significatione*.

monde qui semble dériver de la même source que celle du manuscrit de Charleville, sans cependant contenir aucune des absurdités de celle-ci [1]. Les quatre *cancri* sur lesquels reposait le phare d'Alexandrie y sont mentionnés. Il n'est point dit qu'ils aient été faits de verre, mais seulement que leur dimension était prodigieuse, et afin d'en donner l'idée, le texte ajoute qu'un homme couché de tout son long sur l'un des bras de chacun des *cancri* ne l'aurait pas couvert, c'est-à-dire n'en aurait pas atteint les deux bords [2].

Il est impossible que *brachia* soit employé ici pour signifier des arêtes, car la vue des arêtes, qui sont des courbes linéaires, n'aurait jamais conduit à se figurer un homme couché dessus pour en montrer la mesure. Un semblable terme d'appréciation ne convient qu'à une pièce de construction en relief ayant de la largeur. Dès lors la seule chose à quoi l'on puisse penser est une membrure mouvementée comme l'auraient été des arêtes, une membrure d'arcs diagonaux : la croisée d'ogives, pour l'appeler par son nom.

Ce que nous possédons de données sur le phare cadre très bien avec cette conclusion.

Il avait son assiette sur quatre croisées, *super quatuor cancros fundata*. Or il est clair que quatre croisées pouvaient composer à la base du monument une voûte unique au-dessus de laquelle le reste s'étageait.

Il était carré [3]. Quatre croisées d'ogives dans la position dite écartelée, se prêtent on ne peut mieux à voûter un espace carré, moyennant l'appui d'un pilier central.

Il avait de côté 140 empans égyptiens qui équivalent à $31^m,50$ et ses murs étaient épais de 10 empans ou $2^m,25$ [4]. D'après ces chiffres, on arrive à supposer que les arcs de chaque croisée devaient avoir environ 18 mètres de corde, et cette portée immense explique que leur largeur ait dépassé la taille d'un homme, c'est-à-dire atteint $1^m,80$ ou plus.

Une interprétation qui se soutient par tant de raisons me semble

---

1. Bordier, *Les livres des miracles et autres opuscules de Grégoire de Tours*, t. IV, p. 8.

2. « Pharus alexandrina super quattuor miræ magnitudinis cancros constructa habetur; nec enim hi parvi esse poterant qui tam immensum sustinent vel altitudinis vel latitudinis pondus; nam ferunt super unum quemque brachium cancri si homo extensus jaceat, eum operire non possit. »

3. Montfaucon, *Mémoires de l'Académie des Inscriptions et Belles-Lettres*, t. VI, p. 576; Edrisi, *Géographie*, trad. de Jaubert, t. I, p. 297.

4. Ibn Batoutah, traduction de M. Defrémery, p. 29.

devoir être acceptée comme certaine. Sans doute, il serait désirable qu'on pût l'étayer par surcroît sur une preuve matérielle. La certitude en matière d'archéologie n'est définitivement acquise que par la vue des choses. Mais ici recourir aux monuments est impossible. De ceux qui ont été allégués précédemment, il ne reste absolument rien.

Le phare d'Alexandrie fut détruit par plusieurs tremblements de terre qui se succédèrent à la fin du XIIIe siècle et dans toute la moitié du XIVe [1]. Sa ruine fut si complète que l'on n'est pas même d'accord sur l'endroit précis où il s'élevait, les uns croyant que ce fut là où l'on voit aujourd'hui le phare moderne, les autres que le roc qui lui servait de base s'est engouffré [2]. Dans tous les cas il n'y a nul espoir que des recherches même sous-marines fassent retrouver quelque chose de sa voûte. Les fameuses croisées n'étaient pas à cent pieds sous l'eau, ainsi que le prétend la notice du manuscrit de Charleville. Le phare avait été fondé à la pointe d'un récif sans qu'il eût été nécessaire de forer si profondément pour assurer sa solidité. Son entrée unique, semblable à celle de nos premiers châteaux féodaux, s'ouvrait à une certaine hauteur au-dessus du sol. On y accédait par un pont de planches ayant son appui sur un perron isolé qui se dressait en face [3]. C'est sous l'aire correspondant au seuil de la porte que régnait nécessairement la voûte. Elle était donc comme à hauteur d'entre-sol et, de même que le reste, elle a dû s'écrouler.

À Héraclée, on ne soupçonne pas même aujourd'hui l'existence d'un théâtre, quoique ce monument ait été taillé en partie dans le roc [4].

L'église du Jourdain n'a pas non plus laissé de traces, et quant à celle de Nazareth, rebâtie à l'usage des Grecs à une époque assez rapprochée de nous, elle n'a plus aucune ressemblance avec celle que visita Arculphe. Aujourd'hui l'édifice est à côté de la source au lieu d'être au-dessus, et celle-ci sort humblement de dessous l'aire d'une chapelle latérale [5].

Qu'il me soit donc permis, à défaut d'exemple en nature, de me retrancher dans la conclusion où m'a amené le commentaire rigoureux du mot *cancri*.

---

1. *Description de l'Égypte*, tome II, 2e partie, p. 317; addition de Lenglès au *Voyage d'Égypte et de Nubie*, par Norden, t. III, p. 163.

2. *Magasin encyclopédique*, V[e] année, t. III, p. 388.

3. Ibn Batoutah, l. c. Le perron est indiqué sur plusieurs monnaies du règne des Antonins qui ont pour type le phare d'Alexandrie.

4. *Exploration archéologique de la Galatie et de la Bithynie*, par Perrot et Guillaume.

5. De Vogüé, *Les Églises de la Terre-Sainte*, p. 352.

La voûte d'ogives fut connue des Grecs qui l'exécutèrent sinon en Grèce, du moins en Asie et en Égypte.

L'architecte du phare d'Alexandrie, Sostrates de Gnide, en fit une à l'étage inférieur de ce monument, dans des dimensions et avec un art qui furent réputés merveilleux.

Elle fut encore pratiquée en Palestine au ive, ou peut-être au ve siècle de notre ère, qui est une date en deçà de laquelle on ne placerait pas raisonnablement la construction des édifices visités par Arculphe.

Il reste à se demander comment il se fait que la même espèce de voûte se trouve transportée à un moment dans nos églises romanes.

L'usage en avait-il été conservé dans la Terre-Sainte au point de s'imposer aux Occidentaux dans le cours des pèlerinages si fréquents qui précédèrent les croisades ?

Une pareille supposition ne serait admissible qu'autant qu'elle reposerait sur une série de monuments. Or l'exploration attentive dont la Palestine a été l'objet au point de vue archéologique, dans ces dernières années, a démontré que les seuls édifices à ogives qu'on y rencontre sont postérieurs à la première Croisade. Ils datent du xiie siècle et ont été construits à la mode française de l'époque.

Ce n'est pas non plus la vue des monuments byzantins de la Grèce, de l'Asie Mineure ou de la Syrie qui peut avoir donné à nos pèlerins l'idée de la croisée d'ogives. Les Byzantins n'ont jamais fractionné leurs voûtes de la sorte. Lorsqu'ils ont recouru au fractionnement, ils ont fait des voûtes d'arêtes.

Mais s'il n'y a pas d'apparence que cet artifice de construction ait été enseigné aux nôtres par les Orientaux du moyen âge, toutes les probabilités n'en sont pas moins qu'il nous vient de l'Orient. L'idée en sera née à la vue de l'un des monuments de l'antiquité où il avait été employé, soit la crypte de Nazareth lorsqu'elle existait encore, soit l'intérieur du phare d'Alexandrie, soit quelque autre édifice important sur le chemin de Jérusalem. Quelqu'un de nos bâtisseurs d'églises ou de châteaux du xie siècle, de ceux que tourmentait la difficulté de faire tenir des voûtes à grande portée, aura reconnu là un procédé avantageux et, de retour dans son pays, se sera essayé à en faire l'application. Une première imitation fut suivie de plusieurs autres, puis l'idée se présenta de rendre générale une pratique qui avait réussi dans des cas particuliers. Il ne fallut pas plus d'un siècle pour qu'on en vînt à ne plus faire d'autres voûtes que des voûtes d'ogives.

Du moment qu'il est permis de reporter à l'antiquité l'invention de la croisée d'ogives, comme la preuve est faite depuis longtemps pour tous les autres éléments constitutifs de l'architecture du moyen âge qu'ils ont aussi une origine antérieure, soit romaine, soit byzantine, soit même sarrasine, on est en droit d'affirmer que cette architecture a été formée uniquement de pièces d'emprunt.

Telle est la conclusion dernière de la recherche à laquelle je viens de me livrer. Elle n'est pas au détriment de l'originalité que présentent comme conception nos grandes églises du règne de Louis VII et de Philippe-Auguste ; elle est plutôt un argument en faveur de la doctrine qui soutient que créer, dans le domaine de l'art, ce n'est pas inventer des moyens, mais produire des effets nouveaux avec les moyens connus.

TABLE DES MATIÈRES

	Pages.
Avertissement	v
La basilique de Fanum, construite par Vitruve	1
Restitution de la basilique de Saint-Martin de Tours	30
De l'ogive et de l'architecture dite ogivale	74
De l'architecture romane	86
L'âge de la cathédrale d'Embrun	153
L'âge de la cathédrale de Grenoble	162
Notice concernant la crypte de Saint-Geosmes	167
L'âge de la cathédrale de Laon	171
Marché conclu pour l'achèvement de l'église de Saint-Gilles	176
Compte de fabrique de l'église Saint-Lazare d'Autun	183
Notice sur plusieurs registres de l'œuvre de la cathédrale de Troyes	192
Documents inédits sur la construction de Saint-Ouen de Rouen	215
La porte de l'hôtel Clisson	228
Notice sur l'album de Villard de Honnecourt	238
Un architecte français du xiiie siècle en Hongrie	299
Encore l'inscription de Calocza	303
Une tombe plate dans l'église Sainte-Praxède, à Rome	305
Explication du mot *Ventaille* dans les chansons de geste	314
Sur un anneau sigillaire de l'époque mérovingienne	325
Theophili diversarum artium schedula. Examen critique de l'édition donnée par M. de l'Escalopier	334

Pages.

Examen critique des *Recherches sur l'origine du blason*, par M. Adalbert de Beaumont. 347
Fragments d'un cours d'archéologie 350
    I. — Introduction. 350
    II. — Principes de construction 363
    III. — Des basiliques 403
    IV. — De l'architecture romane. 422
    V. — La croisée d'ogives et son origine. 497

TABLE DES PLANCHES

I. — Coupe de la nef et de l'un des bas-côtés de la basilique de Fanum.
II. — Basilique de Saint-Martin de Tours. — Plan.
III. — Basilique de Saint-Martin de Tours. — Coupe longitudinale du sanctuaire restitué.
IV. — Basilique de Saint-Martin de Tours. — Coupe longitudinale de la nef restituée.
V. — Basilique de Saint-Martin de Tours. — Plan des dépendances de l'Église.
VI. — Porte de l'Hôtel Clisson.
VII. — Détails de l'Hôtel Clisson.
VIII. — Album de Villard de Honnecourt.
IX. — Album de Villard de Honnecourt.
X. — Album de Villard de Honnecourt.
XI. — Tombe plate de l'église Sainte-Praxède.

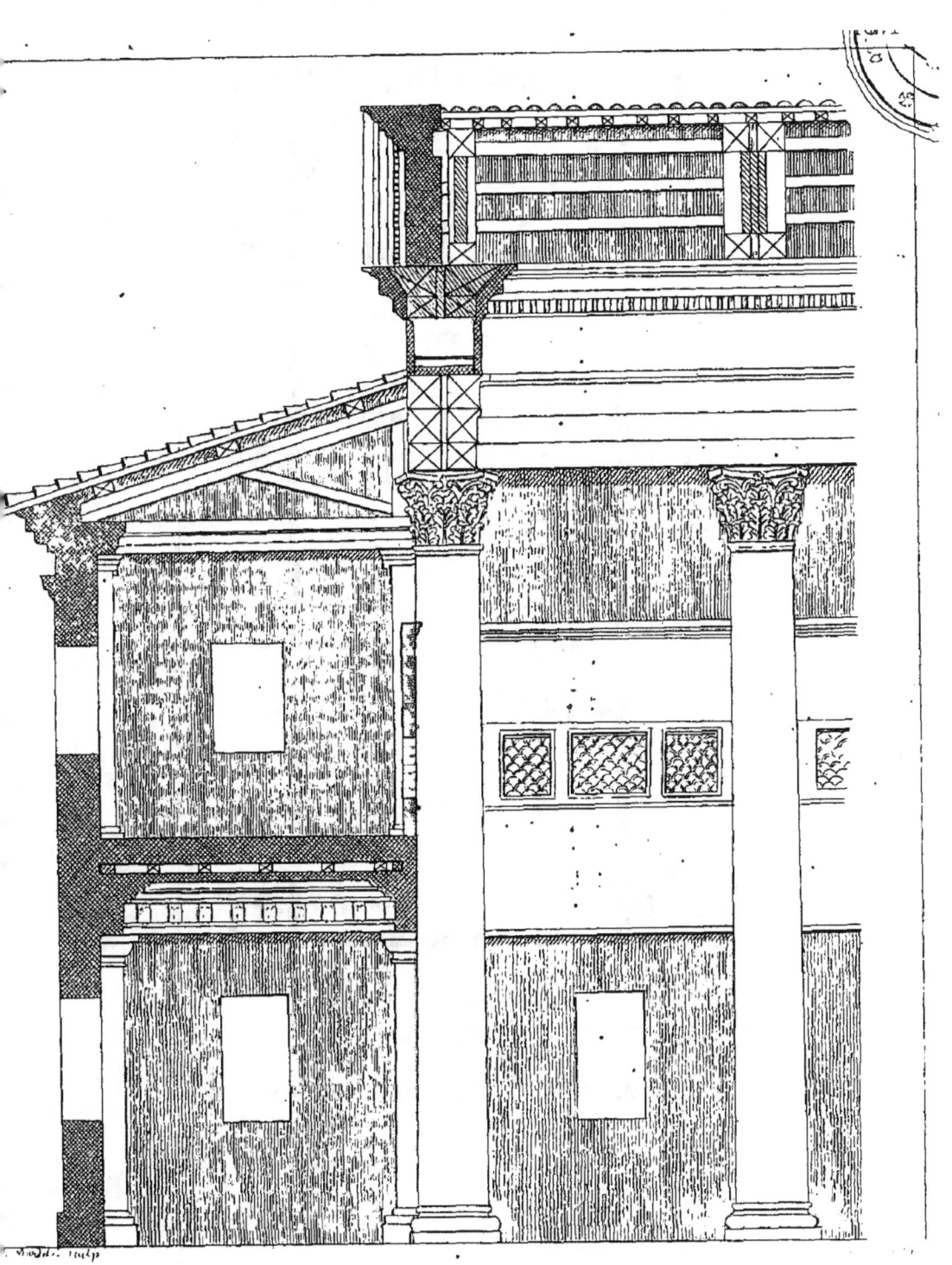

COUPE DE LA NEF ET DE L'UN DES BAS COTÉS
DE LA BASILIQUE DE FANUM

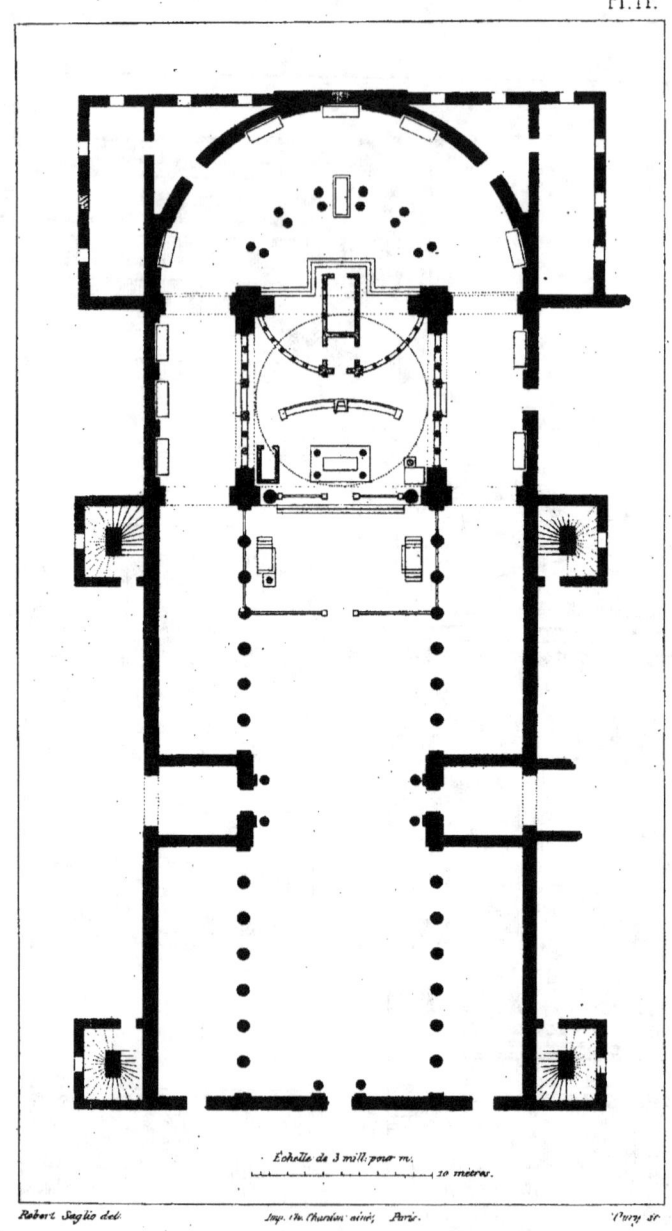

BASILIQUE DE ST. MARTIN DE TOURS.
Plan.

BASILIQUE DE St MARTIN DE TOURS
Coupe longitudinale du Sanctuaire restitué

Pl. IV

Robert Saglio del.   Echelle de 0,005 pour mètre   Oury sc.

BASILIQUE DE SAINT MARTIN
Coupe longitudinale de la Nef restituée.

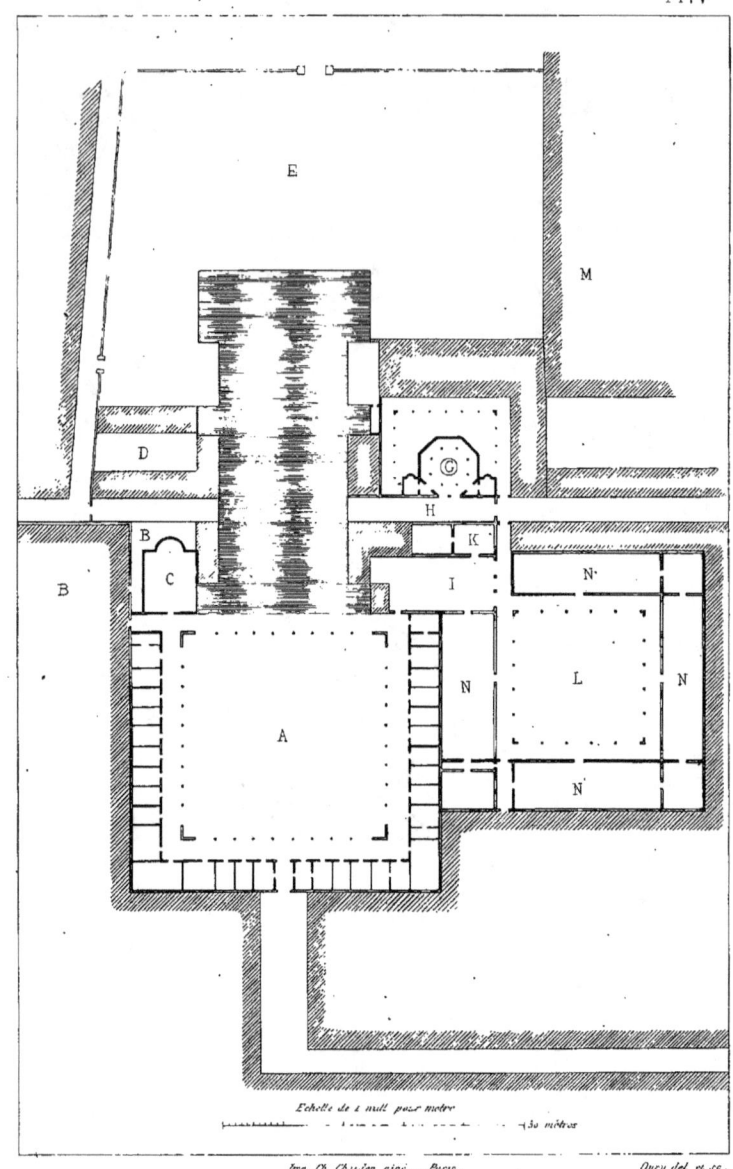

BASILIQUE DE St MARTIN DE TOURS
Plan des dépendances de l'Église.

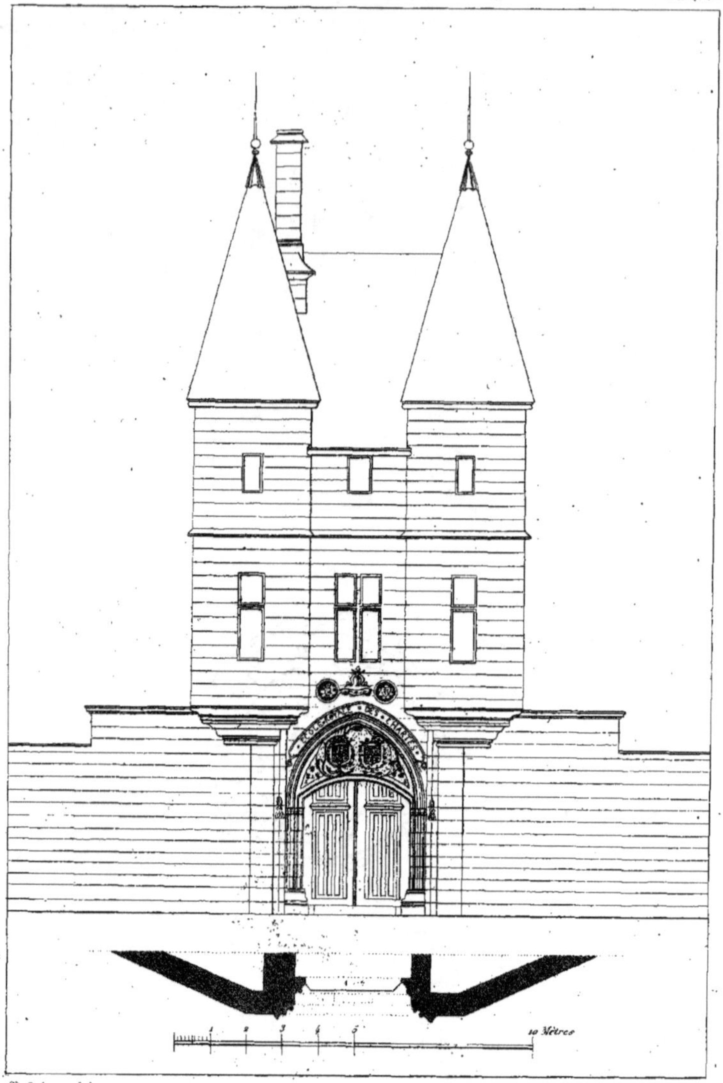

Ch Lelong del
Ch. Saunier sc

PORTE DE L'HOTEL CLISSON.

Imp Dumas Versoc

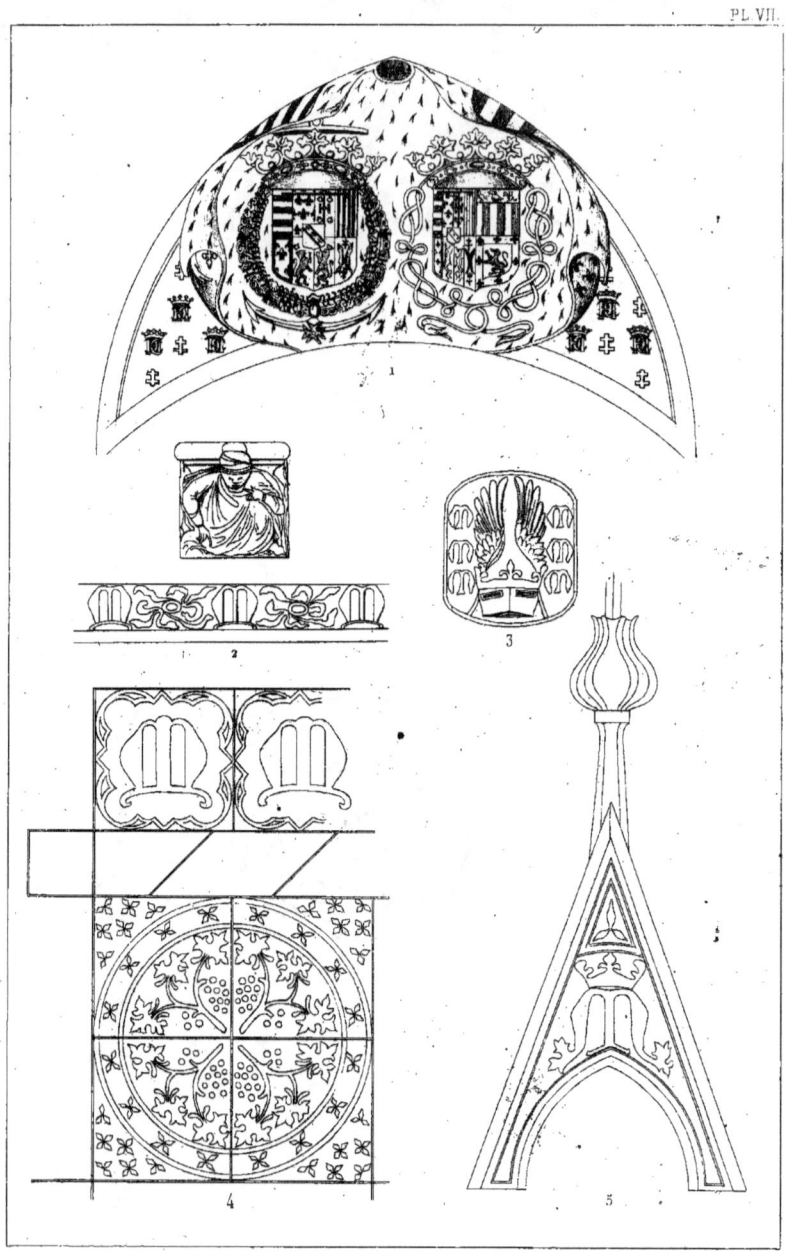

DÉTAILS DE L'HOTEL CLISSON.

ALBUM DE VILLARD DE HONNECOURT

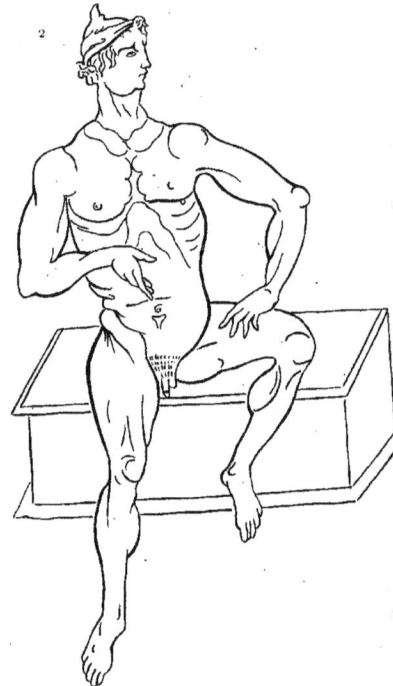

ALBUM DE VILLARD DE HONNECOURT

ALBUM DE VILLARD DE HONNECOURT

TOMBE PLATE DE L'EGLISE DE SAINTE-PRAXÈDE

www.ingramcontent.com/pod-product-compliance
Lightning Source LLC
Chambersburg PA
CBHW071402230426
43669CB00010B/1418